KB238610

기업결합법 I

리걸플러스⁺64

기업결합법 I

이준보 · 고재종 지음

KSI 한국학술정보㈜

머리말

자유경쟁을 전제로 하는 자본주의 시장경제체제에서는 기업마다 시장의 지배를 위하여 치열한 경쟁을 하고 있다. 하지만 경쟁기업 상호 간에 치열한 경쟁을 장기간 계속하게 되면 경쟁기업 모두 이윤감소 및 적자경영으로 인하여 파멸에 이르게 될 수 있다. 이에 기업들은 기업결합을 통하여 과당경쟁을 지양하거나 자본결합을 통하여 기업의 안정 내지 시장지배를 도모하고 있다.

2011년 공정거래위원회가 발표한 기업결합 동향을 보면, 국내외 기업결합 건수는 총 543건으로 전년(499건) 대비 약 9% 증가했다. 전체 결합금액은 약 140조 2,000억 원에 이르렀다. 기업결합의 방식으로는 주식취득(208건), 합작회사 설립(112건), 합병(107건), 임원 겸임(68건), 영업양수(48건) 순으로 나타났다. 향후 이러한 기업결합의 건수 및 기업결합에 따른 결합금액 등은 더욱 증가할 것으로 보인다.

따라서 이에 대비하여 기업결합에 대한 법률문제를 정리할 필요가 있다고 본다. 물론 기업결합에 관한 서적이 없는 것은 아니나 체계적으로 정리하지는 못하였다. 이에 비록 본인의 능력이 일천하지만, 용기를 내어 이를 체계적으로 정리함으로써 그 의미를 찾고자 하였다.

본서는 두 권으로 나누어 집필하였는데, 먼저, 제1권에서는 기업결합이 어떠한 형태로 이루어지며, 어떠한 법적 규제를 받는지 등에 대하여 독점규제및공정거래에관한법률(이하 공정거래법)을 중심으로 검토하고자 하였다. 제2권에서는 기업결합이 이루어진 이후 발생될 수 있는 다양한 법률문제를 회사법적 측면에서 검토하고자 하였다.

제1권에서 검토한 구체적인 내용을 보면 다음과 같다. 즉 제1부(기업결합의 일반론)에서는 기업결합의 의의, 기업결합의 유형, 기업결합의 절차적 규제, 기업결합의 실체적 규제, 기업결합 위반행위에 대한 법적 제재를 검토하였고, 제2부에서는 미국, 유럽위원회, 독일, 일본, 중국의 기업결합 규제 제도와 더불어 각국의 기업결합의 가이드라인을 살펴보았다.

다만, 본서를 정리함에 있어서 의욕을 가지고 열심히 하였으나, 내용뿐만 아니라 형식에 있어서 많은 실수가 있으리라 생각한다. 이에 대해서는 독자 여러분들이 아낌없는 비판을 해 주시면 다음 개정 시 보다 좋은 책이 될 수 있도록 노력할 것임을 약속드린다.

마지막으로 본서는 많은 분들의 도움이 없었다면 출판이 불가능하였을 것이다. 본서가 출판될 수 있도록 적극적으로 도와주신 한국학술정보(주)의 채종준 사장님, 이외에도 본서의 자료수집 및 교정 등에 관여하여 도움을 주신 모든 분들에게 깊은 감사의 인사를 드린다.

2012. 6. 30.

저자 씀

CONTENTS

CONTENTS

CONTENTS

CONTENTS

CONTENTS

제1부 기업결합 일반론

제1장 기업결합의 의의

1. 서설

기업결합은 통상 복수의 기업이 법인격의 통일, 주식의 보유, 인적 교류, 합의, 압력 등 매우 다양한 방법으로 결합하여, 경제적으로 하나의 조직으로 기능하는 것을 말한다. 이처럼 다양한 방법의 기업결합이 최근 들어 매우 자주 발생하고 있다. 하지만 그 기업결합의 목적은 사례마다 매우 다양한 형태로 나타나고 있다.

대기업의 경우 시장의 글로벌화 영향에 따라 '규모의 이익'을 추구하기 위한 기업결합을 하는 경우가 있다. 이러한 기업결합으로 인하여 상품의 제조 과정이나 연구개발 과정상 규모를 크게 확대하지 않았음에도 불구하고 효율성이나 이노베이션의 측면에서 다른 기업이 대항할 수 없는 상황이 나타나게 되었다. 또한 판매과정에서 상품을 과소한 양만을 투입할 수 없는 것은 대부분의 시장에 임팩트를 줄 수 없기 때문에 기업결합을 하는 경우도 있다. 그러나 산업에 따라서는 과대한 양의 생산이 오히려 경제의 효율성을 저해하고, 규모의 불이익을 가져오는 경우도 있다. 이러한 의미에서 규모의 확대가 항상 유효한 것만은 아니라고 할 수 있다.

또한 조직의 구축을 목표로 하는 기업결합도 자주 발생하고 있다. 현대의 산업은 선택과 집중이 중요하며 동시에 스피드 시대를 맞이하고 있다. 이러한 시대적 흐름과 시장의 변화에 부응하여 기민하게 조직을 변경할 필요가 있다. 즉 주주의 힘이 과거에 비하여 강해져 이익을 조기에 달성할 필요가 절실해졌기 때문이다.

이 외에도 노하우(know‐how)를 취득하기 위하여 행하는 기업결합도 있고, 위험한 상태에 빠진 불황 기업을 구제하기 위하여 행하는 기업결합도 있다. 사업을 확대하기 위하여 행하는 경우도 있고, 기업을 정리하기 위하여 행하는 경우도 있다. 사업의 재편성을 목적으로 하는 경우도 있고, 새로운 사업의 획득을 목적으로 하는 경우도 있다. 재무전략에 의한 경우도 있고, 금전상 이익을 추구하기 위하여 행하는 경우도 있다. 적대적 M&A를 위하여 하는 경우도 있다. 이처럼 기업결합의 목적이나 기능은 매우 다양하다고 하겠다.

기업은 다양한 목적의 기업결합으로 인하여 많은 이익을 얻을 수 있지만, 그 반대의 경우도 많이 존재한다. 예를 들면, 기업결합이 기업의 수를 감소시켜 때에 따라서는 관련 부문에서 시장을 독점화 내지 과점화하는 경우도 있다. 또한 스스로의 노력에 의하지 않고 경쟁력이 강화되는 경우도 있으며, 불공정한 방법으로 압력을 가하여 다른 기업이나 그 자산을 획득하려는 경우도 있다.

기업결합의 규제란 바로 이러한 문제의 해결을 그 목적으로 두고 있다. 우리나라 독점규제및공정거래에관한법률(이하 공정거래법이라 한다) 제7조, 즉 "누구든지 직접 또는 대통령령이 정하는 특수한 관계에 있는 자(이하 '특수관계인'이라 한다)를 통하여 동법에서 규정한 일정한 행위로서 일정한 거래분야에서 경쟁을 실질적으로 제한하는 행위를 하여서는 아니 된다"는 규정을 두고 있는데, 이러한 기업결합 규제조항 또한 공정거래법 제1조[1]에 따라 기업결합 규제의 본질과 그에 따른 기업결합 규제의 고유한 역할을 수행하도록 하기 위함이라고 할 수 있다.

그런데 만약 기업결합을 규제함에 있어서 가장 기초가 되는 기업결합을 제대로 포착하지 못하면 기업들은 관련법망을 교묘하게 피하여 기업결합을 이루게 될 것이고, 이는 결국 기업결합 규제법의 실효성에 문제가 생길 것이다. 또한 그런 기업들은 일정한 거래분야에서 자신들의 경제력을 기초로 한 독점적 내지 과점적인 지위를 이용하여 경쟁을 저해할 것이다. 그럼에도 불구하고 현행 공정거래법에서는 기업결합 자체의 개념에 대하여 아직 명확한 규정을 두고 있지 않다. 따라서 기업결합 규제와 관련하여 기업결합이 무엇인지, 즉 기업결합의 개념을 명확히 할 필요가 있다. 이하에서는 그에 대하여 살펴본다.

---

1) 공정거래법 제1조는 "이 법은 사업자의 시장지배적 지위의 남용과 과도한 경제력의 집중을 방지하고, 부당한 공동행위 및 불공정거래행위를 규제하여 공정하고 자유로운 경쟁을 촉진함으로써 창의적인 기업활동을 조장하고 소비자를 보호함과 아울러 국민경제의 균형 있는 발전을 도모함을 목적으로 한다"라고 규정하고 있다.

2. 기업결합법상의 기업

1) 통상적인 기업의 개념

(1) 개념

기업이라 함은 넓은 의미에서 경제사업체 그 자체를 말하며, 좁은 의미로는 경제사업체의 주체를 가리킨다. 통상적으로 자본주의 사회에서 이윤추구를 목적으로 하는 생산경제의 단위체 또는 그 활동을 말한다고 할 수 있다.

즉 경제사회는 분업과 교환의 체계가 생성되면서 생산과 소비는 분화되었는데, 기업은 그 가운데 생산경제의 주체로, 소비자는 소비경제의 주체로 등장하면서 형성되었다. 물론 기업이 과거와 같이 생산단위로서의 한정된 역할만 하는 것은 아니다. 현재는 유통 및 자본조달과 관련된 금융활동까지 모두 포함하여 그 역할을 수행하고 있다. 따라서 오늘날의 기업은 그 역할이 과거에 비하여 훨씬 더 세분화되었다고 할 수 있다.

(2) 기업의 형태

기업형태란 경제적 형태와 법률적 형태로 구분할 수 있다. 전자는 출자(자기자본이나 출자자 자본형태)와 경영, 지배의 관계로부터 본 형태를 의미하며, 후자는 이를 기초로 하여 법률에 규정되어 있는 형태를 말한다. 양자를 비교하여 보면 다음과 같다.

① 경제적 형태에 따른 사기업이란 개인기업과 공동기업으로 구분할 수 있다. 먼저, 개인기업은 출자자가 개인인 기업으로 법률적 형태의 개인 상인을 의미한다. 반면 공동기업은 소수의 자가 공동으로 출자하여 성립한 인적 결합체인 소수공동기업과 다수의 자가 출자하여 성립한 자본결합체인 다수공동기업으로 구분할 수 있다. 양자의 구별 기준은 출자자 수와 더불어 인적 결합 관계의 친밀도에 따라 구분된다. 소수공동기업은 법률적 형태의 합명회사, 합자회사, 유한회사, 조합, 협동조합 등을 말하고, 다수공동기업은 주식회사를 말한다.
② 경제적 형태의 공기업은 법률적 형태의 국영회사, 공영기업, 공사 등을 들 수 있다.
③ 경제적 형태의 공사공동기업은 법률적 형태의 특수회사, 경영재단, 금고 등을 들

수 있다. 이를 도표로 표시하면 다음과 같다.

경제적 형태			법률적 형태
사기업	개인기업		개인상인
	공동기업	소수공동기업	합명회사, 합자회사, 유한회사, 조합, 협동조합
		다수공동기업	주식회사
공기업			국영회사, 공영기업, 공사
공동공업기업			특수회사, 경영재단, 금고

2) 기업결합 규제의 적용범위상 기업

우리나라는 독일의 경우와 마찬가지로 기업결합 규제의 적용대상이 되는 기업에 대하여 아무런 규정도 두고 있지 않다. 다만, 독일의 경우에는 경쟁제한방지법에서 규정하고 있는 기업의 개념을 기업결합의 규제에 대해서도 원칙적으로 적용할 수 있다고 한다.

즉 경쟁제한방지법의 초안 이유서(Die Begruendung zum Entwurf des GWB)[2]에 의하면, 기업은 기능적 개념(Funktionaler Begriff)을 통하여 이해되고 있다. 기능적 개념의 기업이란 기업개념을 독일 경쟁제한방지법의 목적, 즉 경쟁의 유지와 보호의 목적에 따라 이해하는 것으로, 경제생활을 의미하는 기업적 행위가 매우 중요한 전제 조건이 된다. 따라서 기업적 행위가 전제되지 못하는 법인격 없는 사단이나 법인, 근로자의 행위 등은 동법의 적용대상이 될 수 없다. 다만, 국가 또는 지방자치단체의 고권적 행위도 원칙적으로 동법의 적용대상이 될 수 없으나, 예외적으로 그러한 고권적 행위가 경제생활과 관련된다면 이러한 행위는 동법의 적용대상이 될 수 있다고 하겠다.[3] 나아가, 실무에서 연방카르텔위원회는 외국에서 외국 회사들 간에 기업결합이 독일 국내시장의 경쟁상황에 영향을 미쳤을 경우에도 적용대상에서 배제될 수 없다고 한다.[4]

이 외에도 기업적 행위는 사적 행위와 엄격히 분리되므로 단순히 사적인 소비행위는 경쟁방지법의 적용이 불가능하다고 한다. 반면 상거래에 있어서 상품이나 용역에 관련된 행위가 기업적(unternehmerisch)인 경우에는 기업개념의 확대가 가능하여 동법의 적용

---

2) Begruendung zum Entwurf des GWB, Bt－Drucks Ⅳ/1158, S.31.
3) 이건호, "기업결합규제의 본질에 관한 연구", 「중앙법학(제6집 제4호)」 (중앙법학회,2004.12), 글, 301~302쪽.
4) 이건호, 위의 글, 301쪽.

범위에 포함된다고 할 수 있다.[5]

3) 기업결합 규제의 목적에 따른 기업

기업결합 규제의 목적에 따른 기업개념은 기업결합 규제의 본질에서 출발한다. 그런데 독일의 경우 기업결합 규제의 목적은 위에서 언급한 경쟁방지법상 적용 범위와는 차이가 있다. 전자는 시장구조 속에서 경쟁제한의 방지를 목적으로 하지만 후자의 경우에는 경쟁의 유지·보호를 목적으로 한다는 점에서 근본적인 차이가 있다. 따라서 경쟁방지법상 기업의 기능적 개념의 이해는 기업결합 규제의 수범자를 결정할 경우에 기업결합 규제의 목적 달성은 한계를 가질 수밖에 없으므로 기업결합 규제의 목적에 적합한 독자적인 기업개념에 따라 이해하여야 할 것이다.

즉 기업결합 규제의 독자적인 기업개념은 특수한 이해관계에 기초하여야 하며, 그 핵심은 경제적 기업집중의 파악에 있다고 할 수 있으며, 또한 이에 충실하여 파악하여야 한다. 이렇게 볼 때, 기업결합 규제의 임무는 경쟁적 시장구조의 악화를 방지하고 경쟁의 자유를 확보함에 있다고 할 수 있다. 다시 말하면, 기업결합이 경제력의 상승에 기여하였다는 것을 증명할 수 있어야 한다. 따라서 자연인과 법인 그리고 그들과 결합된 법인 아닌 사단 등과 같이 권리 주체(Rechtsraeger)가 시장경제의 급부 교환에 단순히 사적 가계의 주체(private Haushalte)로 참가하였다고 하더라도 기업결합 규제의 적용에서 배제될 수 없다고 하겠다.

4) 기업개념의 한계

(1) 경제정책의 목적상 한계

독일 경쟁제한방지법의 경우 기업결합의 적용 범위에 대하여 일정한 매출액 이상의 기업만을 그 적용대상으로 하고 있다(동법 제35조 제1항). 그리고 위의 매출액은 제조업에 종사하는 기업의 매출액을 근거로 하고 있음을 밝히고 있고, 그 외 제조업에 종사하는 기업보다는 경쟁적 비중에서 차이를 보이고 있는 상기업(Handelsunternehmen), 언론의 자유와 관련된 신문과 방송 기업, 제조업과 다른 특수성을 가진 은행과 보험업에 대해서

---

5) Paschke/Kersten Franfurter Kommentar, §22 Tz, 52.

는 기업의 특성에 따라 적용대상 기업의 매출액 크기에 따라 차이를 두고 있다(동법 제
38조).

즉 일정한 기업의 규모가 경쟁적으로 의미 있는 기업인 경우만 경쟁정책적 의미를 가
지며, 그렇지 못한 경우에는 기업결합 규제의 대상으로서의 판단기준에서 제외된다고 볼
수 있다. 따라서 기업결합 규제의 대상이 되는 기업의 개념도 경쟁정책적으로 의미가 있
는 기업에 한정된다고 할 수 있다. 이렇게 본다면, 경쟁정책의 목적은 기업개념 이해의
한계기준에 해당된다고 할 수 있다.

그런데 우리나라의 경우 이와 관련하여 공정거래법 제1조에 의하면, 동법의 수범자로
'사업자'라고만 규정하고 있고, 또한 동법 제7조에서 기업결합 수범자로 '누구든지'라고
규정하고 있어, 독일경쟁제한방지법에서와 같은 제한을 두고 있지 않다. 따라서 기업결합
규제의 적용대상자에 대한 논란의 소지를 남기고 있다.6)

생각건대, 기업결합 규제의 적용대상이 되는 기업의 결정 기준을 일률적으로 정하는
것보다는 기업의 특성에 따라 차이를 두는 것이 경쟁정책적 목적에 합당한 것이 아닌가
생각하며, 경쟁적으로 의미가 없는 적은 규모의 기업에 대해서는 굳이 기업결합의 대상
에 포함시킬 필요는 없다고 본다.

(2) 경제정책의 목표상 한계

경제정책의 목적과 더불어 경제정책의 목표 또한 기업결합 규제의 궁극적인 목적으로
인정되며, 기업결합 규제의 대상이 되는 기업개념을 이해하는 데 반드시 고려되어야 할
사항이다. 기업결합 규제는 과도한 경제력집중의 결과인 시장구조의 악화에 민감한 반응
을 보이겠지만, 만일 기업결합이 과도한 경제력의 집중을 억제하는 역할을 담당한다면
역설적으로 국민경제적 측면에서의 기업결합 규제의 적용을 배제하는 것도 가능하다. 즉
중소기업 보호정책에 따른 중소기업의 경쟁력과 존재 능력을 강화시켜 준다면 시장에서
대기업과 과도한 경제력집중을 방지할 수 있을 것이다.

이와 관련 독일경쟁방지법 제35조 제2항 제1문 제1호에 의하면, 기업이 동법 제36조
제2항의 종속기업이 아니고, 또한 기업결합 전 마지막 사업연도의 전 세계 매출액 총액
이 1,000만 유로 미만일 경우에는 다른 기업과 기업결합을 할 수 있다. 또한 동법 제35

---

6) 이와 관련하여 기업결합 규제의 수범자가 공정거래법상의 적용대상자와 동일하다는 견해와 양자는 다르
게 보아야 한다는 견해의 대립이 있다. 공정거래위원회와 다수의 견해는 전자를 취하고 있다(이건호, 앞의
글, 311~313쪽).

조 제1항 제1문 제2호에 의하면, 최소한 5년 이상 상품이나 용역의 거래가 있고 기업결합 전 마지막 연도에 1,500만 유로의 매출액이 있는 시장에서의 기업결합은 규제대상에서 배제된다. 이에 의한다면, 중소기업의 보호와 국민경제적 측면에서 중요한 시장의 육성을 위해서는 기업결합 규제의 적용이 배제된다고 규정하여 그 한계를 설정하고 있다. 반면, 우리나라의 경우 기업결합 규제의 적용대상과 관련하여 독일 공정경쟁방지법 제35조 제2항 제1문에서와 같은 규정은 두고 있지 않다.

5) 소결

기업결합의 규제를 효과적으로 하기 위해서는 기업결합 규제의 목적에 따른 독자적인 기업개념에 대한 이해가 필요하다. 우리나라의 공정거래법상 기업결합 규제의 주체가 동법의 적용대상자와 달리 표현된 것은 기업결합 규제의 수범자를 동법과 달리할 필요가 있다는 인식하에서 독자적인 기업결합 규제의 기업개념에 대한 이해를 강조하기 위한 입법자의 의도가 숨어 있다고 본다. 따라서 독일 경쟁방지법 상의 규정을 참고하여 기업결합 규제의 적용대상인 기업의 개념을 재검토하여야 할 것이다.

3. 기업결합의 개념

기업결합은 광의의 기업결합과 협의의 기업결합으로 구분할 수 있다. 먼저, 광의의 기업결합은 어떤 형태로든 복수의 사업자가 경제적인 측면에서 공통된 의사에 의하여 항구적으로 또는 일시적으로 합체되는 것을 말하며, 이에 대한 예로는 카르텔·트러스트·콘체른 등이 있다. 반면 협의의 기업결합이란 주식취득·합병·임원겸임·영업양수 등을 통해 기업조직상 실질적으로 합체가 이루어지는 것을 말한다. 좁은 의미의 기업결합은 복수의 기업이 지속적으로 통일적인 의사결정하에 놓이게 되므로 강한 결합이 되는데, 광의의 기업결합에 해당되는 카르텔의 경우는 각 기업이 법적 독립성을 유지한 채로 결합하는 점에서 약한 결합이라고 할 수 있다.[7)

이 외에도 기업결합의 개념은 실질적 기업결합 개념(Materieller Zusammenschlussbegriff)과 형식적 기업결합 개념(Formeller Zusammenschlussbegriff) 및 이를 절충한 개념으로 구분하는 경우도 있다. 전자는 추상적인 정의를 나타내는 포괄적 규정을 두는 방법이고,

---

7) 김동훈·김은경·김봉철, 『공정거래법』(한국외국어대학교 출판부, 2011.8.), 175쪽.

후자는 구체적이고 확정적으로 개별적 구성요건을 규정하는 방법이라고 할 수 있다. 물론 양자를 결합한 절충의 형태도 있다.8)

1) 우리나라의 경우

우리나라 공정거래법 제7조 제1항에 의하면, "누구든지 직접 또는 특수관계인을 통하여 일정한 거래분야에서 경쟁을 실질적으로 제한하는 기업결합 행위를 하여서는 아니 된다"고 규정하면서 기업결합에 대하여 언급하고 있지만, 기업결합(merger or consolidation)의 개념에 관해서는 직접적인 규정을 두고 있지 않다. 다만, 독점규제법상 다른 회사의 주식의 취득과 소유, 임원 또는 임직원에 의한 다른 회사의 임원 지위의 겸임, 다른 회사와의 합병, 다른 회사의 영업 전부 또는 주요 부분의 양수, 그리고 새로운 회사 설립에의 참여를 기업결합으로 보고 있어 기업결합의 유형을 열거하고 있을 뿐이다.

이러한 내용을 보면, 우리나라는 기업결합을 협의의 기업결합으로 파악하고 있는 것으로 보인다. 그렇다고 하여 카르텔, 트러스트 및 콘체른에 대한 규정이 존재하지 않는 것은 아니다. 즉 공정거래법 제3장 '기업결합의 제한 및 경제력집중의 억제'에서 트러스트 및 콘체른을 규정하고 있고, 제4장 '부당한 공동행위의 제한'에서 카르텔에 대하여 별도로 규정하고 있다.9) 다만, 기업결합과는 구분하여 별도의 장으로 규정하고 있을 뿐이다.

또한 기업결합의 개념을 실질적인 개념과 형식적인 개념으로 구분하는 경우 우리나라는 위의 어떠한 형태에도 속하지 않는다고 한다.10)

2) 각국의 경우

먼저, EU의 기업결합 규제규칙(FKVO 4064/89)에 의하면, "기업결합이란 기존의 독립된 법인격을 가진 두 개 또는 그 이상의 기업 간의 합병적 기도(undertakings merger)이거나 이미 한 기업 또는 그 이상의 기업을 통제하는 하나 또는 그 이상의 기업에 대하여 주식이나 자산의 매입, 계약이나 다른 수단에 의하여 직접적이거나 간접적인 지배권(control)을 취득하는 것을 말한다"고 규정하였다.11)

---

8) 박종민 · 주기종, "기업결합개념의 정립을 위한 비교법적 고찰", 『기업법연구』(한국기업법학회, 2003.12.), 127~128쪽.
9) 김동훈 · 김은경 · 김봉철, 앞의 책, 175쪽.
10) 박종민 · 주기종, 앞의 글, 128쪽.

프랑스의 경우는 가격자유 및 경쟁에 관한 법령[12] 제39조에 의하여, "기업결합은 그 형태가 어떻든지 간에 한 기업의 재산, 권리 및 의무의 전체 부분에 대한 소유권이나 향유권의 이전을 가져오거나 한 기업이나 결합기업에 대하여 직접·간접적으로 하나 또는 다른 여러 개의 기업에 대하여 결정적인 영향을 미치는 것을 허용하는 목적이나 효과를 가지는 모든 행위로부터 발생한다"고 규정함으로써 매우 포괄적인 기업결합의 개념을 정의하고 있다. 하지만 실제로는 실무상 제한된 기준을 설정하고 있어 그에 따라 기업결합을 판단하고 있다.[13]

이 외에도 독일의 경쟁제한방지법(Gesetz gegen Wettbewer－bsbeschränkungen: GWB)에서는 유럽의 기업결합 규제규칙(FKVO)에서 유래하는 포괄조항인 지배의 취득(Kontrollerwerb)이라는 개념을 1998년 제6차 개정 시 도입하여, 기업결합의 개념을 보다 간결하게 정의하였다. 즉 동법 제37조 제1항 제1호에 이어 제2호에서 "하나 또는 다수의 기업을 통하여 하나 또는 다수의 다른 기업의 전부 또는 일부에 대한 직접적 또는 간접적인 지배의 취득"이라는 포괄적 지배취득 조항을 도입하였다. 나아가, 지배취득은 모든 사실적 또는 법적 상황을 고려하여 기업의 활동에 일정한 영향력을 행사할 수 있도록 하는 법률, 계약 또는 그 밖의 다른 수단을 통하여 이루어진다고 언급하였다. 이러한 독일의 기업결합의 개념은 형식적인 기업결합의 개념에 보다 유연성 있는 포괄조항의 장점을 수용하여 실질적 기업결합과 형식적 기업결합의 개념을 절충함으로써 모든 결합과정의 포착과 기업결합 구성요건을 간결하게 하고자 하였다.[14] 나아가, 독일 경쟁제한방지법에서는 기업결합의 개별적 요건도 규정하고 있다.

3) 개별적 요건

독일 경쟁제한방지법 제37조 제1항에 의하면, 기업결합을 인정하기 위해서 4가지의 요건을 제시하고 있다. ① 다른 사업자의 자산의 전부 또는 중요한 일부의 취득, ② 단일 또는 복수의 사업에 의한 단일 또는 복수의 다른 사업자의 전부 또는 일부에 대하여 직접적 또는 간접적인 지배의 취득, ③ 다른 사업자의 지분의 취득에 있어서, 당해 지분

---

11) 동 규칙 제3조 제1항.
12) 1986년 12월 1일의 Ordonnance n° 86－1243 du 1ᵉʳ décembre 1986 relative à des prix et de la concurrence를 의미한다.
13) Dominique Brault, Droit et Politique de la Concurrence, Economica, 1997, pp.32~62.
14) 박종민·주기종, 앞의 글, 129쪽.

취득에 따라 또는 이미 그 사업에 속한 지분과 합하여, 다른 사업자의 자본 또는 의결권의 50% 또는 25%에 달하는 경우, ④ 단일 또는 복수의 사업자가 직접적 또는 간접적으로 다른 사업자에 대하여 경쟁상 중요한 영향을 미칠 수 있는 기타 사업자와의 관계가 있어야 한다.

(1) 자산의 취득

동법 제37조 제1항 제1호에 의하면, "어떤 기업이 다른 기업의 자산의 전부 또는 본질적인 부분을 취득하는 경우에는 이를 기업결합으로 합병, 변형 기타 사법적인 형태 여하를 묻지 않고 다른 기업의 자산을 취득하는 모든 경우"를 포함한다.[15]

여기서 자신의 본질적인 부분이란 경제거래(Wirtschaftsverkehr)에 있어서 기업재산이 반대급부를 가지는 재화가 포함된다.[16] 나아가, 본질적 부분의 취득의 판단에는 재화나 금전 가치가 있는 권리의 종류, 사용 목적 그리고 특별한 사용가치는 큰 의미가 없다.[17] 또한 적극재산(Aktivvermögen)의 이전은 소극재산(Passivvermögen)의 이전과는 달리 이전으로 본다.[18]

나아가, 취득이란 재산의 '이전'이 있음을 의미하고, 재산 취득의 개념 속에는 재산 이전의 경과 진행뿐만 아니라 재산 이전의 결과도 포함되므로 재산 소유권의 변경이 사실상 근거에 기인한 때에도 재산의 취득이 있다고 본다.[19]

하지만 단순히 기업의 형태만 변경하는 변형의 경우[20]는 포함되지 않는다. 그 이유는 이 경우에는 자산의 취득이라는 현상이 나타나지 않고 시장에서 소멸하는 기업도 존재하지 않기 때문이다. 사실 이러한 요건은 기업결합의 극단적인 경우에 해당되지만, 대기업이 중소기업을 인수하는 경우에 자주 발생하고 있다. 실제로 이러한 형태의 기업결합을 하는 예도 상당히 많이 나타나고 있다.[21]

---

15) 권오승, 『기업결합 규제법론』(법문사, 1987), 78쪽.
16) Mestmäcker, Ernst‒Jochhim/Veeken in immenga/Mestmäcker, Gesetz gegen Wettbewerbsbeschränkung, Kommentar, 3 Auflage, München 2001, §37 Rn. 14.
17) Rangen, Eugen/Ruppelt, Kommentar zum deutschen europäischen Kartellrecht(KarR), 9 Auflage, Franfurt am Main 2001, §37 Rn. 7.
18) Mestmäcker, Ernst‒Jochhim/Veeken in immenga/Mestmäcker, §37 Rn. 14; Rangen, Eugen/Ruppelt, §37 Rn. 7.
19) 이건호, "독일경쟁제한방지법상 형식적 기업결합 개념", 『중앙법학』(중앙법학회, 2005.8.), 259쪽.
20) 독일 주식법 제367조 이하.
21) 권오승, 앞의 책, 78쪽.

(2) 지배의 취득

동법 제37조 제1항 제2호에 따라 "하나 또는 다수의 기업을 통하여 하나 또는 다수의 다른 기업의 전부 또는 일부에 대한 직접적 또는 간접적인 지배의 취득을 기업결합으로 보고 있다. 나아가, 모든 사실적·법적 상황을 고려하여 기업의 활동에 일정한 영향력을 행사할 수 있도록 하는 법률, 계약 또는 그 밖의 다른 수단을 통하여 지배가 형성된다"고 부연 설명을 하고 있다. 이러한 지배의 취득의 개념은 많은 다른 기업결합의 유형을 포함하고 있어 제37조 제1항 제1호와 제3호에 규정된 재산의 취득(Erwerb des Vermögens)과 지분의 취득(Erwerb von Anteilen)과 경합하며, 더 나아가 부분적으로 이러한 기업결합 구성요건들보다 우선하여 적용될 수 있다고 한다.[22]

동 규정의 장점은 현대의 다양하고 복잡한 경제적 결합 과정의 형태를 포착하기 쉬울 뿐만 아니라 변화하는 현대의 상거래 질서와 경제 구조를 고려할 때 법의 개정을 통하지 않고도 포괄조항을 통하여 기업결합을 포착할 수 있다는 데 있다. 다시 말하면, 많은 개개의 기업결합 개념으로 이루어져 한눈에 보기 어려운 조항들을 포괄조항을 통하여 간결하게 할 수 있고, 복잡한 법의 적용으로 인한 어려움을 피할 수 있다. 다만, 이처럼 추상적으로 편입된 기업결합 개념은 그 적용 범위가 넓어서, 법을 집행하는 기관이 이 조항의 적용에 익숙하기 위해서는 상당히 오랜 시간이 걸리고 그에 따라 모순된 판단을 할 가능성이 있다고 지적하고 있다.[23]

(3) 지분의 취득

동법 제37조 제1항 제3호에 의하여, 다른 사업자의 지분을 취득함에 있어서, 단독 또는 공동으로 어떤 기업에 이미 속해 있는 그 밖의 지분이 다른 기업의 자본 내지 의결권의 50% 내지 25%에 이를 정도로 다른 기업으로부터의 지분을 취득한 것을 기업결합으로 보고 있다. 물론 한 기업에 속한 지분의 계산을 위해서는 다른 기업에 속한 지분도 고려하여야 한다. 또한 만약 그 기업의 소유자가 개인 상인이라면, 그 소유자의 그 밖의 재산인 지분도 고려하여야 한다. 위에서 언급한 범위 내에서 동시 내지 순차적으로 취득한 지분은 또 다른 기업이 활동하거나 관련 상호 간의 기업결합으로써 활동하는 시장과

---

22) Rüttner, Wettbewerbs und Karteilrecht, S.354.
23) 박종민·주기종, 앞의 글, 129쪽.

관련해서도 적용된다고 규정하고 있다.

위에 근거하여 보면, 지분의 취득이란 자본 지분을 취득하는 경우뿐만 아니라 의결권 지분을 취득하는 경우까지 포함하는 개념이라고 할 수 있다. 따라서 자본 지분이나 의결권 지분 모두 동일한 효력을 갖는 개념이라고 할 수 있다. 나아가, 동 규정은 물적 회사뿐만 아니라 합명회사, 합자회사, 조합 및 익명조합의 경우까지 포함하여 적용된다.24)

(4) 그 밖의 기업결합

하나 또는 그 이상의 기업이 직접 또는 간접적으로 다른 기업의 경쟁력에 중요한 영향력의 행사 가능성을 조건으로 한 그 밖의 기업결합도 기업결합에 포함된다. 이 외에도 동법 제2항에 의하면, 관련 기업이 이미 이전부터 기업결합의 상태에 있는 경우에는 그 기업결합이 현존하는 기업결합의 본질적 강화가 아니라고 하더라도 이에 포함된다. 하지만 신용기관, 금융기관 또는 보험회사가 양도의 목적으로 다른 기업으로부터 취득한 지분이, 그 지분에 따른 의결권이 효력이 없거나 양도가 1년 이내에 발생한 경우에는 기업결합에 해당되지 않는다고 하며, 이에 대한 판단 시점은 연방카르텔위원회가 신청을 요구한 시점부터 기산된다고 한다(동 조 제3항).

4) 소결

위에서 살펴본 바와 같이 우리나라의 경우에는 기업결합에 대한 개념을 정의하고 있지 않다. 다만, 공정거래법 제7조 제1항에 의하여 기업결합의 유형을 열거하고 있을 뿐이다. 반면, EU나 프랑스의 경우 기업결합의 개념을 실질적으로 정의하였고, 독일의 경우에는 형식적 기업결합 개념을 기본으로 하고 실체적 기업결합 개념을 혼합하여 정의하고 있다. 생각건대, 기업결합의 형태가 매우 다양함에도 불구하고 현행 공정거래법처럼 기업결합의 유형을 열거하고 그에 따라 기업결합을 규제한다는 것은 한계가 있다. 또한 외국의 입법례도 대부분 실질적으로 정의하고 있다는 점을 고려한다면 향후 이에 대한 개념을 실질적 내지 양자를 절충한 형태의 개념을 정의할 필요가 있다고 본다.

---

24) Paschke Marian, In Frankfurt Kommentar, Köln, §23 Tz. 44.

4. 기업결합 규제의 본질

기업마다 기업결합을 하려는 취지는 매우 다양하다. 시장의 글로벌화의 영향에 따라 규모의 이익 실현, 노하우(know‒how) 취득, 사업확대 및 정리, 사업의 재편성, 적대적 M&A 등 매우 다양한 목적이나 기능을 위하여 기업결합을 하고 있다. 하지만 이러한 과정 속에서 강요 또는 불공정한 기업결합 및 경쟁을 제한하는 기업결합이 나타나는 경우 공정거래법 등을 통하여 규제를 하여 공정하고 자유로운 경쟁을 촉진하도록 하고 있다. 따라서 기업결합 규제의 본질이란 경쟁의 보호 측면인 기업결합의 규제와 공정하고 자유로운 경쟁의 보장, 즉 기업집중[25]의 파악과 경쟁평가의 입장으로 나눌 수 있다.

1) 기업집중

(1) 기업집중의 의미

기업집중이란 시장구조의 변경에 따른 경쟁위험으로, 시장의 독점 내지 경쟁을 배제하기 위한 수단으로 개별기업이 보다 큰 경제 단위로 결합하는 것을 의미한다. 즉 기업집중이란 지금까지 독립된 기업들이 하나의 기업으로 결합되는 것으로, 그 결과 시장에서 경제적 힘의 집중이 발생하여 기존의 시장구조는 유지되지 못하고 경쟁의 유지에 부정적인 시장구조를 형성하는 시장지배력의 대두와 강화를 가져오게 되는 것을 말한다.[26]

(2) 기업집중의 크기

기업집중의 경쟁적 효과를 정확하게 파악하기 위해서는 기업집중의 크기를 정확하게 확정하여야 한다. 이러한 기업집중의 정확한 평가를 위해서는 진실한 경제규모의 평가가 필요한데, 이러한 요소들로는 관련 시장의 지분, 매출액 그리고 자금력 등을 들 수 있다.[27] 우리나라 공정거래법상 기업결합 규제에 대한 평가 요소도 독일의 경우와 동일하

---

25) 기업집중이란 경쟁정책적인 의미의 기업결합으로, 기업결합의 넓은 의미라고 파악한다[김영곤, "기업결합의 규제에 관한 연구", 『법학논총』(조선대 법학연구소, 1998.6.), 57쪽; 이건호, "기업결합규제의 본질에 관한 연구", 『중앙법학(제6집 제4호)』(중앙법학회, 2004.12.), 351~352쪽].

26) 김영곤, 위의 글, 57쪽; 이건호, 위의 글, 353쪽.

27) Manfred Haubrock, 『Konzentration und Wettbewerbspolitik』(P. Lang, 1994), S.49. 이 외에도 기업의 우위적 경제력의 징후로서 시장지분, 자금력, 판매시장과 구매시장의 진입, 그리고 다른 기업과의 관련

다. 이하에서는 매출액과 시장지분에 대해서만 살펴본다.

① 매출액

매출액의 크기는 일정한 시기의 기업운영의 성과와 관련된 판매액의 총액인 총매출액으로 결정된다. 이러한 매출액은 기업집중 판단을 위한 매우 중요한 요소로 매출액의 계산을 통하여 기업집중의 정도를 파악할 수 있다. 즉 매출액은 순수하게 양적 크기에 기초한 단위로 매출액이 증가하면 기업집중도 그에 따라 변경되어 그 관계를 쉽게 파악할 수 있다. 통상의 시장에서 집중의 크기가 클수록 매출액은 그만큼 더 늘어난다고 할 수 있다. 만약 매출액에 기초한 기업집중 크기의 측정이 한계기준으로서 기능을 한다면 기업에게 기본적으로 높은 정도의 실행 가능성과 법적 안정성을 제공하게 될 것이라고 한다.28)

② 시장지분

기업집중의 크기는 관련 시장에 따라 달라질 수 있는 시장지분의 크기에 의하여 결정된다. 즉 기업집중은 시장지분의 분석결과이고, 시장지분의 정도에 따라 달라진다. 즉 시장지분이 클수록 좀 더 집중적인 기업집중이 실현된다고 할 수 있다. 특히, 시장지분의 크기를 경쟁자와의 비교를 통하여 기업의 시장 지위가 강화되었는지를 쉽게 알 수가 있다.

(3) 관련 시장

경제정책과 관련하여 경제 분야, 예를 들면 영역 또는 시장의 획정은 기업집중의 증가를 판단함에 있어서 반드시 필요하다. 특히, 관련 시장의 획정은 기업의 시장지배력의 측정 문제에 있어서 반드시 실현되어야 한다.

관련 시장의 획정은 다양한 형태로 나타나는데, 우리나라의 기업결합 심사기준에 의하면, 거래대상, 거래지역, 거래단계 그리고 거래상대방에 따라 고려하여 판단하고 있다.29) 만일 상품 관련 시장이 좁게 획정된다면 시장 지위의 강화는 상품 관련 시장이 보다 넓게 획정되었을 경우보다 더 명백하게 실현된다. 상품시장이 지역적으로 획정되었다 함은

(Verflechtung mit anderen Unternehmen)을 고려하는 경우도 있다[Monopolkommission Hauptgutachten, 『Wettbewerbspolitik in Zeiten des Umbruch』(Nomos Verlagsgesellschaft Baden‒Baden, 1996), Tz. 148].
28) 이건호, 앞의 기업결합규제의 본질에 관한 연구, 356쪽.
29) 기업결합 심사기준 Ⅳ.

상품의 모든 중요한 제공자가 경쟁조건이 사실상 동일한 일정한 지역에서 활동했을 경우에 가능하다. 대개의 경우는 지역적 관련 시장은 국내에 제한되나, 경우에 따라서는 해외로 확대될 수도 있다(이에 관한 자세한 내용은 기업결합의 실체적 규제에서 언급함).

2) 경쟁평가

(1) 경쟁의 개념

경쟁에 대해서는 학자들마다 다르게 접근하고 있어 아직까지 명확하게 설명된 개념은 없다. 즉 법학자는 주로 법률상 표현, 법적 연관성 및 입법 취지 등을 기초로 하여 경쟁을 정의하고자 하였다. 반면 경제학자들은 경쟁에 대한 이론적 또는 경험적인 사회과학적 인식을 기초로 하여 정의하려고 노력한다. 그런데 서로 접근하는 방법이 달라 경쟁의 개념을 정의하는 데 한계가 있다고 하겠다. 그럼에도 불구하고 경쟁의 개념을 명확하게 정의하기 위해서는 법학자나 경제학자뿐만 아니라 모든 사회과학자들이 상호 보완적인 연구를 할 필요가 있다고 본다.[30]

그런데 이러한 이상적인 개념 정의를 하는 것은 사실상 거의 불가능할 것으로 보인다. 물론 경제학자들이 바람직한 시장형태로 완전경쟁이나 넓은 과점과 같은 특정 시장 모델을 설정하는 경우가 있지만, 그러나 이러한 시장 모델이란 더 이상 추구해야 할 바람직한 목표도 아니고, 또 실현 가능한 목표도 아니라고 할 수 있다. 따라서 경쟁의 개념을 특정 시장 모델로 파악할 것이 아니라 법적으로 보호해야 할 하나의 질서원리로 파악하는 것이 바람직하다고 본다.[31]

이러한 관점에서 본다면, 공정거래법이 사업자들의 자의적인 제한으로부터 보호하고자 하는 경제적 경쟁이란 다음의 두 가지 의미를 갖는다. 첫째, 경쟁은 본질적으로 생산요소들을 조정하고, 이를 통하여 국가가 추구하고 있는 생산이나 분배의 목표 달성에 기여할 목적으로 국가에 의하여 규율되는 제도라고 할 수 있다. 둘째, 경쟁은 각 개인이 다른 사람들과 경제적인 생활관계를 형성할 수 있는 자유의 표현이라고 할 수 있다.[32]

그렇지만 다른 한편으로 과연 경쟁의 개념을 적극적으로 정의할 필요가 있는가 하는

---

30) 권오승, 『경제법』(법문사, 2010), 125~126쪽.
31) 권오승, 위의 책, 126쪽.
32) 여기서의 경제적 경쟁이란 스포츠 경기에서 볼 수 있는 결정론적인 경쟁 개념과는 다르다(권오승, 위의 책, 126쪽).

의문이 들기도 한다. 왜냐하면 우리가 필요로 하는 경쟁의 개념은 특정한 경쟁 개념을 이상형으로 하여 그것을 실현하기 위해서가 아니라, 시장집중이나 일반 집중이 더 이상 시장원리에만 맡겨 놓을 수 없을 정도로 그 한계를 넘어선 경우에 규제를 통하여 부득이 간섭하지 않을 수 없는 한계점을 찾기 위한 것이기 때문이다. 따라서 경쟁정책에 있어서 중요한 것은 경쟁의 개념을 적극적으로 정의해 놓고 이를 실현하려는 것이 아니라 경쟁 그 자체는 무한 변모·발전해 나가도록 하되, 소극적으로 경쟁을 제한하는 현상들만 찾아내어 이를 배제함으로써 경쟁의 발전 잠재력을 유지 또는 보호해 나가려는 것이다. 이러한 관점에서 각국의 공정거래법 등은 경쟁의 개념을 적극적으로 정의하여 규정하지 않고, 제한하고자 하는 경쟁제한 행위들만을 개별적으로 포착하고 있다.[33]

(2) 국가의 조정

시장경제가 제대로 기능하기 위해서는 시장에 자유롭고 공정한 경쟁이 유지되어야 한다. 이것은 시장기구가 정상적으로 기능하기 위한 전제조건이다. 그런데 자본주의가 산업 자본주의에서 독점자본주의로 발전해 감에 따라 규모의 경제를 실현하기 위하여 기업은 내부 성장을 통하여 대기업으로 성장하기도 하고, 중소기업을 흡수·합병하여 대기업으로 변신하기도 하며, 다른 기업과 결합하거나 연대하여 시장을 독점하거나 과점하는 현상도 나타나게 된다. 만약 시장이 소수의 기업에 의하여 독점 또는 과점화되게 되면, 상품이나 용역의 가격은 수요와 공급의 균형점에서 결정되는 것이 아니라 독점기업의 자의에 따라 결정된다. 따라서 가격의 신호기능이나 배분기능은 마비되고, 이른바 '보이지 않는 손(invisible hands)'은 제대로 작동되지 않는다.[34]

이처럼 시장경제 질서 속에서 자유롭고 공정한 경쟁을 저해하는 행위가 나타날 때에는 이를 회복시키기 위한 국가의 조정이 필요하다. 즉 시장에서 경쟁의 조절은 고권적 강제력(hoheitliche Zwangsgewalt)을 가진 국가의 '보이는 손'에 의하여 조정된다고 하겠다.[35] 국가 조정의 필요성은 시장경제질서가 원칙적으로 스스로의 조절을 통해서뿐만 아니라 국가의 힘에 의해서도 유지되어야만 한다는 사회 정책적 이해와 관련을 가진다. 즉 기업집중으로 인해 경제 주체가 시장지배적 지위를 가지는 경우는 이 경제 주체에게 경

---

33) 권오승, 위의 책, 127쪽.
34) 권오승, 위의 책, 32~33쪽.
35) Molitor, 『Wirtschaftspolitik』(Oldenbourg, 2006), S.50; 이건호, 앞의 기업결합규제의 본질에 관한 연구, 364쪽.

쟁 실무에 관한 결정을 가능하게 해 준다.[36] 그 결과 자유로운 경쟁 과정은 기대할 수가 없고, 오히려 경쟁제한의 위험이 발생하게 되고, 더 나아가 경쟁과정의 파괴에 대한 위협을 받게 된다.[37] 이 자기 파괴는 경제 주체 간의 자유 차원을 넘어선 것이고, 더 이상 경쟁의 보이지 않는 손에 의하여 방지될 수는 없다. 자기 파괴는 단지 국가의 보이는 손에 의해서만 방해가 가능하다.

다만, 시장경제 질서에 대한 국가의 개입은 보충성의 원칙에 충실해야 한다. 왜냐하면 과도한 국가의 개입은 경쟁의 존재를 위협하기 때문이다. 즉 국가 개입이 강하면 강할수록, 경쟁은 더욱 제한되기 때문이다. 경쟁에 대한 국가의 개입은 기본적이고 수동적인 역할에 한정되어야 한다. 국가의 적극적인 역할 수행은 예외적으로만 가능하다고 하여야 한다.[38]

---

36) Ingo Schmidt, 『Wettbewerbspolitik und Kartellrecht』(Lucius & Lucius · Stuttgart, 2005), S.111.
37) Rainer Olten, 『Wettnewerbtheoie und Wettbewerbspolitik』(Oldenbourg, 1998), S.15.
38) 이건호, 앞의 기업결합규제의 본질에 관한 연구, 364~365쪽.

제2장 기업결합의 유형

제1절 서설

기업결합은 매우 다양한 형태로 이루어지는데 이를 유형화하면 크게 세 가지의 형태로 분류할 수 있다. 첫째, 결합 수단을 기준으로 주식의 취득, 임원의 겸임, 합병, 영업양수, 새로운 회사설립에의 참여 등으로 구별하고 있고, 둘째, 결합하는 기업 상호 간의 관계를 기준으로 수평적 기업결합, 수직적 기업결합 및 혼합적 기업결합으로, 셋째, 결합조직의 형태에 따라 지주회사, 카르텔, 트러스트 및 콘체른 등으로 구분할 수 있다. 이하에서 그 구체적인 내용을 살펴본다.

제2절 결합 수단에 의한 분류

우리나라 공정거래법 제7조 제1항에 의하면, "누구든지 직접 또는 대통령령이 정하는 특수한 관계에 있는 자(이하 '특수관계인'이라 한다)를 통하여 다음 각 호의 1에 해당하는 행위(이하 '기업결합'이라 한다)로서 일정한 거래분야에서 경쟁을 실질적으로 제한하는 행위를 하여서는 아니 된다. 다만, 자산총액 또는 매출액의 규모(계열회사의 자산총액 또는 매출액을 합산한 규모를 말한다)가 대통령령이 정하는 규모에 해당하는 회사(이하 '대규모회사'라 한다) 외의 자가 제2호에 해당하는 행위를 하는 경우에는 그러하지 아니하다."[1] 다음 각 호의 행위란 ① 다른 회사의 주식의 취득 또는 소유, ② 임원 또는 종업원(계속하여 회사의 업무에 종사하는 자로서 임원 외의 자를 말한다. 이하 같다)에 의한 다른 회사의 임원 지위의 겸임(이하 '임원겸임'이라 한다), ③ 다른 회사와의 합병, ④ 다른 회사의 영업의 전부 또는 주요 부분의 양수·임차 또는 경영의 수임이나 다른

---

[1] 개정 1996·12·30, 1999·2·5. 법 5813, 2007.8.3, 시행일 2007.11.4.

회사의 영업용 고정자산의 전부 또는 주요 부분의 양수(이하 '영업양수'라 한다), ⑤ 새로운 회사설립에 참여의 5가지 유형을 열거하고 있다. 이하에서는 위 각 호에 열거하고 있는 5가지 유형에 대하여 살펴본다.

1. 다른 회사 주식의 취득 또는 소유 행위

먼저, 다른 회사의 주식을 취득 또는 소유하는 행위를 통하여 기업을 결합하는 형태를 들 수 있다. 이와 관련하여 우리나라 공정거래법 동법 제7조 제1항 제1호에 따라 '다른 회사 주식의 취득 또는 소유'에 대하여 규정하고 있다. 여기에서의 주식이라 함은 주식회사 이외의 회사의 출자 지분까지 포함된다. 또한 동법 제7조의2에 의하면, "이 법의 규정에 의한 주식의 취득 또는 소유는 취득 또는 소유의 명의와 관계없이 실질적인 소유관계를 기준으로 한다"고 규정하고 있으므로 주식의 취득 또는 소유 여부는 실질적인 소유관계를 기준으로 판단하여야 할 것이다.

주식을 어떻게 취득할 것인지의 취득 방법에 대해서는 아무런 제한을 두고 있지 않다. 따라서 지배권을 형성하는 주식의 양수나 증권시장 안팎의 특정승계, 주식공개매수 등의 승계취득은 물론 신주인수나 선의취득 등 원시취득도 가능하다. 상속이나 증여를 통한 것도 물론 가능하다. 다만, 합병이나 영업양수에 따른 주식의 소유권 승계에는 제3호 내지 제4호의 다른 회사와의 합병이나 다른 회사의 영업의 전부 또는 주요 부분의 양수·임차 또는 경영의 수임이나 다른 회사의 영업용 고정자산의 전부 또는 주요 부분의 양수(이하 영업양수라 한다)의 규정이 적용된다.[2]

나아가, 위에서 언급하고 있는 '다른 회사'란 주식회사뿐만 아니라 합명회사, 합자회사 및 유한회사를 포함하는 개념이다. 나아가, 2011년 상법의 개정에 따라 유한책임회사도 포함된다고 하여야 할 것이다(2011년 개정 상법 제3장의 2). 또한 주식의 취득은 취득 당시에는 일정한 거래분야에서 경쟁을 실질적으로 제한하는 것이 아니었으나(취득의 적법), 주식을 취득한 이후 경쟁제한의 요건이 갖추어지면 그 주식의 소유는 금지된다(소유의 위법).[3]

한편 주식을 신탁한 경우는 주식의 실질적인 소유관계를 어떻게 판단할 것인지가 문제될 수 있으나, 위탁자가 당해 주식에 대한 관리권과 처분권을 갖는 등 실질적인 소유권

---

2) 정호열, 『경제법』(박영사, 2010), 228쪽.
3) 손주찬, 『경제법』(법경출판사, 1993), 873쪽.

행사가 가능한 경우에는 위탁자, 그 이외의 경우에는 신탁자로 보는 것이 타당하다.[4]

그런데 위에서와 같이 주식의 취득과 소유를 구별하는 취지는 기업결합의 신고와 관련하여 구별의 실익이 있다. 기업결합 신고대상회사 또는 그 특수관계인이 다른 회사의 발생주식 총수의 100분의 20 이상(100분의 15의 예외가 있다)을 소유하게 되는 경우에는 이를 공정거래위원회에 신고하여야 하는데(동법 제12조 제1항 제1호), 이 경우 '100분의 20 이상을 소유하게 되는 경우'라 함은 100분의 20 미만의 소유 상태에서 100분의 20 이상의 소유 상태로 되는 경우를 말한다(동법 시행령 제18조 Ⅳ). 따라서 ① A회사가 B회사 또는 C회사의 주식을 새로이 25%를 취득하는 경우에는 새로운 취득 자체로 신고의무가 발생하고, ② A회사가 B회사의 주식을 10%, C회사의 주식을 5% 소유하고 있는데 B회사와 C회사의 주식을 각각 10%씩 추가로 취득하는 경우에는 B회사에 대한 관계에서 20%를 소유하게 되는 경우에 해당하여 신고의무가 발생하나 C회사에 대한 관계에서는 모두 15%를 소유하게 되므로 신고의무가 없다(C회사는 주권상장법인 또는 협회등록법인이 아니라는 것을 전제로 한다).[5]

☞ **서울고등법원 2004.10.27. 선고 2003누2252 판결**

무학이 대선주조의 주식 중 50% 미만을 소유하고 있으나 주식분산도로 보아 제1위에 해당하고, 제1대 주주(무학)와 제2대 주주(대선) 간에 지분보유비율에 상당한 차이가 있으며 경영권획득을 위한 주식취득이라는 점을 무학 스스로 인정하고 있는 점 등을 종합하면 무학의 대선주조에 대한 지배관계는 형성될 가능성이 있다.

2. 임원 또는 종업원이 다른 회사의 임원 지위를 겸임하는 행위

임원 또는 종업원이 다른 회사의 임원 지위를 겸임하는 행위를 통하여 기업을 결합하는 방식을 들 수 있다. 이에 대해서는 동법 제7조 제1항 제2호에 '임원 또는 종업원이 다른 회사의 임원 지위 겸임'에 대하여 언급하고 있다. 여기에서 임원이란 "이사, 대표이사·업무집행을 하는 무한책임사원·감사나 이에 준하는 자 또는 지배인 등 본점이나 지점의 영업 전반을 총괄적으로 처리하는 상업사용인(동법 제2조 제5호)"을 의미하고,

---

4) 김홍석·한경수, 『공정거래법』(화산미디어, 2010.10.), 71쪽.
5) 박상용·엄기섭, 『경제법원론』(박영사, 2006), 102~103쪽.

종업원이라 함은 "계속하여 회사의 업무에 종사하는 자로서 임원 이외의 자"를 의미한다.

종업원에 의한 다른 회사의 임원 지위의 겸임도 공정거래법상 기업결합에 속한다는 점에 주의하여야 한다. 이것은 대기업의 경우에는 임원은 물론 임원이 아닌 종업원이라도 중소기업의 경영에 영향력을 행사할 수 있음을 고려한 것이다.[6] 다만, "자산총액[7] 또는 매출액[8]의 규모(계열회사의 자산총액 또는 매출액을 합산한 규모를 말한다)가 대통령령이 정하는 규모에 해당하는 회사(이하 '대규모회사'라 한다)"가 아닌 경우의 임직원의 겸임은 기업결합의 규제대상에 해당하지 않는다. "대통령령이 정하는 규모에 해당하는 회사라 함은 자산총액 또는 매출액의 규모가 2조 원 이상인 회사를 말한다"[9]고 규정하고 있다. 이러한 규정을 한 취지는 임원 겸임 그 자체가 독립한 기업결합 수단이라기보다는 자본적 혹은 조직적 수단에 의한 기업결합을 보충하는 면이 강하다는 성격에 의하는 것으로 보인다.[10]

임원 겸임에 임원 파견이 포함되는지에 대해서는 견해의 대립이 있지만, 다수의 견해는 포함되지 않는다고 한다.[11] 양자 간의 차이점으로는 다음을 들 수 있다. 첫째, 대규모회사가 임원 겸임을 하는 경우에는 '임원이 겸임되는 회사의 주주총회 또는 사원총회에서 임원의 선임이 의결된 날'로부터 30일 이내에 공정거래위원회에 신고하여야 하는데(공정거래법 제12조 제7항, 동법시행령 제18조 제12항),[12] 임원 파견의 경우에는 파견하는 회사에서만 인사 명령으로 파견 명령을 발하는 데 그치고 파견된 회사에서는 별도의 선임 결의를 하지 않는 점, 둘째, 근무와 관련하여 임원 겸임은 양 회사에서 모두 근무, 임원 파견은 파견된 회사에서만 근무한다는 점, 셋째, 급여와 관련해서 임원 겸임은 양 회사 또는 어느 한 회사에서 급여를 지급하지만, 임원 파견의 경우에는 파견한 회사에서

---

6) 박상용 · 엄기섭, 위의 책, 103쪽.

7) 자산총액이라 함은 기업결합일이 속하는 사업연도의 직전 사업연도 종료일 현재의 대차대조표에 표시된 자산총액을 말한다. 다만, 금융업 또는 보험업을 영위하는 경우에는 직전 사업연도 종료일 현재의 대차대조표에 표시된 자본총액과 자본금 중 큰 금액을 말한다(영 제12조 제1항). 기업결합일이 속하는 사업연도 중에 신주 및 사채의 발행으로 자산총액이 증가된 경우에는 직전 사업연도 종료일 현재의 대차대조표에 표시된 자산총액에 그 증가된 금액을 합한 금액을 자산총액으로 본다(영 제12조 제2항).

8) 매출액이라 함은 기업결합일이 속하는 사업연도의 직전 사업연도의 손익계산서에 표시된 매출액을 말한다. 다만, 금융업 또는 보험업을 영위하는 경우에는 직전 사업연도의 손익계산서에 표시된 영업수익을 말한다(영 제12조 제3항).

9) 공정거래법 시행령 제12조의2(대규모회사의 기준); 김홍석 · 한경수, 앞의 책, 71쪽.

10) 정호열, 앞의 책, 229쪽.

11) 포함되지 않는다는 견해로는 박길준, 67쪽; 양명조, 88쪽; 정주환, 66쪽 등을 들 수 있고, 포함된다고 하는 견해로는 권오승, 169쪽; 이기수 · 유진희, 109쪽 등이 있다.

12) 다만, 공정거래위원회가 필요하다고 인정하는 때에는 그 기간을 단축하거나 그 기간의 만료일 다음 날부터 기산하여 90일의 범위 안에서 그 기간을 연장할 수 있다(동 조 동 항 단서 조항).

만 급여를 지급한다는 점에서 양자 간의 차이가 있다.[13]

3. 회사의 합병

회사의 합병에 의한 기업결합의 방식이 있다. 이 방식의 내용에 대해서는 상법에 구체적인 내용을 규정하고 있고, 공정거래법에서는 기업결합의 규제 유형으로 기업의 합병을 규정하고 있다.

1) 회사 합병의 의의

합병이란 2개 이상의 회사가 상법의 절차에 따라 청산절차를 거치지 않고 합쳐지면서 최소한 1개 이상의 회사 법인격을 소멸시키되, 합병 이후에 존속하는 회사 또는 합병으로 인해 신설되는 회사가 소멸하는 회사의 권리의무를 포괄적으로 승계하고 그의 사원을 수용하는 회사법상의 법률사실을 말한다(상법 제230조 이하, 제269조, 제522조 이하, 제603조). 이러한 점에서 다음에서 언급하는 영업양도 내지 영업양수와 구별된다.[14]

(1) 영업양도와 회사합병의 비교

기 준	영업양도	회사합병
법적 성질	조직화된 재산을 영업의 동일성을 유지하여 이전시키는 거래법상의 제도	둘 이상의 회사를 합병계약에 의해서 하나의 회사로 합하는 조직법·단체법상 제도
이전의 범위	특정승계(일부양도 가능)	포괄승계(일부합병은 불인정)
당사자	회사와 자연인 모두 가능[회사·개인상인·비상인(양수인 가능, 양도인 불가)]	회사만 가능
계약 방식	불요식계약(채권계약)	인적 회사: 불요식계약 물적 회사: 요식계약(법정된 합병계약서 작성)
등 기	영업양도 자체의 등기 불필요(개별적 재산의 이전등기)	합병의 효력발생요건
해산사유	회사의 해산사유가 아님	하나 이상의 회사가 해산

---

13) 박상용·엄기섭, 앞의 책, 103~104쪽.
14) 김동훈, 『회사법』(한국외국어대학교 출판부, 2010), 469~484쪽.

(2) 경제적 기능

기업결합의 형식(합병 · 영업양도 · 카르텔 · 트러스트 · 콘체른 등) 중에서 복수의 기업이 경제적 · 법률적으로 완전히 일체가 된다는 점에서 가장 강력한 기업의 결합 · 집중 형태이다. 또한 합병에 의하여 기업규모를 확대할 수 있을 뿐 아니라, 기업조직의 재편성에 의하여 경영효율을 개선할 수 있다. 이 밖에 회사가 새로운 사업분야에 진출하고자 할 경우 그 분야에 실적이 좋은 회사와 합병을 함으로써 목적을 용이하게 실현할 수 있다.

(3) 법적 성질

회사 간 합병을 하게 되면 존속회사 또는 신설회사는 소멸회사의 권리의무를 포괄적으로 승계하게 된다. 그 법적 성질에 관하여 견해의 대립이 있다.

① 인격합일설

이 견해에 의하면, 회사합병은 회사의 법적 통합으로 해산회사의 사원과 재산이 합병 후의 회사에 인계되는 효과를 생기게 하는 사단법상의 특수한 계약이라고 본다. 이에 의하면, 해산회사는 합병에 의하여 존속회사 또는 신설회사에 통합되고 그 결과 회사재산이 이전된다고 한다.[15]

② 현물출자설

이 견해에서는 합병은 소멸회사의 모든 재산을 현물출자의 목적으로 하는 자본증가 또는 신주발행(주식회사의 흡수합병의 경우) 또는 회사의 설립(신설합병의 경우)이라고 한다.[16]

그런데 이 견해에 의하면, 적극재산만이 현물출자의 대상이 되고 소극재산은 현물출자의 대상이 될 수 없어 자본의 증가 없는 회사의 합병은 불가능하게 된다. 현물출자자인 해산회사의 사원이 어떻게 존속회사 또는 신설회사의 사원이 되는가의 근거 및 존속회사가 해산회사의 모든 주식을 소유하거나 존속회사가 보유하고 있는 자기 주식을 해산회사의 주주에게 교부하는 경우와 같이 신주발행이 없는 합병

---

15) 손주찬, 『상법(상)』(박영사, 2002), 457쪽; 이철송, 『회사법강의』(박영사, 2009), 103쪽; 강위두, 『회사법』(형설출판사, 2000), 88쪽.
16) 서돈각, 정완용, 『상법강의(상)』(법문사, 1999), 641쪽.

에 대한 설명이 곤란하다.[17]

③ 재산합일설

이 견해는, 현물출자설의 난점을 해결하기 위하여 나타난 견해로서, 합병의 본질은 소극재산을 포함한 총체적 재산의 합일에 있다고 본다.[18]

그러나 재산합일설도 해산회사의 사원과 종업원이 존속회사 또는 신설회사의 사원으로 수용되는 관계를 설명할 수 없고, 비록 이 견해도 합일되는 재산에 소극재산도 포함된다고 하지만 채무초과회사의 경우 이 회사를 해산회사로 하는 합병을 설명할 수 없다는 문제점을 지적하고 있다.

④ 판례의 처지

대법원 판례에서 합병의 개념을 정의한 것을 보면, "회사의 합병이라 함은 두 개 이상의 회사가 계약에 의하여 신회사를 설립하거나 또는 그중의 한 회사가 다른 회사를 흡수하고, 소멸회사의 재산과 사원(주주)을 신설회사 또는 존속회사에 법정 절차에 따라 이전·수용되는 효과가 있는 것으로서, 소멸회사의 사원(주주)은 합병에 의하여 1주 미만의 단주만을 취득하게 되는 경우나 혹은 합병에 반대한 주주로서의 주식매수청구권을 행사하는 경우 등과 같은 특별한 경우를 제외하고는, 원칙적으로 합병계약상의 합병비율과 배정방식에 따라 존속회사 또는 신설회사의 사원권(주주권)을 취득하여, 존속회사 또는 신설회사의 사원(주주)이 되는 것이다"라고 하고 있다(대판 2003.2.11. 2001다14351). 이는 사원지위의 수용을 합병의 요소로 파악하는 인격합일설(人格合一說)의 태도라고 볼 수 있다.

⑤ 검토

생각건대, 합병의 당사자인 일방회사가 채무초과상태인 경우에는 자본이 증가하지 않는 흡수합병이 있을 수도 있는데, 현물출자설에서는 이를 설명하는 것이 용이하지 않다. 나아가 현물출자설은 상법상 회사가 사단으로 규정되어 있음에도 불구하고 소멸회사의 사원지위의 수용에 대하여 설명이 없는 점, 또 회사는 법인임에도 소멸회사의 법인격이 소멸하는 점을 간과하고 자본증가 또는 회사설립의 면만을

---

17) 최기원, 『상법학신론(상)』(박영사, 2009), 1077쪽.
18) 정희철, 『상법학(상)』(박영사, 1989), 304쪽.

강조하고 있다는 점을 생각할 때 통설 및 판례의 태도인 인격합일설이 타당한 것으로 본다.

(4) 양태

① 흡수합병과 신설합병

기업의 결합을 하는 방법으로는 흡수합병(merger)과 신설합병(consolidation)이 있다. 제정법상의 흡수합병(statutory merger)은 A사가 B사를 매수하고, B사가 A사에 흡수되는 경우에 발생하게 된다.

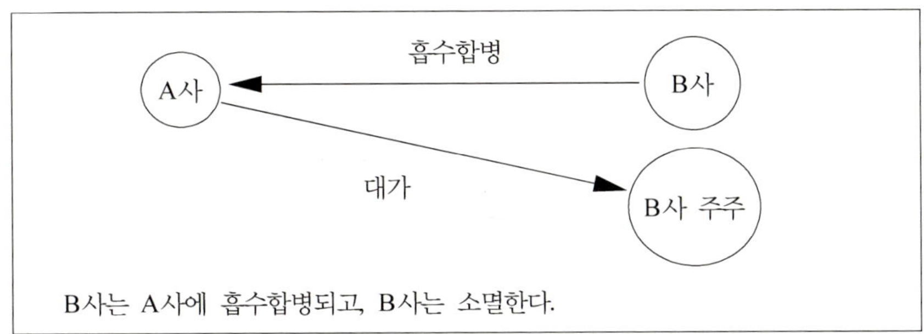

합병의 또 다른 형태인 신설합병은 A사도 B사도 신설회사인 C사에 흡수합병된다. A사 및 B사 모두 개별회사로는 존재하지 아니한다. 신설합병은 A사와 B사가 모두 독자적으로 중요성을 가지고, 그 양사를 결합하여 신회사를 설립하도록 하는 경우가 이에 해당된다.

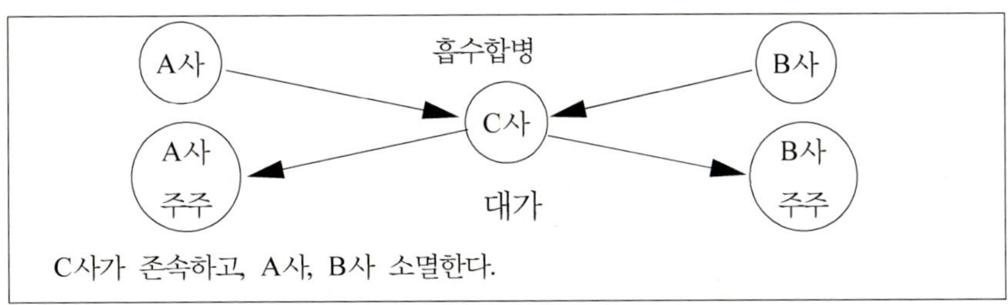

② 삼각합병과 역삼각합병

삼각합병(triangular merger)이란 매수를 행한 당사자(A사)가 완전 소유 자회사(A^s)

를 설립하고, B회사는 설립된 A^{S}사에 흡수합병된다. 그 결과 B사 주주는 B사 주식과 교환하여 그 대가를 수취하게 된다. 그렇지만 A사가 소유하는 A^{S}사의 주식에는 아무런 영향을 미치지 못한다.

A^{S}사는 의연히 A사가 완전히 소유하는 완전자회사가 된다. 이전 주주에게 A^{S}사의 주식이 제공된 경우에는 모회사인 A사와 함께 A^{S}사의 주주가 된다. B사 주주에게 A사의 주식이 제공된 경우, A^{S}사는 A사의 완전소유 자회사인 그대로이다. B사 주주에게 현금 내지 사채가 제공된 경우, 그 합병은 체출(freeze - out) 거래로 간주될 수 있다.[19]

삼각합병

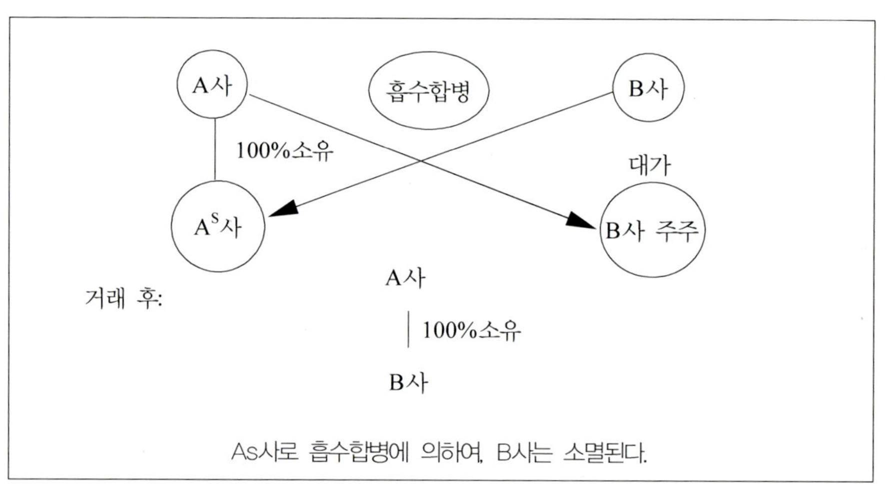

삼각합병은 A사가 B사로부터 매수하는 자산을 다른 회사에 보유하고자 하는 경우에 이용된다. 그 일반적 이유 중 하나는 B사가 A사와는 기본적으로 다른 사업을 행하기 때문에 두 사업의 자산, 부채 및 수익의 결합을 피하고 싶은 경우이다. 또한 A사가 떼어 놓고 싶어 하는 B사의 우발채무(예를 들면, 어떠한 불법행위 채무의 가능성)가 존재하는 경우도 있을 것이다. A사와 B사와의 직접합병(straight merger)이라고 하면, A사는 통상 B사의 모든 채무를 인계하는 것이다. 나아가, 삼각합병은 흡수합병에 의하여 B사를 취득하는 것은 A^{S}사라는 사실로부터, A사 주주는 A^{S}사의 주주가 아니기 때문에 당해 합병에 대하여 의결권은 없다.[20] A^{S}사의

---

19) Arthur R. Pinto/Douglas M. Branson(米田保晴(譯)), 『アメリカ會社法』(LexisNexis, 2010), 182~183頁.
20) Arthur R. Pinto/Douglas M. Branson[米田保晴(譯)], 상게서, 183頁.

주주는 A회사이고, A사의 이사회가, A^S사의 소유권을 표창하는 주식의 의결권을
행사하게 되는 것이다.

역삼각합병

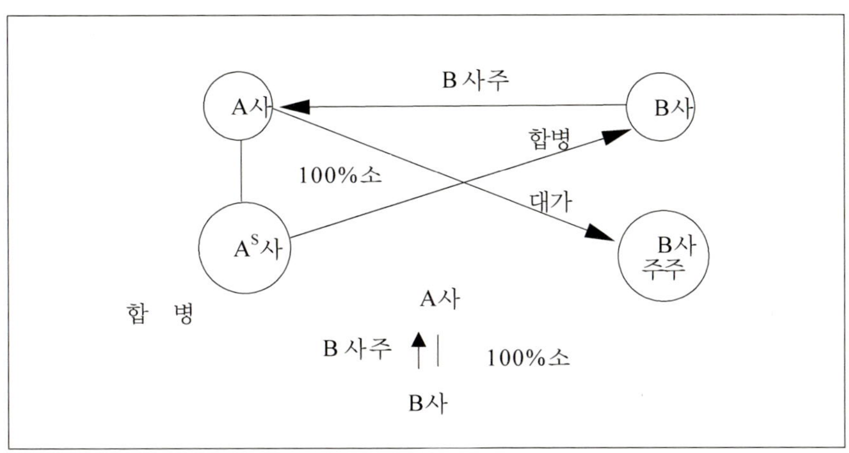

반면 역삼각합병(reverse triangular merger)은 어떤 이유로부터 B사의 법인격에
영향을 받을 수밖에 없는 경우에 필요하게 된다. 예를 들면, B사가 출판사이고, B
사가 소멸회사로 되는 합병은 유지될 수 없도록 저작권법상의 권리를 가지고 있는
경우, B사는 역삼각합병을 바라게 된다. 이 경우 B사를 존속회사로 하여, A^S사가
B사에 흡수합병된다. 합병계획은 A^S사 주식(모두 A사가 소유)이 B회사 주식으로
전환된다고 정하고 있다. 합병 전에 존속한 B사의 사외 주식은, A사로부터 B사 주
주에게 주어야 하는 대가로 교환되고, 그 결과 A사는 B사의 100% 소유자로 된다.

(5) 법적 규제

① 사원(주주) · 회사채권자의 보호

회사합병에 의하여 권리의무의 귀속점인 법인격이 변동하므로, 당사회사의 사원·
채권자는 중대한 영향을 받게 된다. 따라서 당사회사의 사원·채권자의 이익 보호
가 중요한 문제가 되므로, 사원의 동의(총회의 특별결의)·채권자 보호절차가 필요
한 것이다.

② 경제적 기능의 보장

회사들이 경제정세에 신속하게 대처하여 기업결합과 기업조직의 재편성이 손쉽게 가능하도록 합병제도를 합리화할 필요가 있다. 그리하여 1998년의 개정상법에 의하여 간이합병(제527조의2) · 소규모합병(제527조의3) 제도가 인정되었다.

2) 합병의 허용

(1) 합병자유의 원칙

조직변경의 경우 물적 회사와 물적 회사 간, 인적 회사와 인적 회사 간에서만 조직변경이 인정되는 것과 달리, 동종 · 이종 회사 간을 불문하고 합병은 허용된다(제174조 제1항). 다만, 상법 및 특별법상 합병과 관련하여 일정한 제한을 두고 있다.

(2) 합병의 제한

① 일방 또는 쌍방이 주식회사 또는 유한회사인 경우

존속회사 · 신설회사는 주식회사 또는 유한회사이어야 한다(제174조 제2항). 존속회사 · 신설회사가 인적 회사일 경우 사원의 책임 가중으로 복잡한 법률관계의 문제가 제기되기 때문이다.

② 주식회사 · 유한회사 간 합병의 경우

존속회사 · 신설회사가 주식회사인 경우에는 법원의 인가가 필요하다(제600조 제1항). 이는 설립 · 신주발행에 관한 엄중한 규제의 잠탈을 방지하기 위한 것이다.
존속회사 · 신설회사가 유한회사인 경우 소멸하는 주식회사는 사채상환을 완료하여야 한다(제600조 제2항). 유한회사에는 사채발행이 인정되지 않기 때문이다.

③ 해산 후의 회사

해산 후의 회사는 존립하는 회사를 존속회사로 하는 경우에만 합병이 인정된다(제174조 3항). 그러므로 청산 중의 회사를 존속회사로 하는 흡수합병, 일방이 청산 중의 회사인 경우의 신설합병은 인정되지 않는다.

④ 특별법상의 제한

회사회생절차가 진행 중인 회사는 채무자회생 및 파산에 관한 법률에 의해서만 합병할 수 있으며(동법 제193조 제2항, 제210조, 제211조), 공정거래법에 의하여 독점을 억제하고 자유로운 경쟁을 촉진하기 위하여, 일정한 거래분야에서 경쟁을 실질적으로 제한하는 합병은 제한되며(공정거래법 제7조 제1항 제3호, 제12조 제1항 제3호, 제4항, 제5항), 일정한 공익회사는 주무관청의 허가를 받은 경우에 한하여 합병할 수 있는 등의 특별법상의 제한이 있다.

※ 합병에 의한 회사의 종류

당사회사	흡수합병의 존속회사	신설합병의 신설회사
합명 ↔ 합명	합명	합명 · 합자 · 주식 · 유한
합명 ↔ 합자	합명 · 합자	합명 · 합자 · 주식 · 유한
합명 ↔ 주식	주식	주식
합명 ↔ 유한	유한	유한
합자 ↔ 합자	합자	합명 · 합자 · 주식 · 유한
합자 ↔ 주식	주식	주식
합자 ↔ 유한	유한	유한
주식 ↔ 주식	주식	주식
주식 ↔ 유한	주식 · 유한	주식 · 유한
유한 ↔ 유한	유한	유한
해산 후 회사 ↔ 존립 중 회사	존립 중 회사	허용되지 않음

3) 합병의 절차

(1) 절차 일반

① 합병계약의 체결

첫째, 합병계약은 당사회사의 대표자(흡수합병의 경우) · 설립위원(신설합병의 경우 – 제175조)이 체결한다. 신설합병의 경우 설립절차는 총사원의 동의(인적 회사의 경우 – 제175조 제2항, 제230조, 제269조) · 주주총회 · 사원총회의 특별결의(제175조 제2항, 제434조, 제585조)에 의하여 선임되는 설립위원이 공동으로 설립행위를 한다(제175조 제1항).

둘째, 합병계약서는 반드시 작성해야 하는 것은 아니며, 작성할 경우 특정한 방식도 요구되지 않는 것이 원칙이다(제230조 참조). 그러나 주식회사의 경우에는 법정사항을 기재한 합병계약서를 작성하여야 한다(제522조 제1항). 법정기재사항이란 합병조건·합병실시를 위한 필요조치 및 합병절차의 진행에 관한 사항 등이다. 여기에는 주식회사·유한회사가 당사회사인 경우(제522조 제1항, 제522조의2 제1항 제1호, 제524조, 제603조)와 당사회사의 일방 또는 쌍방이 합명회사·합자회사이고, 존속회사·신설회사가 주식회사인 경우(제525조)가 있다.

② 합병결의

이는 합병계약의 승인을 의미하는 것으로, 사원의 이익보호를 위한 대내적 절차이다. 인적 회사의 경우에는 총사원의 동의가 필요하지만(제230조, 제269조), 주식회사·유한회사의 경우 주주총회·사원총회의 특별결의(제522조, 제598조-제585조)가 필요하다. 나아가, 회사가 수종의 주식을 발행한 경우 합병으로 인하여 특정 종류의 주식을 가진 주주가 불이익을 받게 될 때에는 그들만의 종류주주총회의 결의(제436조)도 필요하다. 만약 합병에 반대하는 주주가 있다면(주주총회 결의를 요하지 않는 간이합병의 경우도 포함) 그들은 회사에 대한 주식매수청구권을 행사할 수 있다(제522조의3).

주식회사의 흡수합병과 관련하여, 간이합병의 경우(소멸회사의 총사원의 동의가 있거나, 소멸회사의 발행주식 총수의 100분의 90 이상을 존속회사가 소유하고 있는 경우)와 소규모합병의 경우(존속회사가 합병으로 발행할 주식 총수가 존속회사의 발행주식 총수의 100분의 5를 초과하지 않고, 합병교부금이 존속회사의 최종 대차대조표상의 순자산액의 100분의 2를 초과하지 않으며, 존속회사의 발행주식 총수의 100분의 20 이상에 해당하는 주식을 보유한 주주의 반대가 없는 경우)에는 이사회의 승인으로 주주총회의 승인에 갈음할 수 있다(제527조의2, 제527조의3).

③ 채권자 보호절차

합병의 경우 회사채권자에 대한 최고·공고, 이의제출·불제출의 효과(제232조, 제269조, 제527조의2, 제603조)에 관하여 주식회사의 자본감소절차의 경우와 동일한 규제가 행해지고 있다.

④ 합병의 실행

합병계약에서 정한 합병기일(제523조 제5호, 제524조 제5호, 제525조 제2항, 제603조)에 소멸회사의 재산·사원이 존속회사·신설회사에 인계·수용되어 당사회사는 실질적으로 합체한다.

존속회사·신설회사가 물적 회사인 경우 별도로 보고총회(흡수합병의 경우)·창립총회(신설합병의 경우)를 거쳐야 한다(제526조 제1항 내지 제2항, 제527조 제1항 내지 제3항, 제603조). 다만, 주식회사의 경우 이사회는 공고로써 보고총회·창립총회에 대한 보고에 갈음할 수 있다(제526조 제3항, 제527조 제4항).

⑤ 합병의 등기

합병등기로서는 소멸회사의 해산등기·존속회사의 변경등기·신설회사의 설립등기(제233조, 제269조, 제528조, 제602조)가 이루어진다. 합병등기까지는 합병의 당사회사는 모두 존속한다.

(2) 주식회사의 합병

① 합병계약의 체결

주식회사의 대표이사(흡수합병의 경우) 또는 설립위원(신설합병의 경우 - 제175조, 제434조)이 합병계약서를 작성함으로써 합병절차가 진행된다(제522조 제1항). 합병계약서에는 법정의 필요적 기재사항을 기재하여야 하며, 그 밖에 합병의 본질이나 법령에 위반하지 않는 사항을 임의로 기재할 수 있다.

㉠ 흡수합병의 경우의 법정기재사항

흡수합병의 경우 합병계약서에는 다음과 같은 사항을 기재하여야 한다(제523조).

ⓐ 존속회사가 합병 후 발행할 주식(수권주권)의 총수를 증가하는 경우 그 총수 및 종류와 수

ⓑ 존속회사의 증가할 자본과 준비금의 총액

ⓒ 존속회사가 합병 당시에 발행하는 신주의 총수와 그 종류·수 및 소멸회사의 주주에 대한 신주의 배정에 관한 사항

ⓓ 존속회사가 합병으로 인하여 소멸회사의 주주에게 지급할 금액을 정한 때에

는 그 규정. 합병으로 인하여 소멸회사의 주주에게 지급하는 금액이 '합병 교부금'이며, 이는 합병비율 조정의 수단으로 이용된다.

ⓔ 각 당사회사에서 합병의 승인결의를 한 사원총회 또는 주주총회의 회일

ⓕ 합병을 할 날

이는 '합병기일'로서, 소멸회사의 재산과 주주관계의 서류가 존속회사에 인도되어 당사회사가 '실질적으로' 일체가 되는 날이다. 이 합병기일은 합병등기에 관한 제528조 제1항의 '회사가 합병을 한 때', 즉 합병의 승인총회 · 채권자 보호절차 등의 합병을 하기 위하여 등기를 제외한 모든 절차를 완료한 때와 일치한다. 합병기일로부터 2주 내에 본점 소재지에서 합병등기를 하여야 하는데(제528조 제1항), 이 합병등기에 의하여 당사회사는 '법률적으로도' 일체가 된다.

ⓖ 존속회사가 합병으로 인하여 정관을 변경하기로 정한 때에는 그 규정

ⓗ 각 당사회사가 합병으로 인하여 이익의 배당 또는 중간배당(제462조의3 제1항)을 할 때에는 그 한도액

ⓘ 합병으로 인하여 존속회사에 취임할 이사와 감사 또는 감사위원회의 위원을 정한 때에는 그 성명 및 주민등록번호

Ⓛ 신설합병의 경우의 법정기재사항

신설합병의 경우 대체로 흡수합병의 경우에 상응하는 다음과 같은 사항을 기재하게 되어 있다(제524조).

ⓐ 신설회사의 목적 · 상호 · 수권주식의 총수 · 1주의 금액, 수종의 주식을 발행하는 경우 그 종류 · 수 및 본점 소재지

ⓑ 신설회사의 설립 당시에 발행하는 주식의 총수와 종류 · 수 및 주주에 대한 주식의 배정에 관한 사항

ⓒ 신설회사의 자본과 준비금의 총액

ⓓ 각 당사회사의 주주에게 지급할 금액을 정한 때에는 그 규정

ⓔ 각 당사회사에서 합병의 승인결의를 할 사원총회 또는 주주총회의 회일 및 합병을 할 날

ⓕ 신설회사의 이사와 감사 또는 감사위원회의 위원을 정한 때에는 그 성명 및 주민등록번호

② 사전공시

합병 당사회사의 이사는 합병승인 주주총회의 회일의 2주 전부터 합병을 한 날 이후 6월이 경과하는 날까지 다음의 서류를 본점에 비치하여야 하며, 주주와 회사채권자는 그 열람 및 등본·초본의 교부청구권을 행사할 수 있다(제522조의2). 그 비치할 서류는 합병계약서, 소멸회사의 주주에게 발행하는 주식의 배정에 관하여 그 이유를 기재한 서면, 각 당사회사의 최종의 대차대조표와 손익계산서 등이다. 이러한 공시제도는 주주에게는 승인총회에서의 의결권 행사에 관한, 회사채권자에게는 합병에 이의를 제기할 것인가에 관한, 합병등기 후에는 주주·채권자에게 합병무효의 소를 제기할 것인가에 관한 판단자료를 제공하도록 하기 위한 것이다.

③ 합병승인결의

㉠ 당사회사의 주주총회 특별결의

합병 당사회사의 재산상태·합병비율 등은 주주에게 중요한 문제이기 때문에, 각 당사회사는 합병계약서에 관하여 주주총회의 특별결의에 의한 승인을 얻어야 한다(제522조). 이 결의에 의하여 합병계약의 효력이 발생하고, 그 이후 그에 따른 합병의 절차가 진행된다. 합병승인에 관한 총회의 소집의 통지·공고에는 의제(목적사항) 외에 의안의 요령을 기재하여야 한다(제522조 제2항).

㉡ 흡수합병의 경우 간이합병과 소멸회사의 이사회의 결의

ⓐ 소멸회사의 총주주의 동의가 있거나, ⓑ 존속회사가 소멸회사의 발행주식 총수의 100분의 90 이상을 소유하고 있는 때에는 소멸회사의 이사회의 승인으로 주주총회의 승인에 갈음할 수 있다(제527조의2 제1항). 이를 간이합병이라고 한다.

ⓐ의 경우 총주주의 합병에 대한 동의가 있는 이상 구태여 총회의 소집과 결의에 관한 절차를 밟을 필요가 없으며, ⓑ의 경우 존속회사의 결의 내용이 소멸회사의 그것과 다를 수 없으므로 역시 소멸회사의 총회의 승인결의가 따로 필요 없다고 볼 수 있기 때문이다. 간이합병의 경우 소멸회사는 총주주의 동의가 있는 경우를 제외하고, 그 뜻을 공고하거나 주주에게 통지하여야 한다(동 조 제2항).

ⓒ 흡수합병의 경우 소규모합병과 존속회사의 이사회 결의

존속회사의 주주에게 지주비율의 저하 등의 영향이 크지 않다고 생각되는 일
정한 경우, 존속회사에서는 합병승인총회를 개최하지 않고 이사회의 결의로 그
승인에 갈음할 수 있다(제527조의3). 이를 소규모합병이라고 한다. 이로써 존
속회사에서는 주주총회의 개최를 위한 수고와 비용을 생략할 수 있고 합병의
일정도 단축할 수 있다. 소규모합병의 경우에도 소멸회사에서는, 위의 간이
합병에 해당하지 않는 한, 합병승인을 위한 주주총회의 결의를 거쳐야 한다.

ⓐ 소규모합병의 요건

소규모합병의 요건으로는 존속회사가 발행하는 신주, 곧 합병신주의 총수
(소멸회사의 주주에게 이전할 자기 주식 포함)가 그 회사의 발행주식 총수
의 100분의 5를 초과하지 않을 것, 소멸회사의 주주에게 지급할 금액 곧
합병교부금이 존속회사의 최종 대차대조표에서의 현존 순자산액의 100분의
2를 초과하지 않을 것이 필요하다(제527조의3 제1항). 존속회사가 100%
소유하는 자회사 곧 완전자회사를 합병하는 경우에는, 일반적으로 합병신주
를 발행하지 않기 때문에 소규모합병을 이용할 수 있다. 이 경우 소멸회사
는 간이합병(제527조의2)을 할 수 있다.

ⓑ 소규모합병 계약서의 기재 및 공고·통지

존속회사의 합병계약서에 소규모합병의 뜻을 기재하여야 하며(제527조의3 제
2항), 존속회사는 합병계약서를 작성한 날부터 2주 내에 소멸회사의 상호·
본점 소재지·합병기일 및 소규모합병의 뜻을 공고하거나 주주에게 통지하
여야 한다(제527조의3 제3항).

ⓒ 소규모합병의 반대

존속회사의 발행주식 총수의 100분의 20 이상의 주식을 소유한 주주가 소
규모합병의 뜻의 공고·통지일부터 2주 내에 회사에 서면으로 그 반대의
뜻을 통지를 한 때에는 소규모합병을 할 수 없고, 주주총회의 결의를 거쳐
야 한다(제527조의3).

ⓓ 소규모합병과 주식매수청구권 불허

소규모합병의 경우에는 주주총회를 개최하지 않기 때문에, 존속회사의 주주
에게 결의반대주주의 주식매수청구권이 인정되지 않는다(제527조의3 제5항).

㉣ 반대주주의 주식매수청구권

ⓐ 결의반대주주의 경우

합병계약서의 작성에 관한 이사회의 결의에 반대하는 주주는 주주총회 전에
회사에 대하여 서면으로 그 결의에 대한 반대의 의사를 통지하고, 그 총회
의 결의일부터 20일 이내에 주식의 종류·수를 기재한 서면으로 주식의 매
수청구를 할 수 있다(제522조의3 제1항, 제530조 제1항-제374조 제2항,
제374조의2 제2항 내지 제5항).

ⓑ 간이합병의 경우

간이합병의 경우 소멸회사의 주주는 주주총회의 승인 없이 합병을 한다는
회사의 공고 또는 주주에 대한 통지를 한 날부터 2주 내에 회사에 대하여
서면으로 합병에 반대한다는 뜻을 통지하고, 그 기간이 경과한 날부터 20일
이내에 주식의 종류·수를 기재한 서면으로 주식의 매수청구를 할 수 있다
(제522조의3 제2항). 소규모합병의 경우에는 존속회사의 주주에게 주식매수
청구권이 인정되지 않는다(제527조의3 제5항).

㉤ 채권자보호절차

ⓐ 채권자 보호의 필요성

회사가 재산상태가 좋지 않은 다른 회사와 합병하면 회사의 채무를 변제할
능력이 떨어지기 때문에 회사채권자의 이익을 해치게 된다. 따라서 합병의
경우 회사채권자의 이익보호가 중요한 문제가 된다.

ⓑ 이의제출의 공고·최고

합병 당사회사는 합병승인에 관한 주주총회(간이합병·소규모합병의 경우 이사회)의 결의일부터 2주 내에 1월 이상의 기간을 정하여 합병에 대한 이의를 제출할 것을 공고하고, 알고 있는 채권자에 대해서는 개별적으로 이를 최고하여야 한다(제527조의5 제1항, 제2항).

ⓒ 채권자의 이의제출

위의 기간 안에 이의제출을 하지 않은 채권자는 합병을 승인한 것으로 의제되며, 이의를 제출한 채권자에 대해서는 회사는 변제 또는 상당한 담보를 제공하거나 변제를 받게 할 목적으로 상당한 재산을 신탁회사에 신탁하여야 한다(제527조의5 제3항─제232조 제2항, 제3항).

ⓓ 사채권자의 이의제출의 경우

사채권자에 대한 이의제출의 공고·최고는 일반채권자의 경우와 마찬가지이지만, 사채권자의 이의제출은 사채권자집회의 결의가 필요하며(제530조 제1항─제439조 제3항 전문), 이 이의제출의 결의는 법원의 인가를 얻어야 효력을 발생하고(제498조), 이의의 의사표시는 수탁회사 또는 집회의 대표자·집행자가 한다(제500조, 제501조). 그리고 사채권자의 이의제출은 일반채권자에 비하여 상당한 시일이 더 필요하기 때문에, 법원은 이해관계인의 청구에 의하여 1월 이상으로 정한 이의제출 기간(제527조의5 제1항)을 연장할 수 있다(제630조 제1항─제439조 제3항 후문).

ⓔ 절차위반의 효과

합병절차의 위반은 합병무효의 소의 원인이 되고(제529조), 회사 임원에게는 과태료의 제재가 있다(제635조 제1항 제14호).

ⓗ 주식의 병합·분할

합병비율을 단순화하여 해산회사의 주주에 대한 합병신주의 할당을 원활히 하기 위하여 해산회사의 주식의 병합 또는 분할을 할 수 있다(제530조 제1항─제329조의2, 제530조 제3항─제440조 내지 제444조). 즉 해산회사의 다수의 주식에 대하여 존속회사 또는 신설회사의 소수의 주식을 할당하는 경우에는, 합병기일에 소멸회사의 주식 1주에 대하여 존속회사 또는 신설회사의 주식 1주를 할당하기 위해, 해산회사의 주식의 병합이 이루어진다. 반면에 해산회사의 소수의 주식에 대하여 존속회사·신설회사의 다수의 주식을 할당하는 경우에는 해산회사의 주식의 분할이 행하여지는 것이다.

⊗ 합병의 실행

ⓐ 재산·서류의 인계

합병기일(제523조 제6호·제524조 제5호)에 해산회사의 재산과 주주관계의 서류가 존속회사·신설회사에 인계되고, 또 보통 해산회사의 주주에게 존속회사 또는 신설회사의 주식이 할당된다. 이로써 당사회사는 실질적으로 합체된다.

ⓑ 흡수합병의 보고총회·신설합병의 창립총회

보고총회나 창립총회는 채권자 보호절차의 종료 후(합병으로 인한 주식병합의 경우 그 병합절차 등의 종료 후) 지체 없이 소집하여야 하는데(제526조 제1항·제2항, 제527조 제1항·제2항), 이사회는 공고로써 이러한 주주총회에 대한 보고에 갈음할 수 있다(제526조 제3항, 제527조 제4항).

> ☞ **대법원 2009.4.23. 선고 2005다22701, 22718 판결**
>
> 상법 제527조 제4항은 신설합병의 경우 이사회의 공고로써 신설합병의 창립총회에 대한 보고에 갈음할 수 있다고 규정하고 있고, 상법 제528조 제1항은 신설합병의 창립총회가 종결한 날 또는 보고에 갈음하는 공고일로부터 일정기간 내에 합병등기를 하도록 규정하고 있으므로, 상법 제527조 제4항은 신설합병의 창립총회 자체를 이사회의 공고로써 갈음할 수 있음을 규정한 조항이라고 해석된다. 한편, 상법 제527조 제2항은 신설합병의 창립총회에서 정관변경의 결의를 할 수 있되 합병계약의 취지에 위반하는 결의는 하지 못하도록 규정하고 있는바, 정관변경은 창립총회에서 할 수 있다는 것이지 반드시 하여야 하는 것은 아니고, 주식회사를 설립하는 창

립총회에서는 이사와 감사를 선임하여야 한다는 상법 제312조의 규정이 상법 제527조 제3항에 의해서 신설합병의 창립총회에 준용되고 있다 하더라도, 상법 제524조 제6호에 의하면 합병으로 인하여 설립되는 회사의 이사와 감사 또는 감사위원회 위원을 정한 때에는 신설합병의 합병계약서에 그 성명 및 주민등록번호를 기재하게 되어 있고, 그 합병계약서가 각 합병당사회사의 주주총회에서 승인됨으로써 합병으로 인하여 설립되는 회사의 이사와 감사 등의 선임이 이루어지는 만큼, 이러한 경우에는 굳이 신설합병의 창립총회를 개최하여 합병으로 인하여 설립되는 회사의 이사와 감사 등을 선임하는 절차를 새로이 거칠 필요가 없고 이사회의 공고로 갈음할 수 있다.

상법은 신설합병의 창립총회에 갈음하는 이사회 공고의 방식에 관하여 특별한 규정을 두고 있지 아니하므로, 이 경우 이사회 공고는 상법 제289조 제1항 제7호에 의하여 합병당사회사의 정관에 규정한 일반적인 공고방식에 의하여 할 수 있다.

◎ 합병등기

이상의 합병절차가 완료되면 소멸회사의 해산등기, 흡수합병의 경우 존속회사의 변경등기 및 신설합병의 경우의 신설회사의 설립등기가 있게 되며(제528조 제1항), 존속회사·신설회사가 전환사채·신주인수권부사채를 승계하는 경우에는 사채의 등기도 필요하다(동 제2항).

존속회사·신설회사의 대표이사는 채권자 보호절차의 경과, 합병을 한 날(합병등기일), 소멸회사로부터 승계한 재산의 가액·채무액, 그 밖의 합병에 관한 사항을 기재한 서면을 합병을 한 날부터 6월간 본점에 비치하여야 하며(제527조의6 제1항), 주주 및 회사채권자는 영업시간 내에는 언제든지 그 열람과 등본·초본의 교부를 청구할 수 있다(동 조 제2항).

4) 합병의 효과

(1) 회사의 변동

흡수합병의 경우 당사회사 일부의 해산·존속회사의 정관변경이 되며, 신설합병의 경우 당사회사 전부의 해산·신설회사의 설립이 된다. 합병의 효력발생과 동시에 해산회사가 소멸하기 때문에 청산절차가 필요하다.

(2) 권리·의무의 포괄적 승계

합병에 의하여 존속회사·신설회사는 해산회사의 권리의무를 일괄하여 당연히 승계한다. 따라서 개별적 이전행위는 필요치 않으며, 해산회사의 권리·의무 내지 재산의 일부에 대한 승계·이전을 제외하는 합병은 인정되지 않는다(제531조 참조).

(3) 사원의 수용

해산회사의 주주 전원이 존속회사·신설회사의 주주가 된다. 특히 해산회사의 주주는 그 보유 지분인 주식에 비례하여 존속회사·신설회사의 주식의 배정을 받아 주주가 된다.

5) 합병의 무효

(1) 서설

합병이 그 본질에 반하는 경우 또는 합병절차에 하자가 있었던 경우 합병의 무효를 가져오는 것이 원칙이다. 그러나 일단 외형상 유효하게 성립한 합병의 무효를 일반원칙에 따라 처리하면, 합병과 관련된 법률관계에 혼란을 가져오게 되어 타당하지 않다. 따라서 상법은 합병무효의 소를 인정하여, 무효의 주장을 제한하고, 무효의 효과를 획일적으로 확정하고, 또한 그 소급효를 부정하고 있다.

(2) 무효의 주장

① 무효원인

㉠ 일반적인 합병무효사유

통상의 합병무효사유로는 합병계약서를 작성하지 않거나 법정기재사항의 흠결,

합병의 본질에 반하는 내용의 합병계약서의 승인 기타 주주총회의 합병결의에 무효·취소 원인의 존재, 채권자 보호절차를 거치지 않은 경우, 보고총회·창립총회를 개최하지 않거나 또는 이에 갈음하는 공고의 흠결 등이 있다(대판 1969.9.23. 69다837).

ⓛ 합병비율의 불공정

합병비율(合倂比率)이란 흡수합병의 경우에는 존속회사가 소멸회사의 주주에게 신주를 발행함에 있어 그 배정의 기준이 되는 소멸회사의 주식과 존속회사의 주식의 교환비율을 말하며, 신설합병의 경우에는 신설회사의 주식과 소멸회사의 주식 간의 교환비율을 말한다. 이러한 합병비율이 불공정하게 결정되어 합병의 공정성이 침해되는 경우, 이를 합병무효의 소로써 다툴 수 있을 것인지가 문제된다.

ⓐ 학설대립

이에 대하여 합병비율은 사적 자치에 속하는 문제로서, 주주총회에서 이에 대한 승인이 이루어지고 합병절차를 모두 이행한 이상 합병비율만의 불공정을 이유로 합병에 무효사유가 있다고는 할 수 없다는 견해(부정설)가 있다.[21] 이에 대하여 합병비율은 주주에게 있어서 합병의 대가를 의미하는 것으로 주주의 이해관계에 중대한 영향을 미치는 것이라는 점, 합병결의에서는 다수결의 원리가 적용되므로 소액주주의 권리보호를 위해서는 이를 무효원인으로 인정할 필요가 있다는 점 등에 비추어, 합병비율의 불공정이 현저한 경우에는 합병무효사유가 된다는 견해(긍정설)가 있다.[22]

ⓑ 판례

판례는 "합병비율을 정하는 것은 합병계약의 가장 중요한 내용이고, 그 합병비율은 합병할 각 회사의 재산 상태와 그에 따른 주식의 실제적 가치에 비추어 공정하게 정함이 원칙이며, 만일 그 비율이 합병할 각 회사의 일방에게 불리하게 정해진 경우에는 그 회사의 주주가 합병 전 회사의 재산에

---

21) 鈴木竹雄, "合倂契約の一考察", 『商法研究(3)』(有斐閣, 1983), 214쪽.
22) 정찬형, 『상법강의(상)』(박영사, 2009), 469쪽; 최기원, 앞의 책, 1287쪽; 정동윤, 『상법(상)』(법문사, 2003), 834쪽.

대하여 가지고 있던 지분비율을 합병 후에 유지할 수 없게 됨으로써 실질적으로 주식의 일부를 상실케 되는 결과를 초래하므로, 현저하게 불공정한 합병비율을 정한 합병계약은 사법관계를 지배하는 신의성실의 원칙이나 공평의 원칙 등에 비추어 무효이고, 따라서 합병비율이 현저하게 불공정한 경우 합병할 각 회사의 주주 등은 상법 제529조에 의하여 소로써 합병의 무효를 구할 수 있다"고 판시하였다. 이는 긍정설의 견해를 취한 것으로 해석된다 (대판 2008.1.10. 2007다64136).

ⓒ 검토

합병비율이 당사회사의 재산상태 수익력으로 보아 약간 불공평한 경우에는, 그 정도가 利害가 서로 다른 회사 간에 합병에 이르기 위한 조건으로는 부득이하지만, 현저하게 불공정한 경우에는 당사회사 간에 주식가치가 현저하게 균형을 잃어 주주 전반의 이익 형평을 유지하지 못하므로 합병의 무효원인이 된다고 하여야 할 것이다. 그리고 주식매수청구권은 주주가 회사로부터 이탈하는 것을 전제로 하는 것이며, 회사에 잔류하면서 공정한 합병을 구하는 주주에게는 무력한 것이다. 따라서 긍정설이 옳다고 본다.

☞ **인천지방법원 1986.8.29. 선고 85가합1526 판결**

흡수합병의 경우 합병비율 즉 존속회사가 합병 당시 발행하는 신주를 소멸하는 회사의 주주에게 배정, 교부함에 있어서 적용할 비율을 정하는 것이 합병계약의 가장 중요한 내용이 된다 할 것인데, 합병비율은 합병당사회사의 재산상태와 그에 따른 주식의 객관적 가치에 비추어 공정하게 정함이 원칙이라 할 것이고, 만일 그 비율이 합병당사회사의 일방에게 불리하게 정해진 경우에는 그 회사의 주주가 합병 전 회사 재산에 대하여 가지고 있던 지분비율을 합병 후에 유지할 수 없게 됨으로써 실질적으로 주식의 일부를 상실케 하는 결과를 초래하는 만큼 현저하게 불공정한 합병비율을 정한 합병계약은 사법관계를 지배하는 신의성실의 원칙이나 공평의 원칙에 반하여 무효라고 할 것인바, 위 인정사실에 의하면 합병당시 순자산액을 기준으로 할 때 피고회사와 소멸회사의 발행주식 1주의 가치가 무려 17:1이나 됨에도 불구하고 합병비율은 1:1로 정해졌다는 것이니 그렇다면 기업 자체나 주식의 가치가 대차대조표상의 자산상태나 영업실적에 의하여 엄밀하게 측정할 수 있는 성질의 것이 못 되고 장래의 사업전망이나 경기변동 등 불확실한 요인에 의하여 영향을 받게 된다는 점을 감안한다 하더라도 달리 위와 같은 합병비율을 수긍할 만한 아무런 합리적 이유도 찾아볼 수 없는 이에 있어서 위 합병비율은 현저하게 불공정하다고 할 수밖에 없고, 따라서 피고회사와 소멸회사 사이에 체결된 이 사건 합병계약은 그 내용으로 된 합병비율이 현저하게 부당하여 무효라 할 것이다.

☞ **대법원 2009.4.23. 선고 2005다22701, 22718 판결**

현저하게 불공정한 합병비율을 정한 합병계약은 사법관계를 지배하는 신의성실의 원칙이나 공평의 원칙 등에 비추어 무효이고, 따라서 합병비율이 현저하게 불공정한 경우 합병할 각 회사의 주주 등은 상법 제529조에 의하여 소로써 합병의 무효를 구할 수 있다. 다만, 합병비율은 자산가치 이외에 시장가치, 수익가치, 상대가치 등 다양한 요소를 고려하여 결정되어야 할 것인 만큼 엄밀한 객관적 정확성에 기하여 유일한 수치로 확정할 수 없고, 그 제반 요소의 고려가 합리적인 범위 내에서 이루어진 것이라면 결정된 합병비율이 현저하게 부당하다고 할 수 없다. 따라서 합병당사회사의 전부 또는 일부가 주권상장법인인 경우 증권거래법과 그 시행령 등 관련 법령이 정한 요건과 방법 및 절차 등에 기하여 합병가액을 산정하고 그에 따라 합병비율을 정하였다면 그 합병가액 산정이 허위자료에 의한 것이라거나 터무니없는 예상 수치에 근거한 것이라는 등 특별한 사정이 없는 한, 그 합병비율이 현저하게 불공정하여 합병계약이 무효로 된다고 볼 수 없다.

② 주장방법

합병무효의 사유가 있는 경우 그 흠결은 합병무효의 소(제529조)로만 다툴 수 있다. 합병무효의 소를 제기한 주주는 동시에 주식의 매수청구권(제522조의3)을 행사할 수 있는가가 문제이다.

주주로서는, 보통 먼저 합병승인결의의 하자에 관한 소 또는 합병무효의 소로써 합병의 효력을 다투고, 그것이 받아들여지지 않으면 주식매수청구권을 행사하는 경우를 생각할 수 있다. 그런데 주식매수청구는 총회의 결의일부터 20일 이내에 행사할 수

있으므로(제522조의3 제1항), 먼저 총회결의 또는 합병의 하자를 주장하였다가 패소
하면 주식매수청구권을 행사할 수 없게 된다. 따라서 어느 일방만 인정된다고 하면
주주의 보호가 불충분해지므로 양자의 청구는 양립될 수 있다고 보아야 할 것이다.[23]

(3) 합병무효의 소

① 제소권자

합병무효의 소는 주주·청산인·파산관재인·합병 불승인의 회사채권자 외에 이
사·감사도 제기할 수 있다(제529조 제1항).

② 제소기간

합병무효의 소는 합병등기일부터 6월 내에 제소하여야 한다(제529조 제2항).

③ 절차

합병무효의 소의 절차는 설립무효의 소·신주발행무효의 소·감자무효의 소와 동
일하다(제530조 제2항-제234조, 제237조, 제329조의2, 제374조).

④ 판결의 효력

합병무효의 판결은 제3자에 대해서도 효력이 있다(판결의 대세적 효력-제190조 본
문). 합병무효의 판결은 판결확정 전에 생긴 주주 및 제3자 간의 권리의무에 영향을
미치지 않는다(판결의 소급효의 제한-동 조 단서). 합병 당사회사가 합병 후 부담한
존속회사·신설회사의 채무에 대해 연대하여 변제책임을 진다(제530조 제2항).

⑤ 합병무효의 소와 합병결의 무효·취소의 소의 관계

㉠ 합병의 효력발생 전에는 합병결의 무효·취소의 소(제376조, 제380조)를 제기
할 수 있다. 합병결의 취소사유가 있는 경우 합병무효의 소에 의하여 주장을
하여야 한다면, 제376조에 2월의 제소기간 제한이 있다고 보아야 하고, 그렇다
면 합병등기에 의하여 합병이 효력이 발생하기 전에 합병무효의 소를 제기하여

---

23) 최기원, 앞의 책, 786쪽.

야 하므로 곤란하다.

ⓛ 합병의 효력발생 후에는 결의 무효·취소의 소 제기가 허용되지 않는다(대판 1993.5.27. 92누14908). 그 이유는 결의취소의 소의 제기 후 합병의 효력이 발생하게 된 경우 또는 합병무효의 소도 주주총회의 절차적 하자를 이유로 하는 경우에는, 결의일부터 2월 내에 제기하여야 한다고 해석되기 때문이다. 이는 제376조 제1항의 주주총회결의 취소의 소와의 균형을 유지하려는 것이다.

> ☞ **대법원 1993.5.27. 선고 92누14908 판결**
>
> 회사의 합병에 있어서 합병등기에 의하여 합병의 효력이 발생한 후에는 합병무효의 소를 제기하는 외에 합병결의무효확인 청구만을 독립된 소로서 구할 수는 없고, 또 청구의 인낙은 당사자의 자유로운 처분이 허용되는 권리에 관해서만 허용되는 것으로서 회사법상의 주주총회결의의 하자를 다투는 소나 회사합병무효의 소 등에 있어서는 인정되지 아니하므로, 이와 같이 법률상 인정되지 아니하는 권리관계를 대상으로 하는 청구인낙은 그 효력이 없다고 할 것이다. 사실관계가 원심이 인정한 바와 같다면, 재설공영의 주주총회에서 이루어진 원고와 재설공영 사이의 합병결의의 효력을 다투어 소외 이영우가 원고를 상대로 제기한 무효확인청구소송에서 원고가 위 이영우의 청구를 인낙하고 그에 관하여 인낙조서가 작성되었다 하여 그 합병이 무효로 되는 것은 아니라 할 것이므로, 그 합병으로 인하여 원고에게 이전된 이 사건 면허는 의연히 원고에게 남아 있다고 보아야 할 것이다.

4. 영업양수

기업결합으로서의 영업양수는 광의의 의미와 협의의 의미로 구분할 수 있다. 광의의 의미에서의 영업양수라 함은 다른 회사의 영업의 전부 또는 주요 부분의 양수, 영업의 임대차, 경영의 수임이나 다른 회사의 영업용 고정 자산의 전부 또는 주요 부분의 양수를 의미한다. 반면 협의의 영업양수에는 상호 출자 허용 사유로서의 영업양수와 같이 영업 전부의 양수만을 의미한다.[24]

---

24) 박상용·엄기섭, 위의 책, 104~105쪽.

1) 상법상 영업양도의 개념

영업양수의 이면은 영업양도가 되므로 이하에서는 상법에서와 같이 영업양도를 중심으로 그 내용을 살펴본다.

(1) 영업의 개념

상법상 영업이란 주관적 의의의 영업과 객관적 의의의 영업을 구분하여 언급하고 있다. 즉 전자는 상인의 영업상의 활동 그 자체를 의미하며, 후자의 경우는 기업의 일정한 영업의 목적을 위하여 조직된 사회적·경제적 활력을 가진 유기적 일체로서의 영업재산을 의미한다. 이러한 영업재산에는 적극재산(동산, 부동산, 제한물권 등)과 소극재산(영업에 관하여 발생한 모든 채무) 및 사실관계(고객관계, 판매의 기회, 구입처 관계, 경영 내부의 조직, 영업상의 경험과 비결)까지도 포함된다.

비록 이렇게 구분하고 있지만, 양자는 유기적 일체로서 한편으로는 활동의 측면에서 기업을 관찰한 것이고, 다른 한편으로는 재산의 측면에서 관찰한 것으로 상호 밀접한 관련을 가지고 있다고 하겠다.

(2) 영업양도의 개념

즉 영업양도의 개념은 견해가 대립되고 있는데, 영업의 구성요소를 어디에 중점을 두느냐에 따라 영업재산양도설, 영업유기체양도설, 기업자체이전설, 지위·재산이전설 등의 견해가 있다. 다수설 및 판례[25]는 영업재산양도설을 취하고 있다. 이에 의할 경우 영업양도란 일정한 영업목적을 위하여 조직화된 유기적 일체로서의 기능재산(적극재산 및 소극재산)[26] 등의 동일성이 유지되는 일괄이전을 목적으로 하는 채권계약이라고 할 수 있다. 따라서 영업양도가 있는지에 대한 판단은 양수인이 당해 분야의 영업을 경영함에 있어서 무(無)로부터 출발하지 않고 유기적으로 조직화된 수익의 원천으로서의 기능적 재산을 이전받아 양도인이 하던 것과 같은 영업적 활동을 계속하고 있다고 볼 수 있는지에 의하게 된다.[27]

---

25) 대판 1989.12.26. 88다카10128; 대판 1995.7.25. 95다7987.
26) 유기적 일체로서의 기능재산이란 영업을 구성하는 유형·무형의 재산과 경제적 가치를 갖는 사실관계가 서로 유기적으로 결합하여 수익의 원천으로서 기능하는 것처럼 유기적으로 결합한 수익의 원천으로서 기능적 재산이 마치 하나의 재화와 같이 거래의 객체가 된다는 것을 의미한다.

(3) 법적 성질

영업양도는 영업양도의 대가가 금전이면 매매와 유사하고, 대가가 금전 이외의 재산이면 교환과 유사한 혼합계약적 성질을 가지고 있다고 할 수 있다. 나아가, 이전하는 목적물에는 물건, 권리 기타 재산 이외의 사실관계까지 포함된다고 한다.

2) 영업양도의 형태

(1) 영업의 전부 또는 주요 부분의 양수

기업결합의 신고요령에 의하면, "영업이라 함은 회사의 사업 목적을 위하여 조직화되고 유기적 일체로서 기능하는 재산권의 집합을 말한다고 규정하고 있다. 여기에는 판매권(판매에 관련된 조직·인력·대리점 계약관계 등을 포함한다), 특허권·상표권 등 무체재산권, 기타 인허가와 관련되어 재산상의 가치가 있는 것을 포함한다"라고 규정하고 있고, "주요 부분이라 함은 양수 또는 임차 부분이 독립된 사업 단위로서 영위될 수 있는 형태를 갖추고 있거나 양수 또는 임차됨으로써 양도회사의 매출의 상당한 감소를 초래하는 경우로서, 영업양수 금액이 양도회사의 직전 사업연도 종료일 현재 대차대조표상의 자산총액의 100분의 10 이상이거나 50억 원 이상인 경우를 말한다. 다만, 영업양수 금액에는 양수 목적물인 영업 부문에 대한 양수 대금 이외에 관련 부채의 인수 시 그 부채 금액을 포함하며, 영업의 전부 또는 주요 부분을 임차하거나 경영 수임의 경우에는 임차료 또는 수임료의 연간 총금액을 위 영업양수 금액에 준하여 적용한다"라고 규정하고 있다.

(2) 영업의 임대차

영업의 임대차란 영업의 전부 또는 일부를 일정한 기간 타인에게 대여하는 계약으로서 임차인은 기업 주체로서 자신의 명의로 영업을 수행하고 손익의 귀속 주체가 되는 것이다. 영업의 임대차는 임차인이 기업 규모를 확대하거나 결합기업의 유지관리 수단으로 이용하는 법기술이다.[28]

---

27) 영업양도가 있었다고 인정하려면 당사자 사이에 영업양도에 관한 합의가 있거나 영업상의 물적·인적 조직이 그 동일성을 유지하면서 양도인으로부터 양수인에게 일체로서 포괄적으로 이전되어야 한다(대판 1995.7.14. 94다20198).

이러한 영업의 임대차는 영업양도와 마찬가지로 원칙적으로 자유이나, 예외적으로 일정한 경우에는 특별법에 의하여 제한되고 있다. 즉 공정거래법에 의하여 일정 규모 이상의 회사는 일정한 거래분야에서 경쟁을 실질적으로 제한하는 경우에는 다른 회사의 영업의 전부 또는 주요 부분을 임차할 수 없다(동법 제7조 제1항 제4호).

(3) 경영의 수임 등

경영의 수임이라 함은 영업의 양도·양수회사 간에 경영을 위탁하는 계약 체결 등을 통하여 수임인이 경영권 행사의 주체로서 활동하는 것을 말하며,[29] 협의의 경영위임은 물론 경영관리계약까지도 포함하는 개념이다. 경영위임이란 기업의 경영을 타인에게 위임하는 계약인바, 영업소유자인 위임자가 대외적으로 영업자로 나타나는 점에서 영업의 임대차와 구별된다. 즉 위임자의 명의로 영업을 수행하나 실질적으로는 수임인이 경영을 담당하게 되는데, 내부관계에서 손익의 귀속점을 위임자로 할 때에는 협의의 경영위임이 되고 이를 수임자로 할 때에는 경영관리계약으로 칭하는 것이 보통이다.[30]

3) 영업양도의 절차

(1) 당사자

영업의 양도인은 상인이고, 양수인은 상인 또는 비상인이다. 만약 상인이 아닌 자가 영업을 양수하면 그것은 영업을 위한 보조적 상행위가 될 것이고, 이 경우 상인 아닌 자가 상인자격을 취득하려면 영업개시를 하여야 한다. 구체적으로 말하면, 영업양수에 의한 기업존재에 대한 객관적 인식과 영업의사가 나타나야 한다.

(2) 영업양도의 절차

① 영업양도의 경우
영업양도인이 개인 상인인 경우에는 영업양도계약은 당사자의 의사표시로 결정되

---

28) 정호열, 앞의 책, 229쪽.
29) 김홍석·한경수, 앞의 책, 72쪽.
30) 정호열, 앞의 책, 229~230쪽.

는 불요식의 낙성계약이라고 할 수 있다. 따라서 당사자의 의사표시의 합치만 있으면 아무런 구속 없이 자유로이 영업양도계약을 체결할 수 있다. 반면 영업양도인이 회사인 경우에는 상법상 일정한 절차에 따르도록 규정하고 있다. 먼저, 합명회사와 합자회사가 존립 중에 영업을 양도하는 경우에는 총사원의 동의(상법 제204조, 제269조), 해산 후에는 총사원의 과반수 동의가 필요하다고 한다(상법 제257조, 제269조). 다음으로 주식회사와 유한회사가 영업을 양도하는 경우에는 해산 전후를 묻지 아니하고 주주총회 특별결의 내지 사원총회의 특별결의 절차를 거쳐야 한다(상법 제374조 제1항 제1호, 제576조 제1항).

② 영업양수의 경우

영업양수인이 개인 상인인 경우에는 영업양도인이 개인인 경우와 마찬가지이다. 반면, 영업양수인이 회사인 경우에는 주식회사와 유한회사의 경우에는 별도의 규정을 두고 있다. 즉 위의 회사가 다른 회사의 영업 전부 또는 중요 일부를 양수한 때에도 주주총회 내지 사원총회의 특별결의를 요한다(제374조 제3호, 제576조 제1항)고 규정하고 있다. 하지만 합명회사와 합자회사의 경우에는 이에 대한 아무런 규정을 두고 있지 않다. 그렇지만 영업양도와 마찬가지로 총사원의 동의가 필요하다고 한다.

☞ **대판 1999.4.23. 98다45546**

주식회사가 양도·양수에 관련되어 있는 경우에 그 양도·양수가 영업 주체인 회사로부터 영업 일체를 양수하여 회사와는 별도의 주체인 양수인이 양수한 영업을 영위하는 경우에 해당한다면 상법 제374조 제1항 제1호에 따라 회사의 양도·양수에 반드시 주주총회의 특별결의를 거쳐야 하는 것이지만, 회사의 주식을 그 소유자로부터 양수받아 양수인이 회사의 새로운 지배자로서 회사를 경영하는 경우에는 회사의 영업이나 재산은 아무런 변동이 없고 주식만이 양도될 뿐이므로 주주총회의 특별결의는 이를 거칠 필요가 없으며, 설사 당사자가 그 경우에도 회사 재산의 이전이 따르는 것으로 잘못 이해하여 양도계약 후 즉시 주주총회의 특별결의서를 제출하기로 약정하고 있다 하더라도, 당사자가 그러한 약정에 이르게 된 것은 계약의 법적 성격을 오해한 데서 비롯된 것이므로, 그 약정은 당사자를 구속하는 효력이 없다.

③ 절차위반의 효력

만일 출자자 단체의 의사결정절차를 밟지 아니하고 회사의 대표기관이 영업양도 내지 양수의 절차를 밟았다면 그 계약은 무효라고 본다.

4) 영업양수도의 효과

(1) 당사자 간의 효과

영업양도의 당사자 간의 효과로서 양도인은 적극적 의무로 영업재산 이전의무를, 소극적 의무로 경업금지의무를 부담한다.

① 영업재산 이전의무(적극적 의무)

양도인은 각종 영업재산을 양수인에게 이전하여 그로 인하여 이익을 받게 할 적극적 의무를 부담한다. 영업재산의 범위는 당사자 간의 특약이 없는 한 영업에 속하는 일체의 재산을 말한다. 다만, 영업양도는 회사의 합병과는 달리 포괄승계가 아니므로 재산의 종류에 따라 각각 개별적 이전절차를 밟아야 한다. 즉 제3자에 대한 대항요건이 필요한 경우에는 그에 따른 절차를 밟아야 한다. 예를 들면, 동산의 경우 인도, 부동산과 상호의 경우에는 등기, 특허권과 상표권의 경우에는 등록, 지명채권의 경우에는 채무자에 대한 통지나 승낙, 지시채권의 경우에는 배서·교부, 기명주식의 경우에는 명의개서 등의 절차를 밟아야 한다.

다만, 고용계약상의 권리도 이전하는가에 대해서는 견해의 대립이 있으나, 양도인은 상업사용인 등에 대한 고용계약상의 권리도 이전된다고 본다(판례). 다만, 실제로는 당사자 간의 영업양도계약에 따라 이전 여부가 결정될 것으로 보이며, 사용인의 의사에 반하여 이전하는 경우는 없을 것으로 본다.

② 경업금지의무(소극적 의무)

경업금지의무의 근거를 경영자의 지위이전설에 의하면 경영자적 지위의 이전의 효과라고 할 수 있으나, 영업재산양도설에 의하면 이는 영업양도의 효과라고 하기보다는 법률 또는 의사표시에 의한 효과라고 할 수 있다.

다만, 경업금지의무를 언제까지 부담하여야 하는가에 대해서는 상법상 규정을 두고 있다. 즉 당사자 사이에 특약이 없는 경우 양도인은 10년간 동일한 특별시·광역시·시·군과 인접한 특별시·광역시·시·군에서 동종영업을 하지 못하며(제41조 제1항), 당사자 사이에 특약이 있는 경우에는 동일한 특별시·광역시·시·군과 인접 특별시·광역시·시·군에 한하여 20년을 초과하지 않는 범위에서 효력이 있다(제41조 제2항)고 하겠다. 따라서 만약 이 기간을 초과하는 약정을 하였다면 그 약정은 20년 내에서만 효력이 있고, 그 초과 부분에 대해서는 무효가 된다고 하겠다.

(2) 대외적 효과

① 영업양도인의 채권자에 대한 관계

㉠ 상호를 속용하는 경우

원칙적으로 영업양수인은 영업으로 인한 제3자의 채무를 인수하여야 한다(제42조 제1항). 다만, 영업양도인과 영업양수인이 함께 지체 없이 채무불인수에 대한 통지를 채권자(제3자)에게 하거나 영업양수인이 영업양도인의 영업상 채무를 인수하지 않을 것을 약정하고 이를 지체 없이 등기한 경우는 그 책임을 면한다(제42조 제2항). 판례도 양수인만이 채권자에게 책임을 지지 않는다는 뜻을 통지한 경우에는 양수인은 변제책임을 면할 수 없다고 한다.[31]

ⓛ 상호를 속용하지 않는 경우

원칙적으로 영업양수인은 영업양도인의 영업으로 인한 채무를 인수할 책임은
없다. 다만, 영업양수인이 영업양도인의 채무인수를 광고한 때에는 그에 대한
변제책임을 진다(제44조).

ⓒ 연대책임

위의 경우에서 영업양도인은 영업양수인과 연대책임을 지며, 이러한 책임은 영
업양도 후, 채무인수 광고 후를 기준으로 하여 2년이 경과하면 소멸한다(제척
기간).

② 영업양도인의 채무자에 대한 관계

㉠ 상호를 속용하는 경우

영업양도인의 사실상 채권양도가 없다 하더라도 채권양도에 대한 외관이 존재
하므로 영업양도인의 영업으로 인한 채권에 대하여 채무자가 선의이며 중과실
없이 영업양수인에게 그의 채무를 변제하면 그에 대한 효력이 인정된다(제43조).
따라서 양도인의 채무자는 양도인에게 다시 채무를 변제할 필요가 없다.

ⓛ 상호를 속용하지 않는 경우

영업양도인의 채권이 영업양수인에게 양도되지 않은 경우에 영업양도인의 채
무자가 선의 또는 무중과실로 영업양수인에게 변제하였다 하더라도 그에 대한
책임을 면하지 못한다. 따라서 영업양도인의 채무자는 영업양도인이 그 채무에
대한 청구를 하게 되면 영업양수인에게 변제하였다는 사실을 주장하지 못하고
다시 지급하여야 한다.

5) 영업임대차의 절차

영업의 임대차에 관해서는 상법에 규정이 없으므로, 그 성질이 허용하는 한, 민법의
임대차에 관한 규정을 유추 적용하여 임대차 절차를 취한다. 다만, 임대인이 물적 회사인

---

31) 대판 1976.4.27, 75다1209 · 1210.

경우 그 회사가 영업 전부를 임대하는 경우에는 내부절차로서 주주총회(사원총회)의 특별결의를 요하고(상법 제374조 제1항 제2호 전단, 제576조), 이러한 특별결의에서 그 임대차에 반대하는 주주가 있는 경우에는 그 주주에게는 주식매수청구권이 인정되므로(상법 제374조의2), 회사는 이러한 절차도 밟아야 한다.[32]

5. 새로운 회사설립에의 참여

새로운 회사의 설립은 기존 시장에 새로운 시장진입자가 나타나게 되어 기존의 시장집중이 완화될 수 있으므로 시장구조를 개선할 수 있다. 하지만 이와는 달리 새로운 회사설립의 부정적인 측면에서 경쟁제한을 초래할 수 있는 경우도 존재한다. 예를 들면, 둘 이상의 회사가 출자하여 원재료의 공동구매나 제품의 공동판매 혹은 기술의 공동개발을 위하여 합작회사를 설립하는 경우를 들 수 있다.[33]

이와 관련하여 공정거래법 제7조 제1항 제5호 단서에서는 '특수관계인 외의 자는 참여하지 아니한 경우'[34]와 '상법 제530조의2 제1항의 규정에 의하여 분할에 의한 회사설립에 참여하는 경우'[35]에는 기업결합의 규제를 받지 않는다고 규정함으로써 본 규정이 적용되는 것은 상호 경쟁관계에 있는 2 이상의 회사가 경쟁을 제한하기 위하여 새로운 회사를 설립하는 경우에 한하고 있다.[36] 여기에서 분할이란 상법상의 단순 분할로, 기존의 회사의 영업 부분만을 떼내어 판매회사를 설립하는 것과 같이 기존의 피분할회사가 복수의 회사로 분할하는 법 현상을 말한다. 다만, '규제의 대상에서 제외된다'고 함은 기업결합 신고의무가 면제되는 것이 아니라, 실체적 규제의 대상에서 제외된다는 의미일 뿐이다.[37]

---

32) 정찬형, 앞의 책, 178쪽.
33) 정호열, 앞의 책, 230쪽.
34) 예를 들면, 하나의 기존 회사가 단독으로 회사를 설립하는 경우를 들 수 있다.
35) 예를 들면, 기존 회사가 상법상의 인적 분할 또는 물적 분할에 의하여 새로운 회사를 설립하는 경우를 들 수 있다.
36) 김홍석 · 한경수, 앞의 책, 73쪽.
37) 정호열, 앞의 책, 230쪽.

제3절 결합하는 기업 상호 간의 관계에 의한 분류

1. 수평적 기업결합

1) 개념

수평적 기업결합(Horizontal merger)이란 동일한 지역시장 내에서 경쟁관계에 있는, 즉 동종 또는 유사 제품을 생산 및 판매하는 2개 이상의 기업들 간의 결합을 의미한다. 이에 대한 예로는 자동차 제조회사 상호 간의 결합을 들 수 있다.

이러한 형태의 기업결합은 동일한 지역시장 내에서 경쟁을 강력하게 제한하기 때문에 공정거래법상 가장 주요한 규제대상으로 되고 있다.[38] 예를 들면, 공정거래위원회는 현대백화점 등 6개 회사의 계열회사인 관악케이블 TV방송이 관악유선방송국을 취득하는 것은 서울시 관악구 지역에서 종합유선방송사업을 영위하는 경쟁관계에 있는 회사 간의 기업결합인 수평적 기업결합에 해당한다고 판단하였다.[39] 그 밖에도 현대자동차가 기아자동차의 주식을 취득한 경우[40]나 에스케이텔레콤이 신세기통신의 주식을 취득한 경우,[41] 삼익악기가 영창악기의 주식을 취득한 경우[42] 등이 모두 이에 해당된다.[43]

2) 순기능과 역기능

수평적 기업결합은 순기능과 역기능이 있다. 먼저, 역기능으로는 ① 기업의 규모와 관련하여 기업의 결합을 하게 되면 관련 시장에서의 기업의 수가 줄어들어 경쟁을 저해할 수 있고, ② 결합하는 회사의 경영 통합은 실질적인 시장지배력을 창출하고 결합회사로 하여금 산출량을 감소하게 하여 가격인상의 효과를 발생케 함과 더불어 ③ 관련 시장에서 집중도를 높여 결합으로 인하여 시장에 남아 있는 참여자들이 그들의 가격과 생산량을 상호 협의하여 조정하는 현상, 즉 담합 등을 들 수 있다.[44]

---

38) 권재열, "독점규제법상 기업결합의 규제에 관한 소고", 『사법행정』(한국사법행정학회, 2001.3.), 11쪽.
39) 공정거래위원회 2006.2.3. 의결 제2006 − 10호 사건번호 2005기결2592.
40) 공정거래위원회 2002.6.18. 의결 제2002 − 111호 사건번호 2002기결0610.
41) 공정거래위원회 2000.5.16. 의결 제2000 − 76호 사건번호 2000기결0129.
42) 공정거래위원회 2004.9.24. 의결 제2004 − 271호 사건번호 2004기결1200.
43) 권오승, 『경제법』(법문사, 2010), 171쪽.
44) Ernst Gellhorn 외 2인, Antitrust Law and Economics(5 ed.), Thomson publisher. p.409; 곽상현, "기

반면, 위에서 언급한 바와 같은 수평적 기업결합은 명백하고도 실질적인 위험성을 내포하고 있지만, 그렇다고 하여 모든 수평적 기업결합이 반경쟁적이라고는 할 수 없다. 즉 수평적 기업결합은 잠재적인 효율성 내지 규모의 경제를 실현할 수 있다는 점에서 순기능적인 역할을 한다고 할 수 있다.[45]

2. 수직적 기업결합

1) 개념

수직적 기업결합(Vertical merger)이란 생산으로부터 판매에 이르기까지 수직적 흐름에 있어서 서로 다른 단계에 속한 기업들 간의 결합, 즉 원재료의 생산에서 상품(용역을 포함)의 생산 및 판매에 이르는 생산과 유통 과정에 있어서 인접하는 단계에 있는 회사 간의 결합을 의미한다. 예를 들면, 원자재의 공급자와 수요자 간의 결합 또는 제품 생산자와 판매자 간의 결합 등을 들 수 있다.[46]

이러한 수직적 기업결합은 결합의 주체가 수직적 흐름에서 차지하는 위치가 상위(upstream)인지 하위(downstream)인지에 따라 전방적 기업결합(forward integration)과 후방적 기업결합(backward integration)으로 나눌 수 있다. 전자의 예로는 자동차의 부품을 제조·공급하는 기업이 자동차를 조립·판매하는 기업을 결합하는 경우를 들 수 있고, 후자의 예로는 자동차를 조립·판매하는 기업이 부품을 제조·공급하는 기업을 결합하는 경우를 들 수 있다.[47]

이 외에도 수직적 기업결합이라고 판단한 예로는 현대자동차가 참여하고 있는 국내 완성차 시장과 현대 오토넷이 참여하고 있는 국내 자동차용 멀티미디어 시장 및 전자제어장치 시장 간의 결합,[48] 동양나일론이 한국카프로락탐의 주식을 취득한 경우,[49] 에스케이가 대한송유관공사의 주식을 취득한 경우[50] 등이 이에 해당된다.

업결합과 관련시장의 획정", 『저스티스(통권 제93호)』(한국법학원, 2006.08.09.), 37쪽.
45) 곽상현, 앞의 글, 38쪽.
46) 권재열, 앞의 글, 11~12쪽.
47) 윤창호·이규억, 『산업조직론』(법문사, 1997), 86, 195쪽; 권오승, 앞의 책, 172쪽.
48) 공정거래위원회, 2005.11.22, 의결 제2005-231호.
49) 공정거래위원회, 1996.4.22, 의결 제96-51호.
50) 공정거래위원회, 2001.6.29, 의결 제2001-90호.

2) 순기능과 역기능

수직적 기업결합의 순기능으로는 분리된 두 회사 사이의 거래를 내부화함으로써 기업에 대한 효과적인 감시와 경영 개선을 하여 거래비용을 절감할 수 있다는 점 등을 들 수 있다.

반면, 역기능으로는 공급의 권원에 대한 접근과 소비자에 대한 접근을 제한하여 경쟁자를 배제하는 등의 경우를 들 수 있다. 이처럼 경쟁자를 배제하는 경우에 대해서는 경쟁법상 많은 문제점을 야기하였다는 점에서 비판의 대상이 되고 있다.[51] 미국의 경쟁 당국 및 법원도 한때 동 배제이론에 대하여 설득력이 있는 것으로 받아들였지만, 지금은 대부분 동 이론을 포기하고, 시장진입을 더욱 어렵게 하거나 가격규제를 피하기 위하여 기존의 시장지배력을 더욱 견고히 하는 경우에는 경쟁법적인 개입을 계속해야 하는 것으로 인식하고 있다.[52]

3. 혼합적 기업결합

1) 개념

혼합적 기업결합(Conglomerate merger)이란 수평적이거나 수직적인 관계에 있지 않은 상이한 시장 속에서 기업들 간의 결합을 말한다. 동 기업결합은 그 형태가 어떻든 서로 다른 시장에서 활동하던 회사 사이의 결합을 포함하며, 일반적으로는 경쟁에 직접적인 영향은 없다. 즉 취득회사나 피취득회사 어떤 시장에서도 회사 수의 감소 혹은 변화를 초래하는 것은 아니며, 시장구조나 시장점유력 및 집중도의 정도에 변화를 수반하지도 않는다. 그럼에도 불구하고 이러한 혼합형 결합을 규제하는 것은 잠재적 경쟁(potential competition)의 배제를 통하여 시장지배력을 강화할 가능성이 있기 때문이다.[53]

동 기업결합은 결합되는 기업의 시장 또는 상품 사이의 관련 여부에 따라 시장 확대형 결합, 상품 확대형 결합 및 순수 혼합형 결합으로 나눌 수 있다. 시장 확대형 결합이란 동일한 상품 또는 경쟁관계에 있는 상품이나 서비스를 공급하고 있으나 각자가 상이한 지역시장에 속하여 직접적인 경쟁관계에 없는 기업들 간의 결합으로 지역확장적 기업결

---

51) Paul L. Joskow, "The Role of Transaction cost economics in Antitrust and Public Utility Regulatory Policies", Jnl. of Law, Economics, and Organization, Special Issue 1991.7, pp.58~59.
52) 곽상현, 앞의 글, 38쪽.
53) 박세일, 위의 책, 647~652쪽; 이규억·박병형, 『기업결합 – 경제적 효과와 규제』(박영사, 2000), 151~163쪽; 장승화, "혼합기업결합의 경쟁제한적 효과", 『경쟁법연구(제2권)』(한국경쟁법학회, 1990), 80쪽 이하.

합[54]이라고도 말한다. 예를 들면, 부산에 있는 해운대 그랜드 호텔과 경주에 있는 힐튼 호텔이 결합하는 경우를 들 수 있다.

상품 확대형 결합은 상호 경쟁관계에 있지 않는 상품을 제조하거나 서비스를 공급하기는 하나 생산 공정이나 판매 조직 등에서 상호 관련성이 있는 상품을 생산 내지 서비스를 공급하는 기업들 간의 결합이다. 이 형태의 기업결합은 기존의 생산설비나 판매망을 상호 이용할 수 있는 장점을 가지고 있다.[55] 예를 들면, 식료품 생산회사와 청량음료 생산회사와의 결합이 여기에 속한다.

마지막으로 순수 혼합형 결합은 시장 확대형 결합이나 상품 확대형 결합에 속하지 않는 결합으로 경쟁관계나 거래관계가 없는 기업들 간의 결합이다. 예를 들면, 금융회사와 운송회사 간의 기업결합, 철강회사와 정유회사 간의 기업결합 등을 들 수 있다. 이러한 순수 혼합형 결합은 기업 내에서 자원의 이동이 이루어져 거래비용(transaction cost)을 절감할 수 있고 효율적인 자원의 분배가 가능하다는 점 및 수익률이 상이한 여러 기업들에 투자함으로써 위험을 분산시킬 수 있다는 점 등 긍정적인 측면이 있다. 반면 혼합형 결합으로 기업이 대규모화 내지 집단화되어 새로운 기업이 시장에 진입하는 것을 어렵게 한다는 부정적인 측면도 있다.[56]

2) 순기능과 역기능

혼합적 기업결합의 순기능으로서는 다른 형태의 기업결합과 마찬가지로 공개된 시장가격으로 회사를 매각할 수 있는 기회를 부여하는 한편, 기업인수에 대한 위협은 현재의 경영진에게 효율성 증대의 압력을 가할 수 있다는 점을 들 수 있다.

반면 역기능으로는 취득회사가 독자적으로 피취득회사의 시장진입의 가능성을 제거함으로써 장래 경쟁의 기회를 줄이게 되고, 대규모회사가 경쟁상의 이익 대부분을 취득하여 피취득회사를 지배회사로 변모시키고, 독자적인 의사결정 주체로서 유지 내지 소규모회사의 기회 보장이라는 민주적 절차의 보장이라는 사회적, 정치적 이상 실현에 대한 손상을 가져올 우려가 있다는 점 등을 들 수 있다. 이 외에도 동 형태의 결합은 수평적 기업결합 및 수직적 기업결합에 비하여 경쟁을 직접적으로 제한하는 효과가 분명하지 않아 입증도 곤란하다는 점을 들 수 있다.[57]

---

54) 곽상현, 앞의 글, 37쪽.
55) 박세일, 『법경제학(개정판)』(박영사, 2000), 645쪽.
56) 박세일, 위의 책, 645~646쪽.

제4절 기업결합 조직 형태에 따른 분류

1. 서설

기업결합의 조직 형태는 기업연합이라고 하는 카르텔(Cartel), 의결권의 신탁적 양도를 통한 트러스트(trust), 은행이나 보험회사의 자본 참여를 통해 형성되는 콘체른(Konzern) 및 지주회사(holding company)를 중심으로 한 형태 등으로 나눌 수 있다. 다만, 기업연합에 해당되는 카르텔은 기업들 사이의 느슨한 결합체로 별도로 다루는 것이 보통인바, 여기에서는 다루지 않는다.

2. 카르텔

카르텔(Cartel)의 유래는 라틴어의 Carta(문서, 증서)에서 유래된 것으로 중세에는 교전국 간의 문서에 의한 휴전 협정 또는 포로교환 문서 등 의미로 사용되었다.58) 하지만 오늘날에는 경제용어로서 기업 간의 경쟁을 휴전한다는 의미로 변화되어, 동종 영업의 사업자가 계약, 협정, 결의 등 방법으로 상품 또는 용역의 가격, 거래량, 거래상대방, 거래조건, 거래지역 등을 제한하는 행위를 말한다.

기업결합의 전제조건으로 결합 상태의 지속성을 엄격히 요구할 경우 카르텔은 기업결합의 형태로 보기 어려우나, 기업결합을 각 기업이 법적·경제적 독립성을 유지하면서 경영 전략상 공동보조를 취하는 행위까지 포함하는 것으로 본다면 카르텔도 기업결합의 한 형태에 속하는 것으로 볼 수 있다. 카르텔을 다음에서 언급하는 콘체른이나 트러스트와 비교하면, 카르텔은 계약에 의한 완만한 결합에 해당하지만, 콘체른이나 트러스트가 자본을 중심으로 한 견고한 결합이라는 점에서 차이가 있다.59)

3. 트러스트

트러스트(Trust)는 통상 자본적 참가를 기초로 하여 시장지배를 추구하는 동종 기업

---

57) 곽상현, 앞의 글, 38쪽.
58) 신현윤, 『경제법』(법문사, 2007), 165쪽.
59) 신현윤, 앞의 책, 165쪽.

간의 결합을 말한다. 트러스트는 이하에서 언급하는 콘체른 결합의 가장 중요한 수단인 자본참가를 통해 결합하고, 동시에 시장에 대한 영향력 행사를 목적으로 한 동종 기업 간의 결합이라는 점에서 콘체른과 카르텔의 특징을 모두 지닌 복합적 형태의 기업 결합 이라고 볼 수 있다.

이러한 트러스트는 미국에서 발생한 것으로, 1879년 스탠더드 석유 트러스트가 결성 되어 트러스트 증권을 교부해 주는 것을 조건으로 약 40개 석유회사의 의결권이 있는 주식을 J. D. 록펠러를 비롯한 소수의 수탁자에게 위탁한 것이 그 기원이 되었다. 이와 관련 수탁자는 많은 석유회사들의 임원 선임 및 경영 관리를 통일적으로 행할 수 있게 되었고 석유제품의 판매가격의 통제, 공급량의 제한 등 독점적 지배를 행하게 되었는데, 이러한 트러스트를 트러스트 방식에 의한 트러스트라고 한다. 이에 따라 미국에서는 19 세기 이래 많은 트러스트가 형성되었고 그 결과 트러스트는 독점을 가리키는 말이 되었 다. 미국의 독점금지법이 반트러스트법이라고 하는 것은 이러한 배경에 연유한 것이라고 할 수 있다.

이러한 고전적 트러스트 외에 기업활동의 형태로는, 기존의 여러 기업의 주식 중에서 지배 가능한 주식 수를 매수함으로써 지배권을 집중화하는 지주회사 형식, 기존의 여러 기업이 일단 해산하고 자산을 새로 설립된 기업에 계승시키는 통합형식 또는 어떤 기업 이 타 기업을 흡수·병합하는 형식 등이 있다. 이들은 공식적으로는 트러스트로 불리지 않으나, 통상은 이러한 형식까지를 포함한 기업합동을 트러스트라고 한다.60)

4. 콘체른

콘체른(Konzern)이란 법적으로 독립한 개별 기업이 공동의 경제적 이익을 추구하기 위 하여 그 법적 독립성을 그대로 유지하면서 경제적·재정적·조직적으로 통일적 지휘 체제 하에 예속한 기업집단을 말한다.61) 따라서 콘체른 결합에 참가하는 기업들은 형식상 법적 독립성을 그대로 보유하면서 경제적으로는 하나의 단일체(wirtschaftlich Einheit)를 형성하 여 지배기업의 통일적 지위하에 그들의 사업 활동을 수행하게 된다. 이러한 콘체른 기업

---

60) 1890년 셔먼법에 의하여 트러스트 조직이 금지됨에 따라 각 회사들은 합병 또는 지주회사의 설립 등의
방법으로 종래의 트러스트와 동일한 목적을 달성하게 되었고, 이러한 과정에서 형성된 새로운 조직도 역
시 트러스트로 불리게 되었다[Rudolph J. R. Peritz, Competition Policy in America, 1988~
1992(Oxford University Press, 1996), p.9; 신현윤, 앞의 책, 166쪽].
61) 신현윤, "콘체른의 개념적 고찰", 『경제법·상사법논집(춘강 손주찬 교수정년기념논문집)』(박영사,
1989), 69쪽 이하.

결합에 있어서 결합기업을 통일적으로 지휘하는 대표적인 형태로서 지주회사(Holding company)를 들 수 있다. 카르텔이나 트러스트는 경쟁제한이나 시장 통제를 목적으로 하거나 그 효과를 가지는 데 비하여 콘체른은 경쟁제한을 직접적인 목적으로 하지 않는다.[62]

5. 지주회사

1) 지주회사의 의의

(1) 개념

지주회사(Holding Company)는 "주식의 소유를 통하여 국내 회사의 사업 내용을 지배하는 것을 주된 사업으로 하는 회사"를 말한다. 공정거래법은 자산총액 1,000억 원 이상으로서 당해 회사가 보유하고 있는 자회사의 주식가액합계액이 당해 회사자산총액의 100분의 50 이상(즉 500억 이상)인 회사로 규정하고 있다(동법 제2조 제1호의 2 및 동 시행령 제2조 제1항·제2항). 지주회사의 설립 목적으로는 대형화, 겸업화 촉진 및 글로벌화에 대응함으로써 경영성과(수익성) 증대 및 관리의 효율성을 제고하고자 함에 있다.

(2) 도입 배경

지주회사를 도입하게 된 배경으로는 기업경영 감시체제 등이 미흡한 우리 현실에서는 경제력집중을 심화시키는 역기능이 더 크게 나타날 우려가 있어 1987년 12월 공정거래법 제정 당시부터 1999년 동법의 개정을 할 때까지 지주회사 설립·전환을 금지하였었다. 하지만 우리나라 시장의 개방과 최근의 IMF 구제금융 사태 아래서 기업의 국제경쟁력을 높이기 위하여 기업의 합병·분할 등 기동적이고 원활한 조직 내지 구조의 재편·개편을 가능하게 하기 위해서는 이러한 지주회사 설립 및 전환의 금지 규제를 완화할 필요가 있었던 것이었다. 그 결과 1999년 공정거래법의 개정에 의하여 기업지배력 내지 사업지배력이 과도하게 집중되지 않는 범위 내에서 지주회사의 설립을 제한적으로 허용하기에 이르렀다. 더불어 상법도 2001년 개정을 통하여 지주회사의 창설을 용이하게 하기 위하여 완전모자회사 관계의 형성에 관한 주식의 포괄적 교환 및 주식의 포괄적 이전의

---

62) 신현윤, 앞의 책, 165쪽.

제도를 신설하였다.[63]

(3) 지주회사의 설립 내지 전환 이유

일반적으로 지주회사를 설립하거나 전환하는 가장 큰 이유는 ① 서로 다른 성격의 사업부문을 분리 운영하여 책임 경영을 하고자 함이며, ② 지주회사로 전환하는 과정에서 금융기법 등을 통해 우호 지분을 늘리고, 특정 사업부문만 M&A하게 하려는 것 등을 들 수 있다. 2007년 지주회사로 전환한 '네오위즈'의 경우도 책임경영을 목적으로 전환하였음을 강조하고 있다.[64]

하지만 지주회사로 전환하는 것이 항상 긍정적인 측면만 있는 것은 아니다. 즉 지주회사의 디스카운트의 문제가 있다. 예를 들면, 자회사 A, B, C의 주식 50%를 가진 회사 D가 있다고 하자. A, B, C의 기업가치가 각각 100억씩이라고 하면 지주회사 D의 가치는 당연히 50억*3 = 150억 이상이 되어야 할 것이다. 그럼에도 불구하고 현실에서 회사 D의 가치는 100억도 안 되는 경우가 많다. 즉 자신이 보유한 주식의 합계액보다 기업가치가 낮게 평가되는 황당한 사례가 발생될 수 있다. 이렇게 되면 재정거래(Arbitrage)를 노린 펀드로부터 지주회사가 적대적 인수의 타깃이 될 가능성이 크다고 하겠다.

긍정적 기능	부정적 기능
− 구조조정의 유용한 수단 − 기업의 소유구조 단순 · 투명 − 경영성과 우월 − 경영총괄 기능 우월 − 금융그룹 안정성 제고 − 자금조달 유리	− 경영비효율성 증대 가능성 − 경제력집중 발생 소지 − 소수주주와의 이해 상충 − 차단벽 강화 시 지주회사 저효율화 − 차단벽 약화 시 위험의 연쇄 파급 우려

2) 지주회사의 유형

지주회사는 이론적으로 순수지주회사(Pure Holding Company)와 일반사업을 영위하면서 지주회사 기능을 함께 수행하는 사업지주회사(Operating Holding Company)로 구분

---

63) 이균성 · 홍승인 · 김동훈, 『기업법강의』(인텔에듀케이션, 2003.3), 687쪽; 김홍석 · 한경수, 앞의 책, 118쪽.
64) http://www.etoday.co.kr/news/section/newsview.php?SM = 0108&TM = news&idxno = 115845
2011.8.10.

할 수 있다. 전자는 순전히 주식 소유를 주된 업으로 하는 회사를 말하고, 후자는 자신의 개별 사업을 별도로 가지고 있는 회사를 말한다.65)

그런데 공정거래법에서는 이를 별도로 구분하지 않고 금융·비금융 분리 원칙에 의하여 금융업 및 보험업을 영위하는 자회사의 주식을 소유하는 지주회사(이하 금융지주회사)와 금융지주회사 이외의 지주회사(이하 일반지주회사)를 구분하고 있을 뿐이다. 즉 금융지주회사란 금융기관의 주식 소유를 통하여 금융업을 영위하는 회사 또는 금융업의 영위와 밀접한 관련이 있는 회사를 지배하는 것을 주된 사업으로 하는 순수지주회사를 의미하고, 일반지주회사는 금융기관 이외의 일반기업(산업자본계열)을 자회사로 지배하고 있는 지주회사를 말한다.66)

3) 지주회사의 업무 범위

지주회사에 의한 자회사의 사업 내용에 대한 지배는 지주회사의 본질적 개념요소로, 여기서 자회사의 사업내용을 지배한다는 것은 단순히 자회사의 주주총회에서 의결권 행사나 지주회사와 자회사 임원 사이의 사실상의 관계 등을 통한 사실상 또는 간접적인 영향력을 행사하는 것에 그치는 것이 아니라, 지주회사가 자회사가 영위하는 사업 전반에 중요 사항을 직접 결정하고 이를 관리한다는 것을 의미한다.

이를 위해서 지주회사는 적어도 자회사의 중요한 의사결정을 지시하고 관여할 수 있어야 한다. 만약 지주회사 자신이 속하는 자회사의 사업 전반에 대한 중요한 결정에 관여하거나 지시할 수 없다면 지주회사는 사실상 그 존재의 의미가 없다고 할 것이다. 구체적인 업무의 내용은 다음과 같다.

---

65) 권오승, 앞의 책, 216쪽; 신현윤, 『경제법』(법문사, 2006), 184쪽.
66) 동법 제2조 제1항 제1호.

금융지주회사의 업무(금융지주회사법 시행령 제11조)

기능업무	세부내용
경영관리에 관한 업무	– 자회사 등에 대한 사업목표의 부여 및 사업계획의 승인 – 자회사 등의 경영성과의 평가 및 보상의 결정 – 자회사 등에 대한 경영지배구조의 결정 – 자회사 등의 업무와 재산상태에 대한 검사 – 상기 사항에 부수하는 업무
경영관리에 부수하는 업무	– 자회사 등에 대한 자금지원 – 자회사에 대한 출자 또는 자회사 등에 대한 자금지원을 위한 자금조달 – 자회사 등과의 공동상품의 개발·판매 및 설비·전산시스템 등의 공동활용 등을 위한 사무지원 – 기타 법령에 의하여 인가·허가 또는 승인 등을 요하지 아니하는 업무

4) 지주회사의 조직구조

지주회사는 조직구조에 따라 분사형, 중간지주회사형, 해외사업부문 지주회사형, 벤처캐피탈형 그리고 합병대체형으로 분류할 수 있으며, 우리나라의 경우에는 분사형과 구조조정형 지주회사의 형태가 일반적이다(공정거래법 제8조의2 제2항 제4호·제5호).

(1) 분사형 조직구조

독자적인 영업활동은 전혀 하지 않으면서 지주회사와 소속 자회사들의 경영에 대한 전반적인 기획과 관리업무를 수행하는 형태의 지주회사를 말한다. 종래 대기업 그룹의 구조조정본부나 기획조정실에서 그 역할을 수행하였다.

통상 다른 회사의 지배보다는 다각화되고 분사화된 자회사의 사업부문을 효율적으로 관리하기 위하여 설립 또는 전환되는 것이 일반적이다. 또한 자회사를 포트폴리오 관리 차원에서 매각을 하려 할 때 그 전 단계로 사용하는 것이 바람직하다.

(2) 구조조정형 지주회사

합병에 따르는 조직문화 충돌이나 조직 융합의 어려움을 극복하고 결합되는 회사의 자율성을 충분히 수용하면서도 전략적으로 합병의 목적을 달성하기 위한 합병준비 단계의 지주회사를 말한다.

우리나라 일반지주회사는 분사형의 조직구조를 갖고 있으며, 금융지주회사는 구조조정형의 조직구조를 갖고 있다. 하지만 모기업인 사업지주회사가 순수지주회사인 자회사를 설립한 후 당해 자회사를 통하여 다각화된 자회사를 지배하는 중간지주회사형은 존재하지 않는다. 이러한 구조는 타 업종 진출을 효율적으로 수행하고 의사결정을 신속하게 하는 데 필요한 조직구조이며, 모자회사 간의 독립채산을 명확히 하고 신규사업의 위험을 분산하거나 한 사업부문에 국한시키는 효과를 갖는다.

5) 지주회사 설립 방법

현재 국내법상 지주회사의 설립 방법으로는 회사분할방식, 현물출자방식, 주식취득방식, 주식이전방식, 주식교환방식 등이 있다. 2005년 12월 말 당시 공정거래위원회에 신고된 지주회사의 설립 또는 전환 방법을 보면 회사분할방식(12개 사), 현물출자방식(4개 사), 주식취득방식(3개 사), 주식이전방식(3개 사) 등을 활용하고 있다. 이하에서는 구체적으로 살펴보면 다음과 같다.

(1) 회사분할방식

회사분할방식이란 상법상 회사의 분할 규정(상법 제530조의2~제530조의12)에 따라 기존회사를 1개 또는 수 개의 회사로 분리하여 독립된 회사를 설립한 이후 이를 자회사화하는 방식을 말한다. 우리나라 회사들이 가장 많이 사용하는 지주회사의 설립방식이다. 이러한 방식으로 설립한 예로는 (주)C&M 커뮤니케이션, (주)LG, (주)대교네트워크, (주)세아홀딩스, (주)한국컴퓨터 지주회사, (주)대웅, (주)대한색소공업, (주)풀무원, (주)동원금융지주, (주)동화홀딩스 등을 들 수 있다.

동 방식은 단순분할방식과 분할합병방식이 있다. 전자는 독립된 회사를 자회사화하는 방식이고, 후자는 분리된 회사를 다른 회사와 합병하여 자회사화하는 방식을 말한다. 또한 분할시 주주의 이전이 있는지에 따라 물적 분할과 인적 분할로 구분된다. 분할로 인하여 설립되는 회사들은 분할 전 회사의 권리와 의무를 포괄적으로 승계한다.

① 물적 분할 방식

물적 분할 방식에 의한 지주회사 설립은 영업 부문과 제반 자산·부채는 신설되는 회사로 분리되어 이전되고 존속회사는 신설회사의 주식 전부와 지주회사 운영에 필요한 최소한의 인적·물적 설비만 보유하게 되는 분할 방식이다. 따라서 존속회사의 주주는 그 지위를 그대로 유지하고, 분할되어 신설되는 회사의 주주는 존속회사의 주주가 되며, 존속회사는 모회사가 되고 신설된 회사는 자회사가 되는 방식이라고 할 수 있다.

예를 들면, 기존의 회사(A)가 영업 부문과 자산·부채의 대부분을 신설되는 회사(B)로 분리하고 존속회사(A)는 신설회사의 주식 전부와 최소한의 인적·물적 설비만 보유하여 지주회사(A－H)가 되는 방식을 말한다(상법 제530조의12). 기존사업회사(A)는 신설되는 완전자회사(B)의 영업(재산)을 양도(포괄승계)하고, 양수받는 자회사(B)가 발행하는 주식을 100% 배정받아 지주회사(H)로 전환하게 된다.

동 방식은 100%의 완전지주회사 관계를 창설할 수 있고, 절차가 간편하다는 점에서 긍정적인 측면이 있다. 하지만 기존 회사들 사이에서 지주회사 관계를 창출하거나 순수지주회사를 만들 수 있다는 점에서 부정적인 측면으로 지적되고 있다.

② 인적 분할 방식

인적 분할 방식에 의한 지주회사의 설립은 기존회사(A)가 자산·부채의 일부를 신설회사(B)로 분리하고, 신설회사(B) 또는 존속회사(A)를 지주회사로 전환하는 방법이다. 기존 주주들에게는 기존회사의 주식 보유비율에 따라 신설회사 주식을 배정하게 된다. 그러나 이 상태만으로는 지주회사가 생길 수 없고, A회사나 B회사가 지주회사가 되기 위해서는 그다음 단계로 공개매수, 주식교환 등을 통해 상대방 회사의 주식을 취득해야 한다.

이처럼 복잡한 절차로 인하여 실제로 동 방식에 의하여 지주회사를 설립하려는 선호도는 비교적 낮다고 하겠다. 우리나라에서 이러한 인적 분할 방식에 의하여 지주회사를 설립한 경우로는 한국투자금융지주회사의 (주)동원산업으로부터 인적 분할을 들 수 있고, LG그룹의 지주회사 체제 구축도 이러한 인적 분할 방식에 의하여 구축되었다고 할 수 있다.

□ 한국투자금융지주회사 설립 사례

ㅇ 한국투자금융지주회사(KHC, 구 동원금융지주회사)는 동원 그룹에서 기업분할을 통하여 2003년 5월 출범하였으며, 국내 최초로 산업자본에서 분리, 국내 유일의 증권업 중심의 금융지주회사로 설립되었다.

한국투자금융지주회사 설립 과정[67]

연도	설립 과정
2002.06.	동원금융지주회사 출범 준비팀 발족
2002.10.	동원산업 분할(동원산업과 지주회사) 이사회 결의
2003.05.	금융지주회사 인가
2003.06.	동원증권과 주식교환 결의
2003.12.	동원상호저축은행 자회사 편입
2005.02.	한국투자증권 인수
2005.03.	동원상호저축은행과 동원캐피탈 합병
2005.05.	한국투자금융지주 사명 변경
2005.06.	한국투자증권과 동원증권 합병
2005.07.	한국투자신탁운용과 동원투자신탁운용 합병
2006.03.	코너스톤에퀴티파트너스 설립
2006.11.	한국투자신탁운용(주) 100% 손자회사로 편입
2008.02.	K - Atlas Advisor's 자회사 편입
2008.10.	한국투자운용지주(주) 설립
2009.01.	공정거래법상 '상호출자제한 기업집단' 지정
2009.11.	한국투자상호저축은행 100% 자회사화(소규모주식교환)
2009.12.	한국투자파트너스 제일호 사모투자전문회사 계열회사 추구
2010.02.	(주) 한국티비티 계열회사 추가

---

67) http://www.koreaholdings.com/tffh/company/history.jsp

(2) 현물출자방식

현물출자방식이란 본래 사업을 영위하는 회사가 지주회사로 전환하기 위하여 종래의 사업부를 분리하여 자회사에 현물출자를 하여 지주회사로 전환하는 방식을 말한다.

금융지주회사의 경우 금융기관이 새로이 자회사를 설립하여 동 자회사에 기존 자회사 주식을 제외한 영업 전부를 현물출자 또는 영업양도 방식으로 양도하고 자신은 자회사들을 지배하는 지주회사로 전환하는 방식을 취하게 된다.

이러한 현물출자 방식은 영업양도에 따른 채권·채무의 이전 시 근저당권 설정자에게 개별적으로 승인절차를 밟아야 하는 등 절차가 복잡하고 비용이 많이 드는 단점이 있어 잘 이용되지 않는다.

자회사에 현물출자하고 지주회사로 전환하는 경우는 외형상으로는 지주회사의 형태를 취하고는 있지만, 실질적으로는 그룹 전체가 하나의 회사라고 볼 수 있으므로 전환 후라도 대외 경쟁력은 전환 전과 비교하여 큰 변화가 없다. 따라서 동 방식에 의한 지주회사의 설립 및 전환은 실질적으로 타 회사를 지배할 목적으로 전환된 것이 아니라, 오히려 자기 회사의 효율적인 경영관리 차원에서 전환하는 경우가 대부분이라고 하겠다.

(3) 주식취득(공개매수)방식

주식취득방식이란 지주회사가 외부의 다른 기업의 주식을 매수하여 자회사한 후 공정거래법 상의 지주회사 요건을 갖추어 지주회사로 전환하는 방식을 말한다. 이러한 주식취득방식은 사업지주회사가 자회사를 만들 때 일반적으로 이용된다.

동 방식의 장점으로는 현물출자 등에 따른 검사인의 조사가 필요 없고 지주회사와 자회사의 법인격이 변경되지 아니하기 때문에 권리·의무 관계의 승계 등이 문제되지 않으며 지주회사 측의 주주총회 결의도 필요로 하지 않는 점 등을 들 수 있다. 다만, 주식취득을 통하여 자회사를 만들어 지주회사가 되고자 하는 경우에는 자회사가 상장회사 또는 등록회사인 경우에는 원칙적으로 공개매수에 의하여야 한다는 점이 문제점으로 지적되고 있다. 이 경우 지주회사로의 전환 여부는 전적으로 자회사의 개개 주주의 자유의사에 맡겨져 있기 때문에 각각의 매수가 성공할 것인가는 사전에 확정적으로 판단할 수 없으며 또한 매수가 성공한다고 하더라도 매수에 응하지 아니한 소수주주가 남아 있을 가능성도 있을 수 있다는 지적이 있다.

또한 주식취득방식에 의한 지주회사의 설립은 자회사 주식을 매수하여야 하기 때문에 본질적으로 거액의 자금이 필요하여 자금조달상의 문제가 있을 뿐만 아니라 100% 자회사가 아닌 경우에는 지주회사에 의한 자회사의 관리상 지장을 받게 된다는 점도 고려하여야 한다.

(4) 주식교환·주식이전방식

주식의 교환 및 이전 방식은 금융지주회사법에서 최초 도입하여 금융지주회사에 대해서만 적용되다가 상법에 이관(2001.7.)되어 현재는 상장회사뿐만 아니라 비상장회사를 포함한 모든 일반 회사에서 적용하게 되었다.

동 제도는 미국(RMBCA §11.02 이하) 및 일본(일본 상법 제352조 이하) 등에서도 인정되고 있는 제도인데, 2001년 개정 상법은 주로 일본의 제도를 참고하여 입법한 것이다.[68] 동 방식은 절차가 간편하고 비용이 적게 드는 장점이 있다. 즉 자산 또는 영업의 양도나 신규 출자와 같은 과정이 필요 없이 주주관계의 조정만으로 지주회사의 설립이 가능하다. 구체적으로 살펴보면 다음과 같다.

① 주식교환 방식
주식교환(exchange of stock) 방식이란 기업 간 주식을 맞바꾸어 일방 기업이 타방 기업을 자회사로 만드는 방식으로, 이미 설립된 지배회사가 기존에 설립된 회사를 완전자회사로 편입하여 지배회사가 지주회사로 전환하는 데 활용되는 방식이다. 우리 상법에서는 이를 주식의 포괄적 교환이라고 하고 "기존의 회사가 소정의 법정절차에 의하여 완전자회사로 되는 회사의 주주가 가진 주식을 모두 완전모회사가 되는 회사가 주식교환을 위하여 발행하는 신주의 배정을 받아 그 회사의 주주가 됨으로써 완전자회사의 관계를 형성하는 행위라고 한다"(상법 제360조의2)고 규정하고 있다.
이러한 주식교환은 회사가 자기 회사의 주식을 다른 회사의 모든 주식과 교환하여 금전출자를 하지 않고 다른 회사를 완전히 지배함으로써 새로운 사업분야에 진출할 수 있고, 기존의 모회사 또는 주식의 상호 보유관계에 있는 회사는 주식의 교환에 의하여 자회사 또는 다른 관계회사를 완전자회사로 함으로써 소수파주주의 존

---

[68] 정찬형, 『상법강의(상)』(박영사, 2010), 733쪽.

재에 구애받지 않고 자회사·관계회사의 통합·매각·교환·폐지 등의 기동적인 자회사 관리 내지 기업집단의 재편성을 가능하게 하는 기능을 한다.[69]

다만, 주식교환은 회사의 합병과 관련하여 다음의 점에서 차이가 있다. 즉 주식의 교환은 합병의 경우와 같은 조직적 행위이지만, 당사회사가 모두 존속하고 당사회사의 재산의 감소도 자본액의 감소도 생기지 않기 때문에 어느 회사의 채권자도 불이익이 생기지 않으므로 회사채권자보호절차를 필요로 하지 않는다. 반면 완전자회사가 되는 회사에서는 소수파주주가 배제되고 완전모회사가 그 유일한 주주가 되며, 모회사가 되는 회사에서는 완전자회사가 되는 회사의 주주를 모두 모회사의 주주로 수용하기 때문에 당사회사의 주주관계에 중대한 변화를 가져오게 된다. 따라서 주식 교환의 경우에는 합병의 경우와 같이 주주총회의 특별결의와 결의반대주주의 주식매수청구권이 인정된다(상법 제360조의3 제1항·제2항, 제360조의5). 다만, 주주에 대한 영향이 미미한 경우에는 이사회의 승인으로 주주총회의 결의에 갈음할 수 있는 '간이주식교환'과 '소규모 주식교환'이 인정되며, 소규모 주식교환의 경우에는 반대주주의 주식매수청구권이 인정되지 않는다(상법 제360조의9 내지 제360조의10).[70]

합병과 주식의 교환의 비교

	합병	주식교환
동일·유사점	① 조직법상의 행위 ② 주주보호 요청: 주주총회 특별결의와 결의반대주주의 주식매수청권의 인정 ③ 절차의 하자가 있는 경우 무효의 소 인정	
차이점	① 모든 회사에 인정	주식회사에만 인정
	② 채권자보호절차 인정	채권자보호절차 불인정
	③ 당사회사의 소멸 발생	당사회사의 소멸 불발생

② 주식이전 방식

우리 상법은 주식이전(transfer of stock)을 주식의 포괄적 이전이라고 하여 규정하고 있다. 즉 "회사(둘 이상의 회사도 무방함 – 상법 제360조의16 제1항 제8호)가

---

69) 주식교환의 절차 및 효과 등에 대해서는 다음을 참조(이균성 등, 앞의 책, 688~690쪽).
70) 이균성 등, 위의 책, 688~689쪽; 정찬형, 위의 책, 733쪽; 권재열, "벤처기업 M&A의 수단으로서의 주식교환에 관한 법적 검토", 『법률신문(제2932호)』(2000.11.23.), 14~15쪽.

스스로 완전자회사가 되는 회사가 되어 완전모회사(지주회사)를 설립하는 하나의 방법으로, 완전자회사가 되는 회사의 주주가 소유하는 그 회사의 주식은 주식이전에 의하여 설립하는 완전모회사에 이전하고 그 완전자회사가 되는 회사의 주주는 그 완전모회사가 주식이전을 위하여 발행하는 주식의 배정을 받음으로써 그 완전모회사의 주주가 되는 것"(상법 제360조의15)이라고 규정하고 있다. 이러한 주식이전의 방식을 이용하여 설립된 지주회사의 예로는 우리금융지주회사, 신한금융지주회사, 하나금융지주회사 등을 들 수 있다.

이러한 주식이전 방식의 경우에는 주식이전에 의하여 설립되는 완전모회사는 직접 사업을 행하지 않고 완전자회사의 주식을 전부 소유하여 그것을 관리·지배하는 것을 목적으로 하는 '순수지주회사'가 될 수 있다.[71] 이와 관련 우리 상법 및 금융지주회사법에서는 "주식이전에 의하여 금융지주회사를 설립할 경우 기존 금융회사의 발행주식 총수를 새로이 신설되는 금융지주회사로 이전하고, 기존 금융회사의 주주들은 당해 금융지주회사가 발행하는 신주를 배정받아 지주회사를 설립하게 된다"(상법 제360조의2 이하, 금융지주회사법 제62조의2)고 규정하고 있다.

나아가, 동 방식은 자산·영업의 양도나 신규 출자와 같은 절차의 진행이 필요 없고 주주관계의 조정만으로 지주회사를 설립할 수 있어 그 절차가 매우 간편하고 비용이 적게 들어 향후 가장 많이 사용될 것으로 예상되는 방식이라고 할 수 있다.[72]

③ 주식교환 및 주식이전 방식의 비교

주식교환	주식이전
상법 제360조의2～제360조의14	상법 제360조의15～제360조의23
- 2개 회사 중 1개 회사의 발생주식 총수를 금융지주회사가 되는 다른 회사로 이전 - 완전자회사가 되는 회사의 주주들은 당해 금융지주회사가 되는 회사가 발행하는 신주를 배정받는 방법으로 금융지주회사 전환 - 각 교환회사 주주총회 특별결의에 의한 교환계약서 승인 필요, 반대주주매수청구권 행사 보장	- 기존 금융회사의 발생주식 총수를 새로 신설되는 금융지주회사로 이전 - 기존 금융회사의 주주들은 당해 금융지주회사(신규설립)가 발생하는 신주를 배정받는 방법으로 금융지주회사를 설립 - 이전회사 주주총회 특별결의에 의한 교환계약서 승인 필요, 반대주주 매수청구권 행사 보장

---

71) 이균성 등, 앞의 책, 691쪽.
72) 주식이전의 절차 및 효과 등에 대해서는 이균성, 위의 책 참조.

6) 지주회사 등의 요건 및 범위

(1) 지주회사의 요건

① 주식(지분)의 소유를 통할 것

지주회사는 다른 회사의 주식이나 지분을 소유하여야 한다. 설령 다른 회사에 대하여 지배적 영향력을 행사하더라도 주식이나 지분을 소유하지 않고 있다면 지주회사로 볼 수 없다.

② 국내회사의 사업내용을 지배할 것

지주회사의 자회사는 국내회사에 한정된다. 국내 자본으로 설립한 회사라도 국외에 소재하고 있는 회사의 사업내용을 지배하는 경우에는 공정거래법상 지주회사에 해당되지 않는다. 반면 외국자본으로 설립한 회사라도 국내에 소재하고 있는 회사의 사업내용을 지배하는 경우에는 공정거래법상 지주회사에 해당된다고 한다.

③ 자산총액이 대통령령이 정하는 금액 이상일 것

자산총액이 대통령령이 정하는 금액 이상이어야 한다. 자산총액이 대통령령이 정하는 금액 이상인 회사란 ㉠ 해당 사업연도에 새로이 설립되었거나 합병 또는 분할·분할합병·물적 분할을 한 회사의 경우에는 각각 설립등기일·합병등기일 또는 분할등기일 현재의 대차대조표상 자산총액이 1천억 원 이상인 회사(동법 시행령 제2조 제1항 제1호), ㉡ 제1호 외의 회사의 경우에는 직전 사업연도 종료일(사업연도 종료일 이전의 자산총액을 기준으로 지주회사 전환신고를 하는 경우에는 해당 전환신고 사유의 발생일) 현재의 대차대조표상의 자산총액이 1천억 원 이상인 회사를 말한다(동법 시행령 제2조 제1항).

④ 다른 회사의 사업내용을 지배하는 것을 주된 사업으로 할 것

다른 회사의 사업 내용을 지배하는 것을 주된 사업으로 하여야 한다. '주된 사업의 기준'이란 회사가 소유하고 있는 자회사의 주식(지분을 포함한다)가액의 합계액(제1항 각 호의 자산총액 산정 기준일 현재의 대차대조표상에 표시된 가액을 합계한 금액을 말한다)이 해당 회사 자산 총액의 100분의 50 이상인 것으로 한다(동법 시행령 제2조 제2항).

⑤ 지주회사의 성립시점

지주회사를 설립하거나 지주회사로 전환하는 경우 다음 각 호의 1에서 정한 날부터 지주회사 등의 행위제한 규정이 적용된다. 즉 ㉠ 지주회사를 설립하는 경우에는 설립등기일, ㉡ 다른 회사의 합병 또는 회사의 분할을 통하여 지주회사로 전환하는 경우에는 합병등기일 또는 분할등기일, ㉢ 앞의 ㉠과 ㉡을 제외한 사유에 의하여 지주회사로 전환하는 경우에는 직전 사업연도 종료일(사업연도 종료일 이전의 자산총액을 기준으로 지주회사 전환신고를 하는 경우에는 해당 전환신고 사유의 발생일)을 기준으로 지주회사가 성립한다(동법 시행령 제15조).

(2) 자회사

① 자회사 개념

자회사란 지주회사에 의하여 대통령령이 정하는 기준에 따라 그 사업 내용을 지배받는 국내회사를 말한다(동법 제2조 1의3).

② 자회사 범위

다른 회사에 출자하고 있는 회사(이하 '출자회사'라 함)가 피출자회사와의 관계에 있어서 다음 각 호의 요건을 모두 충족하는 경우에는 피출자회사를 공정거래법 제2조(정의) 제1호의 3에서 규정한 지주회사의 자회사로 본다. 다음 각 호의 요건이란 ㉠ 피출자회사가 출자회사의 계열회사일 것, ㉡ 피출자회사에 대하여 출자회사가 단독으로 또는 특수관계인[73])과 합하여 최다출자자(동일 최다출자자인 경우도 포함)일 것(다만, 출자회사가 단독으로 또는 자회사와 합하여 피출자회사의 발행주식을 출자회사의 각 특수관계인과 같거나 또는 많이 보유하고 있을 것)을 말한다.[74] 예를 들면, 자회사에 해당하는 경우로는 ㉠ 출자회사가 단독으로 50% 이상 출자한 경우, ㉡ 출자회사가 단독으로 50% 미만을 출자(예: 25%)하였으나 최다출자자이고 피출자회사가 계열회사인 경우, ㉢ 출자회사가 특수관계인과 합하여 50% 이상 출자하였고 출자회사가 각 특수관계인과 같거나 많이 보유하는 경우(출자회사 20%, 특수관계인 A 20%, 특수관계인 B 10%), ㉣ 출자회사가 특수관계인과 합하여 50% 미만을 출자하였으나 최다출자자이고 출자회사가 각 특수관계인과 같거나

---

73) 시행령 제11조(특수관계인의 범위) 제3호의 규정에 의한 자는 제외한다.
74) 공정거래위원회, 지주회사 관련규정에 관한 해석지침(2009.8.12.) Ⅱ. 1.

많이 보유하며 피출자회사가 계열회사인 경우(출자회사 10%, 특수관계인 A 10%, 특수관계인 B 5%) 등을 들 수 있다. 반면, ㉠ 지주회사가 특수관계인과 합해도 최다출자자가 아닌 경우, ㉡ 지주회사가 특수관계인과 합하여 최다출자자이나 특수관계인이 지주회사보다 발행주식을 많이 보유한 경우(지주회사 20%, 특수관계인 A 35%) 등은 자회사에 해당되지 않는다.[75]

③ 자회사의 성립시점

지주회사가 설립 또는 전환될 당시에 소유하고 있는 자회사의 경우에는 지주회사의 성립시점은 다음과 같다. 즉 ㉠ 지주회사가 다른 회사의 주식을 취득하여 지주회사의 자회사가 되는 경우에는 '다른 회사의 주식을 소유하게 되거나 주식소유비율이 증가하는 경우에는 다음 각 목의 날'을 기준으로 하여 각 목에서 정한 날, ㉡ 지주회사가 자회사를 설립하는 경우에는 자회사의 설립등기일이다[동법 시행령 제18조(기업결합의 신고 등) 제8항 제1호].

④ 자회사 주식가액의 산정기준

자회사의 주식가액은 다음 기준에 의하여 산정한다(시행령 제2조 제2항 관련). 즉 이러한 산정에는 상법 제370조(의결권 없는 주식)의 규정에 의한 의결권 없는 주식을 포함하여 산정, 기업회계기준에 따라 작성한 대차대조표상의 가액을 기준으로 한다. 다만, 출자회사가 발행주식 총수의 100분의 20 이상을 소유하는 자회사의 경우에는 특별한 사유가 없는 한 지분법을 적용하여 산정한다[기업회계기준 제59조(투자주식의 평가) 제3항].[76]

(3) 손자회사

① 손자회사 · 증손회사의 개념

손자회사란 자회사에 의하여 사업 내용을 지배받는 국내회사를 말한다. 나아가, 증손회사라 함은 손자회사가 100% 주식을 소유하고 있는 국내 계열회사를 말한다(동법 제2조 1의4).

---

75) 공정거래위원회, 지주회사 관련규정에 관한 해석지침(2009.8.12.) Ⅱ. 1. 예시
76) 공정거래위원회, 지주회사 관련규정에 관한 해석지침(2009.8.12.) Ⅱ. 2.

② 사업 관련 손자회사의 성립시점

사업 관련 손자회사에 해당하게 된 날은 다음 항목에서 정한 날을 기준으로 한다. 즉 ㉠ 지주회사가 설립 또는 전환될 당시에 소유하고 있는 자회사가 소유하고 있는 사업 관련 손자회사의 경우에는 3. 가의 각 호에서 정한 날,[77] ㉡ 자회사가 다른 회사의 주식을 취득하여 자회사의 사업 관련 손자회사가 되는 경우에는 시행령 제18조(기업결합의 신고 등) 제8항 제1호의 각 목에서 정한 날,[78] ㉢ 자회사가 사업 관련 손자회사를 설립하는 경우에는 사업 관련 손자회사의 설립등기일을 기준으로 한다.[79]

7) 지주회사 등의 행위제한

(1) 지주회사의 행위제한

공정거래법 제8조의2 제2항에 의하면 지주회사는 다음 각 호의 어느 하나에 해당하는 행위를 하여서는 아니 된다고 규정하고 있다.

① 지주회사의 200% 이상의 부채액을 보유하는 행위

대차대조표상의 자산 총액에서 부채액을 뺀 자본총액의 2배를 초과하는 부채액을 보유하는 행위를 해서는 안 된다. 다만, 지주회사로 전환하거나 설립될 당시에 자본총액의 2배를 초과하는 부채액을 보유하고 있는 때에는 지주회사로 전환하거나 설립된 날부터 2년간은 자본총액의 2배를 초과하는 부채액을 보유할 수 있다(동법 제8조의2 제2항 제1호).

---

77) 3. 가에서 정한 날이란, ① 지주회사를 설립하는 경우에는 설립등기일, ② 다른 회사의 합병 또는 회사의 분할을 통하여 지주회사로 전환하는 경우에는 합병등기일 또는 분할등기일, ③ 다른 법률의 규정에 따라 지주회사 적용이 제외되었다가 제외기간이 경과되어 지주회사로 전환하는 경우에는 제외기간 종료일의 다음 날을 말한다.

78) ① 주식회사의 주식을 양수하는 경우에는 주권을 교부받은 날(다만, 주권이 발행되어 있지 아니한 경우에는 주식대금을 지급한 날을 말하며, 주권을 교부받기 전 또는 주식대금의 전부를 지급하기 전에 합의 ·계약 등에 의하여 의결권 기타 주식에 관한 권리가 실질적으로 이전되는 경우에는 당해 권리가 이전되는 날을 말한다)(가목), ② 주식회사의 신주를 유상취득하는 경우에는 주식대금의 납입기일의 다음 날(나목), ③ 주식회사 외의 회사의 지분을 양수하는 경우에는 지분양수의 효력이 발생하는 날(다목), ④ 가목 내지 다목에 해당하지 아니하는 경우로서 감자 또는 주식의 소각 그 밖의 사유로 주식소유비율이 증가하는 경우에는 주식소유비율의 증가가 확정되는 날(라목)을 말한다.

79) 공정거래위원회, 지주회사 관련규정에 관한 해석지침(2009.8.12.) Ⅱ. 5.

② 자회사에 대한 지분율의 제한

자회사의 주식을 그 자회사 발행주식 총수의 100분의 40 미만으로 소유하는 행위를 해서는 안 된다. 다만, 다음 각 목의 어느 하나에 해당하는 사유로 인하여 자회사 주식보유기준[80])에 미달하게 된 경우에는 그러하지 아니하다. 즉 ㉠ 지주회사로 전환하거나 설립될 당시에 자회사의 주식을 자회사주식보유기준 미만으로 소유하고 있는 경우로서 지주회사로 전환하거나 설립된 날부터 2년 이내인 경우, ㉡ 상장법인 또는 국외상장법인이거나 공동출자법인이었던 자회사가 그에 해당하지 아니하게 되어 자회사주식보유기준에 미달하게 된 경우로서 그 해당하지 아니하게 된 날부터 1년 이내인 경우, ㉢ 벤처지주회사이었던 회사가 그에 해당하지 아니하게 되어 자회사주식보유기준에 미달하게 된 경우로서 그 해당하지 아니하게 된 날부터 1년 이내인 경우, ㉣ 자회사가 주식을 모집하거나 매출하면서 증권거래법 제191조의7(우리사주조합원에 대한 우선배정)의 규정에 따라 우리사주조합에 우선배정하거나 당해 자회사가 상법 제513조(전환사채의 발행) 또는 제516조의2(신주인수권부사채의 발행)의 규정에 따라 발행한 전환사채 또는 신주인수권부사채의 전환이 청구되거나 신주인수권이 행사되어 자회사주식보유기준에 미달하게 된 경우로서 그 미달하게 된 날부터 1년 이내인 경우, ㉤ 자회사가 아닌 회사가 자회사에 해당하게 되고 자회사주식보유기준에는 미달하는 경우로서 당해 회사가 자회사에 해당하게 된 날부터 1년 이내인 경우, ㉥ 자회사를 자회사에 해당하지 아니하게 하는 과정에서 자회사주식보유기준에 미달하게 된 경우로서 그 미달하게 된 날부터 1년 이내인 경우(자회사주식보유기준에 미달하게 된 날부터 1년 이내에 자회사에 해당하지 아니하게 된 경우에 한한다), ㉦ 자회사가 다른 회사와 합병하여 자회사주식보유기준에 미달하게 된 경우로서 그 미달하게 된 날부터 1년 이내인 경우에 해당하는 사유로 인하여 자회사 주식보유기준에 미달하게 되는 경우는 그러하지 아니한다고 규정하고 있다(동법 제8조의2 제2항 제2호).

③ 계열회사가 아닌 국내회사의 주식 소유 행위 또는 자회사 외의 국내 계열회사의 주식 소유 행위

---

80) 자회사가 자본시장과금융투자업에관한법률에 따른 주권상장법인인 경우, 주식 소유의 분산요건 등 상장요건이 국내 유가증권시장의 상장요건에 상당하는 것으로 공정거래위원회가 고시하는 국외 증권거래소에 상장된 법인인 경우, 공동출자법인인 경우 또는 벤처지주회사의 자회사인 경우에는 100분의 20으로 한다. 이를 자회사주식보유기준이라고 한다.

계열회사가 아닌 국내회사[81]의 주식을 당해 회사 발행주식 총수의 100분의 5를 초과하여 소유하는 행위[82] 또는 자회사 외의 국내계열회사의 주식을 소유하는 행위는 제한된다. 다만, 다음 각 목의 1에 해당하는 사유로 인하여 주식을 소유하고 있는 계열회사가 아닌 국내회사나 국내계열회사의 경우에는 그러하지 아니하다. 다음 각 목의 1이란 ㉠ 지주회사로 전환하거나 설립될 당시에 이 호 본문에서 규정하고 있는 행위에 해당하고 있는 경우로서 지주회사로 전환하거나 설립된 날부터 2년 이내인 경우, ㉡ 계열회사가 아닌 회사를 자회사에 해당하게 하는 과정에서 이 호 본문에서 규정하고 있는 행위에 해당하게 된 날부터 1년 이내인 경우(같은 기간 내에 자회사에 해당하게 된 경우에 한한다), ㉢ 주식을 소유하고 있지 아니한 국내계열회사를 자회사에 해당하게 하는 과정에서 그 국내계열회사 주식을 소유하게 된 날부터 1년 이내인 경우,[83] ㉣ 자회사를 자회사에 해당하지 아니하게 하는 과정에서 당해 자회사가 자회사에 해당하지 아니하게 된 날부터 1년 이내인 경우에는 그러하지 아니한다(동법 제8조의2 제2항 제3호).

④ 금융지주회사의 국내회사의 주식 소유 행위

금융업 또는 보험업을 영위하는 자회사의 주식을 소유하는 지주회사, 즉 금융지주회사인 경우 금융업 또는 보험업을 영위하는 회사[84] 외의 국내회사의 주식을 소유하는 행위는 제한된다. 다만, 금융지주회사로 전환하거나 설립될 당시에 금융업 또는 보험업을 영위하는 회사 외의 국내회사 주식을 소유하고 있는 때에는 금융지주회사로 전환하거나 설립된 날부터 2년간은 그 국내회사의 주식을 예외적으로 소유할 수 있다(동법 제8조의2 제1항 제4호).

⑤ 일반지주회사가 금융업 또는 보험업을 영위하는 국내회사의 주식 소유 행위

금융지주회사 외의 지주회사, 즉 일반지주회사인 경우 금융업 또는 보험업을 영위하는 국내회사의 주식을 소유하는 행위는 제한된다. 다만, 일반지주회사로 전환하거나 설립될 당시에 금융업 또는 보험업을 영위하는 국내회사의 주식을 소유하고

---

81) 사회기반시설에대한민간투자법 제4조(민간투자사업의 추진방식) 제1호부터 제4호까지의 규정에 정한 방식으로 민간투자사업을 영위하는 회사를 제외한다.
82) 소유하고 있는 계열회사가 아닌 국내회사의 주식가액의 합계액이 자회사의 주식가액의 합계액의 100분의 15 미만인 지주회사에 대해서는 적용하지 아니한다.
83) 같은 기간 내에 자회사에 해당하게 된 경우에 한한다.
84) 금융업 또는 보험업과 밀접한 관련이 있는 등 대통령령이 정하는 기준에 해당하는 회사를 포함한다.

있는 때에는 일반지주회사로 전환하거나 설립된 날부터 2년간은 그 국내회사의 주
식을 예외적으로 소유할 수 있다(동법 제8조의2 제1항 제5호).

(2) 자회사의 행위제한 요건

일반지주회사의 자회사는 다음 각 호의 어느 하나에 해당하는 행위를 하여서는 아니
된다(동법 제8조의2 제3항).

① 손자회사의 지분율 제한
손자회사의 주식을 그 손자회사 발행주식 총수의 100분의 40[85] 미만으로 소유하
는 행위가 제한된다. 다만, 다음 각 목의 어느 하나에 해당하는 사유로 인하여 손
자회사주식보유기준에 미달하게 된 경우에는 그러하지 아니하다. 다음 각 목의 사
유란 ㉠ 자회사가 될 당시에 손자회사의 주식을 손자회사주식보유기준 미만으로
소유하고 있는 경우로서 자회사에 해당하게 된 날부터 2년 이내인 경우, ㉡ 상장
법인 또는 국외상장법인이거나 공동출자법인이었던 손자회사가 그에 해당하지 아
니하게 되어 손자회사주식보유기준에 미달하게 된 경우로서 그 해당하지 아니하게
된 날부터 1년 이내인 경우, ㉢ 손자회사가 주식을 모집 또는 매출하면서 자본시
장과금융투자업에관한법률 제165조의7(우리사주조합원에 대한 우선배정)의 규정에
따라 우리사주조합에 우선 배정하거나 당해 손자회사가 상법 제513조(전환사채의
발행) 또는 제516조의2(신주인수권부사채의 발행)의 규정에 따라 발행한 전환사채
또는 신주인수권부사채의 전환이 청구되거나 신주인수권이 행사되어 손자회사주식
보유기준에 미달하게 된 경우로서 그 미달하게 된 날부터 1년 이내인 경우, ㉣ 손
자회사가 아닌 회사가 손자회사에 해당하게 되고 손자회사 주식보유기준에는 미달
하는 경우로서 당해 회사가 손자회사에 해당하게 된 날부터 1년 이내인 경우, ㉤
손자회사를 손자회사에 해당하지 아니하게 하는 과정에서 손자회사 주식보유기준에
미달하게 된 경우로서 그 미달하게 된 날부터 1년 이내인 경우,[86] ㉥ 손자회사가
다른 회사와 합병하여 손자회사주식보유기준에 미달하게 된 경우로서 그 미달하게
된 날부터 1년 이내인 경우에는 그러하지 아니한다(동법 제8조의2 제3항 제1호).

---

85) 그 손자회사가 상장법인 또는 국외상장법인이거나 공동출자법인인 경우에는 100분의 20으로 한다. 이를
'손자회사 주식보유기준'이라 한다.
86) 같은 기간 내에 손자회사에 해당하지 아니하게 된 경우에 한한다.

② 손자회사가 아닌 국내 계열회사의 주식 소유 행위

손자회사가 아닌 국내 계열회사의 주식을 소유하는 행위가 제한된다. 다만, 다음 각 목의 어느 하나에 해당하는 사유로 인하여 주식을 소유하고 있는 국내계열회사의 경우에는 그러하지 아니하다. 다음 각 목이란 ㉠ 자회사가 될 당시에 주식을 소유하고 있는 국내계열회사의 경우로서 자회사에 해당하게 된 날부터 2년 이내인 경우, ㉡ 계열회사가 아닌 회사를 손자회사에 해당하게 하는 과정에서 당해 회사가 계열회사에 해당하게 된 날부터 1년 이내인 경우,[87] ㉢ 주식을 소유하고 있지 아니한 국내계열회사를 손자회사에 해당하게 하는 과정에서 당해 계열회사의 주식을 소유하게 된 날부터 1년 이내인 경우,[88] ㉣ 손자회사를 손자회사에 해당하지 아니하게 하는 과정에서 당해 손자회사가 손자회사에 해당하지 아니하게 된 날부터 1년 이내인 경우,[89] ㉤ 손자회사가 다른 자회사와 합병하여 그 다른 자회사의 주식을 소유하게 된 경우로서 주식을 소유한 날부터 1년 이내인 경우, ㉥ 자기 주식을 보유하고 있는 자회사가 회사분할로 인하여 다른 국내계열회사의 주식을 소유하게 된 경우로서 주식을 소유한 날부터 1년 이내인 경우를 말한다(동법 제8조의2 제3항 제2호).

③ 금융업이나 보험업을 영위하는 회사를 손자회사로 지배하는 행위

금융업이나 보험업을 영위하는 회사를 손자회사로 지배하는 행위는 제한된다. 다만, 일반지주회사의 자회사가 될 당시에 금융업이나 보험업을 영위하는 회사를 손자회사로 지배하고 있는 경우에는 자회사에 해당하게 된 날부터 2년간 그 손자회사를 지배할 수 있다(동법 제8조의2 제3항 제3호).

(3) 손자회사의 행위제한 요건

공정거래법 제8조의2 제4항에 의하면, "일반지주회사의 손자회사는 국내계열회사의 주식을 소유하여서는 아니 된다. 다만, 다음 각 호의 어느 하나에 해당하는 경우에는 그러하지 아니하다. 다음 각 호란 ① 손자회사가 될 당시에 주식을 소유하고 있는 국내계열회사의 경우로서 손자회사에 해당하게 된 날부터 2년 이내인 경우, ② 주식을 소유하고

---

87) 같은 기간 내에 손자회사에 해당하게 된 경우에 한한다.
88) 같은 기간 내에 손자회사에 해당하게 된 경우에 한한다.
89) 같은 기간 내에 계열회사에 해당하지 아니하게 된 경우에 한한다.

있는 계열회사가 아닌 국내회사가 계열회사에 해당하게 된 경우로서 당해 회사가 계열회사에 해당하게 된 날부터 1년 이내인 경우, ③ 자기 주식을 소유하고 있는 손자회사가 회사분할로 인하여 다른 국내계열회사의 주식을 소유하게 된 경우로서 주식을 소유한 날부터 1년 이내인 경우, ④ 손자회사가 국내계열회사(금융업 또는 보험업을 영위하는 회사를 제외한다) 발행주식 총수를 소유하고 있는 경우를 말한다."

(4) 증손회사의 행위제한 요건

공정거래법 제8조의2 제5항에 따라, "손자회사가 주식을 소유하고 있는 회사, 즉 증손회사는 국내계열회사의 주식을 소유하여서는 아니 된다고 규정하여 행위를 제한하고 있다. 다만, 다음 각 호의 어느 하나에 해당하는 경우에는 그러하지 아니하다. 다음 각 호란 ① 증손회사가 될 당시에 주식을 소유하고 있는 국내계열회사인 경우로서 증손회사에 해당하게 된 날부터 2년 이내인 경우, ② 주식을 소유하고 있는 계열회사가 아닌 국내회사가 계열회사에 해당하게 된 경우로서 그 회사가 계열회사에 해당하게 된 날부터 1년 이내인 경우로써 이러한 경우에는 주식을 소유하는 행위가 제한되지 않는다."

8) 지주회사 설립에 따른 과세 문제

위에서 살펴본 바와 같이 지주회사를 설립하기 위해서는 각종 형태의 자산 또는 자본거래가 단독 또는 복합적으로 이용될 수 있다. 즉 주식의 양수도, 자산 또는 주식의 현물출자, 회사의 물적 분할, 상법상 주식교환 및 이전 등을 통하여 지주회사의 설립 내지 전환을 하고 있다. 지주회사의 설립에 따른 과세 문제라 함은 바로 이러한 지주회사의 설립의 요소 거래에 따른 각종 세 부담의 문제가 될 것이다. 이러한 지주회사 설립의 요소 거래는 지주회사 설립에만 고유한 것이 아니라, 각종 형태의 기업의 구조조정에 이용되고 있는 것이다.[90] 지주회사의 설립 후 지주회사가 다른 지주회사와 합병하거나 지주회사의 자회사가 다른 회사와 합병하는 경우가 있을 수 있는데, 이 또한 넓은 의미의 지주회사 설립에 따른 과세문제로 볼 수도 있다.[91]

---

90) 김건식 · 노혁준(편저), 『지주회사와 법』(도서출판 소화, 2008.6.9.), 392쪽 이하; 한민수, 『기업구조조정조세법론』(세경사, 1999), 제2장 참조.
91) 이에 관한 세부적인 논의는 다음을 참조(김건식 · 노혁준, 위의 책, 392~416쪽).

제3장 기업결합에 대한 절차적 규제

제1절 서설

기업결합은 위에서 살펴본 바와 같이 매우 다양한 형태로 이루어지고 있는데, 부정적인 측면에서 경쟁을 제한하는 경우도 매우 많다. 따라서 이러한 기업결합을 하는 경우 공정거래법에서는 실체상 규제와 더불어 절차상 규제 규정을 두고 있다. 즉 공정거래법은 경쟁제한적 기업결합을 금지하면서 그 요건과 예외 사유 등 실체적 규제(동법 제7조)를 함과 동시에 기업결합에 대한 절차적 규제로서 신고제도, 즉 일정한 요건에 해당하는 기업결합은 경쟁제한성과 상관없이 결합 후 30일 이내에 이를 신고하도록 의무를 부여하고 있다(동법 제12조).[1]

이러한 기업결합 신고제도는 공정거래위원회 처지에서는 기업결합을 효율적으로 감시할 수 있게 되고, 결합 당사회사들의 처지에서는 경쟁제한적 효과가 있는 기업결합을 스스로 통제할 수 있다.[2] ·이하에서는 그 구체적인 내용을 살펴본다.

제2절 신고의무자와 신고의 대상

1. 신고의무자

신고의무자는 원칙적으로 자산 총액 또는 매출액의 규모(계열회사의 자산 총액 또는 매출액을 합산함)가 2천억 원 이상인 회사(기업결합 신고대상회사)[3] 또는 그 특수관계

---

[1] 정호열, 『경제법』(박영사, 2010), 218~219쪽.
[2] 정호열, 위의 책, 219쪽.
[3] 기업결합 신고대상 회사 및 상대회사의 자산 총액 또는 매출액의 규모는 각각 기업결합일 전부터 기업결합일 후까지 계속하여 계열회사의 지위를 유지하고 있는 회사의 자산 총액 또는 매출액을 합산한 규모이

인4)이다(시행령 제18조 제1항). 신고의무자가 2 이상인 경우에는 공동으로 신고하여야 하나, 공정거래위원회가 신고의무자가 소속된 기업집단에 속하는 회사 중 하나의 회사를 기업결합 신고대리인으로 정하여 그 대리인이 신고한 경우에는 그러하지 아니한다(공정거래법 제12조 제10항).

2. 신고의 대상

기업결합 신고대상회사 또는 그 특수관계인이 자산 총액 또는 매출액 200억 원 이상인 회사(상대회사)에 대하여 행하는 기업결합으로서(시행령 제18조 제2항), 첫째, 의결권 없는 주식을 제외하고 다른 회사의 발행주식 총수 100분의 20, 그리고 상장법인 또는 협회등록법인의 경우에는 100분의 15 이상을 소유하게 되는 경우, 둘째, 제1호에 따라 기업결합 신고를 한 후 당해 회사의 주식을 추가로 취득하여 최다출자자가 되는 경우, 셋째, 임원 겸임의 경우(계열회사의 임원을 겸임하는 경우는 제외), 넷째, 합병이나 영업양수의 경우, 다섯째, 새로이 설립되는 회사의 주식 100분의 20 이상을 인수하는 경우에는 공정거래위원회에 신고하여야 할 의무가 발생한다. 여기서 주식의 소유 또는 인수의 비율을 산정하거나 최다출자자가 되는지를 판단함에 있어서는 당해 회사의 특수관계인이 소유하고 있는 주식을 합산한다(공정거래법 제12조 제5항).

또한 기업결합신고 대상회사의 상대회사가 모두 외국회사, 즉 외국에 주된 사무소를 두고 있거나 외국법률에 따라 설립된 회사이거나 또는 기업결합 신고대상회사가 국내회사이고 상대회사가 외국회사인 경우에는 동시에 그 외국회사 각각의 국내 매출액이 200억 원 이상인 경우에 한하여 기업결합 신고의무를 진다(동법 시행령 제18조 제3항). 이 때 기업결합 신고대상회사 및 상대회사의 자산 총액 또는 매출액의 규모는 각각 기업결합일 전부터 기업결합일 후까지 계속하여 계열회사의 지위를 유지하고 있는 회사의 자산 총액 또는 매출액을 합산한 규모를 말한다. 다만, 영업양수의 경우 영업을 양도(영업의 임대, 경영의 위임 및 영업용 고정자산의 양도 포함)하는 회사의 자산 총액 또는 매출액의 규모는 계열회사의 자산 총액 또는 매출액을 합산하지 않는 규모를 말한다(동법 제12

다. 다만, 영업양수의 경우에 영업을 양도하는 회사의 자산 총액 또는 매출액의 규모는 계열회사의 자산 총액 또는 매출액을 합산하지 아니한다(공정거래법 제12조 제2항).
4) '대통령령이 정하는 특수한 관계에 있는 자'라 함은 회사 또는 회사 외의 자와 다음 각 호의 1에 해당하는 자를 말한다. 즉 ① 당해 회사를 사실상 지배하고 있는 자, ② 동일인 관련자[다만, 제3조의2(기업집단으로부터의 제외) 제1항의 규정에 의하여 동일인 관련자로부터 분리된 자를 제외한다], ③ 경영을 지배하려는 공동의 목적을 가지고 당해 기업결합에 참여하는 자를 말한다(동법 시행령 제11조).

조 제2항).

위 제1호(다른 회사의 발행주식총수의 100분의 20 (상장법인인 경우에는 100분의 15) 이상을 소유하게 되는 경우)와 제2호(다른 회사의 발행주식을 제1호에 따른 비율 이상으로 소유한 자가 당해 회사의 주식을 추가로 취득하여 최다출자자가 되는 경우)에 의하여 주식을 소유하거나 제5호(새로운 회사설립에 참여하여 그 회사의 최대출자자가 되는 경우)에 의하여 새로 설립되는 회사의 주식을 인수함에 있어서 그 소유나 인수의 비율의 산정 또는 최대출자자의 해당 여부를 판단할 때 당해 회사의 특수관계인이 소유하고 있는 주식을 합산한다(동법 제12조 제5항).[5]

기업결합 신고대상행위[6]

구분	내용
주식소유	다른 회사의 무의결권 주식을 제외한 발행주식 총수의 20%(비상장법인) 또는 15%(상장법인) 이상을 소유하게 되는 경우
최다출자자	기존 지분율(비상장법인 20%, 상장법인 15%)을 넘어 최다출자자가 되는 경우
임원겸임	대규모회사의 임원·종업원이 다른 회사의 임원을 겸임하는 경우
합병·영업양수	회사가 다른 회사와 합병 또는 영업을 양수하는 경우
신회사설립참여	새로운 회사 설립에 참여하여 최다출자자가 되는 경우

3. 신고의무의 면제

임원 겸임에 의한 기업결합의 경우는 자산 규모 2조 원 이상의 대규모회사와 그 특수관계인에 한하여 신고의무가 있으며, 대규모회사 이외의 회사가 임원 겸임을 하는 경우는 신고할 필요가 없다(공정거래법 제12조 제1항 전단). 그리고 기업결합 신고 규정은 관계 중앙행정기관의 장이 다른 법률의 규정에 의하여 미리 당해 기업결합에 관하여 공정거래위원회와 협의한 경우에는 이를 적용하지 아니한다(동법 제12조 제4항).[7] 또한 중

---

5) 권오승, 앞의 책 174쪽.
6) 신현윤, 앞의 책, 173쪽.
7) 금융산업의구조개선에관한법률 제24조에 의하면, "금융기관이 다른 회사 의결권 있는 발행주식 총수의 100분의 20 이상을 소유하게 되는 경우 등에는 금융감독위원회의 승인을 얻도록 하고 있으며, 금융감독위원회가 동 승인을 함에 있어서 당해 주식 소유가 관련 시장에서의 경쟁을 실질적으로 제한하는지에 대하여 미리 공정거래위원회와 협의하여야 한다"고 규정하고 있다.

소기업 창업투자회사 또는 중소기업 창업투자조합이 창업자 또는 벤처기업과 기업결합을 하는 때, 여신전문금융업법의 신기술 사업금융업자 또는 신기술 사업투자조합이 신기술 사업금융지원에 관한 법률의 신기술 사업자와 기업결합하는 때, 그리고 기업결합 신고대상회사가 간접투자 자산운용법에 의한 투자회사와 기업결합하는 때로서 주식취득 또는 신회사 설립 참여의 경우 등에는 이를 신고대상에서 제외한다(공정거래법 제12조 제3항).8)

제3절 신고절차

기업결합의 신고요령에 대해서는 공정거래위원회가 공정거래법 제12조, 동 시행령 제18조에 근거하여 '기업결합 신고요령'을 고시하고 있는바, 그에 의한 신고요령을 보면 다음과 같다.9)

1. 신고대상 기업결합의 분류

기업결합 신고요령에 의하면, 기업결합을 간이신고대상 기업결합과 일반신고대상 기업결합으로 구별하고 있다. 나아가, ① 기업결합 신고의무자와 기업결합의 상대회사가 특수관계인(경영을 지배하는 공동의 목적을 가지고 기업결합에 참여하는 자는 제외)인 경우, ② 대표이사를 겸임하는 경우를 제외하고 상대회사 임원 총수의 3분의 1 미만의 임원을 겸임하는 경우, ③ 간접투자자산 운용업법에 따른 사모투자 전문회사의 설립에 참여하는 경우, ④ 자산유동화에 관한 법률에 따른 유동화 전문회사를 기업결합하는 경우, 그리고 ⑤ 선박투자회사법에 따른 선박투자회사의 설립에 참여하는 경우에 대해서는 간이신고대상 기업결합으로 분류하였다. 이러한 간이신고대상은 기업결합 신고요령에서 규정하는 기업결합 유형별 신고서에 간이신고대상 기업결합의 보조자료를 첨부하여 신고한다. 다만, 신고방법으로는 홈페이지를 활용하여 인터넷으로도 신고가 가능하다.

---

8) 정호열, 앞의 책, 220~221쪽; 권오승, 앞의 책, 174쪽.
9) 공정거래위원회 고시 제2009－40호, 2009.8.20.

간이신고대상 기업결합의 보조자료 양식

간이신고대상 기업결합의 보조자료		
간이신고사유[1]		
기업결합사유[2]		

신고회사 주주현황[3]		상대회사 주주현황[3]		
주 주 명	주식소유비율(%)	주 주 명	주식소유비율(%)	
			취득 전	취득 후
신고인관련 · 당해 신고인		동일인관련 · 동 일 인		
신고인관련 · 계열회사		동일인관련 · 계열회사		
신고인관련 · 회사 외의 자		동일인관련 · 회사 외의 자		
기타		기타		

신고회사 계열회사 현황[4]							
회사명	설립일	주요 업종 (국내매출품목)	납입자본금	자본총계	자산총액	매출액 (국내매출액)	주요 주주(%)

신 고 회 사 관 련 시 장 현 황					
주요 품목[5]	매출액[6]	시장점유율[7] (%)	주요 경쟁사업자[8]		
			사업자명	매출액[6]	시장점유율(%)[7]

상 대 회 사 관 련 시 장 현 황					
주요 품목[5]	매출액[6]	시장점유율[7] (%)	주요 경쟁사업자[8]		
			사업자명	매출액[6]	시장점유율(%)[7]
관련 자료나 통계의 출처[9]					

기재요령

(1) 간이신고사유: 본 고시 Ⅱ.(신고대상기업결합의 분류)를 참고하여 사유를 기재

(2) 기업결합사유: 필요시 별지에 기재

(3) 신고회사 및 상대회사(회사설립의 경우는 그 설립에 참여하는 다른 회사를 의미. 이
    하 동일) 주주현황: 계열회사, 회사 외의 자, 기타가 다수인 경우에는 1% 이상 소유

자를 각각 기재(필요한 경우 별지 사용)

① 계열회사라 함은 영 제3조(기업집단의 범위)의 기준에 의해 동일인이 사실상 사업내용을 지배하는 회사를 말함.

② 회사 외의 자라 함은 개인, 비영리법인, 단체를 말함.

(4) 계열회사현황: 영 제3조(기업집단의 범위)의 기준에 의해 동일인이 사실상 사업내용을 지배하는 회사를 말함(계열회사가 많은 경우에는 별지 사용)

① 신고회사를 포함하여 기재

② 직전 사업연도 말을 기준으로 작성

③ 금액은 백만 원 단위로 기재

④ 금융·보험회사의 경우 자본총액 또는 자본금 중 큰 금액을 자산총액으로 하고, 영업수익을 매출액으로 기재

⑤ 국내매출품목 및 국내매출액은 외국회사의 경우에만 기재

(5) 주요 품목: 직전 사업연도 매출액기준(외국회사의 경우 국내 매출액기준으로 함) 상위 3개 품목을 기준으로 작성하되, 3개 품목에 대한 제조공정, 특성, 용도, 가격 등 제품설명을 기재. 다만, 상대회사와 동일 또는 유사한 품목(용역포함)을 생산하는 경우에는 당해 품목의 매출액이 적더라도 반드시 포함

(6) 매출액: 직전 사업연도 말 기준으로 작성(필요한 경우 물량기준으로 작성 가능)

(7) 시장점유율: 시장점유율은 다음과 같이 산정. 금액기준 또는 국내시장 전체를 기준으로 계산하는 것이 부적절하거나 곤란한 경우에는 물량기준 또는 지역시장(예: 경인지역) 기준으로 작성하는 것도 가능(다만 당해 상품의 지리적 시장이 국내보다 더 넓다고 본 경우에는 확장된 시장을 기준으로 하여 '별지'에 추가로 작성하여 제출할 것)

$$\text{시장점유율} = \frac{\text{당해 회사의 당해 상품의 국내판매액(수입판매액 포함)}}{\text{당해 상품의 국내 총판매액(수입판매액 포함)}}$$

(8) 주요 경쟁사업자: 그 품목의 주요 경쟁사업자(수입업자 포함) 중 시장점유율이 높은 상위 5개사에 대하여 기재하고, 제6위 이하 사업자의 수 및 점유율은 기타로 기재

(9) 관련 자료나 통계의 출처: 인용한 자료·서적명, 출판사 및 발표날짜 등을 기재

2. 유형별 신고요령

1) 주식취득 또는 소유의 신고

회사 또는 그 회사의 특수관계인인 회사 외의 자(개인, 비영리법인, 단체를 말한다.
이하 같다)가 공정거래법 제12조(기업결합의 신고) 제1항 제1호의 "다른 회사의 발행주
식 총수의 100분의 20(주권상장법인 및 코스닥등록법인의 경우에는 100분의 15) 이상
을 소유하게 되는 경우"[10][11]및 제2호의 "다른 회사의 발행주식을 제1호에 따른 비율
이상으로 소유한 자가 당해 회사의 주식을 추가로 취득하여 최다출자자가 되는 경우"[12]
에는 '주식취득(또는 소유[13])의 (재)신고서'에 관련 서류를 첨부하여 공정거래위원회에
신고하여야 한다. 다만 제1호의 규정에 따른 신고에 대하여 당시 공정거래위원회가 지
배관계가 형성된다고 인정하여 심사하였음을 확인하는 경우에는 제2호에 의한 신고를
하지 아니한다.

---

10) '100분의 20(주권상장법인 및 코스닥등록법인의 경우에는 100분의 15) 이상을 소유하게 되는 경우'라
　　함은 유상증자 시 실권주 발생으로 인하여 상대적으로 주식소유비율이 상승하는 경우나 주식의 무상
　　증여에 따라 주식소유비율이 상승하는 경우 등 어떠한 이유로든지 주식소유비율이 상승하는 경우를 말
　　한다.
11) 신고의무발생기준일은 주식소유비율의 합계가 100분의 20(주권상장법인 및 코스닥등록법인의 경우 100
　　분의 15) 미만에서 100분의 20(주권상장법인 및 코스닥등록법인의 경우 100분의 15) 이상이 되는 날로
　　본다.
12) 신고의무발생기준일은 최다출자자가 아닌 상태에서 주식의 취득으로 최다출자자가 되는 날로 본다.
13) '주식소유'란 주권을 교부받거나 주식대금의 전부를 지급하는 것을 말하며, 주권을 교부받기 전 또는 주
　　식대금의 전부를 지급하기 전에 합의·계약 등에 의하여 의결권 기타 주식에 관한 권리를 실질적으로
　　이전하는 경우를 포함한다.

<table>
<tr><td colspan="6" rowspan="2">주식취득(또는 소유)의 (재)신고서</td><td rowspan="2">신고유형[1]</td><td>☐ 일반신고</td></tr>
<tr><td>☐ 간이신고</td></tr>
<tr><td rowspan="11">[2]
신
고
인</td><td colspan="2">회 사 명
(또는 성명)</td><td></td><td>대표자
성 명</td><td>(한글)</td><td colspan="2">설립일</td><td></td></tr>
<tr><td></td><td>(한자)</td><td colspan="2">상장일</td><td></td></tr>
<tr><td colspan="2">주소</td><td></td><td rowspan="3">연
락
처</td><td colspan="4">담당자:</td></tr>
<tr><td colspan="2" rowspan="2">사업자
번호[3]</td><td rowspan="2"></td><td colspan="4">전화:</td></tr>
<tr><td colspan="4">팩스:</td></tr>
<tr><td colspan="2" rowspan="5">재무상황[4]
(단위: 백만
원)</td><td>납입자본금</td><td></td><td colspan="2">자본총계</td><td></td></tr>
<tr><td>경상이익</td><td></td><td colspan="2">당기순이익</td><td></td></tr>
<tr><td rowspan="3">자산총액
(기업집단 전체)</td><td rowspan="3">(   )</td><td colspan="2">매 출 액
(기업집단 전체)</td><td>(   )</td></tr>
<tr><td colspan="2" rowspan="2">국내매출액
(기업집단 전체)[5]</td><td rowspan="2">(   )</td></tr>
<tr></tr>
<tr><td colspan="2">주요사업</td><td colspan="6"></td></tr>
<tr><td rowspan="11">상
대
회
사</td><td colspan="2">회사명</td><td></td><td>대표자
성 명</td><td>(한글)</td><td colspan="2">설립일</td><td></td></tr>
<tr><td></td><td>(한자)</td><td colspan="2">상장일</td><td></td></tr>
<tr><td colspan="2" rowspan="3">주 소</td><td rowspan="3"></td><td rowspan="3">연락처</td><td>담당자:</td><td colspan="2" rowspan="3"></td></tr>
<tr><td>전화:</td></tr>
<tr><td>팩스:</td></tr>
<tr><td colspan="2" rowspan="5">재무상황[4]
(단위: 백만
원)</td><td>납입자본금</td><td></td><td colspan="2">자본총계</td><td></td></tr>
<tr><td>경상이익</td><td></td><td colspan="2">당기순이익</td><td></td></tr>
<tr><td rowspan="3">자산총액
(기업집단 전체)</td><td rowspan="3">(   )</td><td colspan="2">매 출 액</td><td></td></tr>
<tr><td colspan="2" rowspan="2">국내매출액
(기업집단 전체)[5]</td><td rowspan="2">(   )</td></tr>
<tr></tr>
<tr><td colspan="2">주요사업</td><td colspan="6"></td></tr>
</table>

	주주		주식 소유비율(%)		총취득금액	취득일[8]
			취 득 전	취 득 후		
주식취 득내용	신고인 관련	당해 신고인				
		특수 관계 인	계열회사[6]				
			회사 외의 자[7]				
	계					

「독점규제 및 공정거래에 관한 법률」 제12조(기업결합의 신고) 및 동법 시행령 제18조(기업결합의 신고 등)에 의하여 위와 같이 신고합니다.

20 . . . 신고회사(8)대표자(인)

공 정 거 래 위 원 회 귀 중

※ 신고 관련 문의: 공정거래위원회 시장구조개선정책관실 기업결합과

※ 기업결합신고를 하지 아니하거나 허위의 신고를 하는 경우에는 「독점규제 및 공정거
래에 관한 법률」 제69조의2(과태료)에 의거하여 1억 원 이하의 과태료에 처해질 수
있습니다.

※ 붙임: 기업결합 신고 첨부서류 각 1부

기재요령

(1) 신고유형: 해당란에 ✓ 표시

(2) 신 고 인: 신고인이 다수인 경우에는 신고인별로 별지에 기재. 신고인이 회사 외의
자인 경우에는 해당란만 명기

(3) 사업자번호: 신고회사의 사업자번호를 기재, 신고인이 개인인 경우는 주민번호를 기재

(4) 재무상황: 영 제12조에 정한 기준에 따라 기재(기업집단 전체)란에는 당해 신고인이
속하는 기업집단 전체의 자산총액 및 매출액을 기재

(5) 국내매출액: 외국회사인 경우에 기재(기업집단 전체)란에는 당해 신고인(또는 상대회
사)의 국내매출액과, 당해 신고인(또는 상대회사)과 기업결합일 이전에도 계열회사이
고 기업결합일 이후에도 계열회사로 있게 되는 회사의 국내매출액을 합한 금액을 기
재

(6) 계열회사: 영 제3조(기업집단의 범위)의 기준에 의해 동일인이 사실상 사업내용을 지
배하는 회사를 말함

(7) 회사 외의 자: 개인, 비영리법인, 단체를 말함

(8) 취득일: 영 제18조 제5항 제1호 각 목의 기준에 따라 기재. 다만 사전신고의 경우
취득 예정일을 기재할 것

(9) 신고대리인이 신고하는 경우에는 신고대리인 및 그 대표자를 각각 기재

첨부서류

1. 일반신고의 경우

가. 신고회사의 주주현황(신고일 현재 기준)

주 주	소유주식 수	주식소유비율(%)
합 계		100.00

주) 계열회사, 회사 외의 자, 법인, 개인 등이 다수인 경우 1% 이상 소유자를 각각 기재

나. 상대회사의 주주현황(신고일 현재 기준)

주 주		성명 또는 명칭	소유주식 수	주식소유비율(%)	
구 분				취득 전	취득 후
신고인 관련	동일인				
	특수 관계인 계열회사				
	관계인 회사 외의 자				
	계				
기 타	법인				
	개인				
	계				
합계				100.00	100.00

주) 계열회사, 회사 외의 자, 법인, 개인 등이 다수인 경우 1% 이상 소유자를 각각 기재

다. 계열회사 현황: 신고회사와 상대회사별로 아래 양식에 의하여 각각 작성

(단위: 백만 원)

회사명	설립일	상장일	주요 업종 (국내 매출품목)	납입자본금	자본총계	자산총액	매출액 (국내매출액)	당기순이익	주요 주주(%)
합계									

주 1) 신고회사 및 상대회사를 각각 포함하여 기재
주 2) 직전 사업연도 말을 기준으로 작성
주 3) 금융·보험회사의 경우 자본총액 또는 자본금 중 큰 금액을 자산총액으로 하고, 영업수익을 매출액으로 기재
주 4) '국내매출품목' 및 '국내매출액'은 외국회사의 경우에만 작성

라. 관련 시장 현황(신고회사 및 상대회사별로 각각 작성하되 주요 품목이 중복되는 경우에는 중복 작성 불필요)

(1) 주요 품목의 수급 등 시장상황: 별첨 양식에 의거 작성·첨부

(2) 주요 품목의 주요 특성, 기능 및 용도

(3) 주요 품목 관련 경쟁상황: 회사가 파악한 범위 내에서 성실히 작성

마. 기업결합의 개요서(신고인의 의견 또는 입장을 기재할 것)

  (1) 기업결합의 내용 및 기업결합의 사유

  (2) 기업결합심사기준상 간이심사 대상 여부 및 그 사유

  (3) 기업결합에 따른 지배관계 형성 여부 및 그 사유

  (4) 상품시장과 지리적 시장의 획정 및 그 사유

  (5) 경쟁제한 여부에 대한 견해

  (6) 기업결합에 따른 효율성 증대효과

바. 주식취득 관련 입증자료(계약서, 주권교부증, 주식대금 납입 영수증 등) 1부

사. 임원 겸임계획서: 신고인 및 신고인의 특수관계인이 주식취득 또는 소유 회사에 대하
    여 임원 겸임을 계획하고 있는 경우에는 성명, 신고인 관련 계열회사에서의 직위, 주
    식취득 또는 소유회사에서의 직위, 신고인과의 특수관계인 해당 내용 등을 기재

아. 신고회사 및 상대회사의 등기부등본 및 공인회계사 감사보고서 각각 1부(등기부등본:
    당사회사가 전자정부법 제21조 제1항에 의한 행정정보의 공동이용에 동의한 경우에
    는 제출할 필요가 없음. 감사보고서: 상장회사는 제출할 필요가 없으나, 외국회사는
    외국법률에 의한 상장 여부를 불문하고 제출하여야 함.)

자. 재신고의 경우에는 최초신고일, 최초 신고 당시 지분율 등을 작성 · 첨부

차. 사모투자전문회사(PEF)의 주식취득 시 추가 서류

  (1) 당해 PEF가 이미 출자한 회사(피투자회사)의 영위 업종, 피투자회사에 대한 당
      해 PEF의 출자비율(주식소유비율 등) 및 지배관계 형성 여부(출자비율, 임원 겸
      임 상황 등을 고려하여 실질적인 지배관계 형성을 설명)

  (2) 당해 PEF에 대한 사원(무 · 유한책임사원)의 출자비율 및 사원의 영위 업종

  (3) 당해 PEF에 대한 사원들의 지배관계 및 무한책임사원의 계열회사 현황(영위 업
      종 기재 포함)

2. 간이신고의 경우

가. 주식취득 관련 입증자료(계약서, 주권교부증, 주식대금 납입 영수증 등) 1부

나. 별표 6 '간이신고대상 기업결합의 보조자료' 제출

<table>
<tr><td colspan="6" align="center">주요 품목의 수급 등 시장상황</td></tr>
<tr><td>회사명</td><td colspan="5"></td></tr>
<tr><td>품목명[1]</td><td colspan="2"></td><td>당해 제품
매출액[2]</td><td>(국내)
(수출)</td><td>표준산업분류번호
(5단위기준)</td></tr>
</table>

국내 총공급 · 총수요[3]					
국내 총공급			국내 총수요		
구분	년	년	구분	년	년
· 국내공급 · 수입 (계)			· 내수 · 수출 (계)		
주요국내[4] 수입업체	회사명	수입액	주요국내[4] 수요업체	회사명	구입액

주요 경쟁사업자 및 시장점유율(%)[5]					
기업결합 당시의 2년 전 현황			기업결합 당시의 직전연도 현황		
사업자명	매출액	시장점유율	사업자명	매출액	시장점유율
(1) (2) (3) · (수입) 계			(1) (2) (3) · (수입) 계		

국내 및 해외 진입장벽 여부	
국내외 진입장벽[6]	수입제도
○ 법적 · 제도적 진입장벽 여부: ○ 지역제한 여부: ○ 최근 5년간 진입사례:	○ 수입제한 여부: ○ 최근 5년간 수입비중: ○ 실행관세율:[7]　(관세명:　　　)
관련 자료 · 통계의 출처[8]	

기재요령

(1) 품목명: 신고회사 및 상대회사의 매출액기준(외국회사인 경우에는 국내 매출액 기준으로 함) 상위 3개 품목별로 각각 작성하되, 3개 품목에 대한 제조공정, 특성, 용도,

가격 등 제품설명을 기재. 다만, 신고인과 상대회사가 동일한 품목(용역 포함)을 생
산하는 경우에는 당해 제품의 매출액이 적더라도 반드시 포함

(2) 당해 제품 매출액: 외국회사인 경우에는 국내 및 수출 구분 없이 당해 제품의 전체
매출액을 기재

(3) 국내 총공급·총수요: 금액기준으로 기업결합 당시의 2년 전 실적 및 직전연도 실적
을 기재[필요한 경우 물량기준도 가능, 다만 국내시장 전체를 기준으로 하는 것이 부
적절하거나 곤란할 경우 지역시장(예: 경인지역)을 기준으로 작성 가능]

(4) 주요 외국공급업체·주요 국내수요업체: 기업결합 당시의 직전연도 기준으로 작성.
국내총공급 또는 총수요의 5% 이상인 업체는 모두 기재. 다만, 나머지 사업자는 기
타로 기재하되 해당되는 업체의 수를 표시

(5) 주요 경쟁사업자 및 시장점유율: 국내시장점유율이 5% 이상인 사업자는 모두 기재
하고, 나머지 사업자는 기타로 기재하되 업체 수를 표시, 시장점유율은 다음과 같이
산정(다만 당해 상품의 지리적 시장이 국내보다 더 넓다고 본 경우에는 확장된 시장
을 기준으로 하여 '별지'에 추가로 작성하여 제출할 것)

$$시장점유율 = \frac{당해\ 회사의\ 당해\ 상품의\ 국내판매액(수입판매액\ 포함)}{당해\ 상품의\ 국내\ 총판매액(수입판매액\ 포함)}$$

(6) 국내외 진입장벽: 관련법에 의한 인·허가, 지역제한 등 진입장벽과 관련 있는 관계
법령 및 관계 규정, 최근 5년간 시장진입 사례가 있을 경우 생산규모와 소요비용·
기간효과적인 생산규모와 소요비용·기간, 기타 시장진입에 실질적인 영향을 미치는
제반 요소 등을 기재

(7) 실행관세율: 잠정, 덤핑방지, 할당관세 등 실제 적용되고 있는 관세율 및 관세명칭을
기재

(8) 관련 자료·통계의 출처: 인용한 자료·서적명, 출판사 및 발표날짜 등을 기재. 다만,
국내에 근거할 자료가 없는 경우 회사 내부조사 자료도 사용 가능

(9) 기타 다음 사항에 대해서는 별지 작성

  (가) 신고회사의 자국 및 세계 시장 매출액, 점유율, 가격 및 생산능력

  (나) 신고회사그룹의 국제적 영업활동 내역

  (다) 기업결합 완료 후 예상되는 소유 및 지배구조, 재무구조

  (라) 기업결합 주요 단계에 대한 설명, 기업결합에 필요한 자금의 조달내역

(마) 관련 시장에서의 원재료 의존관계 등의 수직적 결합 정도(당사자, 경쟁자)

(바) 신고대리하는 경우 신고대리인 및 그 대표자의 이름, 직위, 주소, 전화번호, 팩스
번호

※ 상기 양식에 의한 작성이 곤란하거나 부적절한 경우에는 적절히 수정하여 작성하는
것도 가능

2) 대규모회사의 임원 겸임 신고

공정거래법 제12조(기업결합의 신고) 제1항 제3호의 '임원 겸임의 경우'에는 당해 임
원 또는 종업원을 다른 회사의 임원으로 겸임하게 하는 회사가 '임원의 겸임 신고서'에
관련 서류를 첨부하여 공정거래위원회에 신고하여야 한다. 만약 임원의 수, 직위의 변동
이 없이 자연인만 변경되는 경우에는 변경 사실의 신고를 요하지 아니한다.

<h1 style="text-align:center">임원의 겸임신고서 양식</h1>

<table>
<tr><td colspan="6" rowspan="2" style="text-align:center">임원의 겸임 신고서</td><td rowspan="2">신고
유형
(1)</td><td>☐ 일반신고</td></tr>
<tr><td>☐ 간이신고</td></tr>
<tr><td rowspan="9">신
고
회
사</td><td rowspan="2">회사명</td><td rowspan="2" colspan="2"></td><td rowspan="2">대표
자
성명</td><td>(한글)</td><td>설립일</td><td></td></tr>
<tr><td>(한자)</td><td>상장일</td><td></td></tr>
<tr><td>주소</td><td colspan="3"></td><td rowspan="2">연
락
처</td><td colspan="2">담당자:
전화:
팩스:</td></tr>
<tr><td>사업자번호(2)</td><td colspan="3"></td></tr>
<tr><td rowspan="5">재무상황(3)
(단위: 백만 원)</td><td>납입자본금</td><td></td><td colspan="2">자본총계</td><td></td></tr>
<tr><td>경상이익</td><td></td><td colspan="2">당기순이익</td><td></td></tr>
<tr><td rowspan="3">자산총액
(기업집단
전체)</td><td rowspan="3">(   )</td><td colspan="2">매 출 액
(기업집단
전체)</td><td>(   )</td></tr>
<tr><td colspan="2">국내매출액
(기업집단
전체)(4)</td><td>(   )</td></tr>
<tr><td></td><td></td><td></td></tr>
<tr><td>주요사업</td><td colspan="6"></td></tr>
<tr><td rowspan="9">상
대
회
사</td><td rowspan="2">회사명</td><td rowspan="2" colspan="2"></td><td rowspan="2">대표자
성 명</td><td>(한글)</td><td>설립일</td><td></td></tr>
<tr><td>(한자)</td><td>상장일</td><td></td></tr>
<tr><td>주소</td><td colspan="3"></td><td>연락처</td><td colspan="2">담당자:
전화:
팩스:</td></tr>
<tr><td rowspan="5">재무현황(3)
(단위:
백만 원)</td><td>납입자본금</td><td></td><td colspan="2">자본총계</td><td></td></tr>
<tr><td>경상이익</td><td></td><td colspan="2">당기순이익</td><td></td></tr>
<tr><td rowspan="3">자산총액
(기업집단
전체)</td><td rowspan="3">(   )</td><td colspan="2">매 출 액</td><td></td></tr>
<tr><td colspan="2">국내매출액
(기업집단
전체)(4)</td><td>(   )</td></tr>
<tr><td></td><td></td><td></td></tr>
<tr><td>주요사업</td><td colspan="6"></td></tr>
<tr><td rowspan="2">임원겸임 내용</td><td rowspan="2">겸임자 성명</td><td colspan="2">신고회사에서의
직위</td><td colspan="2">상대회사에서의
직위</td><td>임원겸임일</td></tr>
<tr><td colspan="2"></td><td colspan="2"></td><td></td></tr>
</table>

「독점규제 및 공정거래에 관한 법률」 제12조(기업결합의 신고) 및 동법 시행령 제18조(기업결합의 신고
등)에 의하여 위와 같이 신고합니다.

20　．　．　．　신고회사(5)　　　　대표자(인)
공 정 거 래 위 원 회 귀 중

※ 신고 관련 문의: 공정거래위원회 시장구조개선정책관실 기업결합과

※ 기업결합신고를 하지 아니하거나 허위의 신고를 하는 경우에는 「독점규제 및 공정거래에 관한 법률」 제69조의2(과태료)에 의거 1억 원 이하의 과태료에 처해질 수 있습니다.

※ 붙임: 기업결합 신고 첨부서류 각 1부

기재요령

(1) 신고유형: 해당란에 ✔표시
(2) 사업자번호: 신고회사의 사업자번호를 기재, 신고인이 개인인 경우는 주민등록번호를 기재
(3) 재무상황: 영 제12조에 정한 기준에 따라 기재. '기업집단 전체' 난에는 당해 신고인이 속하는 기업집단 전체의 자산총액 및 매출액을 기재
(4) 국내매출액: 외국회사인 경우에 기재. '기업집단 전체' 난에는 당해 신고회사(또는 상대회사)의 국내매출액과, 당해 신고회사(또는 상대회사)와 기업결합일 이전에도 계열회사이고 기업결합일 이후에도 계열회사로 있게 되는 회사의 국내매출액을 합한 금액을 기재
(5) 신고대리인이 신고하는 경우에는 신고대리인 및 그 대표자를 각각 기재

첨부서류

1. 일반신고의 경우

가. 주주현황: 신고회사 및 상대회사별로 아래 양식에 의하여 별지에 기재

주 주		성명 또는 명칭	소유주식 수	주식소유비율(%)
구 분				
당해 회사 관련	동일인 계열회사 회사 외의 자			
	계			
기 타	법인			
	개인			
	계			
합계				

주) 계열회사, 회사 외의 자, 법인, 개인 등이 다수인 경우 1% 이상 소유자를 각각 기재

나. 임원현황: 아래 양식으로 회사별로 별지에 기재

임원성명	직위	임원겸임 당사회사와의 임원 또는 종업원 겸임 내용			임원겸임당사회사의 동일인과의 관계
		회사명	직위	겸임일	

다. 계열회사 현황: 신고회사와 상대회사별로 아래 양식에 의하여 각각 작성

회사명	설립일	상장일	주요 업종 (국내 매출품목)	납입자본금	자본총계	자산총액	매출액 (국내 매출액)	당기 순이익	주요 주주(%)
합계									

주 1) 신고회사 및 상대회사를 각각 포함하여 기재
주 2) 직전 사업연도 말을 기준으로 작성
주 3) 납입자본금 등은 백만 원 단위로 기재
주 4) 금융·보험회사의 경우 자본총액 또는 자본금 중 큰 금액을 자산총액으로 하고, 영업수익을 매출액으로 기재
주 5) '국내매출품목' 및 '국내매출액'은 외국회사의 경우에만 작성

라. 관련 시장 현황: 앞의 주식취득의 신고서 양식 첨부서류 참조

마. 기업결합의 개요서: 앞의 주식취득의 신고서 양식 첨부서류 참조

바. 임원선임 의사록 사본 1부

사. 신고회사 및 상대회사의 등기부등본 및 공인회계사 감사보고서 각각 1부(앞의 주식취득의 신고서 양식 첨부서류 참조)

아. 사모투자전문회사(PEF)의 임원 겸임 시 추가서류: 앞의 주식취득의 신고서 양식 첨부서류 참조

2. 간이신고의 경우

가. 별표 6 '간이신고대상 기업결합의 보조자료'

나. 임원선임 의사록 사본 1부

3) 회사의 합병 신고

회사가 공정거래법 제7조(기업결합의 제한) 제1항 제3호의 '다른 회사와의 합병'을 하는 경우에는 '합병신고서'에 관련 서류를 첨부하여 신고하여야 하며, 동법 제12조 제6항 본문에 의한 신고의 경우에는 존속회사(흡수합병의 경우) 또는 신설회사(신설합병의 경우)가 단독으로 신고한다. 다만, 동법 제12조 제6항의 단서에 의할 경우에는 존속 예정인 회사(흡수합병의 경우)가 단독으로 신고하거나 결합 당사회사(신설합병의 경우)가 연명으로 신고하여야 한다.

만약 상법 제530조의2(회사의 분할·분할합병)의 규정[14]에 의한 분할합병을 하는 경우에도 위에서 언급한 바에 준하여 신고하여야 한다.

---

14) 상법 제530조의2(회사의 분할·분할합병)는 다음과 같이 규정하고 있다.
  ① 회사는 분할에 의하여 1개 또는 수 개의 회사를 설립할 수 있다.
  ② 회사는 분할에 의하여 1개 또는 수 개의 존립 중의 회사와 합병(이하 '분할합병'이라 한다)할 수 있다.
  ③ 회사는 분할에 의하여 1개 또는 수 개의 회사를 설립함과 동시에 분할합병할 수 있다.
  ④ 해산 후의 회사는 존립 중의 회사를 존속하는 회사로 하거나 새로 회사를 설립하는 경우에 한하여 분할 또는 분할합병할 수 있다.

합병 신고서 양식

<table>
<tr><td colspan="4" rowspan="2" align="center">합병 신고서</td><td rowspan="2">신고유형[1]</td><td>□ 일반신고</td></tr>
<tr><td>□ 간이신고</td></tr>
<tr>
<td rowspan="20">[2]
합병당사회사</td>
<td rowspan="9">甲
회사</td>
<td>회 사 명</td><td></td><td>대표자
성 명</td><td>(한글)
(한자)</td><td>설립일
상장일</td><td></td>
</tr>
<tr><td>주소</td><td colspan="2"></td><td rowspan="2">연락처</td><td colspan="2">담당자:
전화:
팩스:</td></tr>
<tr><td>사업자번호[3]</td><td colspan="2"></td></tr>
<tr><td rowspan="5">재무상황[4]
(단위: 백만원)</td><td>납입자본금</td><td></td><td>자본총계</td><td colspan="2"></td></tr>
<tr><td>경상이익</td><td></td><td>당기순이익</td><td colspan="2"></td></tr>
<tr><td rowspan="3">자산총액

(기업집단 전체)</td><td rowspan="3" colspan="2">(   )</td><td>매 출 액
(기업집단 전체)</td><td colspan="2">(   )</td></tr>
<tr><td rowspan="2">국내매출액[5]
(기업집단 전체)</td><td rowspan="2" colspan="2">(   )</td></tr>
<tr></tr>
<tr><td>주요 사업</td><td colspan="5"></td></tr>
<tr>
<td rowspan="7">乙
회사</td>
<td>회사명</td><td></td><td>대표자
성 명</td><td>(한글)
(한자)</td><td>설립일
상장일</td><td></td>
</tr>
<tr><td>주소</td><td colspan="2"></td><td>연락처</td><td colspan="2">담당자:
전화:
팩스:</td></tr>
<tr><td rowspan="4">재무상황[4]
(단위: 백만원)</td><td>납입자본금</td><td></td><td>자본총계</td><td colspan="2"></td></tr>
<tr><td>경상이익</td><td></td><td>당기순이익</td><td colspan="2"></td></tr>
<tr><td>매 출 액</td><td></td><td colspan="3"></td></tr>
<tr><td rowspan="2">자산총액
(기업집단 전체)</td><td rowspan="2" colspan="2">(   )</td><td>국내매출액[5]
(기업집단 전체)</td><td colspan="2">(   )</td></tr>
<tr></tr>
<tr><td>주요 사업</td><td colspan="5"></td></tr>
</table>

<table>
<tr>
<td rowspan="4">합병 후존속하거나 신설되는 회사</td>
<td>회사명</td><td></td><td>대표자
성 명</td><td>(한글)
(한자)</td><td>설립
일자</td><td></td>
</tr>
<tr><td>주 소</td><td colspan="2"></td><td>연락처</td><td colspan="2">전화:
팩스:</td></tr>
<tr><td>재무상황[4]</td><td>납입자본금</td><td></td><td>자산총액</td><td colspan="2"></td></tr>
<tr><td>주요사업</td><td colspan="5"></td></tr>
<tr><td colspan="2" align="center">합병계약일</td><td colspan="2"></td><td>합병등기일</td><td></td></tr>
</table>

「독점규제 및 공정거래에 관한 법률」 제12조(기업결합의 신고) 및 동법 시행령 제18조(기업결합의 신고 등)에 의하여 위와 같이 신고합니다.

20 . . . . 신고회사[6] 대표자(인)

공 정 거 래 위 원 회 귀 중

※ 신고 관련 문의: 공정거래위원회 시장구조개선정책관실 기업결합과

※ 기업결합신고를 하지 아니하거나 허위의 신고를 하는 경우에는 「독점규제 및 공정거
　 래에 관한 법률」 제69조의2(과태료)에 의거 1억 원 이하의 과태료에 처해질 수 있습
　 니다.

※ 붙임: 기업결합 신고 첨부서류 각 1부

> 기재요령

(1) 신고유형: 해당란에 ✔표시
(2) 합병당사회사: 흡수합병의 경우 ‘甲’에 합병주도회사(존속회사 또는 존속예정인 회
　 사), ‘乙’에 피합병회사를 기재하고, 신설합병의 경우 ‘갑’, ‘을’에 합병회사명을 각각
　 기재. 다만, 신고회사가 다수인 경우에는 회사별로 별지에 기재
(3) 사업자번호: 신고회사의 사업자번호를 기재, 신고인이 개인인 경우는 주민등록번호를
　 기재
(4) 재무상황: 시행령 제12조에 정한 기준에 따라 기재. ‘기업집단 전체’ 난에는 당해 신
　 고인이 속하는 기업집단 전체의 자산총액 및 매출액을 기재
(5) 국내매출액: 외국회사인 경우에 기재. ‘기업집단 전체’ 난에는 당해 합병당사회사의
　 국내매출액과, 당해 합병당사회사와 기업결합일 이전에도 계열회사이고, 기업결합일
　 이후에도 계열회사로 있게 되는 회사의 국내매출액을 합한 금액을 기재
(6) 신고대리인이 신고하는 경우에는 신고대리인 및 그 대표자를 각각 기재

> 첨부서류

1. 일반신고의 경우

가. 주주현황: 甲·乙 회사 및 합병 후 존속하거나 신설되는 회사별로 아래 양식에 의
　 하여 별지에 기재

주 주		소유주식 수	주식소유비율(%)
구 분	성명 또는 명칭		
당해 회사 관련	동일인 계열회사 회사 외의 자		
	계		
기 타	법인		
	개인		
	계		
합계			

주) 계열회사, 회사 외의 자, 법인, 개인 등이 다수인 경우 1% 이상 소유자를 각각 기재

나. 임원현황: 아래 양식에 의하여 회사별로 별지에 기재

임원성명	직위	합병당사회사와의 임원 또는 종업원 겸임 내용			합병당사회사의 동일인과의 관계
		회사명	직위	겸임일	

다. 계열회사 현황: 신고회사와 상대회사별로 아래 양식에 의하여 각각 작성

회사명	설립일	상장일	주요 업종 (국내 매출품목)	납입 자본금	자본 총계	자산 총액	매출액 (국내 매출액)	당기 순이익	주요 주주(%)
합계									

주 1) 신고회사 및 상대회사를 각각 포함하여 기재
주 2) 직전 사업연도 말을 기준으로 작성
주 3) 납입자본금 등은 백만 원 단위로 기재
주 4) 금융·보험회사의 경우 자본총액 또는 자본금 중 큰 금액을 자산총액으로 하고, 영업수익을 매출액으로 기재
주 5) '국내매출품목' 및 '국내매출액'은 외국회사의 경우에만 작성

라. 관련 시장 현황: 앞의 주식취득의 신고서 양식 첨부서류 참조

마. 기업결합의 개요서: 앞의 주식취득의 신고서 양식 첨부서류 참조

바. 합병계약서, 합병 후 존속회사(신설회사 포함)의 등기부등본 및 합병당사회사의 공인

회계사 감사보고서 각각 1부(앞의 주식취득의 신고서 양식 첨부서류 참조)

2. 간이신고의 경우

가. 별표 6 '간이신고대상 기업결합의 보조자료'
나. 합병계약서 및 합병 후 존속회사(신설회사 포함)의 등기부등본 사본 1부

4) 회사의 영업양수 신고

회사가 공정거래법 제7조(기업결합의 제한) 제1항 제4호의 "다른 회사의 영업 전부 또는 주요 부분의 양수·임차 또는 경영의 수임이나 영업용 고정자산의 전부 또는 주요 부분의 양수"를 하는 경우에는 '영업양수 신고서'에 관련 서류를 첨부하여 공정거래위원회에 신고하여야 한다. 여기에서 '영업'이라 함은 회사의 사업목적을 위하여 조직화되고 유기적 일체로서 기능하는 재산권의 집합을 말한다. 여기에는 판매권(판매에 관련된 조직·인력·대리점 계약관계 등을 포함한다), 특허권·상표권 등 무체재산권, 기타 인허가와 관련되어 재산상의 가치가 있는 것을 포함한다.

또한 '주요 부분'은 양수 또는 임차부분이 독립된 사업단위로서 영위될 수 있는 형태를 갖추고 있거나 양수 또는 임차됨으로써 양도회사의 매출의 상당한 감소를 초래하는 경우로서, 영업양수금액이 양도회사의 직전 사업연도 종료일 현재 대차대조표상의 자산총액의 100분의 10 이상이거나 50억 원 이상인 경우를 말한다. 다만, 영업양수금액에는 양수목적물인 영업부문에 대한 양수대금 이외에 관련 부채의 인수 시 그 부채금액을 포함하며, 영업의 전부 또는 주요 부분을 임차하거나 경영수임의 경우에는 임차료 또는 수임료의 연간 총금액을 위 영업양수금액에 준하여 적용한다.

이 외에도 '경영의 수임'이란 영업의 양도·양수회사 간에 경영을 위탁하는 계약체결 등을 통하여 수임인이 경영권행사의 주체로서 활동하는 것을 말하며, '영업양수 계약의 이행행위'란 영업양수 대금의 지불을 완료하는 행위를 말하며, 대금지불의 완료 전이라 하더라도 동산의 경우에는 인도나 교부, 부동산의 경우에는 등기, 상표 등 등록을 필요로 하는 경우에는 등록을 한 경우를 포함한다.

영업양수 신고서 양식

<table>
<tr><td colspan="6" align="center">영업양수 신고서</td><td>신고유형[1]</td><td>□ 일반신고
□ 간이신고</td></tr>
<tr><td rowspan="8">양
수
회
사</td><td rowspan="2">회사명</td><td rowspan="2"></td><td rowspan="2">대표자
성 명</td><td>(한글)</td><td colspan="2">설립일</td><td></td></tr>
<tr><td>(한자)</td><td colspan="2">상장일</td><td></td></tr>
<tr><td>주소</td><td colspan="3"></td><td rowspan="2">연락처</td><td colspan="2">담당자:
전화:
팩스:</td></tr>
<tr><td>사업자번호[2]</td><td colspan="3"></td><td colspan="2"></td></tr>
<tr><td rowspan="3">재무상황[3]
(단위: 백만 원)</td><td>납입자본금</td><td></td><td>자본총계</td><td colspan="3"></td></tr>
<tr><td>경상이익</td><td></td><td>당기순이익</td><td colspan="3"></td></tr>
<tr><td rowspan="2">자산총액
(기업집단 전체)</td><td rowspan="2">(   )</td><td>매 출 액
(기업집단 전체)</td><td colspan="3">(   )</td></tr>
<tr><td></td><td>국내매출액[4]
(기업집단 전체)</td><td colspan="3">(   )</td></tr>
<tr><td>주요 사업</td><td colspan="6"></td></tr>
</table>

<table>
<tr><td rowspan="8">양
도
회
사</td><td rowspan="2">회사명</td><td rowspan="2"></td><td rowspan="2">대표자
성 명</td><td>(한글)</td><td colspan="2">설립일</td><td></td></tr>
<tr><td>(한자)</td><td colspan="2">상장일</td><td></td></tr>
<tr><td rowspan="2">주소</td><td rowspan="2" colspan="3"></td><td rowspan="2">연락처</td><td colspan="2">담당자:
전화:
팩스:</td></tr>
<tr><td colspan="2"></td></tr>
<tr><td rowspan="3">재무상황[3]
(단위: 백만 원)</td><td>납입자본금</td><td></td><td>자본총계</td><td colspan="3"></td></tr>
<tr><td>경상이익</td><td></td><td>당기순이익</td><td colspan="3"></td></tr>
<tr><td>자산총액
(기업집단 전체)</td><td>(   )</td><td>매 출 액</td><td colspan="3"></td></tr>
<tr><td>국내매출액[4]</td><td></td><td colspan="3"></td></tr>
<tr><td>주요 사업</td><td colspan="6"></td></tr>
</table>

<table>
<tr><td rowspan="4">영업양수내용</td><td>형 태[5]</td><td>양 수 대 상</td><td>양 수 금 액</td><td>영업양수계약일</td><td>대금지급완료일</td></tr>
<tr><td>영업의
양수·임차</td><td></td><td></td><td></td><td></td></tr>
<tr><td>영업용 고정
자산의 양수</td><td></td><td></td><td></td><td></td></tr>
<tr><td>경영의수임</td><td></td><td></td><td></td><td></td></tr>
</table>

「독점규제 및 공정거래에 관한 법률」 제12조(기업결합의 신고) 및 동법 시행령 제18조(기업결합의 신고 등)에 의하여 위와 같이 신고합니다.

20   .   .   .   신고회사[6] 대표자(인)
공 정 거 래 위 원 회   귀 중

※ 신고 관련 문의: 공정거래위원회 시장구조개선정책관실 기업결합과

※ 기업결합신고를 하지 아니하거나 허위의 신고를 하는 경우에는 「독점규제 및 공정거래에 관한 법률」 제69조의2(과태료)에 의거 1억 원 이하의 과태료에 처해질 수 있습니다.

※ 붙임: 기업결합 신고 첨부서류 각 1부

기재요령

(1) 신고유형: 해당란에 ✔표시
(2) 사업자번호: 신고회사의 사업자번호를 기재, 신고인이 개인인 경우는 주민등록번호를 기재
(3) 재무상황: 시행령 제12조에 정한 기준에 따라 기재. '기업집단 전체' 난에는 당해 신고인이 속하는 기업집단 전체의 자산총액 및 매출액을 기재
(4) 국내매출액: 외국회사인 경우에 기재. '기업집단 전체' 난에는 당해 양수회사의 국내매출액과 계열회사의 국내매출액을 합한 금액을 기재
(5) 형태: 해당되는 곳에 ○ 표시
(6) 신고대리인이 신고하는 경우에는 신고대리인 및 그 대표자를 각각 기재

첨부서류

1. 일반신고의 경우

가. 주주현황: 신고회사 및 상대회사별로 아래 양식에 의하여 별지에 각각 작성

주 주		성명 또는 명칭	소유주식 수	주식소유비율(%)
구 분				
당해 회사 관련	동일인			
	계열회사			
	회사 외의 자			
계				
기 타	법인			
	개인			
계				
합계				

주) 계열회사, 회사 외의 자, 법인, 개인 등이 다수인 경우 1% 이상 소유자를 각각 기재

나. 계열회사 현황: 신고회사와 상대회사별로 아래 양식에 의하여 각각 작성

회사명	설립일	상장일	주요 업종 (국내 매출품목)	납입 자본금	자본 총계	자산 총액	매출액 (국내 매출액)	당기 순이익	주요 주주(%)
합계									

주 1) 신고회사 및 상대회사를 각각 포함하여 기재
주 2) 직전 사업연도 말을 기준으로 작성
주 3) 납입자본금 등은 백만 원 단위로 기재
주 4) 금융·보험회사의 경우 자본총액 또는 자본금 중 큰 금액을 자산총액으로 하고, 영업수익을 매출액으로 기재
주 5) '국내매출품목' 및 '국내매출액'은 외국회사의 경우에만 작성

다. 신고회사가 기업집단 소속으로 사업을 영위할 때는 기업집단 전체의 주요 사업내역
    을 별지 작성

라. 관련 시장 현황: 앞의 주식취득의 신고서 양식 첨부서류 참조

마. 기업결합의 개요서: 앞의 주식취득의 신고서 양식 첨부서류 참조

바. 영업양수 관련 입증자료(계약서, 영업양수 대금지불 증빙서 등) 1부

사. 신고회사 및 상대회사의 공인회계사 감사보고서 각각 1부(앞의 주식취득의 신고서
    양식 첨부서류 참조)

2. 간이신고의 경우

가. 별표 6 '간이신고대상 기업결합의 보조자료'

나. 영업양수 관련 입증자료(계약서, 영업양수 대금지불 증빙서 등) 1부

5) 새로 설립되는 회사의 주식인수 신고

회사 또는 그 회사의 특수관계인인 회사 외의 자가 공정거래법 제12조(기업결합의 신
고) 제1항 제5호의 '새로운 회사설립에 참여하여 그 회사의 최다출자자가 되는 경우'에
는 주식인수 비율을 불문하고 '새로 설립되는 회사의 주식인수 신고서'에 관련 서류를
첨부하여 공정거래위원회에 신고하여야 한다. 여기에서 '주식인수행위'라 함은 배정된 주
식의 대금을 납입하는 행위를 말한다. 하지만 회사설립 후의 주식소유비율이나 임원 겸

임내용이 공정거래법 제12조(기업결합의 신고) 제1항 제5호에 의한 회사설립참여 신고내용과 동일하거나 동 신고 시 함께 제출한 임원 겸임 계획대로 이루어진 경우에는 다시 동법 제12조 제1항 제1호 및 제3호에 의한 주식취득 또는 임원 겸임의 신고를 하지 아니한다.

또한 최다출자자인 신고회사와 회사설립에 참여한 특정 상대회사 간에 시행령 제18조 제1항 내지 제3항의 요건[15])을 충족할 경우에는 회사설립에 참여한 나머지 회사가 동 요건을 충족하는지를 불문하고 모든 참여회사를 상대회사로 하여 신고하여야 한다. 만약 신고의무가 있는 최다출자자가 2 이상인 경우에는 각각 동시에 신고하여야 한다. 다만, 신고의무자 중 하나의 회사를 기업결합신고대리인으로 정한 경우에는 그 대리인이 신고 대리 사실을 입증하는 서류를 첨부하여 신고할 수 있다.

이 외에도 간접투자자산 운용업법 제144조의2의 규정[16])에 따른 사모투자전문회사의 설립에 참여하는 경우에는 간투법 제144조의3 제1항의 무한책임사원 중 최다출자자(간투법 제144조의3 제1항의 유한책임사원의 출자 부분은 제외한다. 이하 같다)가 신고하여야 하며, 최다출자자가 2 이상인 경우나 기업결합 신고대리인을 정하여 신고하는 경우에는 위와 마찬가지이다.[17])

---

15) 공정거래법 시행령 제18조(기업결합의 신고 등) 제1항에 의하면, "동법 제12조 제1항 전단에서 '자산총액 또는 매출액의 규모가 대통령령이 정하는 기준에 해당하는 회사'라 함은 자산총액 또는 매출액이 2천억 원 이상인 회사를 말한다"고 규정하고 있고, 제3항에 의하면, "제1항과 제2항에도 불구하고 동법 제12조(기업결합의 신고) 제1항에 따른 기업결합 신고대상회사와 상대회사가 모두 외국회사(외국에 주된 사무소를 두고 있거나 외국법률에 따라 설립된 회사를 말한다)이거나 기업결합 신고대상회사가 국내회사이고 상대회사가 외국회사인 경우에는 제1항과 제2항의 요건을 충족함과 동시에 그 외국회사 각각의 국내 매출액이 200억 원 이상인 경우에 한하여 동법 제12조(기업결합의 신고) 제1항에 따른 신고의 대상이 된다. 이 경우 국내 매출액의 산정에 필요한 사항은 공정거래위원회가 정하여 고시한다"고 규정하고 있다.
16) 시행령에서 규정하고 있는 간접투자자산 운용업법은 2007년 8월 3일 자본시장과금융투자업에관한법률(법률 8635호)의 제정으로 2009년 2월 폐지·대체되어, 위의 규정은 자본시장과금융투자업에관한법률 제268조에 해당한다.
17) 이 외에도 시행령 제18조 제3항이 규정하는 외국회사의 국내매출액 기준은 새로 설립되는 회사가 외국회사(외국에 주된 사무소를 두고 있거나 외국법률에 의해 설립된 회사)인 경우에만 적용되며, 회사설립 시 결합 당사회사가 모두 외국회사이거나 일방이 외국회사라도 새로 설립되는 회사가 국내회사인 경우에는 시행령 제18조 제3항을 적용하지 아니한다.

새로 설립되는 회사의 주식인수 신고서 양식

<table>
<tr><td colspan="3" rowspan="2">새로 설립되는 회사의 주식인수 신고서</td><td rowspan="2">신고유형[1]</td><td>☐ 일반신고</td></tr>
<tr><td>☐ 간이신고</td></tr>
<tr><td rowspan="9">(2)
신
고
인</td><td>회 사 명
(또는 성명)</td><td></td><td colspan="2">대표자
성 명</td><td>(한글)
(한자)</td><td colspan="2">설립일
상장일</td><td></td></tr>
<tr><td>주소</td><td colspan="4"></td><td rowspan="3">연락처</td><td colspan="2">담당자:
전화:
팩스:</td></tr>
<tr><td>사업자번호
(3)</td><td colspan="4"></td></tr>
<tr><td rowspan="4">재무상황[4]
(단위: 백만
원)</td><td colspan="2">납입자본금</td><td></td><td colspan="2">자본총계</td><td></td></tr>
<tr><td colspan="2">경상이익</td><td></td><td colspan="2">당기순이익</td><td></td></tr>
<tr><td rowspan="2">자산총액
(기업집단 전체)</td><td rowspan="2">(   )</td><td colspan="3">매 출 액
(기업집단 전체)</td><td>(   )</td></tr>
<tr><td colspan="3">국내매출액[5]
(기업집단 전체)</td><td>(   )</td></tr>
<tr><td>주요 사업</td><td colspan="7"></td></tr>
<tr><td rowspan="6">상
대
회
사
(6)</td><td>회사명</td><td></td><td colspan="2">대표자
성 명</td><td>(한글)
(한자)</td><td colspan="2">설립일
상장일</td><td></td></tr>
<tr><td>주 소</td><td colspan="4"></td><td rowspan="3">연락처</td><td colspan="2">담당자:
전화:
팩스:</td></tr>
<tr><td>사업자번호
(3)</td><td colspan="4"></td></tr>
<tr><td>재무상황[4]
(단위: 백만
원)</td><td colspan="7">신고인 부문과 동일</td></tr>
<tr><td>주요 사업</td><td colspan="7"></td></tr>
</table>

<table>
<tr><td rowspan="6">예 정
주식인수내용</td><td colspan="3">주주</td><td>예정주식 소유비율(%)</td><td>총취득금액</td><td>회사설립참여
의결일</td><td>주식대금
납입기일</td></tr>
<tr><td rowspan="4">신고인
관련</td><td colspan="2">당해 신고인</td><td></td><td></td><td></td><td></td></tr>
<tr><td rowspan="3">특수
관계인</td><td>계열[7]
회사</td><td></td><td></td><td></td><td></td></tr>
<tr><td>회사 외의
자[8]</td><td></td><td></td><td></td><td></td></tr>
<tr><td colspan="2">계</td><td></td><td></td><td></td><td></td></tr>
</table>

「독점규제 및 공정거래에 관한 법률」 제12조(기업결합의 신고) 및 동법 시행령 제18조(기업결합의 신고 등)에 의하여 위와 같이 신고합니다.

20 . . . . 신고회사[9] 대표자(인)

공 정 거 래 위 원 회 귀 중

※ 신고 관련 문의: 공정거래위원회 시장구조개선정책관실 기업결합과

※ 기업결합신고를 하지 아니하거나 허위의 신고를 하는 경우에는 「독점규제 및 공정거래에 관한 법률」 제69조의2(과태료)에 의거 1억 원 이하의 과태료에 처해질 수 있습

니다.

※ 붙임: 기업결합 신고 첨부서류 각 1부

기재요령

(1) 신고유형: 해당란에 ✔표시
(2) 신고인: 신고인이 다수인 경우에는 신고인별로 별지에 기재. 신고인이 회사 외의 자인 경우에는 해당란만 명기
(3) 사업자번호: 신고회사의 사업자번호를 기재, 신고인이 개인인 경우는 주민등록번호를 기재
(4) 재무상황: 시행령 제12조에 정한 기준에 따라 기재. '기업집단 전체' 난에는 당해 신고인이 속하는 기업집단 전체의 자산총액 및 매출액을 기재
(5) 국내매출액: 외국회사인 경우에 기재. '기업집단 전체' 난에는 당해 신고인의 국내매출액과 계열회사의 국내매출액을 합한 금액을 기재
(6) 상대회사: 새로운 회사설립에 참여하는 각 회사(신고인 제외)들을 해당 항목별로 '별지'에 기재하여 첨부
(7) 계열회사: 시행령 제3조(기업집단의 범위)의 기준에 의해 동일인이 사실상 사업내용을 지배하는 회사를 말함
(8) 회사 외의 자: 개인, 비영리법인, 단체를 말함
(9) 신고대리인이 신고하는 경우에는 신고대리인 및 그 대표자를 각각 기재

첨부서류

1. 일반신고의 경우

가. 새로 설립되는 회사의 주주현황

주 주			예정소유주식 수	소유주식비율(%)
구분		성명 또는 명칭		
신고인 관련	당해 신고인			
	특수 관계인	계열회사		
		회사 외의 자		
	계			
기타	법인			
	개인			
	계			
합계				

주) 계열회사, 회사 외의 자, 법인, 개인 등이 다수인 경우 1% 이상 소유자를 각각 기재

나. 신고회사의 주주현황(상기 양식), 신고회사가 기업집단 소속으로 사업을 영위할 때는
기업집단 전체의 주요 사업내역을 별지 작성

다. 신고인의 계열회사현황: 아래 양식에 의하여 작성

회사 명	설립 일	상장 일	주요 업종 (국내매 출품목)	납입자본 금	자본총계	자산총액	매출액 (국내매출 액)	당기순이 익	주요 주주(%)
합계									

주 1) 신고회사를 포함하여 기재
주 2) 직전 사업연도 말을 기준으로 작성
주 3) 납입자본금 등은 백만 원 단위로 기재
주 4) 금융·보험회사의 경우 자본총액 또는 자본금 중 큰 금액을 자산총액으로 하고, 영업수익을 매출액으로 기재
주 5) '국내매출품목' 및 '국내매출액'은 외국회사의 경우에만 작성

라. 관련 시장 현황: 앞의 주식취득의 신고서 양식 첨부서류 참조

마. 기업결합의 개요서: 앞의 주식취득의 신고서 양식 첨부서류 참조

바. 회사설립 관련 입증자료(의사록, 주식대금 납입 영수증 등) 1부

사. 새로 설립된 또는 설립예정인 회사의 개요: 회사명, 대표자, 주소, 재무현황(납입자본
금, 자산총액, 자본총계), 영위할 업종 및 주력제품

아. 임원 겸임계획서: 신고인 및 신고인의 특수관계인이 신설회사에 대하여 임원 겸임을
계획하고 있는 경우에는 임원성명, 신고인 관련 계열회사에서의 직위, 신설회사에서

의 직위, 신고인과의 특수관계인 해당 내용 등을 기재
자. 신고회사 및 상대회사의 공인회계사 감사보고서 각각 1부(앞의 주식취득의 신고서
    양식 첨부서류 참조)
차. 신설회사의 사업계획서 1부
카. 사모투자전문회사(PEF)가 다른 회사설립 참여시 추가서류: 앞의 주식취득의 신고서
    양식 첨부서류 참조

2. 간이신고의 경우

가. 별표 6 '간이신고대상 기업결합의 보조자료'
나. 회사설립 관련 입증자료(의사록, 주식대금 납입 영수증 등) 1부

6) 기업결합 당사자 중 외국회사가 포함되어 있는 경우

공정거래법 시행령 제18조(기업결합의 신고 등) 제3항에 의하면, "제1항과 제2항에도
불구하고 법 제12조(기업결합의 신고) 제1항에 따른 기업결합신고대상회사와 상대회사가
모두 외국회사(외국에 주된 사무소를 두고 있거나 외국법률에 따라 설립된 회사를 말한
다)이거나 기업결합신고대상회사가 국내회사이고 상대회사가 외국회사인 경우에는 제1항
과 제2항의 요건을 충족함과 동시에 그 외국회사 각각의 국내 매출액이 200억 원 이상
인 경우에 한하여 법 제12조(기업결합의 신고) 제1항에 따른 신고의 대상이 된다. 이 경
우 국내 매출액의 산정에 필요한 사항은 공정거래위원회가 정하여 고시한다(신설
2007.11.2.)"고 규정하고 있다. 여기에서 '국내 매출액'이란 외국회사의 대한민국에 대한
매출액을 의미하며, 그 규모는 기업결합 당사회사 각각 기업결합일 전부터 기업결합일
후까지 계열회사의 지위를 유지하고 있는 회사의 국내매출액을 합산한 규모를 말한다.
다만, 동법 제7조(기업결합의 제한) 제1항 제4호의 영업양수의 경우 양도회사의 국내
매출액에는 계열회사의 국내매출액을 포함하지 아니한다. 또한 공정거래법 제12조(기업
결합의 신고) 제1항 제1호[18]는 피취득회사의 자국 관련법상 의결권 없는 주식을 제외한
발행주식 총수의 100분의 20 미만을 소유하게 되는 경우에는 신고를 하지 아니한다. 나

---

18) 공정거래법 제12조 제1항 제1호란 "다른 회사의 발행주식 총수[상법 제370조(의결권 없는 주식)의 규정
    에 의한 의결권 없는 주식을 제외한다. 이하 같다]의 100분의 20(상장법인의 경우에는 100분의 15) 이
    상을 소유하게 되는 경우"를 말한다.

아가, 동 조 제2항[19]의 계열회사는 공정거래법 제2조(정의) 제2호 및 제3호[20] 시행령 제 3조[21] 및 제3조의2[22]의 규정을 고려하여 판단하며, 연결재무제표를 작성하는 대상회사

---

19) 동 조 제2항이란 "제1항에 규정된 기업결합 신고대상회사 및 상대회사의 자산총액 또는 매출액의 규모 는 각각 기업결합일 전부터 기업결합일 후까지 계속하여 계열회사의 지위를 유지하고 있는 회사의 자산 총액 또는 매출액을 합산한 규모를 말한다. 다만, 제7조(기업결합의 제한) 제1항 제4호의 규정에 의한 영업양수의 경우에 영업을 양도(영업의 임대, 경영의 위임 및 영업용고정자산의 양도를 포함한다)하는 회사의 자산총액 또는 매출액의 규모는 계열회사의 자산총액 또는 매출액을 합산하지 아니한 규모를 말 한다"라고 규정하고 있다.

20) 제2호와 제3호는 다음과 같이 규정하고 있다. 즉 제2호에서 '기업집단'이라 함은 동일인이 다음 각 목의 구분에 따라 대통령령이 정하는 기준에 의하여 사실상 그 사업내용을 지배하는 회사의 집단을 말하고, 다음 각 목이란 ① 동일인이 회사인 경우 그 동일인과 그 동일인이 지배하는 하나 이상의 회사의 집단, ② 동일인이 회사가 아닌 경우 그 동일인이 지배하는 2 이상의 회사의 집단을 말한다고 규정하고 있으 며, 제3호에서의 '계열회사'라 함은 2 이상의 회사가 동일한 기업집단에 속하는 경우에 이들 회사는 서 로 상대방의 계열회사라 한다고 규정하고 있다.

21) 공정거래법 시행령 제3조(기업집단의 범위) 법 제2조(정의) 제2호 각 목 외의 부분에서 '대통령령이 정 하는 기준에 의하여 사실상 그 사업내용을 지배하는 회사'라 함은 다음 각 호의 어느 하나에 해당하는 회사를 말한다.
   1. 동일인이 단독으로 또는 다음 각 목의 어느 하나에 해당하는 자(이하 '동일인 관련자'라 한다)와 합하 여 당해 회사의 발행주식[상법 제370조(의결권 없는 주식)의 규정에 의한 의결권 없는 주식을 제외한다. 이하 이 조, 제3조의2(기업집단으로부터의 제외), 제17조의5(채무보증금지대상의 제외요건), 제17조의8 (대규모내부거래의 이사회 의결 및 공시) 및 제18조(기업결합의 신고 등)에서 같다] 총수의 100분의 30 이상을 소유하는 경우로서 최다출자자인 회사
   가. 배우자, 6촌 이내의 혈족, 4촌 이내의 인척(이하 '친족'이라 한다)
   나. 동일인이 단독으로 또는 동일인 관련자와 합하여 총출연금액의 100분의 30 이상을 출연한 경우로서 최다출연자가 되거나 동일인 및 동일인 관련자 중 1인이 설립자인 비영리법인 또는 단체(법인격이 없는 사단 또는 재단을 말한다. 이하 같다)
   다. 동일인이 직접 또는 동일인 관련자를 통하여 임원의 구성이나 사업 운용 등에 대하여 지배적인 영향 력을 행사하고 있는 비영리법인 또는 단체
   라. 동일인이 이 호 또는 제2호의 규정에 의하여 사실상 사업내용을 지배하는 회사
   마. 동일인 및 동일인과 나목 내지 라목의 관계에 해당하는 자의 사용인(법인인 경우에는 임원, 개인인 경우에는 상업사용인 및 고용계약에 의한 피용인을 말한다)
   2. 다음 각 목의 1에 해당하는 회사로서 당해 회사의 경영에 대하여 지배적인 영향력을 행사하고 있다고 인정되는 회사
   가. 동일인이 다른 주요 주주와의 계약 또는 합의에 의하여 대표이사를 임면하거나 임원의 100분의 50 이상을 선임하거나 선임할 수 있는 회사
   나. 동일인이 직접 또는 동일인 관련자를 통하여 당해 회사의 조직변경 또는 신규사업에의 투자 등 주요 의사결정이나 업무집행에 지배적인 영향력을 행사하고 있는 회사
   다. 동일인이 지배하는 회사(동일인이 회사인 경우에는 동일인을 포함한다. 이하 이 목에서 같다)와 당해 회사 간에 다음의 1에 해당하는 인사교류가 있는 회사
   (1) 동일인이 지배하는 회사와 당해 회사 간에 임원의 겸임이 있는 경우
   (2) 동일인이 지배하는 회사의 임·직원이 당해 회사의 임원으로 임명되었다가 동일인이 지배하는 회사 로 복직하는 경우(동일인이 지배하는 회사 중 당초의 회사가 아닌 회사로 복직하는 경우를 포함한다)
   (3) 당해 회사의 임원이 동일인이 지배하는 회사의 임·직원으로 임명되었다가 당해 회사 또는 당해 회 사의 계열회사로 복직하는 경우
   라. 통상적인 범위를 초과하여 동일인 또는 동일인 관련자와 자금·자산·상품·용역 등의 거래를 하고 있거나 채무보증을 하거나 채무보증을 받고 있는 회사, 기타 당해 회사가 동일인의 기업집단의 계열회사 로 인정될 수 있는 영업상의 표시행위를 하는 등 사회통념상 경제적 동일체로 인정되는 회사

는 계열회사에 해당하는 것으로 본다.

만약 외국회사의 재무제표를 원화로 환산하는 경우 자산총액은 당해 기업결합일이 속하는 사업연도의 직전 사업연도 종료일 현재의 환율을, 매출액(국내매출액도 동일하다)은 직전 사업연도의 평균 환율을 적용한다.

3. 기업결합 신고대리인의 지정 및 변경 신청

공정거래법 제12조(기업결합의 신고) 제10항23) 및 시행령 제19조(기업결합 신고대리인의 지정) 제1항24)의 규정에 의하여 기업결합 신고대리인으로 지정받거나 지정받은 기업결합 신고대리인을 변경하고자 하는 자는 '기업결합 신고대리인 신청서'를 공정거래위원회에 제출하여야 한다. 다만, 지정받은 기업결합 신고대리인을 변경하고자 하는 경우에는 그 사유서를 첨부하여야 한다.

4. 신고 시기

1) 원칙

기업결합의 신고는 당해 기업결합일로부터 30일 이내에 하는 사후신고가 원칙이다(공정거래법 제12조 제6항 본문). 이처럼 사후신고를 원칙으로 하는 것은 기업결합의 신고를 사전에 할 경우 기업결합 심사기간 동안 기업활동이 지연되거나 불확정한 상태가 지

---

22) 공정거래법 제3조의2(시장지배적 지위의 남용금지) ① 시장지배적 사업자는 다음 각 호의 1에 해당하는 행위(이하 '남용행위'라 한다)를 하여서는 아니 된다.
   1. 상품의 가격이나 용역의 대가(이하 '가격'이라 한다)를 부당하게 결정·유지 또는 변경하는 행위
   2. 상품의 판매 또는 용역의 제공을 부당하게 조절하는 행위
   3. 다른 사업자의 사업활동을 부당하게 방해하는 행위
   4. 새로운 경쟁사업자의 참가를 부당하게 방해하는 행위
   5. 부당하게 경쟁사업자를 배제하기 위하여 거래하거나 소비자의 이익을 현저히 저해할 우려가 있는 행위
   ② 남용행위의 유형 또는 기준은 대통령령으로 정할 수 있다.
23) 공정거래법 제12조 제10항이란 "제1항의 규정에 의한 신고의무자가 2 이상인 경우에는 공동으로 신고하여야 한다. 다만, 공정거래위원회가 대통령령이 정하는 바에 의하여 신고의무자가 소속된 기업집단에 속하는 회사 중 하나의 회사를 기업결합 신고대리인(이하 이 조에서 '대리인'이라 한다)으로 정하여 그 대리인이 신고한 경우에는 그러하지 아니하다"라고 규정하고 있다.
24) 공정거래법 시행령 제19조(기업결합 신고대리인의 지정 등) 제1항에 의하면, "동법 제12조 제10항 단서의 규정에 의한 대리인으로 지정받고자 하는 자는 회사의 명칭, 자산총액 및 매출액 등을 기재한 신청서를 공정거래위원회에 제출하여야 한다"고 규정하고 있다.

속되는 등 기업의 불편이 예상되기 때문이다.25) 신고는 서면으로 하되 신고의무자와 상대방 회사의 명칭, 매출액, 자산 총액, 사업 내용과 당해 기업결합의 내용 및 관련 시장 현황 등을 기재하고 이를 입증하는 서류를 첨부하여야 한다(시행령 제18조 제4항). 서류가 미비한 경우에는 공정거래위원회는 보정 명령을 내릴 수 있다.

여기서 기업결합일이란 다음과 같다. 첫째, 주식취득의 경우를 보면 주식양수 시에는 주권교부일, 신주의 유상 취득 시에는 주금납입기일의 익일, 주식회사 이외의 회사의 지분양수 시에는 지분 양수의 효력이 발생한 날, 이 밖에 감자나 주식소각 등으로 주식소유 비율이 증가하는 때에는 증가가 확정된 날이다. 둘째, 임원 겸임의 경우에는 주주총회나 사원총회에서 선임이 의결된 날이며, 셋째, 영업양수의 경우에는 양수 대금의 지급완료일(다만, 체약일로부터 90일을 지나 대금 지급이 완료되는 경우에는 당해 90일이 지난 날), 넷째, 합병의 경우는 합병등기일, 다섯째, 새로운 회사의 설립의 경우에는 배정된 주금납입기일의 다음 날이다(동법 시행령 제18조 제7항).26)

☞ **대법원 2009.9.20. 선고 2008두9744 판결**

원고 갑의 A주식 취득은 구 공정거래법 시행령(2007.11.2. 대통령령 제20360호로 개정되기 전의 것) 제18조 제1호 (가)목 소정의 구주의 장외취득에 해당하는 것이 아니라, 같은 호 (나)목 소정의 기타 주식취득에 해당하므로, 원고 갑이 2006.3.28. 피고에게 한 기업결합 신고는 A주식에 대한 소정의 기타 주식취득이 이미 완료되었음을 전제로 한 사후신고에 해당하고, 따라서 이 사건 처분은 공정거래법 제16조 제1항 후문, 제12조 제7항의 규정에 의한 처분기간의 제한을 받지 아니한다고 판단하였다.

2) 예외적 사전신고

공정거래법은 일정한 기업결합에 대하여 예외적으로 사전신고를 인정하고 있다. 이 신고는 기업결합에 착수한 후 결합이 완료되기 전의 중간적 성질의 신고이지만, 넓은 의미에서는 사전신고라고 할 수 있다.27) 즉 기업결합의 당사회사 중 하나 이상의 회사가 자산 총액 또는 매출액 2조 원 이상의 대규모회사로서 임원 겸임 이외의 방법에 의한 기업

---

25) 신현윤, 앞의 책, 174쪽.
26) 정호열, 앞의 책, 221~222쪽; 신현윤, 앞의 책, 174~175쪽.
27) 정호열, 앞의 책, 222쪽.

결합의 경우에는 당해 기업결합을 완료하기 전 소정의 날로부터 기업결합일 전까지의 기간 내에 이를 신고하여야 한다(공정거래법 제12조 제6항 단서). 이처럼 대규모회사가 기업결합을 하는 경우 임원 겸임을 제외하고는 모두 사전신고하도록 한 것은 대규모회사는 경쟁을 제한할 가능성이 높고, 이들 기업결합 행위들은 일단 행위가 이루어지고 나면 원상회복에 따른 경제적 손실과 기업활동에 대한 영향이 커서 적정한 시정조치를 하기 어렵기 때문이다.[28] 따라서 통상 기업결합 행위를 한 날, 즉 기업결합 행위일로부터 30일 이내에 신고하도록 하고 있다.[29] 이에 따라 공정거래법은 당사회사 중의 1 이상의 회사가 대규모회사인 경우에는 각각 기업결합행위의 유형에 따라 신고의 기한을 정하고 있다.[30]

여기에서 신고기일 30일의 기산점이 되는 대통령령 소정의 날은 각각 다음과 같다(동법 시행령 제18조 제8항). 첫째, 장외거래를 통해 주식취득이나 최다출자자가 되는 경우에는 계약이나 합의를 한 날, 공개매수나 장외거래 이외의 방법으로 주식으로 취득하는 때에는 주권교부일 혹은 대금납입기일의 익일 등이다. 둘째, 합병이나 영업양수의 경우에는 당해 계약을 체결한 날, 셋째, 신회사의 설립 참여의 경우에는 설립 참여에 관한 주주총회 또는 이에 갈음하는 이사회 결의일 등이다.[31]

3) 사후신고제도와 사전신고제도의 비교[32]

구분	사후신고(신고대상 모든 회사)	사전신고(대규모회사)
주식취득	시행령 제18조 제8항	- 증권시장 밖에서 주식소유자와 계약·합의 등에 의하여 주식을 취득하는 경우에는 계약·합의일로부터 30일 - 공개매수 등의 경우에는 사후신고의 기산점과 동일
임원 겸임	임원의 선임이 의결된 날로부터 30일	사전신고의 대상이 아님.
합병	합병등기일로부터 30일	합병계약 체결일로부터 30일
영업양수	영업양수대금의 지급을 완료한 날로부터 30일	영업양수 계약체결일로부터 30일

---

28) 예를 들면, 주식취득을 통한 기업결합의 경우 주식대금납입 이후 사후신고로 한다면 경쟁제한적이라는 이유, 이를 금지하더라도 원상복구가 곤란하고 주가가 하락하는 등 문제가 있어 실제 시정조치를 내리기가 어렵다. 합병이나 영업양수에 대해 시정조치를 하고자 할 경우 통합된 물리적 시설의 원상복구, 직원 재고용·재배치, 영업망 재구축 등 사업활동에 상당한 지장을 초래할 수 있다. 또한 회사설립의 경우 이미 형성된 회사의 해체에 따른 법적 안정성과 거래 안전을 침해할 우려가 있다(신현윤, 앞의 책, 175쪽).
29) 그러나 공개매수 및 장외거래 이외의 방법에 의한 주식취득의 경우에는 결합 실행 행위의 유보제도가 적용되지 아니한다(시행령 제18조 제10항).
30) 신현윤, 앞의 책, 175쪽.
31) 정호열, 앞의 책, 222쪽.
32) 김홍석·한경수, 앞의 책, 104~105쪽.

회사설립의 참여	배정된 주식의 주금납입기일 다음 날로부터 30일	회사설립 참여에 대한 주주총회 또는 이사회 의결일로부터 30일
변경사항 신고의무	변경사항 신고의무 없음.	신고사항에 변경이 있는 경우 변경사항을 신고하여야 함(시행령 제18조 제10항).
이행행위 금지의무	금지의무 없음.	신고 후 30일 이내에 기업결합 이행행위를 하여서는 안 됨(공정거래법 제12조 제7항).

4) 공동신고의 원칙

신고의무자가 2인 이상인 경우에는 원칙적으로 공동으로 신고하여야 한다. 다만, 신고의무자가 소속된 기업집단에 속한 회사 중에서 하나를 기업결합 신고대리인으로 정하여 그 대리인이 신고한 경우에는 그러하지 아니하다(공정거래법 제12조 제10항).[33]

5) 신고의무 위반에 대한 제재

사업자가 법정의 기간 내에 기업결합의 신고를 하지 아니하거나 허위의 신고를 한 경우 또는 사전신고 시 이행금지의무를 위반한 경우에는 1억 원 이하의 과태료에 처하며, 회사의 임원 또는 종업원 기타 이해관계인이 기업결합의 신고를 하지 아니하거나 허위의 신고를 한 경우에는 1천만 원 이하의 과태료에 처한다(공정거래법 제69조의2 제1항).[34]

5. 임의적 사전심사

기업결합을 하고자 하는 자는 신고기간 이전이라도 당해 결합이 경쟁을 실질적으로 제한하는 행위에 해당하는지에 대하여 공정거래위원회에 사전심사를 요청할 수 있다(공정거래법 제12조 제8항). 이 사전심사 제도는 사후신고의 원칙과 조화를 이루면서 기업결합에 대한 사후적 위법성 심사로 초래될 수 있는 사회 경제적 비용을 대폭 절감할 수 있다. 위의 규정에 의하여 심사를 요청받은 경우 공정거래위원회는 30일 이내에 그 심사결과를 요청한 자에게 통지를 하여야 하되, 기간 경과 후 90일의 범위 안에서 이를 연장할 수 있다(동 조 제9항).[35]

---

33) 권오승, 앞의 책, 177쪽.
34) 권오승, 앞의 책, 177쪽.
35) 정호열, 앞의 책, 223쪽.

기업결합의 유형 및 신고시기[36)

구분	신고의무자	기업결합 유형	신고시기
사전신고	대규모회사	주식취득/최다출자자	- 장외거래는 사전신고(주식취득, 계약·합의일로부터 30일 이내) - 장래거래 및 증권거래법상 공개매수는 사후신고
		합병	- 합병계약 체결일부터 30일 이내
		영업양수	- 영업양수계약 체결일부터 30일 이내
		신회사설립 참여	- 회사신설에 대한 주주총회(또는 이사회) 결의일부터 30일 이내
사후신고	대규모회사 이외의 자	주식취득/최다출자자	- 주권교부일, 주식대금 지급일 또는 주주권 이전일(주식양수) - 주식대금 납입기일 다음 날(신주유상취득) - 지분양수 효력발생일(지분양수) - 주식소유비율 증가 확정일(기타)로부터 각각 30일 이내
		합병	- 합병등기일부터 30일 이내
		영업양수	- 영업양수대금 지급완료일(다만, 지급완료가 계약일로부터 90일을 경과한 경우에는 당해 90일)로부터 30일 이내
		신회사 설립 참여	- 배정주식의 주금납입기일 다음 날부터 30일 이내
	대규모회사	임원 겸임	- 겸임되는 회사의 주주총회 또는 사원총회에서 임원 선임 결의일로부터 30일 이내

제4절 기업결합 신고절차 등의 특례

공정거래법은 종래 동법 제12조 제4항에서 다른 법률에 따라 기업결합에 관한 심사가 이루어지는 경우 관계행정기관과 공정거래위원회의 업무 중복을 피하기 위하여 신고의무에 관한 예외를 규정하고 있었다. 그런데 이것은 어디까지나 당해 기업결합에 관하여 공정거래위원회와 사전 협의가 이루어진 경우에 한하여 신고의무를 추가로 신고하여야 하는지가 불확실해지는 측면이 있었다.[37)

이에 2007년 8월 개정법은 제12조의2에 합병 내지 법인 설립 시 주무관청의 승인이 필요한 경우 신고절차에 대한 특례 조항을 신설하여, 기업결합 신고와 함께 다른 법령상의 인·허가 신청도 해야 하는 경우에 공정거래위원회 또는 관련 부처(지식경제부, 방송

---

36) 신현윤, 앞의 책, 176쪽.
37) 권오승, 앞의 책, 177쪽.

통신위원회) 중 어느 한 곳에 서류를 접수하면 양쪽에 접수된 것으로 처리함으로써 신고 절차를 간소화하였다.[38]

이에 따라 전기통신사업법 제13조 제2항에 따른 법인의 설립, 방송법 제15조 제1항 제1호에 따른 종합유선방송사업자인 법인의 합병, 방송법 제15조의2 제1항에 따라 종합 유선방송사업자의 최대액출자자가 되고자 하거나 종합유선방송사업자의 경영권을 실질적 으로 지배하고자 할 경우 이를 신청하는 자는 당해 법인 설립 등이 제12조(기업결합의 신고) 제1항에 따른 신고대상에 해당하는 경우에 주무관청에 승인 등을 신청할 때 기업 결합 신고서류를 함께 제출할 수 있다.

이 경우 주무관청에 서류를 제출한 때에 공정거래위원회에 대한 신고도 동시에 이루어 진 것으로 보며, 주무관청은 기업결합 신고서류를 지체 없이 공정거래위원회에 송부하여 야 한다. 이와 반대로 공정거래위원회에 기업결합 신고를 하는 자는 주무관청에 제출할 법인 설립 등에 관한 신고서류를 공정거래위원회에 제출할 수 있고, 이를 접수한 공정거 래위원회는 지체 없이 당해 서류를 주무관청에 송부하여야 한다(공정거래법 제12조의2 제4항·제5항).[39]

---

38) 권오승, 앞의 책, 177쪽.
39) 정호열, 앞의 책, 221쪽; 권오승, 앞의 책, 178쪽.

제4장 기업결합의 실체적 규제

제1절 서설

위 제3장의 절차적 규제와 더불어 공정거래법은 경쟁을 실질적으로 제한하는 경우와 관련한 실체적 규제를 하고 있다. 즉 공정거래법 제7조 제1항에 의하면, "누구든지 직접 또는 대통령령이 정하는 특수관계인을 통하여 일정한 거래분야에서 경쟁을 실질적으로 제한하는 행위를 하여서는 아니 된다"라고 규정하고 있다. 이처럼 기업결합을 금지하는 것은 사업자들이 합병 등의 수단을 통하여 인위적으로 새로운 독점력을 형성하는 행위를 차단하고자 함이며, 기존의 독점사업자가 그 지위를 남용하는 행태를 금지하는 시장지배적 지위의 남용행위에 대한 규제와 그 틀을 같이한다.

이에 근거하여 공정거래법의 취지가 독점을 형성하려는 기업결합을 근본적으로 금지하는 데 있다고 주장하는 견해도 있다. 하지만 현행법은 기업결합이 진행된 후 사후심사를 통하여 당해 기업결합의 경쟁제한적 효과를 제거하고자 함에 있으며, 사전에 경쟁제한성을 심사하는 것은 예외적 경우로 보고 있다. 어쨌든 기업결합을 규제하려는 취지는 시장과 국민경제에 결정적인 영향을 미치기 때문에 이를 규제하려고 한다.[1]

제2절 기업결합의 규제 대상 및 금지 요건

1. 기업결합의 규제 대상

기업결합의 규제 대상은 공정거래법 제7조, 즉 "누구든지 직접 또는 대통령령이 정하는 특수한 관계에 있는 자를 통하여"라는 규정에 따라 '누구든지'라고 할 수 있다. 통상

---

1) 정호열, 『경제법』(박영사, 2010), 225쪽.

기업결합의 규제대상은 사업자이지만, 사업자는 현실적으로 기업결합을 할 때 자신 이외의 자신과 긴밀한 관계에 있는 특수관계인을 내세울 수도 있다. 따라서 기업결합과 관련하여 공정거래법에서 규정하고 있는 '누구든지'란 사업자 외에 사업자와 긴밀한 관계에 있는 특수관계인을 포함한다고 하여야 할 것이다.[2] 구체적으로 보면 다음과 같다.

1) 사업자

사업자라 함은 법적 형태와 규모는 묻지 않고, 회사와 회사 이외의 자인 자연인과 법인격 없는 사단 등을 말한다. 2004년 공정거래법의 개정으로 외국 사업자 상호 간의 기업결합도 일정한 경우 우리나라 공정거래법의 적용대상이 될 수 있도록 하였다.[3]

다만, 임원 겸임의 방법에 의한 기업결합으로서 계열회사의 자산 총액 또는 매출액을 합산하여 대통령령이 정하는 규모에 해당하는 회사[4] 이외의 회사, 즉 자산총액 또는 매출액의 규모가 2조 원 미만인 회사가 행하는 기업결합은 규제의 대상에서 제외된다(공정거래법 제7조 제1항 단서, 시행령 제12조의2).

2) 특수관계인

공정거래법은 사업자가 직접 실행하는 기업결합뿐만 아니라 '대통령령이 정하는 특수관계에 있는 자'를 통하여 행하는 기업결합도 규제하고 있다. 동법 시행령에 의하면, 특수관계인의 범위를 ① 당해 회사를 지배하고 있는 자, ② 동일인 관련자(단, 기업집단으로부터의 제외규정에 의하여 동일인 관련자로부터 분리된 자는 제외함), ③ 경영을 지배하려는 공동의 목적을 가지고 당해 기업결합에 참여하는 자로 규정하고 있다(동법 시행령 제11조).

---

2) 정호열, 위의 책, 226쪽.
3) 정호열, 위의 책, 226쪽.
4) 이러한 회사를 대규모회사라고 한다. 여기서 자산총액이라 함은 기업결합일이 속하는 사업연도의 직전 사업연도 종료일 현재의 대차대조표에 표시된 자산총액을 말한다. 다만, 금융업이나 보험업을 영위하는 회사의 경우에는 직전 사업연도 종료일 현재의 대차대조표에 표시된 자본총액과 자본금액 중 큰 금액이다(시행령 제12조 제1항). 또한 매출액이라 함은 기업결합일이 속하는 사업연도의 직전 사업연도의 손익계산서에 표시된 매출액을 말하되, 금융업이나 보험업을 영위하는 회사의 경우에는 직전 사업연도의 손익계산서에 표시된 영업수익을 말한다(시행령 제12조 제3항).

(1) 당해 회사를 사실상 지배하고 있는 자

공정거래법은 당해 회사를 사실상 지배하고 있는 자의 판단기준을 따로 정하고 있지 않다. 다만, 기업집단의 범위와 관련하여 동일인이 사실상 그 사업 내용을 지배하는 회사의 판단기준만을 동법 시행령 제3조에 규정하고 있을 뿐인데, 이때 '동일인'이 바로 당해 회사를 사실상 지배하고 있는 자에 해당한다고 할 수 있다. 따라서 당해 회사를 사실상 지배하고 있는 자는 회사일 수도 있고 자연인이나 기타 법인일 수도 있는데, 동법 시행령 제3조에 따르면 단독으로 또는 동일인 관련자와 합하여 당해 회사의 발행주식 총수의 100분의 30 이상을 소유하면서 최다출자자인 자이거나, 대표이사의 임면 또는 임원의 100분의 50 이상을 선임하거나 선임할 수 있는 자, 주요 의사결정이나 업무집행에 지배적 영향력을 행하고 있는 자, 자신이 지배하는 회사와 당해 회사 간에 임원 겸임 등의 인사교류가 있는 자 또는 사회 통념상 경제적 동일체로 인정되는 등의 회사로서 당해 회사의 경영에 대하여 지배적인 영향력을 행사하고 있다고 인정되는 자가 일응 '당해 회사를 지배하고 있는 자'에 해당된다고 할 수 있다.[5]

(2) 동일인 관련자

동일인 관련자라 함은 동일인과 다음 각 호의 1에 해당하는 관계에 있는 자를 말한다(동법 시행령 제3조 제1호)고 규정하고 있다. 즉 배우자, 6촌 이내의 혈족, 4촌 이내의 인척(이하 '친족'이라 한다)(가목), 동일인이 단독으로 또는 동일인 관련자와 합하여 총출연금액의 100분의 30 이상을 출연한 경우로서 최다출연자가 되거나 동일인 및 동일인 관련자 중 1인이 설립자인 비영리법인 또는 단체(법인격이 없는 사단 또는 재단을 말한다. 이하 같다)(나목), 동일인이 직접 또는 동일인 관련자를 통하여 임원의 구성이나 사업운용 등에 대하여 지배적인 영향력을 행사하고 있는 비영리법인 또는 단체(다목), 동일인이 이 호 또는 제2호의 규정에 의하여 사실상 사업내용을 지배하는 회사(라목), 동일인 및 동일인과 나목 내지 라목의 관계에 해당하는 자의 사용인(법인인 경우에는 임원, 개인인 경우에는 상업사용인 및 고용계약에 의한 피용인을 말한다)(마목)을 말한다.[6]

---

5) 권오승, 앞의 책, 166~167쪽.
6) 권오승, 위의 책, 167쪽.

(3) 경영을 지배하려는 공동의 목적을 가지고 당해 기업결합에 참여하는 자

그 밖에 경영을 지배하려는 공동의 목적을 가지고 새로운 회사 설립에 참여하는 자가 이에 해당한다. 예건대, 합작기업의 설립에 참여하는 복수의 사업자가 역에 해당하며, 이 경우에는 새로운 회사설립에의 참여는 별도의 기업결합으로서 동법의 규제를 받게 된다.[7]

☞ 공정거래위원회 2004.6.17. 의결 제2004 - 09호 사건번호 2004기결0804

(가) 피심인은 (주)신한 비엔피파리바 투자신탁운용의 신한포트폴리오 사모주식 투자신탁 제3호에 투자함으로써 현대 엘리베이터(주)의 주식 12.82%(특수관계인 포함 39.42%)를 취득(2003.10.7.~10.28.)하고 2003.11.19. 기업결합신고를 한 사실이 있다.

(나) 피심인이 특수관계인이 소유한 지분을 포함하여 (주)현대 엘리베이터에 대한 주식소유비율이 15% 이상이 된 날은 2003.10.9.이다.

(다) 정상영의 특수관계인에는 '케이씨씨' 기업집단 소속 (주)금강고려화학, (주)금강종합건설 외에 다음과 같은 점을 감안할 때 공정거래법 시행령 제11조 제3호의 특수관계인(경영을 지배하려는 공동의 목적을 가지고 당해 기업결합에 참여하는 자)에 해당되는 '범현대' 6개 사[(주)한국프랜지공업, (주)울산화학, (주)현대백화점, (주)현대지네트, (주)현대백화점에이치엔에스, (주)현대시멘트]를 포함해야 할 것이다.

이에 대하여 ① 피심인이 2003.11.19. 기업결합을 신고한 때 '범현대' 6개 사를 특수관계인으로 신고했다는 점, ② '범현대' 6개 사의 취득행위가 정몽헌 회장 사망(2003.8.4.) 및 외국인의 공격적 매수 시점(2003.8.12.~2003.8.14.) 전후 2003.8.13.~8.18.에 집중되었고, 외국인에 의한 적대적인 기업결합을 방어하기 위한 '범현대' 기업들의 공동방어 및 공동지배를 위한 주식취득이라고 판단된다는 점, ③ (주)금강고려화학이 2003.11.9. 발표한 보도자료를 통해 "범현대가는 앞으로 현대그룹에 대해 대주주로서의 역할을 충실히 수행하겠다"고 밝힌 점, ④ (주)한국프랜지공업의 금융감독위원회 보고자료(2003.11.13.)에는 '케이씨씨' 소속기업들을 포함한 '범현대' 기업들을 증권거래법 제10조의3

---

7) 권오승, 위의 책, 167쪽.

의 '공동보유자'인 특별관계자로 명시되어 있으며, (주)금강고려화학의 금융
감독위원회 보고자료(2003.11.21.)에도 해당 기업들이 자사의 특별관계자로
명시되어 있는 점 등을 고려하여 다음과 같이 결정하였다.
(라) 피심인은 2003.10.9. (주)신한 비엔피파리바 투자신탁운용의 신한 포트폴리오
사모주식 투자신탁 제3호를 통하여 (주)현대엘리베이터의 주식을 취득함에
따라 2003.10.9. 특수관계인이 소유한 지분을 포함한 주식소유 비율이 15%
이상이 되어 이날부터 30일이 되는 날인 2003.11.8.까지 공정거래위원회에
기업결합신고를 하여야 함에도 불구하고 법정 신고기한인 2003.11.8.로부터
11일이 경과된 2003.11.19. 기업결합신고를 함으로써 법 제12조 제5항을 위
반하였음이 인정된다.

2. 기업결합 금지 요건

기업결합을 금지하기 위해서는 다음의 요건을 만족하여야 한다. 즉 공정거래법 제7조
제1항에 따라, ① 기업결합이 있어야 하고, ② 일정한 거래분야에서 경쟁을 실질적으로
제한하여야 한다는 요건을 만족하여야 한다.

1) 기업결합이 있을 것

기업결합은 공정거래법 제7조에서 정한 수단에 의한 기업결합을 하여야 한다. 동법에
서 정한 기업결합의 방법으로는 ① 주식의 취득, ② 임원의 겸임, ③ 합병, ④ 영업양수,
⑤ 새로운 회사 설립에의 참여를 들 수 있다.

2) 지배관계가 있을 것

나아가, 위에서와 같이 단순히 기업결합만 있으면 되는 것이 아니라 당해 결합의 결과
취득회사가 피취득회사에 대한 지배권도 있어야 한다. 즉 기업결합이란 복수의 기업을
단일한 지휘 관리 체제로 편입시키는 것이므로, 결합의 효과로서 취득회사와 피취득회사
사이에 지배관계가 형성되어 있어야 한다는 것을 의미한다. 지배관계의 형성 여부에 대

한 판단은 '기업결합 심사기준 기업결합(Ⅴ)'에서 구체적으로 제시하고 있다.

(1) 합병 또는 영업양수의 경우

합병 또는 영업양수의 경우에는 당해 행위로 지배관계가 형성된다. 즉 피취득회사의 기업실체가 취득회사에 흡수되어 기업이 단일화가 이루어진 경우에는 당연히 지배관계가 형성되므로 이에 대한 별도의 논의는 할 필요가 없다고 본다.

(2) 주식 취득의 경우

주식 취득의 경우에는 다음에서 규정한 사항을 고려하여 지배관계의 형성을 판단한다. 첫째, 취득회사 등의 주식소유 비율이 50/100 이상인 경우에는 지배관계가 형성된다. 둘째, 취득회사 등의 주식소유 비율이 50/100 미만인 경우에는 다음 사항을 종합적으로 고려하여 취득회사 등이 피취득회사의 경영 전반에 실질적인 영향력을 행사할 수 있는 경우 지배관계가 형성된다. 다음 사항이란 ① 각 주주의 주식소유비율, 주식분산도, 주주 상호 간의 관계, ② 피취득회사가 그 주요 원자재의 대부분을 취득회사 등으로부터 공급 받고 있는지, ③ 취득회사 등과 피취득회사 간의 임원 겸임 관계, ④ 취득회사 등과 피취득회사 간의 거래관계, 자금관계, 제휴관계 등의 유무를 말한다. 셋째, 2 이상의 회사가 공동으로 다른 회사의 주식을 취득하는 경우에는 다음 사항을 추가로 고려하도록 하고 있다. 다음 사항이란 ① 취득회사 각각의 주식소유비율, 격차 및 상호 간의 관계, ② 주식 취득의 목적 및 주식 취득에 따른 계약 관계를 말한다.[8]

(3) 임원 겸임의 경우

임원 겸임인 경우에는 다음의 사항을 종합적으로 고려하여 취득회사 등이 피취득회사의 경영 전반에 실질적인 영향력을 행사할 수 있는 경우 지배관계가 형성된 것으로 본다. 다음 사항이란 ① 취득회사 등의 임·직원으로서 피취득회사의 임원 지위를 겸임하고 있는 자(이하 겸임자)의 수가 피취득회사의 임원 총수의 3분의 1 이상인 경우, ② 겸임자가 피취득회사의 대표이사 등 회사의 경영 전반에 실질적인 영향력을 행사할 수 있

---

8) 기업결합 심사기준 Ⅴ. 1.

는 지위를 겸임하는 경우, ② 이 외에도 주식 소유에 대한 지배관계 판단기준이 적용 가능한 경우에는 이를 준용하도록 하고 있다.9)

(4) 새로운 회사 설립에의 참여의 경우

기업결합 당사회사 간의 지배관계의 형성 여부는 주식소유에 대한 판단기준을 준용한다.10)

3) 경쟁의 실질적 제한이 있을 것

공정거래법은 일정한 거래분야에서 경쟁을 실질적으로 제한하는 기업결합, 즉 경쟁제한적 기업결합을 원칙적으로 금지하고 있다(공정거래법 제7조). 경쟁제한적 기업결합을 금지하는 것은 기업결합 당사회사들이 더 이상 서로 경쟁하지 않게 됨에 따라 결합된 회사 시장지배력을 획득 또는 강화하여 결합회사가 단독으로 또는 다른 회사와 공조하여 가격인상 등을 통한 초과 이윤을 추구하게 되고 그 결과 소비자 피해와 경제적 효율성의 저하가 초래되는 것을 방지하고자 함에 있다.11) 어떤 기업결합이 경쟁제한적인 기업결합에 해당되는지를 판단하기 위해서는 기본적으로 시장에서 결합회사의 시장점유력의 결정과 관련 시장의 획정이 있어야 한다. 왜냐하면 관련 시장의 획정은 시장지배력을 결정하는 출발점이 되기 때문이다. 이하에서 그 내용을 살펴보기로 한다.

---

9) 기업결합 심사기준 V. 2.
10) 기업결합 심사기준 V. 3.
11) 서울고등법원 2004.10.27. 선고 2003누2253 판결.

제3절 경쟁제한적인 기업결합의 판단

1. 관련 시장의 획정

1) 서설

관련 시장은 상품 상호 간에 서로 경쟁을 하고 있는 것과 그렇지 아니한 것 사이의 경계를 설정하는 기능을 한다. 일반적으로 경제 주체인 소비자 또는 생산자가 두 상품 간의 소비나 생산을 대체할 수 있는 능력이 있고, 그 대체능력이 독점력을 행사하는 어떤 기업에 대하여 효과적인 억제력을 행사하는 경우 그 두 상품은 동일한 시장, 즉 관련 시장에 속하는 것으로 본다.[12]

현행 우리나라의 공정거래법에서는 관련 시장을 '일정한 거래분야'로 표현하고, 일정한 거래분야란 경쟁관계에 있거나 경쟁관계가 성립될 수 있는 분야를 의미한다고 규정하고 있다(공정거래법 제2조 제8호). 이러한 일정한 거래분야는 상호 경쟁관계에 있는 사업자들에 의하여 구성된다고 할 수 있다. 따라서 일정한 거래분야, 즉 관련 시장의 획정을 위해서는 상호 경쟁관계에 있는 사업자의 범위를 획정하지 않으면 아니 된다.[13]

2) 관련 시장의 획정 기준

위에서 언급한 관련 시장의 획정은 기업결합의 경쟁제한성 판단에 있어서 매우 중요한 요소로 합리적으로 획정하지 않으면 안 된다. 만약 동일한 관련 시장을 많은 종류의 상품과 넓은 지역을 포괄하여 폭넓게 획정할 경우, 하나의 사업자가 그 시장에서 독점적 지위를 얻기는 매우 어려울 것이고 그만큼 독점금지 정책의 집행 강도는 낮아지게 될 것이다. 반대로 관련 시장의 범위가 좁으면 좁을수록 그 시장 내에서 특정 사업자가 독점적 지위를 얻기가 용이하게 될 것이고, 따라서 그에 대한 규제의 가능성도 높아지게 된다.[14]

이러한 관련 시장의 획정과 관련하여 우리나라 공정거래법 제2조 제8호는 "일정한 거

---

12) Andrew Chin, "Antitrust analysis on software product markets: (a first principles approach)", Harvard Journal of Law and Technology(Fall, 2004). p.9.
13) 곽상현, "기업결합과 관련시장의 획정", 『저스티스(통권 제93호)』(한국법학원, 2006.8.), 62쪽.
14) 정호열, 앞의 책, 103쪽; 권오승, 앞의 책, 182쪽.

래분야란 거래의 객체별, 단계별 또는 지역별로 경쟁관계에 있거나 경쟁관계가 성립될 수 있는 분야'라고 규정하고 있다. 나아가, 공정거래위원회의 기업결합 심사기준[15]과 시장지배적 지위 남용 행위 심사기준[16]은 관련 시장획정에 관한 공정거래위원회 차원의 지침을 제공하고 있다. 즉 공정위원회 고시에 의하면, 일정한 거래분야는 거래 대상(상품시장), 거래 지역(지역시장) 등에 따라 구분하고 있다.[17] 이하에서 관련 상품시장과 관련 지역시장으로 구분하여 살펴본다.

(1) 관련 상품시장의 획정

① 관련 상품시장의 개념

관련 상품시장이란 일반적으로 시장지배적 사업자가 시장지배력을 행사하는 것을 억제하여 줄 경쟁관계에 있는 상품들의 범위를 말하는 것으로 거래되는 상품의 가격이 상당기간 어느 정도 의미 있는 수준으로 인상 또는 인하될 경우 그 상품의 대표적 구매자 또는 판매자가 이에 대응하여 구매 또는 판매를 전환할 수 있는 상품의 집합을 의미한다.[18]

이와 관련하여 미국의 사례에 의하면, 거래대상 내지 상품시장이란 상품 간의 유사성으로 인하여 상품들 상호 간에 중요한 의미를 지닐 정도로 서로 대체할 수 있는, 실질적 혹은 잠재적 능력을 가지고 있는 상품들(producers which, because of the similarity of their products, haver the ability – actual or potential – to take significant amounts of business away from each other)[19]로 구성된 시장을 말한다고 언급하고 있다.

② 관련 상품시장의 획정 기준

관련 상품시장의 획정 기준과 관련해서는 미국 연방대법원이 판시한 사건 사례에서 그 기준을 제시하고 있는바, 그 기준을 살펴본 다음 우리나라의 획정 기준에 대하여 살펴본다. 먼저, 미국 연방대법원의 판시한 Brown Shoe 사건 사례[20]에 의하

---

15) 기업결합 심사기준, Ⅵ. 일정한 거래분야의 판단기준, 2009.08.20. 공정거래위원회 고시 제2009 – 39호.
16) 시장지배적 지위 남용 행위 심사기준 Ⅱ, 2009.10.06. 공정거래위원회고시 제2009 – 62호.
17) 기업결합 심사기준, Ⅵ. 일정한 거래분야의 판단기준, 2009.08.20. 공정거래위원회 고시 제2009 – 39호.
18) 김홍석·한경수, 앞의 책, 30쪽.
19) SmithKline Corp. v. Eli Lilly & Co., 575 F. 2d. 1056, 1063(3th Cir. 1978).
20) Brown Shoe v. United State,370 U.S. 294, 325, 82 S. Ct. 1502, 8L Ed 510(1962).

면, 수요와 공급의 양 측면의 대체성에 대하여 다음과 같은 관련 증거 자료를 조사하여 획정하여야 한다고 언급하고 있다. 즉 ⅰ) 이용의 합리적인 호환성 혹은 그 상품과 그에 대한 대체재 사이에 수요의 교차탄력성, 그리고 ⅱ) 7가지의 실질적인 지표(practical indicia), 즉 그 상품시장에 대하여 산업 혹은 일반인의 관념상 별도의 경제적인 실체로 여겨지는지, 그 상품의 독특한 성격 또는 용도, 독특한 생산시설, 차별되는 소비자, 차별되는 가격, 가격변화에 대한 민감성, 그리고 특화된 판매인 등을 조사하여 획정하여야 한다고 언급하였다.21) 구체적으로 살펴보면 다음과 같다.

㉠ 수요의 대체성

수요의 대체성(Demand Substitutability) 조사는 합리적인 호환성(reasonable interchangeability of use) 혹은 그 상품과 대체재 사이의 수요에 대한 교차탄력성을 조사하여 판단한다고 한다. 즉 ⅰ) 두 상품이 기능적으로 호환성이 있고, ⅱ) 구매자들이 가격 변화에 대하여 어느 하나의 상품에서 다른 상품으로 전환하려는 경향을 가지고 있는 경우 그 두 제품은 이용의 합리적인 호환성이 있다고 한다.22)

여기에서 두 상품 사이의 교차탄력성이란 다른 상품의 가격의 변화에 대한 어느 한 상품의 수요의 변화 정도를 나타내는 것이지만, 정확한 수치를 의미하는 것이 아니라, 어떤 한 상품의 가격인상이 있는 경우, 그로 인하여 합리적인 기간 내에 그와 대체 관계에 있는 상품의 수요증가를 유발하는 경향을 의미한다고 한다.23) 이러한 점에서 기능적인 호환성이 상품 간에 경쟁성이 있는지를 판단하기 위한 중요한 척도가 된다고 한다.

ⓐ 기능적인 호환성

기능적인 호환성(Functional Interchangeability)이란 둘 또는 그 이상의 상품이 성능이나 내구성 등 기능적인 측면에서 유사하여, 어떤 상품이 동일한

---

21) 370 U.S. 294, 325(1962).
22) FTC v. Staples, Inc., 970 F. Supp. 1066, 1074(D.D.C. 199); 다만, 두 제품이 동일한 목적으로 사용되는지, 만약 그렇다면 어느 정도 구매자들이 수요를 전환할 것이냐에 대한 의문이 제기된다(곽상현, 앞의 글, 64쪽).
23) 곽상현, 위의 글, 64쪽.

조건의 이행을 함에 있어서 변경 내지 조정 없이 다른 상품으로 대체될 수 있는 경우를 말한다.24) 이와 관련 어떤 상품이 하나의 용도로만 사용된다면 기능적인 호환성에 대한 조사는, 다른 상품이 그와 동일한 목적으로 이용되는지만을 조사하면 되므로 비교적 단순하다. 하지만 여러 용도로 이용되는 상품의 경우에는 무엇을 기준으로 하여 호환성을 파악할 것인지 아직 명백하지 않다.25)

또한 호환의 정도와 관련해서도 기능적인 호환성은 이용의 완전한 동일성을 요구하는 것이 아니라 상당한 정도만 있어도 기능적인 호환성을 만족하는 것으로 보인다.26) 즉 어느 특정 용도를 위한 상품에 관심을 가지고 있는 구매자 집단에 대해서는 그 집단이 관심을 갖는 상품만을 중심으로 시장획정을 하는 것은 어렵지 않다. 하지만 결합 당사회사의 상품에 의하여 기능하는 용도 중 전부가 아닌 일부에 관하여 경쟁하고 있는 경우도 기능적인 호환성이 있는 것인지에 대해서는 그 판단 근거가 매우 불확정적이고 불분명하다.

따라서 기능적인 호환성만의 조사를 통하여 관련 상품시장의 획정을 판단함에는 다소 신중을 기할 필요가 있다고 보인다.27)

ⓑ 전환의 성향

전환의 성향(propensity to switch) 조사란, 예를 들면, 'A 상품의 가격을 경쟁상품의 가격과 비교하여 그 이상으로 인상할 경우, 소비자들이 A 상품의 구매를 포기하고 B 상품으로 수요 전환하는지'에 대하여 조사하는 것을 말한다. 이러한 전환의 성향은 구매자의 구매전환 가능성, 상품 간의 수요이동에 대한 과거의 경향, 상품과 가격 간의 관계 또는 일반적으로 소비자들로 하여금 선택이나 선호를 결정하게 하는 요소들을 통하여 어느 정도 소비로 전환하는지를 조사하는 것을 말한다.28)

---

24) http://www.businessdictionary.com/definition/interchangeability.html
25) 곽상현, 앞의 글, 65쪽.
26) 그러한 예로 United States v. E. I. du pont de Nemours & Co. 사건에서 연방 대법원은 셀로판이 그와 경쟁관계에 있는 다른 물질(포장 물질)의 용도 중 어느 한 분야에 있어 서로 경쟁관계에 있다면 이러한 제품들 사이에 상당한 정도로 기능적인 호환성이 존재한다고 판시하였다[351 U.S. 377, 399(1956)].
27) 곽상현, 앞의 글, 65쪽.
28) Andrew Chin, op.cit., pp.14~15.

ⓒ 상품과 가격의 차별

미국 법원은 상품시장을 흔히 구매자(buyers)의 입장에서 실질적인 차이까지 포함시킬 정도로 광범위하게 정의하고 있다. 따라서 특정상품에 대하여 그가 원하는 특성과 원하지 않는 특성(wanted and unwanted features) 모두를 가지고 있거나 혹은 차별화된 구매자가 특정상품의 특성에 대한 반대되는 성향을 가지고 있을 때에나 상품의 특성에 있어서 실질적인 차이가 없을 수도 있다. 즉 상품 특성에 중요한 차이가 있다고 하더라고 그것이 상품시장을 획정하는 데에는 큰 의미가 없을 수 있다.[29]

만약 소비자가 상품들 사이 가격 및 특성상의 차이가 있음에도 불구하고, 소비자가 그의 기호로 인하여 상품 간에 이동하려는 움직임을 보인다면, 법원은 그 상품에 대하여 합리적인 호환성이 있음을 인정하였다.[30] 일반적으로 가격의 차별성(price differentiation)은 합리적인 호환성을 인정할 수 있는 중요한 요소라고 할 수 있지만, 그 요소가 결정적인 요소라고는 할 수 없다.[31] 왜냐하면 기능적으로 호환이 가능한 상품 사이의 가격차별성은 상품시장에 진입하는 데 구조적인 장벽이 존재하지 않아, 가격이 싼 상품이 존재하더라도 질적인 차이나 다른 선호되는 속성상 차이에 따라 그 상품을 선택하지 않고 비싼 상품을 선택하는 경우가 있기 때문이다.[32] 따라서 미국 법원은 기능적으로 호환이 가능한 상품들이 소비자의 지속적인 선택 영역에 존재하더라도 가격이나 질적인 요소의 차이를 기초로 상품시장을 획정하는 것에 대하여 소극적인 태도를 보이고 있다.[33]

---

29) United States v. E. I. du Pont de Nemours & Co., 351 U.S. 377(1956)(각종 유연한 포장 재료); United States v. Cont'l Can Co., 378 U.S. 441, 456~457(1964)(유리병과 금속 캔); Cable Holdings v. Home Video, Inc., 825 F.2d 1559, 1563(11th Cir. 1987)(케이블 TV, 인공위성, 비디오카세트 및 공중파 방송 TV); FTC v. PPG Indus., 798 F.2d 1500, 1504~1506(D.C. Cir. 1986)(유리와 플라스틱 재질의 항공기 유리창).

30) ABA SECTION OF ANTITRUST LAW, ANTITRUST LAW DEVELOPMENTS 495(4the d. 1997), pp.508~516.

31) United States v. Archer—Daniels—Midland Co., 866 F.2d 242, 246(8th Cir. 1988).

32) 2A PHILLIP E. AREEDA ET AL., ANTITRUST LAW: AN ANALYSIS OF ANTITRUST PRINCIPLES AND THEIR APPLICATION ch. 5(vol. IIA 1995), pp.267~268.

33) In re Super Premium Ice Cream Distrib. Antitrust Litig., 691 F. Supp. 1262, 1268(N.D. Cal. 1988)(동 사건에서는 법원은 가격과 상품의 질적인 차이에 의하여 시장을 획정하려는 시도에 대하여 거절하였다); United States v. Gillette Co., 828 F. Supp. 78, 83(D.D.C. 1993)(반면 동 사건에서는 고급 필기구에 대한 소비자 가격이 50달러에서 400달러 사이에 있는 시장으로 정의하였다).

ⓓ 가격차별시장

만약 상품의 특성과 관련하여 사용자의 기호가 가격차별에 영향을 미칠 수 있다면, 이것은 현저한 가격상승을 유용한 타깃으로 삼은 매료된 구매자 집단과 관련하여 부수적이고 협소한 시장의 획정을 정당화시킬 수 있을 것이다.[34] 그러한 가격차별시장(price discrimination market)은 매료된 구매자에 대하여 가격차별이 가능하다는 이론에 근거를 둔 것이지만, 그것의 유용한 이용은 단순히 실제적인 가격이나 주장된 가격 관행에 포함된 사례에 한정된 것만은 아니다.[35] 따라서 시장의 점유력 혹은 시장의 지배력(market share/market power)을 분석하기 위해서는 가격차별시장과 다른 어떤 다른 관련 상품시장을 동일한 기준하에 판단하여야 한다.[36]

가격차별 전략을 성공시키기 위해서는, 판매자는 다른 상품으로 수요 전환을 하지 않을 또는 다른 소스(source)를 찾지 않을 구매자를 식별하여 차별할 수 있어야 하고, 그 수량에 있어서 '작지만 의미 있고 지속적인(small, but significant and nontransitory)' 가격인상을 하더라도 그것이 손해가 되지 아니할 정도로 충분하여야 한다.[37] 특히, 낮은 가격으로 상품을 구입할 수 있는 고객은, 그 상품을 다른 시장의 구매자에게 즉각 되팔아 두 시장 사이에 존재하는 가격 차이로 인하여 이익을 취득하는 재정거래(裁定去來, arbitrage)에 폭넓게 종사해서는 안 된다.[38]

이러한 가격차별능력에 대하여 미국 법원은 시장지배력의 판단을 위한 적절한 증거로 인식하고 있으며,[39] 미국 경쟁 당국의 가이드라인이나 학술적 코멘트도 이에 대하여 지지하고 있다.[40] 하지만 이러한 법원의 판례나 가이드

---

34) 주석자(commentator)는 매료된(captived) 매수인을 별도의 매수인과 관련된다고 Brown Shoe indicia의 하나로 언급하고 있다[Jonathan B. Baker, Stepping Out in an Old Brown Shoe: In Qualified Praise of Submarkets, 68 ANTITRUST L.J. 203, 207~208 & 208 n.20(2000)].

35) 15 U.S.C. s 13(a)(1985)(판매자가 동일한 등급과 품질임에도 불구하고 소비자에 따라 가격차별을 하여 반경쟁적인 영향을 미치는 경우에는 그 차별을 금지함).

36) United States v. Eastman Kodak Co., 63 F.3d 95, 106~107(2d Cir. 1995); U.S. DEP'T OF JUSTICE & FED. TRADE COMM'N, HORIZONTAL MERGER GUIDELINES ss 1.12(1992)(합병의 재검토를 목적으로 가격차별시장을 규정).

37) Ibid.

38) Ibid; Robert Pitofsky, New Definitions of Relevant Market and the Assault on Antitrust, 90 COLUM. L. REV. 1814(1990).

39) U.S. Steel Corp. v. Fortner Enters., Inc., 429 U.S. 610, 617(1977); Eastman Kodak Co. v. Image Technical Servs., Inc., 504 U.S. 451, 475~478(1992); Coal Exps. Ass'n of U.S., Inc. v. United States, 745 F.2d 76, 91(D.C. Cir. 1984).

라인상의 기준이 아직까지 일관된 기준으로 인정받고 있지는 못하다.[41]

예를 들어, U.S. Anchor Manufacturing., Inc. v. Rule Industries, Inc. 사건 사례[42]를 보면, 원고(Anchor)는 피고(Rule)가 그 자체의 배타적인 브랜드인 'Danforth' 닻뿐만 아니라 일반적이고 경제적인 닻을 포함하는 fluke 닻 시장에서 독점화를 시도하였다고 주장하였다. 이에 대하여 피고 Rule은 관련 상품시장은 단지 일반적이고 경제적인 닻만으로 구성된 시장을 의미하므로, 브랜드 상품은 관련 상품시장에 포함되지 않는다고 주장하였다. 하지만 미국 지방법원은 이러한 피고인 Rule의 주장을 기각하였다. 또한 배심원들도 Rule이 행한 독점화 행위에 대하여 책임이 있음을 인정하였다. 이에 대하여 피고인 Rule은 항소를 제기하였다. 제11항소 법원은 이러한 항소에 대하여 원고가 브랜드 상품인 Danforth를 관련 상품시장에 포함시킬 수 있는 충분한 증거를 제출하였는지를 조사하였다. 즉 법원은 Danforth와 그보다 저렴한 일반 닻 사이에 충분한 수요 및 공급의 교차탄력성(elasticities of demand and supply)이 존재하는가 하는 점에 대해 조사를 하였다. 그 결과 항소법원은 그에 대한 증거가 충분하지 않다는 결론을 내렸다. 나아가, 법원은 "fluke anchor 산업은 Danforth를 선호하는 소비자에 대하여 심각한 가격차별을 하고 있는 비정상적인 산업환경을 나타내고 있고, 이러한 브랜드 로열티는 Danforth anchor를 별도의 시장으로 획정하는 것을 정당화하고 있다"고 판시하였다. 하지만 법원은 더 이상의 보충 사실 없이 그러한 사실의 인정만으로 반드시 Danforth anchor가 관련 상품시장에서 배제되어야 한다는 것을 의미하는 것은 아니라고 언급하였다. 다시 말하여, 가격차별적인 시장환경만으로는 별도의 시장을 구성할 수 없다고 하였다.[43]

그런데 다른 사례를 보면, 가격차별시장에 대하여 소비자 집단은 브랜드 로열티나 개인적인 기호에 근거한 경우보다는 어떤 상품이 서비스하는 여러 가지 목적에 따른 구매자의 이용(utilities)에 근거하여 판단한 경우도 있는 것으로 나타났다.[44] 이와 관련 미국의 경쟁 당국은 상품시장을 "가설적인

---

40) United States v. Eastman Kodak Co., 63 F.3d 95, 106~107(2d Cir.1995).
41) AWRENCE A. SULLIVAN, HANDBOOK OF THE LAW OF ANTITRUST s 17, at 62(1977)(미국 최고법원은 시장획정과 관련한 가격차별에 대하여 명확하게 언급하고 있지 않고 있음에 주목하고 있음).
42) U.S. Anchor Mfg., Inc. v. Rule Indus., Inc., 7 F.3d 986, 998(11th Cir. 1993).
43) 곽상현, 앞의 글, 67쪽.
44) e.g., ProCD, Inc. v. Zeidenberg, 86 F.3d 1447, 1449~1450(7th Cir. 1996); Yochai Benkler, An

독점자(hypothetical monopolist)보다는 구매자집단이 유용하게 차별화된 상품을 특별히 이용하는(use or uses) 시장"으로 정의하기도 하였다.[45] 미국 법원도 대부분 가격차별시장을 소비자의 하나 또는 그 이상의 요소를 확인하고, 각각 그 상품의 명백한 목적 이용(end users)의 하나 또는 그 이상과 관련시킴으로써 정의를 내리고 있다.[46] 예를 들면, Illinois ex rel. Hartigan v. Panhandle Eastern Pipe Co., 사건 사례[47]에서, 지방법원은 Panhandle 의 독점 여부에 대한 조사를 하였는데, Panhandle의 독점 근거로 천연가스 시장이 대체 연료 또는 에너지 보존 중 택일 또는 두 가지 모두를 목적으로 이용하려는 이용자의 차별화된 형태의 능력과 관련하여 협소해질 필요가 있다고 판단하였다. 판사재판(bench trail)[48] 이후, 법원은 주거적·상업적 목적 이용자는 산업적 목적 이용자에 비하여 그들의 천연가스의 소비를 줄이거나 다른 연료로 대체할 수 있는 능력이 훨씬 더 제한적이라는 사실을 알았다. 그리고 주거적·상업적 목적 이용자에게 천연가스의 판매는 관련 상품시장을 구성한다는 결론을 내렸다. 다만, Panhandle이 이 시장에서 시장지배력을 가지고 있다고 인정되었으나, 법원은 궁극적으로 Panhandle의 행위가 고의의 독점적 지위의 취득이나 유지를 위한 것은 아니라고 판시하였다.[49]

위에서 언급한 바와 같이 목적 이용을 가격차별시장의 기초로 삼기 위해서는 상품에 대한 소비자 수요와 관련하여 몇 가지 중요한 점을 특별히 고려

Unhurried View of Private Ordering in Information Transactions, 53 VAND. L. REV. 2063, 2067~2072(2000); James Boyle, Cruel, Mean, or Lavish? Economic Analysis, Price Discrimination and Digital Intellectual Property, 53 VAND. L. REV. 2007, 2027~2035(2000); Julie E. Cohen, Copyright and the Perfect Curve, 53 VAND. L. REV. 1799, 1801~1808(2000); William W. Fisher Ill, Property and Contract on the Internet, 73 CHI.－KENT L. REV. 1203, 1234~1240(1998); Wendy J. Gordon, Intellectual Property as Price Discrimination: Implications for Contract, 73 CHI.－KENT L. REV. 1367, 1369(1998); Louis Kaplow, The Patent－Antitrust Intersection: A Reappraisal, 97 HARV. L. REV. 1813, 1878~1881(1984); Michael J. Meurer, Price Discrimination, Personal Use and Piracy: Copyright Protection of Digital Works, 45 BUFF. L. REV. 845, 877~880(1997); Michael J. Meurer, Copyright Law and Price Discrimination, 23 CARDOZO L. REV. 55, 80~90(2001).

45) HORIZONTAL MERGER GUIDELINES, op.cit., s 1.12.

46) James A. Keyte, Market Definition and Differentiated Products: The Need for a Workable Standard, 63 ANTITRUST L.J. 740~741.

47) 위의 예에 대해서는 다음을 참조[Illinois ex rel. Hartigan v. Panhandle E. Pipe Line Co., 730 F. Supp. 826, 900(C.D. Ill. 1990)].

48) 배심원이 없는 재판을 말하며, 배심원이 참석하는 재판을 배심원재판(jury trail)이라고 한다.

49) Illinois ex rel. Hartigan v. Panhandle E. Pipe Line Co., 730 F. Supp. 910(C.D. Ill. 1990).

하여야 한다. 나아가, 그러한 목적 이용은 소비자의 시각에서 완전하고 의미 있고 명확하여야 한다(complete, meaningful, and well‑defined). 그리고 기능적인 측면에서 다른 목적 이용과 호환되거나 다른 목적 이용과 결합해서는 안 된다. 예를 들면, Nobel Scientific Industries v. Beckman Instruments, Inc.[50] 사건 사례에서, 피고 Beckman은 혈액분석기(blood analyzing machine)와 시약(reagents)을 제조하는 몇 개의 기업 중의 하나였다. 원고인 Nobel은 피고인 Beckman이 그러한 분석기에 사용되는 시약 시장뿐만 아니라 즉각적으로 7가지의 특정 테스트를 동시에 수행할 수 있는 혈액분석기 시장을 독점하였거나 독점하려고 한다는 사실을 주장하였다. Beckman의 행위에 대한 약식재판(summary judgement)에서, 법원은 하나의 분석기로 7가지의 특정 테스트를 동시에 수행하는 것에 대한 필요는 병원이나 실험실의 시각에서 완전하고 의미가 있으며 명확한 목적 이용은 아니라는 명백한 증거를 인용하면서 Nobel이 주장하는 관련 상품시장의 획정을 부인하였다. 시약이나 다른 서비스의 비용 및 유용성을 고려하여 분석기를 매수하려는 병원의 기본적인 결정은 분석기를 이용할 필요가 있다는 사실 및 통상적인 테스트 및 다른 화학물질의 테스트에도 분석기를 이용할 필요가 있다는 사실을 기준으로 하였다는 사실은 전문가의 증언을 통하여 입증되었다. 또한 증거에 따르면, Beckman의 분석기는 기능적인 측면에서 7가지의 다른 특정 테스트를 할 목적의 다른 개별 분석기와도 호환될 수 있어, 다른 분석기들과도 결합될 수 있음을 보여 주고 있다. 나아가, Beckman의 시약은 기능적으로 Beckman의 분석기 및 다른 회사의 분석기로 테스트를 함에 있어서 다른 회사에서 팔고 있는 시약과도 호환이 되고 있다. 따라서 법원은 이용 가능한 소수의 분석기가 특히 7가지의 테스트를 할 때 소비자의 수요가 제한된 경우 및 많은 다른 특색이나 목적을 위하여 분석기와 시약이 가치가 있다고 판단하는 경우에는 상품시장의 획정이 특별히 7가지의 특정 테스트에 의하여 좌우된다고 하는 것이 '너무나 제한적(overly restrictive)'이라고 결론을 내렸다.[51]

---

50) 670 F. Supp. 1313(D. Md. 1986).

51) 법원은 다음과 같이 언급하였다. 즉 "몇몇 분석가들은 분석기의 속도, 비용 기타 특정적인 면에서 그 분석기가 수행할 수 있는 테스트의 수는 의미가 있다고 하지만 모든 분석기는 동일한 계약이나 거래에서 경쟁된다. 그러므로 단지 이러한 7개의 테스트 목적의 시약을 팔기 위한 경쟁에서 제외될 수 없다. 시약

요약하자면, 다양하게 이용되는 상품은 둘 내지 그 이상의 관련 상품시장에서 경쟁에 직면하여 있고, 각각의 상품시장은 어떤 특수한 이용에 특별히 관심을 갖는 중요한 소비자의 집단이 존재한다는 사실을 알아야 한다. 그렇지만 이러한 시장의 정확한 획정은 이용(use)과 관련한 동등하고 정확한 특성(equally precise characterization)에 대한 판단이 요구된다.

ⓔ 질적 제한

기능적으로 상호 호환할 수 있는 상품들, 특히 특성상의 차이가 중요한(그것의 개선이 가능한) 상품 사이의 비가격경쟁(non‑price competition)도 상품시장의 획정에 있어서 소비자에게 매우 중요하다.[52] 즉 비가격경쟁이 경쟁법적인 관심사로 여겨진다는 점에서,[53] 가격차별에 근거한 시장획정의 관행은 상품의 품질이 단지 목적 이용과 관련하여 경쟁수준 이하로 현저하게 저하된 경우 특별한 목적 이용 부분과 차별화되는 시장지배력을 가진 판매자의 능력도 고려되어야 한다는 것이다.[54] 상품에 대한 품질이 저하되는 것은 결국 품질 대비 가격을 인상시키는 효과가 발생하기 때문에 문제가 되고 있는 특정 목적 이용 부분에 대한 품질 대비 가격을 차별하는 것과 마찬가지라는 것이다.[55] 비록 구매자 집단에 대하여 이러한 형태의 가격차별이 Robinson‑Patman 법[56]하에서의 가격차별로 인정되지는 아니할지라도, 그것(구매자집단에 대한 차별화)은 비가격경쟁이 시장지배력의 행사에 의하여 해를 입힐 수 있는 시장을 획정하는 적절한 척도로 제공될 수 있음을 의미한다.[57]

경쟁은 분석기가 수행하는 어떤 테스트 목적의 시약을 팔기 위함에 있다"고 언급하고 있다[Illinois ex rel. Hartigan v. Panhandle E. Pipe Line Co., 730 F. Supp. 1320(C.D. Ill. 1990)].

52) Glen Holly Entm't, Inc. v. Tektronix, Inc., 100 F. Supp. 2d 1073, 1081(C.D. Cal. 1999); see also Robert H. Lande, Consumer Choice as the Ultimate Goal of Antitrust, 62 U. PITT. L. REV. 503, 517(2001).

53) e.g., Standard Oil Co. v. United States, 221 U.S. 1, 52(1911).

54) 시장지배력이 있는 판매자라면, 만약 판매자가 그것에 의하여 생산비용을 줄일 수 있거나 또는 더 일반적으로 만약 판매자의 관심이 어떤 점에서 소비자의 기호에 역행된다면, 경쟁수가 제한된 소비자 집단의 입장에서 보면 상품의 품질을 저하시키는 것이 유리하다는 사실을 알 수 있다.

55) Timpinaro v. SEC, 2 F.3d 453, 457(D.C. Cir. 1993)(비가격 할인은 가격할인과 마찬가지의 경쟁 촉진의 효과를 가지고 있다고 언급하고 있다).

56) http://enc.daum.net/dic100/contents.do?query1=b05d0918a

57) Andrew Chin, "antitrust analysis on software product markets", 18 Harv. J.L. & Tech. 22(Fall, 2004); United States v. Microsoft Corp., 253 F.3d 34, 83(D.C. Cir. 2001); Miller v. Ind. Hosp., 814

Robinson – Patman 법은 1936년에 Clayton 법의 개정에 관한 법으로서, 반독점법상 가격차별에 대한 규제의 명문의 근거가 되고 있으며, 해석상 가격에 영향을 미치는 기타 거래조건상의 차별을 포함한다.

동 규정의 입법취지에 대한 논의는 미국 반독점법의 목적에 관한 일반적 논의와 동일한 맥락에서 전개되고 있다. 즉 효율성과 소비자후생의 제고를 반독점법의 일차적인 목적에서 이해하는 견해와 분배의 균등을 실현하는 관점에서 이해하는 견해로 나누어져 있다. 연혁적으로 보면, 동 규정의 주된 관심은 시장지배력이 있는 사업자의 차별적 행태로부터 영세 사업자를 보호하려는 것에 있다. 하지만 이러한 취지를 적극적으로 반영한다고 하더라도 과연 실효성이 기능하고 있는지에 대해서는 회의적이다.

현재 Clayton 법 제2조 이하의 내용을 보면, 제2조 제a항 본문은 "거래에 참가하는 자가 그 거래의 과정에서 직간접으로 동일한 등급과 품질의 상품(commodities)을 구매하는 자들 사이에 가격을 차별하는 것은…… 그 차별의 효과가 실질적으로 일정한 거래분야에서 경쟁을 감소시키거나 독점을 형성할 우려가 있는 경우에 또는 차별의 이익을 받거나 의식적으로 취득한 자와의 경쟁 내지 그러한 자의 고객과의 경쟁을 제한·파괴·방해하는 경우에 불법하다"고 규정되어 있다.

이 규정에 부수하여 절차적인 규정과 항변사유에 관한 규정이 추가되어 있다. 특히, 동 항 단서에 규정된 비용상의 항변과 동 조 제b항의 경쟁에 대응한 항변이 중요한 의미를 갖는다. 전자는 "상품이 판매되거나 인도되는 방식 또는 수량의 차이에 발생하는 제조, 판매 또는 인도 비용의 차이를 적절하게 고려한 가격상의 차이(differentials)를 금하지 않는다"고 규정되어 있으며, 후자는 "차별을 행하는 사업자의 낮은 가격 또는 구매자에 대한 서비스나 편의의 제공이 경쟁사업자의 동일하게 낮은 가격 또는 서비스나 편의의 제공에 대응하기 위하여 선의로 행하여졌음을 입증함으로써 일응(prima – facie) 가격차별에 해당하는 것에 대하여 항변할 수 있다"고 규정되어 있다.

F. Supp. 1254(W.D. Pa. 1992).

이러한 형태의 품질 대비 가격차별시장은 전형적으로 가격차별이론에 의한
시장획정에서 문제가 되었던 전통적 상품(physical goods)보다는 정보 관련
상품(information goods)에서 더 문제가 되고 있다. 전통적 상품은 전적으
로 물리적인 특성에 따른다는 사실을 전제로 단지 특정 목적 이용과 관련하
여 상품의 품질을 저하시키는 판매자의 능력을 구속한다. 예를 들면, 담배
포장의 용도로 사용되는 재질의 질을 떨어뜨리기 위하여, 즉 비용을 줄이기
위하여 사용되고 있는 셀로판의 물리적인 특성(열처리로 가공할 수 있는 능
력, 인쇄능력, 투명성, 인장 강도 그리고 오일에 대한 저항성)을 변화시키는
것은 담배 포장뿐만 아니라 다양한 각종 음식 포장과 관련해서도 그 질을
저하시키는 결과를 초래하게 되는 것이다.[58]

이와는 달리 디지털 정보 산업 상품은 디지털 권리 처리(digital right
management)의 발전 분야에서 보여 주듯이, 개인의 목적 이용을 넘어선 판
매자의 법적 혹은 기술적인 통제(control)에 쉽게 영향을 받는다. 즉 상품에
대한 중개 차익을 노리는 중간상인(arbitrageur)이, 어떤 상품에 대하여 새로
운 기능을 지원하거나 그 상품을 더 잘 지원하도록 함에 따라 기존의 기술
적인 통제로부터 벗어날 가능성이 있다.[59] 그러나 실제로는 라이선스 조건
에 따라 이러한 조치를 하는 것은 금지되어 있다. 다시 말하면, 지적 재산
권에 따라, 특별한 목적 이용에 대한 가격차별을 하려는 판매자의 권한이
강력하게 보호되어 있다고 할 수 있다.[60]

최근의 조사·연구 문헌에서도 '질적인 차별(quality discrimination)'로 알
려진, 관련되지만 상이한(related but different) 이행을 통한 시장의 질적 산
출물을 제한하려는 지적 재산권자들의 권한을 인정하였다.[61] 질적인 차별은,
판매자들이 질이 다른 일련의 상품을 제공함에 의하여, ······질적 선호도가
다른 소비자들을 차별할 때마다 발생된다.

---

58) United States v. E.I. DuPont de Nemours & Co. 351 U.S. 377(1956). 이에 대한 구체적인 내용은 뒤
　　에서 언급되는 관련 시장의 획정과 관련된 문제 중 셀로판 오류 부분 참조.
59) e.g., Universal City Studios, Inc. v. Reimerdes, 111 F. Supp. 2d 294, 308(S.D.N.Y. 2000), aff'd sub
　　nom. Universal City Studios, Inc. v. Corley, 273 F.3d 429(2d Cir. 2001).
60) Andrew Chin, op.cit., p.23.
61) Michael J. Meurer, Price Discrimination, Personal Use and Piracy: Copyright Protection of Digital
　　Works, 45 BUFF. L. REV. 73, 74; Hal R. Varian, Versioning Information Goods, in, INTERNET
　　PUBLISHING AND BEYOND: ECONOMICS OF DIGITAL INFORMATION AND
　　INTELLECTUAL PROPERTY(Brian Kahin & Hal R. Varian eds. 1997).

특정 목적 이용 부분만을 목표로 하는 질적인 저하의 경우를 제외하고, 질적인 차별은 상품시장획정과 관련한 상품 차별과 동일한 것처럼 보인다. 질대비 가격차별(quality-adjusted price discrimination)과 질적 차별(quality discrimination)은 분명히 구별되는 법 원리이고, 단지 전자만이 상품시장의 획정에 가능한 기초로 제안되었다. 그렇지만 지적 재산권의 라이선싱에 있어서 질적인 차별에 관한 위의 조사보고서는 현재의 상황을 주목할 만한 가치가 있다고 지적하였다.[62]

ⓒ 공급의 대체성

공급대체성이란 상품시장의 경우 공급업자가 특정상품의 가격을 작지만 의미 있고 지속적인(small but significant and nontransitory) 기간 동안 인상시켰을 경우 이에 반응하여 단기간에 큰 추가비용이나 위험 없이 다른 상품을 공급하다가 당해 상품으로 공급을 전환하는 정도를 의미한다.[63]

통상 관련 상품시장의 획정은 공급의 대체성보다는 수요의 대체성을 더 중시하는 경향이 있다. 하지만 미국 법원이 판시한 상당수의 사례에서는 수요의 대체성만을 기반으로 하여 시장을 획정하는 것은 잘못이라고 지적하면서 공급 대체성도 실질적으로 관련되어 있음을 밝히고 있다.[64]

상품시장을 획정하는 목적은 "그 상품의 유사성으로 인하여, 실제적이든 잠재적이든, 상호 간에 상당한 거래액(significant amount of business)을 빼앗아가는 능력을 가진 생산자"를 획정하는 데 있다.[65] 또한 수요 대체성의 조사는 이용의 합리적 대체 가능한 상품의 획정에 있다. 나아가, 공급의 대체성 조사는 이러한 상품들의 실제적 또는 잠정적인 생산자인 회사(firms)를 획정함에 따라 그 분석을 완전하게 하도록 하는 것이다.

공급의 대체성에 대한 조사는 "공급의 교차탄력성, 판매자 사이의 생산의 유연성(flexibility)"[66] 또는 동등하게 "그들 사이의 기술적 유사성으로 인하여 주어진 상거래 계통에서(in a given line of commerce) 또는 다른 계통에서의 상

---

62) Andrew Chin, op.cit., pp.23~24.
63) 박성욱, 『공정거래법상 관련시장의 획정에 관한 연구』(성균관대학교 대학원, 2007.10.), 43쪽.
64) e.g., Rebel Oil Co. v. Atl. Richfield Co., 51 F.3d 1421, 1436(9th Cir. 1995).
65) SmithKline Corp. v. Eli Lilly & Co., 575 F.2d 1056, 1063(3d Cir. 1978)(emphasis added).
66) Kaiser Aluminum & Chem. Corp. v. FTC, 652 F.2d 1324, 1330(7th Cir. 1981).

품 생산에 따라 그들의 생산 시설을 변경할 수 있는 회사의 능력(ability)"에 초점을 두고 있다.67) 수요의 교차탄력성과 같이, 두 개의 상품 사이의 공급의 교차탄력성은 정확한 수량으로 표시되어야 하지만, 독점 금지법의 결정(antitrust decisions)에 따르면 그 정확성이 떨어진다는 점이 문제로 제기되고 있다. 법원은, 만약 상품들이 동일한 상품시장으로부터 상호 대체할 수 있도록 생산될 수 있다면, 동일 상품시장에서 생산된 상품으로 파악한다.68) 하지만 거대한 연구 및 개발 비용과 같은 커다란(sufficient) 장애가 있고,69) 생산을 다른 상품으로 대체한다고 하더라도 이익의 증가가 없다고 판단되는 경우70)에는 그렇게 파악하는 것을 거절하였다.

1992년 수평적 결합 가이드라인도 위에서와 마찬가지로 공급의 대체성을 분석함에 있어 어려움이 있다는 점에 동감을 하면서, 이론적으로 정확한 접근법을 제공하고 있다. 특히, 가이드라인은 관련 시장에 특정상품(identified product)을 현재 생산하거나 판매하고 있는 모든 회사와 그 회사를 포함하는 것이 개연성 있는 공급 반응(supply response)을 더욱 정확하게 반영할 수 있는 다른 회사들을 포함시키고 있다.71) 공급반응은 만약 그것이 "1년 이내에 일어날 가능성이 있고, 진입 또는 퇴출에 대한 중요한 매몰비용(sunk cost)의 지출이 없는 경우라면" 충분히 가능한 것으로 여겨진다. 공급반응의 가능성을 결정함에 있어서 당국은 '상품의 수령(acceptance), 분배(distribution) 내지 생산(production)'에서의 어려움뿐만 아니라 '기술적인 능력(technological capability)'도 함께 고려하도록 하고 있다.72)

③ 상품시장 획정 방법

관련 시장의 획정 방법과 관련해서는 1982년 미국의 수평적 기업결합 가이드라인에 따라 SSNIP test에 의하여 관련 상품시장의 획정 방법으로 이용하였다. 하지만

---

67) Twin City Sportservice, Inc. v. Charles O. Finley & Co., 512 F.2d 1264, 1271(9th Cir. 1975).

68) e.g., Yoder Bros. v. Cal.‒Fl. Plant Corp., 537 F.2d 1347, 1367~1368(5th Cir. 1976).

69) e.g., United States v. Ivaco, Inc., 704 F. Supp. 1409, 1417(W.D. Mich. 1989); In re B.A.T. Indus., 104 F.T.C. 852, 932(1984).

70) e.g., U.S. Anchor Mfg. v. Rule Indus., 7 F.3d 986, 997(11th Cir. 1993); Ansell, Inc. v. Schmid Lab., 757 F. Supp. 467, 475~476(D.N.J. 1991).

71) e.g., U.S. DEP'T OF JUSTICE & FED. TRADE COMM'N, HORIZONTAL MERGER GUIDELINES ss 1.32(1992).

72) Ibid.

동 방법은 비실용적이고 지나치게 이론적이라는 비판이 제기되었고, 이에 대한 보완책으로 임계매출분석 방법이 제안되었다. 이하에서는 이에 대해서 살펴본다.

㉠ SSNIP test

ⓐ 개념

SSNIP(Small but Significant and Non-transitory Increase in Price) 테스트란 시장획정의 원칙과 관련하여 세계 각국에서 채택된 경제분석도이다.[73] 동 테스트는 미국 법무부의 반독점국이 1982년에 제시한 수평적 기업결합 가이드라인(horizontal Merger Guidelines)에서 처음으로 체계적인 소개를 하였다.[74]

우리나라 공정거래법도 동 테스트를 적용하고 있다. 동법 제2조 제8호의 '일정한 거래분야'를 거래의 객체별·단계별 또는 지역별로 경쟁관계에 있거나 경쟁관계가 성립될 수 있는 분야라고 정의하고, 기업결합 심사기준에서 '거래 대상(상품시장)'을 "거래되는 특성 상품(용역 포함)의 가격이 상당기간 어느 정도 의미 있는 수준으로 인상될 경우 동 상품의 대표적 구매자가 이에 대응하여 구매를 전환할 수 있는 상품의 집합"으로 언급하고 있는데, 여기에서 '상당기간 어느 정도 의미 있는 가격인상'이 바로 SSNIP, 즉 작지만 의미 있고 지속적인 가격인상(small but significant and nontransitory increase in price)에 해당된다고 할 수 있다.[75]

ⓑ SSNIP test의 시장획정 방법

SSNIP 테스트는 재화들 간의 긴밀한 수요대체성의 존재 여부를 바탕으로 시장을 획정하는 방법이다. 즉 다른 재화와 서비스 가격을 고정시킨 가운데, 가설적 독점기업이 특정상품에 대해 작지만 의미 있고 지속적인 가격인상을 하였을 경우 수요자들이 그에 반응하여 다른 상품으로 구매를 전환하여 이익의 증감 여부에 따라 관련 시장의 범위를 획정하는 방법을 말한다.[76]

---

73) 곽상현, 앞의 글, 70쪽.
74) 유럽이나 영국의 시장획정의 원칙도 이와 동일하다[전성훈, "경쟁정책 목적의 시장획정 방법론 및 사례", 『한국경제연구(제19권)』(한국경제연구학회, 2007.12.), 78쪽].
75) 박성욱, 『공정거래법상 관련시장획정에 관한 연구』(성균관대학교 대학원, 2007.10.), 38쪽.

미국의 법무부(Department of Justice: DOJ)와 연방거래위원회(Federal Trade Commission: FTC)(1992)에 의하면, 경쟁정책 당국이 기업결합의 경쟁제한성을 평가하기 위해서는 먼저 경제적으로 의미 있는 시장(economically meaningful markets) 또는 시장지배력을 행사할 수 있는 시장(markets that could be subject to the exercise of market power), 즉 가설적 독점시장을 설정하여야 한다고 한다.[77]

이러한 가설적 독점시장에서 특정상품의 가격을 작지만 의미 있고 지속적인 기간 동안 인상시키게 되면 수요자들은 대체적인 다른 상품으로 구매를 전환하게 되고, 그로 인하여 당해 기업의 매출의 감소와 더불어 이윤이 낮아지게 되는 경우가 있다. 이러한 경우 관련 상품은 서로 대체관계 내지 경쟁관계에 있게 되어 당해 상품시장의 획정을 할 수 없게 된다. 만약 이 경우 당해 상품시장을 획정하려면 대체관계에 있는 상품까지 포함하여야 가능하게 될 것이다. 이와는 달리 가격인상에 대하여 수요자들이 다른 상품의 구매로 전환하지 못하여 가격을 인상한다고 하더라도 기업의 이익이 증가하거나 또는 이익이 감소하지 않는 시장의 경우에는 당해 상품시장을 획정할 수 있을 것이다.[78]

예를 들면, 소주, 맥주 및 양주의 세 가지 상품과 관련하여 이 상품 세 가지를 모두 생산하는 대표적인 사업자인 A주류회사가 있는데, 동 주류회사가 소주의 가격을 인상한다면 소비자들은 이에 반응하여 다른 상품의 구매로 전환함에 따라 A주류회사의 매출 감소가 초래되고 이익이 감소한다면 이는 상당 부분의 수요가 대체제로 옮겨 간 것으로 볼 수 있다. 이러한 경우 소주로 관련 시장을 획정하는 것은 지나치게 좁은 시장획정이 될 것이다. 이러한 경우 SSNIP 테스트는 소주와 대체관계에 있는 맥주까지를 포함하여 관련 시장을 획정하게 된다. 이러한 과정을 반복하여 일정한 가격인상에도 불구하고 소비자들이 구매를 전환하는 정도가 낮아 행위사업자의 매출과 이익이 증가하거나 감소하지 않게 될 때까지 대상 상품의 범위를 계속 확장하여 최종적으로 관련 시장의 범위를 획정한다.[79]

---

76) Compecon limited, "Market definition and Market Power in competition Analysis", 2003, 1쪽, http://www.compecon.ie/Mktdefn.htm 2011.
77) 물론 그 밖의 모든 상품들의 판매조건이 일정하다는 조건이 전제되어야 한다.
78) 박성욱, 앞의 박사학위논문, 39쪽.

ⓒ SSNIP 테스트의 적용 기준

i) 작지만 의미 있는 가격인상

통상 SSNIP 테스트에서는 '작지만 의미 있는' 가격인상률로 5~10%를 상정하는데, 이는 그 정도의 가격인상에 대한 능력이 있다면 시장지배력을 가지고 있는 것으로 판단되기 때문이다. 미국 법무부와 연방거래위원회의 수평적 기업결합 가이드라인에서도 "작지만 의미 있고 지속적인 가격인상의 효과를 객관적으로 결정함에 있어 경쟁 당국은 대부분 5%의 가격인상을 기준으로 한다"고 규정하고 있다.[80]

그러나 항상 이러한 가격인상률을 적용하는 것은 아니다. 왜냐하면 5%보다 작거나 10%보다 큰 가격인상률을 적용할 필요가 있는 경우가 있을 수 있기 때문이다. 즉 가격변화에 민감한 일부의 소비자집단과 해당 상품에 대한 충성도가 강한 상당수의 소비자집단으로 구성된 시장의 경우에는 10%보다 높은 가격인상에 대한 고려가 필요하기 때문이다. 만약 5~10%의 가격인상을 하면 가격변화에 민감한 소비자집단에서는 구매이전으로 인한 이익의 증가를 가져올 수 없을 것이다. 반면 15~30%의 가격인상에도 불구하고 구매이전을 하지 않는 충성스러운 고객군이 존재한다면 이러한 경우에는 구매가 감소하지 않고 이익을 증가시키게 되는 경우가 있기 때문이다. 미국 연방 항소법원도 실제 사건에서 이보다 큰 20~35%의 가격인상률을 적용하여 일관되게 판시한 경우가 있다.[81]

하지만 5~10%의 가격인상이 가능해서 시장을 확대할 필요가 없다고 판명될 경우나 소비자집단이 선호 특성상 이질성이 강하지 않는 일반적인 경우에는 5~10%의 가격인상률만을 고려하는 것으로도 충분하다고 할 것이다.[82][83]

---

79) 박성욱, 앞의 박사학위논문, 39~40쪽.

80) Horizontal Merger Guideline, 1999; 반면 유럽위원회의 심사기준은 작지만 의미 있는 가격인상률을 가상적인 소폭의 범위 내의 상대가격의 상승(a hypothetical small relative price increase)을 의미한다고 하고, 여기에서 small의 범위를 5~10%의 범위를 의미한다고 규정하고 있다(EC Commission, COMMISSION NOTICE on the definition of the relevant market for the purpose of Community competition law, 1997).

81) U.S. v. Mercy Health Services, 902F. supp. 968, 989(N.D. Iowa 1995).

82) James Langenfeld and Wenqing Li, Critical Loss Analysis in Evaluating Merger, 2001, pp.330~331; Gregory Werden, "Market Definition and the Justice Department's Merger Guidelines", 1983 Duke

ⅱ) 지속적인 가격인상

　SSNIP 테스트에서 지속적인(non‑transitory) 가격인상에서 '지속적인'
이란 예견 가능한 범위의 상당한 기간을 의미한다. 일반적으로 이 기간
은 1년을 기준으로 판단하였다. 이와 관련한 각국의 규정을 보면, 미국
법무부와 연방거래위원회의 수평적 기업결합 가이드라인(1997)은 '예견
가능한 미래의 기간 동안(lasting for the foreseeable future)'이라고 규
정하고 있고, 유럽위원회의 심사규정에서는 '영구적인 상대가격의 상승
(permanent relative price increase)'이라고 규정하고 있다. 우리나라 공
정거래위원회의 시장지배적 지위의 남용행위에 대한 심사기준과 기업결
합 심사기준은 '상당한 기간'이라고 규정하고 있다. 여기서 상당한 기간
이란 가상적인 독점사업자의 독점력 행사가 예상되는 기간을 의미한
다.84)

ⅲ) 공급대체성의 고려

　공급대체성이란 상품시장의 경우 공급업자가 특정상품의 가격을 작지만
의미 있고 지속적인 기간 동안 인상시켰을 경우 이에 반응하여 단기간에
큰 추가비용이나 위험 없이 다른 상품을 공급하다가 당해 상품으로 공급
을 전환하는 정도를 의미한다.

　이러한 공급대체성은 기능적으로 수요대체성과 밀접한 연관을 갖게 된다.
왜냐하면 공급대체성이 높은 특정상품의 경우에는 수요자들에게 보다 많
은 선택가능성을 제공하게 되므로 높은 수요 대체로 이어질 수 있기 때문
이다.85) 따라서 이러한 공급대체성도 고려하여야 할 것으로 보인다.

ⅳ) 잠재적 경쟁에 대한 고려 여부

　잠재적 경쟁이란 고려 시점에서는 관련 시장에 진입하고 있지 않으나,

　　L. J., pp.543~545.

83) 임계매출감소분석이론(Critical Loss Analysis)을 처음 소개한 Barry C. Harris and Joseph J. Simons도
　　소비자 집단이 가격변화에 대한 민감도와 지역 제품에 대한 선호도에 따라 시장획정을 함에 있어서 가
　　격인상수준을 어느 정도로 할 것인가의 문제가 매우 중요하다는 점을 강조하고 있다[Barry C. Harris
　　and Joseph J. Simons Focusing Market Definition: How much Substitution in Necessary, 12
　　RESEARCH L. & ECON. 208(1989)].
84) 서울고법 2004.10.27. 선고 2003누2252.
85) 박성욱, 앞의 박사학위의 논문, 43~44쪽.

당해 상품의 가격이 작지만 의미 있고 지속적인 기간 동안 인상되었을 때, 이에 반응하여 가까운 미래에 당해 시장에 진입함으로써 일어날 수 있는 경쟁을 의미한다.

미국의 경우에는 당해 시장으로의 진입이 1년 이내에 이루어질 수 있어야 하며, 큰 매몰비용[86])의 발생을 수반하지 않아야 한다고 규정하고 있다.[87]) 반면에 EU의 경우에는 잠재적 경쟁 문제는 시장획정 단계에서 고려하지 않고 있다.

ⓒ 임계매출손실 분석방법

ⓐ 개념

임계매출손실분석(Critical Sales Loss Analysis)[88])은 SSNIP 검정을 현실에 적용하는 방법으로서 가설적인 독점기업이 작지만 의미 있는 가격의 인상을 지속적인 기간 동안 행할 경우, 실제 매출 감소율과 해당 가격인상에 상응하는 임계매출 손실률을 비교하여 작지만 의미 있는 가격인상을 통한 이익증가가 가능한지를 판단하여 시장의 범위를 확대할 것인지를 결정하는 분석방법이다. 이러한 방법은 Harris & Simon(1989)에 의하여 처음 소개되었다.[89]) 동 분석방법은 가격탄력성을 추정하지 않아도 되며, 공급량의 변화에 분석의 초점을 두어 공급량 변화와 마진율만을 파악하면 용이하게 분석할 수 있다는 장점을 가지고 있다. 하지만 수요곡선 및 가격탄력성의 추정이 매우 어렵다는 점은 단점으로 지적되고 있다.[90])

---

86) 매몰비용(sunken cost)이란 이미 지출되었기 때문에 회수가 불가능한 비용을 말한다. 물건이 깊은 물속에 가라앉아 버리면 다시 건질 수 없듯이 과거 속으로 가라앉아 버려 현재 다시 쓸 수 없는 비용이라는 뜻이다. 경제학에 있어 매몰비용은 이미 지출되었기 때문에 합리적인 선택을 할 때 고려되어서는 안 되는 비용이다. 예를 들어, 영화 관람료를 이미 지불한 상태에서 아직 영화를 보지 않았다면 영화 관람료는 매몰비용에 해당한다. 따라서 그 상황에서 영화를 볼 것인가 혹은 다른 일을 할 것인가를 놓고 선택할 때, 이미 지출한 영화 관람료는 고려사항이 되어서는 안 된다. 매몰비용은 다시 돌려받을 수 없으므로, 연연하지 말고 잊어버리고 새로운 미래를 위해 가능성을 찾는 것이 현명한 것이다[http://enc.daum.net/dic100/contents.do?query1=10XX159204].

87) Ernest Gellhorn, William E. Kovacic, Stephen Calkins, Antitrust Law and Economics ina Nutshell(5th ed.), West, A Thomson Business, 2004, pp.130~131.

88) 이는 임계매출감소분석이라고도 하지만, 원어가 'Critical Sales Loss Analysis'로 되어 있으므로 원어에 충실하여 임계매출손실분석이라고 한다.

89) Barry C. Harris and Joseph J. Simons, Focusing Market Definition: How Much Substitution is Necessary, 12 RESEARCH L. & ECON. 207(1989).

ⓑ 분석방법

동 분석방법에서는 실제 소비자의 가격반응을 실험하여 기준 값에 해당하는 임계매출 손실률(critical sales loss: CSL)과 실제매출 감소율을 비교하여 분석하게 된다. 가격인상으로 인한 실제 매출의 감소분이 임계매출 손실률(CSL)보다 크면 가설적인 독점기업은 해당 지역에서 SSNIP를 통하여 이익을 얻을 수 없으므로 관련 시장의 영역을 확장하게 된다. 반면 실제 매출감소율이 임계 매출감소율보다 작다면 가설적인 독점기업은 SSNIP를 통해서 이익을 증가시킬 수 있으므로 시장범위를 확장할 필요가 없게 된다. 그 이유는 x%의 가격인상을 하여 대표적인 소비자가 구매 전환을 하게 되더라도 가설적인 독점기업이 이익을 증가시킬 수 있다는 것은 해당 지역 제품과 의미가 있는 경쟁관계에 있는 인근 지역 제품이 존재하지 않는다는 사실을 의미하기 때문이다.[91]

이러한 임계매출손실 분석은 다음의 3단계를 거쳐 시장을 획정하게 된다. 첫째, 한계이익을 산정하고 가설적인 독점자가 가설적인 가격인상을 단행할 경우 그 가격인상으로 인하여 손해가 초래되려면 어느 정도의 매출손실이 있어야 하는지를 측정한다. 즉 임계매출손실을 측정한다. 둘째, 사실적인 문제로 가설적인 독점자가 가설적인 가격인상으로 인하여 입게 될 실제적인 손실(actual loss)의 크기를 결정하여야 한다.[92] 셋째, 실제적인 감소와 임계 매출 감소를 비교하여, 만약 전자가 후자보다 더 크다면 시장은 확장되어야 한다.[93]

예를 들면, 가격인상 이전의 이익을 π_1이라고 할 경우, $\pi_1 > \pi_0$이면 가격인상으로 인하여 이익이 증가한다. 고정비용이 없고 한계비용이 c라고 한다면 가격인상으로 이익이 증가하기 위해서는 다음과 같은 공식을 만족하여야 한다.

$$(p_0 - c)q_0 < (p_1 - c)q_1$$

$$\Leftrightarrow \frac{p_1 - p_0}{p_0 - c} > \frac{q_1 - q_0}{q_0} = \frac{q_0 - q_1}{q_0}$$

---

90) 김현종, 앞의 책, 33쪽.
91) 김현종, 위의 책, 33~34쪽.
92) 이것은 한계이익으로부터 결정할 수 없다. 이는 가격에 대응(responsiveness)하는 정도에 관한 증거, 즉 수요 측면(demand side)에 의하여 결정되어야 한다.
93) 곽상현, 앞의 글, 74쪽.

여기서 가격인상률 X와 기업의 마진율 M을 다음과 같이 정의한다.

$$X \equiv \frac{p_1 - p_0}{p_0}, \quad M = \frac{p_0 - c}{p_0}$$

이 경우 부등식은 다음과 같이 정리된다.

$$\frac{X}{X+M} > \frac{q_0 - q_1}{q_0}$$

여기서 임계매출손실률 CSL을 다음과 같이 정의할 경우 CSL 값이 매출감소율보다 클 경우 가격인상으로 이익이 증가한다.

$$CSL \equiv \frac{X}{X+M}$$

가격인상에 따른 이익변화의 판단기준인 CSL은 가격인상률이 증가하면 할수록 높아지며 마진율이 높아지면 높아질수록 낮아진다. 가격인상률이 높아지면 이익은 상대적으로 높아지므로 감소해야 하는 매출액은 더 늘어나야 하기 때문이며, 마진율이 높으면 가격인상에 따른 손실이 크기 때문이다.[94] 다음의 표는 가격인상률 X와 기업의 마진율 M에 따라 임계매출손실률이 어떻게 변화하는지를 알려 주는 예시이다.[95]

가격인상률과 마진율에 따른 임계매출손실률

마진율	가격인상률		
	5%	7.5%	10%
10%	33%	43%	50%
20%	20%	27%	33%
30%	14%	20%	25%
40%	11%	16%	20%
50%	9%	13%	17%

---

94) 개별 상품의 마진율은 개별 기업의 재무제표를 통해 산정하며, 확대된 시장의 마진율은 해당되는 제품의 마진율을 시장점유율로 가중평균한 값을 이용한다.

95) 김현종, 위의 책, 34~35쪽.

최근에는 제품 간 전환율(diversion ratio)을 고려하여 매출 감소를 평가해야 한다는 지적도 있다. 독점기업이 제품 i 이외의 대체성이 높은 제품 j까지 생산한다고 가정하더라도 제품 i의 가격인상으로 인한 매출감소를 임계매출손실로 보기는 어렵다. 왜냐하면 제품 i의 가격인상으로 인하여 제품 j로 소비가 전환될 수 있는데, 이 경우 제품 j 매출의 증가분도 고려한 판단기준이 필요하기 때문이다. 또한 제품 i가격인상으로 인해 제품 j로 전환될 경우 임계매출손실률 CSL보다 제품 i 매출이 더 크게 감소하여도 독점기업은 제품 j의 매출증가에 따른 이익이 더 커질 수 있다. 이렇게 될 경우 관련 시장 또한 과도하게 넓게 확장될 가능성이 있다. 이러한 점에 근거하여 제품 i의 가격인상으로 인하여 매출감소에서 제품 j의 매출증가를 감안하는 총전환비율(aggregate diversion ratio: ADR)을 판단기준으로 삼아야 한다는 주장이 제기되기도 한다.[96]

> ☞ **Tenet Health Care 사건**[97]
>
> 1990년 미국 법무부와 FTC는 다수의 병원 합병에 대해 이의를 제기하였다. 그런데 병원 합병 사건의 대부분은 지역적 시장의 범위에 관한 것이었다. 이러한 지역적 시장의 범위 획정은 주로 후술하는 EH분석 방법이 주로 사용되었으나, Tenet Health Care 사건에서는 임계매출손실 분석이 적용되었다. 그 사건 사례의 구체적인 내용은 다음과 같다.
>
> 미국 미주리 주 Poplar Bluff지역에서 일반 질병 진료 병원(general acute care hospital)인 Tenet Health Corporation이 동일 지역에서 운영되는 Doctors Regional Medical Center를 인수하였다. 이 사건 사례에서 논쟁의 핵심은 관련 시장이 Poplar Bluff 지역내인가 였다. 미국 FTC는 Poplar Bluff지역으로부터 반경 50마일을 지역적 시장으로 획정하였던 반면, 기업결합 당사자 측은 반경 65마일을 지역적 시장으로 획정하여야 한다고 주장하였다. 만약 반경 65마일 이내를 지역적 시장으로 획정하게 되면 Polpar Bluff지역보다 규모가 큰 병원이 다수 포함되기 때문에 기업결합 당사자인 Tener health Corporation의 시장점유율은 대폭 감소하는 결과가 초래하게 된다. 이에 대하여 미국 FTC는 반경 65마일 내에 있는 한 병원의 자료를 이용하여

---

96) 김현종, 위의 책, 35쪽.

Polpar Bluff지역의 병원이 10%의 가격인상을 단행해도 여전히 반경 65마일 이내에 있는 병원보다 가격이 낮고, 대다수 환자는 일상적으로 1~2시간이 소요되는 대도시 병원으로 진료받으러 간다는 것은 비상식적인 일이라고 주장하였다. 또한 의료시장 자체는 의사에 대한 충성도가 매우 높아 가격인상에 비탄력적이라고 언급하였다.

이에 해당 지방법원은 FTC의 의견을 받아들여 지역적 시장을 Poplar Bluff지역으로부터 반경 50마일로 획정하였다. 이러한 관련 시장획정으로 Tenet Health Corporation의 시장점유율은 84%가 되어 반경쟁적 단독효과가 나타나는 것으로 판명되고, 기업결합 당사자 측은 패소하였다.

그러나 고등법원에서는 합병에 의한 병원 이익률 분석을 통해 5%의 가격인상으로 인한 수요 감소가 임계매출 손실률에 해당하는 7%보다 큰 것으로 나타났다. 즉 5% 이상의 가격인상으로 7% 이상의 환자가 Poplar Bluff지역 외곽의 병원으로 전환하므로 병원은 가격인상을 할 수 없다고 판단하여 관련 시장은 Poplar Bluff지역으로부터 반경 65마일로 획정되었다.

④ 우리나라 기업결합 심사기준에 의한 상품시장의 획정

㉠ 상품시장의 획정 기준

우리나라의 경우 상품시장의 획정도 위에서 살펴본 미국의 가이드라인이 채용하고 있는 가설적인 독점가 이론을 수용하고 있다고 할 수 있다. 즉 공정거래위원회의 기업결합 심사기준에 의하면, "일정한 거래분야는 거래되는 특정한 상품 또는 용역의 가격이 상당기간 어느 정도 의미 있는 수준으로 인상될 경우 동 상품의 대표적 구매자가 이에 대응하여 구매를 전환할 수 있는 상품의 집합을 말한다"고 규정하고 있고,[98] 기업결합 심사기준에 따르면, 특정한 상품이나 용역이 동일한 거래분야에 속하는지는 다음과 같은 사항을 종합적으로 고려하여 판단하도록 하고 있다.[99]

– 상품이나 용역의 기능 및 효용의 유사성
– 상품이나 용역의 가격의 유사성

---

97) 김현종, 위의 책, 36쪽.
98) 기업결합 심사기준 Ⅵ. 1. 가.
99) 기업결합 심사기준 Ⅵ. 1, 2009.08.20. 공정거래위원회 고시 제2009－39호.

- 구매자들의 대체 가능성에 대한 인식 및 그와 관련한 구매 행태
- 판매자들의 대체 가능성에 대한 인식 및 그와 관련한 경영의사 결정 행태
- 통계법 제17조(통계자료의 분류) 제1항의 규정에 의하여 통계청장의 고시하는 한국표준산업분류
- 거래단계(제조, 도매, 소매 등)
- 거래상대방

그런데 이러한 판단기준은 미국 연방대법원이 판시한 Brown Shoe 사건의 앞서 살펴본 일곱 가지의 실질적 지표와 거의 유사한 것으로 보인다. 따라서 우리나라의 기업결합의 심사기준에서 열거하고 있는 관련 상품시장의 획정 기준에 대해서는 Brown Shoe 사건에서 제시하고 있는 기준을 참조할 필요가 있다. 즉 사용의 합리적인 호환성 혹은 그 상품과 그 상품에 대한 대체재 사이의 수요의 교차탄력성, 그 외 나머지 지표 등을 조사하여 상품시장을 획정하되, 합리적인 호환성 혹은 탄력성의 문제는 미국 가이드라인에서 채택하고 있는 가설적인 독점가 이론으로 해결하여야 할 것으로 보인다.

한편 대법원은 이 외에도 사회적·경제적으로 인정되는 업종의 동질성 및 유사성과 기술 발전의 속도, 그 상품의 생산을 위하여 필요한 다른 상품 및 그 상품을 기초로 생산되는 다른 상품에 관한 시장의 상황, 시간적·경제적·법적 측면에서의 대체의 용이성도 함께 종합적으로 고려하여야 한다고 판시하고 있다.[100]

ⓛ 관련 예

ⓐ 관련 상품시장의 판단요소

☞ **대법원 2008.5.29. 선고 2006두6659 판결**

관련 상품시장은 일반적으로 서로 경쟁관계에 있는 상품들의 범위를 말하는 것으로서, 구체적으로는 거래되는 상품의 가격이 상당기간 어느 정도 의미 있는 수준으로 인상될 경우 그 상품의 대표적 구매자가 이에 대응하여 구매를 전환할 수 있는 상품의 집합을 의미하고, 그 시장의 범위는 거래에 관련된 상품의 가격, 기능 및 효

---

100) 대판 2008.5.29. 2006두6659.

용의 유사성, 구매자들의 대체 가능성에 대한 인식 및 그와 관련한 구매행태는 물론, 판매자들의 대체 가능성에 대한 인식 및 그와 관련한 경영의사의 결정행태, 사회적 · 경제적으로 인정되는 업종의 동질성 및 유사성 등을 종합적으로 고려하여 판단하여야 하며, 그 밖에도 기술발전의 속도, 그 상품의 생산을 위하여 필요한 다른 상품 및 그 상품을 기초로 생산되는 다른 상품에 관한 시장의 상황, 시간적 · 경제적 · 법적 측면에서의 대체의 용이성 등도 함께 고려하여야 한다.

ⓑ 수요 측면에서의 대체 가능성을 고려하여 상품시장을 획정한 예

☞ **코오롱의 고합 나일론 필름 사업 인수 사건**[101]

이 사건에서 코오롱은 식품포장재의 소재로 사용되는 여러 종류의 필름이 단일한 상품시장을 구성한다고 주장하였으나, 공정거래위원회는 나일론 필름과 나머지 필름들은 그 물리적 특성 및 용도가 다르고, 나일론 필름 가격이 오래전부터 다른 필름 가격보다 2, 3배 정도로 고가였다는 점 등을 고려하여 나일론 필름과 나머지 필름 사이에 상호 대체성이 있다고 보기 어렵다고 판단하였다.

☞ **SK의 대한송유관공사 주식취득 사건**[102]

공정거래위원회는 송유관에 의한 수송서비스와 유조선, 유조화차, 유조차 등 다른 수송 수단에 의한 수송서비스가 별도 시장으로 구분된다고 보았다. 공정거래위원회는 송유관에 의한 수송은 운송방식, 수송지역, 수송과정의 안정성, 경제적 효과 등에서 다른 수송 수단에 의한 수송과 구별되고, 송유관 운송비와 유조차 및 유조화차의 운송비는 상당한 차이가 있어 운송비 측면에서도 대체 가능성이 크지 않다고 판단하였다.

---

101) 공정거래위원회 2002.12.23. 의결 제2002－365호; 2003.4.1. 재결 제2003－018호.
102) 공정거래위원회 2001.6.29. 의결 제2001－090호; 이 사건에서의 관련 시장획정을 비판하면서 송유관에 의한 수송서비스와 다른 수송 수단에 의한 수송 서비스 사이의 대체관계를 인정하는 견해로는 다음을 참조[시상승, "기업결합 사례연구: 시장획정을 중심", 『공정거래와 법치』(법문사, 2004), 229~232쪽].

━━━ ☞ **피아노 시장**[103] ━━━

    본 심결례는 피아노시장과 관련한 것이다. 즉 이 건 기업결합에 있어서 경쟁제한적 효과가 문제시되는 '일정한 거래분야', 즉 관련 시장은 사업자 간에 상호 경쟁관계가 성립할 수 있는 국내 업라이트 피아노(이하 'UP'라 한다), 그랜드 피아노(이하 'GP'라 한다), 디지털 피아노(이하 'DP'라 한다) 시장으로 획정한다. 상품시장의 획정과 관련하여 피아노는 종류별로 UP는 260만 원~485만 원, GP는 800만 원~3,400만 원, DP는 95만 원~250만 원[이상 (주)삼익악기의 소비자가격 기준] 등 가격 차이가 현저하며, GP와 UP는 소재 자체의 진동과 공명에 의해 소리가 발생하나 DP는 악기음을 메모리칩에 저장 후 재생시키는 등 양자는 음 발생의 원리에 차이가 있으며, GP는 전문적 연주를 목적으로 주로 사용되고, UP는 일반 가정이나 피아노 교습소에서 피아노 교육을 위한 목적으로 주로 사용되며, DP는 다양한 전자악기의 음 효과를 목적으로 사용되는 등 대표적 수요층도 구분된다고 판단되므로 UP, GP, DP(이상 신품 피아노 기준)를 각각 별도의 시장으로 획정된다고 결정하였다.

    ⓒ 공급 측면의 대체 가능성을 고려하여 상품시장을 획정한 예

━━━ ☞ **인천제철의 삼미특수강 주식취득사건**[104] ━━━

    동 사건에서 공정거래위원회는 스테인레스 냉연강판 시장으로 관련 시장을 획정하였는데, 스테인레스 냉연강판은 수십여 종으로 구분되나 압연 정도, 열처리 방식, 표면 가공 정도를 달리할 뿐 동일한 생산라인에서 생산되므로 제품 간에 밀접한 생산 대체성이 있으며 수요의 대체성 또한 상당하므로 전체를 단일시장으로 획정하였다.

    한편 상품의 기능 및 효용의 유사성이 어느 정도 인정된다 하더라도 산업의 특수성, 소비자 및 사업자의 인식 등을 종합적으로 고려하여 유통업체 간 경제적으로 의미가 있는 경쟁관계가 있는지가 기준이 된다. 왜냐하면 유통업의 경우 소비자의 소비 행태나 유통사업자가 창출하는 부가가치는 상품 그 자체가 아니라 유통환경의 특성이 가미된 서비스이므로 시장획정에 있어서는 상품의 물리적 기능과 효용의 유

---

103) 공정거래위원회 2004.9.24. 의결 제2004－271호 사건번호 2004기결1200.
104) 공정거래위원회 2000.9.30. 의결 제2000－151호.

사성이 아닌 유통서비스에 대한 구매자들의 인식이나 구매 행태가 중요하게 고려되어야 하기 때문이다. 따라서 유통업에서는 물리적으로 동일한 상품일지라도 판매하는 유통 채널의 특성에 따른 다른 시장으로 획정하는 것이 일반적이다.[105]

    ⓓ 임계매출손실 분석방법 관련 사례

☞ 하이트맥주 사건

　최근 우리나라 공정거래위원회는 하이트맥주 사건에서 소주와 맥주를 동일한 관련 상품시장으로 획정할 것인지에 관하여 판단함에 있어서 임계매출손실분석 방법을 이용하여 판단하였다.[106] 즉 공정거래위원회는 그 사건에서 소주와 맥주의 상품특성, 소비 패턴, 가격 변경이 기업이익에 미치는 범위 등에 대한 계량분석, 국내외 심결 사례 등을 종합하여 그 두 상품이 별개의 상품시장으로 획정된다고 판단하였다. 그리고 가격변경이 기업이익에 미치는 범위 등에 대한 계량분석으로 임계매출손실 분석을 활용하고 있는바, 소주가격이 5% 인상될 경우 소주시장에서 가설적인 독점기업의 실제매출감소율은 5.6%인 반면, 임계매출손실률은 14.3%로서 임계매출손실률이 실제매출감소율보다 크기 때문에 가설적인 독점기업은 가격인상을 통한 이익증대가 가능하고, 이러한 결과는 상품시장을 소주시장보다 넓게 확대할 필요가 없이 소주시장만으로 획정될 수 있음을 의미하고, 소주가격이 10% 인상될 경우에도 임계매출손실률이 실제매출감소율보다 커서 동일한 결론에 도달한다는 하이트맥주의 주장이 받아들여졌다. 하이트맥주 측에서는 맥주의 경우에도 맥주가격이 5% 인상될 경우 맥주시장에서 가설적 독점기업의 실제매출감소율은 13.2%인 반면, 임계매출손실률은 15.3%로 임계매출손실률이 실제매출감소율보다 크기 때문에 가설적인 독점기업의 가격인상을 통한 이익증대가 가능하고, 상품시장을 맥주시장보다 넓게 확대할 필요 없이 맥주시장만으로 획정될 수 있음을 의미하며, 맥주가격이 10% 인상될 경우에도 임계매출손실률이 실제매출감소율보다 커서 동일한 결론에 도달한다고 주장하였다.

---

105) 공정거래위원회 2006.11.14. 의결 제2006-264호 신세계의 월마트 코리아 주식취득 사건 참조.
106) 동 판결은 우리나라에서 임계매출손실분석 방법이 이용된 최초의 것이다(곽상현, 앞의 글, 75쪽 주105).

(2) 관련 지역시장의 획정

① 지역시장의 개념

관련 지역시장이라 함은 경쟁상품 또는 서비스 사이에 의미 있는 경쟁이 이루어지는 지역적 범위를 말한다. 여기서 '경쟁상품'이란 경제학에서 말하는 대체제와 유사한 개념으로서 거래되는 특정상품의 가격이 상당기간 어느 정도 의미 있는 수준으로 인상될 경우 동 상품의 대표적인 구매자가 이에 대응하여 구매를 전환할 수 있는 관계에 있는 상품의 집합을 의미하며, 공정거래법에서는 관련 상품시장이라고 한다.107) 또한 '의미 있는 경쟁'이란 경제적으로 의미 있는 실질적인 경쟁이 이루어지고 있는 것을 말한다. 이는 미국 연방대법원이 판시한 Brown Shoe 사건 사례에서 "지역시장의 범위는 상업적 현실에 부합하고 경제적으로 의미 있는 것이어야 한다(correspond to commercial realities······ and be economically significant)" 고 유효경쟁의 원리를 선언함으로써 확립되었다.108)

통상 관련 지역시장은 사업자의 경쟁제한행위가 영향을 미치는 범위에 따라서 판단하게 된다. 따라서 어떤 기업이 자기가 존재하는 위치를 초월하여 판매할 수 있는 능력을 가진 시장이 있다면 그 시장은 동일한 지역시장이 된다고 하겠다. 나아가, 지역 간 가격 내지 가격 동태가 밀접한 상관관계에 있거나 각 지역 간의 가격 차이를 수송비로 극복할 수 있을 때에도 동일한 지역으로 파악한다.109)

그런데 이러한 관련 지역시장의 획정은 그 자체가 목적이 아니라 대상 행위가 시장지배적 지위의 남용행위인지, 경쟁제한적 기업결합인지, 부당한 공동행위인지 등에 관한 판단을 하기 위한 수단이라고 할 수 있다.110) 특히, 경쟁제한 여부를 판단함에 있어서는 의미 있는 사업자와 그렇지 않은 사업자를 구별하는 것으로, 특정 기업이 현실적으로 경쟁하고 있거나 영업 활동을 수행하는 지역을 확인하여야 한다. 따라서 만약 어떤 제품이나 용역이 전국적으로 판매되는 경우라면 전국이 관련 지역시장을 형성한다고 하여야 하며,111) 특정사업자가 국내의 일부 지역에만 그 영업을 집중하고 있는 경우에는 그 특정 지역이 관련 지역시장을 형성한다고 하여

---

107) 기업결합 심사기준 Ⅵ. 1. 가항; 시장지배적 지위 남용행위 심사기준 Ⅱ. 1. 가항; 사법연수원, 『공정거래법』(사법연수원, 2006), 38쪽.
108) 박익수, 『공정거래법상 관련시장의 지역적 범위에 관한 연구』(연세대학교 법무대학원, 2006.6.), 1쪽.
109) 신현윤, 『경제법』(법문사, 2006), 145쪽.
110) 사법연수원, 『공정거래법』(사법연수원편집부, 2006), 40쪽.
111) U.S. v. Grinnell Corp., 384 U.S. 563(1966).

야 할 것이다.[112)

② 관련 지역시장에 영향을 미치는 요소

관련 지역시장의 획정은 상품의 실제 판매 형태, 수요와 공급의 탄력성 그리고 가격을 설정할 수 있는 능력 등에 중심을 두고 판단하고 있다. 그런데 미국 법원은 이 요소 이외에도 다음의 요소도 함께 고려하여 판단하도록 하고 있다. 즉 상품과 서비스의 성격, 거래에 대한 정부 차원의 규제(관세, 쿼터, 다른 정부 규제 등), 운송비용, 두 지역 간의 평행적 가격 동향(parallel price movement between two areas), 산업의 기준 등도 함께 고려하도록 하고 있다.[113)

예를 들어, United States v. Grinnell Corp., 사건 사례[114)를 보면, 전국 시장을 획정할 때 표준적인 방법으로 경영하는 산업을 기준으로 고려하도록 하고 있다. 동 사건과 관련하여 다수의 견해는 절도와 화재의 예방 서비스를 제공함에 있어서, 전반적인 산업의 구조와 피고 회사의 계획이 전국적인 수준과 일치하기 때문에 전국적인 시장으로 획정되어야 한다고 주장하고 있다. 그 근거로 기록상 가격, 비율, 기간 등의 전국적인 계획을 언급하면서 피고가 활동하는 전국적인 범위를 잘 반영하기 위해서는 전국시장이 수용되어야 한다는 점을 들고 있다. 그러나 이에 대하여 소수의 견해는 피고가 제공하는 서비스의 성격을 그 근거로 제시하면서 이의를 제기하였다. 즉 절도나 화재의 방지 서비스는 각각 개인의 가정이 존재하는 지역에서 제공되어야 하기 때문에 관련 지역시장의 획정은 구체적인 로컬 지역으로 한정되어야 하며, 구매자는 그 지역의 실정에 따라 지역 용역 제공자와 직접 계약을 체결하고 각각의 서비스 센터는 단지 그 지역의 반경 25마일만을 커버할 뿐이라고 주장하였다. 나아가, 소수의견은 다수의견이 주장하는 사업적인 측면이란 피고가 제공하는 서비스의 성격에 비하여 우연적인 것이라고 하면서, 다수의 견해가 경제적 현실을 무시하였다고 주장한다.[115)

---

112) Ernest Gellhorn, William E. Kovacic, Stephen Calkins, op.cit., p.124.
113) United States v. Marine Bancorporation, Inc., 418 U.S. 602, 628(은행 산업에 대한 진입은 정부의 인가에 의존된다고 판시), 위의 코닥 사건(미국과 세계 시장 간의 평행적 가격 움직임을 이유로 세계시장을 인정), Hornsby Oil Co. v. Champion Spark Plug Co., 714 F. 2d 1384, 1394(5th Cir. 1983)(지역시장을 획정함에 있어 운송비용, 배송의 한계 그리고 소비자의 편의성 등을 고려함).
114) United States v. Grinnell Corp., 384 U.S. 563(1966).
115) 곽상현, 앞의 글, 83쪽.

③ 관련 지역시장의 획정 기준

미국 법원은 상거래의 급격하고 근본적인 변화에도 불구하고 관련 지역시장의 획
정과 관련한 Tampa Electric Co. v. Nashville Coal Co.사건 사례[116)]에서 적용된
40년 전의 기준이 지금까지 계속하여 사용하고 있다.[117)]

동 사건 사례에 의하면, 관련 지역시장이란 "구매자가 특정상품을 대체적 상품으로
구매 전환할 수 있고, 그 속에서 해당 기업이 경쟁에 직면하는 그 지역"이라고 정
의하고 있다. 하지만 현대의 상거래는 예측이 불가능할 정도로 국제화되고 새로운
유형의 전자상거래 또한 활성화되어서 기존의 Tampa Electric Co. 사건 사례에서
사용되어 왔던 이론을 그대로 일률적으로 사용함에는 한계가 있다고 한다.

즉 Tampa 사건 사례에서 대법원은 종국적으로 수요의 측면과는 관련이 없는 단지
공급자의 측면에 초점을 두고 관련 지역시장의 획정 여부를 판단한 것이라고 할
수 있다.[118)]

☞ **Tampa Electric Co. v. Nashville Coal Co. 사건 사례**

Tampa 사건은 Tampa 전기회사가 Nashille 석탄회사와의 사이에 석탄의 전량 구
매계약(requirement contract)을 체결하였지만, Nashille 석탄회사가 그 계약에 따른
의무를 충실히 이행하지 못함으로써, Tampa 전기회사가 Nashille 석탄회사를 상대
로 계약상 의무를 불이행한 부분에 대한 소를 제기한 사건이다. 석탄 전량 구매계약
의 구체적인 내용은 Nashille이 20년 동안 2개의 Tampa 지점에 대하여 그 지점이
필요로 하는 물량의 전부를 공급하여야 하는 것이었다. 그런데 그 계약을 이행할 무
렵에 Nashille은 Tampa에 대하여 그 계약이 클레이튼법 제3조(section 3 of the
Clayton Act)의 경쟁법을 침해한 것이라고 하면서 계약에 따른 석탄 공급을 하지
아니할 것임을 통보하였다. 이와 관련 대법원은 관련 지역시장이 플로리다 지역에
한정된다고 하는 하급법원의 결론을 파기하고, Tampa 회사에 석탄을 공급하는 다른
석탄 생산회사의 연고지역인 다른 몇몇의 주를 포함한 지역시장을 전국적으로 확장

---

116) 365 U.S. 320(1961).

117) Charles Carson Elben, "Definition the geographic market in Modern Commerce", 56 Baylor Law
Review 49, winter 2004, p.50.

118) 이 외에도 1963년 PNB 사건 사례에서 공급적인 측면이 관련 시장을 획정하는 데 중요한 요소임을 다
시 한 번 확인하였다(곽상현, 앞의 글, 77).

하였다. 그 근거로 플로리다 지역시장은 관련 지역시장의 총 석탄량의 18%, 전량구매계약은 총 석탄량에 대한 전국적인 수요의 0.77%에 불과할 정도로 작은 지역시장이어서 경쟁을 제한할 정도로 의미 있는 시장이라고 할 수 없다는 점을 들었다. 이처럼 지역시장을 전국적으로 확장한 대법원의 조치는 단지 공급의 측면에 초점을 맞추고 또한 그러한 바탕 위에 지역시장을 확장에 따라 마치 수요 분석이 필요 없는 것처럼 판시하였다.[119]

이와는 달리 1966년 Pabst Brewing Co. 사건 사례[120]에서는 공급자 측면 대신에 수요자 측의 영향력에 의하여 관련 지역시장을 획정하였다. 동 사건 사례에 의하면, 맥주회사인 피고는 미국 전역을 지역시장으로 획정하여야 한다고 주장한 반면 정부는 위스콘신 혹은 그 주변 3개 주인 위스콘신, 일리노이, 미시간을 지역시장으로 획정하여야 한다고 주장하였다. 대법원은 이에 대하여 위스콘신 주의 거주자들이 Pabst 맥주에 대한 높은 수요로 인하여 지역시장을 위스콘신 주로 한정하여야 한다고 판시하였다.

이처럼 관련 지역시장의 획정과 관련하여 법원이 공급자 측면과 수요자 측면을 선택적으로 중시함으로써 판결의 일관성을 결여하자 학자들은 이에 대한 대안으로 적절하고 통일적인 기준이 필요하다는 인식과 더불어 다음의 세 가지 방안을 제시하였다. 즉 'EH 테스트 방식(Elzinga－Hogarty test), 전환이론(diversion approach) 방식, 그리고 미 법무성의 1992년 가이드라인에서 제시한 방식' 세 가지 방안이 제시되었다.

㉠ Elzinga－Hogarty 테스트
EH 테스트(Elzinga－Hogarty test)[121]란 지역 간 출하이동(current shipment flows) 상황을 기준으로 관련 지역시장의 범위를 획정하는 방법으로, Elzinga K. G. and T. F. Hogarty의 논문 "The Problem of Geographic Market Definition in Antimerger Suits(1973)"에서 처음으로 소개되었다. 물론 실무적으로는 그 이전에도 미국 반독점소송에서 지역시장의 획정방법으로 이용되었다

---

119) Charles Carson Elben, op.cit., p.54.
120) United States v. Pabst Brewing Co., 384 U.S. 546(1966).
121) 적하이론이라고도 한다.

EH 테스트는 LIFO(Little in from outside)와 LOFI(Little out from inside) 비율의 고저에 따라 관련 지역시장을 획정하게 된다.[122] LIFO란 어느 지역 내에서 특정상품에 대한 소비자들의 총소비 지출액 중 그 지역 내 생산자들의 매출액이 차지하는 비율을 말한다.

$$LIFO = \frac{\text{그 지역 생산자들의 매출액}}{\text{지역 내 총소비 지출액}}$$

반면 LOFI는 어느 지역 내 기업들의 총생산액 중 그 지역 내 소비자들에 대한 판매비율을 말한다.

$$LOFI = \frac{\text{지역 내 소비자들에 대한 판매액}}{\text{지역 내 총생산}}$$

LIFO 비율이 높다는 것은 소비자들이 그 지역 내 생산자의 제품을 주로 사용하고 타 지역 생산자들의 제품을 별로 사용하지 않기 때문에 타 지역으로부터 그 지역으로의 제품 유입이 별로 없다는 것을 의미한다(Little In From the Outside). 반면 LOFI의 비율이 높다는 것은 그 지역 내 기업들의 총생산량 중에서 그 지역 내에서 판매되는 양의 비율이 높고 다른 지역에서 판매되는 양은 별로 없기 때문에 그 지역 제품이 다른 지역으로서의 유출이 별로 없다는 것을 의미한다(Little Out From the Inside).

이러한 EH 테스트는 직접적으로 SSNIP분석을 하는 방법은 아니지만, 관련 지역시장의 성립 여부를 결정하는 수요 및 공급 전환 상의 여러 종류의 장벽의 정도를 파악하는 데 유용한 대리변수(proxy)로서 활용되고 있다.[123] 만약 LIFO‒LOFI 비율이 매우 낮아서 수요 및 공급 전환상의 장벽이 별로 크지

---

122) 박익수, 앞의 학위논문, 42쪽.
123) 전성훈, 무학‒대선 기업결합 사건의 관련시장 획정에 관한 경제 분석, 2004, 29쪽.

않는 것으로 판단되면 지역시장의 성립을 인정하지 않게 되고, LIFO - LOFI 비율이 모두 75~90% 수준에 속한다면 수요 및 공급 전환상의 장벽이 큰 것으로 보아 일응 그 지역만으로 지역시장이 성립한다고 보게 된다.[124] 통상 75% 이상이면 지역시장이 성립된다고 추정될 수 있고, 90%가 넘을 경우에는 지역시장의 존재가 거의 확실하다고 한다. 그러한 예로 미국의 United States v. Rockford Mem'l Corp. 사건 사례[125]를 들 수 있다. 동 사례에서 위의 비율이 87%가 넘는다는 사실을 근거로 그 산업의 수요와 공급의 힘이 미치는 물리적인 지역을 중시하고 이러한 접근법을 채택하였다.

☞ United States v. Rockford Mem' l Corp. 사건 사례

동 사건 사례는 일리노이 주 Rockford 지역에서 가장 큰 두 병원 사이의 결합에 대한 시장의 획정과 관련된 것이다. 피고는 그들의 환자가 거주하고 있는 지역에 근거하여 10개의 카운티 지역으로 지역시장을 획정하여야 한다고 주장하였다. 그러나 제7항소법원은 그 병원이 존재하는 단 하나의 카운티를 지역시장으로 획정하였다. 이러한 결론을 내림에 있어서 법원은 피고에 의하여 제공되는 병원 서비스 중 87% 가량이 Rockford와 Winnebargo 카운티에 집중되고 있다는 사실과 이러한 지역의 환자 중 약 87%가 이 두 지역으로 향하고 있다는 사실에 근거를 두었다.

하지만 EH테스트는 경우에 따라서 관련 지역시장을 부당하게 넓히기도 하고,[126] 부당하게 좁히기도 하는 등 일관적이지 못하다는 지적이 있다.[127] 그럼에도 불구하고 EH테스트는 실제로 일어나고 있는 지역 간 교역의 흐름을 파

---

124) 공정거래위원회도 통상 관련 상품이 동질적인 경우에 특정 지역의 LIFO와 LOFI가 모두 75% 이상인 경우 지역 내에서 소비되는 제품의 대부분이 지역 내에서 생산되고 지역 내에서 생산된 제품의 대부분이 지역 내에서 소비되는 경우 당해 지역은 독립된 지리적 시장으로 획정될 수 있다 한다[공정거래위원회 2006.1.24. 의결 제2006 - 009호].

125) 898 F. 2d, 1278, 1284~1285(7th. Cir., 1990).

126) 예를 들면, 어느 지역의 가격이 독점가격에 가까울수록 지역 간 교차탄력성은 커지게 되고 따라서 외부 지역 제품이 그 지역으로 많이 유입되게 되어 LIFO 값이 낮아지게 된다. 그런데 이와 같이 두 지역 간에 상당한 정도의 교역이 있어서 LIFO 값이 낮다고 하더라도 그것이 지역 간 경쟁 정도의 차이에 따른 마진 격차에서 기인하는 것이라면 양자는 지리적으로 분리된 시장으로 보아야 한다[박병형, "포스코의 시장지배적 지위 남용 건에서의 관련 지리적 시장획정에 관한 의견"(2005.10.), 5쪽].

127) 예를 들면, 양 지역 간에 가격이 동일하다면 이 두 지역은 같은 지리적 시장에 속한다고 보아야 할 것인데 불구하고 두 지역 간에 교역이 이루어지지 않아 LIFO, LOFI 값이 낮게 형성되어 별개의 지역시장처럼 보이게 하는 경우도 있는 것이다(박병형, 위의 글, 5쪽).

악할 수 있어 관련 지역시장을 획정하는 데 보충적인 역할을 수행한다는 점에서 그 의미가 있다고 한다.

ⓛ 전환이론

전환이론(Diversion theory)은 EH 테스트가 어느 회사의 현재의 실행에 의하여 야기될 수 있는 미래의 효과를 설명하지 못한다고 지적한 일부 학자들에 의하여 옹호된 이론이다. 동 이론은 시장지배력을 "한계비용 이상으로 가격을 설정할 수 있는 능력"으로 정의한다. 나아가, "중요한 시장지배력을 가진 어떤 회사는 완전경쟁 시장가격 이상의 가격을 설정할 수 있는데, 시장지배력이 없는 회사는 완전경쟁 시장에서의 시장가격 이상으로 가격을 설정할 수 없다"는 점을 기본 명제로 하고 있다. 중요한 시장지배력을 가진 회사가 완전경쟁 시장가격 이상의 가격을 설정할 수 있는 것은 소비자들이 더욱 저렴한 경쟁자에게로 전환을 할 수 없기 때문이라고 한다.

이처럼 전환이론은 수요의 탄력성이 회사의 공급결정에 어떠한 영향을 미치는가를 보여 주는 데 있다. 만약 수요의 탄력성이 높으면 소비자들은 조그만 가격인상에서도 경쟁자의 상품으로 수요를 전환할 가능성이 높아 회사로 하여금 그들의 경쟁자의 가격 수준으로 가격을 유지하도록 압력을 가하게 된다. 반대로 그 상품이 비탄력적이라면, 그 회사는 가격을 인상하고 상품의 생산량을 줄이는 방법을 통하여 합리적으로 이윤극대화를 취할 수 있게 된다.

결과적으로 어느 한 회사에 의한 시장지배력이 적으면 적을수록 그 회사가 직면하는 수요의 탄력성은 더욱 커지게 된다. 수요의 탄력성이 크다는 것은 역시 공급의 탄력성도 크다는 것과 연관되어 있다. 시장지배력의 견지에서 공급의 탄력성이 크다는 것은 어느 특정 회사가 가격을 약간만 인상하더라도 다른 경쟁자들에게 커다란 생산량 증가를 유발하게 되는 결과를 초래할 수 있다는 것을 의미한다. 그 이유는 소비자의 수요가 가격이 높게 책정된 상품에서 가격이 낮게 책정된 상품으로 수요가 전환되기 때문이다.

하지만 이 이론은 관련 지역시장에서 현재의 경쟁시장이 아닌 미래의 경쟁시장을 전제로 하고 있다는 점, 관세나 운송비가 크다고 하더라도 상품의 수입을 하는 데 있어 실질적 제한 사유가 되지 못한다는 점 등이 단점으로 지적되고 있다.128)

ⓒ 미 법무성의 수평적 기업결합 가이드라인

ⓐ 서설

1992년 미 법무성(U.S. Department of Justice)과 FTC(Federal Trade Commission)를 중심으로 한 수평적 기업결합 가이드라인(Horizontal Merger Guidelines, 이하 '가이드라인')에서 가격차별에 대한 기회를 중심으로 관련 지역시장의 획정에 관한 접근법을 제시하였다. 즉 동 가이드라인 제1.2에 의하면, "기업 결합 당사회사 모두가 참여하는 제품시장 각각에 대하여, 집행 당국은 그 회사가 생산하거나 판매하는 관련 지역시장 또는 시장들을 획정하게 된다. 하나의 사업자가 서로 다른 수 개의 관련 지역시장에서 활동할 수 있다"고 규정하여 관련 지역시장의 획정(geographic market definition)에 대하여 언급하였다.[129]

ⓑ 일반적 기준

관련 지역시장의 획정에 대한 일반적 기준으로는 가격차별이 존재하지 않는 경우(absent price discrimination)[130]와 가격차별이 존재하는 경우(presence of price discrimination)[131]로 구분하여 규정하고 있다.

ⅰ) 가격차별이 존재하지 않는 경우

가격차별이 존재하지 않는 경우와 관련해서는, 만약 다른 지역에서 생산되는 모든 제품들의 판매조건이 일정하다고 가정하면, 집행 당국은 그 지역에서 현재 또는 미래의 유일한 생산자인 가상의 독점적 사업자가 '작지만 의미 있고 지속적인(small but significant and non‑transitory)' 가격 인상을 통하여 이윤을 증가시킬 수 있는 지역을 지역적 시장으로 획정하게 된다.

그런데 위의 지역에 인접한 다른 지역에 기존의 거래조건과 마찬가지의 총체적이며 충분한 매력적인 시장이 존재한다면, 이 경우에도 가격인상으

---

128) Charles Carson Eblen, op.cit., pp.63~64.
129) 동 가이드라인 §1.2.
130) 동 가이드라인 §1.21.
131) 동 가이드라인 §1.22.

로 인한 이윤 증대의 효과를 얻을 수 있을까? 만약 이 경우 가격인상을 하게 되면 기존의 구매자는 인접한 지역적 시장으로 수요 전환을 하게 될 것이고, 그 결과 가격인상으로 인하여 그 지역 내의 판매가 감소와 더불어 이윤 증대효과도 얻을 수 없게 될 것이다. 그 결과, 가설적으로 설정된 관련 지역시장은 매우 협소하게 획정될 수밖에 없을 것으로 보인다. 이처럼 기업결합에 의하여 영향을 받는 관련 지역시장 또는 시장들을 획정하는 데 있어서, 집행 당국은 기업결합 당사회사(다수의 플랜트를 보유하고 있는 기업의 경우에는 각각의 플랜트) 각각이 소재하고 있는 지역에서, 다른 지역에서의 거래조건은 일정하다고 가정할 때, 관련 상품에 대한 가상의 독점사업자가 '작지만 의미 있고 지속적인' 가격인상을 단행할 경우 초래되는 결과를 검토하게 된다. 즉 가격인상을 하였을 경우, 기업결합 당사회사가 위치한 지역에서 생산 또는 판매하는 가상의 독점적 사업자가 그 지역의 판매량 감소가 뚜렷하고 그 결과 이윤이 증대하지 않는다는 사실을 명백하게 예측할 수 있다면, 집행 당국은 기업결합 당사회사가 위치한 지역에서의 생산에 대한 차선의 대체 지역을 추가시키게 될 것이다.

물론 집행 당국은 관련 지역시장의 획정을 함에 있어서 실제로는 위의 가격인상에 따른 구매자의 반응뿐만 아니라 기타 모든 증거까지도 함께 고려하여 판단하게 될 것이다. 즉 ㉮ 구매자가 가격이나 기타 경쟁에 영향을 미치는 요인의 상대적 변화에 대응하여 다른 지역으로 구매를 전환하였거나 전환을 고려하였다는 증거, ㉯ 판매자가 가격이나 기타 경쟁에 영향을 미치는 요인의 상대적 변화에 대응한 구매자의 지역 간 대체 전망을 사업 결정의 기초로 고려하였다는 증거, ㉰ 구매자들이 자신들의 상품시장에서 직면하는 경쟁의 영향, ㉱ 공급선을 전환하는 데 필요한 시간과 비용 등을 종합적으로 고려하여 판단하게 된다.

또한 집행 당국은 가격인상의 문제가 가상의 독점 사업자가 확장된 지역군(group of locations)의 통제까지도 고려하는 것으로 보인다. 즉 가격인상 척도를 계속적이고 반복적으로 수행함으로써, 가상의 독점 사업자는 그의 지배하에 있는 특정 또는 모든 부수적인 지역에서 가격을 인상할 것인지를 결정함에 있어서 이윤극대화의 추구를 전제로 하게 된다. 이러한 과정은 그 지역군에 대한 가상의 독점 사업자가 기업결합 당사회사 중 하나가 위치한 지역에서 부과되는 가격을 포함하여, 적어도 '작지만 의미 있고 지속적인' 인상을 하는 것이 이윤을 증가시킬 수 있는 특정 지역군이 획정될 때까지 계속하게 된다.

이 외에는 관련 상품시장의 획정에서와 마찬가지로 최소시장의 원칙이 적용되며, 인상이 요구되는 가격, '작지만 의미 있고 지속적인' 가격인상이 구성되는 것 그리고 소비자의 대체결정 등은 모두 제품시장에서와 동일한 방식으로 결정된다.

ⅱ) 가격차별이 존재하는 경우

위에서 살펴본 관련 지역시장의 분석은 지역적 가격차별(예를 들면, 다른 지역에 있는 구매자에 대하여 동일 상품에 대한 운송비를 제외한 차별화된 가격을 부과하는 경우)을 하더라도 가상의 독점사업자에게는 이윤이 증가되지 않는다는 사실을 전제로 하고 있다.

그러나 가상의 독점적 사업자가, '작지만 의미 있고 지속적인' 가격인상에 대응하여 대체 상품의 판매자를 보다 멀리 있는 판매자로 대체함으로써 목표로 하는 가격인상이 실패하지 않을 특정 지역의 구매자들('대상 구매자들－targeted buyers')을 확인하고 그들에게 차별적인 가격을 부과할 수 있다면 그리고 만약 다른 구매자들이 관련 제품을 구매하지 않고 또한 대상이 되는 구매자에게 이를 재판매하지 않는다면,[132] 가상의 독점 사업자는 차별적 가격인상을 통하여 이윤 증가를 가져올 수 있다. 이러한 사실은 가격인상을 하더라도 그만큼 수요 대체로 이어져 이윤의 증가로 이어지지 않는다는 점을 부정하고 이윤을 가져올 수 있다는 점을 인정할 수 있는 요인을 제공하고 있다. 따라서 집행 당국은 가상의 독점사업자가 이윤의 증가를 가져올 수 있고 또한 적어도 '작지만 의미 있고 지속적인' 가격 증가를 분리하여 부과시킬 수 있는 특정 지역의 구매자들로 구성되는 추가의 지역적 시장을 고려하여 관련 지역시장을 획정하여야 할 것이다.

---

132) 이러한 arbitrage(전매)는 서비스업종들 대부분에서는 원천적으로 불가능하며 제품이 인도를 기준으로 판매되거나 운송비가 전체 비용에서 차지하는 비중이 상당할 경우(significant)에는 특히 곤란하다.

ⓒ 미국 법원의 경우

미국 법원은 이러한 가이드라인에 따른 접근법을 수용하여 판시한 사례도 있고 그렇지 않은 경우도 있다.[133]

먼저, 전자의 경우로는 FTC v. Elders grain, INc. 사건 사례를 들 수 있다.[134] 동 사건 사례에서 제7항소 법원은 드라이콘 회사의 취득을 금지하는 명령을 승인하였다. 피고는 취득회사의 공장이 인디애나에 존재한 반면 피취득회사의 공장은 캔사스에 존재한다는 이유로 피취득회사가 동일한 지역시장에 존재하지 아니한다고 주장하였다. 피고는 각각의 공장은 미시시피강 양쪽에서 그들의 지역에 의존하여 서로 다른 수요시장에 공급하였다고 주장하였다. 그러나 법원은 관련 지역시장을 전국이라 인정하였고, 그에 따라 경쟁자들의 가격 설정 능력을 강조하는 방법으로 1992년 가이드라인을 적용하였다. 법원은 공급자가 미국 전역에 단지 5개가 존재하기 때문에 어느 한 회사가 가격을 인상하더라도 소비자들은 공급자들이 위치한 지역에 상관없이 다른 공급자가 생산한 상품으로 수요가 전환할 것이라는 사실에 근거를 두고 있다. 또한 지역시장에 대한 보강 증거로서 강의 양쪽 수요에 대응하기 위한 운송비용이 차지하는 비중도 그다지 크지 않다는 점을 지적하였다. 따라서 법원은 그 두 회사 중 어느 한 회사가 가격을 인상하더라도 다른 회사는 그와 동일한 상품을 계속하여 공급할 것이므로 동일한 지역시장에 포함되는 것으로 판단하였다. 또한 만약 그 회사의 주식취득을 허용한다면 소비자들은 대체재에 대한 소스가 줄어들게 될 것으로 지적하였다.

이와는 달리 U.S. v. Eastman Kodak Inc. 사건 사례[135]에서 제2항소법원은 이러한 접근법의 수용을 거절하였다. 동 사건 사례에서 제2항소법원은 사진용 필름에 대한 세계적인 시장의 존재를 인정하고 코닥(외국기업)이 미국 시장 필름의 3분의 1을 공급하고 있다는 사실을 적시하였다. 이와 관련 동 가이드라인에 따르려고 시도하는 과정에서 정부는 코닥이 미국 시장에서 높은 가격을 설정하는 방법으로 가격차별화를 할 능력을 가지고 있음을 지적하였다. 가격차별화를 할 능력이 존재한다고 함은 관련 상품에 대한 지역

---

133) 곽상현, 앞의 글, 82쪽.
134) FTC v. Elders grain, inc., 868 F. 2d 901, 906~907(7th Cir. 1989); FTC v. Owens-Illinois, Inc., 681 F. Supp. 51(DDC 1988).
135) United States v. Eastman Kodak Co., 230 Fed. 522(1916), appeal dismissed, 255 U.S. 578(1921).

시장이 세계시장으로 지나치게 확대되어 있음을 의미한다고 미국 정부는 주장하였다. 이에 대하여 법원은 비록 코닥의 미국 국내 시장가격이 외국의 시장가격에 비하여 높다 하더라도 전 세계를 통틀어 그 비용이 동일하다는 증거가 없다고 하면서 미국 정부의 주장을 받아들이지 아니하였다. 즉 법원은 동 사례에 대하여 비용에 대한 동일성을 전제하지 아니하고서 단지 지역에 따른 가격차별만으로 시장획정 여부를 판단할 수 없다고 한 것이다.[136]

④ 우리나라 기업결합 심사기준에 의한 관련 지역시장의 획정

관련 지역시장의 획정과 관련하여 우리나라 공정거래법 제7조는 "누구든지 직접 또는 특수관계인을 통하여 일정한 거래분야에서 경쟁을 실질적으로 제한하는 기업결합을 하여서는 아니 된다"는 규정에 따라 경쟁제한적인 기업결합인지를 판단하기 위해서는 일정한 거래분야 즉 관련 상품시장의 획정과 더불어 관련 지역시장의 획정이 선행되어야 한다고 한다. 또한 기업결합 심사기준에서는 관련 지역시장을 "우리나라의 지역시장은 다른 모든 지역에서의 당해 상품 또는 용역의 가격은 일정한데, 특정한 지역에서만 상당한 기간 어느 정도 의미 있는 가격인상이 이루어질 경우 당해 지역의 대표적 구매자가 이에 대응하여 구매를 전환할 수 있는 지역 전체를 말한다"고 언급하고 있다.[137] 이러한 규정은 미국 수평적 기업결합 가이드라인에서 규정하고 있는 가상적인 독점가이론을 수용한 것이라고 할 수 있다.

나아가, 관련 지역시장을 획정하기 위해서는 특정한 지역이 동일한 거래분야에 속하는지를 판단하여야 한다. 이에 대해서는 기업결합 심사기준에 따라 ⅰ) 상품의 특성(상품의 부패성, 변질성, 파손성 등) 판매자의 사업 능력(생산 능력, 판매망의 범위 등), ⅱ) 구매자의 구매지역 전환 가능성에 대한 인식 및 그와 관련한 구매자들의 구매 지역 전환 행태, ⅲ) 판매자의 구매 지역 전환 가능성에 대한 인식 및 그와 관련한 경영 의사 결정 행태, ⅳ) 시간적·경제적·법제적 측면에서의 구매 지역 전환의 용이성을 고려하여 판단하도록 규정하고 있다.

그런데 이를 상품의 제조·유통 단계별로 살펴보면, 제조 단계의 경쟁은 전국적 또는 세계적인 범위로 이루어지고 있는 것이 일반적이나, 도·소매와 같은 유통

---

136) 동 사건 사례는 이미 언급한 Elzinga-Hogarty 테스트를 적용한 사례에 해당된다. 가이드라인 §1.22 (가상적인 독점가가 가격차별화를 시도할 능력이 있다면 추가적인 지역시장을 고려하는 것을 허용하고 있다).
137) 기업결합 심사기준 Ⅵ. 2, 2009.08.20. 공정거래위원회 고시 제2009-39호.

단계에서는 세계시장이나 전국 단위에서 유효한 경쟁이 일어나기 어려우므로, 전국이 아닌 지역시장을 별도로 구분하여 관련 시장으로 획정할 수도 있다.

신세계의 월마트 코리아 주식취득사건[138]에서 공정거래위원회는 할인점 시장의 경쟁에 지역적 측면이 있음을 전제로 하여 관련 지역시장을 획정하였다. 그런데 공정거래위원회는 행정구역을 기본으로 관련 지역시장을 획정하지 않고 지역별 경쟁, 소비자들의 이용 실태, 관련 사업자의 인식 등을 바탕으로 대도시권은 반경 5㎞, 그 외 지방의 경우는 반경 10㎞의 원에 포함된 모든 할인점을 기준으로 다시 동일한 거래의 원을 한 차례 중첩시켜 이 중첩원에 포함된 지역을 지리적 시장으로 획정하였다.

☞ **공정거래위원회 2006.11.14. 의결 제2006－264호**

동 심결례는 (주)신세계의 월마트코리아(주) 기업결합에 대해 '4개 지역 4~5개 지점 매각'에 대하여 지역별 할인점 시장의 경쟁 촉진과 소비자 후생 보호를 도모하기 위하여 다음과 같은 시정조치를 취한 사례이다. 즉 이마트는 '06년 8월 말 현재 83개 지점에서 월마트의 16개 지점 중 4~5개 지점을 제외한 11~12개 지점을 인수하여 총 94~95개 지점이 되는 것으로, 만약 신세계가 월마트를 인수할 경우 위 4개 지역(인천·부천, 안양·평촌, 대구 시지·경산, 포항)에서는 유력한 경쟁사업자가 사라짐으로써 시장집중도가 높아지고 가격인상(또는 가격경쟁 자제), 서비스의 질 저하 등이 발생할 가능성이 높아, 대형할인점 사업을 영위하는 두 경쟁회사 간의 수평적 기업결합에 대해 전국 규모의 시장에서는 경쟁제한 가능성을 인정하기 어려운 점을 감안하여 기업결합을 허용하면서도, 각 지역별로 경쟁제한의 우려가 있다고 판단되는 경우, 해당 지역의 경쟁구조를 기업결합 이전 상태로 회복시키기 위한 구조적 시정조치로서 일부 지점을 매각토록 하였다.

동 심결례는 상품시장과 지역적 시장을 고려하여 판단하였다. 먼저, 상품시장은 전체 유통시장 중 "3,000㎡ 이상의 매장면적을 갖추고 식품·의류·생활용품 등 one-stop shopping이 가능한 다양한 구색의 일상 소비용품을 통상의 소매가격보다 저렴하게 판매하는 대형할인점 시장"으로 획정하고, 대형할인점은 가격, 규모, 상품구색, 서비스, 소비자인식 등 측면에서 백화점, 슈퍼마켓 등 다른 유통업체와 구별된다고

---

138) 공정거래위원회 2006.11.14. 의결 제2006－264호.

판단하였다. 또한 지역적 시장은 전국시장과 각 지역별 시장의 두 측면을 함께 고려하여 획정하였다. 즉 지역별 시장은 각 할인점 지점으로부터 수도권과 대도시는 반경 5㎞ 범위, 기타 지역은 반경 10㎞ 범위를 중심으로 획정하였다.

지역시장을 전국시장보다 좁게 획정한 다른 예로 무학의 대선주조 주식취득사건[139]을 들 수 있다. 이 사건 사례에서 공정거래위원회는 소주의 경우 부산 지역과 경남 지역(울산 포함)을 각각 별도의 관련 지역시장으로 획정하였다. 대선주조는 SSNIP 테스트를 실제 사건에 적용하는 방법으로 개발된 임계 매출 감소 분석 방법을 사용한 경제 분석 결과를 서울고등법원에 제출하였고, 서울고등법원은 그러한 경제 분석 결과 및 지역 소비자들의 지역 제품에 대한 강한 선호도를 근거로 공정거래위원회의 관련 지역시장 획정을 타당한 것으로 인정하였다.[140]

☞ 서울고등법원 2004.10.27. 선고 2003누2252 판결

무학이 대선주조의 주식 중 50% 미만을 소유하고 있으나 주식분산도로 보아 제1위에 해당하고, 제1대 주주(무학)와 제2대 주주(대선) 간에 지분보유비율에 상당한 차이가 있으며 경영권획득을 위한 주식취득이라는 점을 무학 스스로 인정하고 있는 점 등을 종합하면 무학의 대선 주조에 대한 지배관계는 형성될 가능성이 있다.

☞ 공정거래위원회 각 2003.1.7. 의결 제20003-005호 사건번호 2002기결1849

동 심결례는 종합유선방송업 및 TV홈쇼핑의 경우의 기업결합과 관련된 것이다. 즉 이 건 기업결합에 있어서 경쟁제한적 효과가 문제시되는 '일정한 거래분야', 즉 관련 시장은 동종 상품을 취급하는 사업자 간에 상호 경쟁관계가 성립할 수 있는 '종합유선방송' 및 'TV홈쇼핑'의 각 종합유선방송 허가지역으로 획정한다.

종합유선방송업은 지상파 방송 및 영화, 음악, 홈쇼핑 등 전문프로그램을 송출하

---

139) 공정거래위원회 2003.1.28. 의결 제2003-027호; 공정거래위원회 2003.8.27. 재력 제2003-028회 서울 고법 2004.10.27. 2003누2252 판결.
140) 서울 고법 2004.10.27. 2003누2252.

는 유선방송으로서 SO(System Operator)라고 하는데, 정보통신부[141] 장관의 허가(방송위원회의 추천 필요)사항으로서 전국을 일정 구역(현재 77개 구역)으로 나누어 각 구역별로 허가를 해 주고 있어 허가구역 외의 지역에서의 방송은 불가능하므로 각 허가구역별로 관련 시장을 획정한다. TV홈쇼핑업은 상품판매 프로그램을 제작하고 SO를 통해 방송하여 상품을 판매하는 사업으로서 방송법상 종합유선방송이나 위성방송 등의 채널을 통해 방송을 하는 방송채널사용 사업자(PP: Program Provider)의 하나로서 각 SO의 허가구역을 벗어난 지역에서의 경쟁은 사실상 불가능하므로 SO의 허가구역별로 관련 시장을 획정한다.

⑤ 인터넷 시대에 있어서 지역적 시장의 획정

위에서 언급한 Tampa 사건[142] 이후 어떠한 이론에 근거하여 관련 지역시장을 획정할 것인가에 대해서는 아직까지 논란의 대상이 되고 있지만, 명백한 점은 하나의 지역시장을 물리적으로 획정을 하는 작업이 필요하다는 점이다.

하지만 이러한 작업도 인터넷이나 전자상거래를 포함한 사건에 직면할 경우 더욱 곤란하게 될 것으로 보인다. 인터넷은 지역적인 한계도 없이 수백만의 사람들로 하여금 서로 접촉하게 하며, 지역의 공급자로 하여금 그 지역시장을 획정하면서 그들의 물리적인 지역성을 초월한 곳까지 이르게 한다. 따라서 향후 인터넷 판매와 관련하여 관련 지역시장을 어떻게 분석 처리할 것인지도 검토하여야 할 대상이다. 최근 와인 산업에 있어서 온라인 세일에 대한 경쟁법적인 장벽에 관한 FTC의 연구에서 이에 관한 문제를 다룬 적이 있는데,[143] 이는 인터넷이 경쟁에 영향을 미치는 산업에서 관련 지역시장을 획정하는 데 있어서 유용할 기초 자료가 될 것으로 보이므로, 이를 참고하여 검토할 필요가 있다.[144]

---

141) 현, 방송통신위원회의 전신이다.
142) Tampa Electric Co. v. Nashville Coal Co., 365 U.S. 320(1961).
143) http://www.ftc.gov/os/2003/07/winereport2.pdf 2011.7.7.
144) 곽상현, 앞의 글, 83~88쪽.

(3) 기타 관련 시장의 획정

① 단계별 관련 시장의 획정

우리나라 공정거래법은 일정한 거래분야가 단계별로 획정된다는 규정을 두고 있다. 유통관계를 보면 도매시장과 소매시장으로 구분할 수 있고, 각각의 별개의 시장을 구성한다고 할 수 있다. 그런데 이러한 도소매시장의 구분이 점차로 어려워지고 있어, 향후 관련 시장의 획정도 점차적으로 어려워질 것으로 예상하고 있다.

이와 관련한 사례가 SKT 단말기 구입 사건 사례이다.[145] 동 사건 사례에서 SKT는 자신의 대리점에서 단말기 구입 시 자신의 계열사인 SK글로벌을 통한 단말기 구입을 삼성전자, LG전자 등을 통한 단말기 구입보다 유리하게 차별적으로 취급하였는데, 이러한 취급이 관련 시장의 획정과 관련하여 문제가 제기된 사건이다.

원심법원은 SK글로벌에 대한 삼성전자 등의 공급이 64%에 달하고, SK글로벌에 대한 유리한 조건의 제공은 삼성전자 등의 SK글로벌에 대한 공급에도 영향을 미치므로, SK글로벌에 대한 공급도 관련 시장에 포함시켜야 한다고 판시하였다. 반면 대법원은 관련 시장의 획정이란 SKT가 행한 차별로 발생한 효과가 귀속되는 범위에 따라 이루어져야 하는데, SK글로벌에 대한 삼성전자 등의 공급은 차별적 효과의 범위 밖이므로 관련 시장의 범위에 포함될 수 없다고 판시하였다.

하지만 원심법원과 대법원이 판단의 기준으로 삼는 차별의 효과, 즉 경쟁제한의 효과가 미치는 범위가 개념상 관련 시장획정보다 선행할 수는 없다고 본다. 단계별 시장의 획정에 있어서도 관련 시장의 획정의 핵심적 기준은 거래 주체의 대체 가능성이라고 할 수 있다. 따라서 동 사건 사례에서도 삼성전자 등이 대리점에 직접 단말기를 공급하는 것과 유통업자인 SK글로벌에 단말기를 공급하는 것이 쌍방 간에 대체적인 의미를 갖는 것인가에 초점을 두고서 판단하는 것이 관련 시장의 획정 본질에 부합하다고 본다.[146]

② 거래상대방에 따른 관련 시장의 획정

시장지배적 지위 남용행위 심사기준(Ⅱ. 4)에 의하면, "구매자(판매자)의 특성 또는 상품이나 용역의 특수성에 의하여 상품이나 용역, 지역 또는 거래 단계별로 특정한

---

145) 대판 2004.12.9. 선고 2002두12076.
146) 홍명수, "시장획정 방식의 개선과 과제", 『법과 사회』(2005), 252~253쪽.

구매자군(판매자군)이 존재하는 경우에는 이러한 구매자군(판매자군)별로 일정한 거래분야가 획정될 수 있다”고 규정함으로써 거래상대방에 의한 관련 시장획정을 규정하고 있다.

기업결합 심사기준도 상품의 특성이나 수용자의 용도 등에 의하여 수요자가 명백히 그룹화될 수 있는 경우에는 유용한 관련 시장의 획정 기준이 될 수 있다고 규정하여 위의 시장지배적 지위 남용행위 심사기준과 유사하게 규정하고 있다.

이러한 예로는 전기[147]와 같은 상품시장을 들 수 있다. 즉 전기와 관련해서 거래 상대방은 소매업자, 특별고객, 일반고객 등을 나누는데, 이들 시장은 각각 분리되어 있어 특정 구매자별로 관련 시장이 획정되는 경우를 들 수 있다.[148]

③ 유통방식에 의한 관련 시장의 획정

우리나라 공정거래법에는 이에 대한 명문의 규정은 존재하지 않는다. 다만, 공정거래위원회의 심결례에 따르면 유통방식의 차이에 따라서 관련 시장을 획정한 경우가 있다. 그러한 예로 (주) 빙그레 사건을 들 수 있다.[149]

동 사건 사례에 의하면, 당시 유산균 발효유 시장은 (주)한국야쿠르트가 59.43%의 시장점유율을 갖고 있었고, 공동행위에 참가한 (주)빙그레, 매일유업, 해태유업의 시장점유율의 합계는 17.55%에 불과하였다. 그런데 공정거래위원회는 관련 시장의 획정과 관련하여 유산균 발효유(액상, 65㎖)의 유통구조를 살펴본바, (주)한국야쿠르트는 직영사업소를 통하여 특정한 소비자에게 직접 방문판매를 하는 판매방식을 취하고 있는 것과는 달리 (주)한국야쿠르트를 제외한 다른 사업자들은 대리점 및 소매상 등 도소매 조직을 통하여 불특정 일반 소비자들에게 판매하는 방식을 취하고 있었다. 이를 비교하여 볼 때, (주)한국야쿠르트는 다른 사업자와 유통경로가 다르고 제품의 수요자 또한 상이하다고 판단하였다. 따라서 두 사업자 간에는 경쟁 관계가 성립하지 아니하며, 거래분야 또한 다르다고 판단, (주)한국야쿠르트는 본건 행위와 관련한 거래분야의 사업자에서 제외된다고 결론을 내린 사건 사례이다.[150]

---

147) Fritz Rittner는 ‘전기’와 같은 상품은 소매업자, 특별 고객 또는 일반 고객에게 공급되는지도 관련 시장의 획정을 함에 있어서 중요한 역할을 할 수 있다고 하였다[Fritz Rittner, 『Wettbewerbs und Kartellrecht』(C.F. Müller Juristischer Verlag, 1989), S.170].
148) Fritz Rittner, ibid., S.167.
149) 공정거래위원회 1991.3.25. 의결 제91－30호.
150) 홍명수, “관련시장의 획정과 통합용방”, 『경쟁법연구(제13권)』(한국경쟁법학회, 2006), 66~67쪽.

④ 시간적 관련 시장의 획정

시간적 관련 시장의 획정 또한 공정거래법의 규정에는 존재하지 않는 형태이지만, 상품별 또는 지역적 관련 시장의 획정의 기준이 불분명한 예외적인 경우에는 관련 시장의 획정 기준으로써 의미가 있는 기준이라고 한다. 이에 대하여 독일의 Rittner 는 시간적 요소를 고려하지 않으면 경쟁방지법은 공허해진다고 언급하지만,[151] 동 기준은 보충적인 판단기준으로 의미가 있다고 하겠다. 이와 관련한 예로는 ⅰ) 합의의 효과가 한시적인 경우, ⅱ) 합의의 효력이 경과하는 중에 경쟁관계에 변화가 발생한 경우, ⅲ) 축구 경기의 결승전처럼 급부가 단지 특정 시점에만 의미를 갖는 경우 등을 들 수 있다.[152]

3) 관련 시장의 획정과 관련된 문제

(1) 하위시장의 획정

하위시장(sub-market)이란 관련 시장 내부에 별도의 경제적 요소로 구분, 식별할 수 있는 특징을 가진 시장을 말한다. 동일한 상품 혹은 서비스가 유통되는 시장이지만 유통 경로 등에 따라서 어느 정도는 특징적인 설비, 용도 및 이에 대한 특정한 소비자들의 인식, 수요 등이 있는 경우 관련 시장 내부에 별도의 경제적 실체로서 하위 시장을 인식해야 하는 것이 아닌가 하는 문제가 제기된다. 물론 이러한 경우 시장이 지나치게 좁게 될 우려가 있으므로 하위시장의 획정에 있어서는 그에 대한 합리적인 근거 및 정당성이 있어야 한다.[153]

이러한 하위시장의 획정 방법은 통상 관련 시장의 획정과 같은 방법을 사용한다. 즉 수요대체 가능성에 의하여 시장을 획정한다. 그러나 실제에 있어서 관련 시장을 획정하기 위해서 사용되는 방법들은 이미 앞에서 언급한 바와 같이 수요탄력성과 공급탄력성 및 수요자의 반응을 측정할 수 있는 통계치의 추출을 하는 데 어려움이 있어 상당한 제약이 있다. 향후 이에 대해서는 심도 있는 연구가 필요할 것으로 본다.

---

151) Fritz Rittner, op.cit., S.167.

152) Ulrich Gassner, (Grundzüge des Kartellrechts)(Verlag Vahlen, 1999), S.107; Inter Mailland Spiel 사건에 관한 BGHZ 101, 100.

153) 김재우·전기홍, "하위시장(sub-market)의 시장획정", 『경쟁저널(제131호)』(한국공정거래협회, 2007.3.), 45~46쪽.

(2) 셀로판 오류

① 셀로판 오류

SSNIP에 대한 일반적인 비판으로 시장지배력이 있는 산업에 SSNIP를 적용할 경우 시장은 지나치게 넓게 획정된다는 점을 들고 있다. 이와 관련된 비판이 바로 셀로판 오류이다. 셀로판 오류라는 단어는 미국 판례(United States v. E.I. DuPont de Nemours & Co.)[154]에서 처음으로 유래한 것이다. 동 판례에 의하면, 피고 회사가 서먼법(Sheman Act) 제2조[155]를 위반하여 미국 내에서 셀로판의 공급을 독점하고 있다고 주장된 사건 사례이다. 그 구체적인 내용을 보면 다음과 같다.

㉠ DuPont 사건 사례

ⓐ 사건의 개요

DuPon사는 미국 내의 셀로판 시장의 70%를 차지하고 있는 회사로, 피고가 주장하는 셀로판의 공급 독점에 대하여 셀로판이라는 제품은 그 자체가 매우 다양한 특성과 용도를 지니고 있고 많은 수의 대체재가 존재하므로 관련 시장의 획정에도 이러한 점을 고려하여 판단하여야 한다고 주장하였다. 즉 DuPont사는 셀로판의 특성을 반영하여 그 자체가 아니라 연질 포장재 전체를 하나의 관련 시장으로 볼 것을 주장하였다. 그러한 증거로 빵류의 포장재 중 셀로판은 7% 미만, 과자류의 포장재 중 25%, 간식류의 포장재 중 32%를 차지하고 있는 점, 육류 포장 분야에서는 셀로판보다 값이 비싸고 외형이 우수한 플리오 필름(pliofilm)이 셀로판의 기존 시장을 상당 부분 잠식하고 있는 점 등을 제시하면서, 셀로판은 사실상 유연성 포장재 시장의 약 18%만을 점유하고 있을 뿐이라고 주장하였다.

---

154) United States v. E.I. DuPont de Nemours & Co., 351 U.S. 377(1956).
155) § 2 Sherman Act, 15 U.S.C. § 2(Monopolizing trade a felony; penalty)에 의하면, "Every person who shall monopolize, or attempt to monopolize, or combine or conspire with any other person or persons, to monopolize any part of the trade or commerce among the several States, or with foreign nations, shall be deemed guilty of a felony, and, on conviction thereof, shall be punished by fine not exceeding $10,000,000 if a corporation, or, if any other person, $350,000, or by imprisonment not exceeding three years, or by both said punishments, in the discretion of the court"라고 규정하고 있다.

ⓑ 법원의 판결

동 사건과 관련하여 Warren 판사는 반대의견을 통하여, DuPont사가 셀로
판 시장에서 누리는 이윤은 매우 높은 수준이고(세후 순이익의 15.9%), 그
의 경쟁자로 인정된 회사들은 이전까지 셀로판의 가격 변화에 무관심하였으
며, 최종소비자 중에서 일부(예를 들면, 담배제조회사)는 셀로판의 수요가
고정되어 있기 때문에 당해 시장에서의 경쟁의 이익을 누릴 권리가 있다는
세 가지 이유를 들어 관련 시장을 셀로판에 한정시킬 것을 주장하였다.

이에 대하여 미국 대법원은 셀로판의 당시 시장가격(going price)을 기준으
로 기름종이(waxpaper), 글라신(glassine), 납지(greaseproof), 알루미늄 포일
(aluminum foil), 플리오 필름(Pliofilm) 등 다른 연질 포장재와의 사이에
상호 대체 관계가 있는 대체제로 높은 수요의 교차탄력성에 관한 증거에 근
거하여 관련 시장을 '모든 연질 포장재'로 획정하였다. 이렇게 관련 시장의
범위를 광범위하게 획정할 경우에는 DuPont사의 시장지배율이 매우 낮게
될 것이고, 독점력(monopoly power) 또한 없다고 할 수 있으므로 미국 대
법원은 DuPont사가 셀로판 시장을 독점화했다는 미 법무부의 주장에 대하
여 실체적 분석 없이 기각하였다.

ⓒ 셀로판의 오류

그런데 위의 Dupont사의 판결은 시장획정을 잘못한 대표적인 판례로서 미국
법경제학계에서 많은 비판을 제기하고 있는데,156) 이를 시장획정에서의 '셀로
판 오류(Cellophane Fallacy)'라고 한다.

반독점 사건에서 시장획정의 역할은 심사대상 기업이 시장지배력을 현재 보유
하고 있는가 또는 향후(심사 대상 행위의 결과) 시장지배력을 획득, 강화하게
될 것인가를 판단하는 데 있다. 일정한 거래분야, 즉 관련 시장을 획정하기 위
해서는 심사대상 기업의 재화 또는 용역과 대체관계에 있는 재화 또는 용역을
파악해야 하는데, 어떤 가격 수준에서 대체재의 존재 여부를 판단할 것인가의
기준은 심사대상 행위의 성격에 따라 달라야 한다.

먼저, 심사대상 행위가 약탈적 가격 책정, 끼워 팔기, 배타적 계약 등 시장지배

---

156) Areeda, P. and L. Kaplow, 『Antitrust Analysis: Problems, Text, Cases(5th)』(Boston: Little Brown,
　　 1997), pp.561~562.

력 남용 행위일 경우에는 심사대상 기업이 이미 시장지배력 또는 더 강한 독
점력을 보유하고 있는가를 판단해야 하는바, 이때는 시장획정 시 원가, 즉 경
쟁적 가격(competitive price) 수준에서 대체재의 존재 여부를 분석해야 한
다.157)

이와는 달리, 기업합병처럼 심사대상 행위의 결과 해당 기업이 시장지배력 또
는 독점력을 획득, 강화할 것인가를 경쟁 당국이 파악하는 것이 목적일 경우에
는 당시 시장가격(prevailing price) 수준에서 대체재의 존재 여부를 분석해야
한다.

그런데 셀로판 사건의 경우 Dupont사가 반경쟁적인 수단으로 셀로판 시장을
독점화하였는가가 관건이었으므로, DuPont사는 심사 당시 독점력을 보유하고
있었는지를 판단하여야 한다. 즉 왁스종이(waxpaper), 글라신(glassine), 납지
(greaseproof paper), 알루미늄 포일(aluminum foil), 플리오 필름(plio film)
등 다른 연질 포장재가 셀로판과 대체성이 뛰어나 DuPont사가 시장 독점력을
보유하고 있지 않다고 판단하려면, 셀로판의 원가 수준(한계비용 또는 평균비
용), 즉 경쟁적 가격(competitive price)에서 셀로판과 다른 연질 포장재 사이
에 수요대체성이 있어야 한다.158)

하지만 당시 DuPont사가 책정했던 가격은 생산원가보다 매우 높아 1925년부
터 1950년까지 DuPont사의 평균 영업이익률 34%, 세후 순이익률은 24%에
해당된 것으로 판명되었다.159) 이러한 결과는 DuPont사가 경쟁압력이 전혀 없
을 정도의 '제약 없는 독점력(unconstrained monopoly power)'은 보유하지 않
았다 하더라도 상당한 시장지배력을 보유하고 있어 자신의 가격을 원가보다 높
게, 초과이윤을 극대화할 수 있는 수준에서 책정되었다는 것을 알 수 있다.160)
만약 DuPont사가 위의 가격 이상으로 가격인상을 하게 된다면 수요의 대체성

---

157) 반면 기업합병처럼 심사대상 행위의 결과 해당 기업이 시장지배력 또는 독점력을 획득, 강화할 것인가
　　를 경쟁 당국이 파악하는 것이 목적일 경우에는 당시 시장가격(prevailing price) 수준에서 대체재 존재
　　여부를 분석하여야 한다[이상승, "역 셀로판 오류(A Reverse Cellophane Fallacy): 대한송유관 공사 기
　　업결합　사건에서　공정거래위원회의　시장획정", 『산업조직연구(제11집　제3호)』(한국산업조직학회,
　　2003.9.), 110쪽].
158) 이상승, 위의 글, 110~111쪽.
159) Stocking, G. W. and W. F. Mueller, "The Cellophane Case and the New Competition", 55
　　American Economic Review 29, 57~61(1955).
160) 1949년 방습 셀로판(moistureproof cellophane) 가격은 1파운드당 48센트였는데(Areeda and Kaplow,
　　iop.cit., p.589), 1949년 영업이익률은 35.2%(Stocking and Mueller, ibid., Table 3)로부터 역추산하면
　　생산단가는 약 35센트이다(이상승, 앞의 글, 111쪽).

에 따라 소비자는 다른 상품으로 전환하게 되었을 것이다.

이러한 점을 감안한다면, 미국 연방대법원의 판단은 오류를 범한 것으로 보인다. 즉 DuPont사가 독점력을 행사하여 자신의 셀로판 가격을 생산 원가보다 매우 높은 수준(제약하의 독점가격인 48센트)에서 책정한 결과 나타난 다른 포장재(글라신)와 대체 관계를 보고, 글라신을 셀로판과 동일한 시장에 포함시켜 DuPont사가 독점력이 없다고 판시한 것은 오류라고 할 수 있다.161)

ⓒ 셀로판 오류에 대한 극복의 문제

위에서 살펴본 셀로판 오류는 가격과 수요 변화에 초점을 맞춘 모든 분석 방식에 해당되는 문제라고 할 수 있으며, 우리나라가 사용하고 있는 SSNIP test도 예외가 아니다. 따라서 이 문제에 대한 재검토를 하게 되었고, 그 결과 분석 대상인 시장의 가격이 독점가격일 경우에는 이를 직접 기준으로 삼지 말고, 경쟁시장의 가격을 설정하고 그것을 기준을 삼아야 한다는 주장이 제기되었다.162) 그러나 독점화된 시장에서 경쟁가격을 설정한다는 것 자체가 용이한 것이 아니므로 향후 이를 해결하기 위한 방안을 마련하여야 할 것이다.163)

② 역셀로판 오류

이와 관련하여 먼저 (주)SK의 기업결합 제한 규정 위반 행위에 대한 건164)에 대한 심결례를 살펴보면 다음과 같다.

공정거래위원회는 울산에서 서울 강남 주유소로의 경질유 수송 시 유조선(＋유조차)을 이용한 운송비가 1리터당 10,730원이어서 송유관(＋유조차)을 이용한 운송비 9,715원보다 비싸 비용 측면에서 불리한바, SSNIP Test 기준(5%)의 송유관 수송 가격인상 시 유조선으로의 전환이 일어나지 않을 것이므로 판단되므로 유조선을 이용한 1차 수송시장과 송유관을 이용한 1차 수송시장은 별개의 시장이라고 하였다.

그런데 위 심결례는 유조선 등 대체 수송 수단이 대한송유관공사(이하 대송)의 운

---

161) E. Thomas Sullivan & Jeffrey L. Harrison, 『Understanding Antitrust and Its Economic Implications(2th ed.)』(Mathrew Bender, 1994), p.217.
162) Ernest Gellhorn & William E. Kovacic, 『Antitrust Law and Economics(4th ed.)』(West Publishing Co., 1994), p.103.
163) 홍명수, 앞의 글, 73쪽.
164) 공정거래위원회 의결 2001.6.29. 2001기결1398.

송가격 결정에 미치는 영향을 고려하지 않는 오류를 범하였다고 지적하였다. 즉 대송은 운송가격 결정시 유조선으로의 대체 가능성을 매우 중요한 요소로 고려하기 때문에 울산-대전 구간(294㎞)보다 거리가 약 1.5배나 되지만, 유조선으로의 대체 가능성이 높은 울산-성남 구간(432㎞)의 가격을 오히려 더 낮게 책정하였다. 그 결과 울산에서 서울 강남 소재 주유소까지의 1·2차 수송비의 합계가 유조선을 사용했을 때의 운송비의 합계보다 약 10%가 줄어들었다. 그럼에도 불구하고 공정거래위원회는 이 가격에 SSNIP 기준(5%)을 적용하여 유조선이 송유관에 경쟁압력을 가하지 못하는 별개의 시장으로 판단하는 오류를 범한 것이라고 하였다.

이러한 심결례와 위의 셀로판 사건을 비교하여 정리하면, 셀로판 사건에서 미국 대법원은 듀폰이 자신의 시장지배력을 이용하여 책정한 '제약하의 독점가격'에서 대체 포장재들이 셀로판과 경쟁이 가능하다는 이유로 연질 포장재 전체를 시장으로 획정하고, 따라서 듀폰이 독점력이 없다고 잘못된 판단을 한 것이다. 한편 대송 사건에서 공정거래위원회가 각 지역별로 대체 수송 수단과의 치열한 경쟁과 대체 수송의 낮은 가동률 때문에 대체 수송이 자신의 가격을 설정할 때 총 운송비가 대체 수송 수단보다 경우에 따라서는 약 10% 정도 낮은 수준에서 결정되도록 한 사실을 토대로 SSNIP 기준을 기계적으로 적용하였다. 즉 대송이 자신의 가격을 현 수준에서 5% 인상한다고 하더라도 정유사들은 여전히 비싼 대체 수송수단(유조선)으로 전환하지 않을 것이라고 판단하여 대송이 '송유관을 이용한 1차 수송 시장'에서 독점력이 있다고 판단한 반대의 오류를 범한 것이라고 할 수 있다.165)

(3) 고착효과의 문제

시장획정과 관련한 고착효과의 문제는 완제품 시장이 경쟁적임에도 불구하고 부품이나 애프터서비스 시장에서 지배력이 발생하게 되는 경우에 구체적으로 발생하게 되는데, 최근의 전자상거래와 관련하여 주로 문제가 되고 있다. 즉 정보기술산업의 경우 생산자나 소비자가 하나의 기술 혹은 서비스로부터 다른 기술 혹은 서비스로 전환하는 데 상당한 전환비용(switching costs)이 소요되는데, 이러한 전환비용으로 인해 새로운 서비스나 기술이 출현해도 현재 사용하는 기술과 서비스를 계속 사용할 수밖에 없는 상황을 말한다.

예를 들면, 비디오의 VHS 방식과 베타 방식의 싸움이 그 좋은 예이다. 기술이나 성능

---

165) 이상승, 앞의 글, 112~113쪽.

에 있어 베타 방식이 우수하나 VHS 방식이 이미 시장을 선점해 버렸기 때문에 베타 방식은 시장의 표준으로 자리 잡지 못한 것을 들 수 있다. 최근 IMT - 2000 기술표준을 둘러싼 논란에도 바로 이 고착효과가 문제되고 있다.

이처럼 특정한 브랜드의 싸움에 고착되어 있는 부품시장이 별도의 관련 시장으로 획정될 수 있는 가능성에 대하여 검토를 할 필요가 있는데, 이에 대하여 일반적으로 하나의 브랜드 상품만으로 관련 시장이 획정될 수 있는가에 대해서는 다소 부정적으로 보고 있다.166) 그러므로 고착효과에 기초한 관련 시장의 획정 논의는 단일 브랜드 상품에 의한 관련 시장획정의 예외에 해당한다고 할 것이다. 만약 이러한 예외를 인정하려면, 첫째, 완제품이 내구재일 것, 둘째, 교환되는 부품이나 서비스가 독특한 것일 것, 셋째, 완제품으로부터 출발한 거래관계로부터 벗어나기 위해서 실질적인 비용이 발생하여야 한다는 요건을 만족하여야 할 것이다.167)

통상 부품시장이나 애프터서비스 시장에서의 고착효과가 완제품 구매자의 부품이나 애프터서비스에 있어서 실질적으로 대체성을 제한하는지를 판단하여, 제한한다면 부품시장이나 애프터서비스 시장만으로 관련 시장의 획정이 가능하다고 할 수 있다.168)

2. 시장집중도의 측정

1) 서설

시장구조의 분석, 즉 경쟁제한성과의 관련성을 분석하기 위해서는 위에서 살펴본 관련 시장(relevant market)의 획정과 더불어 시장의 집중도(level of concentration)를 측정할 필요가 있다. 시장집중도란 소수의 기업이 특정 산업 또는 시장을 지배하는 정도를 판단하는 것으로 이를 측정하기 위한 대표적인 지표로는 시장집중비율(Concentration Ratio)과 허핀달 - 허쉬만 지수(Herfindahl - Hirschman Index)가 있다. 이하에서 그 구체적인 내용을 살펴본다.

---

166) Hovenkamp, H., 『Federal Antitrust Policy: The Law of Competition and Its Practice』(Hornbook Series, 1999), p.92.
167) Ibid., p.92.
168) 홍명수, 앞의 글, 74~75쪽.

2) 시장집중비율 지수

시장집중비율 지수(Concentration Ratio Index: CRk Index)는 어느 특정한 시장에 존재하는 경쟁상 위험의 정도를 결정하기 위하여 사용하는 지수를 말한다. CRk는 시장에서 점유력이 가장 큰 k개 기업의 점유력을 단순 합산하는 방식으로 시장의 상위 k개 기업은 담합에 가담하는 반면 나머지의 기업은 경쟁적인 상태로 남아 있다는 점을 그 전제로 한다. 시장에 존재하는 상위 기업 중 몇 개의 기업의 점유력을 합산하느냐에 따라 CR1, CR2, CR3, CR4 등이 된다.

예를 들면, 상위 4개 기업의 점유력이 30%, 20%, 15%, 10%라면 CR4는 75%가 된다.[169] 미국의 경우 1968년 연방 법무부의 합병지침에는 CR4 방식을 채용하였고 이 수치가 75%를 넘는 시장은 시장집중도가 높은 것으로 보아 엄격한 기준을 적용하고 이 수치에 미달하는 경우에는 보다 완화된 기준을 적용하였다.[170]

우리나라 공정거래법 제4조의 시장지배적 지위 추정 조항은 상위 1개 사의 시장점유율이 50% 이상이거나 상위 3개 사 이하의 점유율의 누계치가 75% 이상인 경우 당해 사업자의 시장지배적 지위를 추정하고 있다(동법 제4조).

3) 허핀달- 허쉬만 지수

허핀달- 허쉬만 지수(Herfindahl - Hirschman Index: HHI)란 CRk와 마찬가지로 매출액이 가장 큰 기업에서 작은 기업 순으로 배열한 뒤 상위 50개 기업에 대한 각각의 시장점유율을 각각의 %로 구하고 이들 점유율의 제곱을 모두 합산한 것, 즉 $HHI = \sum{}^2$(각 사의 시장점유율의 제곱)을 말한다. 예컨대, A, B, C 세 사업자가 각각 점유율 50%, 30%, 20%를 가지고 있는 과점 시장이라면, $HHI = 50^2 + 30^2 + 20^2 = 3,800$이 된다.

미국의 경우 1992년 수평적 기업결합 가이드라인(1982 Horizontal Merger Guidelines, reprinted in Appendix A to the Supplements to Antitrust Law)에서 집중

---

169) CR4를 적용할 경우 만약 시장에 존재하는 기업이 4개 정도여서 CR4의 수치가 매우 높다면 그 시장의 담합가격은 독점가격과 비슷할 것이지만, 담합에 가담하고 있는 4개 기업의 점유력이 많지 않아서 CR4의 수치가 높지 않다면 그 시장의 담합가격은 경쟁적인 가격보다 현저하게 높지는 아니할 것이다[곽상현, "수평결합에 대한 경쟁제한성 판단기준", 『저스티스』(한국법학원, 2010.4.), 165쪽].

170) 한편 미국에서는 경쟁 당국 및 법원의 입장과 달리, 집중되지 아니한 시장의 경우 결합 이후의 점유력이 60% 혹은 그 이상이 되지 아니하는 한 경쟁저해적인 결합이 아니라는 매우 관용적인 주장도 있다[Robert Bork, 『The Antitrust Paradox: A Polcy at War with Itself』(Basic Books, 1978 rev. ed. 1993), p.221].

도 측정 수단으로 CR4 대신하여 동 지수를 이용하고 있다. 공식적으로 이 가이드라인은 연방 법무부(DOJ)와 연방거래위원회(FTC)가 어떠한 합병을 문제 삼을 것인지 내부적으로 판단하기 위한 기준으로서의 기능만을 갖는다. 그러나 실제로는 법원이 소송절차에서 특정한 합병이 독점금지법에 위반되는지를 심사하는 기준으로도 작용하고 있다.[171] 한편 수직적 합병이나 혼합적 합병에 대해서는 1984년의 정부지침[Government Guideline, 49 Fed. Reg. 26823(1984)]이 아직까지 그대로 사용되고 있다.[172]

4) 시장집중도 측정 방법의 선택

일반적으로 어떤 시장의 실질적인 위험성에 대하여 명시적인 혹은 묵시적인 담합을 할 경우에는 기업 규모의 차이를 무시하는 CRκ가 시장상황을 보다 잘 반영한다고 볼 수 있고, 결합으로 인하여 발생하는 경쟁저해적인 행동이 쿠르노 모형[173]의 비협력적 과점적인 행동인 경우 HHI 지수가 시장의 집중도를 보다 정확하게 반영한다고 하겠다.[174]

하지만 시장집중도를 조사·분석함에 있어서 어느 하나의 행동을 예측하여 측정지수를 선택하고 적용한다는 것은 실질적으로 매우 비현실적이라고 할 수 있다. 왜냐하면 기업의 입장에서 이윤극대화를 위하여 협력적 행동을 하는 것이 이익이 된다면 당연히 그러한 행동을 하려고 하겠지만, 단속 등 위험스런 상황이 존재하는 경우에는 반드시 협력적 행동을 한다고 기대하기는 어렵다. 따라서 어떤 산업에서 CRκ가, 어떤 다른 산업에서 HHI가 시장집중도를 조사·분석함에 적합한지에 대하여 아직 명확하게 말할 수는 없다고 하겠다.[175]

결과적으로 시장집중도 측정 방법의 선택은 사실상 큰 의미가 있는 것은 아니라고 할 수 있다. 나아가, 이러한 측정지수의 선택이 그 전제가 되는 관련 시장의 획정 문제와 연관된다면 그 의미는 더욱 축소된다. 따라서 미국 가이드라인에서는 집중도를 잠재적인

---

171) Areeda, P. and L. Kaplow, 앞의 책, 717쪽.

172) Areeda, P. and L. Kaplow, 위의 책, 770 · 778쪽.

173) 쿠르노모형이란 기업들은 동일한 재화를 생산하고, 각 기업은 경쟁기업의 생산량이 고정된 것으로 생각하며, 모든 기업들은 생산량을 동시에 결정한다는 가정을 하는 과점시장 모형을 의미한다.

174) 곽상현, "수평결합에 대한 경쟁제한성 판단기준", 『저스티스』(한국법학원, 2010.4.), 169쪽.

175) HHI 지수가 더 정확히 시장을 반영한다고 한 견해로는 H. Marvel, "Competition and Price Levels in the Retail Gasoline Market", 60 Rev. Econ. Statistics(1978), p.252가 있고, CRκ보다 HHI가 더 우수한 방법은 아니라고 지적하는 견해로는 N. Cohen & C. Sulivan, "The Herfindahl – Hirshmann Index and the New Antitrust Merger Guidelines: Concentrating on Concentration", 62 Texas L. Rev.(1983), pp.453, 490.

경쟁저해성 분석을 위한 출발점(initial indicator)에 불과한 것으로 규정하고 있고,[176] 우리나라의 경우도 개정된 심사기준에서 이 점에 대하여 명시적으로 밝히고 있다.[177]

5) 우리나라의 시장집중도 분석과 경쟁제한성의 추정

(1) 우리나라 시장집중도 분석방법

우리나라 공정거래법 제7조 제4항에 의하면, "일정한 거래분야에서 경쟁을 실질적으로 제한하는 것으로 추정한다"고 규정을 하고 있고 그러한 요건 중 하나로 "시장점유율 합계가 시장지배적 사업자의 추정 요건에 해당할 것"을 요구하고 있다. 이러한 추정 요건이란 "연간 매출액 또는 구매액이 10억 이상인 사업자로서 1개 사업자의 시장점유율이 50% 이상이거나 3개 이하 사업자의 시장점유율 합계가 75% 이상인 경우(단, 10% 미만 사업자는 제외)를 말한다"고 규정하고 있다.[178] 이에 의하면 CR3에 의하여 시장집중도를 파악하고 있는 것으로 보인다. 또한 개정 전 기업결합 심사기준도 이와 마찬가지로 해석하고 있었다.

하지만 2007년 12월 20일 개정된 기업결합 심사기준에서는 기존의 시장집중비율 대신 허핀달 – 허쉬만 지수로 알려진 HHI(Herfindahl – Hirschman Index)를 도입하여 사용하고 있다. 따라서 향후 공정거래법 제7조 제4항의 추정 규정은 2007년 기업결합 심사기준에 맞추어 개정되어야 할 것으로 보인다.

(2) 경쟁제한성의 추정

다음에 열거하는 요건을 만족한 기업결합에 대해서는 경쟁제한성이 추정(Vermutungen)된다. 이러한 추정의 효과는 입증책임의 전환과 더불어 당사회사가 경쟁제한성이 없다는 반증을 제시하지 못하거나 공정거래법 제7조 제2항 각 호의 예외요건을 입증하지 못하는

---

176) Guideline §2.0.
177) 심사기준 Ⅶ – 1 – 가 – (1).
178) 개정 전 심사기준 Ⅶ – 1 – 가. 다만, 이러한 추정 규정의 법적 성질에 대해서는 법률상 추정이라는 견해, 행정규제의 착수요건이라는 견해 등이 대립되고 있고, 추정 규정의 충족 요건에 대해서도 동법 제7조 제4항 제1호 가·나·다항의 각 요건이 누적적으로 충족되어야 한다는 견해, 위의 각 요건을 선택적인 것으로 보아 그중 하나의 요건만 충족하면 된다는 견해 등의 대립이 있다[이민호, "기업결합에서의 경쟁제한성 판단기준", 『경쟁법연구 제13권』(한국경쟁법학회, 2006), 182~183쪽].

한 당해 기업결합의 금지라는 법률효과를 가져오게 된다.[179] 여기에서 다음 각 호란 ⅰ) 당해 기업결합 외의 방법으로는 달성하기 어려운 효율성 증대효과가 경쟁제한으로 인한 폐해보다 큰 경우, ⅱ) 상당기간 대차대조표상의 자본총계가 납입자본금보다 적은 상태에 있는 등 회생이 불가한 회사와의 기업결합으로서 대통령령이 정하는 요건에 해당하는 경우를 말한다.[180]

대법원 판례도 법률상 추정설의 입장에서 '2 이상의 사업자가 공정거래법 제19조 제1항 각 호의 1에 해당하는 행위를 하고 있다'는 사실(행위의 외형상 일치)과 그것이 '일정한 거래분야에서 경쟁을 실질적으로 제한하는 행위'라는 사실(경쟁제한성)을 입증하면 사업자들의 합의가 추정된다. 다만, 이에 추가하여 대법원은 일관되게 사업자들의 합의 내지 암묵적인 양해를 추정케 할 정황 사실까지 입증할 필요가 없다고 한다.[181]

① 수평형 기업결합의 경우

수평형 기업결합의 경우 결합 후의 시장집중도가 다음 요건의 1에 해당하는 경우에는 잠재적으로 경쟁제한을 할 가능성이 있다고 판단하게 된다.[182] 즉 ⅰ) HHI가 1,200 미달하는 경우, ⅱ) HHI가 1,200 이상 2,500 미만이면서 HHI의 증가분이 250 미만인 경우, ⅲ) HHI가 2,500 이상이면서 HHI 증가분이 150 미만인 경우에는 경쟁제한을 할 가능성이 없는 것으로 판단하고 있다.

다만, 이러한 판단기준은 개정 전 심사기준이 CR_K를 기준으로 일정 기준 이상의 집중도가 형성되는 경우 원칙적으로 경쟁제한성이 있는 것으로 추정하는 규정인 positive system과는 달리, 결합 후 관련 시장의 집중도 및 그 변화의 정도가 간이 심사요건에 해당하는 경우 경쟁제한성이 인정되지 아니하는 안전지대를 설정하되, 안전지대를 벗어난 경우 개정 전 심사기준과는 달리 경쟁제한 가능성이 있는 것으로 규정한 negative system을 취하였다. 즉 경쟁제한 가능성이 있다는 것은 '잠재적으로 경쟁상의 중대한 문제점을 야기할 수 있는' 기준을 제시한 것이며, 안전지대를 벗어난 결합이어서 집중심사의 대상이 된다는 것을 의미하는 것이지 곧바로

---

179) 종래 우리나라에서는 독일의 이론에 따라 이를 '행정법상의 추정'으로 이해하여, 위의 요건을 충족한 경우에는 공정거래위원회가 그것에 대한 규제절차에 착수해야 한다고 하는 이른바 '착수요건(Aufgreiftbestände)'으로 이해하는 것이 바람직하다고 한다(권오승, 앞의 책, 248쪽).
180) 공정거래법 제7조 제2항.
181) 대판 2002.3.15. 99두6514, 99두6521(병합 판결); 대판 2002.5.28. 2000두1386; 대판 2003.2.28. 2001두1239; 대판 2003.5.27. 2002두4648; 대판 2003.12.12. 2001두5552; 권오승, 앞의 책, 247쪽.
182) 개정 후 심사기준 Ⅱ-1-(5)-(가).

개정 전 심사기준과 같이 곧바로 경쟁제한성이 추정된다는 것은 아니다.

따라서 안전지대(위의 범위 내)를 벗어난 경우라 하여 곧바로 경쟁제한성이 있는 것으로 추정하는 것이 아니라 결합 전후의 시장집중상황, 결합 당사회사 단독의 경쟁제한 가능성, 경쟁사업자 간의 공동행위 가능성, 해외경쟁의 도입 수준 및 국제적인 경쟁상황, 신규진입의 가능성, 유사품 및 인접 시장의 존재 여부 등을 종합적으로 고려하여 경쟁제한성을 판단하게 된다.

☞ **미국의 경우**

2010년 8월 19일 발행된 수평적 합병심사지침 §1.51에 HHI에 대한 규정을 두고 있는데, 6개 그룹으로 분류하고 있다.[183] 첫째, 합병 후 HHI가 1,500 미만(below)의 합병으로, 이러한 시장은 집중되지 아니한 시장(unconcentrated market)이라고 한다. 이 시장의 특징은 완전경쟁시장에 가까워 반경쟁적 효과가 거의 없는 시장이다. 둘째, 합병 후 HHI가 1,500에서 2,500 사이이고 합병으로 인한 HHI 증가치가 200 이하인 경우다. 다소 집중된(moderately concentrated) 이러한 시장에서의 합병도 반경쟁성이 없는 것으로 통상 더 이상의 분석을 요하지 않는다. 셋째, 합병 후 HHI가 1,500에서 2,500 사이(between)이고 합병으로 인한 증가치가 200 초과(more than)인 경우이다. 이 경우의 합병은 비구조적인 요인의 존재 여부에 따라 상당한 경쟁제한을 야기할 우려가 있는 경우이다. 넷째, 합병 후 HHI가 2,500 초과(above)이고, 합병으로 인한 지수 증가치가 100 미만(less than)인 경우이다. 이러한 시장은 고도로 집중된 것으로(highly concentrate), 이러한 합병은 반경쟁적 효과가 없는 것이며 보통 더 이상의 분석을 요하지 않는다. 다섯째, 합병 후 HHI가 2,500 초과, 그리고 합병으로 인한 지수 증가치가 100에서 200 사이인 경우이다. 이러한 합병은 비구조적 요인의 존재 여부에 따라 상당한 경쟁제한을 야기할 우려가 있다. 여섯째, 합병 후 HHI가 2,500 초과하고, 합병으로 인한 지수 증가치가 200 초과(more than)인 경우이다. 이러한 합병은 시장지배력을 창출 또는 강화하거나 그 행사를 용이하게 할 가능성이 큰 것으로 추정되고, 이러한 추정은 비구조적 요인으로 인해 독점력 행사의 가능성이 없다는 소명(show)으로 깨뜨릴 수 있다.

---

183) http://www.justice.gov/atr/public/guidelines/hmg－2010.html 2011.7.10.

		HHI 변화량($\triangle$HHI)		
		100 미만 (less than)	100 이상 200 이하(between)	200 초과 (more than)
기업결합 후 HHI	1,500 미만 (below)	A		
	1,500 이상~2,500 이하(between)	A		B
	2,500 초과 (above)	A	B	C

A: 반경쟁적 효과가 있을 가능성이 낮으므로, 보통 더 이상의 분석을 요하지 않음.

B: 상당한 경쟁제한 우려를 야기함.

C: 시장지배력을 창출 또는 강화하거나 그 행사를 용이하게 할 가능성이 큼.

② 수직형 기업결합의 경우

수직형 기업결합의 경우 결합 당사회사가 관여하고 있는 시장의 집중도 등이 다음 요건의 1에 해당할 경우에는 경쟁제한성이 없는 것으로 추정하게 된다. 즉 ⅰ) HHI가 2,500 미만이고, 당사회사 점유율이 25% 미만인 경우, ⅱ) 당사회사가 각각 4위 이하 사업자인 경우에는 경쟁제한성이 없는 것으로 추정하게 된다. 만약 이 범위 내, 즉 안전지대에 해당되지 않는 경우에는 시장의 봉쇄효과, 경쟁사업자 간 공동행위 가능성 등을 종합적으로 고려하여 경쟁제한성을 판단하여야 한다.[184]

③ 혼합형 기업결합의 경우

혼합형 기업결합의 경우 결합 당사회사가 관여하고 있는 시장의 집중도를 파악함에 있어서 다음의 요건 중 하나에 해당될 경우 경쟁제한성이 없는 것으로 추정된다. 다음의 요건이란 ⅰ) HHI가 2,500 미만이고 당사회사의 점유율이 25% 미만인 경우, ⅱ) 당사회사가 각각 4위 이하 사업자인 경우를 말한다. 이러한 안전지대에 해당되

---

184) 물론 공정거래법 제7조 제4항에 따라 수직형 기업결합도 경쟁을 실질적으로 제한하는 것으로 추정할 수 있으나 수평형 기업결합과 마찬가지로 기업결합 심사기준과 관련하여 폐지하는 것이 타당하다고 본다(곽상현, 앞의 "수직결합과 경쟁제한성 판단", 94쪽).

지 않을 경우에는 잠재적 경쟁의 저해효과, 경쟁사업자 배제효과, 진입장벽 증대효과 등을 종합적으로 고려하여 경쟁제한성 위반 여부를 판단하도록 하고 있다.

3. 경쟁제한성의 구체적인 판단기준

1) 서설

경쟁제한성이란 경쟁사업자 간의 결합이 경쟁을 실질적으로 제한하는지, 즉 그 결합이 궁극적으로 가격인상, 품질저하 혹은 혁신의 지연으로 이어지는 것과 같이 경쟁적인 과정에 악영향을 미칠 가능성이 있는지를 분석하는 것을 말한다.

일반적으로 경쟁사업자 간의 결합을 통한 시장지배력 행사는 단독효과와 협조효과라는 두 가지 방법을 통하여 이루어진다. 전자는 결합회사가 일방적으로 가격을 인상하거나 다른 방법으로 시장지배력을 행사하는 경우를 말하며, 후자는 경쟁자 간의 협조된 상호작용(Coordinated Interaction)을 촉진하는 방법으로 시장지배력을 행사하는 경우를 말한다. 따라서 경쟁제한성의 판단은 위의 두 가지 방법상 문제가 되는지를 분석하는 것이라고 할 수 있다. 이하에서는 수평형 결합, 수직형 결합 및 혼합형 결합으로 구분하여 구체적이 경쟁제한성의 판단기준을 살펴보고자 한다.

2) 수평형 기업결합의 경우

수평형 기업결합이란 경쟁자 사이의 기업결합으로 어느 기업이 동일한 지역시장에서 동일하거나 비슷한 제품을 생산·판매하는 것과 같이 직접적으로 서로 경쟁관계에 있는 기업을 취득하는 경우를 말한다. 이는 기업을 결합하기 이전 상호 간에 실질적 경쟁자의 관계에 있는 기업들 사이의 결합이라는 점에서, 유통구조상 상하관계에 있는 기업들 사이의 결합인 수직형 기업결합, 결합기업 사이에 경쟁적인 관련성이 없는 혼합형 기업결합과 구별된다.

그런데 이러한 수평형 기업결합은 동일한 시장에 존재하는 두 기업 사이의 결합으로 수직형 결합이나 혼합형 결합과 달리, 결합 이후에 관련 시장에서 그 이전보다 기업의 수가 하나 줄어들게 되고, 결합기업은 결합 이전 두 관련 기업이 가졌던 점유력의 합계 이상으로 점유력을 보유할 수 있는 등 시장의 구조 내지 경쟁적인 관계에 중대한 변화를 초래하게 된다. 이러한 변화로 결합기업은 단독으로 혹은 다른 기업들과 함께 상당한 기간 동안 경쟁가격 이상의 수준으로 가격을 인상할 수 있는 능력, 즉 시장점유력(market power)을 강화 또는 창출하게 되어 관련 시장에서 경쟁을 실질적으로 제한할 수 있게 되는 것이다. 그런데 우리나라의 공정거래법 제7조 제1항에 의하면, 이처럼 경쟁을 실질적으로 제한하는 기업결합은 금지하고 있다. 따라서 수평형 기업결합과 관련하여 어떠한 기업결합이 경쟁을 실질적으로 제한하는지를 파악할 수 있는 판단기준이 필요한데, 이에 대해서는 우리나라 기업결합 심사기준에 규정하고 있다. 즉 수평형 기업결합이 경쟁을 실질적으로 제한하는지에 대해서는 기업결합 전후의 시장집중상황, 결합 당사회사 단독의 경쟁제한 가능성, 경쟁사업자 간의 공동행위 가능성, 해외경쟁의 도입수준 및 국제적 경쟁상황, 신규진입의 가능성, 유사품 및 인접시장의 존재 여부 등을 종합적으로 고려하여 심사한다.[185] 이 중 시장집중상황에 대해서는 위에서 살펴본바, 이하에서는 나머지의 사항에 대하여 살펴본다.

---

185) 기업결합 심사기준 Ⅶ−1.

(1) 결합 당사회사 단독의 경쟁제한 가능성

결합 당사회사 단독의 경쟁제한 가능성이란 결합회사가 결합 이후 시장점유력을 이용 혹은 남용하여 가격을 인상하고 생산량을 감소하는 방법을 다른 경쟁자와는 무관하게 일방적으로 경쟁저해적인 행동을 하는 경우를 말하며, 단독효과(Unilateral effects) 내지 일방효과라고도 한다. 이러한 효과에 대한 규정은 2007년 이전 기업결합 심사기준에서는 없었으나, 새로이 개정되면서 신설된 것이다.

즉 2007년 개정된 기업결합 심사기준에 의하면, 기업결합 후 당사회사가 단독으로 가격인상 등 경쟁제한 행위를 하더라도 경쟁사업자가 당사회사 제품을 대체할 수 있는 제품을 적시에 충분히 공급하기 곤란한 등 사정이 있는 경우에는 당해 기업결합이 경쟁을 실질적으로 제한할 수 있다는 전제하에, 경쟁제한성을 판단하기 위해서는 ① 결합 당사회사의 시장점유율 합계, 결합으로 인한 시장점유율 증가폭 및 경쟁사업자와의 점유율 격차, ② 결합 당사회사가 공급하는 제품 간 수요대체 가능성의 정도 및 동 제품 구매자들이 타 경쟁사업자 제품으로의 구매 전환 가능성, ③ 경쟁사업자의 결합 당사회사와의 생산능력 격차 및 매출증대의 용이성, ④ 대량 구매사업자의 존재 여부 등을 종합적으로 고려하여 판단하여야 한다고 규정하고 있다.186)

다만, 이러한 심사기준의 규정에서 언급된 기준에 대하여 종합적으로 고려되어야 한다고 하고 있는데, 이러한 기준이 단독효과와 구체적으로 어떤 연관성을 가지는지에 대하여 분명하게 밝히고 있지 않다는 지적이 있다.187)

(2) 경쟁사업자 간의 공동행위의 가능성

수평형 기업결합은 기본적으로 관련 시장에서 경쟁자의 수를 감소시키고, 경쟁자의 재산을 취득회사의 재산과 결합하는 방법으로 산업의 구조를 변화시키게 된다. 이러한 과정 속에서 새로이 결합한 기업과 기존의 남아 있는 기업과의 사이에 가격, 수량, 거래조건 등 경쟁 조건에 관하여 일종의 협조적인 행위를 하여 경쟁적인 환경을 변화시키게 되는 경우가 있는데, 이처럼 새로이 결합하는 기업과 남아 있는 기업과의 협조적 행위에 의하여 발생되는 효과를 경쟁사업자 간의 공동행위라고 한다. 이러한 효과를 협조효과라고도 한다.

---

186) 개정 후 심사기준 Ⅶ－1－나.
187) 곽상현, 앞의 "수평결합에 대한 경쟁제한성 판단기준", 188쪽.

　　이러한 협조효과와 관련하여 2007년 개정 기업결합 심사기준에서 언급을 하고 있다.[188] 즉 "기업결합에 따른 경쟁자의 감소 등으로 인하여 사업자 간의 가격·수량·거래조건에 관한 명시적·묵시적 공동행위가 이루어지기 쉽거나 그 공동행위의 이행 여부에 대한 감독 및 위반자에 대한 제재가 가능한 경우에는 경쟁을 실질적으로 제한할 가능성이 높아질 수 있다"고 하여 경쟁사업자 간의 공동행위의 가능성을 규정하고 있다.[189] 이에 따라 공동행위가 이루어지기 쉽거나 그 공동행위의 이행 여부에 대한 감독 및 위반자에 대한 제재가 가능한 경우에는 경쟁저해적인 결과가 초래될 가능성이 높다고 한다.[190] 물론 공동행위가 용이한가를 판단하기 위해서는 다음의 사항을 고려하여 판단하도록 규정하고 있다.

　　첫째, 경쟁사업자 간의 공동행위의 용이성의 판단으로 이 경우에는 ① 시장상황, 시장거래, 개별사업자 등에 관한 주요 정보가 경쟁사업자 간에 쉽게 공유될 수 있는지,[191] ② 관련 시장 내 상품 간 동질성이 높은지,[192] ③ 가격책정이나 마케팅의 방식 또는 그 결과가 경쟁사업자 간에 쉽게 노출될 수 있는지, ④ 관련 시장 또는 유사 시장에서 과거 부당한 공동행위가 이루어진 사실이 있는지, ⑤ 경쟁사업자, 구매자 또는 거래 방식의 특성상 경쟁사업자 간의 합의가 쉽게 달성될 수 있는지 등을 고려하여야 한다.[193]

　　둘째, 이행 감독 및 위반자 제재의 용이성으로 이 경우에는 ① 공급자와 수요자 간 거래의

---

188) 미국의 경우에는 협조적 상호 작용(coordinated interaction)이라는 용어를 사용하고 있다. 즉 협조적 상호 작용이란 "각각의 회사가 다른 기업들의 반응을 수용한 것만으로 그들에게 이익이 되는 기업집단들에 의한 일련의 행동(Coordinated interaction is comprised ofactions by a group of firms that ae profitable for each of them only as a result of the accommodating reactions of the otheres)"이라고 규정하고 있다[Guideline § 2.1].
189) 개정 후 심사기준 Ⅶ-1-다.
190) 성공적인 협조는 일반적으로 경쟁자들 사이에 ① 협조에 가담하고 있는 집단에서 참가자들 모두에게 이익이 되는 협조의 조건(terms)에 대한 합의, ② 그러한 협조된 상호 작용을 약화시키는 이탈자에 대한 색출과 위반 기업에 대한 응징의 수단을 가지는 것을 필요로 한다(미국 가이드라인 §2.1). 이러한 조건들은 G. Stingler가 1964년 발표한 담합의 3가지 조건에 기초를 둔 것이다. G. Stingler의 과점이론은 하버드 학파로 대변되는 구조론적 분석을 비판하면서 배분적 효율성에 주안점을 두는 시카고학파(행태론자)의 관점에서 성공적인 담합의 조건으로 이탈자에 대한 색출과 그 응징을 강조하고 있다[신영수, "의식적 병행행위의 규제 논거", 『경쟁법연구 제11권』(한국경쟁법학회, 2005), 305쪽].
191) 경쟁기업의 판매가격과 수량에 관한 정보를 쉽게 수집할 수 있는 경우 경쟁자의 행동을 보다 정확하고 쉽게 예측할 수 있으며, 또한 경쟁자가 협조적 행동을 취하고 있는지를 파악하는 것도 용이할 수 있다(곽상현, 앞의 "수평결합에 대한 경쟁제한성 판단기준", 183쪽).
192) 경쟁기업이 판매하는 상품이 동일한 경우 그들 사이에 협조적 행동을 함에 있어서는 가격조건만을 고려하면 되고 그 경우 과점시장에서 그들의 행동을 일치하기가 용이하지만, 상품이 그 성질상 차별성이 있을 경우 협조적 행동의 조건은 다차원적이 되고 그리고 담합은 훨씬 더 어려워진다[F. M. Scherer & D. Ross, 『Industrial Market Structure and Economic Performance』(Rand McNally & Co ,U.S., 1990), p.279].
193) 위 심사기준 Ⅶ-1-다-(1).

결과가 경쟁사업자 간에 쉽고 정확하게 공유될 수 있는지,[194] ② 장기계약을 통해 대규모의 수요를 충당하는 대량구매자가 없는지,[195] ③ 결합 당사회사를 포함해 공동행위에 참여할 가능성이 있는 사업자들이 상당한 초과생산능력을 보유하고 있는지 등을 고려하여야 한다.[196]

셋째, 결합상대회사가 결합 이전에 상당한 초과 생산능력을 가지고 경쟁사업자들 간의 공동행위를 억제하는 등의 경쟁적 행태를 보여 온 사업자인 경우에도 결합 후 공동행위로 인해 경쟁이 실질적으로 제한될 가능성이 높다.[197]

> ☞ **서울고등법원 2008.9.3. 선고 2006누30036 판결**
>
> 피고(공정거래위원회)의 심사기준에서는 경쟁사업자가 공급하는 상품의 동질성이 상당히 높은 경우에 공동행위의 가능성이 높다고 했는데, 이런 점에서 보면 할인점은 공동행위에 가장 적절치 않은 업종이라고도 할 수 있다. 대형할인점 시장은 이미 3~4개 업체의 과점시장으로서, 이 사건 기업결합으로 인해 특별히 달라질 것이 없고, 특히 이 사건 4개 지역은 모두 이 사건 기업결합 전에 이미 상위 3사의 시장점유율이 75%를 초과하고 있지만, 할인점 기타 유통업계에서 담합이 문제된 사례는 그동안 단 한 차례도 없었다. 피고의 심사기준에서는 공동행위 가능성 판단기준으로 최근 수년간 당해 거래분야에서 거래되는 상품의 가격이 동일한 거래분야에 속하지 않는 유사한 상품들의 평균가격에 비해 현저히 높았는지는 당해 거래분야에서 거래되는 상품에 대한 수요의 변동이 적고 경쟁사업자가 수년간 안정적인 시장점유율을 차지하고 있는지를 공동행위 가능성 판단기준으로 들고 있는데, 할인점 업계의 상위 5사는 매년 변경되어 왔고 그 점유율도 급격한 변동을 겪고 있으며, 인천·부천 및 포항지역의 경우 경쟁이 치열해지면서 원고의 시장점유율이 계속 하락하고 있다. 따라서 이 사건 기업결합으로 인하여 공동행위의 가능성이 증대하다고 할 수 없다.

---

194) 협조적 행위로부터 이탈하는 위반자에 대한 이행감독과 그 제재가 신속한 경우 위반에 대한 동기는 줄어들고, 그리고 협조적 행위는 성공 가능성이 높다 할 것이다. 위반자에 대한 색출과 응징은 반드시 경쟁법 위반의 방법으로만 행하여지는 것이 아니라 경쟁기업들 사이에 존재하는 경영방식과 전형적인 거래의 성격에 의하여 행하여질 수 있다(곽상현, 앞의 "수평결합에 대한 경쟁제한성 판단기준", 185쪽).

195) 대량구매자가 장기계약을 체결하고 있고 그래서 그러한 계약에 의하여 판매되는 양이 그 시장의 어느 기업 전체 생산량에서 차지하는 비중이 많은 경우 기업들은 협조적 행위에서 이탈할 동기를 가지게 된다. 그러나 이러한 이탈은 장기적인 안목에서 협조적 행위를 하는 것보다 이탈을 하는 것이 거래의 기간, 규모의 면에서 충분하게 이익적인 한편, 구매자들이 거래상대방을 교체할 가능성이 있는 경우에 발생할 수 있다(가이드라인 §2.12).

196) 위 심사기준 Ⅶ-1-다-(2).

197) 위 심사기준 Ⅶ-1-다-(3).

(3) 해외경쟁의 도입 수준 및 국제적 경쟁상황

일정한 거래분야에 있어서 상당기간 어느 정도 의미 있는 가격인상이 이루어지면 상당한 진입비용이나 퇴출비용의 부담 없이 가까운 시일 내에 수입경쟁이 증가할 가능성이 있는 경우에는 기업결합에 의하여 경쟁을 실질적으로 제한할 가능성이 낮아질 수 있다. 동 규정은 해외부문으로부터의 잠재적 진입 가능성을 심사함에 있어서 '수입경쟁이 증가할 가능성'을 심사하도록 함으로써 국내 시장에서 수입품이 차지하는 현재의 비율뿐만 아니라 '잠재적 경쟁'도 고려요소로 명시하고 있다. 다만, 잠재적 경쟁의 정도를 측정하는 방법이 개발되어 있지 않음에도 불구하고 경쟁 당국이 이를 측정하여 경쟁제한성 심사 과정에서 반영하고 있다는 점이 문제가 있다고 지적되고 있다.[198]

이 경우 해외경쟁의 도입가능성을 평가함에 있어서는 ① 일정한 거래분야에서 수입품이 차지하는 비율의 증감 추이, ② 당해 상품의 국제가격 및 수급상황, ③ 우리나라의 시장개방의 정도 및 외국인의 국내투자현황, ④ 국제적인 유력한 경쟁자의 존재 여부, ⑤ 관세율 및 관세율의 인하 계획 여부, ⑥ 국내 가격과 국제 가격의 차이 또는 이윤율 변화에 따른 수입 증감 추이, ⑦ 기타 각종 비관세장벽을 고려하여야 한다.[199]

또한 당사회사의 매출액 대비 수출액의 비중이 현저히 높고 당해 상품에 대한 국제시장에서의 경쟁이 상당한 경우 및 경쟁회사의 매출액 대비 수출액의 비중이 높고 기업결합 후 당사회사의 국내 가격인상 등에 대응하여 수출 물량의 내수전환 가능성이 높은 경우에는 기업결합에 의하여 경쟁을 실질적으로 제한할 가능성이 낮아질 수 있다.[200]

> ☞ **공정거래위원회 1999.4.7. 의결 제99 − 43호 사건번호 9901기결0126**
>
> 동 심결례는 일정기간까지 국내가격인상률을 수출차량인상률 이하로 유지하도록 한 사례로, 피심인은 1999.4.1.부터 2002.3.31.까지 피심인 및 피심인이 인수하는 기아자동차 주식회사와 아시아자동차공업 주식회사(이하 피심인 등이라 한다)가 생산·판매하는 적재량 1톤 이상 5톤 이하의 화물운송용 차량의 국내가격 인상률을 피심인 등이 외국에 수출하는 동일규격 차량의 외화표시 가격인상률 이하로 유지하여야 한다고 결정한 심결례이다.

---

198) 홍대식, 앞의 글, 184쪽.
199) 위 심사기준 Ⅷ − 1 − 라 − (1).
200) 위 심사기준 Ⅷ − 1 − 라 − (2)(3).

(4) 신규진입의 가능성

당해 시장에 대한 신규진입이 가까운 시일 내에 용이하게 이루어질 수 있는 경우에는 기업결합으로 감소되는 경쟁자의 수가 다시 증가할 수 있으므로 경쟁이 실질적으로 제한될 가능성이 낮아질 수 있다.201) 여기에서 진입장벽이 무엇인지에 대해서는 의견이 일치하는 것은 아니지만, 일반적으로 현존하는 기업으로 하여금 독점적인 이익을 무한정 획득하는 것이 가능할 정도로 진입이 억제되고 있거나 혹은 사회적으로 바람직하지 아니할 정도의 생산량 감축을 유발할 정도로 진입이 긴 시간 동안 지연된다면 진입의 장벽이 존재하는 것으로 본다.202)

신규진입의 가능성을 평가함에는 ① 법적·제도적인 진입장벽의 유무,203) ② 필요 최소한의 자금 규모, ③ 특허권 기타 지적 재산권을 포함한 생산기술 조건, ④ 입지조건, ⑤ 경쟁사업자의 유통계열화의 정도 및 판매망 구축비용, ⑥ 제품차별화의 정도 등을 고려하여야 한다.204) 다만, 다음의 경우에 해당하는 회사가 있는 경우에는 신규진입이 용이한 것으로 볼 수 있다. 즉 ① 당해 시장에 참여할 의사와 투자 계획 등을 공표한 회사, ② 현재의 생산시설에 중요한 변경을 가하지 아니하더라도 당해 시장에 참여할 수 있는 등 당해 시장에서 상당기간 어느 정도 의미 있는 가격인상이 이루어지면 중대한 진입비용이나 퇴출비용의 부담 없이 가까운 시일 내에 당해 시장에 참여할 것으로 판단되는 회사의 경우에는 신규진입이 용이한 것으로 볼 수 있다고 한다.205)

---

201) 위 심사기준 Ⅶ-1-마-(1).

202) Hovernkamp, op.cit., p.531.

203) 일반적으로 정부의 규제, 면허 등과 같은 법적, 제도적 진입규제가 진입장벽으로서는 가장 강력하고 효과적이다. 이에 대한 예로는 어느 산업에 대한 환경적, 장소적 규제, 통신과 제약산업에서의 정부 승인, 특허와 같은 지적 재산권 등을 들 수 있다[Hovenkamp, op.cit., p.538; Hospital Corp., of Am. v. FTC, 807 F. 2d 1381, 1387(7th Cir. 1986) cert. denied, 481, U.S. 1038, 107 S. Ct. 1975(1987)].

204) 앞의 심사기준 Ⅶ-1-마-(2).

205) 위 심사기준 Ⅶ-1-마-(3). 미국 가이드라인에서는 상대적으로 적은 위험과 비용으로 자원을 재분배하는 방법으로 공급대응을 할 수 있는 유동적 진입자(uncommitted entry)를 시장획정의 단계에서 고려하도록 규정하고 있는 반면, 진입과 퇴출에 상당한 매몰비용이 드는 비유동적 진입자(committed entry)를 경쟁제한성 판단 단계에서 분석하도록 하면서, 그러한 분석을 위해서는 ① 결합 이전 수준의 가격에서 이익을 창출할 수 있는 진입이 일어날 가능성이 있는지(likelihood of entry), ② 진입이 일어나기 위하여 어느 정도의 시간이 소요되는지(timeless of entry), ③ 진입이 일어나는 경우 그 규모나 성격 면에서 경쟁저해성을 상쇄하거나 억제하기에 충분한지(sufficiency of entry)를 분석하도록 규정하고 있다(가이드라인 §3.1).

(5) 유사품 및 인접시장의 존재

기능 및 효용 측면에서 유사하나 가격 또는 기타의 사유로 별도의 시장을 구성하고 있다고 보는 경우에는 생산 기술의 발달 가능성, 판매 경로의 유사성 등 그 유사 상품이 당해 시장에 미치는 영향을 고려하여야 한다.

또한 거래 지역별로 별도의 시장을 구성하고 있다고 보는 경우에는 시장 간의 지리적 근접도, 수송 수단의 존재 및 수송 기술의 발전 가능성, 인접시장에 있는 사업자의 규모 등 인근 지역시장이 당해 시장에 미치는 영향도 고려하여야 한다.

☞ **대법원 2009.9.10. 선고 2008두9744 판결**

공정거래법(2007.4.13. 법률 제8382호로 개정되기 전의 것) 제2조 제8호의2가 규정하고 있는 '경쟁을 실질적으로 제한하는 행위'란 일정한 거래분야의 경쟁이 감소하여 특정 사업자 또는 사업자단체의 의사에 따라 어느 정도 자유로이 가격·수량·품질 기타 거래조건 등의 결정에 영향을 미치거나 미칠 우려가 있는 상태를 초래하는 행위를 의미하는바, 수평적 기업결합에서 이러한 실질적 경쟁제한성 유무를 판단하는 경우에는 공정거래법 제7조 제4항 제1호가 규정하고 있는 경쟁제한성 추정 요건의 충족 여부 외에도 해외경쟁의 도입수준 및 국제적 경쟁상황, 신규진입의 가능성, 경쟁사업자들 사이의 공동행위 가능성, 유사품 및 인접시장의 존재 여부 등을 종합적으로 고려하여 개별적으로 판단하여야 한다.

☞ **공정거래위원회 1999.4.7. 의결 제99043호 9901기결0126**

이 사건 기업결합에 있어서 승용차시장 및 버스시장의 경우 경쟁제한성이 인정된다. 즉 이들 시장에서의 집중도는 법에서 정하고 있는 경쟁제한성 추정 요건에 해당될 뿐만 아니라 해외경쟁의 도입도 미흡하고, 신규진입도 곤란하다. 그러나 승용차 및 버스시장에서는 이러한 경쟁제한성을 완화해 주는 측면이 있는바, 이들 시장에서의 다른 경쟁사업자의 시장점유율은 승용차의 경우 44.4%, 버스의 경우 25.8%에 달하여 기업결합 당사회사가 이들 시장에서 완전한 지배력을 행사할 수 있다고는 볼 수 없다. 또한 승용차 및 버스는 수출 비중이 각각 68.4%, 54.4%로서 내수보다

수출이 더 큰 부분을 차지하고 있으며, 해외시장에서의 활발한 경쟁은 국내 시장에서 가격인상을 억제하는 효과를 가지고 있음도 인정할 수 있다. 한편, 이 사건 기업결합은 위 5. 가 및 5. 나에서 본 바와 같이 예외인정의 요건에 해당될 소지가 있다. 즉 기아는 지급불능의 상태에 처하여 법정관리 상태에 있으며 1998년 6월 30일 기준으로 자본잠식 총계가 51,652억 원에 달한다. 또 기업결합 이외의 방법으로는 회생이 곤란하여 제3자 매각을 위한 국제입찰에 부쳐졌고, 2번의 유찰을 거쳐 3번째 입찰의 결과로서 이 사건 기업결합이 추진되었다. 나아가, 이 사건 기업결합은 당사회사의 경영효율성을 증대시키고 국제경쟁력을 강화시키는 효과가 상당한 것으로 판단된다. 이러한 점 등을 종합적으로 고려할 때 승용차 및 버스시장에서는 산업합리화 효과 및 국제경쟁력 강화 효과가 경쟁제한의 폐해보다 더욱 크며, 따라서 법 제7조 제1항 단서에 의한 기업결합의 예외를 인정함이 타당하다.

트럭시장의 경우 이 사건 기업결합으로 인해 당사회사의 시장점유율이 94.6%로 증가하며 특히 적재량 1톤 이상 5톤 이하 트럭의 경우 시장점유율이 99.7%로 증가하여 향후 트럭시장의 완전독점이 가능해지는 등 트럭시장의 경쟁제한성은 매우 크다. 더구나, 트럭시장에서는 현재 수입선 다변화 제도의 적용대상이 아니기 때문에 향후 승용차시장에서와 같은 경쟁제한성 완화요인도 없으며 트럭의 수출비중도 24.5%로서 해외에서의 경쟁도 활발하지 않은 상태이다. 한편, 트럭시장에 있어서도 승용차 및 버스시장에서 본 바와 같은 산업합리화 및 국제경쟁력 강화 효과가 발생할 것이 인정된다. 그러나 이 긍정적 효과가 승용차 및 버스시장보다 트럭시장에서 더 크게 나타나는 것은 아니다. 결론적으로, 트럭시장의 경쟁제한성은 매우 크고, 향후 이를 완화해 줄 요인도 보이지 않기 때문에 트럭시장에서 기대되는 산업합리화 등의 효과가 경쟁제한의 폐해보다 더 크다고 볼 수는 없으며, 결국, 트럭시장은 예외 인정의 요건에 해당되지 않는다고 할 것이다. 다만, 기아가 부실기업으로서 법정관리 상태에 있고, 자력으로는 회생할 방법이 없어서 제3자 매각을 위한 국제입찰이 실시되었고, 그 결과 이 사건 기업결합이 추진되었다는 점 등을 고려, 트럭부문의 분리매각 등 다른 방법보다는 독과점의 폐해를 시정할 수 있는 보완조치를 강구하는 것이 더 타당하다.

이 사건 기업결합행위가 경쟁제한성이 있는 것으로 법률상 추정되는 점, 시장집중지수가 크게 증가하여 당사회사의 시장지배력이 형성·강화되는 점, 신규사업자의 진입이 곤란한 점, 그리고 1차 망산·알카 전지에 대한 해외시장가격이 높아서 조만간 해외수입의 급격한 증가를 기대하기 어려운 점 등을 종합할 때 이 사건 기업결합은 일정한 거래분야에선 경쟁을 실질적으로 제한하는 행위로 판단된다. 시장점유율 중시·저가정책으로 가격인상의 장애가 되었던 로케트전기 측이 이 사건 기업결합으로 판매 부분에서 배제되고, 피심인이 국내 시장에서 경쟁력 있는 상표인 로케트, 썬파워, 듀라셀을 배타적으로 사용할 권리를 모두 가지고 유통 조직을 통합함에 따라 소비자나 대리점 단계에서 상품을 선택할 여지가 없을 정도로 피심인의 시장지배력이 강화되어 피심인은 1차 망간·알카 전지의 가격인상을 용이하게 도모할 수 있는 지위를 갖게 되었다. 그에 따라 동 상품의 가격이 인상될 개연성이 짙어졌는데 이는 질레트 코리아(주)가 경쟁사에 비해 고가 정책을 쓰는 가격선도업체이며, 실제로 1998년 2월 가격인상을 시도한 바 있으나 로케트전기 측이 가격인상을 하지 않아 좌절된 사례가 있고, 향후 유력한 경쟁회사인 에너자이저도 1998년 1~6월까지 알카(AA) 전지의 국내 1차 도매가격을 인상하였다가 점유율이 하락하자 가격을 환원한 사실(272원→240원)에서 알 수 있듯이 이들 두 업체는 시장의 상황변화에 따라 상시 가격인상을 시도할 가능성이 있는 점과 무엇보다도 국내가격보다 훨씬 높은 국제가격이 국내시장 가격인상을 도모할 유인으로 작용하고 있는 점으로 뒷받침되고 있다.

3) 수직형 기업결합의 경우

수직형 기업결합(Vertical merger)은 동종의 산업이나 업종에 속하지만 원재료 공급관계와 같이 거래 단계를 달리하는 기업 간의 결합을 말한다. 이러한 수직형 기업결합에는 원재료(input product)를 공급하는 기업을 취득하는 상위취득과 완성품(output product)을 구매할 수 있는 기업을 취득하는 하위취득의 2가지를 기본 형태로 한다.206)

수직결합에 대한 가장 중요한 동기는 종전에는 분리된 두 회사 사이의 거래를 내부화하고, 그러한 내부화로 인한 경영개선과 효과적인 감시로 거래비용을 절감하는 것이다.

---

206) 상위취득은 전방결합(forward intergration), 하위취득은 후방결합(backward intergartion)이라고도 한다.

이러한 수직결합은 기본적으로는 다른 결합에 적용되는 규정이 그대로 적용되지만, 수직결합이 불러오는 경쟁상의 효과는 다른 결합과는 독특한 점이 있다. 즉 비용절감과 같은 효율성의 획득으로 인하여 내부거래에 치중하게 되고 공개시장에서의 거래를 줄이려고 할 것이다. 나아가, 공급의 권원에 대한 접근과 고객에 대한 접근을 봉쇄하여 경쟁자를 배제하는 독과점적 지위를 형성함으로써 시장지배의 수단으로 이용하는 등 반경쟁적 폐해를 초래하게 될 것이다.

이러한 수직형 기업결합에 대하여 우리나라 공정거래법 제7조 제1항에 의하면, "수직형 기업결합을 포함한 모든 기업결합에 관하여, 누구든지 직접 또는 특수관계인을 통하여 주식취득, 임원 겸임, 합병, 영업양수 등의 방법으로 일정한 거래분야에서 경쟁을 실질적으로 제한하는 행위를 하여서는 아니 된다"고 규정하여, 수직형 기업결합의 경우에 대해서도 일정한 거래분야, 즉 관련 시장에서 경쟁을 실질적으로 제한하는 결합을 금지하고 있다. 따라서 어떤 수직형 기업결합이 공정거래법 제7조 제1항 소정의 규제대상인지를 판단하기 위해서는 다른 형태의 결합과 마찬가지로 먼저 그 결합과 관련된 시장을 획정하고, 나아가 당해 기업결합의 경쟁제한성을 판단하여야 할 것이다. 그런데 경쟁제한성에 대한 판단은 기업결합 심사기준에서 열거하고 있으므로 그 기준을 중심으로 시장의 봉쇄효과, 경쟁사업자 간 공동행위 가능성 등을 살펴본다.

(1) 시장의 봉쇄효과

시장의 봉쇄효과란 수직형 기업결합을 통해 당사회사가 경쟁관계에 있는 사업자의 구매선 또는 판매선을 봉쇄하거나 다른 사업자의 진입을 봉쇄함으로써 경쟁을 실질적으로 제한하는 효과를 말한다.

이러한 봉쇄효과와 관련하여 시장에 대한 구조적인 분석을 하고 독점금지법에 적용한 것은 하버드학파의 영향으로,[207] 그들은 시장의 구조, 즉 시장참가자의 수와 그 경쟁의 규모가 얼마나 효과적으로 경쟁을 할 것인가를 결정할 수 있다고 한다. 다시 말하여, 그들은 시장이 집중되면 그 참가자들은 반경쟁적인 행동을 할 가능성이 많아지고, 기업결합은 관련 시장에서 시장의 집중도를 높이게 되는데, 이는 남아 있는 회사로 하여금 반

---

207) 위의 하버드학파의 주장 이론에 대하여 1970년대 중반 이후부터 봉쇄이론의 한계성과 수직결합의 잠재적 효율성을 강조하는 새로운 이론들에 영향을 받아 수직결합을 분석함에 있어서 시장의 집중도에 대한 통계보다는 다른 요소들에 대해서도 고려의 대상으로 삼기 시작하였다[곽상현, "수직결합과 경쟁제한성 판단", 『저스티스(통권 102호)』(한국법학원, 2008.2.), 77쪽].

경쟁적인 행동을 하기 쉽도록 한다고 주장한다.208)

이러한 시장의 봉쇄 여부는 다음 사항들을 고려하여 판단하여야 한다. 즉 ① 원재료 공급회사(취득회사인 경우 특수관계인 등을 포함한다)의 시장점유율 또는 원재료 구매회사(취득회사인 경우 특수관계인 등을 포함한다)의 구매액이 당해 시장의 국내 총공급액에서 차지하는 비율, ② 원재료 구매회사(취득회사인 경우 특수관계인 등을 포함한다)의 시장점유율, ③ 기업결합의 목적, ④ 수출입을 포함하여 경쟁사업자가 대체적인 공급선·판매선을 확보할 가능성, ⑤ 경쟁사업자의 수직계열화 정도, ⑥ 당해 시장의 성장 전망 및 당사회사의 설비 증설 등 사업계획, ⑦ 사업자 간 공동행위에 의한 경쟁사업자의 배제 가능성, ⑧ 당해 기업결합에 관련된 상품과 원재료 의존관계에 있는 상품시장 또는 최종 산출물 시장의 상황 및 그 시장에 미치는 영향, ⑨ 수직형 기업결합이 대기업 간에 이루어지거나 연속된 단계에 걸쳐 광범위하게 이루어져 시장진입을 위한 필요 최소 자금 규모가 현저히 증대하는 등 다른 사업자가 당해 시장에 진입하는 것이 어려울 정도로 진입장벽이 증대하는지를 말한다.209)

(2) 경쟁사업자 간 공동행위 가능성

수직형 기업결합의 결과로 경쟁사업자 간의 공동행위 가능성이 증가하는 경우에는 경쟁을 실질적으로 제한할 수 있다. 경쟁사업자 간의 공동행위 증가 여부는 다음 사항들을 고려하여 판단한다.

다음 사항이란 ① 결합 이후 가격정보 등 경쟁사업자의 사업 활동에 관한 정보 입수가 용이해지는가, ② 결합 당사회사 중 원재료 구매회사가 원재료 공급회사들로 하여금 공동행위를 하지 못하게 하는 유력한 구매회사였는가, ③ 과거 당해 거래분야에서 부당한 공동행위가 이루어진 사실이 있었는가 등을 고려하여야 한다.210)

(3) 동 판단기준의 문제점

이러한 수직형 기업결합에 대한 경쟁제한성 판단기준에 대해서는 다음의 문제가 제기되고

---

208) Donald F. Turner, "The Definition of Agreement Under the Sherman Act: Conscious Parallelism and Refusals to Deal", 75 Harv. L. Rev. 655, 663~673(1962).
209) 앞의 심사기준 Ⅶ-2-가.
210) 앞의 심사기준 Ⅶ-2-나-(1)(2)(3).

있다. 첫째, 지나치게 봉쇄효과에 의존하고 있다는 점이다. 물론 경쟁제한성의 판단기준으로 진입장벽에 관해서도 규정하고 있으나, 이 또한 봉쇄효과를 판단하는 하나의 요소에 불과하다고 할 수 있다. 즉 수직형 결합은 주 시장에서의 새로운 진입자로 하여금 주시장과 2차 시장에 동시에 진입할 것을 요구함에 따라 공급자나 판매원에 대한 접근을 봉쇄할 수 있기 때문에 경쟁저해적으로 보는 것이다. 둘째, 봉쇄효과를 파악함에 있어 지나치게 시장집중도에 의존하고 있다는 점이다. 물론 수직결합이 경쟁자에 대한 판매선 혹은 구매선에 대한 접근을 봉쇄하는지에 대한 평가함에 있어 결합 당사회사의 시장점유력이 중요한 요소라 볼 수 있다. 그러나 시카고학파의 주장과 같이 시장의 자율조정기능과 독점금지법의 집행 이념이 소비자복지 보호라는 점을 전제로 수직결합의 불법성을 결정함에 있어 결합 당사회사의 시장점유력보다는 다른 요소를 고려해야 한다고 지적하고 있다. 셋째, 관련회사의 집중도를 중심으로 봉쇄효과를 분석한다고 하더라도 심사기준에서와 같이 수평결합에 적용되는 기준을 그대로 수직결합에 적용하는 것 또한 문제라는 지적도 있다.211)

> ☞ **공정거래위원회 의결 1995.4.22. 의결 제96-51호 사건번호 9603기업0190**
>
> 동 심결례는 동양나일론이 한국 카프로락탐의 지분 20.38%를 취득한 사건 사례이다. 피심인은 국내 카프로락탐의 독점생산자인 한국 카프로락탐의 경영을 실질적으로 지배할 경우에는 카프로락탐에 대한 수입의존도를 낮추고 국내에서 생산·공급되는 카프로락탐을 보다 원활하게 조달하기 위하여 한국 카프로락탐이 생산하는 카프로락탐의 배정비율, 가격 등을 자기에게 유리하도록 변경할 가능성이 크며, 그럴 경우에 여타 경쟁사업자들은 카프로락탐의 구매처를 일시에 변경하기가 어렵기 때문에 국산 카프로락탐에의 의존도가 상대적으로 높은 여타 경쟁사업자들의 카프로락탐 확보에 애로가 예상되는 등 나일론 제품의 원료인 카프로락탐 시장에 있어서의 경쟁이 제한을 받게 되며 또한 피심인이 위 1. 나.에서 적시하고 있는 바와 같이 카프로락탐을 원료로 사용하는 나일론(F사) 제품의 국내시장에서 48%의 시장점유율을 차지하고 있을 뿐만 아니라, 카프로락탐의 원가 비중이 55~60% 수준에 이르고 있음에 따라 궁극적으로는 제품시장인 나일론(F사) 시장에 있어서의 경쟁도 제한을 받게 된다 할 것이므로, 결국 원료 및 제품시장에 있어서의 피심인의 시장집중도가 강화될 우려가 있다고 결정한 것이다.

---

211) 곽상현, 앞의 "수직결합과 경쟁제한성 판단", 95~96쪽.

   동 심결례는 에스케이가 대한 송유관공사의 지분 34.04%를 취득한 사건 사례이다. 이 사건 기업결합은 석유제품을 생산·판매하는 피심인과 석유제품의 유통수단인 송유관에 의한 수송의 독점기업인 송유관공사 간의 수직적 기업결합이다. ……이 사건 기업결합의 경우 피취득기업인 송유관공사가 용역시장인 '송유관에 의한 석유제품 1차 수송시장'에서 독점기업에 해당되고, 취득기업인 피심인이 송유관 수송시장에서 차지하는 점유율(금액기준)이 35.4%로 1위이면서 상위 3사의 점유율 합계는 83.5%이므로 심사기준상 경쟁제한성 인정 기준에 해당된다. 석유제품 생산·판매시장에서 타 정유사와 경쟁하고 있는 피심인이 송유관에 의한 수송시장에서 독점기업인 송유관공사의 경영권을 지배하는 경우 경쟁사에 대한 석유수송 신청의 거부, 수송신청 물량의 제한, 수송순위의 차등, 수송요율 및 기타 계약조건의 차별 등 경쟁제한적 효과가 발생할 우려가 있다. 송유관공사는 정유사가 송유 및 출하 시 제출하는 각종 자료(품질시험 성적서, 출하 요청서 및 매출전표, 시료분석)를 통하여 송유관 이용자인 정유사의 판매물량, 고객정보 및 품질정보 등 영업정보를 지득할 수 있고, 이들 정보가 피심인에게 누출되는 경우 석유제품 시장의 경쟁에 영향을 미칠 수 있다. 피심인은 이 사건 기업결합 이전부터 운영되어 오던 '석유수송규정' 및 '장기수송계약'만으로도 송유관 운영에 있어서 공정성과 객관성이 확보되어 시장봉쇄효과가 나타날 수 없다고 주장하나, 상기 규정이나 계약만으로는 이 사건 기업결합으로 발생하는 경쟁제한 효과를 근본적으로 방지하지는 못할 것으로 판단된다. 이 사건 기업결합으로 석유제품 판매시장에서 1위를 점하고 있는 피심인이 송유관시장에서의 독점기업인 송유관공사를 실질적으로 지배하게 됨으로써 송유관시장에서 경쟁사에 대한 석유수송 신청의 거부, 수송신청 물량의 제한, 수송순위의 차등, 수송요율 및 기타 계약조건 차별, 경쟁사의 영업정보 누출 등이 우려된다는 점에서 이 사건 기업결합은 '송유관에 의한 석유제품의 1차 수송시장과 석유제품 판매시장에서 경쟁을 실질적으로 제한하는 행위'로 판단된다.

4) 혼합형 기업결합의 경우

혼합형 기업결합이란 밀접한 시장에서 활동하고 통상적으로 동일한 고객 집단에게 같은 용도로 구입되는 상품류나 보완재를 공급하는 기업들 간의 결합에 중점을 두는 기업결합이다. 이러한 혼합형 기업결합은 수직형 기업결합처럼 관련 시장의 집중도에 직접적으로 영향을 주지 않기 때문에 시장점유율의 합산에 포함되지 않는다. 다시 말하여, 혼합형 기업결합은 수평형 기업결합과 달리 동일한 관련 시장에서의 직접적인 경쟁의 손실을 가져오지 않기 때문에 일반적으로 경쟁의 현저한 방해를 가져오지는 않는다고 평가된다.[212]

따라서 혼합형 기업결합을 규제하기 위해서는 경쟁제한성 판단근거를 수평형 기업결합보다 상세하게 제시하여야 한다. 그럼에도 불구하고 우리나라 기업결합 심사기준에서는 혼합형 기업결합에 대한 경쟁제한성 판단기준으로 잠재적 경쟁의 저해효과, 경쟁사업자 배제효과, 진입장벽 증대효과를 제시하고 이를 종합적으로 고려하여 심사하도록 하고 있을 뿐 그 기준의 내용이 어떠한 기능을 하는가 등에 대해서는 세부적인 설명을 두고 있지 아니한다. 이하에서는 기업결합 심사기준을 중심으로 그 내용을 살펴본다.

> ☞ **혼합결합의 경쟁제한성의 근거**
>
> 혼합결합(합병)의 경쟁제한성에 관하여 미국에서는 다양한 논의가 있었는데, 이에 관한 이론적 근거를 보면 다음과 같다.
>
> **(1) 잠재적 경쟁이론**
>
> 잠재적 경쟁(potential competition) 이론이란 이미 시장에 참여하고 있는 기업이 특정 기업을 잠재적 신규진입자라고 인식하고 있는 경우에는 그 시장에 참여 중인 기업은 그 특정기업의 신규진입을 저지하기 위하여, 잠재적 신규진입자가 없는 경우에 비하여 더욱더 경쟁적인 시장행동을 취하게 되므로, 잠재적 경쟁의 소멸을 방지해야 한다는 이론이다.[213] 이러한 잠재적 경쟁의 제한을 위법성 판단의 기준으로 처음 인정한 사례는 1964년 미국 연방대법원의 United States v. El Paso Natural Gas Co.판결이다.[214] 동 판결은 El Paso Natural Gas Co.와 Pacific Northwest Pipeline Co. 간의 기업결합에 관한 것으로 기업결합 당시 El Paso사는 미국 캘리포니아 주의

---

212) 이기수 · 유진희, 『경제법』(세창출판사, 2009), 103~104쪽.

천연가스 판매량의 50% 이상을 점하던 선도업체였던 반면, Pacific Northwest사는 캘리포니아 내에서 천연가스를 전혀 판매하지 않던 상태였다. 경쟁관계도 수요 - 공급 관계에도 있지 않은 사업자 간의 혼합형 기업결합이었던 것이었다.[215]

1970년대 이후 동 이론은 인지된 잠재적 경쟁자이론(perceived potential entrant theory)과 실제의 잠재적 경쟁자 이론(actual potential entrant theory) 두 가지로 나누어지게 되었다.

전자는 시장의 외곽에 당해 시장으로 진입할 능력과 의사를 가지고 시장진입을 엿보고 있는 사업자가 존재하고, 현재 시장 내의 사업자들의 형태에 영향을 주고 있는 상황을 전제로 한다. 이러한 외곽의 사업자들이 시장 내부에 미치는 효과는 대개 친경쟁적 효과이다.[216] 왜냐하면 시장 외의 사업자는 시장 내에 초과이윤의 창출이 발생할 경우에는 언제라도 진입할 수 있는 일종의 진입대기자로 인식될 것이고(이른바 'wings effects') 또한 진입의 위협이 시장 내의 경쟁 행태를 보다 경쟁적이도록 할 것이기 때문이다. 예를 들면, 상품확장형 기업결합으로 사업자 A, B, C가 오토바이를 생산하고 있었고, D라는 사업자는 자동차를 생산하고 있다고 하자. 그런데 오토바이 생산 사업자들은 엔진 제작기술과 풍부한 자금을 보유하고 있던 D를 언제든지 자신들과의 경쟁에 뛰어들 수 있는 대상으로 인식하고 있었다. 그리하여 오토바이 생산 시장이 과점 상태이었음에도 불구하고 시장 내의 A, B, C는 감히 경쟁수준 이상으로 가격을 인상하려고 하지 않았다. 자칫 어느 하나가 경쟁수준 이상으로 가격을 올려서 연쇄적인 가격인상을 유발하면 시장에 초과이윤이 발생하게 될 것이고, 그로 인하여 시장 외곽에서 진입기회를 엿보던 D가 시장 참가를 결정할 수 있기 때문이다. 이와 같은 상황에서 만일 오토바이 회사인 A와 자동차 회사인 D가 합병을 하기로 했다면 합병으로 인해서 오토바이 시장의 경쟁에 실질적인 변화가 초래되지는 않는 반면, 오토바이 제조업자들은 D가 시장에 뛰어드는 것을 방지하기 위해 종래 유지해 왔던 경쟁적 사업 행태를 더 이상 유지할 필요성이 없어지게 된다. 이 경우, D는 시장 외에서는 친경쟁적인 역할을 하지만 합병을 통해 시장에 진입하게 되면 경쟁을 제한하는 역할을 하게 된다. 이처럼 과점적 사업자들의 행태를 친경쟁적으로 유지시키는 잠재적 영향력을 '인지된 잠재적 경쟁'이론이라고 하며,

---

213) United States v. Penn - Olin Chemical Co., 378 U.S 158(1964).
214) 376 U.S. 651(1964).
215) 신영수, "잠재적 경쟁이론의 내용과 실제 적용", 『경쟁법연구 제10권』(한국경쟁법학회, 2009.1.), 153쪽.

따라서 인지적인 잠재적 경쟁을 제거하는 합병은 경쟁제한적이기 때문에 거부되어야 한다는 것이다.217)

반면 후자는 시장 내 한 주요 사업자와의 합병이 발생하지 않았더라면 그 대신으로 잠재적인 경쟁자가 보다 경쟁적인 방법, 가령 신규진입(de novo entry)의 방법 내지 거점 내지 교두보의 확보 차원에서 작은 기업을 인수하는 방법(소위, 'toe-hold merger')을 통해서 시장에 진입했었을 상황을 전제로 한다. 가령, 지역확장형 기업결합의 경우 '갑'이라는 지역에 A, B, C 세 사업자가 상호 경쟁하에 일정 사업을 영위하고 있고, 그 인근의 '을' 지역에서 D, E, F라는 세 사업자가 동일한 사업을 영위하는 상황에서 A와 D는 상호 간에 실질적인 경쟁관계에 있지는 않았지만 사업 범위를 확장하기 위해서 상대방의 지역으로 진출을 모색 중이라고 가정해 보자, 이 경우 '갑' 지역의 A와 '을' 지역의 D가 결합을 한다고 하면, '갑' 지역과 '을' 지역은 전과 마찬가지로 여전히 각각 세 사업자들이 사업활동을 하고 있기 때문에 기업결합이 성사되더라도 시장 내의 실질적 경쟁에는 별다른 영향을 미치지 못한다. 그러나 만일 당해 결합이 이루어지지 않았을 경우에는 D가 '갑' 지역에, A는 '을' 지역에 각각 진출했을 가능성이 매우 높았다. 만일 이와 같은 시장진입이 실현된다면, 시장의 경쟁구조가 개선될 수 있을 것으로 예상해 볼 수 있다. 이럴 경우에 현재 시장 내의 실질적 경쟁상황에는 아무런 영향을 미치지 않지만, 장차 두 시장에서 경쟁이 제고되고 집중도가 완화될 수 있는 가능성이 결합으로 인해 차단되는 결과가 된다. 이런 경우 합병으로 인해 손상되는 잠재적 경쟁이 실재적 잠재적 경쟁이라고 할 수 있다.218)

(2) 상호거래(reciprocal dealing)이론

동 이론은 어떤 상품에 대하여 구매력이 있는 기업이 그 상품의 공급업자에 대하여 자기 또는 관련 회사로부터 다른 상품을 구입하도록 강제하고, 그것으로 그 다른 상품의 경쟁판매업자를 자기의 공급업자 측의 시장에서 배제하는 것을 저지하여야 한다는 이론이다. 이 이론은 Consoildeted Foods 사건판결219)에서 제기되었다.

---

216) O'Connell, "Bank Merger and Potential Competition", 43 *Fordham Law Review,* pp.767~777(1975).
217) 신영수, 앞의 글, 160~161쪽.
218) 신영수, 앞의 글, 158~159쪽.
219) FTC v. Consoildeted Foods Corp., 386 U.S 592(1962).

(3) 참호(entrenchment)이론

동 이론은 Proctor & Gamble 사건판결[220]에서 나타났다. 거대기업이 다른 시장의 유력한 기업을 취득하는 경우 그 피취득기업이 모회사인 거대기업의 경제력을 배경으로 약탈적인 가격설정이나 막대한 광고 선전비 지출을 할 수 있게 되고, 그 결과 그 시장의 경쟁기업을 압도하는 동시에 그 시장의 진입장벽을 높이게 되므로 이를 저지하여야 한다는 이론이다.

이 이론의 배경에는 거대기업의 발생이나 확장을 경계하고 경쟁 중소기업을 보호하여 시장에서의 경쟁자의 감소를 막는다는 발상에서 나왔다. 특히 참호이론의 경우는 거대기업이 그 경제력을 행사하여 한계비용을 낮추어 낮은 가격으로 판매를 하는 것, 즉 경제효율의 실현을 저지하는 것도 감수한다는 것이다.

그러나 1980년대 이후에는 거대기업이 다각화하였고, 각 부분에서 공통된 경영기법·제조업기술 등을 활용하는 것을 범위의 경제로서 생산효율을 높인다고 하여 높게 평가하게 되었다. 이에 따라 혼합결합에 대해서도 산업 간의 자산을 신속하게 재분배하는 것이나 무능한 경영진을 교체하는 것이므로 긍정적으로 평가하게 되었다. 따라서 위에서 논의한 바는 퇴색되게 되었다.

(1) 잠재적 경쟁의 저해

기업결합 심사기준에 의하면, "혼합형 기업결합이 일정한 거래분야에서 잠재적 경쟁을 감소시키는 경우에는 경쟁을 실질적으로 제한할 수 있다"고 규정하고 있다.[221] 여기에서 잠재적 경쟁은 1960연대 미국 연방대법원 El Paso Natural Gas 사건과 Penn-Olin 사건 사례를 바탕으로 발전된 이론이다.[222]

이러한 잠재적 경쟁이론은 실제적 잠재적 경쟁(actual potential competition)이론과 인식된 잠재적 경쟁(perceived potential competition)이론으로 구분된다. 전자는 기업결합이 없었다면 장래에 잠재적 경쟁자가 신규진입을 통하거나 교두보 확보 차원의 기업결합

---

220) FT v. Proctor & Gamble co., 386 U.S 568(1967).

221) Ⅶ-3.

222) United States v. El Paso Natural Gas., 376 U.S. 651(1964); United States v. Penn-Olin Chem. Co., 378 U.S. 158(1964); 심재한, "혼합형 기업결합 규제의 판단기준", 『경제법연구(제9권 제2호)』(한국경제법학회, 2010.12.), 5쪽.

을 통해서 결국 시장으로 진입했을 상황을 전제로, 기존의 사업자가 기업결합을 통해 다른 시장으로 진출하게 되면 미래에 발생할지도 모르는 신규진입이나 교두보확보를 위한 진입, 즉 미래의 실제적인 경쟁을 제거하므로 경쟁제한적이라고 한다. 후자는 시장의 외곽에서 당해 시장으로 진입할 의사와 능력을 가지고 시장진입의 기회를 찾는 사업자가 존재하는데, 이러한 사업자의 존재는 현재 시장 내 사업자들의 행태에 영향을 줄 수 있으므로 잠재적인 경쟁자가 기업결합으로 인해 그 시장으로 진입하게 된다면 시장진입을 노리던 대기자인 경쟁자가 사라져 시장 내의 사업자들은 더 이상 잠재적 경쟁자를 의식하지 않게 되고 또한 시장가격과 행태를 경쟁수준으로 유지하지도 않을 수 있는데, 이처럼 사태를 촉발하는 기업결합은 경쟁제한적이라고 한다.223)

이러한 잠재적 경쟁의 감소 여부는 다음 사항들을 고려하여 판단한다. 즉 ① 상대방 회사가 속해 있는 일정한 거래분야에 진입하려면 특별히 유리한 조건을 갖출 필요가 있는가, ② 당사회사 중 하나가 상대방 회사가 속해 있는 일정한 거래분야에 대해 ⓐ 생산기술, 유통경로, 구매계층 등이 유사한 상품을 생산하는 등의 이유로 당해 결합이 아니었더라면 경쟁제한 효과가 적은 다른 방법으로 당해 거래분야에 진입하였을 것으로 판단될 것, ⓑ 당해 거래분야에 진입할 가능성이 있는 당사회사의 존재로 인하여 당해 거래분야의 사업자들이 시장지배력을 행사하지 않고 있다고 판단될 것 중의 하나에 해당하는 잠재적 경쟁자인가를 고려하여야 한다.224)

(2) 경쟁사업자의 배제

기업결합 심사기준에 의하면, "당해 기업결합으로 당사회사의 자금력, 원재료 조달 능력, 기술력, 판매력 등 종합적 사업 능력이 현저히 증대되어 당해 상품의 가격과 품질 외의 요인으로 경쟁사업자를 배제할 수 있을 정도가 되는 경우에는 경쟁을 실질적으로 제한할 수 있다"고 규정하고 있다.225) 다만, 위의 경쟁제한 판단기준으로 제시한 "자금력,

---

223) 심재한, 위의 글, 5~6쪽.

224) 앞의 심사기준 Ⅷ－3－가. 하지만 미국 연방대법원 및 항소법원에서는 잠재적 경쟁이론의 공통의 적용 요건으로 ① 당해 시장이 집중적일 것, ② 잠재적 경쟁자의 수가 적을 것 이외에 실제적 경쟁이론의 적용을 위해서는 ① 취득기업이 당해 결합 이외에 시장에 진입할 수 있는 수단으로서 경쟁제한성이 덜 한 수단을 가지고 있을 것, ② 그와 같은 수단이 궁극적으로 당해 시장의 집중을 완화시켰을 상당한 개연성이 있을 것과 잠재적 경쟁이론과 관련하여 ① 취득기업이 인식된 잠재적 경쟁자일 것, ② 시장 밖에 있는 취득기업의 존재가 당해 시장의 친경쟁적 행태를 조장할 것이라는 요건의 충족을 제시하고 있다[신영수, "잠재적 경쟁이론의 내용과 실제 적용", 『경쟁법연구(제10권)』(한국경쟁법학회, 2004), 163~172쪽].

원재료 조달능력, 기술력, 판매력 등 종합적 사업 능력이 현저히 증대"는 경쟁제한보다는 경쟁촉진적인 효과를 발생시키는 요소로 보일 수 있다. 즉 기업결합을 통하여 기술력을 향상시킨다면 효율성 증대효과를 가져올 수 있는 것이고, 이는 경쟁촉진의 중요한 동기가 되기 때문이다. 그리고 기업결합이 효율성 증대효과를 가져온다면 이로 인하여 경쟁자에게 손해를 미친다는 사실만으로 경쟁법이 적용되지는 않는다고 보아야 할 것이다. 따라서 이 판단기준에 대해서는 경쟁사업자를 배제시킬 수 있는 '가격과 품질 외의 요인'을 적절하게 예시할 필요가 있다는 지적이 있다.226)

(3) 진입장벽의 증대

위의 기업결합 심사기준은 "당해 기업결합으로 시장진입을 위한 필요 최소 자금 규모가 현저히 증가하는 등 다른 잠재적 경쟁사업자가 시장에 새로 진입하는 것이 어려울 정도로 진입장벽이 증대하는 경우에는 경쟁을 실질적으로 제한할 수 있다"고 규정함으로써 진입장벽의 증대를 경쟁제한의 판단기준으로 제시하고 있다.227)

이러한 진입장벽의 증대를 경쟁제한의 판단기준으로 제시하는 것은 소위 시장참호이론 (market entrenchment theory)을 반영한 것이다.228) 하지만 기업결합 심사기준에서 규정한 시장진입을 위한 필요최소자금의 규모가 증가하였다는 이유로 혼합결합이 경쟁을 제한할 수 있다는 견해에 대해서는 의문이 제기되고 있다. 왜냐하면 어떤 사업자의 행위에 대하여 규제를 가하기 위해서는 최소한 그 사업자의 어떠한 구체적 행위나 그 행위의 효과가 경쟁에 어떠한 영향을 미칠 것인지, 특히 시장이나 궁극적으로 소비자에 미칠 영향을 고려해야 할 것이기 때문이다. 즉 적어도 상이한 A시장에서의 힘이 B시장에서 지렛대로 사용될 가능성이 현저하다거나 하는 등 분석이 필요하다.

---

225) 앞의 심사기준 Ⅶ－3－나.
226) 심재한, 앞의 글, 8쪽.
227) 앞의 심사기준 Ⅶ－3－다.
228) 시장참호이론은 미국에서 연방대법원이 Procter & Gamble 사건 사례[FTC v. Procter & Gamble Co., 386 U.S. 568(1967)]를 통하여 채택되었으나, 1980년대 이후 많은 비판과 함께 배척된 이론이다(심재한, 앞의 글, 9쪽).

(1) 경쟁사업자 배제 가능성

이건 기업결합으로 (주)하이트맥주와 (주)진로의 주류유통망에 대한 영향력이 매우 커질 것으로 예상된다. 특히, 기업결합 당사회사가 주류 도매상에 대해 가지고 있는 외상 매출채권, 기업결합 당사회사의 주류도매상에 대한 매출의 기여 정도 등을 고려할 때, 매출채권의 회수, 주류 공급거절 등은 효과적인 압력수단이 될 것으로 예상된다. ……이에 따라, 기업결합 당사회사는 주류 도매상과 거래함에 있어 끼워 팔기 등을 통해 판매력 등 종합적 사업능력이 현저히 증대될 우려가 존재한다.

(2) 진입장벽의 증대 가능성

……따라서 이 건 기업결합이 이루어질 경우 기업결합 당사회사의 주류 도매상에 대한 영향력이 더욱 커짐에 따라, 주류 시장에 신규로 진입하려고 하는 사업자는 주류 도매상을 확보하는 것이 그만큼 어려워지게 된다. 신규진입 사업자는 이 건 기업결합이 이루어질 경우 기업결합 당사회사와 경쟁할 수 있을 정도의 규모를 갖추어야 하고, 주류유통망을 확보하는 데 더 많은 시간과 비용이 소요되게 되므로 이 건 기업결합이 맥주시장에서의 진입장벽을 증대시켜 경쟁을 제한하는 것으로 판단된다.

소주시장에서 부산 등 5개 지역의 경우, 자신이 속한 지역의 소주업체가 지역주민들의 높은 선호도 등으로 인하여 매우 높은 점유율을 확보하고 있고, 그 외 전국 시장에서는 (주)진로의 시장지배력이 강력하기 때문에 신규 업체가 소주시장에 진입하는 것이 쉽지는 않으나, 이 건 기업결합이 이루어질 경우 기업결합 당사회사의 주류 도매상에 대한 영향력이 더욱 강해지게 되어 신규진입 업체는 주류 도매상 확보의 어려움이라는 추가적인 장애요소를 극복해야 하므로 신규진입이 더욱 어려워지게 된다고 판단된다.

(3) 잠재적 경쟁 저해 가능성

기업결합심사기준 Ⅶ. 3. 가. '잠재적 경쟁의 저해'는 다음 네 가지 요건을 모두 충족하는 경우 잠재적 경쟁을 제한함으로써 일정한 거래분야에서의 경쟁을 실질적으로 제한될 수 있다고 규정하고 있다. ……요건에 대해 살펴보면 (주)하이트맥주는 계열회사를 포함하여 자산총액이 2조 원을 초과하는 대규모회사이므로 첫 번째 요건을 충족하며, (주)진로의 시장점유율이 50% 이상이므로 세 번째 요건도 충족된다. (주)하이트맥주는 과거 소주업체인 보배(현 하이트주조)와 백학주조(현 충북소주)를 인수한 사례가 있고, 이 건 기업결합과 같이 (주)진로를 인수하려는 등 소주시장에 진입하려는 시도를 지속적으로 하고 있는 점, (주)진로는 소주가격을 인상할 경우 맥주가격과의 유사성 등 맥주가격을 고려하고 있고 (주)하이트맥주는 맥주시장의 가격선도업체이므로 결국, (주)하이트맥주는 소주시장의 가격선도업체인 (주)진로가 가격인상 등 시장지배력을 행사하는 데 일정한 제약요인으로 작용하고 있다고 인정되는 점 등에 비추어 볼 때 두 번째 요건도 충족된다고 판단된다. 마지막으로 (주)하이트맥주는 소주시장에서 (주)진로의 경쟁업체인 (주)두산, (주)대선주조, (주)무학, (주)보해양조, (주)금복주 등 주류사업 부문과 비교하여 자산총액, 매출액 등이 월등히 크므로 네 번째 요건도 충족된다고 판단된다.

제4절 경쟁제한 금지의 예외

1. 서설

위에서 살펴본 바와 같이 공정거래법 제7조 제1항에 의하면, "누구든지 직접 또는 대통령령이 정하는 특수한 관계에 있는 자(이하 '특수관계인'이라 한다)를 통하여 일정한 거래분야에서 경쟁을 실질적으로 제한하는 행위를 하여서는 아니 된다"고 규정하여 경쟁을 실질적으로 제한하는 기업결합을 금지하고 있다.

다만, 동법 제7조 제2항에 의하여 ① 당해 기업결합 외의 방법으로는 달성하기 어려운 효율성 증대효과가 경쟁제한으로 인한 폐해보다 큰 경우, ② 상당기간 대차대조표상의 자본총계가 납입자본금보다 적은 상태에 있는 등 회생이 불가한 회사와의 기업결합으로서 대통령령이 정하는 요건에 해당하는 경우에 대해서는 예외적으로 기업결합을 허용하고 있다.229) 따라서 이하에서는 위의 ①에 해당하는 효율성 증대효과(효율성의 항변)와 ②에

---

229) 다만, 적용 제외의 법적 성격에 대해서는 의문이 제기되고 있다. 즉 ① 위법성조각사유인가 아니면 ② 책임조각사유에 해당되는가와 관련하여 그 의미가 불분명하다고 지적한다. 이러한 논의가 행정적인 측면에서는 큰 의미가 없으나 형사법적인 집행과 관련해서는 그 의미가 크다고 할 수 있다[홍명수, "독점규제법상 기업결합의 규제체계와 효율성 항변에 대한 고찰", 『비교사법(제14권 제1호)』(한국비교사법

해당하는 회생이 불가피한 회사와의 기업결합(도산기업의 항변)에 대하여 살펴본다.

2. 효율성 증대효과

1) 개념

경쟁은 사업자들로 하여금 내부효율을 증대시키도록 한다. 기업결합 또한 기존 자산을 효율적으로 사용함으로써, 주어진 양과 품질의 상품을 기업결합이 없었을 경우, 기업결합 당사회사에게 가능했던 것보다 더 낮은 비용으로 생산함으로써 상당한 효율을 창출할 수 있게 된다. 이처럼 기업결합의 가장 큰 혜택은 효율의 창출가능성에 있다고 할 수 있다. 따라서 경쟁의 실질적 제한을 하는 경우라 하더라도 기업결합의 효율성이 증대되는 경우에는 예외로 인정하고자 하는 것이다.

이와 관련하여 공정거래법(제7조 제2항) 내지 기업결합 심사기준(Ⅷ－1)에 의하면, "효율성 증대효과란 생산·판매·연구개발 등에서의 효율성 증대효과 또는 국민경제 전체에서의 효율성 증대효과를 말한다"고 언급하고 있다.230) 또한 기업결합 심사기준에서는 효율성 증대의 판단요소 및 인정기준에 대하여 규정하고 있다. 이하에서는 그에 대하여 살펴본다.

2) 판단 요소

우리나라의 기업결합 심사기준에 의하면, 효율성 증대효과는 생산·판매·연구개발 등의 측면과 국민경제 전체의 측면이라는 두 측면에서 판단요소를 언급하고 있다.

(1) 생산·판매·연구개발 등과 관련 판단요소

생산·판매·연구개발 등에서의 효율성 증대효과와 관련해서는 ① 규모의 경제·생산설비의 통합·생산공정의 합리화 등을 통해 생산비용을 절감할 수 있는지, ② 판매조직을 통합하거나 공동 활용하여 판매비용을 낮추거나 판매 또는 수출을 확대할 수 있는지, ③ 시장정보의 공동 활용을 통해 판매 또는 수출을 확대할 수 있는지, ④ 운송·보관시

학회, 2007.3.), 176쪽].
230) 기업결합 심사기준 Ⅷ－1－가.

설을 공동 사용함으로써 물류비용을 절감할 수 있는지, ⑤ 기술의 상호 보완 또는 기술인력·조직·자금의 공동 활용 또는 효율적 이용 등에 의하여 생산기술 및 연구능력을 향상시키는지, ⑥ 기타 비용을 현저히 기여하는지를 고려하여 판단하도록 하고 있다.231)

(2) 국민경제와 관련 판단요소

국민경제 전체에서의 효율성의 증대효과와 관련해서는 ① 고용의 증대에 현저히 기여하는지, ② 지방경제의 발전에 현저히 기여하는지, ③ 전후방 연관 산업의 발전에 현저히 기여하는지, ④ 에너지의 안정적 공급 등 국민경제생활의 안정에 현저히 기여하는지, ⑤ 환경오염의 개선에 현저히 기여하는지 등을 고려하도록 하고 있다.232)

다만, 위의 심사기준에서 언급하고 있는 국민경제 전체에서의 효율성 증대효과는 국민경제의 차원에서 자원의 효율적인 배분에 기여하는 측면이 있기는 하지만, 다양한 정책목적이 결합함으로 인하여 효율성의 개념에 포섭하기 어려운 범위까지 확장될 가능성이 있다는 점에서 이에 포함시키는 것이 바람직하지 않다는 비판이 있다.233)

3) 인정 요건

기업결합 심사기준에 의하면, 기업결합이 효율성 증대효과로 인정받기 위해서는 ① 효율성의 증대가 실현 가능할 것, ② 기업결합 외의 방법으로 달성하기 어려운 것일 것, ③ 효율성의 크기가 경쟁제한의 폐해보다 클 것 등 요건을 모두 충족하도록 하고 있다. 반면 미국의 수평적 기업결합 가이드라인(Horizontal Merger Guidelines)에서는 이러한 효율성 판단과 관련하여 "효율성을 인식 가능하여야 하고(cognizable), 기업결합 특유(merger-specific)의 것이어야 한다"고 언급하고 있다.234) 이하에서는 기업결합 심사기

---

231) 기업결합 심사기준 Ⅷ-1-가-(1).
232) 기업결합 심사기준 Ⅷ-1-가-(2).
233) 권오승, "독점규제법의 문제점과 개선방안", 『인권과 정의』(1993.9.), 59쪽. 이를 인정하는 경우에는 입법론적으로 이를 적절하게 반영할 수 있는 방안을 마련하여야 할 것이며, "연방경제부장관은 개별 기업결합에 있어서 경쟁제한보다 기업결합의 경제 전체적 이익이 크거나 기업결합이 우월한 공공의 이익에 의하여 정당화되는 경우에 신청에 의하여 그 결합을 승인한다. 이 경우에 동법의 적용범위에 있지 않는 시장에서의 당해 기업의 경쟁력도 고려되어야 한다. 승인은 경쟁제한에 의하여 시장경제질서가 위협받지 않는 경우에만 할 수 있다"고 규정하고 있는 독일 경쟁제한방지법 제42조 제1항을 참고할 필요가 있다[Urlich Immenga & Ernst-Joachim Mestmäcker Hrsg., 『GWB Kommentar』(Verlag C.H. Beck, 2001), S.1584; 홍명수, 앞의 글, 182쪽].
234) 미국 수평적 기업결합 가이드라인 해석지침 4.

준의 내용을 중심으로 살펴본다.

(1) 효율성의 증대가 실현 가능한 것일 것

효율성 증대효과를 인정받기 위해서는 먼저 효율성의 증대가 실현 가능하여야 한다. 여기에서 효율성이란 경제학상의 효율성을 의미하는 것으로 ① 생산효율성(productive efficiency), ② 배분적 효율성(allocative efficiency), ③ 동적 효율성(dyanmic efficiency), ④ 거래효율성(transactional efficiency) 등이 포함되는데, 이 중 기업결합의 효율성이라 할 때에는 해당 기업의 기술적 효율성인 생산효율성을 의미한다고 할 수 있다.

즉 동일한 투입요소로 보다 많은 산출을 하거나 동일한 투입 요소로 보다 고품질의 산출을 하는 것을 말하며, 거래비용을 삭감하는 것도 이러한 생산효율성에 포함된다고 하겠다. 일반적으로 규모의 경제, 범위의 경제(economies of scale), 네트워크 경제, 물류정보경제(transactional and informational economies) 등의 경우에 생산효율성이나 기술적 효율성을 용이하게 인정될 수 있을 것이다.

이와 관련하여 미국 수평적 기업결합 가이드라인에서는 "효율성을 인식 가능하여야 한다"고 규정하였다. 외형적으로 우리나라의 경우 실질적 경쟁제한의 예외 개념으로 인정되기 때문에 실질적으로 경쟁제한이 있더라도 효율성의 증대가 실현 가능하다면 그러한 기업결합은 경쟁제한의 예외로 인정될 수 있다. 하지만 미국의 경우에는 우리나라와 달리 효율성 증대를 경쟁제한의 예외 사유가 아닌 경쟁제한 여부를 판단하는 하나의 요소로 보고 있으며 독점적 내지 독점에 가까운 기업결합의 경우 효율성 항변으로 인하여 기업결합이 정당화될 수 없다고 한다. 물론 미국 집행 당국의 경험에 의하면, 기업결합의 분석에 있어서 결합으로 인한 경쟁저해성이 그다지 크지 아니한 경우 효율성 항변이 중요한 역할을 한다고 한다.[235]

나아가, '인식 가능한 효율성(cognizable efficiency)'과 관련해서 기업결합이 그 성격 내지 크기와 관련하여 관련 시장 중 어느 곳에서도 경쟁제한적이지 않다면, 집행 당국은 이에 대한 이의를 제기하지 않는다.[236] 이러한 판단을 하기 위하여 집행 당국은 인식 가

---

[235] 위의 지침 4.

[236] 클레이턴법 제7조는 "어느 거래 영역에서나…… 미국 내의 어느 지역에서나" 경쟁을 실질적으로 제한하는 기업결합은 금지하고 있다. 따라서 집행 당국은 기업결합에 의하여 영향을 받는 관련 시장 각각에 대하여 경쟁제한성을 판단하며 관련 시장 중 어느 시장에서라도 경쟁제한적이라면 그 기업결합에 대하여 이의를 제기할 것이다. 그러나 사건에 따라서는 엄격한 의미의 관련 시장에서 발생하는 것은 아니나 관련 시장과 분리할 수 없이 연결되어 있어서 관련 시장에서의 경쟁제한 효과를 제거하기 위하여 자산

능한 효율성이 기업결합의 소비자에 대한 잠재적 피해를 상쇄하기에(예컨대, 시장에서의 가격인상을 차단하기) 충분한지를 판단한다. 즉 기업결합 후의 HHI와 HHI의 증가(동 가이드라인 제1절), 잠재적 반경쟁적 효과 분석(동 제2절), 그리고 신규진입의 직시성, 개연성, 그리고 충분성(동 제3절) 등을 통하여 인식 가능한 효율성을 판단하게 된다.

☞ **효율성과 전이(pass-on)**

결합 당사자가 취득한 효율성이 반드시 소비자 복리로 이전(pass-on)되어야 효율성 항변으로 인정할 것인가의 문제가 제기되고 있다. 이와 관련 소비자 잉여기준(consumer surplus standards)과 총잉여기준(total surplus standards) 가운데 어느 것을 더 중시할 것인가의 논의가 있다.

즉 기업결합으로 인하여 기업의 시장지배력이 증가할수록 그 이익을 소비자에게 이전하지 않고 기업이 향유할 가능성이 높아지기 때문에 소비자 복리를 위하여 이익이 소비자에게 이전되어야 효율성 항변이 인정된다는 견해와 기업결합 당사자에게 이러한 요건을 요구할 경우 결과적으로 효율성을 인정하여야 할 대부분의 기업결합이 금지되거나 이익 이전의 가능성이 희박하다는 이유만으로 거대한 효율성이 발생하는 기업결합이 규제될 수 있다는 견해 등이 있다.[237]

생각건대, 기업결합으로 한계비용을 낮추는 효율성을 획득한다 하더라도 높아진 집중도를 이용하여 생산량을 감소하고 가격을 인상하여 얻은 이익 전부를 결합기업이 차지한다면 그러한 결합은 효율성을 이유로 허용될 수 없다고 하겠다.[238] 미국의 일부 법원도 당사자가 그 이익이 소비자에게 이전된다는 것을 입증하지 못하면 효율성 항변을 배척하여야 한다는 입장을 취하고 있다.[239] 우리 공정거래위원회 역시 SK텔레콤의 신세기 통신 인수사건, 인천제출의 삼미특수강 인수사건 등에서 효율성으로 영업이익이 증가된다 하더라도 소비자 후생증대로 연결되지 않는다는 이유로 효율성 증대효과를 인정할 수 없다고 판단하여 효율성으로 발생한 이익의 이전을 요구하는 입장이라고 할 수 있다.[240]

의 일부 매각, 기타 시정조치를 함으로써 다른 시장에서의 효율성을 희생하지 않을 수 없는 경우에는 그 효율성을 고려하여야 한다. 따라서 분리할 수 없이 연결된 효율성은 기업결합에 대한 이의제기 여부에 관련한 집행 당국의 결정에 중요한 요인이 된다고는 할 수 없다. 다만, 효율성이 매우 크고 관련 시장에서의 경쟁제한적 효과가 적은 경우에는 집행 당국의 결정에 영향을 미칠 개연성이 높다고 하겠다.

237) 이에 관련하여 총잉여를 기준으로 파악하여야 한다는 견해와 소비자후생을 기준으로 파악하여야 한다는 견해 및 양자의 구별의 실익이 없다고 하는 견해 등이 있는데, 이에 대한 구체적인 논의는 다음을

☞ 대법원 2004.12.9. 선고 2002두12076 판결(SK텔레콤의 신세기 통신 인수사건)

　　원고의 이 사건 행위는 주식회사 신세기통신과의 기업결합의 승인 조건을 이행하기 위하여 2001년 6월까지 이동통신 서비스시장에서 시장점유율을 낮추면서도 일시적으로 그 하락 속도를 완화하기 위한 원고의 필요에서 비롯되었고, 원고는 SKT를 위하여 부담하게 된 이자비용에도 불구하고 이동통신 서비스 가입자 증가로 인하여 SKT의 단말기 매출증가 이익을 훨씬 능가하는 이익을 얻게 되었으며, SKT가 공급하는 사업자 모델로 무이자 할부채권의 양수 대상을 한정한 것도 사업자 모델과 유통 모델의 제품 특성 및 유통 구조의 차이나 당시의 거래 관행 등에 비추어 효과적인 영업활동으로 인정할 수 있을 뿐 아니라, SKT에 이익을 주기 위한 행위를 하여야 할 긴급한 경영상의 필요가 있었다고도 보이지 않으므로, 비록 2000년 6월 이후 단말기 보조금 금지로 SKT의 매출이 감소하여 경영상 어려움이 예상되는 상황에서 이 사건 행위로 인한 결과가 SKT에 유리하게 귀속되었다고 하더라도 그것만으로는 이 사건 행위의 주된 의도가 SKT가 속한 일정한 거래분야에서 경쟁을 제한하고 기업집단의 경제력집중을 강화하기 위한 것이라고 판단되는 경우에 해당하지 않는다고 할 것이다.

참조[손영화, "기업결합규제의 효율성항변 – 후생기준의 적용을 중심으로", 『경제법연구(제10권 제1호)』(한국경제법학회, 2011), 15~20쪽]. 홍탁균, "기업결합의 규제와 관련한 효율성 항변과 도산기업 항변에 관한 연구", 『검찰(제116호)』(대검찰청, 2005.11.), 164~165쪽.
238) Hovenkamp, 앞의 책, p.509.
239) FTC v. Univ. Health, 938 F. 2d 1206, 1222~1223(11th, Cir. 1991)(피고는 반드시 추진된 인수가 중요한 경제적인 효율성을 창출하고, 이렇게 창출된 효율성은 종국적으로 경쟁을 촉진하고 소비자에게 이익을 가져다 준다는 점을 입증하여야 한다). United States v. United Tote, 768 F. Supp. 1064, 1084~1085(D. Del. 1991)(효율성 항변을 인정하지 아니하는 것은 부분적으로 이러한 이익이 소비자에게 전이된다는 보장이 없기 때문이다) [곽상현, 앞의 수평결합에 대한 경쟁제한성 판단기준, 207쪽].
240) 홍탁균, 앞의 글, 167쪽; 곽상현, 위의 수평결합에 대한 경쟁제한성 판단기준, 207쪽.

당사자 기업은 기업결합에 따른 판매량 증가에 의한 영업이익 증가를 효율성으로 주장하였는데, 이에 대하여 공정거래위원회는 "효율성 증대효과를 경쟁제한성 완화 요인으로 인정하는 것은 원가절감 요인이 가격 인하로 연결되어 경쟁을 촉진시키고 소비자 후생을 증대시킬 수 있기 때문에, 설사 위와 같은 영업이익의 증가가 실현된다고 하더라도 소비자 후생 증대로 연결되지 않으므로 효율성 증대효과를 인정할 수 없다"고 판단하였다.

(2) 기업결합 외의 방법으로 달성하기 어려운 것일 것

효율성 증대효과는 당해 기업결합 이외의 방법으로는 달성하기 어려운 것이어야 한다. '기업결합 이외의 방법으로 달성하기 어려운 것'이란 미국 수평적 기업결합 가이드라인에서는 '기업결합 특유한 것(merger – specific)'이라는 표현을 사용하고 있다. '기업결합 특유의 것'이란 결합기업이 일정한 수량과 특정 품질을 생산함에 있어서 기업결합 없이 달성할 수 있는 효율성보다 기업의 결합으로 인하여 획득하는 효율성이 더 큰 경우를 말한다. 만약 결합된 기업이 결합 이전 기업 각각으로부터 효율성이 떨어진 생산시설을 하나씩 가져와 보다 효율성 좋은 생산시설로 통합할 수 있고, 그로 인한 비용의 절감이 그러한 결합이 없을 경우 실질적으로 달성되기 어려운 경우, 즉 결합 당사회사 중 하나의 기업이 자체적으로 효율성이 떨어지는 두 개의 생산라인을 융합하거나 혹은 내부적인 확장을 통해서는 효율적인 생산라인을 획득할 수 없는 경우 기업결합 특유한 것이라고 할 수 있다.

다만, 결합에 따른 경쟁저해성을 평가하기 위한 집중도 기준은 모든 결합이 어느 정도 효율성을 창출한다는 점을 전제하고 있기 때문에 항변으로 인정될 수 있는 효율성은 일반적으로 예상되는 효율성을 넘어서 보다 '특징적(extraordinary)'일 필요가 있다.[241] 예를 들면, 결합기업은 우수한 혁신사례를 받아들이거나 혹은 낡은 장비를 현대화하는 방법으로 비용을 절감할 수 있을 것으로 믿을 수 있는데, 만약 이러한 비용절감이 기업결

---

241) 예를 들면, FTC v. Staples, 970 F. Supp. 1066, 1090(D.D.C. 1997)(효율성의 일환으로 고용인의 건강보험 비용을 절약할 수 있다는 주장을 배척)(Hovenkamp, 앞의 책, p.509).

합과 관계없이 달성될 수 있는 것이라면 그것은 기업결합 특유의 것이라고 할 수 없다. 반면, 기업결합이 내부적인 성장에 비하여 규모의 경제 달성을 더욱 촉진하는 것으로 예상된다면 이러한 비용절감은 기업결합 특유의 것이라고 할 수 있다.[242]

(3) 효율성의 크기가 경쟁제한의 폐해보다 클 것

효율성 크기가 경쟁제한의 폐해보다 커야 한다. 이처럼 효율성 증대에 따른 효율성 크기와 경쟁제한의 폐해를 비교하는 것은 미국 판례에서 인정되는 '합리의 원칙'을 도입하면서 인정된 것이다.[243]

☞ **합리의 원칙**

동 원칙은 1911년 스탠더드 오일(Standanrd Oil)사건[244]에서 확립된 원칙이다. 동 사건 사례는 법문상 일체의 거래제한행위를 금지하는 셔먼법 제1조와 관련하여 거래를 제한하는 합의가 있다고 하더라도 그것이 불합리한(unreasonable) 경우에 한해서만 위법성이 인정된다고 판단하면서, 합리성의 기준(Standard of reason)은 보통법상으로 통용되어 왔고 또 셔먼법하에서도 여전히 타당한 위법성의 척도(measure of illegality)라고 판시한 연방대법원의 사건이다. 이 판결 이후 특정 행위에 대한 위법성을 판단함에 있어서 당해 행위의 동기와 목적, 행위자의 시장에서의 지위와 당해 행위의 사회적 상당성, 당해 행위가 시장에 미치는 영향, 당해 행위를 정당화하는 사유의 존재 등 일체의 제반 사정을 고려하여 심사하게 되었다.[245]

즉 이 원칙에 따라 양자의 크기를 비교하기 위해서는 수요의 탄력성, 비용절감의 정도와 가능성, 시장지배력 증가로 인한 소비자의 피해, 그리고 기술혁신의 효율성의 경우 혁신의 유포 정도와 유포 간 등 복잡한 변수들을 파악하여 고려하여야 한다. 그런데 법원이 이를 고려하여 기업결합의 효율성과 경쟁제한성을 비교 분석한다는 것은 사실상 거의 불가능하다.[246] 특히, 기업결합을 하기 이전에 이를 예측한다는 것은 더욱 어렵다. 미 연

---

242) 미국 수평적 기업결합 가이드라인 해설서 50쪽.
243) Phillip E. Areeda, op.cit., p.1511.
244) Standard Oil Co. on New Jersey v. United States, 221 U.S. 1(1911).
245) 정호열, 앞의 책, 126쪽; 권오승, 앞의 책, 99쪽.

방법원뿐만 아니라 학자들도 이를 비교할 구체적인 방법을 제시하지 못하고 원칙적인 수
준에서 이를 비교할 수밖에 없다는 사실을 인정하고 있다. 물론 이러한 소극적인 태도에
대하여 비판도 제기되고 있다.247)

(4) 편익 이전 요건의 요부

이에 대해서는 우리나라 기업결합 심사기준에는 언급이 없다. 하지만 일반적인 근거로
합병으로 인하여 기업의 생산적 효율성이 발생하는 경우, 즉 생산비가 감소되는 경우에
고도로 경쟁적인 시장하에서의 기업은 생산비용 감소로 인한 편익의 일정 부분을 가격인
하의 형태로 소비자에게 이전하겠지만, 기업결합으로 인하여 기업의 시장지배력이 증가
할수록 그 편익을 소비자에게 이전하지 않고 기업이 향유할 가능성이 높아지기 때문에
소비자 복지를 위하여 편익이 소비자에게 이전되어야 한다는 요건이 필요하다고 한
다.248)

그러나 이러한 요건에 대하여 반대하는 견해도 있다. 일반적으로 규제대상이 되는 기
업결합은 거의 언제나 경쟁적이지 않는 시장상황(즉 시장지배력이 발생하는 상황)에서
이루어지는데, 당사자 기업에게 편익 이전을 입증하도록 하는 것은 너무나 가혹한 요건
이어서 효율성을 인정하여야 할 대부분의 기업결합이 규제의 대상이 될 수밖에 없다는
것이 그 근거로 제시되고 있다.249) 또한 이러한 편익 이전 요건을 요구하는 경우에 사실
상 편익 이전의 가능성이 거의 희박하여 거대한 효율성이 발생하는 기업결합이라도 규제
의 대상이 될 수밖에 없어 위 요건은 불필요하다는 견해도 있다.250) 이 외에도 고도로
경쟁적인 시장하에서의 기업은 생산비용 감소로 인하여 증가된 이익의 일정 부분을 가격
인하의 형태로 소비자에게 이전하지만, 기업결합으로 인하여 기업의 시장지배력이 증가
할수록 그 편익을 소비자에게 이전하지 않고 결합기업이 향유할 가능성이 높아지는데 이
는 미시경제이론에 배치된다는 점,251) 그리고 위의 편익이전 요건이 필요하다는 견해에

---

246) ThomasL. Greaney, "Regulating for Efficiency in Health Care Through the Antitrust Laws", 1995
　　 Utah L. Rev., 465, 470~472.
247) Phillip E. Areeda, op.cit., p.1511.
248) Paul L. Yde & Michael G. Vita.
249) Robert Pitofsky, "Proposals for Revised United States Merger Enforcement in a Global Econmoy",
　　 81 Geo. L. J. 195, 207~208(1993); Joseph F. Brodley, "Proof of Efficiencies in Merger and Joint
　　 Ventures", 64 Antitrust L. J. 575, 584(1996).
250) Dennis Yao & Thomas N Dahdouh, "Information Problems in Merger Decision Making and Their
　　 Impact on Development of an Efficiencies Defense", 62 Antitrust. J. 23, 41~43(1993).

대해서, 만일 편익이전 요건이 기업결합으로 인한 효율성 전체가 기업결합 후 가격에 충분히 반영되어 효율성만큼의 가격인하가 이루어진다면, 그러한 기업결합은 당해 기업에게 아무런 이익도 가져다주지 않으므로 부당하다는 견해[252] 등이 제시되고 있다.

하지만 효율성이 경재제한성보다 더 크다는 요건이 전적으로 효율성에 의한 가격인하효과와 경쟁제한성에 의한 가격상승 효과만을 비교해야 하는 것은 아니므로, 가격상승에 따른 소비자잉여 감소를 방지하기 위하여 편익이전 요건은 필요하다고 본다. 우리나라 공정거래위원회의 태도도 효율성으로 발생한 편익의 이전을 요구하는 입장을 취하고 있다.

다만, 이처럼 편익이전 요건이 필요하다면 이를 어떻게 입증할 것인가가 문제된다. 통상 당사자 기업이 효율성은 합병 고유의 것이라는 점, 효율성이 쉽게 모방 가능하다는 점, 장기적으로 가격하락 효과를 가진다는 점 등을 모두 입증하여야 할 것이다. 특히, 기업결합 특유의 효율성이 모방되어 시장 전체로 전파되는 경우에는 단기적으로 시장지배력을 발생시키고 가격인상 효과가 나타나겠지만, 장기적으로는 공급곡선을 이동시켜 가격인하의 효과를 초래하게 될 가능성이 있다.[253] 이러한 경우에는 효율성을 주장하는 당사자는 효율성이 기업결합에 특유한 것임과 효율성 모방으로 인하여 장기적으로 가격인상이 일어나지 않음을 증명함으로써 편익이전 요건을 입증하여야 할 것이다.

(5) 입증책임

기업결합 심사기준에 의하면, 효율성 증대효과는 가까운 시일 내에 발생할 것이 명백하여야 하며, 단순한 예상 또는 희망사항이 아니라 그 발생이 거의 확실한 정도임이 입증될 수 있어야 하고, 또한 그 효율성은 당해 결합이 없었더라도 달성할 수 있었을 효율성을 제외한 당해 결합으로 인한 순효율성에 한정된다고 규정하고 있다.[254] 다만, 최근동 심사기준이 개정되면서 새로이 포함된 조항으로 당사자에 대하여 더 무거운 입증책임을 지우는 한편, 효율성의 크기가 계량화될 수 있다는 점을 전제로 함으로써 종전보다효율성 증대효과가 인정될 가능성은 더욱 어려워졌다.[255]

---

251) Paul l. Yde & Michael G. Vita, "Merger Efficiencies: Reconsidering The 'Passing‑on' Requirement", Antitrust Law Journal, Spr., 1996, American Association, Chap. Ⅰ.
252) Paul l. Yde & Michael G. Vita, ibid., Chap. Ⅲ.
253) Gray L. Robert & Steven C. Salop, "Efficiency Benefits in Dynamic Merger Analysis", 62 Antitrust L. J. 522~527(1994).
254) 심사기준 Ⅷ‑1‑나‑(2).
255) 홍대식, 앞의 글, 199쪽; 곽상현, 앞의 수평결합에 대한 경쟁제한성 판단기준, 205쪽.

일반적으로 결합 당사자가 결합 특화적인 효율성에 관하여 구체적인 주장을 하면, 경쟁 당국 또는 법원은 당사자가 제출한 자료의 정확성을 포함하여 경제 분석방법의 정당성, 경제 분석의 전제가 되는 가정의 합리성, 도출된 결론이 가정과의 일치성 등에 관하여 면밀한 심사를 하여야 할 것이다.

미국의 경쟁 당국은 현재 증명 과정에서 밝혀진 미세한 오차를 문제 삼아 효율성 항변을 기계적으로 기각하지 않고 있으며 또한 추진된 결합 이전에 그러한 효율성이 달성된 적이 없다는 이유만으로 효율성 항변을 기각하지도 않고 있다.[256]

4) 효과

위와 같이 효율성의 증대가 실현 가능하고, 그것이 당해 기업결합 이외의 방법으로는 달성하기 어려우며, 효율성 크기가 경쟁제한의 폐해보다 크고, 효율성으로 인한 이익이 소비자에게 이전된다는 요건을 만족하면 효율성 증대효과를 인정하게 될 것이다. 반면 이러한 요건을 만족하지 않으면 효율성 증대효과는 인정될 수 없다고 하겠다. 효율성 증대효과가 인정되지 않게 되면, 우리나라의 공정거래법 제16조 제1항 제8호에 따라 규제 대상인 기업결합에 대하여 공정거래위원회가 '기타 법 위반 상태를 시정하기 위하여 필요한' 시정조치를 취할 수 있다. 또한 위와 같은 규정에 근거하여 공정거래위원회는 시장점유율 제한이나 가격 제한 등 여러 가지 제한조건에 대한 시정조치도 부가할 수 있다. 이는 기업결합 자체가 전면적으로 불허된다는 것을 의미하는 것이 아니라 일정한 제한조건하에 기업결합이 허용된다는 것을 의미한다.

> ☞ **대법원 2008.5.29. 선고 2006두6659 판결**
>
> 공정거래법 제7조 제2항에서는 당해 기업결합 외의 방법으로는 달성하기 어려운 효율성 증대효과가 경쟁제한으로 인한 폐해보다 큰 경우(제1호)에 해당한다고 공정거래위원회가 인정하는 기업결합에 대해서는 법 제7조 제1항의 규정을 적용하지 아니하며, 이 경우 해당요건을 충족하는지에 대한 입증은 당해 사업자가 하여야 한다고 규정하고 있는바, 이러한 당해 기업결합으로 인한 특유의 효율성 증대효과를 판단함에 있어서는 기업의 생산·판매·연구개발 등의 측면 및 국민경제의 균형발

---

256) 가이드라인 해설서, 52쪽.

전 측면 등을 종합적으로 고려하여 개별적으로 판단하되, 이러한 효율성 증대효과는 가까운 시일 내에 발생할 것이 명백하여야 한다.

원고들 주장의 효율성 증대효과 대부분이 이 사건 기업결합으로 인한 특유의 효율성 증대효과에 해당한다고 보기 어려울 뿐만 아니라, 국내 소비자 후생 등과 관련이 없으므로 효율성 증대효과로 인정하기에 부족하고, 달리 이 사건 기업결합의 효율성 증대효과가 경쟁제한으로 인한 폐해보다 큰 경우로 볼 수 없다는 이유로, 이 사건 기업결합이 효율성 증대를 위한 기업결합에 해당한다는 원고들의 이 부분 주장을 배척하였다.

☞ **공정거래위원회 2003.9.4. 의결 제2003 – 146호 사건번호 2003기결1176**

동 심결례는 (주)LG화학 및 (주)호남석유화학이 (주)현대석유화학의 주식을 취득한 사건 사례이다. 동 사건에서 피심인들은 (주)현대석유화학의 설비를 인수함으로써 규모의 경제를 실현하고 그로 인하여 생산비용 절감, 생산라인의 공정합리화 및 전문화를 통한 생산성 증대, 원재료 공동 구매, 물류비용의 절감 등을 이 건 기업결합의 효율성 증대효과로 주장한다. 그러나 법 제7조 제2항 제1호는 "당해 기업결합 외의 방법으로는 달성하기 어려운 효율성 증대효과가 경쟁제한으로 인한 폐해보다 큰 경우"를 예외인정 사유로 규정하고 있다. 그런데 피심인들이 주장하는 이들 효율성 증대효과가 반드시 이 건 기업결합을 통해서만 실현 가능한 것으로 당해 기업결합 특유의 효과(merger – specific efficiency)로 보기 어렵고, 이 건 기업결합으로 인한 경쟁제한적 폐해보다 크다고 인정할 만한 명백한 증거 또한 없으므로 이 건 기업결합의 예외의 인정사유로 보기는 어렵다고 판단된다. ……(중략)…… 과거 수년간 지급이자가 영업이익보다 커서 경상이익이 적자를 기록하고 있는 (주)현대석유화학의 재무상황을 고려하더라도 자본 총계가 자본금보다 항상 초과 상태로서 자본잠식 상태가 아닌 점과 2002년부터 큰 폭의 이익이 실현된 점 및 채권금융기관의 채무재조정 이전 2001년 6월 채권금융기관의 (주)현대석유화학에 대한 기업신용위험 상시 평가에서 '유동성 문제이나 회생 가능 기업'으로 평가된 점 등에 비추어 볼 때 회생이 불가한 회사로 보기는 어렵다고 판단된다. 또한 (주)현대석유화학의 인수

에 대해 피심인들 외에 피심인들보다 점유율이 낮은 (주)동양제철화학 등 다른 업체
도 인수 의사를 밝히고 있어 '본건 기업결합보다 경쟁제한성이 적은 다른 기업결합
이 이루어지기 어려운 경우'에 해당되지 않으므로 이 또한 이 건 기업결합의 예외인
정 사유로 보기는 어렵다고 판단된다. 따라서 피심인들이 주장하는 효율성 증대효과
는 당해 기업결합 특유의 효과로 보기 어렵다고 판단되므로 기업결합의 예외인정
사유에 해당되지 않는다고 결정하였다.

3. 회생이 불가피한 회사와의 기업결합

1) 회생이 불가피한 회사의 의의

(1) 개념

공정거래법 제7조 제2항 제2호 규정의 "회생이 불가능한 회사라 함은 회사의 재무구
조가 극히 악화되어 지급불능의 상태에 처해 있거나 가까운 시일 내에 지급불능의 상태
에 이를 것으로 예상되는 회사를 말한다"고 규정하고 있다.[257]

그런데 이처럼 회생이 불가피한 회사와 기업결합을 하는 경우, 그 결과가 만약 경쟁제
한이 된다면 원칙상 이러한 기업결합은 금지된다고 하겠다. 다만, 그러한 기업결합이 도
산에 의한 시장퇴출을 방지하기 위한 유일한 대안이라면 이에 대해서는 예외적으로 허용
할 수 있다고 한다. 물론 이러한 예외를 인정받기 위해서는 기업결합 심사기준에서 규정
하고 있는 일정한 요건을 만족하여야 한다.

(2) 인정근거

'도산기업의 항변' 이론은 미국의 파탄기업의 이론(failing company doctrine)에 그 바
탕을 두고 있으며,[258] 위 항변의 인정근거에 대해서는 ① 효율성설, ② 비경쟁효과설,
③ 난관회피설의 대립이 있다.

---

257) 기업결합 심사기준 Ⅷ－2－가.
258) 미국 수평적 기업결합 가이드라인 5.

효율성설(efficiency theory)이란 파탄기업이 새로운 경영진이나 자본의 유입에 의하여 활성화될 수 있다는 견해를 말하며, 비경쟁효과설(noncompetition impact theory)은 파탄기업은 매수자기업에 대하여 경쟁적 상대가 되지 못하므로 경쟁이 위협된다고 볼 수 없다는 견해이고, 마지막 난관회피설(avoiding hardships theory)은 파탄기업이 기업결합을 금지당하여 파산되도록 방치되었을 때, 이로 인해 종업원들이 실직을 하거나 임금을 받지 못하게 될 뿐 아니라 채권자 내지 기업소유자도 부당한 손해를 입게 될 수 있으므로 이를 저지하기 위한 사회적 고려를 그 근거로 보는 견해를 말한다.259) 미 연방법원이나 의회가 위의 견해 중에서 어떠한 견해를 취하고 있는지는 명백하지 않지만, 대체로 ③설인 난관회피설을 취하고 있는 것으로 보인다.260)

2) 판단요소

기업결합 심사기준에 의하면, 회생이 불가한 회사의 판단기준으로 다음을 고려하여 판단하도록 하고 있다.261) 다음의 요소란 ① 상당기간 대차대조표상의 자본총액이 납입자본금보다 적은 상태에 있는 회사인지, ② 상당기간 영업이익보다 지급이자가 많은 경우로서 그 기간 중 경상손익이 적자를 기록하고 있는 회사인지, ③ 채무자회생및파산에관한법률 제34조 및 제35조의 규정에 따른 회생절차의 개시의 신청 또는 동법 제294조 내지 제298조의 규정에 따른 파산신청이 있은 회사인지, ④ 당해 회사에 대하여 채권을 가진 금융기관이 부실채권을 정리하기 위하여 당해 회사와 경영위임계약을 체결하여 관리하는 회사인지를 고려하여 판단하여야 한다.262)

3) 요건

이러한 회생이 불가한 회사와의 기업결합이 경쟁제한의 예외로 인정받기 위해서는 회

---

259) Derek C. Bok, "Section 7 of the Clayton Act and the Merging of Law and Economics", 74 Harvard L. Rev. 226, 339~347(1960); 신창섭, "미 클레이튼법에서의 기업결합규제에 관한 연구 - 제7조의 해석을 중심으로-"(고려대학교 대학원 석사학위논문, 1986), 37~38쪽; 홍탁균, "기업결합규제의 예외에 관한 법적연구: 효율성 항변과 도산기업항변을 중심으로"(성균관대학교 대학원 석사학위논문, 2002.6.), 39~40쪽.
260) S. Chesterfield Oppenheim, Glen E. Weston, J. Thomas McCarthy, 『Federal Anttrust Laws(4th ed.)』 (West Publishing Co., 1981), p.461; 신창섭, 위의 논문, 38쪽; 홍탁균, 위의 논문, 40쪽.
261) 회생이 불가한 사업부문의 경우도 마찬가지이다(기업결합 심사기준 Ⅷ-2-가).
262) 기업결합 심사기준 Ⅷ-2-가.

생이 불가한 회사라는 사실 이외 ① 기업결합을 하지 아니하는 경우 회사의 생산설비 등이 당해 시장에서 계속 활용되기 어려운 경우, ② 당해 기업결합보다 경쟁제한성이 적은 다른 기업결합이 이루어지기 어려운 경우이어야 한다.263)

이와 관련 1992년 미국 수평적 기업결합 가이드라인에서는 다음의 요건을 제시하고 있다. ① 도산기업이 가까운 시일 내에 재정적인 부채를 충족할 수 없게 되고, ② 도산법 절차에 의하더라도 그 기업이 성공적으로 재건될 수 없으며, ③ 비록 실패한 경우이더라도 그 기업이 관련 시장에서 유형 혹은 무형의 재산을 보존하는 동시에 추진된 결합보다도 더 경쟁저해성이 적은 다른 방법을 강구하기 위하여 충실한 노력을 하였고, ④ 그 결합이 없는 경우 실패한 기업의 재산이 관련 시장에서 퇴출되는 경우로 적시하고 있다.264)

(1) 회생이 불가한 회사이어야 한다

회생이 불가한 회사와의 기업결합으로 인정받기 위해서는 먼저, 회생이 불가한 회사에 해당되어야 한다. '회생이 불가한 회사인가'는 위에서 언급한 기업결합 심사기준 Ⅷ - 2 - 가에 따라 판단하도록 하고 있다. 즉 위 2)에서 언급한 판단요소 중 ①과 ②의 경우는 기업결합이 없다면 그 기업은 파산될 것이라고 판단하게 될 것이다. 다만, 자본금 부족·경상수익 감소 등의 제시만으로 위의 회생이 불가한 회사라고 판단하는 것은 곤란하고, 도산의 개연성이 매우 크다는 사실을 구체적으로 제시하여야 할 것이다. 반면 위 판단요소 중 ③과 ④에 해당하는 경우는 회생절차나 파산의 신청과 같은 방식의 도산 절차나 기업개선 작업을 통하여 경영을 계속하면서 기업의 유지·재건을 도모하는 기업을 들 수 있다. 이러한 기업들이 위의 절차를 통하여 기업갱생의 기회를 갖게 되어 해당 기업이 기업결합의 대상이 되지 않고 자력으로 갱생하게 될 경우에는 도산전의 시장구조가 그대로 보존될 것이므로 기업결합을 하는 경우에 비하여 경쟁에 유리하다고 하겠다. 따라서 단순히 회생절차 내지 파산 개시의 신청이나 금융기관의 관리를 받고 있다는 점만으로는 회생이 불가한 회사로 판단할 수 없고, 기업회생의 절차와 같이 기업의 유지·재건을 위한 갱생절차나 기업결합 이외의 방법에 의하여 성공적으로 구조조정을 할 가망성이 없다는 요건을 충족하여야 할 것이다.265) 즉 회생이 불가한 회사임을 판단하는 데에는 위의 4가지의 요소뿐만 아니라 실질적인 회사의 재무상태, 장래의 시장변화 등을 종

---

263) 공정거래법 제7조 제2항 제2호 및 동 시행령 제12조의4, 기업결합 심사기준 Ⅷ - 2 - 나.
264) 1992 수평적 기업결합 가이드라인 5.1.[http://www.ftc.gov/bc/docs/horizmer.shtm].
265) 홍대식, 앞의 글, 348~350쪽.

합적으로 고려하여 판단하여야 할 것이다.266)

이와 관련 미국의 수평적 기업결합 가이드라인에서는 회생이 불가한 회사와의 기업결합을 주장하기 이전에 '파산법 제11장에 따라 성공적으로 재건할 가능성이 없음(it would not be able to reorganize successfully under Chapter 11 of the Bankruptcy Act)'을 입증하도록 요구하고 있다.267) 하지만 미국도 우리나라와 마찬가지로 입증의 어려움으로 느끼고 있으며, 이러한 요건을 삭제해야 한다는 견해도 있다.268) 미 연방대법원도 동 요건을 명시적으로 요구하고 있지 않다고 언급하여 위의 요건이 문제가 있음을 묵시적으로 인정하고 있다.269)

(2) 회사의 생산설비 등이 당해 시장에서 계속 활용되기 어려울 것

회생이 불가한 회사로 인정받기 위해서는 회생 불가한 회사라 하더라도 당해 기업결합이 아니라면 관련 기업의 생산설비 등이 당해 시장에서 계속적으로 활용되기 어려워야 한다. 이러한 요건은 자유시장경제 체제에서 기업 퇴출은 자원의 효율적 배분을 촉진시키는 기능을 수행하지만, 예외적으로 시장에서 퇴출될 위험이 있는 도산기업의 자산을 시장에서 보존할 가치가 있는 경우에는 기업결합을 허용하여 이를 보존하는 것이 사회적 손실을 줄일 수 있다는 점에 그 근거를 두고 있다.270)

그런데 기업의 파탄은 광범위한 초과 생산능력, 경영상의 비효율성 또는 두 가지의 결합으로 인하여 발생될 수 있는데, 그 원인이 광범위한 초과 생산능력 때문이라면 도산기업의 자산이 시장에서 완전히 제거되는 것이 효율적이겠지만, 경영상의 비효율성 때문에 기업결합을 통한 효율성 향상과 경쟁제한적 영향을 비교 형량하여 기업결합을 허용하여야 할 경우도 있을 것이다.271)

예를 들면, 자산 퇴출의 확률이 1인 경우와 1보다 작은 경우로 나누어 살펴본다. 통상 자산 퇴출을 하게 되면, 시장 전체로는 그만큼 생산량의 감소가 발생할 것이고,272) 이는

---

266) 홍탁균, 앞의 석사학위논문, 48쪽
267) 1992 미국 수평적 기업결합 가이드라인 5.1.
268) Edward O. Correia, "Perspective on Efficiencies and Failing Firms in Merger Analysis: Re-examining the Failing Company Defencie", 64 Antitrust L. J. 683(Spr. 1996), Chap. Ⅱ, B.
269) 홍탁균, 앞의 석사학위논문, 47~48쪽.
270) 홍탁균, 위의 석사학위논문, 48~49쪽; 홍대식, 앞의 글, 351쪽; Herbert Hovenkamp, op.cit., p.494.
271) 홍대식, 앞의 글, 352~253쪽; 문준우 · 김지훈, "공정거래법상 도산기업의 항변에 관한 비교법적 연구", 『법학논총(제18권 제1호)』(조선대학교 법학연구원, 2011.4.30.), 379쪽.
272) 위의 견해가 지배적이다[John E. Kwoka, Jr & Frederick R. Warren-Boulton, "Efficiencies, Failing

경쟁에 해를 끼칠 수 있다는 전제하에서 자산 퇴출 확률이 1인 경우에는 사회적 비용을 고려하지 않더라도 결합을 허용하는 것이 바람직하다고 한다. 왜냐하면 결합 허용으로 시장집중도가 증가하더라도 독점적 행위에 의하여 줄어들게 될 생산량은 퇴출될 기업의 종래 생산량보다 크지 않기 때문이라고 한다.

반면 자산퇴출 확률이 1보다 작은 경우에는 기업이 도산하여 그 자산이나 생산량이 시장에서 퇴출될 가능성을 모두 고려하여 결정해야 하기 때문에 기업퇴출로 인한 손실에 그 확률을 감안하여 산정된 기대손실은 기업퇴출의 확률이 1인 경우보다 줄어들게 된다. 그럼에도 불구하고 기업의 퇴출 여부를 판단하기 위한 상대적 비용을 계량화한다는 것이 쉬운 일은 아니며, 사회적 비용 또한 고려하여야 한다는 점에서 자산퇴출 확률이 1보다 작은 경우에는 판단이 매우 어렵다. 하지만 특정 연구에 의하면, 기업의 자산이 퇴출될 확률이 50%를 넘는 경우에는 기업 퇴출로 인한 기대손실이 더 크다고 한다. 그러나 기업퇴출의 가능성이 75%를 넘는 경우에는 기업퇴출로 인한 기대손실이 더 크다고 한다.273) 이에 대하여 사회적 비용까지 고려한다면 그 기준이 전자의 경우 50% 이하, 후자의 경우 75% 이하로 낮아질 것으로 본다. 한편 퇴출의 가능성이 50% 이하인 경우에는 기업의 도산을 상정해서는 안 된다고 한다. 다만 위의 기준이 50~75% 사이인 경우에는 그 판단이 매우 어려울 것으로 보인다. 이러한 경우에는 사회적 비용의 고려 여부가 결정적인 역할을 할 것으로 보인다.

생각건대, 위의 기준 중에서 퇴출가능성이 75% 이상이라면 자산 퇴출의 위험성이 있다고 인정하여 기업결합을 인정하는 것이 타당하다고 본다. 물론 이러한 경우도 사회적 비용까지 감안한다면 그 비율은 더 낮은 경우도 존재할 수 있을 것으로 본다.

(3) 당해 기업결합보다 경쟁제한성이 적은 다른 기업결합이 이루어지기 어려울 것

마지막 요건으로 당해 기업결합보다 경쟁제한성이 적은 다른 기업결합이 이루어지기 어려운 경우이어야 한다. 즉 경쟁제한적 효과가 더 적은 대체매수자가 존재하지 말아야 한다는 것이다. 그런데 기업결합은 공개 입찰과정 같이 대체매수자가 가시적으로 드러나

Firms, and Alternatives to Merger: A Policy Synthesis", 31 Antitrust Bull. 431, 445(1986); Richard D. Friedman, "Untangling the Failing Company Defense", 64 Tex. L. Rev. 1375(186)]. 물론 일정한 조건하에서 기업퇴출로 인한 생산량 감소가 더 크다는 견해도 있다[Thomas Campell, "The Efficiency of the Failing Company Defense", 63 Tex. L. Rev. 251(1984)].

273) 물론 이에 대하여 기업퇴출 가능성이 75%를 넘는 경우에 기업퇴출로 인한 기대손실이 더 크다고 하는 견해도 있다(Richard D. Friedman, Ibid).

는 경우 이외에는 대부분 당사자 기업 사이의 교섭에 의하여 이루어지기 때문에 대체매수자를 식별하는 것은 어려운 문제이다. 이에 대하여 미국 심사지침에서는 도산기업으로 하여금 덜 경쟁제한적인 합리적 매수자를 찾고자 성실한 노력을 하였는가를 입증하도록 하고 있다.274) 미국 판례 또한 마찬가지 입장을 취하고 있다.275)

예를 들면, 대체매수자가 신규로 당해 시장에 진입하려는 자라면, 그는 동 생산 분야에서 경험이 없을 뿐만 아니라 그 분야와 관련된 자산도 없어 당해 시장 내의 매수자보다 경쟁의 제한에 미치는 영향이 적을 것으로 판단된다. 이러한 경우 대체매수자가 시장에 신규진입하려는 자보다는 당해 시장 내에 있는 자에 의한 기업결합을 하는 경우를 선호하게 될 것으로 보인다.

한편 이러한 판단을 함에는 효율성의 측면도 고려하여야 한다는 견해도 있다.276) 즉 신규진입자인 대체매수자는 경영 능력의 측면에서 당해 시장 내의 매수자보다 열등할 수 있다는 점과 당해 시장 내의 매수자가 신규진입자보다 높은 인수가격을 제시하면, 합병기업의 시장점유율이 상승하게 되어 추가적인 이득 요인(가격상승) 또는 효율성의 달성을 통한 이득 요인이 발생하기 때문에 효율성 측면도 함께 고려하여야 한다고 한다.277)

다만, 위의 경우 시장점유율 유인과 효율성 유인 간의 충돌이 존재할 수 있는데, 이러한 경우에는 효율성 유인을 우선하여 고려하여야 할 것이다. 왜냐하면 합병 후에도 4~5개의 기업이 계속하여 경쟁하게 되는 경우 합병을 추진하는 기업은 시장지배력 상승에 따른 가격상승 효과보다는 비용절감이나 생산설비의 효율적 사용에 의한 이득 증대가 클 것으로 예상하며, 기존의 합병의 경우를 보면, 과점시장에서의 상호 의존성에 심각한 위험이 존재한다는 사실만으로 합병 추진 동기가 사라지기 때문이다. 이러한 점을 고려한다면, 시장점유율 유인보다는 효율성 유인을 우선시하여 판단하여야 할 것으로 본다.

(4) 사회적 비용의 고려 문제

도산기업의 항변에서 사회적 비용도 고려할 것인지가 문제되며, 만약 이를 고려한다면

---

274) 문준우 · 김지훈, 앞의 글, 379~380쪽.
275) FTC v. Harbour Group Invs., L.P., 1990－2 Trade Cas.(CCH) 69, 247(D.D.C. 1990) 사건 사례에서는 대체매수자를 찾는 노력이 충분하지 않았다는 이유로 합병의 승인이 거절되었고, Olin Corp. v. FTC, 986 F. 2d. 1295, 1306~1307(9th Cir. 1993), cert. denied, 114 S. Ct. 1051(1994)사건 사례에서는 대체매수를 찾기 위한 노력이 필요하다고 판시하였다.
276) 홍대식, 앞의 글, 355쪽; 홍탁균, 앞의 석사학위논문, 52쪽.
277) Ronald J. Gilson & Bernard S. Black, 『The Law and Finance of Corporate Acquisitions』(Univ. Casebook Series, 1995), pp.636~638.

어떠한 방법으로 고려할 것인지가 문제될 수 있다.

이미 전술한 인정근거에 의하면, 효율성설이나 비경쟁효과설에 의하면 사회적 비용을 고려할 필요는 없지만, 난관회피설(aviding hardships theory)에 의하면, 사회적 비용을 고려하도록 하고 있다. 미 의회는 입법 당시 이를 고려하도록 의도하였는지에 대해서는 불분명하다. 즉 입법사를 고찰하여 볼 때 의회가 도산기업 항변을 인정한 것이 근로자, 지역사회 그리고 주주들이 손해를 입기 때문인지, 도산기업의 인수가 경쟁제한성이 없기 때문인지 아니면 양자 모두를 고려한 것인지가 불분명하다.278) 하지만 미 연방대법원의 경우는 주주와 지역사회에 대한 손실을 줄이는 것의 중요성을 언급하는 등 일관되게 판단하고 있지 않지만, 사회적 비용을 고려하도록 하는 것으로 보인다고 판단하였다.279)

(5) 입증책임

회생이 불가한 회사로 인정하기 위한 요건 중 당해 기업결합보다 경쟁제한성이 적은 다른 기업결합이 이루어지기 어려운 경우라는 요건을 제외한 나머지 요건들은 당사자 기업이 입증하여야 할 것이다. 반면 당해 기업결합보다 경쟁제한성이 적은 다른 기업결합이 이루어지기 어려운 경우라는 요건은 경쟁 당국이 입증하여야 할 것이다. 그 이유는 경쟁제한적인 대체매수자가 존재하지 않는다는 사실은 부존재 사실의 증명으로 당사자 기업에게 그 입증을 요구하는 것은 무리가 있기 때문이다. 이것은 증거법적으로는 당사자 기업의 효율성 항변에 대한 재항변이 될 것으로 보인다. 그리고 당사자 기업은 제시된 대안이 실현 가능성이 없거나 비용이 더 들어간다는 점을 다시 주장, 입증할 수 있을 것이다.280)

4) 효과

도산기업의 항변은 효율성 항변과는 달리 경쟁제한적인 효과와의 비교 형량 없이 항변이 인정되면 바로 기업결합이 허용된다. 이처럼 도산기업의 항변에 절대적 면책 항변의

---

278) Paul M. Laurenza, "Section 7 of the Clayton Act and the Failing Company: An updated Perspective", 65 Va. L. Rev. 951(1979).
279) International Shoe Co. v. FTC 280 U.S. 302(1930). 이 외에도 United States v. General Dynamics Corp. 415 U.S. 507(1974).
280) 홍탁균, 앞의 석사학위논문, 57쪽.

지위를 주는 것은 그러한 기업결합이 효율성이나 사회적 손익의 관점에서 긍정적이라는 점을 전제하기 때문이라고 한다.[281] 이러한 점에서 도산기업의 항변은 효율성 항변의 특수한 형태라고 할 수 있다.[282] 도산기업의 항변과 효율성 항변에서 위와 같은 차이가 발생하는 것은 아마도 도산기업과의 기업결합이 허용됨으로써 발생하는 경제적 효율성, 사회적 비용 절감 효과 등이 효율성 항변에서처럼 계량화하기 용이하지 않아, 이를 경쟁제한적인 효과와 비교한다는 것이 불가능하기 때문일 것으로 보인다.[283]

> ☞ **서울고등법원 2004.10.27. 선고 2003누2252 판결**
>
> 대선주도는 상당기간 자본 총계가 납입자본금보다 적은 상태에 있다고 하더라도 1998년부터 2001년까지 영업이익이 지급이자를 지속적으로 상회하고 있으며 2001년에는 851억 원의 경상이익을 달성하고 1999년부터 2001년까지 연속 1위를 기록하는 등 활발한 영업활동을 벌이고 있어 회생불가한 회사로 보기 어렵다고 할 것인 바, 결국 본 전 기업결합은 공정거래법 제7조 제2항 제2호, 동법 시행령 제12조의4의 규정에 의한 기업결합의 예외적 허용사유에 해당되는 것으로 볼 수 없다.

---

281) 홍대식, 앞의 글, 356쪽.
282) The World Bank and the Organization for Economic Co-operation and Development(OECD), A Framework for the Design and Implementation of Competition Law and Policy(1999), p.49.
283) 홍탁균, 앞의 석사학위논문, 57쪽.

제5장 기업결합 위반행위에 대한 법적 제재

1. 서설

기업결합의 규제에 있어서 경쟁제한성을 정확하게 판단하는 것도 중요하지만, 만약 이러한 경쟁제한성의 규정을 위반한 경우 이에 대한 적절한 시정조치를 내려 실효성을 확보하는 것도 매우 중요하다. 이하에서는 법위반 행위의 사법상 효력, 공정거래위원회의 시정조치, 이행강제금 및 벌칙을 구분하여 살펴본다.

2. 법위반행위의 사법상 효력

1) 원칙

경쟁제한적 기업결합의 사법상 효력 일반에 대해서는 명문의 규정이 없다. 다만, 합병 또는 신회사의 설립에 대해 공정거래위원회가 합병 무효 또는 설립 무효의 소를 제기할 수 있다고 규정하고 있을 따름이다(공정거래법 제16조 제2항). 기타의 경우에 대해서는 아무런 언급도 하고 있지 않다.

기업결합 행위는 두 당사자 사이의 사법적 차원의 법률행위, 예컨대 합병의 경우에는 행위계약과 정관의 작성 혹은 변경, 임원 겸임의 경우에는 주주총회 혹은 사원총회에서의 선임결의와 위임의 성질을 가지는 취임계약, 영업양도의 경우에는 채권행위의 성격을 가지는 양도계약과 이에 수반한 파생계약들이 있고, 이들 계약이 공정거래법 제7조에 위반될 경우 당해 행위가 그 자체로 당연 무효가 되는지가 논란될 수 있는 것이다. 이에 관련하여 공정거래법의 취지를 존중할 때 이를 무효로 보아야 한다는 견해,[1] 거래의 안

---

[1] 권오승, 앞의 책, 235쪽; 정호열, 앞의 책, 255쪽.

전을 고려할 때 이를 유효로 보아야 한다는 견해,[2] 기업결합행위를 무효로 보되 무효의 효과를 제한하는 견해[3] 등이 있다.

그러나 합병이나 신회사의 설립을 당연 무효로 하지 않고 이를 설립 무효의 소 제기사 유로 정하고 부당한 공동행위의 사법상의 효력에 대해서 명문의 규정을 두고 있는 점(동법 제19조) 등을 고려할 때, 주식취득에 의한 기업결합이나 임원선임 등과 같은 행위에 대해서는 이를 행정적 조치와 형사적 조치구제에 일임하는 취지로 보는 적이 합리적이다. 일부의 사례에서는 이러한 행위에 대해 민법 제103조나 신의칙에 따른 유효성 심사가 이루어질 수도 있으나, 이때에도 소급효 제한 등이 필요할 것으로 생각된다.[4]

2) 합병과 신회사 설립의 경우

공정거래법 제7조 위반의 합병이나 신회사 설립에 대해 공정거래위원회는 무효의 소를 제기할 수 있다. 법문은 이 소송의 제소권자로 공정거래위원회를 들고 있으나, 이 밖에 상법상의 제소권자들이 제소할 수 있을지가 논란의 대상이 되고 있다. 이에 대해서는 긍정설과 부정설의 대립이 있으나, 경쟁정책 집행과 관련한 행정구제주의의 취지를 감안할 때 공정거래위원회만이 제소권을 가진다고 하여야 할 것이다.

또한 합병무효의소나 설립무효의 소의 제소기간에 관한 상법의 규정, 즉 등기일로부터 6개월의 제한이 공정거래위원회가 제기한 무효의 소에도 적용되는가에 대해서도 논란의 대상이 되고 있다. 긍정설의 견해는 법률관계의 안정을 중시하는 것이고, 부정설의 견해는 제소기간의 제한이 기업결합 규제의 취지에 반할 수 있으며, 특히 등기 후 6월이 지나 경쟁제한적으로 변한 경우에도 공정거래위원회가 이를 제소할 수 있어야 한다고 주장한다. 회사법상의 소는 원고 승소판결의 위력뿐만 아니라 제소 자체가 증권시장이나 관련 거래분야에 미치는 파급효과가 매우 크므로, 공정거래위원회의 제소를 특별하게 다루어야 할 근거가 없다고 본다. 그 밖에 상법상의 합병무효의 소나 설립무효의 소에 관한 규정, 즉 전속관할, 소의 공고, 판결의 효력 등은 공정거래위원회가 제기한 소송에 대해서도 그대로 적용된다고 하겠다.[5]

또한 기업결합에 대한 사전신고 후 기업결합 실행행위의 유보기간, 즉 신고 후 30일이

---

2) 손주찬, 『경제법』(법경출판사, 1993), 103쪽.
3) 이기수 · 유진희, 앞의 책, 129~130쪽.
4) 정호열, 앞의 책, 255쪽.
5) 정호열, 앞의 책, 255~256쪽.

경과하기 전에 행한 주식인수 절차나 합병등기 등 합병이나 신회사의 설립절차를 실행한 경우에도 공정거래위원회는 당해 회사의 합병 또는 설립무효의 소를 제기할 수 있다(동법 제16조 제2항).[6] 그 밖에 탈법적인 방법에 의한 합병 또는 설립이 이루어진 경우에도 마찬가지이다.[7]

3. 공정거래위원회의 시정조치

1) 관련 규정

공정거래위원회는 기업결합의 제한 규정에 위반하거나 위반할 우려가 있는 행위가 있는 때에는 기업결합의 당사회사에 대해서도 시정조치를 명할 수 있다. 또한 기업결합의 당사회사에 대한 시정조치만으로는 경쟁제한으로 인한 폐해를 시정하기 어렵거나 기업결합 당사회사의 특수관계인이 사업을 영위하는 거래분야의 경쟁제한으로 인한 폐해를 시정할 필요가 있는 때에는 그 특수관계인에 대해서도 시정조치를 명할 수 있다(독점규제법 제16조 제1항). 이는 결합의 직접 당사자가 아니더라도 결합으로 인하여 계열회사 등 특수관계인이 속한 관련 시장에서의 경쟁제한의 효과가 나타날 수 있음을 염두에 둔 것이다.[8]

시정조치의 유형으로는 ① 당해 행위의 중지, ② 주식의 전부 또는 일부의 처분, ③ 임원의 사임, ④ 영업의 양도, ⑤ 시정명령을 받은 사실의 공표, ⑥ 기업결합에 따른 경쟁제한의 폐해를 방지할 수 있는 영업방식 또는 영업 범위의 제한,[9] ⑦ 공시의무의 이행 또는 공시내용의 정정, ⑧ 기타 법 위반 상태의 시정을 위하여 필요한 조치가 있다(독점규제법 제16조 제1항).

이 경우 기업결합의 사전신고가 의무화되어 있는 경우에는 공정거래위원회는 신고 후 30일 내에 시정조치를 하며, 90일을 초과하지 않는 범위 내에서 연장이 가능하다(동법

---

6) 정호열, 위의 책, 255~256쪽.

7) 신현윤, 앞의 책, 179쪽.

8) 이에 따라 예컨대, A사와 B사 간의 결합 시 A · B 간에는 경쟁제한의 우려가 없는 반면, A의 자회사인 A′와 B의 자회사인 B′가 동일한 관련 시장에서 서로 경쟁하고 있어 경쟁제한의 폐해가 나타날 경우 당해 자회사에 대해서도 시정조치를 할 수 있다(공정거래위원회, 2007.7.3. 보도자료; 신현윤, 앞의 책, 179쪽; 권오승, 앞의 책, 201쪽).

9) 직접 금지 방식의 시정조치를 부과하기 명백히 곤란한 경우에는 기업결합에 따른 경쟁제한의 폐해를 방지하기 위하여 가격변경 금지, 원료 구매 시 경쟁입찰 방식의 채택 등의 시정 명령을 발할 수 있다. 공정거래위원회는 2005년 7월 20일 하이트맥주(주)의 진로(주) 인수 건에서 시정조치로서 5년간 소비자 물가상승률 이상의 가격인상 금지, 유통망에 대한 부당한 영향력 행사를 제한하는 구체적 방안의 수립 · 추진, 영업조직 및 인력의 분리 운영 등을 명한 바 있다(신현윤, 앞의 책, 179쪽).

제16조 제1항, 제12조 제7항). 또한 시정조치의 이행확보를 위하여 공정거래위원회로부
터 주식처분 명령을 받은 자는 그 명령을 받은 날로부터 당해 주식에 대하여 의결권을
행사할 수 없다(동법 제18조 제1항).[10]

2) 시정조치의 내용

(1) 주식의 전부 또는 일부의 취득

기업결합의 가장 대표적인 수단은 주식의 취득인바, 이와 관련하여 공정거래위원회는
주식의 전부 또는 일부의 처분 명령을 내릴 수 있다. 이는 주식을 취득하기 전 상태로의
원상회복을 명하는 것이 아니라, 일정한 기간을 정하여 제3자에게 주식을 처분하도록 하
는 것이 보통이다. 그러한 예로 동양화학의 한국과산화공업 주식 취득사건,[11] 송원산업
의 대한정밀화학 주식취득사건[12]과 무학의 대선주조 주식취득사건[13] 등이 있다.

이 중 무학사건 사례를 살펴보면, 공정거래위원회는 무학이 대선에 대하여 소유하고
있는 주식의 전부를 처분하도록 명하였고, 서울고등법원은 동 위원회의 이러한 주식전부
처분 명령이 재량권의 일탈 내지 남용이 아니라고 판시하였다. 주식의 취득으로 인하여
지배관계가 형성된 경우에 있어서 주식처분 조치는 그러한 지배관계를 해소할 수 있을
정도에 이르면 족한 것이지 굳이 전부를 처분하도록 할 필요는 없다고 할 수도 있으나,
기업결합의 목적이 경쟁사업자에 대한 적대적 인수의 성격을 띠고 있고, 나아가 경영간
섭을 통하여 경쟁관계를 제한하려 할 수 있다면 주식의 전부 처분도 가능하다고 본다.[14]

(2) 영업양도

영업양도 명령 또는 영업의 전부 또는 중요한 일부, 영업용 고정자산이나 산업재산권
등을 제3자에게 처분하도록 명하는 것으로서,[15] 영업양도 명령의 성격상 주식의 처분 명

---

10) 신현윤, 앞의 책, 178~179쪽; 정호열, 앞의 책, 256쪽.
11) 공정거래위원회 1982.1.13. 의결 제82－1호.
12) 공정거래위원회 1982.12.15. 의결 제82－24호.
13) 공정거래위원회 2003.1.28. 의결 제2003－027호; 공정개래위원회 2003.8.27. 재결 제2003－28호; 서울
　　고법 2004.10.27. 2003누2252.
14) 권오승, 앞의 책, 201~202쪽.
15) 정호열, 앞의 책, 257쪽.

령과 선택적으로 또는 병과하는 경우가 많다.[16]

예를 들면, 공정거래위원회는 동양제철화학의 콜럼비안 케미컬즈 주식취득사건[17]에서 국내 고무용 카본 블랙 시장에 경쟁제한성이 있다고 판단하고, 1년 이내에 콜럼비안 케미컬즈의 손자회사인 콜럼비안 케미컬즈 코리아 주식 전부를 제3자에게 처분하거나 동양제철화학의 포항공장, 광양공장 중 한 곳의 카본 블랙 생산설비를 제3자에게 매각할 것을 명령하였다. 또한 공정거래위원회는 이랜드 리테일 등의 한국 까르푸 주식취득사건[18]에서는 경쟁제한성이 인정되는 3개 지역의 3개 지점을, 신세계의 월마트 코리아 주식취득사건에서는 4개 지역의 4~5는 3개 지점을 각각 6월 이내에 매각하라고 명령하였다.[19]

(3) 임원의 겸임 또는 선임의 제한

임원 겸임 또는 선임 등의 제한은 당사회사에게 주는 부담은 적지만, 그 반면에 시정효과도 크지 않을 수 있기 때문에 공정거래위원회는 여기에 다른 시정조치를 부과하는 경우가 자주 있다. 이러한 예로는 현대자동차의 코리아정공 주식취득 사건,[20] 용산화학의 코리아 피티지 주식취득 사건[21] 등이 있다.[22]

(4) 영업방식 내지 영업범위의 제한

경쟁제한적인 기업결합이기는 하지만, 상당한 친경쟁적 효과가 발생할 것으로 예상되는 경우에는 기업결합을 승인하면서 기업결합 당사회사의 영업방식이나 영업범위에 일정한 제한을 명하는 형태적 시정조치를 취하게 된다.

이러한 형태적 시정조치로는 일정한 기간 동안 가격인상이나 변경을 제한하면서 이와 더불어 가격변경 시 공정거래위원회와 협의하도록 하는 것, 일정한 기간 동안 원재료 구매처를 정당한 이유 없이 바꾸지 못하도록 하거나 구매처 결정에 공개입찰을 거치도록 하는 것, 일정한 기간 시장점유율을 일정한 수준 이하로 유지하도록 명한 사례가 있다.[23]

---

16) 권오승, 앞의 책, 202쪽.
17) 공정거래위원회 2006.8.7. 의결 제2006 – 173호.
18) 공정거래위원회 200.11.6. 의결 제2006 – 261호.
19) 권오승, 앞의 책, 202쪽.
20) 공정거래위원회 2002.6.18. 의결 제2002 – 111호.
21) 공정거래위원회 제2003.9.24. 의결 제2003 – 154호.
22) 권오승, 앞의 책, 202쪽.
23) 정호열, 앞의 책, 257쪽.

예를 들면, 가격인상의 제한과 관련해서는 하이트맥주의 진로 주식취득 사건[24]에서 공정거래위원회는 5년간 하이트맥주가 생산·판매하는 모든 맥주 상품과 진로가 생산·판매하는 모든 소주 상품의 각각의 출고원가(제세 제외)를 소비자 물가상승률 이상으로 인상할 수 없도록 하고, 환율 또는 원재료 가격의 급격한 변동, 천재지변 등 특별한 사유로 인하여 그 이상으로 인상하여야 할 필요가 있는 경우에는 사전에 공정거래위원회와 협의하도록 명령한 경우를 들 수 있다.[25]

다음으로 시장점유율의 제한과 관련해서는 델피니엄 엔터프라이즈 피티이 엘티디의 한솔제지 신문용지 사업부문 및 신호제지 신문용지 사업부문 양수사건[26]과 에스케이 텔레콤의 신세기 통신 주식취득사건[27]에서 일정기간 시장점유율을 제한하도록 명령한 경우를 들 수 있다. 다만, 이러한 시정조치는 시장점유율을 한시적으로 일정 수준 미만으로 낮추더라도 당해 기업결합이 계속 유지되는 한 제한기간 이후에는 언제라도 시장점유율을 그 수준 이상으로 확대할 수 있어 그 실효성이 없다는 지적이 있다.[28]

(5) 기타의 시정조치

공정거래위원회는 개별 기업결합 사건의 특성에 따라 위에서 언급한 시정조치 이외의 다양한 형태의 시정조치 명령을 하는 경우도 있다.

먼저, 현대홈쇼핑과 관악유선방송국 주식취득사건[29]에서 공정거래위원회는 관악케이블 TV방송과 관악유선방송국에 대하여 2년간 서울 지역 종합유선방송사업자 및 위성방송 사업자의 상품별 이용요금 부과현황 자료를 자체 채널을 통해 방송하고, 요금고지서에 게재하며, 인터넷 홈페이지를 통하여 종합유선방송 가입자들에게 고지하도록 명령하였다. 아울러 관악케이블 TV방송과 관악유선방송국은 2년간 종합유선방송 이용요금을 변경하는 경우 그 변경 내역을 공정거래위원회에 보고하도록 명령하였다.

둘째, 포스코 및 포스틸의 포스코아 주식취득 사건[30]에서 공정거래위원회는 포스코와 포

---

24) 공정거래위원회 2006.1.24. 의결 2006 - 9호.
25) 이 외에도 기아자동차 및 아시아 자동차 공업 주식취득사건(공정거래위원회 1999.4.7. 의결 제99 - 43 호), 호텔 롯데 등이 평촌개발을 설립하여 해태음료의 영업을 양수한 사건(공정거래위원회 2000.4.26. 의결 제200 - 70호) 등을 들 수 있다(권오승, 앞의 책, 203쪽).
26) 공정거래위원회 1998.11.20. 의결 제98 - 269호.
27) 공정거래위원회 2000.5.16. 의결 제2000 - 76호.
28) 권오승, 앞의 책, 203~204쪽.
29) 공정거래위원회 2006.2.3. 의결 제2006 - 10호.
30) 공정거래위원회 2007.7.3. 의결 제2007 - 351호.

스틸에 대하여 정당한 이유 없이 거래상대방에 대하여 기업결합 전의 물량보다 축소하여 배정하거나 거래를 거절하는 행위, 정당한 이유 없이 포스코아에게 우선적으로 물량을 배정하는 행위, 가격, 거래조건, 거래내용 등에 관하여 거래상대방에 대하여 포스코의 재고물량 강제구매, 수입구매금지 등 부당한 조건을 부가하여 거래하는 행위, 거래상대방에 대하여 포스코아의 코아 제품을 부당하게 구입하도록 하는 행위를 하지 못하도록 명령하였다.

셋째, 현대자동차 등의 현대오토넷 주식취득사건[31]에서는 현대자동차로 하여금 자신 및 그 계열회사가 자동차용 멀티미디어 부품과 자동차용 전자제어장치 부품을 개발 또는 구매함에 있어서 비계열 부품업체에 대하여 부당하게 거래를 거절하거나 가격·물량 등 거래조건 결정 시 차별하여 취급하는 행위를 하지 않도록 하기 위한 가이드라인 등 구체적인 방안을 수립, 시행하도록 명한 경우 등을 들 수 있다.[32]

> ☞ **공정거래위원회, 1982.1.13. 심결, 시정명령 제82-1호**
>
> 공정거래위원회는 동양화학공업주식회사가 과산화수소부문의 경쟁회사인 한국과산화공업주식회사의 주식을 50%(150만 주) 취득한 것에 대하여 법 제7조 위반을 이유로 시정명령을 내렸다.

> ☞ **공정거래위원회, 1982.12.15. 의결, 제82-24호**
>
> 공정거래위원회는 PVC생산제품에 이용되는 PVC안정제 생산업의 1위업체인 송원산업주식회사가 2위업체인 대한정밀화학주식회사의 주식을 100% 취득한 것에 대하여 법 제7조 위반을 이유로 시정명령을 내렸다.

> ☞ **1996.4.22. 공정거래위원회 의결 제96-51호**
>
> 공정거래위원회는 동양나일론주식회사가 한국카프로락탐주식회사의 주식을 계열회사나 임직원의 명의로 취득함으로써, 그 지분이 30.14%에 이른 것에 대하여 법 제7조 위반으로 보고 시정명령을 내렸다.

---

31) 공정거래위원회 2005.11.22. 의결 제2005-23호.
32) 권오승, 앞의 책, 204~205쪽.

☞ **1998.4.28. 공정거래위원회 의결 제98 - 84호**

공정거래위원회는 프록터 앤드 갬블 유한책임회사가 쌍용그룹으로부터 쌍용제지 (주)에 대한 보유지분(24.99%)과 공개매수분(59.4%＋7.21%)을 각각 취득하여 쌍용 제지(주)의 발행주식 총수의 91.6%를 보유하고 있는 것에 대하여 법 제7조에 위반 한다고 보아 시정명령을 내렸다.

☞ **공정거래위원회 1999.12.10. 의결 제99 - 252호**

동 사건 사례는 일정기간 동안 상품가격을 소비자물가지수에 연동하도록 한 경우 에 해당한다. 즉 오비맥주가 진로쿠어스맥주를 인수한 사안에서 "피심인은 이 시정 명령일로부터 2년이 되는 날까지 피심인 및 피심인이 인수하는 진로쿠어스맥주(이하 피심인 등이라 한다)가 생산·판매하는 맥주 중에서 OB Lager 및 Cass 상표의 병 맥주 및 생맥주의 출고가격(제세 제외 가격)을 인상할 때에는 다음 산식에 의한 인 상한도를 초과하지 않도록 하여야 한다. 다만, 이 시정명령일로부터 2년이 경과하기 전에 피심인 등의 국내 맥주 시장점유율(2001.1.1.~2001.6.30.의 매출액 기준)이 50% 이상이 되는 경우에는 이 시정명령을 1년간 연장하여 적용한다"고 결정한 사 례이다.

☞ **공정위 2000.5.16. 의결 2000기결0129**

SK텔레콤(주)과 신세기통신(주)의 기업결합을 경쟁을 실질적으로 제한하는 기업 결합이며, 효율성 증대효과는 있지만, 경쟁제한성을 상쇄할 정도는 아니라 하여, 위 법한 기업결합으로 판단하였다. 다만 기업결합 자체는 인정하되, 일정한 행위제한을 가하였는데, 피심인은 이동전화시장에서 2001년 6월 30일까지 시장점유율을 50% 미만으로 유지하고, 셀룰러단말기시장에서 SK텔레텍이 신세기통신에게 공급하는 단 말기가 2005년 12월 31일까지 120만 대를 초과할 수 없다.

　　동 심결례는 일정기간 동안 구매비율을 유지하도록 한 사례이다. 즉 (주)현대자동차 및 (주)기아자동차는 (주)위아의 주식 각 45.3%씩 90.6%를 취득한 사안에서 "피심인(주)현대차 및 (주)기아차는 수동변속기, 후륜용 차축 및 전륜용 차축(이하 '해당부품'이라고 한다)을 구매함에 있어서 계열 부품회사와 비계열 부품회사를 정당한 이유 없이 차별적으로 취급하여서는 아니 되며, 이 시정명령일부터 5년이 되는 날까지 해당 부품별로 다음 산식에 따른 비계열 부품회사로부터의 연간 구매비율을 최소한 2001년 수준(수동변속기 2.0%, 후륜용 차축 43.4%, 전륜용 차축 49.7%)을 유지하여야 한다"라고 결정한 사건 사례이다.

　　동 심결례는 소비자에게 이용요금을 고지하도록 한 예이다. 즉 현대홈쇼핑 등 6개 회사가 관악유선방송의 주식 93.2%를 취득한 사안에서 "1. 피심인 (주)관악케이블 TV방송과 (주)관악유선방송국은 이 시정명령을 받은 날로부터 2년이 되는 날까지 공정거래위원회가 매 반기별로 제공하는 '별지 서울지역 종합유선방송사업자 및 위성방송사업자의 상품별 이용요금 부과현황' 자료(이하 '별지자료'라 한다)를 수령일로부터 60일 이내에 다음과 같은 방법으로 자체방송, 요금고지서, 인터넷 홈페이지를 통해 종합유선방송 가입자들에게 고지하여야 한다"는 결정을 내렸다.

　　가. '별지자료'를 14일(동 기간은 수령일로부터 60일 이내의 기간에 포함된다)간 계속하여 자체채널을 통해 매일 11:00~12:00와 16:00~17:00에 각각 1차례씩 20초 이상 방송하여야 한다.

　　나. '별지자료'를 수령한 이후 첫 번째 또는 두 번째로 발송하는 요금고지서(우편, e – mail 등 발송형태와 관계없이 적용한다)에 동 자료를 게재하여야 한다.

　　다. '별지자료'를 14일(동 기간은 수령일로부터 60일 이내의 기간에 포함된다)간 계속하여 홈페이지에 팝업(POP – UP)창을 이용하여 게재하여야 한다.

4. 이행강제금

1) 의의

이행강제금은 행정상 의무의 불이행 시에 일정 액수의 금전이 부과된다는 사실을 미리 알림으로써 의무 이행의 확보를 도모하기 위한 제도이다. 동 제도는 1999년 공정거래법의 개정 시 도입된 것으로 현행 공정거래법 제17조의3 제1항에 규정을 두고 있다. 즉 "공정거래위원회는 제7조(기업결합의 제한) 제1항을 위반하여 제16조(시정조치 등)에 따라 시정조치를 받은 후 그 정한 기간 내에 이행을 하지 아니하는 자에 대하여 매 1일당 다음 각 호의 금액에 1만분의 3을 곱한 금액을 초과하지 아니하는 범위 안에서 이행강제금을 부과할 수 있다. 다만, 제7조(기업결합의 제한) 제1항 제2호의 기업결합을 한 자에 대해서는 매 1일당 200만 원의 범위 안에서 이행강제금을 부과할 수 있다"라고 규정하고 있다.

이행강제금 제도는 이미 건축법, 농지법 등에서 채택하고 있으며, 외국도 이와 유사한 제도가 시행 중에 있다.[33] 동 제도는 이미 행하여진 위법행위에 대한 제재로서 부과되는 과징금이나 과태료, 벌금 등과는 그 성격을 달리한다.[34] 즉 경쟁제한적인 기업결합에 대

---

33) 미국의 경우 적절하지 않은 M&A로 판명되어 연방거래위원회나 법무부 독점금지국으로부터 동의명령을 받은 후에도 이행하지 않아 민사소송이 제기되었을 때에는 연방법원이 클레이튼법, 연방거래위원회법에 의하여 이행을 지체한 날로부터 1일당 5,500불 또는 11,000불의 이행강제금 부과를 판결할 수 있다(신현윤, 앞의 책, 180쪽).

한 시정조치는 주식매각, 일부 사업양도 등 작위 명령의 형태로 이루어지지만, 동 제도는 규제의 실효성을 강화하기 위하여 부당이득 환수 또는 징벌적 성격이 강한 1회성의 과징금 부과보다는 시정조치의 불이행의 경과일에 비례하여 강제금을 부과된다는 점에서 차이가 있다.

2) 입법취지

현행 공정거래법상 공정거래위원회가 명하는 시정조치는 매우 다양하며 그 이행기간도 일률적으로 정하여져 있지 않고, 개별 사건마다 별도의 시정조치 이행기간을 정하고 있다. 나아가, 이러한 시정조치 이행기간 내에 시정조치를 하지 않는 경우에는 형사고발 이외 다른 적절한 구제방법은 없었다. 과징금 제도가 있지만, 이 또한 일회적이고 시정조치와 더불어 부과되는 것이 일반적이어서 시정조치를 하지 않는 경우 효율적인 방법이라고 할 수 없다. 따라서 시정조치 기간 내의 이행을 확보하기 위하여 이행강제금 제도를 도입하게 된 것이다.[35]

3) 부과상대방 및 부과기준

공정거래위원회로부터 시정조치를 받은 후 그 정한 기간 내에 이행을 하지 아니하는 자에 대하여 매 1일당 다음 각각의 금액의 1만분의 3을 곱한 금액을 초과하지 않는 범위 내에서 부과한다. 즉 주식취득과 신회사 설립의 경우는 취득 또는 소유한 주식의 장부가격과 인수하는 채무의 합계액, 합병의 경우는 합병의 대가로 교부하는 주식의 장부가격과 인수하는 채무의 합계액, 영업양수의 경우는 영업양수 금액 등이 기준이 된다. 다만, 임원 겸임에 의한 기업결합을 한 자에 대해서는 매 1일당 200만 원의 범위 안에서 부과한다(공정거래법 제17조의3 제1항). 공정거래위원회는 이행강제금의 금액을 정함에 있어서 시정조치 불이행의 사유, 불이행으로 얻게 되는 이익의 규모 등을 고려하여야 한다(동법 시행령 제23조의4 제4항).[36]

---

34) 박해식, "과징금의 법적 성격", 『공정거래법강의Ⅱ(권오승 편)』(법문사, 2000), 603쪽.
35) 정호열, 앞의 책, 260쪽.
36) 정호열, 앞의 책, 261쪽.

4) 이행강제금의 부과와 납부 등

공정거래위원회는 시정조치에서 정한 기간의 종료일 다음 날부터 시정조치를 이행하는 날까지 기간에 대하여 이행강제금을 부과하는바, 원칙적으로 시정조치에서 정한 기간의 종료일로부터 30일 이내에 이를 부과하여야 한다(동법 시행령 제23조의4 제1항·제3항). 여기서 시정조치를 이행하는 날이란 주식처분의 경우는 주권교부일, 임원사임의 경우는 등기일, 영업양도의 경우는 관련 부동산 등의 소유권이전등기일 등을 말한다(동법 시행령 동조 제2항).

공정거래위원회가 이행강제금을 부과하는 때에는 1일당 이행강제금의 금액, 부과사유, 납부기한 및 수납기관, 이의제기방법과 이의제기기관 등을 명시하여 서면으로 이를 통보하여야 한다(동법 시행령 제23조의4 제5항). 납부의무자는 납부통지를 받은 날로부터 30일 이내에 납부하여야 하되, 천재지변 기타 부득이한 사유가 있는 경우에는 그 사유가 없어진 날로부터 30일 이내에 납부하여야 한다(동법 시행령 제23조의4 제6항). 이행강제금 징수와 관련하여 공정거래위원회는 시정조치에서 정한 기간의 종료일로부터 90일이 경과하도록 시정조치의 이행이 이루어지지 아니하는 경우 그 종료일로부터 기간하여 매 90일이 경과하는 날을 기준으로 이행강제금을 징수할 수 있다(동법 시행령 제23조의4 제7항).

체납된 이행강제금은 과징금 체납에 따른 독촉절차가 적용되며(동법 시행령 제23조의4 제8항, 제64조), 공정거래위원회는 제1항 및 제2항의 규정에 의한 이행강제금의 체납처분에 관한 업무를 국세청장에게 위탁할 수 있다.[37)

5. 벌칙

1) 형사처벌

경쟁제한적 기업결합(공정거래법 제7조 제1항) 및 불공정한 방법에 의한 기업결합(동조 제3항)을 한 자, 이에 대한 탈법행위를 한 자(동법 제15조) 그리고 주식처분 명령을 받은 자가 당해 주식에 대하여 의결권을 행사한 경우(동법 제18조)에는 3년 이하의 징역 또는 2억 원 이하의 벌금이 부과되며, 징역형과 벌금형은 병과가 가능하다(동법 제66조

---

37) 정호열, 앞의 책, 261~262쪽.

제1항 제2호, 제7호 후단). 그리고 공정거래위원회의 시정조치에 응하지 아니한 자에 대해서는 2년 이하의 징역 또는 1억 5천만 원 이하의 벌금이 처하는바, 양자의 병과는 불가능하다(동법 제67조 제6호).[38]

2) 과태료

기업결합 신고의무자가 신고를 하지 아니하거나 허위의 신고를 한 경우, 사전신고 시 기업결합 실행행위 유보기간을 지키지 아니한 경우 등에는 사업자에 대해서는 1억 원 이하 그리고 임원이나 종업원 등에 대해서는 1천만 원 이하의 과태료를 부과한다(동법 제69조의2 제1항 제2호). 과태료는 사업자와 임원, 종업원 등에 병과할 수 있다.[39]

☞ 과태료와 과징금의 구별

1. 과태료

과태료란 행정상의 질서위반 행위에 대한 제재로서 행정법상의 의무에 대한 위반의 정도가 비교적 가벼워서 직접적으로 행정목적이나 사회목적을 침해하지 않는다 해도 간접적으로 행정상의 질서에 장해를 초래할 위험성이 있을 정도의 단순한 의무위반에 대해 부과하는 일종의 금전벌을 말한다.

2. 과징금

• 과징금은 주로 경제법상 의무를 위반한 자가 해당 위반행위로 경제적 이익을 얻을 것이 예정되어 있는 경우에 해당 의무위반행위로 인한 불법적인 이익을 박탈하기 위해 그 이익액에 따라 과하여지는 일종의 행정제재금을 말한다.

• 최근에는 인·허가사업에 관한 법률위반을 이유로 단속상 그 인·허가사업 등을 정지하여야 할 경우 이를 정지시키지 아니하고 사업을 계속하게 하되, 사업을 계속함으로써 얻은 이익을 박탈하는 행정제재금으로도 부과된다.

---

38) 정호열, 앞의 책, 262쪽.
39) 정호열, 앞의 책, 262쪽.

3. 과태료와 과징금의 비교

과태료	과징금
행정상 의무위반행위에 대한 질서벌	행정상 의무위반 시 그 이행을 확보하기 위한 행정상의 수단
가벌성의 정도에 따라서 부과될 과태료 한도액이 결정됨.	의무위반 상태하에서 영업수익의 예상치 내에서 결정됨.
원칙적으로 법원에 의하여 부과되며 부과결정에 대한 이의는 질서위반행위규제법(제20조 제1항)에 의함.	행정청에 의하여 부과되며 그에 대한 이의는 행정쟁송절차에 의함.

제2부 각국의 기업결합 규제법

제1장 미국

제1절 기업결합 규제 제도의 개요

1. 규제의 근거 규정 및 목적

1) 규제의 근거 규정

19세기 후반 악명 높은 트러스트가 우후죽순처럼 발생함으로써 독점이 사회문제화되자 이에 대한 대응책으로 등장한 것이 미국의 반독점정책(antitrust policy)이라고 할 수 있다. 미국은 독점금지정책이 세계에서 가장 먼저 법제화된 나라[1]로 법이 제정되기 이전부터 이미 영국 판례법의 전통을 이어받아 거래의 제한 및 독점이 인위적 생산의 축소로 소비자를 착취한다는 이유로 금지되었었다. 이러한 금지정책이 법제화된 것이 1890년 셔먼법(Sherman act)[2]이라고 할 수 있다.[3]

기업결합과 관련한 규제는 셔먼법 제1조 및 제2조 그리고 연방거래위원회법 제5조에 의해서도 이루어지지만 클레이톤법(Clayton Act)[4]이 주된 법규라고 할 수 있다.[5] 먼저,

---

1) 판례법의 전통을 가진 영국은 1930년대에 이르러 반독점정책을 강화하기 시작했고, 캐나다는 1889년에 법제화를 시도하기는 하였으나 성공하지 못했고 1923년에야 비로소 본격화되었다[Stigler, George J., The Origin of the Sherman Act, in Sullivan, E. Thomas(edit.), The Political Economy of the Sherman Act, Oxford Univ. Press, 1991, p.38].

2) 셔먼법은 19세기 설탕, 오일 및 기타 중요한 상품시장을 지배하고 있던 거대한 트러스트의 경쟁제한적 행위에 대응하기 위해 제정된 것으로 가장 널리 알려진 독점금지법이다[조성혜, "미국의 독점금지와 기업결합의 제한", 『비교사법(통권17호)』(한국비교사법학회, 2002.8.), 416쪽].

3) 조성혜, 위의 글, 413~414쪽.

4) 15 United States Code(이하 U.S.C.라 함) §18. 여기서 U.S.C.란 미합중국의 연방법을 주제별로 모아 공식법령집을 말한다.

5) 윤경미, "미국의 최근 수평기업결합 규제 제도 개선에 대한 검토", 『KIEP 세계경제』(대외경제정책연구원, 2004.4.), 71쪽.

셔먼법(Sherman Act) 제1조 및 제2조6)에 의하여, 미국 법무부(Department of Justice: DOJ) 반트러스트국, 주의 사법장관 및 개인 원고는 기업결합을 제소할 수 있도록 하였고, 셔먼법 제1조는 광범위하게 거래를 제한하는 모든 계약(contract), 결합(combination), 공모(conspiracy)를 금지하고 있다. 셔먼법 제2조는 독점(monopolization), 독점의 시도(attempt to monopolize) 및 독점을 위한 공모(conspiracy to monopolize)를 금지하고 있다.7) 또한 연방거래위원회법(Federal Trade Commission Act: FTC 법) 제5조8)에 따라, FTC는 기업결합을 규제할 수 있다. FTC 법 제5조는 광범위하게 '불공정한 경쟁 방법'을 금지하였다.

나아가, 기업결합규제와 관련하여 주된 법규인 클레이톤법 제7조에 의하면, "상거래 또는 상거래에 영향을 미치는 행위에 관여한 자는 주식 또는 다른 자본의 전부 또는 일부를 직접 또는 간접적으로 취득함으로써, 연방거래위원회의 관할하에 있는 자는 상거래 또는 상거래에 영향을 미치는 행위에 관여한 자의 자본 전부 또는 일부를 취득함으로써 경쟁을 실질적으로 제한하거나 독점을 형성할 가능성이 있는 기업결합을 하여서는 안 된다(No person engaged in commerce or in any activity affecting commerce shall acquire, directly or indirectly, the whole or any part of the stock or other share capital and no person subject to the jurisdiction of the Federal Trade Commission shall acquire the whole or any part of the assets of another person engaged also in commerce or in any activity affecting commerce, where in any line of commerce in any section of the country, the effect of such acquisition of commerce in any section of the country, the effect of such acquisition may be substantially to lessen competition, or to tend to create a monopoly)"라고 규정함으로써, 그 적용범위를 회사에 의한 주식취득에 한정하였다. 그러던 것이 1950년 셀러 커포버법(Celler Kefauver Act)9)에 의한 크레이튼법 제7조가 개정되었는데, 그에 따라 동법의 적용범위가 주식취득

---

6) 동법 제2조는 "각 주 간 또는 외국과의 상거래 또는 무역의 일부를 독점하기 위하여 독점, 독점의 시도 또는 타인과의 공모 또는 음모를 하는 자는 중죄에 처한다(Every person who shall monopolize or attempt to monopoloze or combine or cospire with any other person or persons, to monopolize any part of the trade or commerce among the several States, or with foreign nations, shall be deemed guilty of a felony)"라고 규정하고 있다(15 U.S.C. §2).

7) 15 U.S.C. §1.

8) 15 U.S.C. §45.

9) 셀러－커포버 법이란 실질적으로 경쟁제한과 독점형성의 효과가 있는 모든 결합 형태로 그 적용범위를 확대시킨 법이다. 초기의 입법조치들은 단순히 같은 종류의 상품을 생산하는 기업들 간의 수평적 결합만을 제한했지만, 셀러－커포버 법은 상위한 업종의 기업들 간의 결합, 즉 복합 결합까지도 금지하고 있다(http://timeline.britannica.co.kr/bol/topic.asp?mtt_id＝93094).

으로부터 회사의 합병까지로 확대되었다. 현재의 크레이튼법 제7조에는 주식취득, 자산·사업의 취득, 회사의 합병을 그 적용대상으로 하고 있다.

또한 이와 관련한 불공정한 경쟁 문제가 발생할 경우 제소권은 크레이튼법 제7조에 따라 법무부(DOJ)의 반트러스트국, 연방거래위원회(Federal Trade Commission: FTC), 주(州)의 사법장관(state attorney general) 및 개인 원고(private plaintiff)에게 인정되고 있다.[10]

또한 1976년에는 크레이튼법 제7A조[11]가 추가되어 기업결합에 대하여 사전신고제도도 도입되었다. 동법 제7A조는 하버 – 스코트 – 로디노법(Ahrt – Scott – Rodino Antitrust Improvements Act of 1976, HSR 법)이라고 하며, 동법의 제정 목적은 반경쟁적인 기업결합에 대하여 경쟁 당국이 사후적으로 이의신청을 행하는 것에 대한 커다란 변화를 가져오는 것으로 그것에 수반한 손해를 회피하고자 함에 있다. 이러한 HSR 법에 따라 일정 이상의 연간 매상액 내지 총자산액을 보유한 사업자가 일정 규모를 초월하여 의결권부 주식 내지 자산을 취득한 경우에는 사전신고를 해야 할 의무가 부가되었다. 따라서 이미 행한 기업결합을 분할하도록 명령하는 경우는 거의 없지만, 문제가 있다고 생각되는 기업결합은 사전에 처리되게 되었다.

2) 근거법의 목적

미국 독점금지법의 보호 법익은 소비자 이익이라고 할 수 있다. 따라서 경쟁촉진적(pro – competitive)인가 아니면 경쟁저해적(anti – competitive)인가의 판단은 소비자 이익을 증진시키는 것인가의 여부에 의하게 된다. 물론 소비자의 이익을 증진하는 것인가는 가격의 저하, 생산량 증가에 의하여 판단되기도 한다.[12]

---

10) ABA Section of Antitrust Law, The Merger Review Process: A Step – by – Step Guide to Federal Merger Review, 3rd Edition(2006), p.2.
11) 15 U.S.C. §18a.
12) 越知保見, 『日米歐獨占禁止法』(商事法務, 2005), 29~33頁.

2. 집행기관 및 사법기관

1) 경쟁 당국

미국은 위에서 언급한 크레이튼법 제7조에 의하여 기업결합의 심사 관할은 DOJ 반트러스트국와 FTC의 공동 관할로 되어 있다.

DOJ 반트러스트국은 국장(Assistant Attorney General), 5인의 차장 및 7개의 지방사무소로 구성되고, 반트러스트 국장은 사원의 승인을 경유하여, 대통령이 임명한다. 하지만 DOJ에 있어서 반트러스트법의 집행에 관한 사실상의 권한은 반트러스트 국장에 집중되어 있다.[13]

FTC는 위원장을 포함하여 5인의 위원(Commissioner)과 더불어 사무총장, 4인의 국장 및 7개의 지방사무소로 구성된다. FTC위원은 상원의 승인을 경유하여 대통령이 임명한다. 임기는 7년이며, 공무에 관하여 불법행위 등의 경우 이외에는 그의 의사에 반하여 파면될 수 없고, 직권행사의 독립성이 인정되고 있다. FTC는 크레이튼법 내지 FTC 법 위반으로 의심되는 행위가 존재할 때에는 스스로 행정심사를 행할 수 있다.[14]

(1) 경쟁 당국의 조치·명령

FTC 및 DOJ는 직접 금지 조치를 할 수 없으며, 연방지방법원에 청구하지 않으면 안 된다. 두 기관 모두 연방지방법원에 예비적 금지명령(preliminary injunctions)과 일시적 제한명령(Temporary restraining orders)을 청구할 수 있다.[15] 또한 기업결합을 실행에 옮긴 경우에도 사후 기업결합을 심사하여, 기업결합의 금지뿐만 아니라 기업결합을 분할 조치를 하는 것도 가능하다.[16]

과거의 경험에 의하면, DOJ는 예비적 금지명령 청구가 각하된 이후에는 소송을 취하하는 경향이 있다.[17] 한편 FTC는 행정심판을 진행하는 것도 가능하다. 또한 FTC나 DOJ 이외에도 주의 사법장관도 법원에 대하여 금지명령을 요구할 수 있다.[18]

---

13) http://www.justice.gov/atr/about/org.html
14) http://www.ftc.gov/ftc/offices.shtm
15) 15 U.S.C. §53(b).
16) 越知保見, 앞의 책, 706頁.
17) ABA Section of Antitrust Law, The Merger Review Process: A Step−by−Step Guide to Federal Merger Review, 3rd Edition(2006), pp.254~256.

(2) 경쟁 당국의 정보수집권한

경쟁 당국의 정보수집은 주로 당사자의 임의 제출에 의한다. 그렇다고 하여 경쟁 당국이 관련 당사자에게 제2차 청구를 할 경우 이에 대하여 관련 자료의 제출을 하지 않을 수는 없다. 왜냐하면 만약 상대방 당사자가 이에 응하지 않는 경우에는 관련 기업결합의 심사가 진행되지 않으므로 실제로는 경쟁 당국의 제2차 청구에 대하여 자료의 제출을 거부하는 것은 사실상 불가능하기 때문이다.[19) 나아가, 관련 당사자가 제2차 청구에 따르지 않는 경우, 경쟁 당국은 연방지방법원에 대기기간의 연장을 신청할 수 있다.[20)

또한 DOJ와 FTC는 제1차 및 제2차 심사를 할 때, 당사자 또는 제3자에 대하여 민사조사청구(civil investigation demand: CID)를 행할 수도 있다.[21) 이러한 조사 방법으로는 문헌, 구두증언, 질문서에 대한 회답 등의 방법을 이용한다.[22) 통상 DOJ가 제3자에 대하여 강제적으로 정보를 수집하는 경우에는 거의 CID가 사용된다.[23) 물론 DOJ가 기업결합의 심사를 할 때 CID에 의한 방법을 이용하려면 반트러스트 국장의 허가를 받아야 한다. 이렇게 취득된 정보에 대해서는 법원 또는 FTC에 제공할 수 있다. 하지만 반트러스트 민사절차법(Antitrust Civil Process Act: ACPA)에서 정한 방법 이외의 경우에는 기본적으로 정보제출자의 동의 없이 대외적으로 공시를 해서는 안 된다.[24)

반면 FTC에서의 CID 행사는 주로 심문(尋問)할 때에 사용되며, 이 경우 위원(Commissioner)의 서명을 받아야 한다. 만약 FTC가 공술(供述) 내지 문헌을 요구하는 경우에는 통상 FTC 법 제9조에 의한 증인소환명령(subpoena the attendance and testimony of witnesses)과 문서제출명령(the production of all such documentary evidence)을 사용한다.[25) 나아가, 재판이 진행되는 경우에는 정부의 증거개시절차(Discovery Procedure)에 따라 미제출의 자료도 탐색 및 조사된다.[26)

---

18) Ibid., p.281.

19) 越知保見, 앞의 책, 705頁.

20) Clayton Act 7A(e)(2).

21) ABA Section of Antitrust Law, ibid., pp.291, 293.

22) Antitrust Division Manual, Ⅲ-40.

23) Antitrust Division Manual, Ⅲ-48.

24) ABA Section of Antitrust Law, The Merger Review Process: A Step-by-Step Guide to Federal Merger Review, 3rd Edition(2006), pp.291~293; Antitrust Division Manual, Ⅲ-65-66.

25) Ibid., pp.293~295; http://www.ftc.gov/ogc/brfovrvw.shtm

26) Ibid., p.294; 소송과정에서 상대방 측의 증인이나 증거물을 개시(discovery)하는 방법으로는 세 가지가 있다. ① 질의서(interrogatories)를 통한 방법으로 상대방에게 분쟁에 관련된 상대방 측의 주장, 법적인 근거 그리고 그것을 뒷받침해 주는 증거물이 무엇이며, 만일 증인이 있다면 증인의 정체 및 어떤 증언을 할 예정인지까지 이 질의서를 통해 요구할 수 있고 상대방은 정해진 시일 내에(약 30일 내에) 답을 해

2) 경제담당기관의 개입

미국의 기업결합심사에 있어서 경제담당기관의 개입에 대하여 크레이튼법에서는 아무런 규정도 두고 있지 않다. 그럼에도 불구하고 방위산업의 경우에는 1990년 이후 산업정책적인 효율성을 전혀 고려하지 않고 경쟁법을 적용하였다. 예를 들면, Boeing/McDonnell Douglas(1997)[27]의 합병 사례 경우, 비록 그 합병이 국제경쟁이나 무역마찰과 관련되어 있어, 정치적 개입을 하였지만, 그것이 기업결합심사에서 경쟁상 아무런 문제가 되지 않는다고 판단하여 당국은 그에 대한 구체적인 이유를 설명하지 않았다. 따라서 경제담당기관의 개입 근거가 무엇인지 알 수가 없다.[28]

3) 관할기관

DOJ는 행정심판은 아니지만, 예비적 금지명령과 일시적 제한명령을 요구하여 연방지방법원에 소를 제기할 수 있다.[29] 또한 FTC에 의해서는 행정심판을 수행할 수 있는데, 그 절차는 다음과 같다.

줘야 할 의무가 있다. 이 절차는 제일 먼저 시도해야 하는 절차이며 비용이 가장 적게 드는 절차로, 상대방이 제때 답을 안 하거나 답의 내용이 미비할 경우에는 법원의 명령을 신청할 수 있게 되어 있다. ② 상대방이 소유하고 있는 상대방에게 불리한 서류를 찾아내기 위해서 분쟁에 관련된 모든 서류들의 사본(document production)을 요구하는 방법과 ③ 원고와 피고는 물론이고 현 분쟁에 대하여 정보를 가지고 있는 제3자마저도 (증인으로 채택되기 전에도) 변호사 사무실로 출두하게 하여 상대방 변호사의 입회하에 질문을 하는 방법(deposition)이 있다(http://www.koreatimes.com/article/620490).

27) 이에 대해서는 다음을 참조
   http://www.nera.com/extImage/Boeing%20McDonnell%20Douglas%20Merger.pdf
28) 山根裕子, 『合併審査 歐米の事例と日本の課題』(NTT, 2002), 87頁.
29) ABA Section of Antitrust Law, The Merger Review Process: A Step－by－Step Guide to Federal Merger Review, 3rd Edition(2006), p.65.

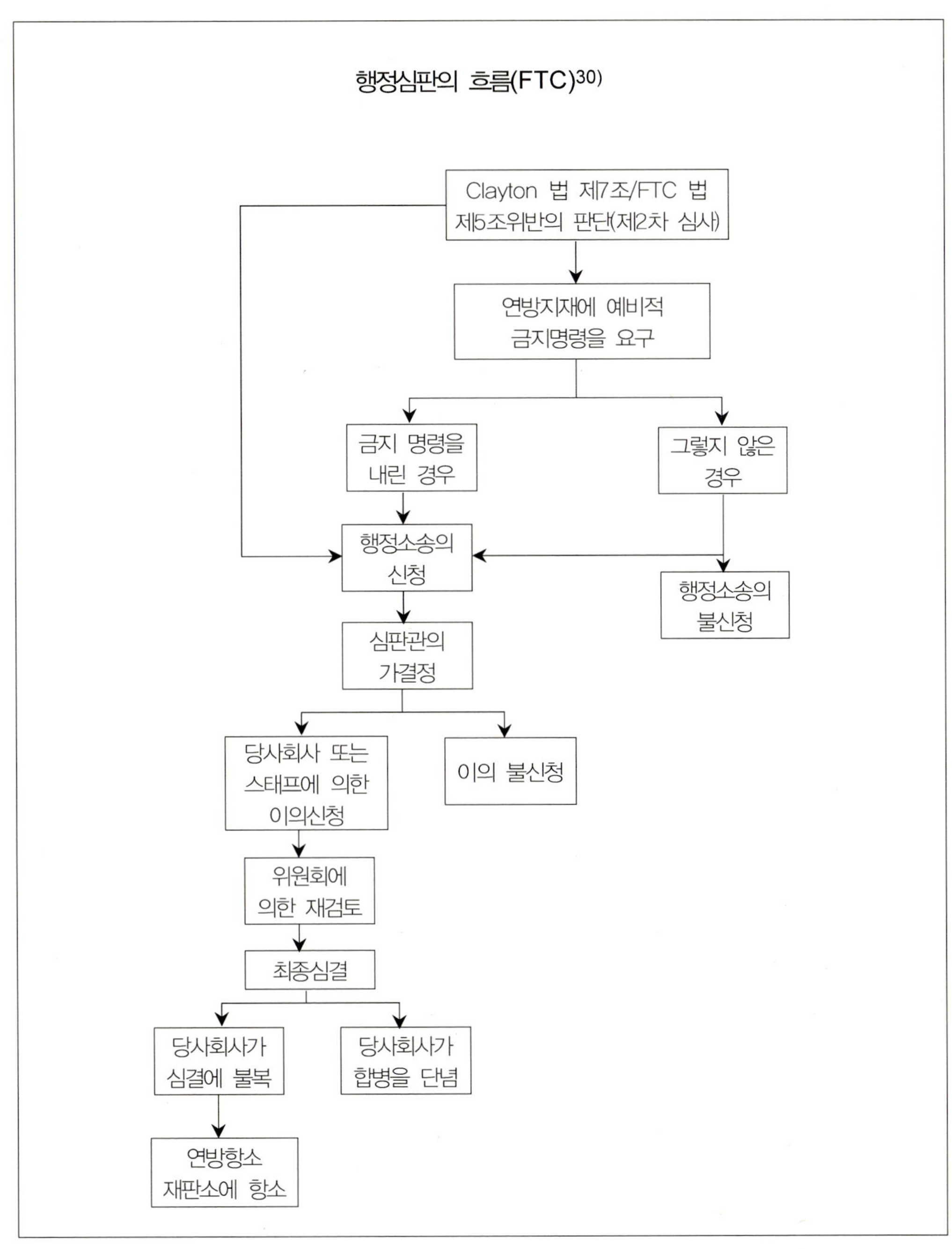

---

30) The Merger Review Process: A Step-by-Step Guide to Federal Merger Review의 자료를 기초로 하여 NERA가 작성한 것을 인용함.

실무상, FTC는 행정심판의 심결을 내릴 때까지는 연방법원에서 예비적 금지명령을 청구할 수 있다. FTC가 예비적 금지명령의 청구를 한 이후 심판관은 행정심판에서 일시적 제한명령을 요구하게 된다. 법원이 예비적 금지명령을 내린 때부터 20일 이내에 행정소송을 제기하지 않으면 예비적 금지명령은 취소된다.[31] 당사회사 또는 FTC의 조사 스태프(staff)는 심판관의 가결정(initial decision)에 불복하는 경우, 위원회(the Commission)에 재검토를 신청할 수 있다. 또한 위원회의 심결에 불복하는 경우, 연방항소법원에 항소도 가능하다.[32]

DOJ와 달리, 연방지방법원이 FTC의 예비적 금지명령에 대한 청구를 각하하더라도, 그 후 FTC의 심판관에 의한 행정적 금지명령에 따라 기업결합이 금지될 가능성도 있다. FTC는 과거 연방법원에서 예비적 금지명령의 청구가 각하되었다 하더라도 통상 행정심판을 행하고 있었지만, 근래 행정적 금지명령의 심판을 요구할 것인지에 대하여 다음의 요인을 고려하여 단계적(case by case)으로 결정하고 있다.

- 연방지방법원 및 항소법원에서의 사실인정(findings of fact) 및 법적 결론 (conclusions of law)
- 새로운 증거
- 기업결합 안건이 새로운 사실, 법률, 제도에 관한 문제를 가지고 있는지 또한 그러한 문제가 행정소송을 제기함으로써 해소될 수 있는지
- 추가절차에 관련된 비용·이득의 전체적인 평가[33]

또한 FTC의 행정심판에 있어서, 동의명령(consent order)에 의한 화해를 도모하는 것도 가능하다. 동의명령에 대해서는 다음의 문제해소조치결정의 절차에서 살펴보기로 한다.[34]

4) 법원

DOJ 및 FTC가 경쟁법 위반으로 기업결합을 금지하는 결정을 하였을 경우, 두 기관은 연방지방법원에 금지를 요구하여야 한다. 먼저, DOJ는 연방지방법원에 대한 예비적 금지

---

31) 15 U.S.C. §53(b); http://law.onecle.com/uscode/15/53.html
32) ABA Section of Antitrust Law, The Merger Review Process: A Step-by-Step Guide to Federal Merger Review, 3rd Edition(2006), pp.19, 30~31, 254~256.
33) Ibid., pp.65~66.
34) Ibid., p.314.

명령과 일시적 제한명령을 요구할 수 있고, FTC는 통상 연방지방법원에 예비적 금지명령을 요구한 이후, FTC에 의한 행정심판의 절차를 진행하게 된다.

관련 사건에 대해서 DOJ가 담당기관일 때에는 DOJ는 관련 당사자와 문제해결방법에 대한 합의를 한 이후, 동의판결(consent decree)의 절차를 진행하게 된다. 이 경우 DOJ는 연방지방법원으로부터 동의판결에 대한 승인을 얻어야 한다.

나아가, FTC가 관련 사건의 담당 기관일 경우에는, 행정심판을 행한 이후 당사자가 심결에 불복한 경우에 연방항소법원에 소송을 제기할 수 있다.

3. 심사 절차

1) 신고가 필요한 기준

HSR법(Hart－Scott－Rodino Improvements Act of 1976)은 특정 거래규모 요건 및 당사자 규모 요건에 해당하는 의결권부 주식 내지 자산의 취득에 적용된다. 이하의 조건을 만족하는 기업결합을 행하는 경우에는 DOJ 및 FTC에 대하여 그 내용을 신고하여야 할 의무가 부과된다.[35]

- 주식 내지 자산의 취득자 또는 피취득자가 통상(通商)에 종사하고 있든가 또는 통상에 영향을 미치는 등의 사업활동에 종사하고 있을 것
- ① 2억 달러(2010년은 2억 5,370만 달러)를 넘는 의결권부 주식 내지 자산을 취득하는 경우 또는 ② 5,000만 달러(2010년에는 6,340만 달러)를 넘는 2억 달러(2010년은 2억 5,370만 달러) 이하의 의결권부 주식 내지는 자산을 취득하는 경우 중
  - ㉠ 1,000만 달러(동 1,270만 달러) 이상의 연간 순매상고 내지 총자산을 보유하고 있는 제조업에 종사하는 자의 의결권부 주식 내지 자산이 1억 달러(동 1억 2,690만 달러) 이상의 총자산 내지 연간 순매상고를 보유하고 있는 자에 의하여 취득된 경우
  - ㉡ 1,000만 달러(동 1,270만 달러) 이상의 순자산을 보유하고 있는 비제조업에 종사한 자의 의결권부 주식 내지 자산이 1억 달러(동 1억 2,690만 달러) 이상의 순자산 내지 연간 순매상고를 보유하고 있는 자에 의하여 취득된 경우

---

35) Section 7A(a) of the Clayton Act[15 U.S.C. 18a(a)].

ⓒ 1억 달러(동 1억 2,690만 달러) 이상의 연간 순매상고 내지 순자산을 보유하고 있는 자의 의결권부 주식 내지 자산이 1,000만 달러(동 1,270만 달러) 이상의 순자산 내지 연간 순매상고를 보유하고 있는 자에 의하여 취득된 경우

위의 매상고, 자산기준은 GNP의 변화가 반영된 매 회계연도에 조정되어, FTC에 의하여 공표된다. 다만, 다음의 사유에 해당하는 경우에는 신고의무가 면제된다.[36]

- 자산취득이 통상의 거래 과정에서 행한 경위[클레이튼법 제7A조(c)(1)]
- 의결권부 주식의 취득 전, 취득자가 이미 발행기관의 의결권부 주식의 50% 이상을 보유하고 있는 경위[클레이튼법 제7A(c)(3)]
- 자산 내지 의결권부 주식의 취득이 순수하게 투자 목적에서 행하고, 의결권부 주식의 취득이 10%를 초과하지 않는 경위[클레이튼법 제7A(c)(9), (c)(11)]
- 의결권부 주식의 취득 결과, 취득자가 보유하고 있는 의결권부 주식의 발행이 끝난 의결권부 주식에 대한 비율이 증가하지 않는 경위[클레이튼법 제7A조(c)(10)]

<table>
<tr><td>☞ HSR 법(Hart-Scott-Rodino Improvements Act of 1976)

- 일정 자산규모 이상의 회사가 대상이 되는 기업결합은 사전 신고토록 함으로써 사전에 경쟁제한성을 심사할 수 있도록 하며, 경쟁제한적이라고 판단될 경우 경쟁 당국은 연방지방법원에 일시적 제한명령이나 예비금지명령을 청구할 수 있음.
- 신고가 발생하면 경쟁 당국은 30일간의 심사기간(Waiting Period)을 갖고 이 기간 동안 당해 기업은 거래를 완료할 수 없으며, 기간 종료일까지 추가 정보 제공 요구 등 추가적 조치가 없을 경우 당해 기업결합은 승인된 것으로 간주</td></tr>
</table>

---

36) Section 7A(a) of the Clayton Act[15 U.S.C. 18a(c)].

2) 심사 절차

미국의 기업결합 심사는 제1차 심사와 제2차 심사로 구분되고 있다. 본 장에서는 각 심사단계에 있어서 세부적인 절차를 살펴본다.

(1) 제1차 심사

HSR법에 의한 사전신고(Premerger notification)는 DOJ 및 FTC 양 기관에 하여야 한다. 당사자가 사전신고를 한 시점으로부터 제1차 심사가 개시되는 것과 더불어 30일간의 대기기간(Waiting period)이 설정되는데, 이 기간 동안에는 기업결합을 하는 것은 불가능하다. 현금에 의한 주식공개매수(Cash tender offer)의 경우 및 파탄기업의 취득의 경우, 이 기간은 15일로 된다.

사전신고가 행하여진 후, DOJ 및 FTC 양 기관의 초기적인 심사가 행하여진다. 이 과정에서 만약 실질적 심사가 필요하다고 판단되는 경우 클리어런스(clearance)라고 하는 절차에 따라 안건 배분이 행하여지고, 조사를 담당한 당국이 이를 결정한다. 이하에서는 사전신고가 행하여진 때부터 클리어런스에 이르기까지 흐름을 상세하게 설명하고 있다.

사전신고가 FTC에 제출된 시점에서부터 클리어런스까지의 흐름은 다음의 도표로 표시할 수 있다.

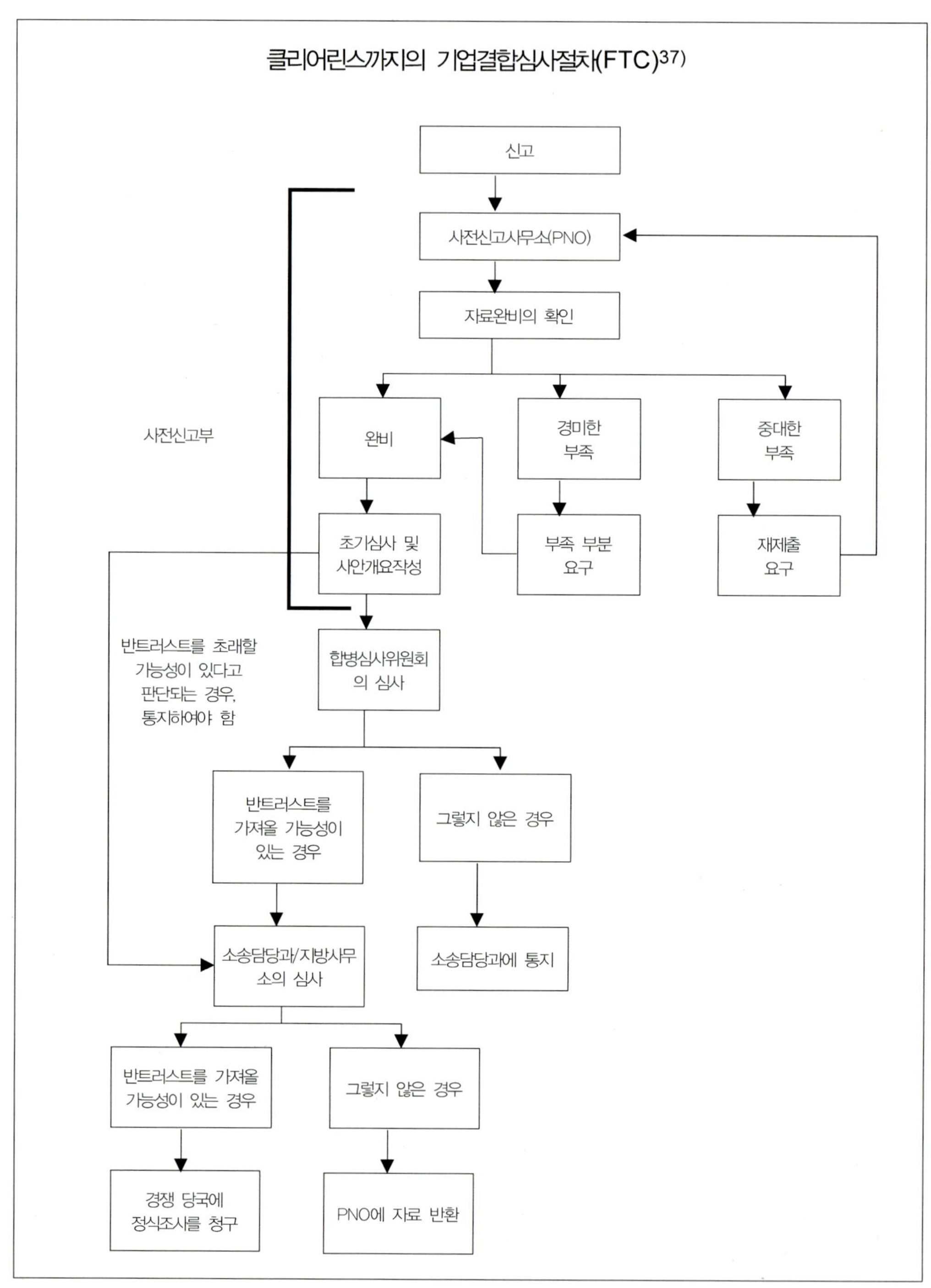

---

37) The Merger Review Process: A Step-by-Step Guide to Federal Review의 자료를 기초로 NERA가 작성한 것을 인용함.

기업결합 심사는 취득자와 피취득자 모두가 FTC의 기업결합 사전신고 사무소(Premerger Notification Office: PNO)에 신고를 한 시점으로부터 제1차 심사의 대기기간이 기산된다. 의결권부 주식을 발행한 자 이외(제3자나 공개시장)에서 구입하는 경우에는 취득자만이 신고를 한 시점으로부터 기산된다. 기업결합 심사는 우선 PNO 소속 법률전문가가 신고된 정보가 완비되었는지의 여부를 판단한다. 중대하지 않은 경미한 부분에 부족한 점이 있는 경우에는 대기기간은 중단되지 않고 당사자에게 부족한 정보의 제출을 요구하게 된다. 중대한 부족 부분이 있는 경우에는 신고는 효력이 없다고 보고, 당사자는 부족 부분을 즉시 완비하여 재차 신고를 하여야 하며, 그에 따라 대기기간은 다시 기산된다. 특히 HSR 신고표 항목 4(c)에서 요구되는 문헌의 완비는 중요시되고 있다.[38]

당초 전문가가 자료의 완비를 확인한 후, 초기적 심사를 하고, 기업결합에 관한 개요를 서면으로 기업결합심사위원회(Merger screening Committee)에 제출하는데, 거기에서 실질적인 심사가 필요한가의 여부를 판단한다. 그 이후 조사를 행할 당국을 결정하는 클리어런스를 개시한다. 명백하게 경쟁저해의 우려가 없는 안건은 상세한 조사를 하지 않는다.[39]

사전신고가 DOJ 반트러스국에 제출될 때부터 클리어런스까지의 흐름도는 다음과 같다.

---

38) ABA Section of Antitrust Law, The Merger Review Process: A Step－by－Step Guide to Federal Merger Review, 3rd Edition(2006), pp.119~121.

39) Ibid., pp.125~126.

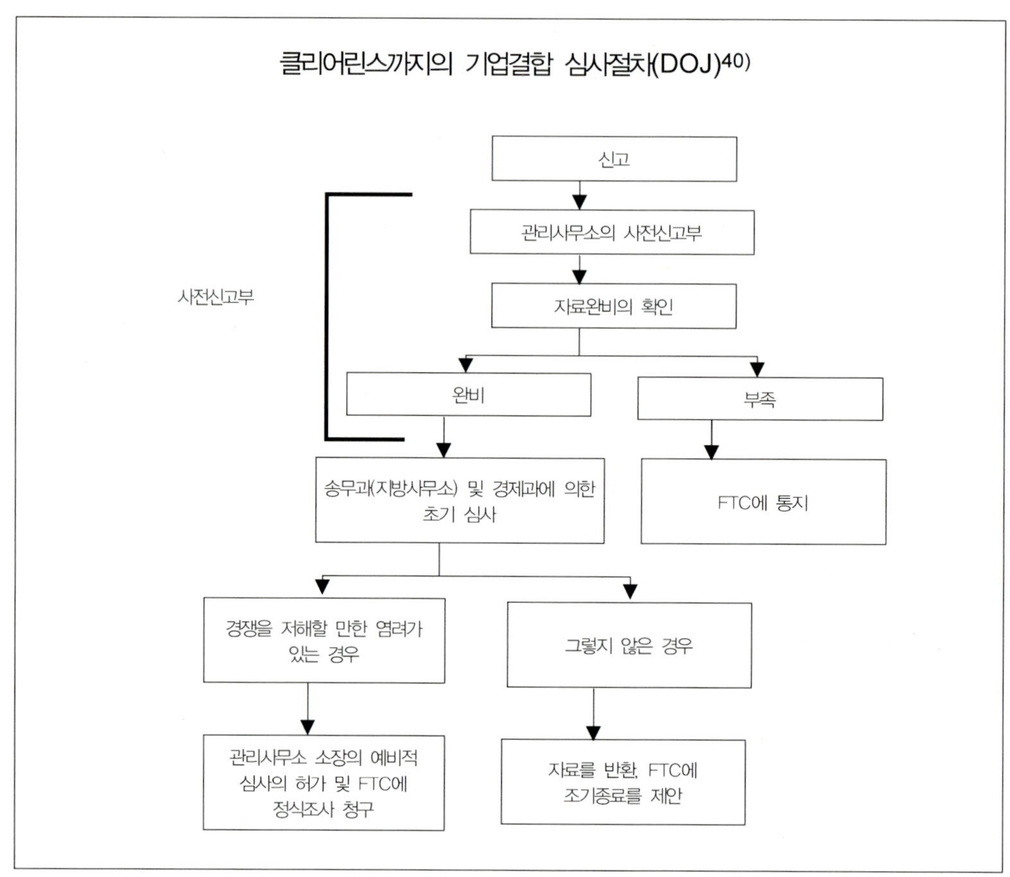

DOJ도 위의 FTC와 마찬가지로, 관리사무소의 사전신고부(Premerger Notification Unit)가 신고서류의 완비 여부를 확인한 후, 그 서류를 송무과(또는 지방사무소)와 경제과에 회부하게 되는데, 위 부서에서 최종적인 심사가 이루어진다. 그 심사에서 상세한 조사가 필요하지 않다고 판단되는 경우에는 그 신고서류는 사전신고부에 반환된다. 하지만 상세한 조사가 필요하다고 판단되는 경우에는 FTC에 조사실시의 클리어린스를 요구하게 된다.[41]

만약 DOJ와 FTC 공히 실질적인 심사가 필요하다고 판단한 경우 또는 일방이 이미 일방의 심사청구에 반대한 경우, 양 기관이 협의하여 어디에서 심사를 할 것인지를 결정한다. 심사기관의 결정은 신고서류의 제출일로부터 9영업일 이내에 이루어진다. 하지만 현금에 의한 주식공개매수 또는 파탄회사의 매수의 경우에는 7영업일 이내에 심사기관이 결정된다.[42]

---

40) The Merger Review Process: A Step－by－Step Guide to Federal Review의 자료를 기초로 NERA가 작성한 것을 인용함.

41) ABA Section of Antitrust Law, The Merger Review Process: A Step－by－Step Guide to Federal Merger Review, 3rd Edition(2006), pp.126~127.

(2) 제2차 심사

　제1차 심사기간 종료 전에 관계기관으로부터 제2차 청구(second request)가 이루어진 경우에는 대기기간은 관계 당사자가 제2차 청구에 대한 회답을 한 시점으로부터 다시 30일 연장된다. 다만, 그 기간은 실질적인 심사를 하는 데에는 너무나 짧은 기간이어서, 일반적으로 당사회사와의 협의를 한 후 법원에 대기기간의 연장을 신청하게 된다.43)

　그런데 당사자는 통상 관계기관으로부터 제2차 청구를 할 가능성이 높다고 판단되는 경우에는 일단 신고를 취소하고 재차 신고(pull and re - file)를 하는 경우가 많다. 왜냐하면 제2차 청구에 대응함에는 통상 60~120일(또는 그 이상)이 걸리는 등 상당한 비용과 오랜 시간이 소요되기 때문이다.44)

(3) 조기종결제도45)

　미국에는 위에서 언급한 대기기간을 예외적으로 조기에 종료시키는 '조기종결(early termination)' 제도가 있다. 조기종결제도란 기업결합 사전신고에 대하여 FTC 및 DOJ가 일정 심사기간 종료 전에 조사완료 및 반대의사 없음을 밝힘으로써, 당사자가 거래를 조기에 성립시킬 수 있도록 하는 제도를 말한다. 통상 경쟁상 문제되지 않는다고 판단되는 경우, 법률에 정하여진 대기기간보다도 더 조기에 대기기간을 종결시키게 된다. 다만, 조기종결을 하기 위해서는 다음의 3가지 요건을 만족하여야 한다.

　- 적어도 당사자 일방이 조기종결을 서면으로 요청할 것. 만약 대기기간 중에 있다면 당사자가 어느 정도 조기종결을 요청하는 것이 가능함
　- 모든 당사자가 신고서, 서류, 기타 요구된 자료를 제출할 것
　- FTC 및 DOJ가 대기기간 중에 어떠한 법적 조치도 취하지 않는다는 결정을 내릴 것

　위의 요건 중에서 어떠한 기업결합의 경우에 경쟁 당국이 '어떠한 법적 조치도 취하지

---

42) Ibid., pp.134~136.
43) 越知保見, 앞의 책, 703頁.
44) ABA Section of Antitrust Law, The Merger Review Process: A Step - by - Step Guide to Federal Merger Review, 3rd Edition(2006), pp.62, 141.
45) 株式會社日本綜總合硏究所, 앞의 보고서 참조.

않는다고 결정하는가'에 대해서는 구체적으로 밝히지 않았다. 하지만 당사자의 조기종결에 대한 요청이 있는 경우, 특별한 사유가 없는 한, 대부분 조기종결이 인정되고 있다.

나아가, 조기종결의 결과, 조기종결 일수 등에 대해서도 아무런 규정도 두고 있지 않지만, 통상 대기기간의 개시 후 2주간 이내에 조기종결을 하고 있다. 물론 조기종결의 요청이 있을 당시 당해 사건의 복잡성, 검토 서류의 방대함, 경쟁상의 문제가 있는 등 사정이 있는 경우에는 조기종료 일수는 위의 기간보다 더 짧아질 수도 있다. 이러한 조기종결의 요청에 대하여 경쟁 당국이 조기종결을 결정하였을 때에는 직접적으로 조기종결 요청 당사자에게 전화로 그에 대한 통지를 하여야 한다.

3) 신고의 시기 및 사안의 공표 여부

신고의 대상이 되는 거래를 한 당사자는 예비적 합의가 이루어지고, 거래를 실행할 의사를 명확하게 밝힌 후에는 가능한 한 신속하게 신고를 하여야 한다. 만약 시장에서 공개매수 등 제3자의 개입이 있는 거래의 경우에는 매수를 제3자에게 통지한 후 또는 공개매수 신청을 한 이후 신속하게 신고를 하여야 한다.46)

당사자가 신고의 대상이 되는 거래를 한 이후 신고를 할 때에는 경쟁 당국은 당사자가 신고한 내용 및 신고를 한 사실에 대하여 법적·행정적 조치를 취하는 경우를 제외하고는 공표하여서는 아니 된다.47) 물론 당사자가 상장회사인 경우에는 증권거래법상의 규정에 따라 HSR 신고와 같은 중대한 사안에 대해서는 당사자 스스로 공표하여야 할 것이다. 반면 당사자가 비상장회사인 경우에는 동 사안에 대하여 공표를 할 필요가 없다고 본다.

4) 비공식의 사전상담 여부

비공식의 사전상담이라는 제도가 존재하기는 하지만 심사 요청 안건 자체가 특별히 경쟁을 저해할 만한 염려가 있다고 생각되지 않거나, 특별히 신속하게 심사를 종료할 필요가 있지 않는 한, 정식절차 이외 당국과 별도의 접촉을 할 필요는 없다. 실제로도 사전심사를 행한 대부분의 안건은 실질적 경쟁제한을 가져오지 않기 때문에 사전상담은 거의 이용되지 않는다.48)

---

46) 越知保見, 앞의 책, 703~704頁.
47) Clayton act 제7A조 (h)항.
48) ABA Section of Antitrust Law, The Merger Review Process: A Step‐by‐Step Guide to Federal

그렇지만 경쟁을 저해할 염려가 있는 경우에는 사전상담이 활용되는 경우가 존재한다. 이처럼 사전상담을 하게 되면, 당사자는 경쟁 당국으로 하여금 조사 범위의 초점을 맞추도록 하거나 주요 문제를 검토할 수 있는 시간을 단축시켜 줄 가능성이 있다. 또한 조사 스태프가 심사 요청 안건에 관한 선입견을 가지기 전에, 당사자가 당국의 법률전문가와 상담을 할 수 있고, 스태프가 당사자의 설명을 보다 용이하게 받아들일 가능성이 있다.[49] 또한 심사 요청 안건이 복잡하고 어려워 30일간의 제1차 심사기간 중에 결론을 도출하지 못하고 제2차 청구로 이행할 것으로 예상되는 경우에는, 사전상담을 행함으로써 제1차 심사기간 중에 결론을 도출하고, 제2차 청구를 회피할 가능성도 있다.[50] 이 외에도 주목의 대상이 되는 기업결합 안건이 사전상담의 단계에서 공시되고, 경쟁 당국이 당사 회사 또는 당해 관련 시장을 최근 다룬 적이 있는 경우에는 경쟁 당국이 신고하기 전이라도 조사를 시작할 수도 있다.[51]

규정상 HSR 신고가 행하여지고 클리어런스 절차에 따라 심사를 할 당국이 결정할 때까지는, 당국은 원칙상 당사자에 대한 접촉은 금지되지만(자료가 부족하여 FTC가 당사 회사에 연락하는 경우는 제외), 비공식의 사전상담이 행하여진 경우, 클리어런스가 행하여졌는가와 관계없이 당국이 당사회사를 접촉할 수 있다.[52]

5) 제1차 심사에서의 구비 자료

제1차 심사의 개시를 위해서는 HSR 신고표 및 그 표에 기재되어 있는 관련 자료를 구비하여야 한다. 그 표에 기재된 관련 자료란 재무자료, SEC에 제출한 자료, 기업결합 관련 기획과 평가자료, 진술서 등을 말한다. 이 외에도 경쟁 분석에 필요한 자료를 제출할 수는 있지만, 그러한 자료를 제출하였다고 하여 심사기간이 단축되는 것은 아니다.[53]

당사자가 HSR 신고표에서 요구된 정확한 정보를 얻을 수 없는 경우에는 다음 자료의 제출을 요구할 수도 있다.

－ 당사자에 의한 최선의 추정치를 제출할 것(추정의 근거 또는 출처를 표시)

Merger Review, 3rd Edition(2006), p.104.
49) Ibid., p.104.
50) Ibid., p.111.
51) Ibid., p.104.
52) Ibid., p.104.
53) HSR Introductory Guide Ⅰ, pp.6, 8; http://www.ftc.gov/bc/hsr/introguides/guide1.pdf

- 정보를 제출할 수 없는 이유 및 그것을 설명하는 증거를 제출할 것54)

제1차 심사기간 내에 경쟁 당국은 임의로 주요 고객의 리스트, 전략적 계획, 마케팅 자료 등 자료를 청구할 수 있고, 또한 임의로 당사회사의 임원과의 면담을 요구할 가능성도 있다. 나아가, 경쟁 당국은 동 업계의 관계자, 공급자나 소비자와의 면담 등을 할 가능성도 있다.55)

6) 제2차 심사에서의 구비 서류

(1) 자료의 내용

통상 제2차 청구에서는 특정의 상품이나 서비스, 경영 · 판매 전략 등에 관한 광범위하고 상세한 정보를 요구하게 된다. 또한 경영자를 포함한 사원이 비공식면담 내지 선서증서가 요구될 가능성도 있다.56)
FTC가 공표하고 있는 "Model Request for Additional Information and Documentary Material(Second Request)"57)에서 제2차 청구의 모델을 보여 주고 있다. 제2차 심사에서의 조사 스태프(the Bureau of Competition litigation staff)는 대체로 앞의 예에 따라서 안건 관련의 추가질문을 하는 것으로 되어 있다.58) 그런데 만약 위의 추가질문에 대하여 회답을 하지 못할 사정이 있는 경우에는 그에 대한 면책 청원의 절차가 있다.59)

(2) 추가 자료의 수수(授受)

당국이 제2차 청구(secondary request)를 할 때, 그 정보의 청구를 하는 이유에 대하여 설명하여야 할 의무는 없다. 조사 스태프(the Bureau of Competition litigation staff)가 제2차 청구를 당사자에게 하기 전, 그 청구의 범위를 정확하게 하고 축소시키고 또한 청

---

54) 16 C.F.R. §803.3, Code of Federal Regulations.
55) ABA Section of Antitrust Law, The Merger Review Process: A Step－by－Step Guide to Federal Merger Review, 3rd Edition(2006), p.27.
56) Ibid., pp.62~63, 157.
57) HSR Introductory Guide Ⅲ; http://www.ftc.gov/bc/hsr/introguides/guide3.pdf
58) ABA Section of Antitrust Law, The Merger Review Process: A Step－by－Step Guide to Federal Merger Review, 3rd Edition(2006), p.140.
59) HSR Introductory Guide Ⅲ, p.16.

구취지에 일치시킬 수 있도록 시니어 매니지먼트가 먼저 그 내용을 심사한다.[60]

이와 관련한 제2차 청구의 준수는 문자 그대로 완전한 준수는 아니지만, '실질적 준수'라고 할 수 있다.[61] 만약 위에서 요구하는 자료가 필요 이상으로 확대된다고 판단되는 경우에는 관계 당국과 당사자 사이의 협의에 의하여 그 범위를 축소시킬 수도 있다.[62] 또한 당사자는 추가 자료의 완전 준수에 갈음하여 다음과 같은 방법을 선택적으로 취할 수도 있다.[63]

① 'quick look'

당사자가 관계 당국의 염려를 해소할 수 있도록 파탄기업의 항변이나 신규참입 등 중요한 문제에 대한 정보를 제공한다. 당사회사 또는 당국도 제공할 수 있다. 나아가, 이러한 절차가 진행되는 동안에는 제2차 심사 대기기간은 개시되지 않는다. 이론상 관계 당국의 심사기간에 해당되는 기한에 포함되지 않는 것으로 판단된다.

② 'phrased production'

당사자가 자료를 우선순위에 따라서 제출하고, 제출된 자료에 대하여 관계 당국이 납득하는 경우에는 그 이상의 다른 자료를 제출할 필요는 없다. 하지만 최종적으로 관계 당국이 추가 자료의 완전 준수를 요구할 가능성도 배제할 수는 없다.

7) 비밀정보의 관리

관계 당국의 요구에 따라 제공된 비밀정보는 대내외적 공시로부터 보호된다. 그러나 행정 또는 사법 절차에 관련한 경우 또는 의회에 공시된 경우는 예외로 처리될 수 있다. 당사회사는 자신들에 제출한 정보를 보호하기 위하여 법원에 보호명령(protection order)을 신청할 수도 있다. 이에 따라 법원의 보호명령이 내려지면, 이를 공시하여서는 안 된다. 만약 이에 위반하여 관련 정보를 공시한 경우에는 법정 모욕죄(contempt of court)에 해당하여 징역 등 중대한 형사적 재제가 가해진다. 이 점은 CID의 절차에 의한 경우도 마찬가지이다.[64]

---

60) ABA Section of Antitrust Law, The Merger Review Process: A Step－by－Step Guide to Federal Merger Review, 3rd Edition(2006), p.159.
61) Ibid.
62) Ibid., p.160.
63) Ibid., pp.175~179.
64) 越知保見, 앞의 책, 705頁.

4. 문제해결 방법

　기업결합을 심사하는 과정에 문제가 있다고 판단되는 경우 관계 당국은 이를 효율적으로 구제하기 위하여 그 문제점에 대하여 당사자에게 세부적으로 설명한다. 통상 그 설명 방법은 구두에 의하여 행한다.[65]

1) 문제해결 방법의 유형

　미국법상 반트러스트(antitrust) 문제를 해결하기 위한 가장 중요한 목적은 특정 경쟁 당사자를 승자와 패자로 구분하는 것이 아니라 관련 시장에서 경쟁의 효율적 유지에 있다고 할 수 있다.[66]

　이와 관련 기업결합의 효율적인 해결 방법은 구조적 방법(structural provision)과 행위적 방법(conduct provision)이 있다. 각각의 해결 방법은 적절하고 실제적인 환경 속에서 경쟁을 유지하는 데 이용된다.[67]

　구조적 해결 방법이란 일반적으로 기업결합 회사에 의한 유형자산의 규모 내지 기업결합 회사가 지적 재산권의 규모나 라이센스를 통하여 새로운 경쟁자가 유입되는 것을 요구하고 있다.[68] 많은 사건 사례에 있어서 구조적 해결 방법은 관리하기에 단순하고, 상대적으로 용이하여야 하며 경쟁을 유지할 수 있어야 한다.[69]

　다음으로 행위적 해결 방법이란 대개 기업결합 회사의 기업결합 이후 거래 행위의 측면을 규제하는 규정을 필요로 한다. 행위적 해결 방법은 관련 부서에서의 유용한 수단이다. 그들은 기업결합의 잠재적 효율성을 유지할 수 있음과 동시에 기업결합으로부터 야기되는 경쟁적 저해를 구제할 수 있다. 행위적 방법에 의한 문제의 해결 방법은 특히 구조적 해결 방법이 기업결합의 잠재적 효율성을 제거할 때, 하지만 문제해결 방법이 존재하지 않아 기업결합이 경쟁적 저해를 초래할 때, 특히 효과적으로 선택될 수 있다.[70]

---

65) NERA エコノミスト.
66) U.S. Department of Justice(antitrust Division), Antitrust Division Policy guide to Merger Remedies(2011.6), pp.1, 3; http://www.justice.gov/atr/public/guidelines/272350.pdf
67) FED. TRADE COMM'N, POLICY STATEMENT ON MONETARY EQUITABLE REMEDIES IN COMPETITION CASES(July 25, 2003), available at http://www.ftc.gov/os/2003/07/disgorgementfrn.shtm
68) United States v. 3D Systems Corp., 2002－2 Trade Cas. ¶ 73,738(D.D.C. 2001).
69) United States v. E.I. du Pont de Nemours & Co., 366 U.S. 316, 331(1961).
70) Antitrust Division Policy guide to Merger Remedies(2011.6), p.7.

2) 문제해결 절차

관계 당국이 기업결합을 조건부로 승인하는 경우에는 'Fix‒it‒first' 또는 동의판결 및 동의명령에 의하게 된다. 먼저, 'Fix‒it‒first'란 자산의 매각 또는 다른 문제해결의 방법이 기업결합의 계획에 포함된다. 따라서 기업결합의 신고를 한 이후, 당사회사와 경쟁 당국 간에서 어떻게 문제를 해결할 것인지에 대하여 협의가 되고, 그러한 문제해결 방법이 행하여진 이후 기업결합이 승인된다. 이러한 'Fix‒it‒first'는 기업결합이 적절하게 이루어진 경우에는 법원을 통할 필요가 없기 때문에 매우 효율적이라고 할 수 있지만, 기업결합의 과정 속에서 투명성을 상실하였다는 비판도 제기되고 있다. 또한 'Fix‒it‒first'는 DOJ가 주로 사용하나 다음에서 언급한 동의판결만큼은 이용되고 있지 않다. 반면 FTC는 동 제도를 사용하고 있지 않다.[71]

다음으로 동의명령과 동의판결로 통상 FTC는 동의명령, DOJ는 동의판결에 따라서 조건부로서 당사회사와 관계 당국이 화해를 도모하고, 기업결합이 승인된 이후 문제를 해결하였다. 동의명령의 교섭은 FTC가 행정소송을 제기한 이후에도 행하여질 가능성이 있다. 또한 심사 과정 중에 문제해결 방법에 대한 교섭을 할 수도 있다. 다만, 본격적인 교섭은 당사회사가 제2차 청구에 대하여 회답을 한 이후에 사실상 행하여지고 있다.[72]

통상 제2차 심사기간의 연장 여부에 대한 협의를 하고, 경쟁 당국의 기업결합 관련 부서 또는 안건에 대한 조사를 담당한 지방사무소가 당사회사와의 교섭을 한다. 교섭을 종료한 후, 경쟁국과 경제국은 각각 제안서를 위원회에 제출하면 위원회에서는 그에 대하여 통상 2주 이상의 기간에 걸쳐 심사를 하게 된다.

이러한 절차가 끝나면 FTC는 웹사이트 및 관보(Federal Register)에 제안된 신청서(complaint), 동의명령을 포함한 동의서(Agreement Containing Consent Order), 퍼블릭 코멘트(public comment)용(用)의 분석 자료를 게재하고, 30일간 퍼블릭 코멘트를 모집한다.[73] 물론 FTC는 이러한 퍼블릭 코멘트를 모집하는 기간 종료 전이라도 신청서를 위원회에 제출하고, 보전관리 명령(hold separate order)을 도출할 수 있다.[74] 보전관리 명령은 구제방법에 따라 매각될 자산이 매각될 때까지 독립성을 유지하고, 이를 매수할 매수인을

---

71) ABA Section of Antitrust Law, The Merger Review Process: A Step‒by‒Step Guide to Federal Merger Review, 3rd Edition(2006), pp.64, 302, 334~335.
72) Ibid., pp.314~319, 323~335.
73) 16 C.F.R. §2.34(c).
74) 16 C.F.R. §2.34(b).

용이하게 찾도록 하기 위하여 또는 일시적으로 경쟁이 감쇄되는 것을 방지하기 위하여 취하게 된다.

위원회는 위의 퍼블릭 코멘트를 고려하여, 동의명령의 내용을 최종적으로 결정하고, 신청서와 Decision and Order를 도출하게 된다. 만약 동의명령을 수용하지 않을 경우에는 예비적 금지명령을 청구한다. 또한 동의명령을 재차 교섭하거나 또는 행정심판에 제소하게 된다. 나아가, 조건 없이 기업결합을 승인할 가능성도 있다.[75]

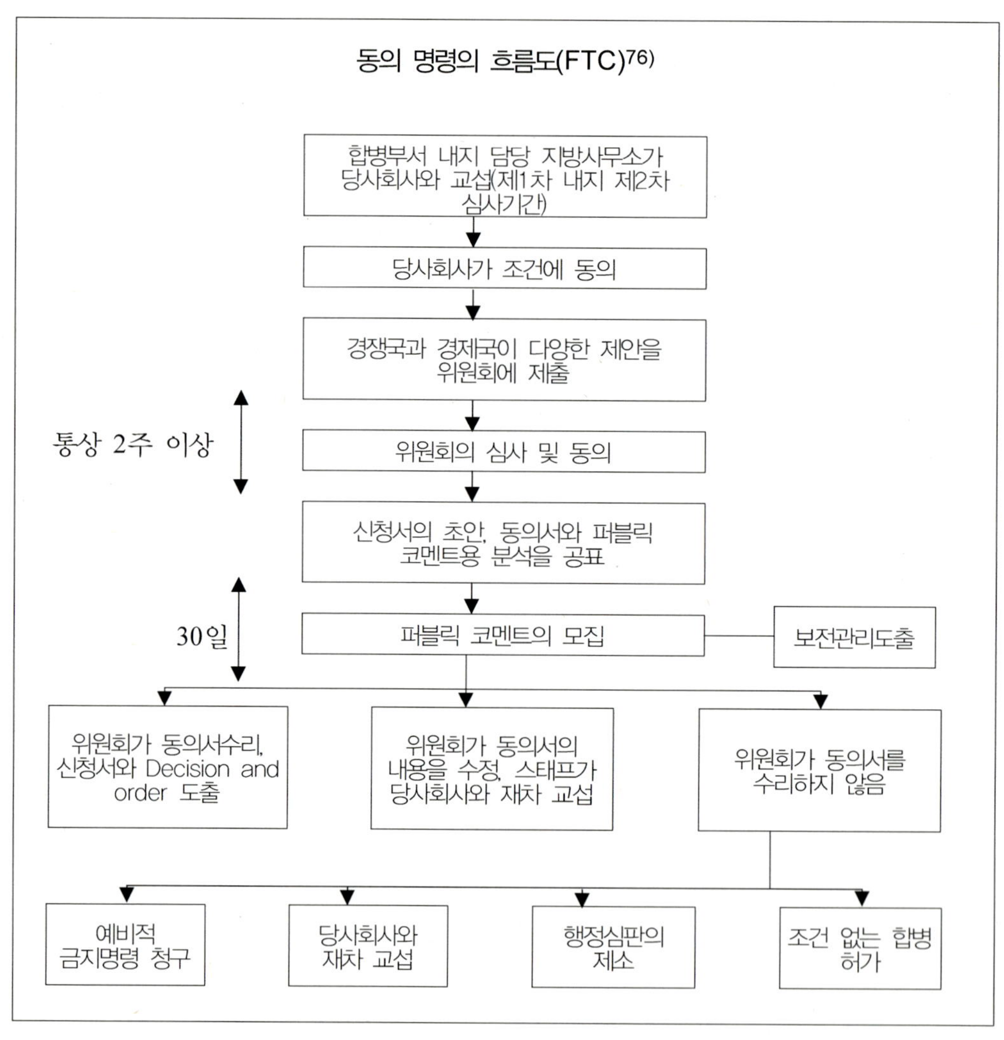

---

75) ABA Section of Antitrust Law, The Merger Review Process: A Step-by-Step Guide to Federal Merger Review, 3rd Edition(2006), pp.314~319, 346.
76) The Merger Review Process: A Step-by-Step Guide to Federal Review의 자료를 기초로 NERA가 작성한 것을 인용함.

나아가, DOJ의 동의판결은 FTC의 동의명령과는 달리 연방지방법원의 승인을 얻어야한다. 그러한 절차를 보면 다음과 같다.

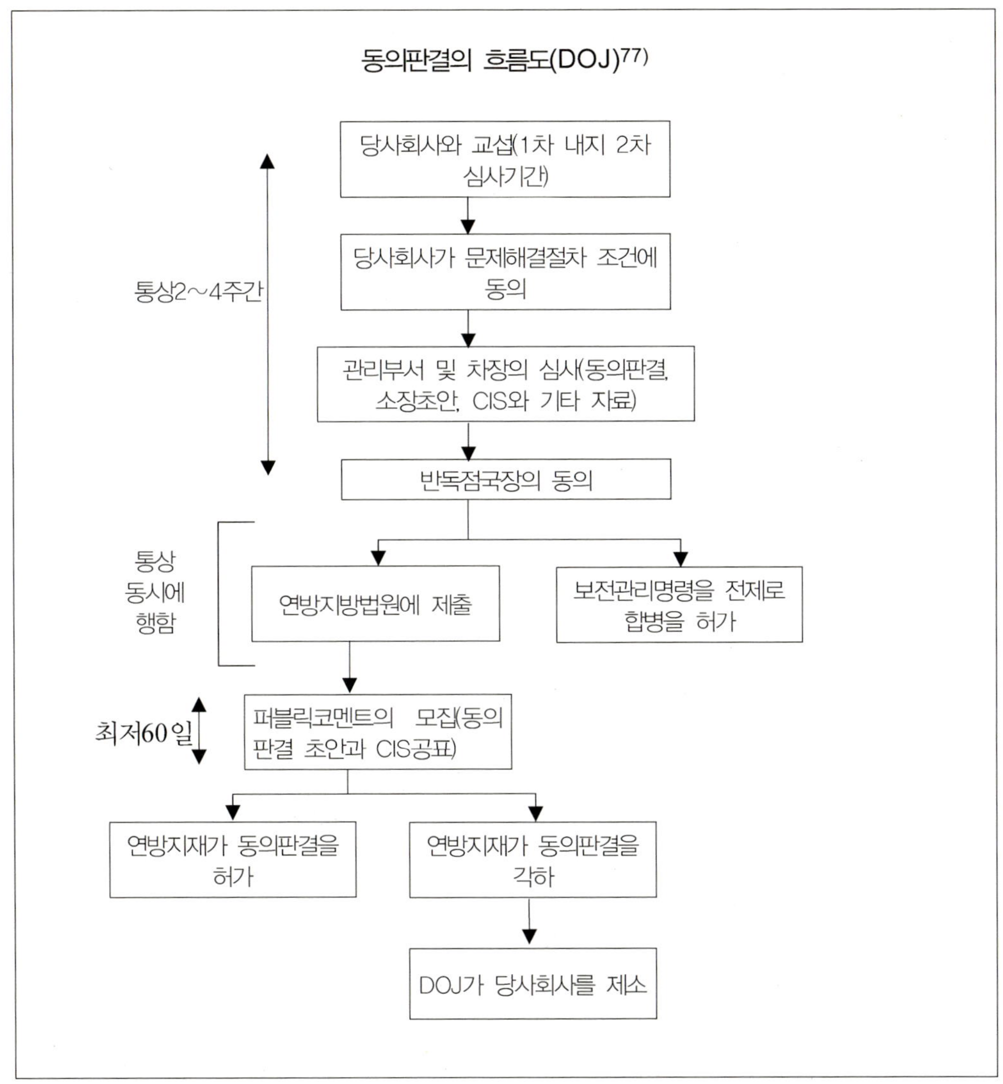

DOJ의 동의판결은 Antitrust Procedures and Penalties Act(Tunney Act이라 함)[78]에

---

77) The Merger Review Process: A Step－by－Step Guide to Federal Review의 자료를 기초로 NERA가
   작성한 것을 인용함.
78) Antitrust Procedures and Penalties Act(Pub.L. 93－528, 88 Stat. 1708, enacted December 21, 1974,
   15 U.S.C. § 16)은 Tunney Act라고도 하며, 1974년 미국에서 통과된 반독점(antitrust)법을 말한다
   (http://www.gpo.gov/fdsys/pkg/USCODE－2010－title15/pdf/USCODE－2010－title15－chap1－

의하여 규정되어 있다. FTC와 마찬가지로, 당사자의 교섭을 종료한 후, 동의판결, 소장 (complaint) 초안과 경쟁상의 영향에 관한 의견(competitive impact statement: CIS) 등에 대하여 반트러스트 국장의 최종적 동의를 얻어, 연방지방법원에 제출한다. 통상 동의판결의 교섭 및 심사는 2~4주간이 걸린다.

DOJ가 동의판결을 연방지방법원에 제출할 때, 통상 당사회사가 적절한 보전관리 명령을 따를 것을 전제로 기업결합을 행하는 것을 허가한다. DOJ의 구제방법에 대한 지침 (remedy guide)에 따르면 동의판결 제안은 통상 보전관리 명령을 포함하여야 하는 것으로 기재하고 있다. 판결의 효력발생일 최저 60일 전에 DOJ는 동의판결 제안과 CIS를 관보에, 또한 이에 관한 요약 내용을 동의판결을 제출한 날로부터 2주 이상 7일 동안(for 7days over a period of 2 weeks) 신문에 기재하여야 하고, 최저 60일간 퍼블릭 코멘트를 모집한다.[79]

그 이후 법원은 모집된 코멘트를 고려하여, 동의판결을 허가 내지 각하의 결정을 한다. 법원이 내 건 동의판결의 내용을 변경할 수는 없다. 실제로 제출된 판결에 대하여 각하하는 경우는 거의 없지만, 각하하였다면, 통상 DOJ에 의하여 동 사안과 관련 당사회사를 제소하게 된다.[80]

3) 문제해결을 위한 효과적인 방법

먼저, 당사회사가 자발적 사업양도를 하게 된다. 여기에서 관계 당국은 목적을 달성하지 못했다고 판단한 경우, 필요에 따라 양도 대상이 되는 자산의 추가 등을 하도록 할 권한을 가지고 있는 자산관리자를 임명하여 문제의 해결을 시도할 수 있다.[81]

통상 FTC의 동의명령에는 당사회사의 보고가 의무로 되어 있다. 이러한 의무는 일반적으로 동의명령 결정일로부터 30일 이내에 제1차 보고를 하고, 문제해결 방법에 따른 조치가 완전히 이행될 때까지 30~60일 간격으로 중간보고를 하여야 한다.[82]

만약 당사회사가 본래의 문제해결 방법으로 결정된 자산을 기간 내에 매각하지 않는

---

sec16.pdf).

79) 15 U.S.C. §16(b)(c).

80) ABA Section of Antitrust Law, The Merger Review Process: A Step - by - Step Guide to Federal Merger Review, 3rd Edition(2006), pp.323~335.

81) 越知保見, 앞의 책, 323~335頁.

82) ABA Section of Antitrust Law, The Merger Review Process: A Step - by - Step Guide to Federal Merger Review, 3rd Edition(2006), pp.320~321.

경우에는 '왕관의 보석(Crown jewel)'[83]에 의하여, 가치가 보다 높은 자산의 매각을 강제로 명할 가능성이 있다. 이것은 주로 FTC에는 사용하고, DOJ에서는 거의 사용하지 않는다. 또한 FTC는 동의명령 제안을 위원회에 제출하기 전에, 선행투자의 매수인(up-front buyer)에게 당사회사의 매수를 결정할 것을 명할 가능성도 있는데, 이러한 수단 또한 DOJ에서는 사용되지 않는다.[84]

나아가, FTC 법에서는 동의명령에서 규정된 문제해결 방법상 조치가 이행되지 않는 경우에는 당사자에 대하여 최대 10,000달러의 벌금을 부과하고 있다. 뿐만 아니라 이러한 위반 행위가 계속적인 것이라면 1일에 대하여 최대 10,000달러의 벌금이 부과될 수 있고, 연방지방법원이 금지명령을 내릴 수도 있다.[85]

4) 문제해결방법상의 감시 원칙

당사회사가 문제해결 방법에 따른 조치를 실행하고 있는 여부에 대해서는 당국이 확인 감시를 하게 되나, 그에 의하여 예측되는 경쟁 우려를 해소할 수 있는 효과를 얻을 수 있을지에 대해서는 의문의 여지가 있다.[86]

5. 심사결과에 대한 정보 공시

1) 당사회사의 정보 공시

관계 당국이 조건 없이 기업결합을 허가하는 경우에는 당사자를 포함한 관계 당국 이외의 자에게 그 이유를 설명할 의무는 없다.[87] 반면 DOJ나 FTC가 조건부로 기업결합을 허가하는 경우에는 어떤 경우이든 동의판결 내지 동의명령의 제안은 관계 당국과 당사자와의 사이에서 교섭이 행하여지고 그 이후 당사자의 동의를 얻을 수 있는 절차가 진행된

---

83) 왕관의 보석이란 자산가치와 수익력, 그리고 사업전망의 측면에서 매수대상기업이 가지고 있는 가장 매력적인 사업부문 또는 자회사를 말한다. 일반적으로 기업인수의 주요 목적은 왕관보석의 획득에 있으므로 매수대상 기업은 스스로 이를 매각하여 매력 없는 기업이 됨으로써 적대적 기업인수 시도를 방어하는 경우가 있다.
84) Ibid., pp.340~341.
85) Ibid., pp.319~320.
86) NERA エコノミスト.
87) 山根裕子, 『合併審査 歐米の事例と日本の課題』(NTT出版, 2002), 87頁.

다.[88] 관계 당국이 기업결합을 규제하는 경우에는 연방법원에 소장을 제출하고, 관계 당국의 논거 및 전문가에 의한 보고서 등을 제출하게 된다. 나아가, 이와 관련된 서류는 그것이 비밀정보가 아닌 한, 대외적인 공시도 이루어진다. 동 서류에는 당국이 제시한 논거가 상세하게 기술되어 있다.[89]

2) 대외적인 정보 공시

관계 당국이 조건 없이 기업결합을 허가한 경우라 하더라도 DOJ는 기업결합을 허가한 이유에 대하여 간략한 CIS를 공표하도록 하고 있다.[90] 반면 DOJ가 조건부로 기업결합을 허가하는 경우에는 당사회사와 교섭을 하고 그 이후 터니법(Tunney Act)에 기초하여, 연방법원에 동의판결의 제안과 CIS를 제출, 그것을 관보로 공표, 퍼블릭 코멘트를 모집하여, 연방법원이 판단을 내리게 된다.[91]

또한 FTC가 조건부로 기업결합을 허가한 경우에도, FTC는 당사회사와 교섭을 하고 그 이후 동의명령의 제안과 퍼블릭 코멘트용 분석을 공표하고, 퍼블릭 코멘트를 모집한 이후, 그에 대한 최종 결정을 내려, 신청서와 Decision and Order를 발표한다. 신청서와 동의명령의 결정은 FTC의 웹사이트상에 공표하고 있다.[92]

예를 들면, Cingular/AT&T(2004)[93]에서 DOJ가 공개한 CIS는 기업결합 및 관련 상품·지역적 시장의 설명, 기업결합이 시장경쟁에 관여하는 영향 등 안건에 대하여 상세한 설명을 하고 있고 또한 동의판결의 제안에 대해서도 상세하게 설명되어 있다.

나아가, 관계 당국이 기업결합을 규제하는 경우, 연방법원에 대한 기업결합을 규제하는 논거 및 전문가에 의한 보고서 등도 제출하게 된다. 이와 관련된 서류에 대해서는 그것이 비밀정보가 아닌 한, 대외적인 공시도 하여야 한다. 또한 당사회사가 대기기간의 조기 종료를 요구한 경우에는 조기종료의 승낙도 관보에 공표되어야 한다.[94]

---

88) ABA Section of Antitrust Law, The Merger Review Process: A Step - by - Step Guide to Federal Merger Review, 3rd Edition(2006), pp.314~319, 323~335.

89) NERA エコノミスト.

90) Ibid.

91) ABA Section of Antitrust Law, The Merger Review Process: A Step - by - Step Guide to Federal Merger Review, 3rd Edition(2006), pp.323~335.

92) Ibid., pp.314~319.

93) United States, et al. v. Cingular Wireless corporation, SEC Communications Inc., BellSouth Corporation and AT&T Wireless Services, Inc; http://www.justice.gov/atr/cases/f206000/206049.htm

94) Clayton Act Sec. 7A(b)(2).

6. 심사의 내부적 검토

기업결합에 관한 결정은 전적으로 관계 당국의 책임자 동의를 얻어야 하므로 어느 정도 일관성을 가질 수 있다. 하지만 내부 검토에 대한 제도가 존재하는가에 대해서는 명확하지 않다. 그럼에도 불구하고 제출된 안건을 조사하는 조사팀이 결정을 한 경우 그러한 결정은 어느 정도 책임자의 결정에 영향을 미칠 수 있지만, 기업결합을 저지하기 위해서는 관계 당국이 법관의 면전에 충분한 증거를 제시하여야 한다. 이러한 점에서 보면 어느 정도 일관성 내지 합리성을 보유하는 인센티브가 있다고 볼 수 있다.

제2절 기업결합의 가이드라인의 개요

미국은 1992년 DOJ 및 FTC가 공동으로 '수평적 기업결합 가이드라인(Horizontal Merger Guidelines)'을 공표하였다. 동 가이드라인은 1997년, 2009년 9월에 이어 가장 최근에는 2010년 8월 19일에 개정되었다. 마지막의 개정은 기업결합의 집행 부분에 대하여 주로 개정을 하였다.[95] 이 중 2006 수평적 기업결합 가이드라인에 대한 해설(Commentary on the Horizontal Merger Guidelines, 2006)에 의하면, 관계 당국에 의한 기업결합 심사는 다음 5가지의 기준에 의하도록 하고 있다.[96]

첫째, 시장획정여부 및 당해 시장의 집중도(market definition and concentration)
둘째, 기업결합이 잠정적 경쟁저해효과를 초래여부(potential adverse competitive effects)
셋째, 시장에 대한 진입이 경쟁저해효과의 발생을 저지할 수 있는가의 여부(entry analysis)
넷째, 기업결합 이외의 수단으로 달성할 수가 없는 효율성 향상에 대하여 분석(efficiencies)
다섯째, 기업결합을 하지 않는 경우, 당사자가 파탄하고, 그 자산이 시장에서 퇴거되는가의 여부(failing and exiting assets)

---

95) CARL SHAPIRO, "The 2010 Horizontal Merger Guidelines: From Hedgehog to Fox in Forty Years", 『Antitrust Law Journal』(University of California, Berkeley－Economic Analysis & Policy Group, Sep. 10, 2010), p.702; http://faculty.haas.berkeley.edu/shapiro/hedgehog.pdf

96) 2006 Horizontal Merger Guidelines, Introduction(overview of guidelines analysis).

1. 시장획정에 관련하여 고려할 사항

미국에서는 관련 시장의 획정을 할 때에는 통상 수요의 대체성만을 고려한다. 공급의 대체성에 대해서는 시장획정을 할 때에 고려하지 않고, 시장을 획정한 이후, '미확정의 진입자(uncommitted entrant)'를 관련 시장에 참가하는 기업으로서 고려할 때 분석의 대상으로 한다.97) 여기에서 말하는 '미확정의 진입자'란 현재는 시장에서 공급을 하고 있지 않지만, '작지만 의미 있고 지속적인(small but significant and nontransitory)' 가격인상에 의하여, 1년 이내에 막대한 매몰비용(sunk cost)을 지출하지 않고 시장에 진입할 수 있는 기업을 말한다.98)

1) SSNIP 척도의 고려99)

2006 수평적 기업결합 가이드라인에 의하면, '시장'이란 가설적으로 이익을 최대화할 수 있는 기업이 유일한 공급자인 경우에 작지만 의미 있고 지속적인 가격인상을 할 수 있는 상품 및 지역적 범위라고 정의하고 있다. 따라서 SSNIP 테스트가 상품시장 및 지역적 시장의 획정에서 기본적인 고찰 방법이 된다. 통상 가설적 독점자에 의한 가격상승은 '예측 가능하고 아주 가까운 장래(foreseeable future)'에 계속하여 5%의 가격인상을 고려하지만, 가격의 상승 폭은 해당 산업의 개별 특성을 고려하여 관계 당국이 케이스 바이 케이스(case by case)로 결정한다.

또한 관계 당국이 기업결합 심사를 할 때, 중층(中層)적인 지역적 시장을 획정하는 것은 아니지만,100) 유사한 고찰 방법으로서 법원에서 상품시장의 확정을 할 때 부분 시장(submarket)을 인정한 사례가 존재한다.101) 부분 시장 이론은 어떤 상품시장에 포함되어 있는 상품군(商品群) 중에서 특정 상품에 대한 기호성이 있는 소비자층만을 위한 부분 시장의 성립을 인정하고, 이러한 부분 시장에서 시장지배력이 존재하고, 독점화 행위가 인정되는 경우에는 셔먼법 제2조의 위반을 인정하는 것을 말한다.

---

97) 越知保見, 앞의 책, 456~458頁.

98) Horizontal Merger Guidelines, Section 1.32(firms that participate through supply response); http://www.justice.gov/atr/public/guidelines/hmg.pdf

99) Horizontal Merger Guidelines, Section 1.1.(product market definition) − 1.2(geographic market definition); http://www.justice.gov/atr/public/guidelines/hmg.pdf

100) NERA エコノミスト.

101) 越知保見, 앞의 책, 453~455頁.

Cardinal Health/Bergen Brunswig(1998)[102]의 사건 사례에서 FTC는 상품시장을 처방약의 도매시장에 한정한 것에 대하여, 피고(당사자)는 처방약의 유통시장 전체를 상품시장으로 하여야 한다고 주장하였다. 지방법원은 도매시장을 처방약 유통시장의 부분 시장으로 인정하였다. 이 사건 사례에 대해서는 처방약의 도매시장을 상품시장으로 인정하면 충분하지만, Staples 사건[103]을 계기로 Brown Shoe(1962) 사건 사례[104]를 인용하여 부분 시장을 인정하는 판례가 다수 발견되고 있다.[105]

2) 수입의 취급

시장에 참가하는 공급자의 시장점유율을 계산할 때, 해외 경합자의 시장점유율은 국내 경합자의 시장점유율과 동일하게 계산된다. 다만, 국제무역에서의 규제 등 영향은 차이가 있다. 예를 들면, 미국에 대한 수입 할당(percentages quotas) 등이 정해져 있어서 미국 국내에서 판매량의 일정 비율을 제한 기준으로 정한 경우에는, 비록 미국 국내 시장가격이 상승하더라도 미국 국내 소비량이 감소하게 되면 판매량의 일정 비율의 제한 기준에 따라 해외의 수입량도 그만큼 감소하게 된다. 그 경우 시장점유율을 계산할 때에 실제 수입량을 낮게 추측할 필요가 있다. 또한 특정의 1개 국가 또는 복수의 국가의 기업이 연합하여 동

---

102) Civil Action No.98 – 595(District of the District of Columbia).

103) 본 사건 사례의 개요는 다음과 같다. 본 사건의 원고는 연방거래위원회(FTC)이며, 피고는 대형사무용품전문매장(이하 간략하게, 대형사무용품점)으로 알려진 소매점포를 통하여 혹은 우편판매 등을 통하여 소비자들에게 사무용 문구류 및 기계류, 컴퓨터, 사무용 가구 등을 포함한 사무용품들을 판매해 오던 Staples Inc.와 Office Depot Inc.이다. 피고 Staples Inc.는 델라웨어주법에 따라 설립된 회사로서 본사는 매사추세츠 州 Westborough에 소재하고 있으며, 미국 내 28개 州와 워싱턴 DC지역을 통틀어 대략 500개의 점포를 보유하고 있는 미국 내 제2위의 대형 사무용품점이다. Staples의 주된 영업기반은 미 북동부지역과 캘리포니아 州이다. 1996년을 기준으로 한 Staples의 총수입은 40억 불로서 수입 가운데 정확히 52%가 사무용품의 판매를 통해 얻어진 것이다. 한편 또 다른 피고 Office Depot은 플로리다 州 Delray Beach에 본사를 두고 있으며, 미국 내 38개 州와 워싱턴 DC에 걸쳐 500개 이상의 점포를 운영해 오고 있다. Office Depot의 주된 영업기반은 미 남부와 중서부지역이다. Office Depot의 1996년 총매출액은 61억 달러였으며, 그 가운데 47%가 사무용품의 판매에 의한 것이었다. 이 두 회사 이외에 미국 내에서 대형 사무용품전문매장을 운영해 오고 있는 기업으로는 Office Max가 유일했다. 그러던 중 1996년 9월 4일, Staples와 Office Depot은 상호 간에 합병키로 합의하고 구체적인 계획에 들어갔다. 이에 FTC는, Staples와 Office Depot 간의 기업결합이 클레이톤법 제7조와 연방거래위원회법 제5조에 위반하여 경쟁을 실질적으로 감소시키게 될 지의 여부를 심사하여 1997년 3월 10일, 4 대 1의 표결로 문제가 있다는 결론을 내렸다. 이에 따라 연방거래위원회법 제13조(b)에 의거하여 피고 Staples에 의한 피고 Office Depot, Inc.의 인수를 잠정적으로 금지하는 명령과 예비적으로 중지시키는 명령을 청구한 사건 사례이다(FTC v. STAPLES Inc. and Office Depot Inc., United States District Court, District of Columbia, 1997. 970 F. Supp. 1066).

104) Brown Shoe Co. v. United States, 370 U.S. 294.

105) 越知保見, 앞의 책, 455頁.

일한 행동을 하는 경우에는 1개 기업으로 간주하여 시장점유율을 계산할 수도 있다.106)

3) 세계시장의 획정 유무

특별히 수평적 기업결합 가이드라인에 기재되어 있는 것은 아니지만, 위에서 언급한 SSNIP에 기초하여 관련 시장의 획정이 이루어지기 때문에, 세계시장의 획정도 가능하다고 본다.

2. 경쟁의 실질적 제한에 관한 분석

1) 경쟁의 실질적 제한이 발생하는 경우

기업결합이 경쟁에 대한 악영향을 미치는 경우로서 협조행위에 따른 경쟁제한 및 단독행위에 의한 경쟁제한의 2가지 경우를 들 수 있다.107)

2) 경쟁의 실질적 제한의 정량적 판단기준

경쟁의 실질적 제한에 대한 정량적 판단기준은 SSNIP와 같이 가격의 상승에 대한 규정이 있는 것과는 달리 명확한 규정을 가지고 있는 것이 아니어서, 각각의 사례별로 판단되고 있다. 2006년 수평적 기업결합 가이드라인의 Commentary108)에 의하면, 과거 케이스가 몇 개 설명되어 있고, 그 속에는 합병 분석에 따라서 상당 정도의 가격상승이 전망된다고 판단되는 것이다.

3) 경쟁의 실질적 제한의 판단 시 고려사항

(1) 기업결합 회사의 상품 간의 대체성

상품이 차별화되고 있는 시장에 있어서 단독행위에 의하여 경쟁제한을 분석할 때, 기

---

106) Horizontal Merger Guidelines, Section 1.43(special facts appecting the foreign firms). http://www.justice.gov/atr/public/guidelines/hmg.pdf

107) Ibid., section 2.0(overview) − 2.2(lessening of the competition through unilateral effects); http://www.justice.gov/atr/public/guidelines/hmg.pdf

108) Commentary on the Horizontal Merger Guidelines(2006).

업결합의 당사회사가 제공하는 상품 간의 대체성을 고려한다. 즉 차별화된 소비자 제품의 양 생산업체의 기업결합을 분석할 때, 관련 규제기관들은 기업결합으로 인하여 결합된 기업의 유인이 높은 가격을 초래하는 방향으로 바뀔 것인지를 조사하고자 한다. 차별화된 소비자 제품의 판매자는 인상된 가격에서 나온 이익이 매출 감소로 균형을 이루도록 한계비용 이상으로 가격을 인상한다. 차별화된 경쟁상품을 보유한 두 판매업체의 기업결합으로 결합된 기업은 제품 어느 한쪽 또는 양 제품 모두의 가격을 인상하려는 유인을 받게 된다. 왜냐하면 양 제품 중 어느 한쪽의 가격인상에 따른 일부 매출 감소액은 다른 쪽에 의하여 만회될 수 있기 때문이다. 따라서 경쟁의 실질적 제한에 관한 판단을 위해서는 기업결합 회사의 상품 간 대체성에 대한 고려를 하여야 한다.[109]

(2) 신규진입의 용이성

수평적 기업결합 가이드라인에 의하면, 신규진입의 용이성을 경쟁저해효과를 초래하는 요인으로서 분석한다. 여기에서 시장진입에 대한 분석은 '확정된 진입(committed entry)'에 한정한다. 확정된 진입은 시장에 대한 진입 또는 시장에서 퇴거할 때, 막대한 매몰비용(sunk cost)이 필요한 새로운 경쟁력을 의미한다. '미확정의 진입'에 대해서는 위에서 언급한 관련 시장에 진입하는 기업의 시장점유율을 계산할 때 고려하도록 하고 있다.[110] 관계 당국은 확정된 진입을 기업결합에 의한 경쟁상 저해를 초래하는 것인지를 분석함에 있어서 다음의 3가지 요소를 고려하고 있다.

첫 번째 단계로, 진입은 적절한 기간 내에(within timely period) 시장에 중대한 (significant) 영향을 미치는가를 따라 평가한다. 만약 시장에 중대한 영향을 미치는 기간이 장기간 요구된다면 진입은 경쟁저해 효과를 저지시킬 수 없다고 한다.

두 번째 단계로, 확정된 진입으로 이익이 발행하였는지 그리고 그 결과 경쟁저해 효과를 초래하는 기업결합에 대하여 적절히 대응하였는가의 여부에 따라 평가한다. 진입 시 막대한 매몰비용이 요구됨에도 불구하고 진입하려는 기업은 시장에 장기간 참여를 토대로 진입 시 이익발생 가능성이 존재한다고 평가하여야 한다. 왜냐하면 기초자산(underlying assets)에 대한 경제적 가치가 하락할 때까지는 기초자산을 시장에 진입시키려고 할 것이기 때문이다. 경쟁저해 효과를 저지하기 위한 충분한 진입을 하게 되면, 가격은 그들이 기업결합을 하기

---

109) Horizontal Merger Guidelines, Section 2.211(closeness of the products of the merging firms). http://www.justice.gov/atr/public/guidelines/hmg.pdf

110) Ibid., Section 3.0(entry analysis – overview); http://www.justice.gov/atr/public/guidelines/hmg.pdf

이전의 수준 내지 그 이하로 떨어뜨리게 된다. 그러므로 확정된 진입으로 인한 이익발생 가능성은 장기간에 걸친 기업결합 이전의 가격을 기초로 하여 판단하여야 할 것이다.

경쟁저해 효과를 초래하는 기업결합은 확정된 진입을 허용하게 하고, 기업결합을 하기 이전 동일한 가격에서 발생할 수 없었던 이익을 발생케 한다. 하지만 다른 한편으로 기업결합의 결과, 경쟁저해 효과와 관련되는 산출량의 감소와 가격의 상승은 기업결합 이전 수준의 가격으로 낮출 때까지 동일한 진입을 허용하게 된다. 산출량의 감소와 가격의 상승을 초래하는 기업결합을 한 이후에는 기업결합 이전의 가격에서 진입자가 이용할 수 있는 적절한 판매기회는 그들이 기업결합을 하기 이전보다 더 커질 것이며 또한 기업결합에 의하여 야기된 산출량의 감소에 의해서도 커질 것이다. 만약 진입이 적절한 판매기회(기업결합으로 인한 산출량의 감소뿐만 아니라 기업결합 이전의 적절한 요소의 유입의 기회)의 증가 없이 기업결합 이전의 가격으로 이익을 얻을 수 있다면 그러한 진입은 기업결합에 대응하여 적절하다고 하겠다.

세 번째 단계는 시기적절하고 진입 가능성이 높은 진입이 기업결합 이전의 시장가격을 회복하는 데 충분한가의 여부를 평가한다. 이러한 목적은 충분한 규모로 다수의 진입이나 개인적인 진입을 통하여 달성될 수 있다. 근본 자산(essential assets)의 이용에 대한 억제가 현재의 지배 상태로는 진입이 필요한 수준의 판매를 달성하는 것이 불가능한 경우에는 진입은 적절하고 가능하다고 판단되지만, 그것이 충분하다고는 할 수 없다. 또한 진입시키려는 상품의 특징이나 범위는 다양한 상품의 판매자 사이에서, 직접 경쟁의 제거로 발생되는 특정 지역적 판매 기회에 거의 반응하지 않을 것이다. 진입이 적절한 것인지, 가능성은 높은 것인지 또한 충분한 것인지를 평가함에 있어서, 관계 당국은 그에 대한 정확하고 세부적인 정보를 얻기가 어렵고 불가능하다는 사실을 인식하고 있다. 그러한 경우에 관계 당국은 진입의 적절성, 진입 가능성과 충분성의 조건을 만족하는가에 대한 모든 이용 가능한 증거에 의존할 수밖에 없게 된다.111)

(3) 파탄기업의 고려

이하가 충족되는 경우, 파탄기업 · 사업과의 기업결합은 규제되지 않는다.

- 가까운 장래에 재정사무를 완료 할 수 없을 것

---

111) Ibid., Section 3.0(entry analysis - overview); http://www.justice.gov/atr/public/guidelines/hmg.pdf

- 기업재편이 성공할 현실적인 전망이 없을 것
- 경쟁저해 효과가 보다 작아지는 다른 인수인이 존재하지 않을 것
- 해당 기업결합을 하지 않는 경우, 기업이 관련 시장에서 퇴출될 것

관련 사례로서는, Citizen Publishing(1969)의 사건 사례[112]를 들 수 있다. 동 사건 사례에서 연방대법원은 "① 시티즌의 주주들이 자신의 신문사를 청산하거나 제3자에 대한 매각의사를 갖고 있다는 점과 함께 동 사건의 결합 계약이 시티즌 측에서 취할 수 있는 최후의 수단[113]이라는 점이 엿보이지 않고, ② 회생이 불가한 기업의 항변은 결합을 희망하는 사업자가 유일한 인수자인 경우에만 적용될 수 있으며, ③ 동 항변이 인정되기 위해서는 연방파산법에 따른 파산관재인의 파견 등을 통한 회사갱생의 가능성이 희박하거나 없어야 한다"고 판시하였다.[114] 이런 요건하에서는 기업결합과 시장의 경쟁제한성 저해 사이에는 아무런 인과 관계가 없기 때문에 사실상 유럽연합의 인과관계 단절 항변과 동일하다고 할 수 있다.

(4) 수요 축소의 고려[115]

수요 축소의 논의만으로는 기업결합에 대한 허가를 얻기에는 불충분하기 때문에, 다음에 대한 논의를 추가로 하여야 할 필요가 있다.

- 파탄사업의 논의: 그러나 이 논의는 미국에서 성공 사례가 적기 때문에 실제로는 거의 사용하지 않는다.
- 잉여생산력의 논의: 수요 축소에 의하여, 다른 경쟁자는 충분한 잉여 생산력을 소지하고 있기 때문에, 통합회사는 가격을 상승시킬 수 없다. 이 논의는 미국에서 자주 사용하고 있다.

---

112) Citizen Publishing Co. v. United States, 394 U.S. 131, 138 - 139(1969);
    http://supreme.justia.com/us/394/131/
113) the last straw at which the Citizen grasped.
114) Citizen Publishing Co. v. United States, 394 U.S. 138~139(1969).
115) NERA エコノミスト.

(5) 효율성의 고려

당국이 효율성을 고려하기 위해서는 다음의 조건을 만족하지 않으면 안 된다.

- 소비자에게 이익이 있을 것
- 기업결합 특유의 것일 것(merger - specific)
- 입증할 수 있을 것[116]

경쟁제한의 효과가 크지 않은 경우에는 효율성의 가능성이 높다는 언급이 있다. 또한 기업결합을 행한 기업이 독점기업 또는 거의 독점기업이 될 수 있는 경우에는 효율성의 논의는 거의 인정되지 않는다고 한다. 효율성을 인정하기 쉬운 구체적인 예로는 결합된 기업의 공장 사이에서 생산을 재배치를 하고, 한계비용을 삭감하는 것 등을 들 수 있다. 반면 R&D나 자재구입, 자본지출 등은 기업결합 특유한 것이 아니라는 점에 근거하여 효율성이 인정되지 않을 가능성이 있다고 한다.

(6) 공공의 이익의 고려

미국에 있어서 기업결합의 심사에는 방위 산업 건 등 국가안전에 관련한 안건을 제외하고는 '경쟁'만이 공공이익으로서 고려되도록 하였다.[117]

4) **경제 분석적 방법의 도입 유무**[118]

다음의 상황에 적합할 때 당사자는 이코노미스트에 의하여 경제 분석을 필요로 하는 경우가 많다.

- 안건이 곤란한 경우
- 안건이 공표되고 있는 경우
- 안건이 곤란하지 않아도, 당국에 상세한 설명이 필요한 부분이 있는 경우

---

116) Horizontal Merger Guidelines, Section 4; http://www.justice.gov/atr/public/guidelines/hmg.pdf
117) NERA エコノミスト.
118) Ibid.

제2장 유럽위원회

제1절 기업결합 규제의 개요

EU에 있어서 현행 기업결합 심사는 각료 이사회 규칙 139/2004에 따라 이루어지고, 공동체 규모의 기업집중은 신고를 의무로 하고 있다. 심사 절차는 Form CO라고 하는 제출서류를 정돈한 상태에서 사전신고를 하여야 하고, 제1차 심사에 있어서 공동시장과 양립하지 않을 가능성이 있다고 판단된 경우에는 세부적인 제2차 심사가 행하여지며, 최종적으로는 승인·금지에 대한 결정을 내리게 된다.

1. 규제의 근거 규정 및 목적

1) 규제의 근거 규정

(1) 1989년 합병규칙의 제정

유럽 경제공동체 설립조약(1958년 발효) 제81조는 경쟁제한적 협정·협조적 행위의 규칙, 제82조에 시장지배적 지위의 남용행위의 규제에 대한 규정을 하였다. 그런데 당시 조약은 사후적 규제를 하였는데, 1970년대에 들어서서는 그러한 규제는 기업결합의 실태에 맞지 않게 되었다. 이에 1989년 사후적 규제를 하는 합병규칙 제404호(이하 구 합병규칙이라 함)를 개정하여 사전적 규제 제도인 사전심사제(prior notification of concentrations)를 도입하게 되었다.[1]

---

1) Council Regulation(EEC) No.4064/89 of 21 December 1989 on the control of concentrations between undertakings article 4(prior notification of concentrations); http://eur－lex.europa.eu/ LexUriServ/LexUriServ.do?uri＝OJ:L:1989:395:0001:0012:EN:PDF

위의 구 합병규칙의 경우 ① 모든 관련 기업의 전 세계 총 매상고가 50억 에큐(EC U)[2]를 초과하여야 하고, ② 공동체 내에서의 매상고가 2억 5,000만ECU(다만, 1개국 내에서 매상의 2/3을 초과하는 것이 아닌)를 초과한 경우, '공동체 범위(Community Dimension)'의 규제대상(Scope)으로 보고,[3] 신고 요건을 부과하는 것과 동시에 EC 위원회에 심사권한을 부여하였다.

(2) 1997년 개정

1997년 개정에서는 위의 규제대상에 포함되지 않은 경우에도 가맹국 3개국 이상에 있어서 매상고가 1억ECU를 초과하는 등 복수의 가맹국 시장에 영향을 미치는 경우에는 공동체 요건을 만족하는 것으로 규정함으로써 신고의 범위를 확대하였다.[4]

(3) 2004년 개정

2004년에 구 합병규칙이 폐지되고, 대신하여 2004년 합병규칙 제139호(이하 합병규칙)가 새로이 정하여졌다.[5] 여기에서의 주된 개정은 경쟁의 제한 기초로 '지배적 지위(Dominance)'를 '유효 경쟁의 현저한 저해(Significant Impediment to Effective Competition: SIEC라고 함)'로 변경하였다는 점이다. 또한 신고기준은 변경되지 않았지만, 가맹국과 유럽위원회 사이에서 심사 권한과 사안에 대한 부탁 제도를 명확하게 하였다. 2004년 새로운 합병규칙의 개정에 수반하여, 합병규칙의 시행규칙을 정한 2004년 위원회 규칙 제802호(이하 시행규칙)[6]와 수평적 기업결합 가이드라인(이하 가이드라인이라 함)[7]이 제정되었다.

---

2) ECU는 European Currency Unit의 약자로 유럽통화단위를 말한다. ECU는 1979년 3월 1일부터 1998년 12월 31일까지 사용되었지만, 1999년에 유로(EU)로 개명되었다.

3) Council Regulation(EEC) No.4064/89 of 21 December 1989 on the control of concentrations between undertakings article 1(scope).

4) Council regulation(EC) No.1310/97 of 30 June 1997 amending Regulation(EEC) No.4064/89 on the control of concentrations between undertakings article 1(Scope); http://eur－lex.europa.eu/LexUriServ/ LexUriServ.do?uri＝OJ:L:1997:180:0001:0006:EN:PDF

5) Council Regulation(EC) No.139/2004 of 20 January 2004 on the control of concentration between undertakings; http://eur－lex.europa.eu/LexUriServ/LexUriServ.do?uri＝OJ:L:2004:024:0001: 0022:EN:PDF

6) Commission Regulation(EC) No.802/2004 of 7 April 2004 implementing Council Reulation(EC) No.13/2004 on the control of concentrations between undertakings.

7) "Guidelines on the assessment of horizontal mergers under the Council Regulation on the control of

2) 근거법의 목적

합병규칙 제2조 제1항(b) 및 가이드라인 제8 para.에 의하면, 소비자의 이익에 대하여 규정하고 있다.8) 즉 합병규칙 제2조 제1항에서는 시장집중에 관하여 관계 당국이 고려할 항목을 기술하고 있고, 동 항 (b)에서는 중간 및 최종 수요자의 이익(the interests of the intermediate and ultimate consumers)을 고려하도록 명시하고 있다. 또한 기술 개발이나 경제 발전은 소비자에게 이익이 되도록 하여야 하며 경쟁을 저해하지 않을 것을 고려하도록 명시함으로써 소비자 이익의 보호를 그 목적으로 하고 있음을 밝히고 있다.

2. 집행기관 및 사법기관

EU 경쟁법의 집행은 유럽위원회에 의하여 행하고, 경쟁총국(Directorate General for Competition)이 그에 대한 실무를 담당하도록 하였다.

합병규칙도 공동체 규모로 보이는 기업결합에 대해서는 유럽위원회만 규제에 대한 집행권한을 부여하고, 가맹 각국의 경쟁 당국에는 그에 대한 규제 권한을 인정하지 않았다. 이를 one - stop shop 제도라고 한다.9) 또한 만약 유럽위원회가 심사를 하는 경우에는 관련 가맹국은 그에 병행하여 심사를 하지 못하도록 규정하였다.10)

반면 공동체 규모로 보이지 않는 기업결합에 관한 집행권한은 당해 가맹국의 경쟁 당국에 속한다. 하지만 가맹 각국의 경쟁 당국이 유럽위원회에 이를 부탁하는 경우도 있다.11)

또한 신고 전이라면, 당사자의 청구에 의하여, 공동체 규모의 안건이 유럽위원회로부터 가맹국으로 부탁되고, 역으로 공동체 규모가 아닌 안건의 경우에는 가맹국으로부터 유럽위원회에 부탁될 수 있는 절차에 대해서도 규정하고 있다.12)

---

concerntrations between undertakings", *Official Journal C31 of 05. 02. 2004.* Retrieved MGWBh 23, 2010 from http://eur - lex.europa.eu/LexUriServ/LexUriServ.do?uri = OJ:C:2004:031:0005:0018:EN:PDF

8) Ibid.
9) 하나의 창구를 통해 일괄지원을 하는 것을 말한다.
10) 합병규칙 제9조.
11) 합병규칙 제22조.
12) 합병규칙 제4조 제4항 및 제5항.

1) 경쟁 당국

(1) 경쟁 당국의 조치·명령

유럽위원회는 기업결합 심사를 종료한 때에는 그 결정에 따라 기업결합을 승인한다. 하지만 승인 시 조건을 붙이거나 기업결합 자체를 금지하는 경우도 있을 수 있다.[13)

만약 금지된 기업결합이 이미 실시되고 있는 경우 또는 조건부 승인의 조건에 위반한 경우에는 사업자가 소유하는 주식의 매각 내지 자산의 분리에 의하여 당해 기업결합을 해소하도록 요구하거나 또는 이것을 대신하여 기타 유효 경쟁을 회복하기 위한 적절한 조치를 명령할 수 있다.[14)

이처럼 유럽위원회의 정보수집 권한에 비협조적인 행위를 하거나 또는 규제 위반의 기업결합이 강행되는 경우 등에 대해서는 제재금을 부과하게 된다.[15) 즉 고의 내지 과실에 의한 부정확, 불완전 내지 허위의 자료 제출 등에는 당사자의 연간 매상고의 1% 이하의 제재금이 또한 고의 내지 과실에 의한 신고의 해태, 결정에 반한 기업결합의 실시 등에는 당사자의 연간 매상고의 10% 이하의 제재금이 부과된다. 완전하고 정확한 자료 제출, 출입 검사 등의 수락, 결정에서 부과한 의무의 준수 등을 간접 강제하기 위해서, 당사자에 대하여 평균 일간 총 매상고(average daily aggregate turnover)의 5%를 초과하지 않는 범위 내에서 이행강제금이 부과된다.[16)

(2) 경쟁 당국의 정보수집권한

정보수집권한에 대해서는, 합병규칙 제11조(정보청구: Requests for information), 제12조(가맹국의 관련 기관에 의한 검사: Inspections by the authorities of the Member States), 제13조(위원회의 검사권: The Commission's powers of inspection)에서 규정하고 있다. 먼저, 합병규칙 제11조에서는 서면에 의한 정보의 청구권에 대하여 정하고 있다. 유럽위원회는 정보 청구의 법적 근거, 목적, 회답 기한 및 법적 제재금(합병규칙 제14조 내지 제15조에 의한) 등을 기재한 서면을 당사자에게 송부하고, 당사자는 이에 대

---

13) 합병규칙 제8조 제1항 내지 제3항.
14) 합병규칙 제8조 제4항.
15) 합병규칙 제15조.
16) 합병규칙 제14조, 제15조.

한 정확한 회답을 하도록 하고 있다. 만약 이에 대한 정확한 회답을 하지 않는 경우에는 그에 대한 법적 제재금이 부과된다.

합병규칙 제12조에는 가맹국의 관련 기관에 의한 검사권, 합병규칙 제13조에는 위원회에 의한 검사권이 규정되어 있다. 특히, 동법 제13조에는 제2항(a)로부터 (e)까지 유럽위원회의 직원 및 동행자(The officials and other accompanying persons)의 권한에 대해서도 규정하고 있는데, 즉 그들은 유럽위원회의 출입검사[제2항 (a)], 정보열람[동 항 (b)], 열람정보의 등사[동 항 (c)], 사업소의 폐쇄[동 항 (d)], 증언녹취[동 항 (e)] 등에 대한 권한을 갖는 것으로 규정하였다.[17]

나아가, 동 항 (e)에 의하면, 유럽위원회의 권한은 조사 대상자(any representative or member of staff of the undertaking or association of undertakings)에게 그 문제에 관한 사실 내지 서면에 대한 설명, 검사의 목적 및 회답에 대한 기록을 요구할 수 있다. 그런데 만약 이러한 요구에 대한 이행을 하지 않는 경우에는 합병규칙 제14조(Fines) 내지 제15조(Periodic penalty payments)에 규정된 제재조치를 취하게 된다.

(3) 직원 수 및 예산 등

2009년 6월 1일부의 Global Competition Review Rating Enforcement[18]에 의하면, 유럽위원회 경쟁 총국의 예산은 7,820만 유로로 계상되어 있고, 총 직원 수는 700명이며, 이 중 비사무직은 382명이다. 비사무직의 45%가 변호사, 35%가 이코노미스트이며, 이 중 19명의 이코노미스트가 경제학 Ph.D.를 가지고 있다. 경쟁 총국의 직원은 모두 경쟁법의 집행에 종사하고 있으며, 기업결합을 담당하는 직원은 72명이다. 유럽위원회 경쟁 총국의 심사

---

17) 동법 제13조 제2항은 다음과 같이 규정하고 있다.
The officials and other accompanying persons authorised by the Commission to conduct an inspection shall have the power:
(a) to enter any premises, land and means of transport of undertakings and associations of undertakings;
(b) to examine the books and other records related to the business, irrespective of the edium on which they are stored;
(c) to take or obtain in any form copies of or extracts from such books or records;
(d) to seal any business premises and books or records for the period and to the extent necessary for the inspection;
(e) to ask any representative or member of staff of the undertaking or association of undertakings for explanations on facts or documents relating to the subject matter and purpose of the inspection and to record the answers
18) Global Competition Review(GCR) Rating Enforcement published on the Internet on June 1, 2009.

실적은 2008년에 있어서는 유럽위원회가 취급한 안건 중 91%가 1차 심사에서 무조건 허가, 6%가 1차 심사에서 조건부 허가, 3%(14건)가 2차 심사까지 행하였다.[19]

2) 경제담당기관의 개입

제도상 산업정책적 개입이 행하여진 EU 가맹국도 있지만, 유럽위원회가 심사하는 기업결합에서 산업정책에 관한 조항이 명시적으로 참조된 예는 없다. 그러나 EU의 장래에 영향을 미치는 특수한 경우에는 경쟁력 촉진을 위하여 이러한 산업정책적 조항이 반영될 수는 있을 것이다. 또한 유럽위원회는 가맹국의 산업정책에 대한 고려도 하지 않는 것으로 보인다.[20]

3) 법원

유럽위원회의 결정에 대하여 불복을 하는 경우에는 일반 법원[21]에 제소되고, 그 이후 사법의 해석·적용에 관한 문제(points of law)는 EU 사법재판소에 상소된다.[22]

일반법원은 경쟁법 위반에 관한 유럽위원회 결정의 취소소송 등을 관할하고, 사실심으로서 기능을 한다. 반면 EU 사법재판소는 EU의 모든 조약의 해석·적용에 대한 일체의 사법상 문제를 취급하는 최고의 사법기관이라고 할 수 있다. 동 재판소의 구성은 법관 15명(임기 6년, 연임 가능), 법률고문관 8명(사건이 할당되면 관련 쟁점을 연구, 자신의 의견을 제시하지만, 그에 대한 구속력은 없음)으로 이루어져 있다. 관할권으로는 경쟁법 관계를 포함하여 유럽위원회의 결정 심사와 더불어 가맹국의 국내 법원의 부탁을 수용하여 EU법의 해석에 대한 선결적 판결을 내리게 된다.[23] 하지만 유럽위원회에는 행정심판 제도는 존재하지 않는다.

---

19) 이 중 9건은 무조건 허가, 2건은 취하, 남은 3건은 조건부 허가였다. Freshfields Bruckhaus Deringer LLP(2009, January). European merger control: review of key developments in 2008. Retrieved MGWBh 24, 2010, from http://www.freshfields.com/publications/pdfs/2009/jan09/24965.pdf

20) 山根裕子, 『合併審査 歐米の事例と日本の課題』(NTT出版社, 2002), 200~201頁.

21) 제1심 법원(Court of First Instance)은 2009년 12월 1일 발효된 리스본 조약에 의하여 일반법원 (General Court)으로 명칭이 변경되었다.

22) NERA エコノミスト.

23) 선결적 판결이란 회원국의 법원이 공동체법 관련 사건을 맡은 경우 공동체법의 해석이나 유효성과 관련하여 의문이 있는 경우 유럽사법재판소에 부탁하는 제도를 말한다. 日本 公正取引委員會 website 『世界の競爭法 EU』, http://www.jftc.go.jp/worldcom/html/country/eu.html

　EU 경쟁법에도 명백한 오류의 원칙(manifest error rule)이 있다. 통상 공동체 법원은 유럽위원회 결정에 명백한 잘못이 없는 한 결정을 번복하지 않는다. 하지만 실제로는 충분한 증거가 없다 하더라도 결정이 번복되는 경우가 있는데, 이와 관련된 원칙이 manifest error rule이다. 그런데 동 원칙과 관련하여 결정이 번복되더라도 사업자의 방위권의 관점에서는 그렇게 심각하게 인식하지는 않는 것 같다.[24] 즉 Tetra Laval/Sidel 사건 사례와 관련하여 제1심 법원(당시)은 2002년 10월 25일 판결에서 구 합병규칙 제2조에 의한 경제적 본질의 평가(assessments of an economic nature)와 관련하여 유럽위원회의 재량권을 인정하였다.[25] 그런데 이와 관련하여 유럽사법재판소는 아무런 언급을 하지 않았다. 그렇다고 하여 유럽재판소가 이를 인정한 것이라고는 할 수 없다.

　유럽사법재판소에 따르면, 동 재판소는 위원회가 근거로 제시한 증거의 정확성, 신뢰성, 일관성에 대한 조사뿐만 아니라 그 증거까지도 고려하고 있는지를 판단하여야 하며, 또한 위원회의 판단이 위의 증거를 증명하기에 충분한 것인지에 대한 판단을 할 권한도 가지고 있으므로, 경우에 따라서는 위원회의 판단을 번복할 수도 있다고 한다.[26] 그러한 예로 제1심 법원(당시)은 Airtours 사건 사례(1999년 유럽위원회 금지 결정),[27] Schneider 사건 사례(2002년 유럽위원회 금지 결정),[28] Tetra Laval/Sidel 사건 사례(2001년 유럽위원회 금지 결정)의 유럽위원회의 금지 처분에 대하여 취소 판결을 내린 경우 등을 들 수 있다. 특히, Airtours 사건에서는 기업결합에 의하여 발생하는 협조효과의 인정에 필요한 3가지의 요건(이후 가이드라인에서 언급)을 명백히 제시하며, 유럽위원회가 장래의 시장상황 등에 대한 경제 분석 등 설득력 있는 증거에 대한 근거하지 않았다는 점을 이유로 공동의 시장지배적 지위의 형성 여부에 관하여 오류를 범하였다고 결정하였다.[29]

---

24) 越知保見, 앞의 책, 1053頁. 다만, 명백한 오류를 범하였느냐에 관계없이 위원회의 결정을 법원이 번복하는 예는 존재하지 않는다.

25) Case No COMP/M.2416－Tetra Laval/Sidel Re－commencement of an Article 10(1) procedure pursuant to Article 10(5) of Council Regulation No 4064/891;
　http://ec.europa.eu/competition/mergers/cases/decisions/m2416_62_en.pdf

26) Commission v. Tetra Laval BV, Case C－12/03, Judgement of the European Court of Justices(Grand Chamber), 15 Feb, 2005, 71－89;
　http://eur－lex.europa.eu/LexUriServ/LexUriServ.do?uri＝CELEX:62003J0012:EN:HTML

27) CASE T－342/99 AIRTOURS V. COMMISSION; http://curia.europa.eu/jurisp/cgi－bin/form.pl?lang

3. 심사 절차

유럽위원회의 심사는 Form CO가 수리된 다음 영업일로부터 개시된다. Form CO는 망라적이고 상세하기 때문에 일반적으로는 정식의 신고 전에 비공식적 상담에서 Form CO가 완비되었는지를 위원회의 안건 담당팀에서 판정한 이후 신고를 한다. 신고 자체의 비용은 들지 않는다.[30]

1) 신고가 필요한 기준

합병규칙이 적용되는 대상은 공동체 규모의 모든 기업결합이다.[31] 공동체 규모란 다음의 ① 및 ②에 해당하는 경우이다.[32]

① 다음의 3개의 조건을 만족하는 경우(동 조 제2항)

    ㉠ 당사자 전원이 전 세계에서의 매상고의 합계가 50억 유로를 초과할 것

    ㉡ 당사자의 적어도 2개 기업의 공동체 내에 있어서 매상고가 각각 2억 5천만 유로를 초과할 것

    ㉢ 당사자의 누구도 공동체 내의 매상고 중 3분의 2 이상을 동일 가맹국 내에서 얻을 수 없을 것

= en&Submit = Submit&docrequire = judgements&numaff = T－342%2F99&datefs = &datefe = &nomusuel = &domaine = &mots = &resmax = 100

http://www.cjel.net/print/10_1－langer/

28) CASE C－440/07 P Commission of the European Communities, Federal Republic of Germany v. Schneider Electric SA, French Republic; http://eur－lex.europa.eu/LexUriServ/LexUriServ.do?uri = OJ:C:2009:220:4:0005:EN:PDF

29) 이호영, "경쟁법상 '공동의 시장지배력' 개념에 관한 연구", 『법학논총』(제26집 제2호)(한양대법학연구소, 2009), 210쪽; ヨナス・コポネン・木村智彦, 『ＥＵ企業結合規制における歐州委員會の意思決定プロセスの展開 ～ 要求される証據の量と質, 時計の使い方の問題を中心に～(上)』(國際商事法務(通卷564號), 2009.6), 741頁.

30) Form CO에 대해서는 다음을 참조[Form CO relating to the notification of a concentration pursuant to regulation(EC) No.139/2004. Annex Ⅰ in Commission Regulation(EC) No.802/2004 of 7 April 2004 implementing Council Regulation(EC) No.139/2004 on the control of concentrations between undertakings;http://eur－lex.europa.eu/LexUriServ/LexUriServ.do?uri = OJ:L:2004:133:0001:0039:EN:PDF].

31) 합병규칙 제1조.

32) 越知保見, 앞의 책, 717頁; 川濱昇・泉水文雄他, 앞의 책, 291頁.

② 상기 1에 해당하지 않는 경우라도, 다음의 조건을 완전히 만족하는 경우에는 규제
대상으로 된다(동 조 제3항).

　　㉠ 당사자 전원의 전 세계에서의 매상고의 합계가 25억 유로를 초과할 것
　　㉡ 당사자의 적어도 2개 기업의 공동체 내에 있어서 매상고가 각각 1억 유로를
　　　 초과할 것
　　㉢ 3개 이상의 가맹국의 각각에 있어서 당사자 전원의 연간 매상고의 합계가 1억
　　　 유로를 초과할 것
　　㉣ 상기 ㉢의 요건에 합치하는 3개 이상의 가맹국의 각각에 있어서, 당사자의 적
　　　 어도 2개사의 매상고가 각각 2,500만 유로를 초과할 것
　　㉤ 당사자의 누구도 공동체 내의 매상고 중 3분의 2 이상을 동일 가맹국 내에서
　　　 얻을 수 없을 것

위에 있어서 당사자의 총 매상고는 이하 기업 각각의 매상고를 서로 더하여 산출한다.[33]

① 당사자 자신
② 당사자가 직접 또는 간접으로 (ⅰ) 자본 내지 자산의 과반수를 소유하고 있는 기
　 업, (ⅱ) 의결권의 과반수를 행사하는 권리를 가지고 있는 기업, (ⅲ) 이사회, 임원
　 회의 및 기타 법적 대표권을 가진 회의의 구성원(the members of the supervisory
　 board, the administrative board or bodies) 반수 이상은 임명하는 권리를 가지고
　 있는 기업, (ⅳ) 사업 경영의 권한을 가지고 있는 기업
③ 당사자에 대하여 ②에 기재되어 있는 것과 같은 권리나 권한을 가지고 있는 기업
④ ③이 ②에 기재되어 있는 권리나 권한을 가지고 있는 기타의 기업
⑤ ①~④에 기재된 기업 중 복수가 ②에 기재된 권리나 권한을 공동으로 가지고 있
　 는 기타의 기업

EU는 세계의 매상고나 유럽 지역 내에서의 매상고를 기초로 정하여진 '공동체 규모'
의 요건을 만족하는 경우에는 신고의무를 부담하도록 하고 있다. 유럽 지역 내에 거점을
두고 있지 않은 기업끼리의 기업결합이라도 유럽 지역 내에서 일정한 매상에 달하는 경

---

33) 합병규칙 제5조 제4항.

우에는 규제를 받을 가능성이 있음에 주의하여야 한다.

2) 심사 절차

EU에 있어서 기업결합 심사 절차는 미국과 마찬가지로 간략한 Phrase Ⅰ 심사와 상세한 Phrase Ⅱ 심사 2단계로 나누어져 있다. 심사는 법령에 따라 정식 신고의 심사이지만, 비공식적인 정식 신고 전의 컨택트(Pre-Notification Contracts)나 적당히 행하여진 스테이트 어브 플레이 미팅(State of Play Meeting)이라는 임의의 회합을 할 수도 있고, 당사자가 원한다면 당국의 심증을 확인하거나, 의견을 교환할 기회가 제공되기도 한다.34)

EU의 기업결합 심사절차35)

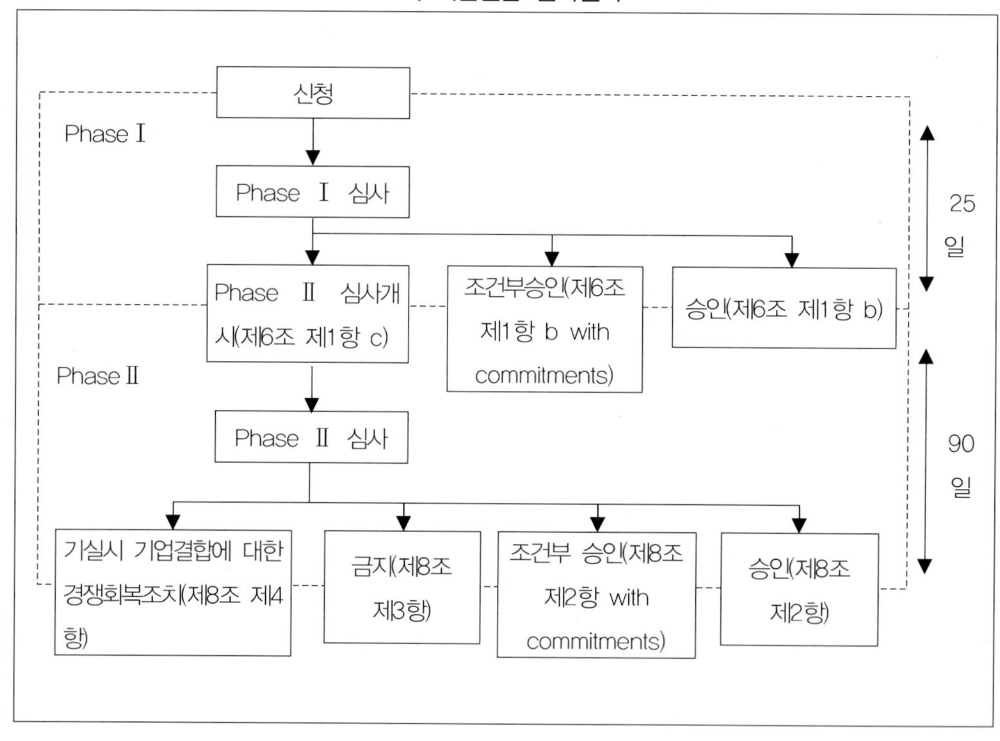

---

34) "Best Practices on the conduct of EC merger control proceedings",
http://ec.europa.eu/competition/mergers/legislation/proceedings.pdf
35) 株式會社 日本總合研究所(2008), 『主要國における合倂等に關する獨禁法上の屆出制度に關する調査』 報告書.

(1) 정식 신고 전의 컨택트

유럽위원회에 있어서 비공식적인 신고 전의 컨택트는 의무 사항은 아니나, 당사자와 유럽위원회 쌍방 모두에게 도움이 되기 때문에 정식 신고를 하기 전에 관계 당국에 컨택트를 취하는 것이 통상적이다.[36] 기업결합 관리 절차에 관한 베스트 프랙티스(Best Practices on the conduct of EC merger control proceedings)[37]에 의하더라도 사전상담은 당해 기업결합 안건에 관하여, 법률상의 문제나 제출 자료의 범위 등 중요한 문제점이 발생할 수 있다는 경쟁법상의 우려에 대하여, 경쟁 총국과 당사자가 비공식적이나 건설적인 논의를 할 수 있다는 점에서 그 의미가 있다고 할 수 있다. 또한 다른 한편으로 신고 자료의 누락 등을 방지할 목적도 가지고 있다. 이러한 사전상담은 통상은 정식 신고의 최저 2주간 전에 컨택트를 취하여야 한다. 안건의 규모나 복잡성에 따라 필요한 상담기간은 상이하지만, 경쟁 총국은 가능한 한 조속히 컨택트를 하도록 당사자에게 요구하고 있다. 컨택트를 할 때 당사자는 거래의 배경, 관련 산업, 관련 시장, 경쟁상의 우려 등에 대하여 일반적이면서 간략한 설명을 하여야 한다.

비교적 단순한 안건은 Form CO의 초고를 제출하도록 권고하고 있다. 단순한 안건은 최초 컨택트를 한 이후 경쟁 총국은 그에 대한 코멘트를 구두로 할 것인지 아니면 서면으로 할 것인지에 대한 판단을 하여 결정한다. 반면 복잡한 안건에 대해서는 수차례의 회합의 과정을 거치게 된다. 통상 사전상담은 본격적인 Form CO의 초고 제출과 더불어 개시하게 된다.

나아가, 사전상담 회합은 실질적으로 이루어져야 하기 때문에 경쟁 총국은 관련 당사자에게 회합일의 최소 3영업일 전에 자료를 제출하도록 요구하고 있다. 설령 사전상담과 관련하여 경쟁법상 우려나 기타 제 문제에 대해서 경쟁 총국과의 회합이 불필요한 경우라 하더라도 Form CO 준비를 위하여 당국과 컨택트를 하도록 권장하도록 하고 있다.

(2) 신고

공동체 규모의 요건을 만족한 기업결합과 관련한 안건과 관련해서 당사자는 유럽위원회에 Form CO에 따른 사전신고를 할 의무를 부여하고 있다. 이러한 신고의 효력은 유

---

36) Commission v. Tetra Laval BV, Case C-12/03, Judgement of the European Court of Justice(Grand Chamber), 15 Feb, 2005, ¶¶71-89; http://eur-lex.europa.eu/LexUriServ/LexUriServ.do?uri=CELEX:62003J0012:EN:HTML

37) "Best Practices on the conduct of EC merger control proceedings", 5~15 paragraph.

럽위원회가 정보를 완전하게 수리한 날로부터 발생한다.[38]

　Form CO에 따라, 당사자 및 기업집중에 관한 정보, 지배관계 및 시장획정에 관한 정보, 특히 수평적 기업결합에 대해서는 시장구조·경쟁자·공급업자·거래실태·진입장벽 등에 대해서 당사자는 완전한 정보를 제출하여야 한다. Form CO에 의한 제출 자료는 수백 쪽에 이르는 것도 드물지 않다고 한다.[39]

　신고 정보가 불완전한 경우에는 유럽위원회는 기한을 정하여 완전한 정보의 제공을 요구한다. 제출 자료의 완비에 대하여 명확한 설명은 없지만, 경쟁 총국은 소비자·공급자 및 경합자에 대한 세부적인 연락 방법이 포함되어 있는지를 중시한다고 한다.[40]

　(3) Phrase Ⅰ 심사

　유럽위원회는 정식의 신고를 수리하면 먼저 합병 규제의 대상에 포함되는가를 심사하고, 만약 그에 포함된다고 판단되는 경우에는 당사자의 명칭, 본거국(their country of origin), 당해 집중화의 개요, 경제적 부문(economic sectors) 등을 표시한 신고의 사실(fact of the notification)을 공표하여야 한다.[41] 이러한 절차가 진행되는 동안 Phrase Ⅰ의 심사를 개시하고, 당해 집중화는 역내 공통시장의 양립과 관련하여 '심각한 우려'가 있는가의 여부를 심사한다. 또한 합병규칙 제7조 제1항에 의해서도 '공동체 규모(Community Dimension)'에 해당하는 집중화나, 가맹국으로부터 부탁을 받아 유럽위원회가 심사하는 것으로 되어 있는 집중화에 대해서, 당사자가 신고를 하지 않고 있는 동안에 기업결합(합병)을 진행하거나, 공동체 시장과 양립이 가능하다는 선언이 나오지 않는 동안에 기업결합(합병)을 진행하는 것은 금지된다. 만약 이에 위반하여 기업결합(합병)을 하는 경우에는 합병규칙 제14조(fines)에 따라 법적제재의 대상이 된다.[42]

　또한 합병규칙 제10조 제1항에 따라, 유럽위원회는 신고 후 25영업일 이내에 Phrase Ⅰ의 결정을 하여야 한다. 다만, 동 규칙 제9조 제2항에 따라 가맹국이 국내 시장의 경쟁에 현저한 영향을 미친다고 유럽위원회에 통고한 경우 및 당사회사가 문제해결 방법을 제안한 경우에는 이 기간은 35영업일로 연장된다. Phrase Ⅰ 심사의 결과, 유럽위원회는

---

38) 합병규칙 제5조.
39) Commission v. Tetra Laval BV, Case－12/03, Judgement of the European Court of Justice(Grand Chamber), 15 Feb., 2005, ¶¶71－89; http://eur－lex.europa.eu/LexUriServ/LexUriServ.do?uri＝CELEX:62003J0012:EN:HTML
40) NERA エコノミスト.
41) 합병규칙 제4조 제3항.
42) 합병규칙 제14조.

다음 4가지 유형으로 결정할 수 있다. 즉 ① 동 규칙의 적용범위 외(not fall within the scope of this regulation)[합병규칙 제6조 제1항(a)], ② 승인(동 규칙 동 항 (b) 제1 paragraph), ③ Phrase Ⅱ 심사의 개시[동 규칙 동 항(c)], ④ 조건부 승인(합병규칙 제6 조 제2항) 중 하나의 결정을 내려야 한다.

Phrase Ⅰ의 단계에서 기업이 문제해결 방법을 신청하는 경우가 있는데, 그 경우 심사 기간은 10영업일이 연장되어 총 35영업일로 된다. Phrase Ⅰ의 심사를 함에 있어서 '금 지' 결정을 내리는 경우는 없다. 즉 미국의 경우와 달리 유럽위원회는 원칙적으로 모든 경우에 있어서 '결정'을 내리고, 그에 대하여 기업에 통지하고 공표를 하여야 한다. 만약 위에서 정한 법정기간 내에 어떠한 결정도 내리지 않은 경우에는 '당해 집중화는 역내 공통시장과 양립한다'는 사실을 선언한 것이라고 한다.43)

마지막으로 Phrase Ⅰ에 대한 심사를 한 결과 결정이 내려진 경우 이에 대한 공표를 하여야 하는가에 대해서는 아무런 정함이 없다. 다만, 결정을 내린 경우에는 당사자 및 당해 국가의 경쟁 당국에 지체 없이(without delay) 그 결과를 통지하여야 한다.44)

(4) Phrase Ⅱ 심사

Phrase Ⅰ에 대한 심사의 결과, 공동체 시장과 양립하지 않는다고 유럽위원회가 판단 한 경우에는 Phrase Ⅱ의 심사를 개시한다. Phrase Ⅱ의 심사가 개시된 때로부터 90영 업일 이내에 유럽위원회는 당해 집중화가, 특히, 지배적 지위의 형성 내지 강화의 결과로 서, 역내 공통시장 또는 그 실질적인 일부에 있어서 유효한 경쟁을 실질적으로 저해하 는 것이 아닌지를 심사하여 결정을 내려야 한다.

Phrase Ⅱ의 심사에 대한 법정기간은 90영업일이지만, 다음의 경우에는 기간을 연장 할 수 있다.

- Phrase Ⅱ의 심사 개시일로부터 15영업일 이내에 당사자가 연장의 요청(1회에 한 하여 가능)이 있는 경우, 20영업일을 초과하지 않는 범위에서 심사기간이 연장될 수 있다. 그 이후에는 유럽위원회가 당사자의 동의를 받아 그 기간을 연장할 수 있다.

---

43) 합병규칙 제10조 제6항. 이러한 의미로, 기업결합은 추정합법(推定合法)이다. Airtour사건에서 제1심 법 원(당시)이 유럽위원회의 금지 결정을 번복한 것도, 유럽위원회가 금지를 정당화하는 설득력 있는 증거 를 제시하지 않았다고 판단한 것으로, 추정합법의 정신이 관철되어 있다.
44) 합병규칙 제6조 제5항.

- Phrase Ⅱ의 심사 개시일로부터 55영업일 이내에, 당사자가 어떠한 확약(commitment, 즉 문제해결 방법)의 신청을 한 경우에는 그 심사기간이 자동적으로 15영업일이 연장되어, 총 105영업일까지 연장된다.45)

Phrase Ⅰ의 심사 및 Phrase Ⅱ의 심사가 진행되는 도중 임의 시점에서, 유럽위원회에 의하여, 심사 절차가 중단되는 경우가 있다.46) 이를 스톱 더 클락(stop the clock)이라고 하며, 유럽위원회의 정식 결정에 의하여 대기기간의 카운트가 정지된다. 정지기간은 결정이 내려진 다음 영업일로부터 당사자에 의하여 완전 내지 정확한 정보가 제공되는 날까지로 한다. 또한 제도상 당국에 의하여 추가 자료의 요구를 할 수 있는 횟수의 제한도 없다. Phrase Ⅱ의 심사의 결과 유럽위원회는 다음 4가지 형태 중 어떤 결정을 내려야 한다. 즉 '승인'(합병규칙 제8조 제1항), '조건부 승인'(동 조 제2항), '금지'(동 조 제3항), '합병 해소'(동 조 제4항) 4가지 유형 중 하나의 결정을 내려야 한다.47)

Phrase Ⅱ의 심사에 대한 결정은 의무적으로 공표하여야 한다. 즉 Phrase Ⅱ 심사의 결과에 기초를 두고 결정을 내리는 경우에는 이것을 자문위원회(advisory committee)의 견해와 함께 EU 관보(Official Journal of the European Union)에 공표하도록 하고 있다.48)

(5) 조기종결제도

유럽연합(EU)에는 조기종결제도와 관련하여 간소화 절차(simplified procedure)라는 제도가 있다. '간소화 절차에 관한 위원회 고시'에 의하면, 다음의 어떤 조건을 만족하는 경우 유럽위원회는 25영업일 이내에 Phrase Ⅰ의 결정을 내리도록 하고 있다.49)

- EEA(European Economic Area) 지역 내에서 거의 활동하지 않거나 활동할 가능성

---

45) 합병규칙 제10조 제3항.

46) COMMISSION REGULATION(EC) No 802/2004 of 7 April 2004 implementing Council Regulation(EC) No.139/2004 on the control of concentrations between undertakings Article 9(Suspension of time limit); http://eur－lex.europa.eu/LexUriServ/LexUriServ.do?uri＝OJ:L:2004:133: 0001:0039:EN:PDF 시행규칙 제9조.

47) 합병 해소는 대기의무 위반이나 문제해결 방법의 불이행의 경우에, 기업집중을 하기 이전의 상태로 회복시키기 위한 조치를 명하는 것을 말한다.

48) 합병규칙 제20조 제1항.

49) Commission Notice on a simplified procedure for treatment of certain concentrations under Council Regulation(EC) No.139(2004) 5.(a)－(d); http://eur－lex.europa.eu/LexUriServ/site/en/oj/ 2005/c_056/c_05620050305en00320035.pdf

이 거의 없는 조인트벤처(joint venture)의 공동 지배(joint control)를 2개 이상의 기업이 취득하는 경우

- 구체적으로는 EEA 지역 내에서 조인트벤처의 매상고 내지는 모회사가 기여하는 활동의 매상고가 1억 유로 미만이거나,
- EEA 지역에서 조인트벤처로 이전되는 총자산가액이 1억 유로 미만인 경우
- 당사자 간에 동일한 상품시장이나 지역시장이 중복되지 아니하고, 수직적 상하 관계도 존재하지 않는 기업결합이나 조인트벤처를 설립하는 경우
- 당사자 중 2개 사 이상에 동일한 상품시장이나 지역시장에 중복이 있지만, 그를 합한 시장점유율이 15% 미만인 경우(수평적인 관계) 내지 수직적 상하 관계에 있지만 어떠한 시장도 단독 내지 합산한 시장점유율이 25% 미만인 경우
- 이미 어떤 기업에 대한 공동 지배(joint control)를 넘어 독자적인 지배(sole control)를 하려고 하는 경우

이러한 4가지 유형 중에서 하나의 요건을 만족하면 간소화 절차에 따라서 prase Ⅰ에 대한 결정을 내리도록 하고 있다.

3) 신고의 시기 및 사안의 공표 여부

신고의 시기에 대해서는 종래 계약체결, 공개매수의 신청, 지배권을 취득한 후 1주간 이내에 하도록 되어 있었으나, 이를 유연하게 하는 방향으로 개정되었다.

즉 현행의 합병규칙에 의하면, 계약을 체결하려는 진정한 의사가 있다는 사실을 입증하는 단계인 의향서(letter of intent: LOI)의 제출 또는 공개매수의 경우는 공개매수를 행할 의사가 있다는 사실을 표명한 단계에서 신고를 행하는 것도 가능하다. 또한 합병규칙 제4조 제3항에는 신고의 사실을 공표하도록 하고 있지만, 사전신고를 신청한 시점에서 당사자가 제출한 Form CO의 섹션 1.2에 해당하는 부분(계획되어 있는 기업결합의 개요 500자 이내)을 유럽위원회의 웹사이트에 게재하는 것으로 공표를 대체할 수도 있다.

4) 비공식적인 사전상담 여부

신고는 기업결합 계약을 체결한 당사자가 계약을 이행하지 않을 수 없는 사실상 압력

을 받는 단계에서 이루어지게 된다. 이 과정에서 당사기업으로서는 기업결합의 이행과 관련한 리스크를 회피하기 위하여 비밀이 유지된 사전상담 제도를 이용하게 된다.50) 물론 사전상담의 단계에서 관계 당국으로부터 의견을 받을 수는 있지만, 그에 대한 판단은 정식의 신청이 이루어진 이후에 하게 된다.51) 최근에는 심사의 엄격성을 담보하는 측면에서, 사전상담을 통하여 정보를 수집하려는 경향이 있으며, 복잡한 안건에 대해서는 사전상담의 기간이 수개월 걸리는 경우도 나타나고 있다.52) 이 외에도 사전상담의 단계에서, Market Test(소비자, 공급자, 경쟁자 등의 앙케이트)가 행하여진 경우도 있다. 다만, 사전상담의 단계에서 실질적인 조사가 이루어지고 있는지에 대한 관계 당국의 공식적인 공표는 하지 않는다.53)

5) 제1차 심사에서의 구비 자료

신고에 대한 정보는 Form CO에 규정하고 있다. Form CO는 정식판(Annex Ⅰ, Form CO)과 약식판(Annex Ⅱ, Short Form) 2종류가 있다.54) 경쟁 저해가 발생할 가능성이 낮은 안건에 대해서는 주로 약식판이 이용되고 있다. 약식판에 따라 제출될 수 있는 기업결합의 안건은 다음과 같다.

- EEA 역내에서 거의 활동하고 있지 않거나 활동할 가능성이 없는 조인트벤처(Joint Venture)의 공동 지배를 2개 이상의 기업이 취득하는 경우, 구체적으로는 EEA 역내를 벗어난 조인트벤처의 매상고 내지는 모회사가 기여한 활동의 매상고가 1억 유로 미만이며, 또한 EEA 지역 내에서 조인트벤처로 이전된 총자산가액이 1억 유로 미만인 경우
- 당사자 간에 동일한 상품시장이나 지역시장이 중복되지 아니하고, 수직적 상하 관계도 존재하지 않는 기업결합이나 조인트벤처를 설립하는 경우
- 당사자 중 2개 사 이상에 동일한 상품시장이나 지역시장에 중복이 있지만, 그를 합한 시장점유율이 15% 미만인 경우(수평적인 관계) 내지 수직적 상하 관계에 있지만, 어떠한 시장도 단독 내지 합산한 시장점유율이 25% 미만인 경우

---

50) 山根裕子, 『合倂審査 歐米の事例と日本の課題』(NTT出版, 2002), 126頁.
51) NERA エコノミスト.
52) コボネン・木村, 앞의 책, 각주 163번.
53) NERA エコノミスト.
54) http://eur-lex.europa.eu/LexUriServ/LexUriServ.do?uri=OJ:L:2004:133:0001:0039:EN:PDF

－이미 어떤 기업에 대한 공동 지배(joint control)를 넘어 독자적인 지배(sole control)
를 취득하려고 하는 경우

반면 Form CO의 정식판은 시장에 관한 정보가 지역마다, 국가마다 요구되기 때문에
상당한 정도의 자료 제출이 요구되고 있다.

6) 제2차 심사에서의 구비 자료

(1) 자료의 내용

합병규칙에 따라 동 규칙 제11조(Requests for information)에서 규정된 추가 자료의
요구에 대하여 제1차 심사 단계이든 제2차 심사 단계에서의 요구이든 특별한 구별은 하
지 않는다. 다만, Form CO에서 요구되는 포괄적인 자료에 대하여 제2차 심사에서 요구
되는 자료의 내용은 관련 사안에 따라 차이가 있다.[55] 만약 경쟁 당국의 정보 수집 권한
에 따른 추가 자료를 제출하지 않는 경우에는 다음과 같은 조치를 하게 된다.

－기본적으로는 당사자의 임의 정보 제공에 의하게 된다.
－제1차 및 제2차 심사에 있어서, 경쟁 당국은 당사회사 내지 이해관계자에 대하여,
단순한 요구(simple request) 내지 정식의 결정(decision)의 형식으로 모든 필요한
정보의 제공을 요구하게 된다. 정식의 결정에 따른 정보 요구를 하는 경우 대기기간
은 정지된다.[56]
－합병규칙상, 경쟁 당국에게는 다음과 같은 방법으로 정보를 수집할 수 있는 권한이 부여
되고 있다. 즉 사업자의 건물(premises), 토지(land), 차량 수단(means of transport)
의 출입 검사, 사업 관련 장부 및 기타 기록(the books and other records related
to the business)의 수색, 다른 형태의 사본(any form copies)의 취득 내지 그런 장
부나 기록의 압수, 검사기간 내 사업 건물(business premises)의 장부 내지 기록에
대한 날인, 사업대표자 내지 스태프의 구성원(any representative or member of
staff)에 대한 심문 및 공술녹취서의 작성 등 정보를 수집할 수 있는 권리가 부여되

---

55) NERA エコノミスト.
56) 합병규칙 제11조 제2항.

어 있다. 경쟁 당국은 이와 관련하여 단순한 서면 허가 내지 정식결정에 따라 검사를 하게 된다.[57)]

- Form CO 제출 시에 부정확한 정보(incorrect), 오해를 초래하는 정보(misleading) 내지 불완전한(incomplete) 정보가 제출되었다면 신고는 완전하게 한 것이 아니기 때문에 심사가 정식으로 개시되지 않는다.[58)] 만약 당사회사가 고의 내지 과실로 부정확 내지 오해를 초래하는 정보를 제출하였다면 경쟁 당국은 당사회사의 연간 총 매상고의 1% 이하의 제재금(fines not exceeding 1% of aggregate turnover)을 부과할 수 있다.[59)]

- 경쟁 당국은 당사자가 고의 내지 과실로 신고를 해태한 경우 내지 EC의 결정에 반한 기업결합을 실시한 경우에는 당사회사의 연간 총 매상고의 10% 이하의 제재금 (fines not exceeding 10% of the aggregate turnover)을 부과할 수 있다.[60)]

- 또한 경쟁 당국은 완전하고 정확한 자료의 제출, 출입검사 등에 응할 것 또한 경쟁 당국의 결정에 따라 부과된 의무의 이행을 강제하기 위하여, 당사회사에 대하여 평균 일간 매상고의 5%를 초과하지 않는 범위의 이행강제금을 부과할 수 있다 (periodic penalty payments not exceeding 5% of the average daily aggregate turnover)(합병규칙 제15조).[61)]

- 유럽위원회는 제1심법원의 판결에 따라 유럽위원회가 정보를 청구할 시점에서 합리적으로 그 정보가 필요한지에 대한 판단을 하도록 하여 유럽위원회에 대폭적인 재량권을 인정하고 있다.[62)]

(2) 추가 자료의 수수(授受)

만약 경쟁 당국이 심사를 위하여 필요한 정보를 청구하는 경우에는 그에 대한 법적 근거(legal basis) 및 청구의 목적(the purpose of the request)을 기술하고, 제출기한을 정하고 정보를 특정하여 청구하여야 한다. 또한 만약 위의 청구에 대한 의무를 이행하지 않는 경우 합병규칙 제14조 내지 제15조 등에 따른 법적 제재 조치가 따를 수 있다는

---

57) 합병규칙 제13조.
58) NERA エコノミスト.
59) 합병규칙 제14조 제1항.
60) 합병규칙 제14조 제2항.
61) 합병규칙 제15조 제1항.
62) コボネン・木村, 앞의 책, 각주 163번.

사실을 표시하여야 한다.[63]

  EC가 정식 결정을 한 이후 정보 청구 내지 검사를 한 경우에는 제1차 심사 및 제2차 심사에 있어서 대기기간은 정지된다(stop the clock). 정지기간은 결정을 한 다음 영업일로부터 당사자에 의하여 완전하고 정확한 정보를 제공한 날까지로 되어 있다.[64] 나아가, 제도상 경쟁 당국에 의하여 추가료를 청구할 수 있는 횟수에 대한 제한은 없다.[65]

7) 비밀정보에 대한 관계 당국의 관리

  합병규칙 제17조(비밀 정보 유지의무, Professional secrecy)에 따라 기업결합 심사를 통하여 취득한 정보에 관한 비밀을 유지하도록 하고 있다. 그 내용은 다음과 같다.

> ☞ **합병규칙 제17조(비밀 정보 유지의무, Professional secrecy)**
>
> ① 본 합병규칙의 적용의 결과 취득된 정보는 이에 관한 요청(request), 조사(investigation) 내지 청문(hearing)이라는 목적으로만 사용되어야 한다.
> ② 유럽위원회 및 가맹국의 경쟁 당국, 가맹국의 다른 기관의 직원 및 문관뿐만 아니라 동 기관의 감독을 받는 직원 등(the Commission and the competent authorities of the Member States, their officials and other servants and other persons)은 본 규제의 적용을 통하여 직무상 비밀유지의무(the obligation of professional secrecy)에 해당하는 정보를 취득한 경우에는 이것을 공시하여서는 안 된다.
> ③ 제1항, 제2항은 특정 기업이나 기업 연합(particular undertakings or associations of undertakings)과 관련한 정보가 포함되지 않는 일반적인 정보나 조사 결과에 대하여 공표하는 것을 방해해서는 안 된다.

  나아가, 이러한 비밀정보에 대하여 동법의 시행규칙 제18조(Confidential information)에 자세하게 규정하고 있다. 그 내용을 보면 다음과 같다.[66]

---

63) 합병규칙 제11조 제3항.
64) COMMISSION REGULATION(EC) No 802/2004 of 7 April 2004 implementing Council Regulation(EC) No 139/2004 on the control of concentrations between undertakings Article 9(Suspension of time limit) ①; http://eur-lex.europa.eu/LexUriServ/LexUriServ.do?uri=OJ:L:2004:133:0001:0039:EN:PDF
65) NERA エコノミスト.

① 유럽위원회는 기업의 비밀 또는 다른 기밀정보가 포함되어 있는 경우 그것을 공개하는 것이 절차상의 목적을 위하여 필요한 경우를 제외하고는 관련 문서 등을 포함한 정보를 전달하거나 접근해서는 안 된다.

② 합병규칙(EC No.139/2004) 제11조(Request for information)에 의하여 정보를 제공하는 경우나 또는 동 절차의 과정에서 유럽위원회에 대하여 추가 정보를 제출하는 경우 및 본 시행규칙(EC No.802/2004) 제12조(Decisions on the suspension of concentrations), 제13조(Decisions on the substance of the case) 및 제16조(Hearing of third person)에 따른 견해나 코멘트를 표명하는 자는 기밀정보로 판단되는 자료를 이유를 붙여 명확하게 특정하여야 한다. 그리고 유럽위원화가 정한 기일까지 별도의 비기밀정보(non-confidential version)를 제공하여야 한다.

③ 전항의 규정을 침해하지 않는 범위 내에서 유럽위원회는 합병규칙(EC No.139/2004) 제3조(Definition of concentration)에서 언급하고 있는 자, 기업 및 기업연합에 대하여, 합병규칙에 따른 문서(documents)를 작성하거나 진술(statements)을 할 때, 문서(documents or part of documents) 중 자신들의 기업비밀 내지 다른 기밀정보가 포함되어 있다고 생각하는 부분을 특정하여 줄 것을 요구하거나 또는 그 문서가 기밀정보로 간주되는 것과 관련한 기업을 특정하여 줄 것을 요구할 수 있다.

또한 유럽위원회는 합병규칙(EC No.139/2004) 제3조에서 정한 자나 기업, 기업연합에 대하여 유럽위원회가 그들의 처지에서 기업비밀에 포함된다고 판단하여 채택한 합병 반대의 진술(statement of objections), 사안의 개요(case summary) 또는 결정을 특정하도록 요구할 수 있다.

기업비밀이나 다른 기밀정보가 특정되는 경우에는 유럽위원회가 정한 기일 내에 그 이유와 비기밀정보(non-confidential version)를 제시하여야 한다.

---

66) COMMISSION REGULATION(EC) No 802/2004 of 7 April 2004 implementing Council Regulation(EC) No 139/2004 on the control of concentrations between undertakings Article 18(Confidential information); http://eur-lex.europa.eu/LexUriServ/LexUriServ.do?uri=OJ:L:2004:133:0001:0039:EN:PDF

만약 이러한 요청이 있다면, 유럽위원회는 반대 진술을 제출한 당사자에게 그들의 방어권의 행사를 보장할 목적으로 관련 조사자료(the file)를 열람할 수 있는 권리를 부여하게 된다. 물론 이러한 열람권은 반대 진술의 신고를 한 이후에만 보장된다. 하지만 유럽위원회 내지 가맹국의 경쟁 당국에 속하는 기밀정보 또는 내부문서(confidential information or internal documents)에 대해서는 열람권이 보장되지 않는다. 또한 관련 자료에 대한 열람권은 유럽위원회와 가맹국의 경쟁 당국 사이 또는 가맹국의 경쟁 당국 사이 접촉하는 경우에도 인정되지 않는다.[67]

4. 문제해결 방법

1) 개요

문제해결 방법은 경쟁제한의 우려를 완전히 소멸시키기 위하여 모든 면에서 포괄적이고 효율적이어야 한다(comprehensive and effective all points of view).[68] 나아가, 그러한 문제해결 조치는 시장에서 경쟁 상태가 문제해결 조치를 통하여 해결되기 이전에 이행되도록 단시간 내에(within a short period of time) 효율적으로 이행되어야 한다.[69] 통상 구조적 방법을 통하여 해결하는 것이 다른 문제해결의 방법에 비하여 바람직스럽다고 생각되나, 경쟁제한의 우려를 해소할 수 있는 경우라면 다른 문제해결 방법을 통하여 해결하는 것도 고려할 수 있다고 한다.[70]

2) 문제해결 절차

경쟁 당국은 당사회사에 경쟁상의 우려를 전달함으로써 적절하고 부합되는(appropriate and corresponding) 문제해결 방법을 제시하도록 한다.[71] 이처럼 경쟁 당국은 통상 어떠

---

67) Ibid., article 17(Access to the file and use of documents).
68) CFI, Case T－210/01 *General Electrics v Commission* [2005] ECR Ⅱ－5575, paragraph 52; Case T－87/05 *EDP v Commission* [2005] ECR Ⅱ－3745, paragraph 105.
69) Commission notice on remedies acceptable under Council Regulation(EC) No.139/2004 and under Commission Regulation(EC) No.802/2004, para.9;http://eur－lex.europa.eu/LexUriServ/LexUriServ.do?uri＝OJ:C:2008:267:0001:0027:EN:PDF
70) Ibid., para.15.
71) Ibid., para.6.

한 문제해결 방법이 적절한가에 대한 의견을 묻고 있다.72) 물론 제1차 심사와 제2차 심사 중의 어떤 단계에서도 문제해결 방법이 수용되고 있지만, 당국의 의향을 반영시키기 위해서는 제1차 심사, 제2차 심사의 기한 전에 여유를 가지고서 문제해결의 방안을 제출하도록 하고 있다. 제2차 심사의 경우도 마찬가지이다. 즉 제2차 심사개시일로부터 65영업일 이내에(within 65 working days from the date on which proceedings were initiated) 제출하여야 한다.73) 경쟁 당국은 제안된 문제해결 방법에 대하여 경합자나 수요자에게 의견을 구하고 그 효율성을 확인하는 이른바 'market test'를 행하게 된다.

3) 문제해결을 위한 효과적인 방법

관재인(trustee)이 임명된 사례도 증가하고 있다. 만약 문제해결을 위한 조치가 이행되지 않는다면 그에 대해서는 고액의 벌금이 부과될 가능성이 있다. 뿐만 아니라 경우에 따라서는 기업결합을 해소할 수도 있다.74)

4) 문제해결 방법상 감시 원칙

매각 이외의 문제해결을 위한 조치가 이행되었는지에 대해서는 감시가 필요하다. 물론 이러한 감시를 위해서는 경쟁 당국의 확인을 받아야 한다. 통상 감시를 위한 관재인 (trustee)을 임명하여 그 이행 여부에 대한 확인을 하도록 하고 있다. 또한 유럽위원회는 이행강제금을 부과할 수도 있다.75)

5. 심사결과에 대한 정보 공시

1) 당사회사의 정보 공시

Phrase Ⅰ 및 Phrase Ⅱ 심사의 모든 결정은 당사회사에 대하여 서면에 의하여 정식

---

72) NERA エコノミスト.
73) COMMISSION REGULATION(EC) No 802/2004 of 7 April 2004 implementing Council Regulation(EC) No 139/2004 on the control of concentrations between undertakings Article 19(Time limits for submission of commitments) ②.
74) 합병규칙 제8조, 제14조 및 제15조.
75) 합병규칙 제15조.

결정(decision)으로 통지된다.[76] 설명의 상세도는 사안의 복잡한 정도에 따라 다르다.[77]

2) 대외적인 정보 공시

EU도 합병규칙에 따라 다음과 같은 '신고의 사실'과 'Phrase Ⅱ의 결정'을 공표하여야 한다.[78] 'Phrase Ⅰ의 결정'의 공표에 대해서는 합병규칙에 특별히 정하고 있지는 않지만, 실질적으로 완전히 공표되고 있다.

☞ **합병규칙 제20조(Publication of decision)**

제1항

유럽위원회는 제8조 제1항에서 제6항에 의한 결정(Phrase Ⅱ의 결정) 및 제14조 벌금(Fines), 제15조 정기적 제재금(periodic penalty payments)의 결정을 한 경우에는, 제18조 당사자 및 제3자의 청문(Hearing of the parties and of third persons), 제2항에 정해진 가결정(provisional decisions)의 경우를 제외하고, 자문위원회(Advisory committee)의 의견을 첨부하여 EU 관보(Official Journal of the European Union)에 공표하여야 한다.

제2항

그 공표는, 당사자의 명칭, 결정의 주된 내용을 언급하여야 한다. 하지만 당사자의 기업 비밀을 보호하기 위한 합법적인 이익을 고려하여야 한다.

규정상 투명성을 위하여 단순한 절차상의 내용을 제외하고 당해 모든 결정은 공표하도록 되어 있다. 실무상 모든 기업결합의 사안에 대하여 경쟁 당국의 최종 결정의 공개판이 유럽위원회의 웹사이트에 공표된다. 그 내용은 상세한 분석 및 그 근거를 포함하고 있다.[79] 예를 들면, Ryanair/Aer Lingus 사건(2007년)에 대하여 유럽위원회에 의한 결정은 시장획정, 경쟁평가(competitive assessment), 당사자가 제안한 문제해결 방법

---

76) 합병규칙 제6조, 제8조.
77) NERA 에코노미스트.
78) 합병규칙 제20조.
79) NERA 에코노미스트.

등에 관하여 상세한 정보와 당국의 결정의 근거를 분석하여 공시되어 있는 경우를 들
수 있다.[80]

6. 심사의 내부적 검토

제1차 심사의 결정은 전적으로 경쟁위원(Competition Commissioner)이 판단한다.
Phrase Ⅱ 심사에는 자문위원회(Advisory Committee)의 의견을 요구하고, 경쟁위원회뿐
만 아니라 유럽위원회의 소속 모든 위원에 의하여 판단된다. 자문위원회는 27개 가맹국
경쟁 당국의 대표자로 구성되어 있다.[81]

2004년 'fresh pair of eyes'(또는 'Devil's Advocacy Panel')라고 하는 내부 리뷰
(review)제도가 도입되었다. 동 제도는 조사에 관련되지 않는 변호사나 경제학자가 새로
운 시점에서 안건을 심사하는 구조를 말한다. 그러나 상당히 대규모이며 복잡한 안건이
존재하는 경우를 제외하고는 거의 이용되지 않는다.[82]

경쟁 총국은 정책·전략 지원 A국(局)(Policy and Strategy)에 반트러스트·합병과
(課) A2(Antitrust and Mergers) 및 국고보조과(課) A3(State aids)에 정사부(精査
部)(scrutiny unit)를 설립하였다.[83] 경쟁 총국 외의 Hearing Officer에 의하여 법적 절차
의 적정성, 당사자 및 제3자의 권리 보호가 확보되고 있다.[84]

제2절 기업결합 가이드라인의 개요

2004년 합병규칙이 종래 지배적 지위가 유효한 경쟁의 현저한 저해로 기업결합의 위
법성의 기준이 개정된 점에 수반하여 심사의 예견 가능성이나 투명성을 높일 목적으로
가이드라인이 공표되었다.[85]

---

80) Case No. COMP/M.4439 – Ryanair/Aer Lingus, http://ec.europa.eu/competition/mergers/cases/
decisions/m4439_20070627_20610_en.pdf

81) NERA エコノミスト.

82) EC 프레스 릴리스 IP/04/07; EU gives itself new merger control rules for 21st century. IP/04/07,
Brussels, 20 January 2004, Retrieved MGWBh 24, 2010 from http://europa.eu/rapid/pressReleases
Action.do?reference = IP/04/07&format = HTML&aged = 0&language = EN&guilanguage = en

83) 유럽위원회 경쟁 총국 웹사이트 "DG Competition – Structure and Staff Organigram",
http://ec.europa.eu/dgs/competition/directory/organi_en.pdf

84) 위의 사이트

85) "Guidelines on the assessment of horizontal mergers under the Council Regulation on the control of

유럽위원회는 합병규칙 제2조(Appraisal of concentrations)) 제1항에 의하여, 신고된 기업결합이 공동체 시장(common market)과 양립하는가를 결정한다. 가이드라인은 공동체 시장과 양립하는가 그렇지 않은가를 판단할 때의 심사의 구조에 대하여 밝히도록 하고 있다. 공동체 시장과 양립하는가는 다음을 기준으로 분석하게 된다.[86]

- 관련 시장(상품시장과 지역시장)의 획정
- 경쟁상의 악영향을 해소시킬 수 있는 요소가 없는 경우, 기업결합이 관련 시장에 있어서 반경쟁효과를 가져올 개연성
- 매수자의 대항적 구매력이 기업결합에 의하여 증가하는 매도인의 시장지배력을 해소시키는 요소로서 기능을 할 개연성
- 진입이 관련 시장에서 유효한 경쟁을 유지할 개연성
- 효율성이 기업결합에 의하여 경쟁에 악영향을 해소시키는 요소로서 기능을 할 개연성
- 예외적인 상황 속에서 파탄회사의 항변 요건을 만족하는가의 여부

1. 시장획정에 관련하여 고려할 사항

가이드라인의 제10단락(paragrahp) 시장획정의 방법에 대해서는 위원회 고시를 참조하도록 하고 있다. 당해 고시에는 수요대체성(demand substitutability)의 분석에 있어서 SSNIP를 사용하는 것 또한 시장획정을 할 때 공급대체성(supply substitutability) 및 잠재적 경쟁(potential competition)도 고려된다는 점을 언급하고 있다.[87] 유럽에 있어서는 잠재적 경쟁자와의 기업결합은 혼합형이 아니라 수평적 기업결합이 되어야 한다.[88]

1) SSNIP 테스트의 고려

가이드라인 제10단락에서는 관련 시장의 획정에 관하여 위원회 고시를 참조하도록 하고 있다. 해당 위원회 고시는 1997년의 것으로, 거기에서는 SSNIP 테스트를 고려하도록

---

concerntrations between undertakings" *Official Journal C31 of 05. 02. 2004*; http://eur-lex.europa.eu/LexUriServ/LexUriServ.do?uri=OJ:C:2004:031:0005:0018:EN:PDF

86) 川濱昇・泉水文雄他, 앞의 책, 제7장 "EU의 기업결합 규제의 개요" 참조.

87) Commission Notice on the definition of relevant market for the purposes of Community competition law, Official Journal C372, 09/12/1997 pp.0005~0013 Section Ⅱ; http://www.lexnet.dk/law/download/competit/Materi10.pdf

88) 川濱昇・泉水文雄他, 앞의 책, 293頁.

명확하게 표시하고 있으므로 시장획정에 있어서 SSNIP 테스트는 사용되고 있는 것으로 판단된다.89) 고시에 따르면 소폭(5~10%)이지만 일시적이 아닌 상대 가격의 상승에 의하여 수요자의 반응을 고려하여야 한다고 언급하고 있다.

2) 수입의 취급

특히 가이드라인은 명시적이 아니지만, 합병규칙 제2조 제1항(a)에 따라 유럽위원회는 공동체 시장(common market) 또는 세계 시장을 인정하는 것으로 보인다.90)

2. 경쟁의 실질적 제한에 관한 분석

1989년 합병규칙 제4064호(구 합병규칙)에서는 지배적 지위의 형성·강화 및 그 결과로서 유효 경쟁을 현저하게 저해하는 경우에는 기업결합이 금지되는 것으로 되어 있다. 여기에서 유효 경쟁의 현저한 저해라고 하면 지배적 지위의 형성·강화에 대한 부수 조건이라고 할 수 있지만, 2004년 합병규칙 제139호(신합병규칙)에서는 독립한 요건으로 개정되었다.91)

예를 들면, 1999년의 Airtours 사건 사례92)에 대하여 유럽위원회가 판단한 금지 결정이 제1심 법원(당시)에서 번복되었다. 동 사건 사례에서 유럽위원회는 과점시장에 의한 협조행위에 따라 기업결합 후의 시장에서 공동의 지배적 지위가 형성된다는 판단하에 금지 결정을 내렸었다. 하지만 제1심 법원(당시)의 판결에서는 유럽위원회가 판단한 협조행위의 개연성이 충분히 입증되지 못하였다는 점을 지적하였다. 즉 협조행위에 대해서는 경쟁 당국에 엄격한 입증책임이 부과되어 있다는 점, Airtours 사건 사례에서 유럽위원회가 단독행위에 의한 가격상승의 가능성을 지적하면서 결과가 달라질지도 모른다는 점, (구)합병규칙에는 단독행위에 의한 가격상승을 고려하도록 하는 것이 명기되지 않았지만,

---

89) Commission Notice on the definition of relevant market for the purposes of Community competition law, Official Journal C372, 09/12/1997 pp.0005~0013.

90) 山根裕子, 앞의 책, 176頁.

91) 지배(dominance)라는 개념은 Council Regulation(EEC) NO.4064/89 of 21 Dec. 1989 on control of concentrations between undertakings에서 언급하고 있다. 즉 "하나 또는 그 이상의 기업이 독자적으로 그들의 경쟁자, 고객에게 상당한 정도로 행위를 할 수 있는 기회를 제공함에 따라 관련 시장에서 유지되고 있는 효율적인 경쟁력을 저지시킬 수 있는 경제력을 지배하는 상황을 말한다"고 규정하고 있다.

92) Airtours plc v European Commission(Case T 342/99); http://www.monckton.com/docs/library/ Airtours%20v%20Commission.pdf

(신)합병규칙에는 이에 대하여 명기되어 있다는 점을 들어 Airtours 사건 사례에 대한 유럽위원회의 결정을 번복하였던 것이다.93)

(신)합병규칙의 전문 제25항에는 제2조 제2항 및 제3항에 규정되어 있는 유효한 경쟁의 현저한 저해(Significant Impediment to Effective Competition: SIEC)라는 개념은, 지배라는 개념(the concept of dominance)을 넘어서, 관련 시장에 있어서 지배적 지위를 획득하지 않는 당사회사의 단독행위(non‑coordinated behavior)로부터 초래되는 단지 기업집중의 반경쟁적 효과에만 연장되는 것으로 기재되어 있다.94) 이를 자구에 따라 판단해 보면, 주요한 목적은 단독행위에 따른 금지가 가능한 것으로 해석된다.

나아가, 전문 제26항에는 SIEG에 따라 일반적으로 지배적 지위의 형성 내지 강화(creation or strengthening)의 결과가 발생한다. 다만, SIEG 기준이 지배 기준을 완전히 대체하는 것은 아니고, 과거의 결정이나 판례와의 정합성을 유지하는 등 일정한 연속성을 유지할 것을 강조하고 있다.95) 2004년 가이드라인 제4단락(para.)도 공동체 시장과 양립하지 않는 기업집중의 대부분의 경우는 지배적 지위의 확립 내지 강화에 기초를 둔다고 언급하고 있다.96) 이러한 점을 감안하여 볼 때, 지배적 지위의 형성 내지 강화가 있으면 그것은 SIEG 기준을 만족하는 것으로 보이지만, 설령 그러한 지배적 지위의 형성 내지 강화가 없다고 하더라도 SIEG 기준을 만족하는 경우도 존재하는 것으로 보인다.

1) 경쟁의 실질적 제한이 발생하는 경우

가이드라인은 ① 비협조효과(non‑coordinated effect)[제24~38단락(para.)], ② 협조효과(Coordinated effect)[제39~57단락(para.)], ③ 잠정적 경쟁자와 기업결합(Merger with a potential competitor)(제58~60단락) 및 ④ 제조업 시장에서 구매력을 형성 내지 강화하는 기업결합(Mergers creating or strengthening buyer power in upstream markets)[제61~63단락(para.)]에 대해서 기재되어 있다.97)

---

93) 越知保見, 앞의 책, 737頁.
94) 합병규칙 전문 제25항.
95) 합병규칙 전문 제26항.
96) "Guidelines on the assessment of horizontal mergers under the Council Regulation on the control of concerntrations between undertakings" *Official Journal C31 of 05. 02. 2004.* paragraph 4; http://eur‑lex.europa.eu/LexUriServ/LexUriServ.do?uri＝OJ:C:2004:031:0005:0018:EN:PDF
97) Ibid.

(1) 비협조효과

가이드라인 제24단락부터 제38단락까지 언급된 비협조효과가 발생되기 쉬운 경우로는 다음을 들 수 있다.

① 시장점유율이 높은 동일 내지 유사 기업의 기업결합
② 대체성 높은 상품이나 용역을 공급하고 있는 동일 내지 유사기업의 기업결합
③ 수요자의 구입대체성이 낮은 경우
④ 가격상승에 따라 경쟁자에 의한 공급 증가가 예상되지 않는 경우
⑤ 당사자가 경쟁자의 공급 확대를 저지한 경우
⑥ 기업결합에 의한 유력한 경쟁자가 제거된 경우

(2) 협조효과

협조효과에 대해서는 제1심 법원(당시)에서 제시한 기준을 반영한 내용으로 이루어져 있다. 즉 협조효과를 평가하기 위해서는 유럽위원회가 관련 시장의 구조적 특징이나 참가 기업의 과거 행동 등의 증거를 검토하게 된다. 구체적으로는 ① 협조조건과 관련하여 합의가 용이하게 형성되었는가, ② 효과가 삭감될 가능성이 낮은가 등을 검토하여 판단하게 된다. 경쟁 당국은 단순히 이론적인 측면에서 협조 가능성의 존재만으로는 부족하고, 상기의 기준에 맞고 설득력 있는 증거를 제시하여, 협조행위의 개연성을 증대시킬 수 있음을 보여 주어야 한다.

(3) 잠정적 경쟁자와 기업결합

유럽의 가이드라인은 위의 비협조효과와 협조효과라는 2가지 효과에 덧붙여, 관련 시장에 아직 진입하지 않았지만 진입의 가능성이 있는 기업과의 기업결합도, 지배적 지위의 형성 내지 강화의 효과가 있다고 언급하고 있다. 미진입의 기업이 잠재적으로 유력한 경쟁자로 판단되기 위해서는 이미 경쟁압력을 발휘하였어야 하지만, 진입하였다면 유력한 경쟁자의 지위를 얻을 가능성이 높을 것 또한 달리 잠재적 경쟁자가 충분히 존재하지 않아야 한다고 언급하고 있다.

(4) 제조업 시장에서 구매력을 형성 내지 강화하는 기업결합

마지막으로 당사회사가 제조업 시장에서 구매자 독점에 가까운 상황이 발생한 경우를 상정하였다. 그런데 이러한 경우도 반드시 관련 시장에 있어서 경쟁을 저해한다고는 할 수 없다. 당사자가 관련 시장에 있어서 공급이 감소되는 경우는 통상 경쟁이 저해된다고 할 수 있지만 당사자가 저가로 중간재를 구입할 수 있다면, 제품 가격을 인하하게 되고, 그에 따른 이익을 소비자에게 균점(均霑)시킬 여지가 있다. 따라서 경쟁을 저해하는가를 판단하기 위해서는 제조업 시장의 경쟁 조건을 고려하고, 정(正)의 효과와 부(負)의 효과를 비교 형량할 필요가 있다고 언급하고 있다.

2) 경쟁의 실질적 제한의 정량적 판단기준

유럽위원회는 기업결합에 따른 유효한 경쟁을 현저히 저해(SIEG)하는가를 평가한다. 2004년 가이드라인은 경쟁의 감살 효과의 판단에 있어서 단독효과와 협조효과를 고려하도록 하고 있다. 그 내용은 미국의 수평 합병 가이드라인과 매우 유사하고, SIEG 기준은 미국 실질적 경쟁 감살(substantial Lessening of Competition: SLC)기준과 거의 동일하다고 본다. 그러나 가격상승의 비율 등 정량적 기준은 언급하지 않고 있다.

3) 경쟁의 실질적 제한 판단 시 고려사항

경쟁의 실질적 제한 판단 시 고려사항으로는 ① 신규진입, ② 효율성, ③ 파탄기업의 항변, ④ 수요자의 경쟁압력(counterveiling buyer power) 등을 들 수 있다.

(1) 당사회사 및 경쟁사업자의 시장점유율 고려

시장점유율(Market shares)은 기업집중의 정도를 측정하는 기준으로서 의미가 있는데,[98] 유럽위원회는 통상 현행의 시장점유율을 단순히 합계한 것을 기업결합 후의 점유율로 하고 있다.[99] 물론 시장환경의 변동이 심하다거나 성장이 현저한 경우에는 과거의

---

98) Ibid., para.14.

99) Ibid., para.15; Commission Notice on the definition of the relevant market for the purpose of Community competition Law, OJ C372, 9. 12. 1997, p.3, para.54~55.

데이터(historic data)를 사용하는 경우도 있다. 어떠한 경우이든, 유럽위원회는 관련 시장이 매우 동적으로 변화되거나(highly dynamic in character), 시장구조가 혁신이나 성장(innovation or growth)을 위하여 불안정하게 될 수 있다는 점을 고려하여 시장점유율을 해석하여야 한다고 언급하고 있다.[100) 또한 일반적인 시장집중도를 파악하기 위하여 허핀달－허쉬만 지수(Herfindahl－Hirschman Index: HHI 지수)도 참고하도록 하고 있다.[101)

나아가, 잘 정립된 판례법에 의하면, 50% 이상(50% or more)의 시장점유율은 그것만으로 시장의 지배적 지위가 있다는 증거가 될 수 있다고 한다.[102) 그런데 이와는 달리 소규모의 경쟁자라도 그들의 공급을 증가시킬 능력이나 자질을 가졌다면 그들은 경쟁자로서 견제력을 발휘할 수도 있고, 역으로 점유율이 50%에 이르지 못한 경우에도 지배적 지위의 형성 내지 강화를 인정하는 경우도 존재한다. 어쨌든 유럽위원회는 경쟁자의 수, 행사하는 경쟁압력, 공급력의 제한 유무, 당사자에 의한 상품의 대체성의 정도 등을 종합적으로 고려하여 경쟁의 실질적 제한 유무를 판단하도록 하고 있다. 다만, 공동시장 내지 시장의 실질적 부분에서 시장점유율이 25%를 초과하지 않는 경우에는 유효한 경쟁을 저해한다고 할 수 없다고 한다.[103)

(2) 경쟁상품 간의 대체성 고려

가이드라인 제17단락에 의하면, 당사회사의 상품 간에 강력한 대체관계가 있는 경우에는 경쟁을 저해할 가능성이 높은 것으로 판단하고, 동 가이드라인 제28단락에서는 상품 간의 대체관계가 강하면 강한 만큼 기업결합 후의 단독행위에 의한 가격이 상승될 가능성이 높을 것이라고 한다. 또한 동 가이드라인 제31단락에서는 가격이 상승하게 될 때에 소비자가 공급자를 대체할 수 없는 경우에는 단독행위에 의한 가격이 상승될 가능성이 높다고 한다. 이러한 점을 감안한다면 당사회사의 상품 간의 대체성이 유효한 경쟁을 저해하는가의 유무를 판단하는 중요한 요소가 된다고 할 수 있다.[104)

---

100) Case COMP/M. 2256－Philips/Agilent Health Care Technologies, points 31－32 and Case COMP/M. 2609－HP/Compaq, point 39.
101) Ibid., para.16.
102) Ibid., para.17.
103) Ibid., para.18.
104) Ibid., para.17, 18, 31.

(3) 신규진입의 고려

시장에 새로운 진입자가 있다고 하더라도 ① 개연성이 있는 경우(시장의 공급량이 증대하고, 기존의 경쟁자의 반응을 고려하더라도 일정한 이익이 전망될 때), ② 적시에 시장진입이 발생할 때(통상 2년 이내), ③ 일정한 규모가 있을 때에는 경쟁제한의 효과가 미미하다고 할 수 있다.

(4) 파탄기업의 고려

가이드라인의 제90단락에서 규정하고 있는 요건을 만족하는 경우의 기업결합에 대해서는 규제하지 않는다.

① 당해 기업이 재무상황의 악화로 인하여 기업결합을 하지 않고서는 가까운 장래에 관련 시장에서 퇴출될 것이 확실할 것
② 당해 기업결합보다도 경쟁저해효과가 작은 다른 방법에 의하여 구제되는 것이 불가능할 것
③ 기업결합을 인정하지 않더라도 파탄기업의 자산은 시장에서 퇴출하는 것이 확실할 것

동 가이드라인 제91단락에 의하면, 당사회사는 기업결합 후의 시장경쟁구조가 악화되는 원인이 기업결합으로 인한 것이 아님을 표시하는 데 필요한 모든 관련 정보를 적절한 시기에 준비하도록 하고 있다.[105]

(5) 수요 축소의 고려

가이드라인에서 이에 대하여 명시하고 있는 규정은 존재하지 않는다. 하지만 수요 축소도 기업결합의 심사에서 고려되어야 한다는 견해가 있다.[106]

---

105) Ibid., para.91.
106) NERA エコノミスト.

(6) 효율성의 고려

합병규칙 전문 제29항에는 공동시장에서 경쟁에 관한 기업집중의 영향을 조사하기 위하여, 실질적이고 개연성 있는(substantiated and likely) 효율성에 대하여 관련 기업에 의하여 제시된다면 고려되어야 한다고 언급하고 있다.107) 이와 관련 가이드라인에도 효율성에 관한 항목(제76~88단락)이 존재하지만, 유럽위원회는 이러한 효율성의 고려에 대하여 적극적인 것은 아니라고 한다.108) 각각의 효율성에 대해서는 경쟁의 저해를 감쇄하는 효과(반경쟁성 저해 효과)가 있다고 언급되어 있다. 예를 들면, 소규모의 기업들이 기업결합을 통하여 효율성을 증대시킴으로써 기업결합 후 능력이나 사기를 높여 유력한 경쟁자가 되도록 하는 경우를 들 수 있다. 이처럼 경쟁촉진적인 효율성을 고려하도록 하는 것에 대해서는 가이드라인 제77단락에 기재되어 있다.109)

문제는 경쟁을 저해하는 것으로 밝혀져 위법의 결정이 내려지게 된 기업결합도, 만약 효율성의 상승효과가 경쟁 저해효과를 상쇄할 수 있는 경우라면, 위의 효율성을 언급하면서 정당화 사유로서 기업결합을 인정할 수 있는가이다. 이와 관련된 사건 사례로는 Inco/Falconbridge 사건 사례(2006)110)의 경우 경쟁 당국은 효율성의 항변을 인정하지 않고, 조건부로 승인하였고, Ryanair/Aer Lingus 사건 사례(2007년 6월 27일 금지 결정111))에서는 당사자가 주장한 고정비용의 삭감효과는 높은 시장점유율에 의하여 악영향을 상쇄시키기에는 부족하다고 당국은 판단하였으며, Korsnäs/AD Cartonboard 사건 사례[2006년 12월 5일 합병규칙 제6조 제1항(b)에 의하여 승인112)]에서는 유력한 경쟁자(market leader)의 존재도 있고, 상호 간에 보완적인 기업이 기업결합에 의하여 시너지를 발휘하게 되며, 효율성 향상의 혜택이 소비자에게 균점될 가능성이 높다고 판단하여, 매수를 승인하였다.113) 위의 첫 번째와 두 번째 사례는 정당한 사유로 효율성이 인정되지

---

107) 합병규칙 전문 제29항.
108) "Guidelines on the assessment of horizontal mergers under the Council Regulation on the control of concerntrations between undertakings" *Official Journal C31 of 05. 02. 2004.* paragraph 77; http://eur‑lex.europa.eu/LexUriServ/LexUriServ.do?uri=OJ:C:2004:031:0005:0018:EN:PDF
109) Ibid., para.77.
110) Case COMP/M.4000‑Inco/Falconbridge, 2006/C 20/07; http://eur‑lex.europa.eu/LexUriServ/LexUriServ.do?uri=OJ:C:2006:020:0027:0027:EN:PDF
111) Case No. COMP/M. 4439‑Ryanair/Aer Lingus. Retrieved MGWBh 24, 2010 from http://ec.europa.eu/competition/mergers/cases/decisions/m4439_20070627_20610_en.pdf
112) Case No. COMP/M. 4057‑Korsnäs/Assidomän Cartonboard. Retrieved MGWBh 24, 2010 from http://ec.europa.eu/competition/mergers/cases/decisions/m4057_20060512_20310_en.pdf
113) 위의 주 제63단락에 기계 장비의 폭이 넓고, 생산의 배분을 하기도 쉬우며, 가동시간도 증가하므로 공급량이 증가할 개연성이 인정되었고, 따라서 소비자에게 환원된다고 판단한 취지를 언급하고 있다.

않았다. 하지만 세 번째 사례의 경우에는 효율성에 의하여 소비자의 이익을 향상시키는 효과가 인정되었다. 하지만 유력한 경쟁자가 존재하지 않는 경우에도 효율성을 위하여 기업결합을 승인할 수 있는가에 대해서는 확실하게 언급하고 있지 않다.

다른 한편 GE/Honeywell 사건 사례(2001년 금지 결정)와 Boeing/McDonnell Douglas 사건 사례(1997년 조건부 승인)는 미국과 유럽의 효율성을 파악하는 방법상 차이가 부각되었다. 먼저, GE/Honeywell 사건에서는 효율성의 향상에 경쟁저해효과를 인정하는 유럽의 입장에서 경쟁의 보호가 아닌 경쟁자의 보호라고 강력히 비판하였다 (Padilla, 2004).[114] GE/Honeywell 사건에서 미국은 효율성 향상에 의하여 상품가치가 저하되고, 소비자의 이익과 연결되기 때문에 기업결합을 승인하지만, 유럽위원회는 효율성의 향상에 의하여 단기적으로는 상품가치의 저하가 예상된다 하여도 장래적으로는 경쟁 저해적 행동을 취할 개연성이 높다고 판단하여 기업결합을 금지하였던 것이다.[115]

또한 Boeing/McDonnell Douglas 사건에서는 미국이 맥도널 더글라스사의 민간항공기 부문은 부진한 부문으로 높은 점유율에 의한 경쟁저해효과는 거의 없어 기업결합에 따른 효율성을 개선하기 위하여 기업결합을 승인하였지만, 유럽위원회는 관련 시장에서 지배적 지위가 강화되기 때문에 보잉과 협의를 한 끝에 조건부 승인을 하였다.

이처럼 동일한 사례에 대하여 미국과 유럽위원회의 입장이 차이가 있는데, 유럽위원회의 경우 가이드라인에서 효율성을 인정하기 위한 기준으로 다음을 제시하기 때문이다.

① 효율성에 의하여 소비자의 이익으로 될 것
② 효율성은 기업결합에 특유한 것일 것
③ 효율성의 입증이 가능할 것

합병규칙 제2조 제1항 (b)를 보면, 역동적 효율성(기술혁신·이노베이션)에 대하여 고려하여야 한다고 언급하고 있지만, 구체적으로 어떻게 고려하여야 하는가에 대해서는 아무런 언급을 하고 있지 않다.

다만, 가이드라인 제80단락에는 효율성의 평가에 있어서 생산량을 늘리면 늘어나고 줄

---

114) Pidilla, A. Jorge, The 'Efficiency Offense Doctrine' in European Merger Control, In David S. Evans and A. Jorge Padilla. eds., *Global Competition Policy —Economic Issues and Impact*, Ch. 5, 2004.
115) 越知保見, 앞의 책, 743~744頁.

이면 줄어드는, 즉 생산량의 증감에 따라 변화하는 가변비용 내지 한계비용(variable or marginal costs)의 축소에 따른 비용의 효율성(cost efficiencies)이 생산량과 관계없이 고정적으로 일정하게 들어가는 고정비용에 의한 축소에 의한 비용의 효율성보다 더 적절하다고 언급하였다. 이에 의하면, 가변비용 내지 한계비용에 따른 비용의 효율성을 더 긍정적이라고 유럽위원회는 평가한 것으로 보인다. 나아가, 가이드라인 제80단락 각주 107에 따르면, 생산량과 관계없이 고정적으로 일정하게 들어가는 비용인 고정비용이 낮아지면 적어도 단기적으로는 소비자에게 이익 균점이 될 가능성이 낮아진다고 하더라도, 장기적으로는 불가피한 혁신(innovation) 등을 어떻게 평가할 것인가에 대한 의견이 나누어져 있다.116)

또한 가이드라인 제81단락에서는 연구개발과 혁신(R&D and innovation)의 결과 형성된 새로운 제품이나 서비스 내지 개선된 제품이나 서비스로부터 이익을 증가시킬 가능성이 있으므로, 신제품 개발을 위한 조인트벤처를 설립함으로써 유럽위원회가 고려하는 효율성의 향상이라는 목적을 달성할 가능성이 있다고 언급하고 있다.117)

기타 가이드라인 제84단락에서는 소비자에게 이익을 균점시키기 위하여 시장에 잔존하는 기업이나 잠정적 진입을 하는 기업의 경쟁적 압력(competitive pressure)이 필요하다는 취지의 언급을 하면서, 유럽위원회는 유력한 경쟁자의 존재나 진입의 가능성 등 경쟁조건도 주시하여야 한다고 하였다.118)

(7) 공공이익의 고려

국가연합이라는 성질상, 공공의 이익이라는 의미를 정의하는 것 그 자체는 쉬운 일이라고 할 수 없다. 기업결합 안건이 공동체 규모의 조건을 만족하는 경우라면 위원회가 부탁하는 절차가 진행되지 않는 한, 가맹국의 당국이 심사를 하는 일은 없기 때문에, 가맹국 정부가 산업정책적 관점에서 경쟁정책에 개입하는 것은 불가능하다. 따라서 가맹국의 시장에 있어서 현저하게 경쟁이 저해되는 기업결합 안건에 대하여 심사 권한이 부탁되는 절차는 확보되어 있다고 할 수 있다.119)

---

116) "Guidelines on the assessment of horizontal mergers under the Council Regulation on the control of concerntrations between undertakings" *Official Journal C31 of 05. 02. 2004.* paragraph 80; http://eur-lex.europa.eu/LexUriServ/LexUriServ.do?uri=OJ:C:2004:031:0005:0018:EN:PDF
117) Ibid., para.81.
118) Ibid., para.84.
119) 합병규칙 제4조.

또한 공동체 이외의 기업과의 경쟁력을 확보하기 위하여 기업결합을 인정하는 편이 좋다는 가맹국의 산업정책적 요망을 받아들이는 경우도 있지만, 유럽위원회로서 경쟁법을 엄격하게 따르는 것이 공동체의 이익에 도움이 된다는 입장을 취하고 있다.[120]

4) 경제분석방법의 도입 유무

2003년 Chief Competition Economist(CCE)가 경쟁 총국에 설치되었다.[121] CCE는 산업조직론에서 Ph.D.를 취득한 경제학자 10명으로 구성된다. CCE는 ① 조사 안건팀의 경제학적 지도로 방법론적인 도움을 주고, ② 최고책임자(commissioner)에 대하여 독립된 입장에서 의견을 진술하는 것을 의무로 하고 있다. 특히 CCE는 경쟁 총국 전체의 경제학적 전문성을 끌어올리기 위하여 강의나 세미나를 개최하여 경쟁 총국의 직원의 교육을 할 것, 경제학적인 연구에 대해 스스로 제안을 하고 정보를 교환할 것, 회의나 위원회의 다른 부문에서 경제학적 연구에 공헌한 정보를 교환할 것을 요구하고 있다. 이러한 노력에 의하여, 유럽위원회에 있어서 경제 분석의 엄밀함이 현격히 높아진다는 견해도 있다.[122]

기업결합의 규모가 큰 안건에서 당사회사는 사전상담의 단계에서 경제학자의 도움을 필요로 한다. 안건의 규모가 작은 경우에는 경제학자에 의한 경제분석 방법을 도입하는 시점은 매우 늦은 것으로 나타난 반면 복잡한 안건에서는 경쟁 당국도 사전상담의 단계에서 이미 경제학자의 도움을 필요로 하는 것으로 나타났다.[123]

---

120) Kores, Neelíe, *Competitiveness —the common goal of competition and insustrial policies.* Address at the Aspen Institute, Paris, April 18, 2008.
121) Röller, Lars—Hendrik, & Buigues, Pierre A.(2005), The Office of the Chief Competition Economist at the European Commission, Retrieved MGWBh 17, 2010, from http://ec.europa.eu/dgs/competition/officechiefecon_ec.pdf
122) Ibid.
123) NERA エコノミスト.

제3장 독일

제1절 기업결합 규제 제도의 개요

1. 규제의 근거 규정 및 목적

1) 규제의 근거 규정

독일에서는 1958년에 시행된 경쟁제한금지법(GWB: Gesetz gegen Wettbewerbsbesc hränkungen)이 경쟁법의 기초가 된다. 동법은 이후 1965년 제1차 개정, 1976년 제2차 개정, 1976년 제3차 개정, 1980년 제4차 개정, 1989년 제5차 개정, 및 1998년 제6차 개정, 2005년 및 2007년 제7차 개정 및 2009년 재8차 개정이 이루어졌다. 이하에서 기업결합 규제와 관련한 중요한 개정 내용을 보면 다음과 같다.

기업결합규칙은 경쟁제한금지법을 제정할 때 의회에서 배척되었으나 1973년 제2차 개정에서 도입되었다. 하지만, 시장지배적 지위의 형성 내지 강화가 예견되는 경우의 기업결합은 금지하였다. 제2차 개정에 있어서 시장점유율과 매상고를 기준으로 하여, 시장지배적 지위의 판단요인 및 시장지배적 지위의 '추정' 규정이 도입되고 차별적 취급의 규정이 포함되었다. 또한 당시 시장점유율의 합계, 전년도의 매상 합계 내지 종업원 합계가 일정 기준을 초과하는 경우 결합 후 즉시 카르텔청에 보고하도록 하는 사후 보고의무가 부과되어 있었으며, 사전신고 제도는 도입되지 않았다.[1]

1980년 제4차 개정에서는 ① 기업결합규제가 강화되었으며, ② 시장지배적 사업자의 남용 감시에 대하여 예시규정을 설치함으로써 규제를 강화하고, ③ 구매력의 남용 규제

---

[1] 泉水文雄, "ドイツにおける競爭政策－1998年の第6次改正とその後"(2001), 2/9頁; http//www2.kobe‐u.ac.jp/~sensui/sensui01.pdf

및 중소기업에 대하여 대기업이 행할 방해 및 차별행위에 대하여 규제를 강화하였다. 위의 ③은 경쟁제한금지법이 중소기업의 보호를 경쟁정책의 목적에 포함시키고 있다는 점이 중요하다.2) 또한 그 동안 배제되어 왔던 사전신고 제도가 도입됨으로써, 일정한 기준을 만족하는 기업결합은 의무적 사전심사의 대상이 되었다[구 GWB §24a(1)]. 연방 카르텔청(bundeskartellamt)은 이러한 신고를 수리한 후 1개월 이내 심사 개시를 통지하고, 신고 후 4개월간 심사를 하게 된다. 설령 이 기간이 경과한 후라도 기업결합이 금지되는 것은 아니다.3) 일정한 기준 요건을 만족하지 못하는 경우라도 사후신고를 하면 된다. 하지만 사후신고를 한 경우 연방 카르텔청은 신고를 수리한 후 1년간 기업결합의 금지를 명할 가능성이 있다. 따라서 이러한 기준 요건을 만족하지 못한 경우라도 금지 조치를 피하기 위하여 사후신고보다는 사전에 임의 신고를 할 수 있는 기회를 보장해 주고 있다.4)

1998년 제6차 개정에서는 경쟁제한금지법을 근본적으로 개정(1999.1.1. 시행)하였다.5) 동법의 기본적 구성은 총 6장 제131개 조문으로 구성되어 있다. 이 중 제1장이 독점금지에 관한 실체법적 내용으로 되어 있다. 제1장은 모두 8개 절로 구성되어 있으며, 제1절에 카르텔 합의와 사업자단체의 결의 및 동조적 행위, 제2절에 시장지배력과 남용행위, 제3절에 유럽경쟁법의 적용에 관한 사항, 제4절에 경쟁규칙, 제5절에 일정한 경제 분야에 대한 특별 규정, 제6절에 카르텔 당국의 권한과 제재, 제7절에 기업결합규제, 제8절에 독점위원회에 대하여 규정하고 있다.6)

이러한 개정의 주요 내용으로는 ① 경쟁원리의 강화, ② EC 경쟁법과의 조화, ③ 규정의 정리·간소화라는 세 가지 목적을 담고 있으며, 경쟁제한금지법의 조문을 전면적으로 재작성하고, 조문 자체도 전부 교체되었다.7) 특히, 제6차 개정에 따라 시장점유율을 기준으로 한 '시장지배적 지위의 추정'이 규정되어 현행법에서도 적용되고 있다.8)

---

2) 위의 글.

3) 泉水文雄, 앞의 글.

4) 제5차 개정에서는 ① 방해 및 차별규제, 대규모 소매업자에 대한 규제를 강화하고, ② 적용제외 분야, 특히, 금융·보험업의 경쟁원리의 광범위한 도입을 도모하고, ③ 기업결합규제의 내용을 약간 수정하였다(泉水文雄, 앞의 글, 2/9 – 3/9頁).

5) Rainer Bechtold, Das neue Kartellgesetz, NJW 1998, Heft 38, S.2769fl 권오승, 『경제법』(박영사, 2011), 110쪽.

6) 권오승, 앞의 책, 111쪽.

7) 泉水文雄, 앞의 글, 3/9頁.

8) GWB §19(Missbrauch einer marktbeherrschenden stellung)(3); http://www.gesetze – im – internet.de/bundesrecht/gwb/gesamt.pdf

☞ **GWB 제19조 제3항(시장지배적 지위의 추정: 일반 독점과점 추정)**

단독의 기업이 3분의 1 이상의 시장점유율을 가지고 있는 경우에는 그 기업은 시장지배적 지위를 가지고 있는 것으로 추정된다. 또한 복수의 기업이 다음 중 어떤 것에 속하는 경우에는 전체로서 시장지배적 지위가 있는 것으로 추정된다.
　(1) 3 이하의 기업들의 합계의 시장점유율이 2분의 1에 달하는 경우
　(2) 5 이하의 기업들의 합계의 시장점유율이 3분의 2에 달하는 경우

2007년 제7차 개정에 있어서는 기업결합 심사 절차에 관련한 위반행위를 포함하여 다수의 경쟁법 위반에 대하여 연방 카르텔청이 전 세계 매상고의 10%까지의 벌금을 부과할 수 있는 것을 그 내용으로 하고 있다. 가장 최근의 개정인 2009년 3월의 개정에 있어서는 국내의 매상고 기준이 개정되었다.

2) 근거법의 목적[9]

근거법인 GWB의 목적에 대해서는 많은 논의가 있다. 판례법이나 연구 문헌 모두 주요한 목적은 '경쟁의 자유'이나, 경쟁의 자유를 유지하기 위해서는 '소비자 이익의 보호'가 필수적으로 이를 2차적 작용이라고 하는 경우가 많다. 그러나 GWB 제20조에 규정되어 있는 많은 금지사항은 사회 후생이나 소비자의 이익 중의 어떤 것에도 직결되지 않고, 중소기업의 보호를 요구하는 것에 더 중점을 두는 것으로 보인다.[10]

2. 집행기관 및 사법기관

경쟁제한금지법의 시행기관은 연방 카르텔청(bundeskartellamt), 주의 상급관청(oberste Landesbehörde) 및 연방경제기술부(Der Bundesminister für Wirtschaft und Technologie) 3개 기관이다. 이 외에도 경제력집중의 상황을 조사하는 기관으로 독점위원회(Die Monopolkommission)가 있다.

---

9) Antitrust Encyclopedia, http://www.concurrence.com/r_pays.php3?liste_pay=11
10) 구체적인 내용은 http://www.gesetze-im-internet.de/bundesrecht/gwb/gesamt.pdf을 참조.

1) 연방 카르텔청

(1) 연방 카르텔청의 개요

연방 카르텔청은 연방경제기술부 장관의 소관에 속하는 독립의 연방상급관청으로 본(Bonn)에서 설치되어 있다.

연방 카르텔청은 경쟁제한금지법의 위반 사안 중 경쟁제한의 영향이나 효과가 한 개의 주를 초과하는 사안을 소관하고, 이 외의 사안은 주의 카르텔청의 소관으로 되어 있지만, 기업결합 규제, 우편 서비스 및 텔레콤에 대한 동법의 적용 등에 대해서는 연방 카르텔청 전속관할 사항이다. 동청은 위반행위가 존재하는 때에는 스스로 심사를 하고, 금지처분을 명할 권한을 갖는다. 이러한 금지처분에 불복하는 자는 뒤셀도르프 고등법원(연방 카르텔청이 본으로 이전하기 전에는 베를린 고등법원)에 제소할 수 있다.

연방 카르텔청의 결정은 결정부에 있어서 심리장과 심리관 2명에 의하여 행한다. 결정부는 현재 11개 부이고, 각 결정부는 심리장 1명과 심리관 5명 내지 7명으로 구성되고 사무를 보조하는 직원이 6명 내지 7명이 있다. 심리장 및 심리관은 법관 내지 고등행정관의 자격을 갖는 자로 되어 있다. 직원 수는 약 280명이다.

(2) 연방 카르텔청의 정보수집권한

연방 카르텔청은 행정절차에 따라서 다음의 권한이 부여되어 있다. 즉 ① 관계인을 포함한 증인의 심문(GWB 제57조), ② 설명요구 및 자료 제출 요구(GWB 제59조 제1항 제1호), ③ 입문·열람·검사(GWB 제59조 제1항 제2호), ④ 경제 단체 및 직업단체에 대한 정관, 결의 등에 대하여 설명요구(GWB 제59조 제1항 제3호), ⑤ 수색(GWB 제59조 제4항), ⑥ 압수(GWB 제58조)에 대한 권한이 부여되어 있다.

이와 관련 연방 카르텔청은 증인 및 감정인을 소환할 수도 있다(형사소송법 제161a조). 만약 연방 카르텔청이 증인 및 감정인을 소환하는 경우 증인 및 감정인은 출두하여야 하고, 관련 사실에 대하여 공술하고, 또한 감정을 받을 의무가 있다. 진실한 공술을 얻기 위하여보다 강력한 수단으로 법관에 의한 수사가 진행될 수도 있다. 연방 카르텔청은 법관에 의한 증인의 심문에 간이 출석하여 행한 증인 심문에 대한 위증행위를 한 경우에는 벌칙(5년 이하의 자유형)을 부여하게 된다(형법 제153조).

또한 연방 카르텔청은 피의자를 소환할 수도 있다(형사소송법 제163a조 제3항). 연방 카르텔청은 사업소나 임원 사택 등에 출입할 수 있고, 관계서류의 수색과 압수도 가능하다. 그러나 긴급을 요하는 경우를 제외하고, 사전에 간이법원의 법관의 결정을 얻어야 한다(형사소송법 제98조, 제105조).

마지막으로 검사를 할 때에는 관계 기관에 사전 고지를 하여야 한다. 다만, 검사는 검사관이 직접 잠금된 기물이나 책상, 서랍 등을 열거나 검사를 하는 것은 아니고, 필요한 서류를 상대방에게 제출시켜 그 서류를 검사하게 된다.

2) 연방경제기술부

연방경제기술부장관은 기업결합의 허가(GWB 제42조)의 권한을 갖는다. 만약 연방 카르텔청이 기업결합을 금지하였는데, 연방경제기술부가 이에 대하여 허가를 할 수도 있다. 이러한 경우에는 당해 안건에 대하여 독점위원회에 의견을 요구하여야 한다.[11] 연방경제기술부장관은 경쟁제한금지법의 운용에 대하여 일반적인 지시를 연방 카르텔청에 대하여 행할 수 있다. 이 지시는 관보에 공고되고, 연방카르텔청이 공표하는 연차보고에도 기재된다.[12] 연방경제기술부에서의 경쟁정책 담당조직은 제1국 B1(카르텔 문제 담당) 및 B2(규제완화 담당)이다.

3) 각 주의 상급관청

주의 상급관청(oberste Landesbehörde)은 연방 카르텔청 및 연방경제기술부장관이 관할하지 않는 사안에 대한 권한을 가지고 있다.[13] 주의 상급관청은 연방 카르텔청과 사이에 절차의 개시 및 조사의 실시에 대한 상호 간에 통지를 할 의무가 있으며, 관할에 따라서 상호 간에 사안을 이관하는 것으로 되어 있다.[14]

---

11) GWB §42(4).
12) GWB §53 Absatz1 Satz 3.
13) GWB §48 Absatz 2 Satz 2.
14) GWB §49 Absatz 2.

4) 법원

경쟁제한금지법의 계쟁문제와 관련하여 제1심은 주의 지방법원이며, 주의 카르텔청의 처분에 대한 소송의 제1심은 각 주의 카르텔청의 소재지를 관할하는 주의 고등법원이며, 연방 카르텔청의 처분에 대한 소송은 모두 뒤셀도르프 고등법원에서 관할한다. 마지막으로 경쟁제한금지법의 유일한 상고심은 연방최고법원이라고 할 수 있다.

만약 법원이 연방 카르텔청의 승인 판단에 대한 합법성에 심각한 의문이 제기되는 경우에는 당사회사의 기업결합이 완료되는 것을 방지하기 위하여 잠정적 조치를 명하는 것도 가능하다. 법원이 판단을 내릴 때까지는 통상 1년에서 3년이란 시간이 걸린다.

5) 독점위원회

독점위원회는 행정처분권을 갖고 있지 않지만, 경제력집중의 상황 등을 조사하기 위하여 1973년 경쟁제한금지법 제2차 개정에서 기업결합규제 제도의 도입과 함께 설립되었다. 독점위원회는 경제, 경영, 사회정책, 과학기술 또는 경제법의 지식·경험을 가지고 있는 5명의 위원으로 구성되고, 위원장은 위원 중 호선된다. 위원(임기 4년)은 연방정부의 추천으로 연방대통령이 임명한다.

독점위원회의 역할은 정치적인 판단 내지 논의의 대상이 되기 쉬운 기업집중의 문제에 대하여 가능한 한 객관적인 기초 자료를 준비하는 데 있다. 구체적으로는 기업집중의 상황, 시장지배적 사업자의 남용행위 규제 및 기업결합 규제의 운용에 대하여 정기적으로 조사를 행할 보고서를 작성한다.

독점위원회가 작성한 보고서는 2년마다 제출하는 정기보고서와 적당하다고 인정되는 경우에 제출되는 특별보고서가 있다. 이러한 보고서는 연방 정부에 제출된다. 정기보고서에 대해서는 연방 정부는 지체 없이 의회에 송부하는 것과 함께 상당한 기간 내에 당해 보고서에 대한 견해를 의회에 대하여 표명하여야 한다.[15] 사무직원 수는 약 15명이다.

---

15) GWB §44.

3. 심사 절차

1) 신고가 필요한 기준

독일에서는 GWB 제37조 제1항 제3호에 규제의 대상이 되는 기업결합을 다음과 같이 정의하고 있다.[16)]

☞ **GWB 제37조(기업결합, Zusammenschluss) 제1항**

① 기업결합은 다음의 경우에 발생한다.

㉠ 다른 기업의 자산의 전부 내지는 본질적 부분(ganz oder zu wesentlichen Teil) 일부를 취득하는 경우

㉡ 단일 또는 복수의 기업에 의한 단일 또는 복수의 다른 기업의 전부 또는 일부에 대하여 직접적 또는 간접적 지배의 취득. 또한 지배권(Kontrolle)은 이른바 사업·법적 환경을 고려한 이후, 어떤 기업에 대하여 결정적 영향력을 행사할 수 있는 능력, 구체적으로는 특히, a) 당해 기업의 자산의 전부 내지 일부의 소유권 내지 이용권(Eigentums oder Nutzungsrechte)을 통하거나 또는 b) 당해 기업의 이사회의 구성, 의결, 의사결정에 결정적 영향력을 미치는 것이 가능한 권리나 계약(Rechte oder Verträge)을 통하여 행사할 수 있는 능력을 가져오는 것으로, 권리·계약·기타 수단으로 형성되는 것이다.

㉢ 다른 기업의 지분 취득(Erwerb von Anteilen)에 있어서, 당해 지분 취득에 의하거나 또는 이미 그 기업에 속한 지분과 합하여 다른 기업의 자본 또는 의결권의 50% 또는 25%에 달하는 경우

보유지분을 산출할 때에는 당사자가 보유하고 있는 지분뿐만 아니라 타인이 당사자의 계좌에 보유하고 있는 지분도 포함하여야 한다. 또한 만약 기업이 1인의 소유자가 100% 소유하고 있는 경우에는 그 자가 가지고 있는 다른 지분도 포함하여야 한다. 만일 복수의 기업이 위와 같이 다른 기업의 지분을 동시에 또는 연속하여 취득한 경우에는 당해 기업이 활동하고 있는 시장에 있어서 집중화가 발생한 것으로 본다.

---

16) GWB §37 absatz 1.

㉣ 단일 또는 복수의 기업이 직접적 또는 간접적으로 다른 기업에 대하여 경쟁상 중요한 영향(wettbewerblich erheblichen Einfluss)을 미칠 수 있는 그 밖의 경우

위에서 살펴본 바와 같이 독일의 경우에는 기본적으로 지분의 25%를 초과하거나, 50%를 초과하는 지분을 취득하는 경우를 기업결합으로 보고, 의결권 보유율의 기준이 된다. 다만, EC 경쟁법상의 개념을 도입하여, 제2항에 '지배권의 취득'이라는 항목을 도입하고 있는데, 이것은 보다 추상적인 개념으로 반드시 의결권 보유율에 좌우되는 것은 아니다. 다른 기업에 대하여 '결정적 영향력'을 행사하게 되면, 그것을 가지고 기업결합이 성립되는 것으로 본다. 현재 독일의 기업결합 규제의 적용기준, 신청의무 기준은 GWB 제35조에 의한다.[17]

집중화 규제의 적용 범위

☞ GWB 제35조(기업결합규제의 적용범위, Geltungsbereich der Zusammenschlusskontrolle)

제1항

기업결합 전의 최종 사업연도에 있어서 참가 기업이 전 세계에 있어서 연간 매상고의 합계가 5억 유로를 초과하거나 또는 적어도 1사의 독일 국내에서의 매상고가 2,500만 유로를 초과하여서, 일방은 500만 유로를 초과하는 경우에 집중화 규제가 적용된다.

제2항

전항의 규정은 (1) 최종 사업연도의 전 세계에 있어서 매상고가 1,000만 유로 미만인 기업이 다른 기업과 결합하는 경우 또는 (2) 적어도 과거 5년간에 걸쳐 상품이나 서비스를 제공하고 또한 최종 회계연도에 있어서 1,500만 유로 미만의 매상 규모의 시장인 경우에는 적용되지 않는다.

출판·신문·잡지업계의 경쟁을 제한하는 기업결합의 경우에는 제2항의 (2)만이 적용된다.

---

17) GWB §35.

제3항

> 본 법의 규정은 유럽위원회가 2004년 1월 20일 이사회 규제 Nr.139/2004에 의하여 배타적 관할권을 갖는 경우에는 적용되지 않는다.

매상고를 계산하는 경우에는 다음과 같이 기업 그룹 전체를 1개로 간주한다.[18]

> GWB 제36조 제2항의 범위 내에서 다음의 기업은 관련회사로 보고, 이것을 포함하여 하나의 기업으로 간주하게 된다.
> - 주식회사법(Aktiengesetz) 제17조에서 규정하고 있는 '피지배기업 및 지배기업(controlled and controlling companies)' 및 주식회사법 제18조에서 규정하는 '그룹기업(Konzernunternehmen)'
> - 관련 기업에 의하여 단독 내지 공동으로 지배하에 두고 있는 기업으로, 관련 기업에 대하여 결정적 영향력을 행사하는 것이 가능하고 또한 역으로도 가능한 기업
>
> 만약 어떤 기업이 다른 기업의 지분을 50%를 보유하고 있는 경우에는 연방 카르텔청은 통상 그 기업은 다른 기업에 대하여 단독으로 또는 공동으로 결정적 영향력(decisive influence)을 미치는 것으로 추정한다(assumes).

2) 심사절차

연방 카르텔청의 기업결합 심사는 예비심사와 주요 심사의 2단계로 되어 있다.[19]

---

18) Bundeskartellamt, "Information leaflet on the German control of concentration", 2005.7, pp.12~13; http://www.bundeskartellamt.de/wDeutsch/download/pdf/Merkblaetter/Merkblaetter_englisch/06Merkblattzur DeutschenFusionskontrolle_e.pdf
19) 株式會社　日本綜合研究所,『主要國における合倂等に關する獨禁法上の屆出制度に關する調査報告書』(2008) 참조

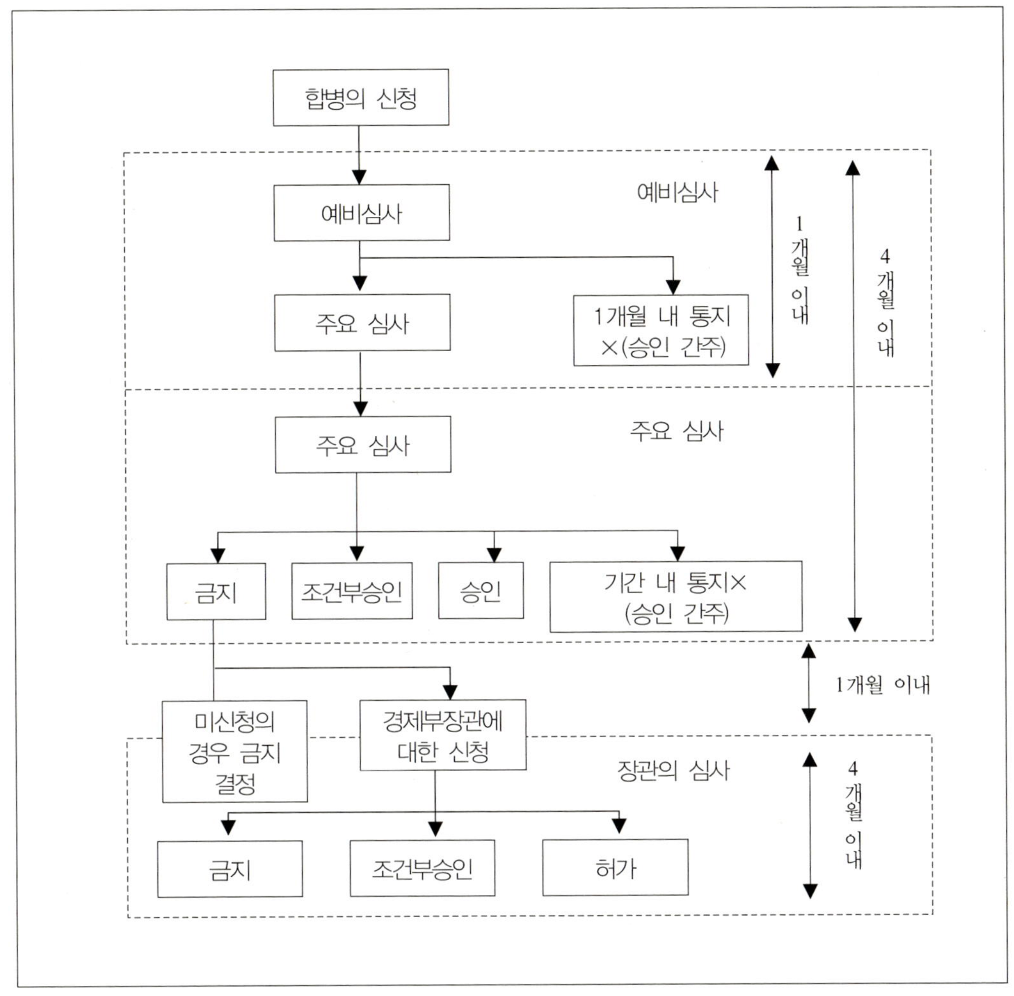

    연방 카르텔청은 신고를 수리한 후 1개월 이내에 주요 심사를 행할 것인지를 통지한다. 만약 이를 통지하지 않으면 기업결합이 승인된 것으로 본다. 연방 카르텔청은 신고를 수리한 후 4개월 이내는 기업결합을 금지할 수도 있다. 만약 승인을 통지하거나 4개월이 지나도록 승인 여부를 통지하지 않는다면 그 경우에는 기업결합을 승인한 것으로 본다. 또한 신고대상이 되는 기업결합은 다음의 경우 이전에 실시되는 것은 금지된다.[20][21]

---

20) 본 규정에 위반하여 기업결합을 하는 것은 위법이다(GWB 제81조 제2항 제1호). 또한 본 금지 규정에 위반하는 법적 처리도 무효이다(GWB 제41조 제1항 제2문). 다만, 연방 카르텔청은 신청을 받아 당사자가 중대한 사유에 대한 주장을 하는 경우에는, 특히 당사자나 제3자에 대하여 심각한 손해를 회피하기 위하여, 기업결합 실시규정의 면제를 허가할 수 있다(GWB 제41조 제2항). 당해 면제는 신청 전에 부여되는 경우도 있으나, 조건부로 부여되는 경우도 있다.

- 연방 카르텔청이 세부적인 심사를 개시하지 않고, 또한 GWB 제40조 제1항 제1문
  에 정해진 심사를 1개월 내에 종료할 때
- GWB 제40조 제2항 제2문에 정해진 4개월의 심사기간이 종료될 때
- 연방카르텔청이 당해 기업결합을 승인할 때

연방카르텔청은 신청을 정식으로 수리를 하면, 주요 심사를 행할 것인지를 결정하고, 행할 경우에는 1개월 이내에 당사자에 대하여 이 사실을 통지를 하여야 한다(GWB 제40조 제1항). 만약 이러한 통지를 1개월 이내에 하지 않는 경우에는 승인으로 간주되어 '금지'의 결정을 내릴 수 없다. 물론 연방카르텔청은 기업결합에 대한 신고를 한 기업 측의 동의를 얻어 주요 심사 절차의 기간을 연장할 수 있고(제40조 제2항 제1호), 이러한 연장기간에 대해서는 법적인 상한은 정하고 있지 않다.[22] 주요 심사를 한 결과 연방 카르텔청은 다음과 같은 결정을 내릴 수 있다.

- 승인(제40조 제2항)
- 조건부 승인(제40조 제3항)
- 금지(제40조 제2항)

위의 어떠한 경우에도 결정이 내려졌을 경우에는 그날 중에 지체 없이 당사자에게 통지하여야 한다. 다만, 정식 신청을 수리한 후 4개월 이내에 어떠한 결정도 내리지 않는 경우에는 승인한 것으로 간주된다(제40조 제2항). 나아가, 조건이나 의무를 부여하여 승인을 할 수도 있다(제40조 제3항). 이러한 경우에는 조건이나 의무를 만족할 때가지 당사자의 행위를 계속적으로 통제할 수 있다.

또한 독일에 있어서는 미국의 조기종결제도(early termination)나 EU의 간소화 절차제도(simplified procedure)와 마찬가지로, GWB 제41조 제2항의 규정을 기초로 하여, 당사자가 당사자 자신이나 제3자에 대하여 심각한 손해가 발생하는 것을 회피하고 있다고

---

21) GWB 36조 제1항에서 정한 안건에 합치하고, 지배적 지위를 형성 내지 강화함으로써 경쟁 환경의 개선의 정도가 지배적 지위에 의한 손해를 상회하지 않도록 하여 금지되는 집중화가 이미 실시된 경우에는 당해 집중화는 해소되지 않으면 안 된다. 연방 카르텔청은 당해 집중화의 해소를 위하여 필요한 조치를 명할 수 있다. 또한 이전의 상황과는 별도로 다른 방법에 의하여 경쟁제한을 규제할 수도 있다(제41조 제3항).

22) ICN, 『Merger Notification and Procedures Template: Germany』(2009.5.15), p.9;
http://www.bundeskartellamt.de/wEnglisch/download/pdf/Merkblaetter/090515_Template.pdf

주장하면서 기업결합 금지기간의 면제를 요청한 경우에는, 연방 카르텔청은 그 기간의 면제를 해 줄 수 있는 권한이 부여되어 있다. 따라서 투자 펀드 등이 이 면제의 요청을 할 수 있다고 본다. 이 외에도 연방 카르텔청이 금지를 하였다고 하더라도 당사자의 신청을 수리하여 연방경제기술부장관이 승인할 수 있는 제도도 있다.

3) 신고의 시기 등

독일은 기업결합(Zusammenschlüsse)은 그 실행을 하기 전에 신청을 하도록 하고 있으나,[23] 그 시기에 대해서는 아무런 규정도 두고 있지 않다. 신청과 관련하여 주식 등의 취득의 경우에는 취득주식 수와 총 주식 수도 신청하여야 한다.[24] 또한 다른 계약에 의하여 기업결합을 하는 경우에는 동 계약의 등본 내지 복사본(certified copies or photocopies)을 동봉하는 것이 적절하다고 한다.[25] 물론 이것도 명확성을 확보하기 위하여 신청을 하는 것으로 보인다. 뿐만 아니라 당사자가 실제로 기업결합을 한 이후에도 연방 카르텔청에 지체 없이 신고를 하여야 한다.[26]

4) 비밀정보에 관한 당국의 관리

연방 카르텔청은 기업결합 심사에서 수집한 기업비밀 등 기밀정보에 대하여 정보를 제공한 기업의 동의를 얻지 않고서는 유럽위원회 등 해외 경쟁 당국에 제공하여서는 안 된다고 규정하고 있다.[27]

4. 문제해결 방법

경쟁 당국은 주요한 심사를 한 후의 판단에 따라 기업결합에 조건이나 의무를 부가하고, 그에 대한 구조적 조치를 수립하도록 요구할 수 있다. 이와 관련 경쟁 당국은 위의

---

23) GWB §39(Anmelde und Anzeigepflicht) Absatz 1.
24) GWB §39 Absatz 3(5).
25) Bundeskartellamt, Information Leaflet on the German control of concentration, 2005.7, p.9; http://www.bundeskartellamt.de/wDeutsch/download/pdf/Merkblaetter/Merkblaetter_englisch/06Merkblattzur DeutschenFusionskontrolle_e.pdf
26) GWB §3 Absatz 6.
27) GWB §50b(Sonstige Zusammenarbeit mit ausländischen Wettbewerbsbehörden) Absatz 2.

판단을 하기 전 구조적 조치를 제안할 수도 있다.

그러나 일반적으로는 문제해결 방법으로 사업 분할을 하는 경우가 많다. 분할된 사업이 존속하는가 및 적절히 매각할 수 있는 곳이 있는가에 대하여 불확실한 경우 또는 문제해결의 방법이 안건의 중요한 부분에 관한 것일 경우 경쟁 당국은 기업결합을 하기 전이라도 매각할 수 있도록 요구할 수도 있다. 매각은 통상 6개월 이내에 이루어져야 하고, 수탁자(trustee)는 매각처의 선정에 어느 정도의 시간이 필요하다고 판단하는 경우 기간의 연장을 요구할 수 있는데, 이 경우 6개월의 기간이 연장된다. 또한 당사회사는 매각 사업의 보전을 감시하기 위하여, 감시 담당 수탁자를 임명하여야 한다. 만약 매각 담당 수탁자[28]가 정해진 기간 내에 매각처를 선정하지 못하는 경우에는 그를 대신하여 매각처를 선정할 책무를 부담한다.

이 외에도 법률상 문제해결 방법으로 예비심사에서도 제안할 수 있는지에 대하여 정해진 것은 없으나, 주요 심사에서도 언제까지 제안을 하여야 한다는 규정도 없으므로 연방 카르텔청은 그들의 우려가 명확해지기 전에 가능한 한 신속히 문제해결 방법을 제안하기를 바라고 있다.

5. 대외적인 정보공시

법적으로 정해져 있지는 않지만, 기업결합을 신청하였다면 연방 카르텔청의 웹사이트에서 기업명이 공시된다. 다만, 공시되었다고 하더라도 그것이 완전한 신청서를 수령하였다는 것을 의미하는 것은 아니라고 한다.

또한 연방 카르텔청이 주요 심사를 개시할 때에도 연방 관보 내지는 연방 관보의 전자판에 지체 없이 이를 공시하도록 되어 있다. 만약 연방 카르텔청이 주요 심사에 따라 승인이나 금지의 결정을 내릴 경우나, 승인 결정을 철회 내지 파기한 경우, 특히 기업결합의 해제 명령을 내릴 경우에는 전부 연방 관보 내지 그 전자판에 공시를 하여야 한다.[29]

---

28) 문헌상 감시를 행하는 수탁자와 매각 담당의 수탁자가 각각 언급되고 있지만, 동일한 수탁자가 쌍방의 역할을 담당하는 것인지, 각각의 업무를 별개의 수탁자가 담당하는 것인가는 불분명하다고 한다.
29) GWB §43(Bekanntmachungen).

☞ GWB 제43조(공시, Bekanntmachungen)

제1항

연방 카르텔청이 제40조 제1항 제1문에 따라 주요 심사를 개시한 경우 및 주무장관의 허가 신청을 수리한 경우에는 지체 없이 관보 내지 관보의 전자판에 공시를 하여야 한다.

제2항

다음의 사항에 대해서는 관보 내지 관보의 전자판에 공시하여야 한다.
① 제40조 제2항에 의하여 연방 카르텔청이 내린 결정
② 주무 장관에 의한 허가, 금지, 변경
③ 연방 카르텔청에 의한 승인 또는 주무장관의 허가의 철회
④ 제41조 제3항 내지 제4항에 의하여 연방 카르텔청의 기업결합의 해체 기타의 결정

제3항

전 1항, 2항에 의한 공시에는 제39조 제3항의 1(기업명과 소재지), 2(사업 내용)가 포함된다.

연방 카르텔청의 웹사이트에 의하면, 세부적인 심사의 결과, 정식 결정이 내려진 경우에는 결정서의 공개판이 인터넷상에 공시된다. 완료된 기업결합에 대해서는 관보에만 공시된다.

6. 연방경제기술부장관의 허가

개별 사건 사례에 관하여, 기업결합에 의하여 경제 전체에 초래되는 이익이 경쟁제한보다도 큰 경우 또는 기업결합이 명백하게 공공의 이익에 의하여 정당화될 수 있는 경우, 연방경제기술부장관은 금지된 기업결합을 허가할 수 있다. 이 경우 동 법률의 적용영역 외에 존재하는 시장에서 참가사업자의 경쟁력을 고려하여야 한다. 경제기술부장관은 경쟁제한의 정도가 시장경제질서를 위협하는 경우가 아닌 한, 기업결합을 허가하게

된다.30) 물론 이러한 허가 결정은 당사회사에 제한 및 조건을 부과하여 내려지는 경우도 있다. 다만, 참가당사자의 행동을 장기적으로 규제해서는 안 된다. 또한 본 조에 따른 허가에 대하여 참가당사자가 부여된 조건을 위반하거나 또는 허위의 신청을 하는 경우에는 그 허가는 철회될 수 있다.31) 어떠한 형태의 허가 결정이 내려질 것인가는 연방경제기술부장관의 재량 사항이나, 결정은 사법심사의 대상이 된다. 또한 결정을 내리기 위해서는 복잡한 절차를 거쳐야만 한다.

만약 당사자가 연방경제기술부장관으로부터 금지의 통지를 받은 경우에는 그 통지를 받은 날로부터 1개월 이내에 연방경제기술부장관에게 서면으로 신청을 하여야 한다.32) 이러한 신청이 있으면 연방경제기술부장관은 신청을 받은 날로부터 4개월 이내에 결정을 내려야 한다. 다만, 이 기간 동안 독점위원회(Monopolkommission)는 허가와 관련하여 공청회를 개최하고 여론을 수렴하여야 한다.33) 또한 당사자의 관할구역 내에 있는 주의 경쟁 당국은 위의 결정과 관련하여 입장을 표명할 기회(Gelegenheit zur Stellungnahme)를 제공하여야 한다.34) 나아가, 연방경제기술부장관은 위의 인가, 금지, 변경의 명령을 내렸을 경우에는 그에 대하여 연방 관보 내지 그 전자판(Bundesanzeiger oder im elektronischen Bundesanzeiger)에 공시하여야 한다.35)

미국의 경우 1973년 이후 21건의 신청이 있었는데, 이 중 3건은 무조건부로 허가되고, 5건은 조건부로 허가되었다. 최근 들어 특히 허가의 시비 대상이 되고 있는 것은 2002년 E.ON AG에 의한 Ruhrgas AG의 주식취득의 사례와 2008년 4월 Greiswald 대학병원에 의한 Wolgast 지구병원 매수 사례 등을 들 수 있다.

1) E. ON AG에 의한 Ruhrgas의 주식취득의 사건 사례36)

E. ON은 독일 뒤셀도르프에 본사를 두고 있는 전력·가스 등을 공급하는 유럽 유수의 대형에너지 회사이다.37) 반면 Ruhrgas AG는 에센에 거점을 둔 가스 공급회사이다.

---

30) GWB §42(Ministererlaubnis) Absatz 1.
31) GWB §42 Absatz 2.
32) GWB §42 Absatz 3.
33) Getting the Deal Through, Merger Control 2010, p.150.
34) GWB §42 Absztz 4.
35) GWB §43(Bekanntmachungen) Absztz 2.
36) the Monopolkommission, "Summary Competition Policy under Shadow of 『National Champion』" The Fifteenth Biennial Report 2002/2003, pp.591~592 no.70;http://www.monopolkommission.de/haupt_15/sum_h15_en.pdf

2001년 11월 E. ON은 (주)Ruhrgas의 주식취득과 관련하여 연방 카르텔청에 신청을 하였는데, 2002년 2월 연방 카르텔청은 E. On은 (주)Ruhrgas의 주식취득을 금지한다고 하는 결정을 내렸다. Ruhrgas는 독일 동부 지역에 있어서 최대 가스 공급회사 VNG의 주식을 보유하고 있고, E. On이 (주)Ruhrgas를 매수함으로써 (주)Ruhrgas가 공급을 하고 있는 지역의 전기 및 가스 시장에서 E. ON의 시장에 대한 지배적 지위가 높아졌다고 하는 것이 그 이유였다.[38]

이에 대하여 당사회사는 연방경제기술부장관에게 제2차의 허가 신청을 하였고, 연방경제기술부장관은 2002년 7월 조건부의 허가 결정을 내렸다. 연방경제기술부장관이 내린 허가 결정의 근거로는 E. ON에 의한 (주)Rhurgas의 매수는 (주)Ruhrgas의 국제경쟁력을 높였다는 점을 들고 있다. 나아가, E. On이 (주)Ruhrgas를 매수함에 의하여, 특히 러시아로부터 낮은 가격의 가스를 장기간 공급하게 되어 안정적인 에너지의 공급을 가능하게 되었다는 점을 들고 있다. 하지만 독점위원회는 첫 번째, 두 번째 허가의 판단에 있어서 조건부라 하더라도 허가를 해 주어서는 안 된다고 주장하였다.

제3자는 이 허가에 반대하면서 뒤셀도르프 고등법원(항소법원)에 이의신청을 하였는데, 당해 법원은 2002년 12월, 연방경제기술부장관의 결정에 우려를 표명하면서 본건 통합의 실행을 일시 중단시켰다.[39] 이에 연방경제기술부장관은 두 번째 인가판단에 있어서 약간의 조건을 변경하여 재허가를 하였다. 2003년 1월 제3자는 그에 대한 보상으로 당사회사로부터 대폭적인 경제적 양보를 받는 것으로 하여 화해가 성립함으로써 본건 통합을 실행되게 되었던 사건이다.[40]

2) Greifswald 대학병원의 Wolgast 지역병원 매수 사건사례

2006년 12월 연방 카르텔청은 Greifswald 대학병원과 Wolgast 지역병원 간의 기업결

---

37) http://www.eon.com/de/index.jsp
38) "Bundeskartellamt prohibits E. ON's acquisition of majority state in ruhrgas" news release February 28, 2002, p.13. no.51; http://www.oecd.org/dataoecd/34/6/2489057.pdf
39) 당해 법원은 연방경제기술부장관이 부여한 조건에 대하여 사업매각 등의 구조적 조치가 아니라는 점에서 그 합법성에 의심이 든다고 판단하였다.
40) 제3자와 당사회사의 사이에 보상금의 교환을 하는 것으로 결론을 내렸는데, 이후 제3자가 보상금을 취득하는 것을 목적으로 한 기업결합에 대하여 반대하기 시작하였다. 그 이유는 기업결합을 억제하기 위한 것이 아니라는 우려가 제기되었기 때문이다. 결국 이러한 우려는 GWB의 개정으로 이어졌는데, 그 결과 통합이 허가되더라도 제3자의 권리가 침해되고 제3자가 주장하는 경우에는 법원에 신청을 함에 의하여 통합을 일시 중단시키는 효과가 있게 된다.

합을 금지하는 결정을 내렸다. 본건에 대한 결정은 Greifswald 지역의 긴급진료시장과 관련하여 Greifwald 대학병원이 그의 지배적 지위를 강화시킬 수 있다는 점을 그 근거로 하고 있다.

이러한 판단에 대하여, 2007년 5월 Greifwald 대학병원은 뒤셀도르프 고등법원에 항소를 제기함과 더불어 연방경제기술부장관에게 허가의 신청을 하였다.

2008년 4월 연방경제기술부장관은 Greifswald 대학병원의 Wolgast 지역병원 매수를 허가하기로 하였다. 그 근거로 Greifswald 대학병원의 능력 부족을 해소하고, 향후 지속적으로 Greifswald 대학의 의학부와 부속병원을 유지할 수 있으며, Greifswald 대학 의학부에 의한 지역 의료에 중점을 둔 연구 활동을 위해서도 당해 매수가 필요하다는 점 등을 들었다.[41]

이어서 2008년 5월에 뒤셀도르프 고등법원은 Greifswald 대학 의학부의 매상고가 500만 유로를 초과하지 않았다고 판단하고, Greifswald 대학병원의 소를 인정하면서 연방 카르텔청이 내린 금지의 판단을 번복하는 판결을 내린 사건이다.[42]

제2절 기업결합 가이드라인의 개요

독일의 경우 최근까지 기업결합 가이드라인의 전면 개정 작성을 진행하고 있다. 따라서 아직까지 공식적인 가이드라인은 존재하지 않는다.[43] 따라서 독일 경쟁 당국이 어떻게 대처할 것인지에 대해서는 명확하게 판단하기는 어렵다. 다만, 아직까지는 구 가이드라인에 의하여 기업결합의 심사를 한다고 할 수 있다.

---

41) 이 판단에 관해, Greifswald 대학병원의 경합자가 뒤셀도르프 고등법원에 대하여 이의신청을 하였지만, 2008년 9월에 절차상 문제가 있다고 하여 기각되었다.
42) 구체적인 내용은 http://www.monopolkommission.de/sg_53/Sondergutachten_53.pdf를 참조.
43) 연방 카르텔청 웹사이트에도 아직까지 기업결합 가이드라인은 게재되어 있지 않다.

제4장 일본

제1절 기업결합 규제제도

1. 규제의 근거 규정 및 목적

1) 규제의 근거 규정

일본은 1947년에 성립한 사적독점금지및공정거래의확보에관한법률(私的獨占の禁止及び公正取引の確保に關する法律(이하 獨禁法이라 함)이 경쟁 법제의 중심이 되고 있다. 동법은 이후 여러 번의 개정을 하였다. 최근의 개정으로는 2009년, 2011년의 개정이 있었다.

먼저 2009(평성 21)년 6월의 개정[1]에 있어서는 기업결합 규제와 관련하여 국제적 정합성을 도모한다는 취지에서 주식취득에 대한 사전신고제도가 도입되었고, 기업결합 거래에 관련한 신고기준을 전면적으로 재검토하여 신고기준을 종전의 자산 기준으로부터 국내 매상고를 기준으로 통일하였다. 이 외에도 국내 매상고의 합산 범위를 설정하는 것으로 새로운 '기업결합집단'이라는 개념(기업결합집단을 구성하는 자회사 및 모회사 정의 규정의 신설 등을 포함)을 채용하는 등 중요한 변경을 포함하고 있어 기업결합 거래의 실무에 커다란 영향을 미치게 되었다. 구체적으로는 신고기준액의 인상에 따라 신고의무의 대상이 되는 거래의 범위가 완화되는 한편, 신고기준을 국내회사와 외국회사를 구별하여 적용하던 것을 동일한 신고기준이 적용되도록 함으로써 국제적 기업결합 거래에 대

---

1) 2009년 6월 3일 제171회 통상국회에서 私的獨占の禁止及び公正取引の確保に關する法律에 대한 일부 규정은 개정하여, 6월 10일에 공포되었다(Jones Day Commentary 2009.8., 1頁; http://www.jonesday.com/files/Publication/5c8a7ac9－6de5－451f－b531－baa885d000b2/Presentation/PublicationAttachment/4e7f151a－2fe8－42c0－9a37－caf33a839b71/Japanese%20Commentary.pdf).

하여 신고의무의 대상이 되는 기업이 증가하게 되었다. 또한 조합을 통하여 주식취득에 관련한 규정을 신설함으로써 신고의무의 범위도 정비되었다.2)

또한 가장 최근에는 공정거래위원회가 2010(평성 22)년 6월 18일 내각회의에 상정된 '신성장 전략'에 기초하여 기업결합 규제에 관한 검토를 하고, 이 검토를 한 결과에 따라 기업결합 심사의 신속성, 투명성 등 예견 가능성을 더 한층 높이고, 국제적 정합성의 향상을 도모한다는 취지에서, 2011(평성 23)년 3월 4일 기업결합규제(심사절차 및 심사기준)의 재검토에 수반한 공정거래위원회 규칙의 일부 개정 등 원안3)을 공표하고, 공청회 등을 거쳐 2011년 7월 1일부터 시행되었다. 구체적인 내용으로는 ① 기업결합 심사에 있어서 사전상담제도의 폐지, 신고 전 상담제도의 신설, ② 기업결합 심사의 결과 신고 회사에 대한 통지, ③ 기업결합 가이드라인에 있어서 심사기준의 일부 개정 등을 들 수 있다.4)

2) 근거법의 목적

기업결합 규제와 관련한 목적에 대해서는 독금법 제1조에 규정을 두고 있다. 즉 제1조에 의하면, "사적 독점, 부당한 거래 제한 및 불공정한 거래 방법을 금지하고, 사업지배력의 과도한 집중을 방지하고, 결합, 협정 등의 방법에 의하여 생산, 판매, 가격, 기술 등의 부당한 제한 기타 일체의 사업 활동의 부당한 구속을 배제함에 따라, 공정하고 자유로운 경쟁을 촉진하고, 사업자의 창의를 발휘하며, 사업 활동을 활발하게 하여 고용 및 국민의 실질소득의 수준을 높임으로써 일반소비자의 이익을 확보함과 함께 국민경제의 민주적이고 건전한 발달을 촉진하는 것을 목적으로 한다"고 규정하고 있다.

이러한 규정과 관련하여 종래부터 다양한 해석을 하고 있으나, 통설에 의하면 독금법의 목적은 시장에서 공정하고 자유로운 경쟁을 확보하는 데 있다고 한다. 다만, 소비자의 이익과 관련하여 소비자의 이익은 공정하고 자유로운 경쟁을 확보하고 촉진함에 의하여

---

2) 위의 글.
3) 개정 내용으로는 ① 사적 독점의 금지 및 공정거래의 확보에 관한 법률 제9조부터 제16조까지의 규정에 따른 인가의 신청, 보고 및 신고 등에 관한 규칙(1953년 공정거래위원회 규칙 제1호)의 일부 개정, ② 기업결합 심사의 절차에 관한 대응 방침(2011년 6월 14일 공정거래위원회)의 신설, ③ 기업결합 심사에 관한 독점금지법의 운용 지침(2004년 5월 31일 공정거래위원회)의 일부 개정, ④ 기업결합 계획에 관한 사전상담에 대한 대응 방침(2002년 12월 11일 공정거래위원회)의 폐지 등이다 (http://blog.livedoor.jp/kawailawjapan/archives/3577318.html).
4) 中野かおり, "企業結合審査をめぐる最近の動き", 『立法と調査』(參議院事務局企劃調整室, 2011.9.), 79~86頁.

얻을 수 있는 것이 아니라는 주장이 있으나, 최근의 유력한 견해에 의하면, 소비자의 이익은 독금법의 반사적 이익이 아닌 동법의 직접적인 목적이라고 주장하고 있다.[5]

2. 집행기관 및 사법기관

1) 공정거래위원회

공정거래위원회(이하 공정위라고 한다)는 독금법상의 집행기관이다.

(1) 공정거래위원회의 조치 · 명령

기업결합이 위법인 경우, 공정위는 배제조치로서, 사업자에 대하여 주식의 전부 또는 일부의 처분, 사업의 일부의 양도 기타 위반행위를 배제하기 위하여 필요한 조치를 명할 수 있다(독금법 제17조의2). 기업이 결합한 후에도 위법한 기업결합의 위법 상태의 시정을 명할 수 있다.[6] 또한 신고의무는 없지만, 경쟁제한을 할 우려가 있는 기업결합을 하는 경우, 공정위는 동경 고등법원에 기업결합의 정지(긴급정지명령, 독금법 제70조의13)를 구하는 소를 제기할 수 있다.[7] 나아가, 공정위는 합병 내지 분할에 관해서는 무효의 소를 제기할 수 있도록 하였다(독금법 제18조).

(2) 경쟁 당국의 정보수집권한

공정위의 서류나 정보의 제출 청구 및 종업원에 대한 질문은 임의의 협력사항으로 당사자에게 협력하여 줄 것을 요구할 수 있다. 만약 이러한 요구에 대하여 허위의 보고를 하는 경우에는 200만 엔 이하의 벌금이 부과된다(독금법 제91조의2). 또한 공정위는 동 법률의 규정에 위반한 사실이 있다고 판단할 경우에는 누구에게든지 그 사실을 보고하고, 적당한 조치를 취할 것을 요구할 수 있으며, 이러한 보고가 있는 때에는 사건에 대하여

---

5) 金井貴嗣 · 川濱昇 · 泉水文雄, 『獨占禁止法』(弘文堂, 2004), 5~6頁.
6) 越知保見, 『日米歐獨占禁止法』(商事法務, 2006), 809~810頁.
7) 독금법 제70조의13은 "법원은 긴급한 필요가 있다고 인정되는 때에는 공정위의 신청에 따라…… 위반행위를 한 자에 대하여 당해 행위, 의결권의 행사 또는 회사의 임원의 업무의 집행을 일시 정지할 것을 명하거나 또는 그 명령을 취소, 변경할 수 있다"고 규정하고 있다(위의 책, 813~814頁).

필요한 조사를 하여야 할 의무가 있다(독금법 제45조).

2) 경제담당기관의 개입

산업활력갱생특별조치법(産業活力の再生及び産業活動の革新に關する特別措置法, 이하 산활법이라 함)[8]은 2011년 6월에 최종 개정되었는데, 동 법률 제13조에 의하면, 동법에 의하여 사업재구축계획 등의 인정을 할 때에 사업소관대신에게 공정거래위원회와 협의를 하도록 하는 의무를 부여하고, 산업정책과 경쟁정책의 연대 강화를 도모하도록 하였다. 즉 "……2 이상의 사업자의 신청에 관련한 자원생산성 혁신계획[9] 또는 다른 사업자로부터 사업을 양수한 사업자의 신청에 관련한 자원생산성혁신계획에 대하여 동법 제11조 제1항의 인정을 하려는 경우에 있어서 당해 사업재구축계획에 따라 행하는 사업재구축을 위한 조치…… 정령에서 정한 바에 해당하는 경우에는 당해 인정에 대한 신청서의 사본을 공정거래위원회에 송부하는 것과 함께 사전에 공정거래위원회에 협의를 하여야 한다. 이 경우 주무대신은 사업재구축 등 관련 조치가 당해 신청을 행한 사업자가 영위하는 사업에 속한 사업분야에 있어서 경쟁에 미치는 영향에 관한 사항, 기타 필요한 사항에 대하여 의견을 진술함과 함께, 당해 사업분야에 있어서 대내외 시장상황, 사업재구축 등 관련 조치를 강구함에 따라 생산성 향상의 정도, 기타 당해 의견의 증명이 되는 근거를 표시하도록 한다"고 규정하고 있다. 즉 산활법의 계획 인정에 있어서, 주무대신은 필요가 있다고 인정하는 때에는 당해 계획에 따라서 행하는 조치에 있어서 경쟁에 미치는 영향에 관한 사항, 기타 필요한 사항에 대하여 공정위에 대한 의견을 진술할 수 있다. 한편 공정위도 필요하다고 인정하는 때에는 주무대신에 대하여 당해 계획에 대한 의견을 제시할 수 있다. 나아가, 주무대신과 공정거래위원회는 위의 협의와 관련하여 일본 산업

---

8) 동법은 1999년 8월 3일 법률 제131호로 제정되어, 세 차례의 개정이 있었다. 그중 가장 최근의 개정은 2011년 6월 8일 법률 제63호로 개정된 법이다. 동법은 일본 경제의 지속적인 발전을 도모하기 위해서 생산성의 향상뿐만 아니라 특별한 조치로서 사업자가 실시하는 사업재구축, 경영자원의 재활용, 경영자원의 융합, 자원생산성 혁신 등 원활화의 조치에 있어서 고용의 안정을 배려하도록 하고, 주식회사 산업 혁신 기구를 설립하여 특정 사업활동의 지원 등에 관한 업무를 행하도록 하는 조치, 중소기업의 활력의 재생을 지원하는 조치 및 사업재생을 원활하게 하기 위한 조치를 강구함과 더불어 사업활동에 있어서 지적 재산권의 활용을 촉진함에 따라 일본 산업활력의 재생을 도모하고, 일본 산업이 최근의 국제경제의 구조적 변화에 대응할 수 있도록 산업 활동의 혁신에 기여함을 그 목적으로 하고 있다(동법 제1조); http://law.e-gov.go.jp/htmldata/H11/H11HO131.html
9) 동 계획과 관련하여 2009년 개정 전까지 '공동사업재편계획'이 존재하였으나, 2009년 개정 시 동 계획이 폐지되고 '자원생산성혁신계획'이 새로이 신설되어 동 업무를 수행하고 있다[http://www.meti.go.jp/sankatsuhou/outline/plan-p.html].

의 국제 경쟁력의 강화를 도모하기 위한 필요성이 증대되고 있다는 점에 비추어, 소송 절차의 신속 내지 정확한 실시를 위하여 상호 간에 긴밀한 연락을 하도록 하고 있다(산 활법 제13조).10)

3) 관할기관 - 공정거래위원회

공정위의 배제조치명령에 불복하는 경우에는, 먼저 심판절차에 따른 이의를 제기할 수 있다.11) 이처럼 배제조치명령, 납부명령 및 심결은 위원장 및 위원의 합의에 따르지 않으면 안 된다(독금법 제69조).

그런데 이러한 심판절차의 폐지에 대한 법안이 국회에 현재 상정되어 있다.12) 만약 이러한 법안이 통과된다면 공정위의 심판제도는 폐지된다. 그럴 경우 배제조치명령, 과징금 납부명령, 경쟁회복조치명령 등의 행정처분에 대한 불복심사는 행정사건소송법[1962(소화 37)년 법률 제139호]상의 항고소송으로 법원에서 심리하게 된다. 나아가 실질적 증거 법칙 및 신증거제출제한에 관한 규정도 폐지되기 때문에 법원은 법 해석뿐만 아니라 당해 사안에 관한 사실인정도 하여야 하고, 당사자에게는 소송에 관한 새로운 증거를 제출하는 것의 제한도 없어지게 된다. 다만, 독점금지법 위반 사건은 복잡한 경제 사안을 대상으로 하기 때문에 전속관할로 하도록 하고, 판단의 합일성을 확보하는 것과 함께 법원에 있어서 전문적 지식의 축적을 도모하도록 하였다. 또한 법원의 경우 신중한 심리를 확보하기 위하여 동경지방법원은 배제조치명령 등에 관한 소송에 대하여 3인의 법관의 합의체로 심리 및 재판을 진행하는 것과 함께, 5인의 법관의 합의체에 따라 심리 및 재판을 할 수도 있는 것으로 하고 있다. 항소심인 동경고등법원에 있어서는 5인의 법관의 합의체에 따라 심리 및 재판을 하도록 하였다.13)

---

10) http://www.meti.go.jp/sankatsuhou/outline/index.html
11) 다만, 2010년 3월 12일에 신판 제도의 폐지를 내용으로 하는 독금법 개정안이 내각에서 결정되어, 2011년 말 이후 시행될 예정이다. 2010년 3월 10일 내각부 정책회의자료 참조(공정거래위원회 웹사이트인 http://www.jftc.go.jp/seisakukaigi/index.html).
12) 2010년 3월에 심판 제도의 폐지를 주안으로 하는 독금법 개정법안이 국회에 제출되었지만, 아직까지 심의되지 않은 채 현재에 이르고 있다(http://www.keidanren.or.jp/japanese/policy/2011/099.html).
13) 內田・衡純・笹井かおり, "公正取引委員會における審判制度の廢止－獨占禁止法の一部を改正する法律案－", 『立法と調査』(參議院事務局企劃調整室, 2010.5.), 48~49頁.

4) 법원

만약 공정거래위원회의 심결에 대하여 불복하는 경우, 심결취소소송에 의하여 동경고 등법원에 제소할 수 있다.[14] 이와 관련하여 법원에는 공정위가 인정한 사실에 대하여 이 것을 실증하는 실질적 증거가 되는 때에는 법원을 구속한다고 하는 실질적 증거법칙(독 금법 제80조)과 공정위가 심판절차에 있어서 정당한 이유가 없음에도 불구하고 당해 증 거를 채택하지 않는 경우에는 당사회사는 법원에 대하여 새로운 증거를 제출할 수 있다 고 하는 신증거제출제한(독금법 제81조)에 의하여 공정거래위원회의 사실인정을 존중하 는 심리 및 재판을 하게 된다.[15]

1970년의 부사제철(富士製鐵)과 팔번제철(八幡製鐵)의 통합 안건 이래, 심판기관 내 지 법원에서 기업결합에 관련하여 공정거래위원회의 판단을 둘러싼 다툼은 아직까지 존 재하지 않는다. 따라서 기업결합 심사에 있어서 법원의 역할이란 현실적으로 매우 제한 적이라고 할 수 있다.

3. 심사절차

1) 신고가 필요한 기준

현재의 독점금지법에서 규정하고 있는 신고 및 보고의무가 있는 기업결합은 다음과 같 다.[16]

현행법상 신고 · 보고의무가 있는 기업결합의 기준

합병(독금법 제15조 제2항)	사전신고 - 합병을 하려고 하는 회사 중에서, 어떤 회사가 1개의 회사에 속한 국내 매상고 합계액[17]이 200억 엔을 초과하거나, 다른 회사가 1개의 회사에 속한 국내 매상고 합계액이 50억 엔을 초과하는 경우

---

14) 2010년 3월 12일 내각 결정된 독금법 개정안에는 공정위의 행정처분에 불복하는 경우 기업은 동경지방 법원에 제소할 수 있는 것으로 되어 있다.

15) 국회에 상정 중인 독금법 개정안에 의하면, 실질적 증거법칙, 신증거제출제한 규정은 폐지된다(內田 · 衡 純 · 笹井かおり, 앞의 글, 48頁).

16) http://www.jftc.go.jp/dk/kiketuindex.html

사업 등 양수(독금법 제16조 제2항)	사전신고 －국내 매상고 합계액이 200억 엔을 초과하는 회사(양수회사)가 1. 국내 매상고가 30억 엔을 초과하는 회사의 사업의 전부를 양수하는 경우 2. 다른 회사의 사업의 중요 부분[18]을 양수한 경우에 있어서, 당해 양수대상 부분에 속한 국내 매상고가 30억 엔을 초과하는 경우 3. 다른 회사의 사업상 고정자산의 전부 또는 중요 부분의 양수를 한 경우에 있어서 당해 양수대상 부분에 속한 국내 매상고가 30억 엔을 초과하는 경우
주식취득 (독금법 제10조 제2항, 제5항)	사전신고 －아래의 요건 중에 해당하는 회사가 아래의 요건에 해당하는 회사의 주식을 취득하는 경우에 있어서, 아래의 요건 (3)에 해당하게 되는 경우 (1) 주식을 취득하려고 하는 회사 및 당해 회사에 속한 기업결합집단[19]에 속한 당해 회사 이외의 회사 등의 국내 매상고의 합계액이 200억 엔을 초과하는 경우 (2) 주식발행회사 및 그 자회사의 국내 매상고의 합계액[20]이 50억 엔을 초과하는 경우 (3) 주식 발행회사의 주식을 취득하려고 하는 경우, 주식발행회사의 총주주의 의결권의 수를 보유하는 신고회사가 취득한 후에 있어서 소유하게 되는 당해 주식발행 회사의 주식에 속한 의결권의 수와 신고회사에 속한 기업결합집단에 속한 당해 신고회사 이외의 회사 등이 소유하는 당해 주식발행 회사의 주식에 속한 의결권의 수를 합계한 의결권의 수의 비율(의결권 보유비율)이 새로이 20% 또는 50%를 초과하게 되는 경우
분할	1. 공동신설분할 －공동신설분할을 하려는 회사 중 어떤 회사가 1회사(전부승계회사에 한)에 속한 국내 매상고 합계액이 200억 엔을 초과하거나, 다른 어떤 회사(전부승계회사에 한)에 속한 국내 매상고 합계액이 50억 엔을 초과한 경우 －공동신설분할을 하려는 회사 중 어떤 회사가 1회사(전부승계회사에 한)에 속한 국내 매상고 합계액이 200억 엔을 초과하거나, 또한 다른 어떤 회사(중요부분 승계회사에 한)의 당해 승계 대상 부분에 속한 국내 매상고가 30억 엔을 초과한 경우 －공동신설분할을 하려는 회사 중 어떤 회사가 1회사(전부승계회사에 한)에 속한 국내 매상고 합계액이 50억 엔을 초과하거나 또는 다른 어떤 회사가 1회사(중요부분승계회사에 한)의 당해 승계 부분에 속한 국내 매상고가 100억 엔을 초과한 경우 －공동신설분할을 하려는 회사 중 어떤 회사가 1회사(중요부분승계회사에 한)의 당해 승계 대상 부분에 속한 국내 매상고가 100억 엔을 초과하거나 다른 어떤 회사가 1회사의 당해 승계 대상 부분에 속한 국내 매상고가 30억 엔을 초과한 경우 2. 흡수분할 －흡수분할을 하려는 회사 중 분할을 하려는 어떤 회사가 1회사(전부 승계회사에 한)에 속한 국내 매상고 합계액이 200억 엔을 초과하거나, 분할에 의하여 사업을 승계하려는 회사에 속한 국내 매상고 합계액이 50억 엔을 초과한 경우 －흡수분할을 하려는 회사 중 분할을 하려는 어떤 회사가 1회사(전부 승계회사에 한)에 속한 국내 매상고 합계액이 50억 엔을 초과하거나, 분할에 의하여 사업을 승계하려는 회사에 속한 국내 매상고 합계액이 200억 엔을 초과하는 경우[(1)에 해당하는 경우를 제외]

---

17) ‘국내 매상고 합계액’이란 회사가 속한 기업결합집단에 속하는 회사 등의 국내 매상고를 각각을 합계한 것을 말한다.

<table>
<tr><td></td><td>
- 흡수분할을 하려는 회사 중, 분할을 하려는 어떤 회사가 1회사(중요부분승계회사에 한)의 당해 분할의 대상 부분에 속한 국내 매상고가 100억 엔을 초과하거나, 분할에 의하여 사업을 승계하도록 하는 회사에 속한 국내 매상고 합계액이 50억을 초과하는 경우
- 흡수분할을 하려는 회사 중, 분할을 하려는 어떤 회사가 1회사(중요부분승계회사에 한)의 당해 분할의 대상 부분에 속한 국내 매상고가 30억 엔을 초과하거나, 분할에 의하여 사업을 승계하려는 회사에 속한 국내 매상고 합계액이 200억 엔을 초과하는 경우 [(2)에 해당하는 경우를 제외]

3. 동일한 기업결합집단에 속한 회사 간의 회사 분할
- 합병 등과 마찬가지로, 전부의 공동신설분할 또는 흡수분할을 하려는 회사가 동일기업결합집단에 속한 경우에는 신고는 필요하지 않다.
</td></tr>
<tr><td>공동주식
이전
(독금법
제15조
의3
제2항</td><td>
- 어떤 회사가 1회사에 속한 국내 매상고 합계액이 200억 엔을 초과하거나, 다른 어떤 회사가 1회사에 속한 국내 매상고 합계액이 50억 엔을 초과하는 경우
</td></tr>
</table>

2) 사전신고의 절차

주식취득, 합병, 분할, 공동주식이전, 영업양도의 경우 원칙적으로 신고가 수리된 때부터 30일간은 그 실행이 금지된다. 또한 신고를 수리한 후 통합 금지기간 내(30일 이내)에 신고회사에 대하여 추가 자료를 요구하는 경우에는, 신고수리 후 120일을 경과한 날 내지 모든 보고를 수리한 날로부터 90일을 경과한 날 중 어떤 것이 지체한 날까지의 기간을 심사기간으로 한다. 다만, 공정거래위원회가 추가 자료의 제출을 요한 경우에도, 신고수리 후 30일을 경과하면, 기업결합의 실행은 가능하다. 사전신고 절차의 흐름도는 다음과 같다.[21]

---

18) '중요 부분'이란 양도회사에 있어서 중요한 부분을 의미하고, 원칙적으로는 당해 양도 대상 부분이 1개의 경영단위로서 기능을 할 수 있는 형태를 갖추고, 양도회사의 사업실태를 볼 때 객관적으로 가치를 가지고 있다고 인정되는 경우를 말한다.

19) '기업결합집단'이란 회사 및 당해 회사의 자회사와 함께 당해 회사의 최종모회사(모회사인 다른 회사의 자회사가 아닌 경우를 말함) 및 당해 최종모회사의 자회사(당해 회사 및 당해 회사의 자회사를 제외)로 구성된 집단을 말한다. 다만, 당해 회사에 모회사가 아닌 경우에는 당해 회사가 최종모회사로 되기 때문에 당해 회사와 그 자회사로 구성된 집단이 기업결합집단으로 된다.

20) '주식발행회사 및 그 자회사의 국내 매상고의 합계액'이란 주식발행회사 및 그 자회사(이하 주식발행회사)의 국내 매상고를 각각 합계한 것을 말한다. 주식발행회사의 국내매상고가 존재하지 않는 경우가 있어도 상기 '국내 매상고 합계액'을 만족하면, 신고가 필요한 경우가 있다.

21) http://www.jftc.go.jp/dk/taiouhoushin.pdf

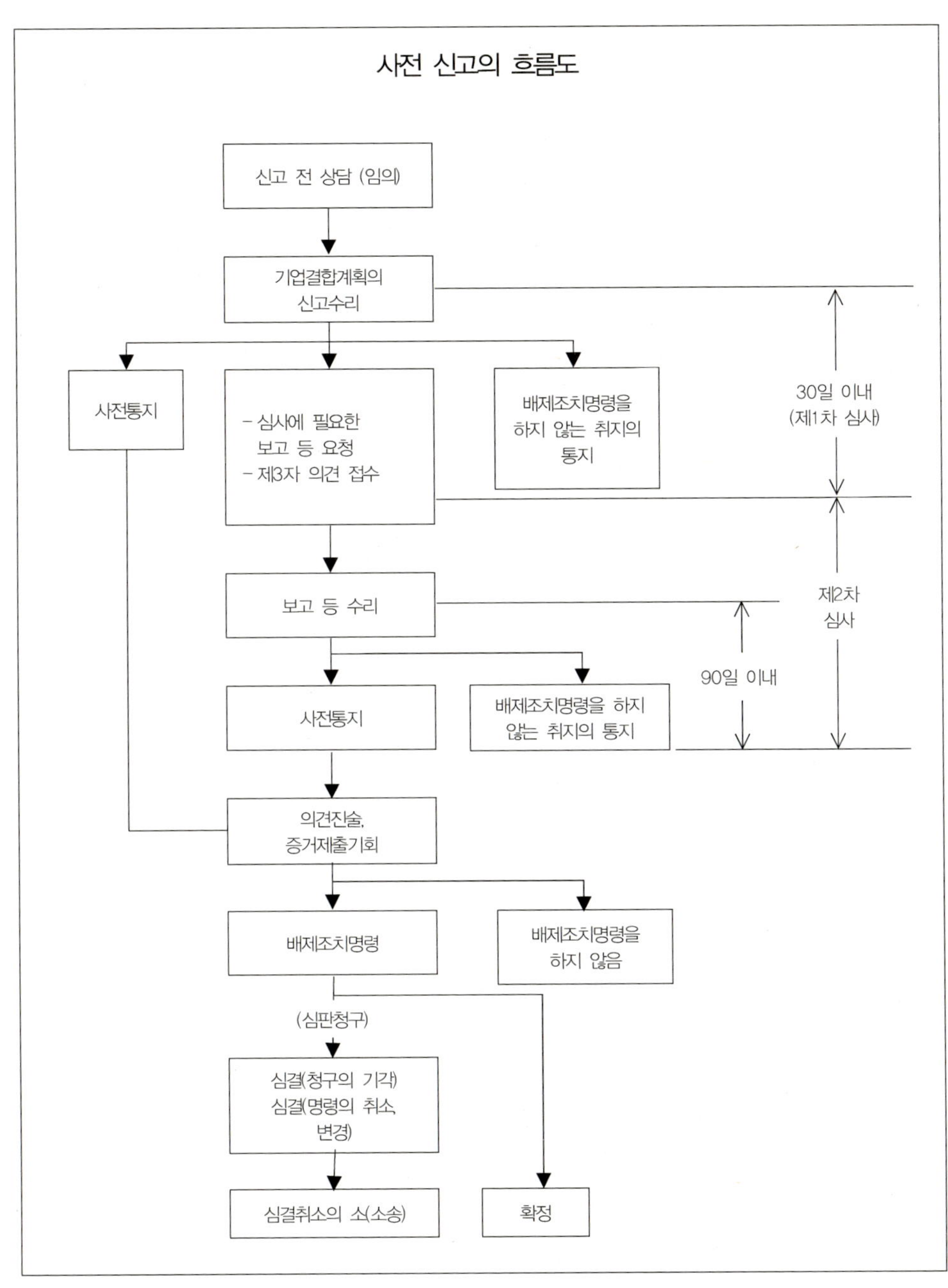

사전 신고의 흐름도
신고 전 상담 (임의)
기업결합계획의 신고수리
사전통지
- 심사에 필요한 보고 등 요청
- 제3자 의견 접수
배제조치명령을 하지 않는 취지의 통지
30일 이내 (제1차 심사)
보고 등 수리
제2차 심사
사전통지
배제조치명령을 하지 않는 취지의 통지
90일 이내
의견진술, 증거제출기회
배제조치명령
배제조치명령을 하지 않음
(심판청구)
심결(청구의 기각) 심결(명령의 취소 변경)
심결취소의 소(소송)
확정

일본에서는 미국이나 EU의 '조기종료제도'와 마찬가지로, 30일간의 금지기간에 대하여, 공정거래위원회는 그 필요가 있다고 인정하는 경우에는 당해 기간을 단축할 수 있다(독금법 제10조 제8항 등). 당해 회사가 기업결합에 대한 금지기간의 단축을 신청하는 경우, 공정거래위원회는 원칙적으로 다음의 2가지 요건을 만족하는 때에는 기업결합에 대한 금지기간의 단축을 인정할 수 있도록 하고 있다.[22] 즉 ① 일정한 거래분야에 있어서 경쟁을 실질적으로 제한하는 것이 명백한 경우, ② 금지기간을 단축하는 것에 대하여 신고회사가 서면으로 신청한 경우에 금지기간의 단축을 신청할 수 있다.[23]

3) 신고의 시기

독점금지법에는 합병·영업양수 등의 신고의 시기나 사안 공표의 필요성에 대하여 아무런 규정도 두고 있지 않다. 다만, 주식의 취득의 경우에는 "……사전에 당해 주식의 취득에 관한 계획을 공정거래위원회에 제출하여야 한다. 다만, 사전에 제출하기 곤란한 경우로서 공정거래위원회 규칙에서 정한 경우에는 그러하지 아니하다"(독금법 제10조 제2항 등)고 규정하고 있어 신고의 시기는 사전에 하도록 하고 있다. 나아가, 공정거래위원회 웹사이트에도 특단의 사정이 없는 한 행위의 예정일로부터 6개월을 초과하지 않는 기간 내에 신고하도록 되어 있다. 신고 시 첨부서류로는 다음의 것들이 요구되고 있다.[24]

주식취득	① 계약서의 사본 또는 의사결정을 증명하는 서류 ② 신고회사의 최근 사업연도의 사업보고, 대차대조표 및 손익계산서 ③ 주주총회의 결의 또는 총사원의 동의의 기록의 사본(그러한 결의 또는 동의가 있는 경우만 첨부) ④ 신고회사에 속한 기업결합집단의 최종모회사의 유가증권보고서 기타 당해 기업결합집단의 재산 및 손익의 상황을 알 수 있는 것(주식발행회사의 것은 불필요)

---

22) 앞의 공정거래위원회의 사이트.
23) "기업결합심사에 관한 독점금지법의 운용 지침(付)", http://www.jftc.go.jp/dk/shishin01.pdf
24) http://www.jftc.go.jp/ma/qa－3/qatodokede.html#tenpushorui)_届出制度 Q&A.

합병, 분할, 공동주식이 전 및 사업 등 양수	① 신고회사의 정관(사업 등의 양수의 경우에는 양도회사의 것도 필요, 다음 ③에서 ⑤도 마찬가지) ② 계약서의 사본 ③ 신고회사의 최근 사업연도의 사업보고, 대차대조표 및 손익계산서 ④ 신고회사 총 주주의 의결권의 100분의 1을 초과하여 보유하고 있다는 것의 명부 ⑤ 주주총회의 결의 또는 총사원의 동의의 기록 사본(그러한 결의 또는 동의가 있는 경우에만 첨부) ⑥ 신고회사에 속한 기업결합집단의 최종모회사의 유가증권보고서 기타 해당 기업결합집단의 재산 및 손익의 상황을 알 수 있는 것 또한 주주총회의 소집통지 등 필요한 정보가 모두 포함되어 있는 자료가 있는 경우에는 그것을 제출하는 것도 가능

4) 신고 전 상담제도

(1) 취지

공정거래위원회는 주식취득 등(주식의 취득, 합병, 공동신설분할, 흡수분할, 공동주식이전[25]) 및 사업 등 양수를 말함)의 기업결합계획에 대해서는 독점금지법에 따라 사전신고제를 채택하였으나, 독점금지법에서 정하고 있는 절차에 따라서, 기업결합계획이 일정한 거래분야에 있어서 경쟁을 실질적으로 제한하는 것인가 그렇지 않은가를 심사(기업결합심사)하였는데, 최근 기업결합 심사의 절차에 대해서는 더 한층 신속성과 투명성의 향상이 요구되고 있다.

이에 기업결합 심사와 관련하여 사업자의 예견 가능성을 높이고 또한 기업결합 심사의 절차의 신속성 및 투명성을 높인다는 점에서 공정위는 기업결합심사의절차에관한대응방침(企業結合審査の手續に關する對應方針)을 새로이 책정하여 2011년 7월 1일부터 적용되도록 하였다.[26] 따라서 기존의 기업결합계획에관한사전상담에대한대응방침(企業結合計畫に關する事前相談に對する對應方針)은 2010년 12월 11일부로 폐지되었다.

---

25) 2개의 회사가 공동으로 지주회사를 신설하고, 주식이전을 하는 것에 따라서 당해 지주회사의 자회사로 되는 경우처럼 회사가 다른 회사와 공동으로 하는 주식이전을 말한다(Jones Day Commentary 2009.8, 6頁; http://www.jonesday.com/files/Publication/5c8a7ac9－6de5－451f－b531－baa885 d000b2/Presentation/PublicationAttachment/4e7f151a－2fe8－42c0－9a37－ caf33a839b71/Japanese%20Commentary.pdf).

26) 동 방침은 2011(평성 23)년 6월 14일 개정되었다(http://www.jftc.go.jp/dk/taiouhoushin.pdf).

(2) 신고 전 상담

기업결합계획에 관한 독점금지법 제10조 제2항(동 조 제5항의 규정에 따라 간주되는 경우 포함), 제15조 제2항, 제15조의2 제2항 및 제3항, 제15조의3 제2항 및 제16조 제2항의 규정에 의하여 공정위에 대하여 신고가 예정된 회사(이하 신고예정회사)는 당해 신고를 하기 전에, 당 위원회에 대하여 당해 기업결합계획에 관한 상담(신고 전 상담)을 할 수 있다. 신고 전 상담에 있어서 신고예정회사는 신고서의 기재방법 등에 관하여 상담할 수 있다.27)

예를 들면, 신고서에는 신고회사 등의 국내 시장에 있어서 지위를 기재하는 항목이 있는데, 그 기재를 하기 위하여 일정한 거래분야에 관한 당 위원회의 생각에 대하여 신고예정회사가 당 위원회에 대하여 상담을 하는 등, 신고예정회사로부터 신고서에 기재할 내용에 관련한 상담을 당 위원회에 맡기는 경우에는 당 위원회는 당해 상담에 대하여 설명을 하기 위하여 필요한 정보를 신고예정회사로부터 청취를 한 다음, 기업결합심사에관한독점금지법의운용방침(企業結合審査に關する獨占禁止法の運用指針)[2004(평성 16)년 5월 31일] 및 과거 사안에 비추어, 그 시점에서 정보에 의한 가능한 범위에서 설명하게 된다.

또한 신고예정회사는 신고 전 상담에 대하여 적절한 설명을 얻기 위하여 필요하다고 생각되는 자료를 당 위원회에 제출할 수 있다. 또한 신고 전 상담에 있어서 신고예정회사와 당 위원회 사이에 의견을 서로 주고받는 것을 반복하고 난 이후 신고 후의 심사가 이루어지게 된다. 하지만 신고 후의 심사에 있어서 신고 전 상담에서 하였던 당 위원회의 설명이 수정될 수도 있다.28)

5) 신고 후의 절차 흐름도

신고회사가 기업결합계획의 신고서를 당 위원회에 제출하고, 당 위원회가 이것을 수리하면, 독점금지법 제10조 제8항 본문(동법 제15조 제3항, 제15조의2 제4항, 제15조의3 제3항 및 제16조 제3항에 있어서 준용하는 경우 포함)에 규정되어 있는 바와 같이, 신고회사는 신고수리일로부터 30일이 경과할 때까지 기간은 당해 주식취득 등을 할 수 없다

---

27) 신고예정회사가 신고 전 상담을 하지 않았다고 하더라도 당해 회사가 신고 후의 심사에 있어서 불이익한 취급을 당하는 것은 아니다(위의 사이트).
28) 위의 사이트

(이하 금지기간). 다만, 당 위원회는 독점금지법 제10조 제8항에서 규정한 바에 따라, 필요가 있다고 인정되는 경우에는 금지기간을 단축할 수 있다.

당 위원회는 통상 금지기간(독점금지법 제10조 제8항에서 쓰인 규정에 의하여 단축된 경우는 그 기간) 내에 당해 기업결합계획에 있어서 ① 독점금지법상 문제가 없다고 판단하거나, ② 보다 상세한 심사가 필요하여, 독점금지법 제10조 제9항(독점금지법 제15조 제3항, 제15조의2 제4항, 제15조의3 제3항 및 제16조 제3항을 준용하는 경우를 포함)에 규정한 필요한 보고, 정보 또는 자료 제출(이하 보고 등) 요청을 하지만 이 중 몇 개의 자료만을 채택하게 된다.[29]

①의 경우, 기업결합심사의 투명성을 높이기 위하여, 당 위원회는 '독점금지법 제9조부터 제16조까지의 규정에 의하여 인가의 신고, 보고 및 신고 등에 관한 규칙'[30] 제9조의 규정에 의하여 배제조치명령을 하지 않는다는 취지의 통지를 한다.

②의 경우 당 위원회가 배제조치명령 전의 통지(이하 사전 통지)를 할 수 있는 기간은 독점금지법 제10조 제9항에 규정되어 있고, 신고수리의 날로부터 120일을 경과한 날과 모든 보고 등을 수리한 날로부터 90일을 경과한 날 중의 어떤 것이 지체된 날까지의 기간으로 연장된다(다만, 독점금지법 제10조 제9항에 게재된 경우는 제외). 이 연장된 기간 내에서, 당 위원회가 당해 기업결합계획이 독점금지법상의 문제가 되지 않는다고 판단하는 경우에도 ①의 경우와 마찬가지로 배제조치명령을 하지 않는다는 취지의 통지를 한다.

또한 이하에 있어서는 신고수리의 날로부터 보고 등의 요청을 한 날의 전일까지(보고 등의 요청을 하지 않는 경우는 배제조치명령을 하지 않는다는 취지의 통지를 한 날까지)의 기간에 하는 심사를 '제1차 심사', 보도 등의 요청을 한 날로부터 사전 통지를 한 날까지(사전통지를 하지 않는 경우는 배제금지명령을 하지 않는다는 취지의 통지를 한 날까지)의 기간에 한 심사를 '제2차 심사'라고 한다.[31]

---

29) 독점규제법 제10조 제9항에 따라 보고 등의 요청을 하지 않고 사전통지를 하는 것도 가능하다(위의 사이트).

30) 1953(소화 28)년 공정거래위원회 규칙 제1호를 말한다.

31) http://www.jftc.go.jp/dk/taiouhoushin.pdf

6) 당 위원회에 의하여 기업결합심사에 있어서 논점 등의 설명 및 신고회사의 의견서
   및 자료의 제출

   당 위원회와 신고회사와의 의사소통을 밀접하게 하는 것은 신속성 또는 투명성이 높은
기업결합 심사를 가능하게 하고, 당 위원회와 신고회사의 쌍방에 대하여 유익하다고 본
다. 그를 위하여, 당 위원회는 제1차 심사 및 제2차 심사를 하는 기간(이하 심사기간)에
있어서 신고회사로부터 기업결합 심사에 있어서 논점 등에 대하여 설명을 구하는 경우
또는 필요하다고 인정하는 경우에는 그 시점에 있어서 논점 등에 대하여 설명한다.
   또한 신고회사는 신고 규칙 제7조의2의 규정에 따라서, 심사기간에 있어서 언제라도
당 위원회에 대하여, 의견서 또는 심사에 필요하다고 생각되는 자료의 제출(문제해결조
치32)의 신고를 포함)을 하는 것이 가능하다. 다만, 의견서 또는 자료의 제출의 시기에 대
해서는 그 내용이 사전 통지의 내용 등에 충분히 반영되지 않을 가능성이 있다.
   또한 당 위원회는 기업결합 심사에 관한 독점금지법의 운용지침에 있어서 기업결합 심
사의 판단요소 등을 분명히 하고 있는 것, 기업결합 심사에 있어서 별첨의 자료를 참고
로 하는 경우가 많다.33)

7) 제1차 심사

(1) 신고서의 수리

   기업결합계획의 신고서의 양식 및 신고에 필요한 서류에 대해서는 신고 규칙 제2조의
6, 제5조, 제5조의2, 제5조의3 및 제6조에 규정되고 있다.34) 당 위원회는 이러한 규정에
따라 제출된 신고서를 수리한 때에는 신고규칙 제7조 제1항 및 제2조 제2항에 의하여
신고회사에 신고수리서를 교부한다.35)

---

32) 기업결합이 일정한 거래분야에 있어서 경쟁을 실질적으로 제한하게 되는 경우에, 신고회사가 일정하고
   적절한 조치를 강구함에 의하여, 그 문제를 해결하는 조치를 말한다(http://www.jftc.go.jp/dk/taiou
   houshin.pdf).
33) 위의 사이트.
34) 신고규칙(届出規則)이라고 하면 私的獨占の禁止及び公正取引の確保に關する法律第九條から第十
   六條までの規定による認可の申請、報告及び届出等に關する規則昭和二十八年九月一日公正取引
   委員會規則第一号)을 말하며, 최근에는 2011(평성 23)년 6월 24일 공정거래위원회 규칙 제3호로 개정
   되었다(http://law.e－gov.go.jp/htmldata/S28/S28F30201000001.html).
35) http://www.jftc.go.jp/dk/taiouhoushin.pdf

(2) 제1차 심사의 종료

위의 '신고 후의 절차의 흐름도'에서 언급한 바와 같이, 제1차 심사의 결과, 당 위원회는 통상, 당해 기업결합계획에 대해서, ① 독점금지법상 문제가 없다고 하여 배제조치명령을 하지 않는다는 취지의 통지를 하거나, ② 보다 상세한 심사가 필요하다고 하여 추가로 보고 등의 요청을 하나 실제로는 이 중 몇 개의 자료만을 채택하게 된다.

또한 신고회사가 서면에 의해 금지기간의 단축을 신청한 경우 당 위원회가 ①과 같이 신속하게 배제조치명령을 하지 않는다는 취지의 통지를 한 때에는 당해 통지를 한 날까지 금지기간의 단축을 한다.[36]

나아가, 제1차 심사가 종료한 사안 중에서, 예를 들면, 제1차 심사의 단계에서 신고회사가 문제해결조치를 채택할 것을 전제로 당 위원회가 독점금지법상 문제가 없다고 판단한 것 등 다른 회사 등의 참고로 되는 사안에 대해서도 이것을 공표한다.[37]

8) 제2차 심사

(1) 보고 등의 요청

당 위원회가 신고회사에 대하여 보고 등의 요청을 하는 경우에는 신고회사에 대하여, 신고규칙 제8조 제1항에 규정하고 있는 보고 등 요청서를 교부하고, 신고회사로부터 모든 보고 등을 수리한 경우에는 신고회사에 대하여 동 조 제2항에 규정하는 보고 등 수리서를 교부한다. 동 조 제1항 후단의 규정에 의하여, 보고 등의 요청과 관련해서, 보고 등을 요청하는 취지에 대해서 보고 등을 요청서에 기재한다. 또한 당 위원회가 신고회사에 보고 등의 요청을 하는 경우 당 위원회는 그 취지를 공표한다.[38]

---

36) 당 위원회가 ①의 대응을 채택하고, 배제조치명령을 하지 않는 취지의 통지를 한 후에 신고회사가 서면에 의하여 금지기간의 단축을 신청한 경우에도 신속하게 금지기간의 단축을 한다(企業結合審査に關する獨占禁止法の運用指針(付), http://www.jftc.go.jp/dk/shishin01.pdf).
37) http://www.jftc.go.jp/dk/taiouhoushin.pdf
38) 위의 사이트

(2) 제3자로부터의 의견 청취

위에서 언급한 보고 등의 요청에 의하여 당 위원회가 보고 등의 요청을 하는 취지를 공표한 기업결합계획에 대해서 이의가 있는 자는 누구라도, 당해 공표 후 30일 이내에 당 위원회에 대하여 의견서를 제출할 수 있다.[39]

(3) 제2차 심사의 종료

① 제2차 심사의 종료에 관한 통지 등

제2차 심사의 결과, 당 위원회는 ⅰ) 독점금지법상 문제가 없는 것으로서, 배제조치명령을 하지 않는다는 취지의 통지를 하거나, ⅱ) 사전 통지를 하거나, 이 중 어떤 대응을 채택하게 된다. ⅰ)의 경우에 당 위원회는 독점금지법상 문제가 없다는 이유를 서면에 의하여 설명한다. ⅱ)의 경우, 그 후의 절차는 독점금지법 제8장 제2절의 절차(제45조부터 제70조의22)의 규정에 의하여 행한다.[40]

② 제2차 심사의 종료에 관한 공표

제2차 심사의 결과, 독점금지법상 문제가 없는 것으로서, 배제조치명령을 하지 않는다는 취지의 통지를 하는 경우에는 당해 심사결과에 대하여 공표한다.[41]

9) 신고를 요하지 않는 기업결합의 계획에 관한 상담

국내 매상고 등이 신고기준을 만족하지 못해서 신고를 필요로 하지 않는 기업결합 또는 신고의 대상이 되지 않기 때문에 신고를 필요로 하지 않는 임원 겸임 등의 기업결합을 계획하고 있는 회사가 당 위원회에 대해 당해 기업결합의 계획에 관하여 구체적인 계획 내용을 표시하여 상담을 하는 경우에는 위의 절차에 준하여 대응하게 된다.[42] 또한 ① 당 위원회가 상담 회사에 필요로 하는 자료의 제출을 하지 않는 경우, ② 상담 회사

---

39) 위의 사이트
40) 위의 사이트
41) 당 위원회가 사전 통지를 한 후, 신고회사로부터 문제해소조치의 신청이 있는 등, 배제조치명령을 하지 않는 사안에 대해서는 그 기업결합 심사의 결과에 대해서는 공표한다(위의 사이트).
42) 위의 사이트

가 상담 취하의 신청이 있는 경우에는 당해 상담에 관한 심사를 중지한다.[43]

10) 구 대응방침에 의한 상담의 취급

본 대응방침의 적용을 하기 전에, 구 대응방침에 의하여, 기업결합의 계획이 독점금지법상 문제가 있는지에 대하여 상담의 신청이 있었고, 당 위원회가 그에 대한 회답을 아직 하지 않은 경우에 대해서는 구 대응방침에 의하여 종전대로 대응한다.[44]

11) 비밀정보의 관리에 관련한 당국의 원칙[45]

독금법 제43조에 있어서 "공정거래위원회는 이 법률의 적정한 운용을 도모하기 위하여, 사업자의 비밀을 제외하고 필요한 사항을 일반적으로 공표할 수 있다"고 규정하고 있다. 또한 공정거래위원회의 심사 담당자는 제공된 정보에 대한 비밀성을 보호하여야 하며, 만약 이러한 의무를 위반하였을 경우에는 1년 이하의 징역 내지 100만 엔 이하의 벌금을 부과하게 된다.[46]

4. 경쟁의 실질적 제한을 해소하기 위한 방법

1) 기본적 개요

기업결합이 일정한 거래분야에 있어서 경쟁을 실질적으로 제한하더라도 당사회사가 일정하고 적절한 방법을 강구함에 의하여, 그 문제를 해결할 수가 있다.

문제해결 방법으로서 어떠한 조치를 하는 것이 적절한 것인가는 개별 기업결합에 따라 구체적으로 검토되어야 하겠지만, 당사회사그룹이 가격 등을 어느 정도 자유로이 좌우할 수 없도록 기업결합에 의하여 상실된 경쟁력을 회복되도록 하는 것이 기본이다. 다만, 기술혁신 등에 의하여 시장구조의 변동이 심한 시장에서는 일정한 행동에 관한 조치를 하

---

43) 위의 사이트
44) 위의 사이트
45)　株式會社日本綜總合硏究所，『主要國における合倂等に關する獨禁法上の屆出制度に關する調査』，179頁.
46) 獨禁法　제39條, 第93條.

는 것이 타당한 경우도 있다.

또한 문제해결 방법은 원칙적으로 당해 기업결합이 실행되기 이전에 강구되어야 한다. 만약에 어쩔 수 없이 당해 기업결합을 실행한 후에 강구하여야 할 경우에는 문제해결 방법을 강구할 수 있는 적절하고 명확한 기한을 정하여야 한다. 예를 들면, 문제해결 방법으로서 사업부문의 전부 또는 일부의 양도를 하는 경우 당해 기업결합의 실행 이전에 양수처 등이 결정되는 것이 필요하다. 만약 그렇지 않은 경우에는 양수처 등에 대해서 공정거래위원회의 사전의 이해를 얻어야 할 경우도 있다.

또한 당사회사그룹의 신청에 의하여 기업결합 후의 경쟁조건의 변화에 따라서, 당해 조치를 계속할 필요성을 평가한 결과, 당해 조치의 내용을 변경 또는 종료하여도 경쟁을 실질적으로 제한할 우려가 없는 상황이라고 판단되는 경우에는 문제해결 방법의 내용을 변경 또는 문제해결 방법을 종료하는 것이 인정될 수도 있다.47)

2) 문제해결 방법의 유형

전형적인 문제해결 방법으로는 다음과 같은 방법이 있으며, 이러한 방법이 단독 혹은 공동으로 적절하게 조치될 수 있도록 강구할 필요가 있다.

(1) 사업양도 등

기업결합에 따라 일정한 거래분야에 있어서 경쟁이 실질적으로 제한되는 문제를 해결하기 위해서 가장 유효한 방법으로는 신규의 독립한 경쟁자를 진입시키거나 또는 기존의 경쟁자가 유효한 견제력을 갖도록 하는 방법을 들 수 있다.

이러한 해결 방법으로는 당사회사그룹의 사업부문의 전부 또는 일부의 양도, 당사회사그룹과 결합관계에 있는 회사의 결합관계의 해소(의결권 보유의 중지 또는 의결권보유 비율의 인하, 임원 겸임의 중지 등), 제3자와의 업무 제휴의 해소 등이 있다.

또한 수요의 감소 경향 등으로 당사회사그룹의 사업부문(예를 들면, 제조판매·개발부문)의 전부 또는 일부의 양수처가 용이하게 출현하는 상황이 아니라, 상품이 성숙하여 연구개발, 수요자의 요구에 따른 상품의 개량 등의 서비스 등이 경쟁상 별로 중요하지 않은 등 특단의 사정이 인정되는 경우에는 경쟁자에 대하여 당해 상품의 생산비용에 상

---

47) 企業結合審査に關する獨占禁止法の運用指針, 35頁; http://www.jftc.go.jp/dk/shishin01.pdf

당하는 가격에서의 인수권을 설정하는(장기적 공급계약을 체결한다) 것을 문제해결 방법
으로 함이 유효하다고 판단된다.[48]

(2) 기타

① 수입 · 진입을 촉진하는 조치 등

수요가 감소하는 경향 등으로 인하여 당사회사그룹의 사업부문 전부 또는 일부의
양수처가 용이하게 출현하지 않는 등 이유로 인하여 사업양도 등을 문제해결 방법
으로 강구할 수 없는 경우에는, 예외적으로 수입 · 진입을 촉진하는 것 등에 의하
여 기업결합에 따른 일정한 거래분야에 있어서 경쟁이 실질적으로 제한되는 문제
를 해결하는 것이 가능하다고 판단되는 경우가 있다.

예를 들면, 수입에 필요한 저장설비나 물류 서비스 부문 등을 당사회사그룹이 가지
고 있는 경우 그것을 수입업자가 이용할 수 있도록 하고 수입을 촉진함에 의하여
기업결합에 의한 일정한 거래분야에 있어서 경쟁이 실질적으로 제한된다는 문제를
해결하는 것이 가능하다고 판단될 수 있다. 또한 당사회사가 보유하고 있는 특허권
등의 경우도 경쟁자나 신규진입자의 요구에 응하여 적정한 조건으로 실시 허락 등
을 함으로써 기업결합에 의하여 일정한 거래분야에 있어서 경쟁이 실질적으로 제
한된다는 문제를 해결하는 것이 가능하다고 판단되는 경우가 있다.[49]

② 당사회사그룹의 행동에 관한 조치

이미 전술한 방법 외에도 당사회사그룹의 행동에 관한 조치를 강구함에 의하여, 기
업결합에 따른 일정한 거래분야에 있어서 경쟁이 실질적으로 제한되는 문제를 해
소하는 것이 가능하다고 판단되는 경우가 있다.

예를 들면, 상품의 생산은 공동출자회사에서 하지만, 판매는 출자회사가 각각 하는
것으로 하고 있는 기업결합의 경우, 출자회사 상호 간 및 출자회사와 공동출자회사
간에 있어서 당해 상품의 판매에 관한 정보의 교환을 차단하는 것, 공동자재 조달
의 금지 등 독립성을 확보하는 조치를 강구함으로써 기업결합에 의하여 일정한 거
래분야에 있어서 경쟁이 실질적으로 제한되는 문제를 해결하는 것이 가능하다고

---

48) 위의 운용지침, 36頁.
49) 위의 운용지침, 36~37頁.

판단되는 경우가 있다. 또한 사업을 위한 불가피한 설비의 이용 등에 대해서, 결합 관계가 없는 사업자를 차별적으로 취급하는 것을 금지함으로써 시장의 폐쇄성·배타성의 문제가 발생하는 것을 방지하는 것도 가능하다고 판단되는 경우가 있다.[50]

제2절 기업결합 가이드라인의 개요

1. 시장획정에 관련한 고려사항

2011년 6월 14일 개정된 기업결합심사에관한독점금지법의운용지침(企業結合審査に關する獨占禁止法の運用指針)에 의하면, SSNIP 척도에 의한 시장획정 방법은 그 기본으로 하고 있다. 즉 동 운용지침에 의하면, 일정한 거래분야의 획정에 관한 기본적 고찰에 있어서 "일정한 거래분야란 기업결합에 의하여 경쟁이 제한되는가를 판단하기 위한 범위를 보여 주고 있는데, 일정한 거래의 대상이 되는 상품의 범위(서비스 포함), 거래 지역의 범위(이하 '지역적 범위'라고 한다) 등에 관하여, 기본적으로는 수요자에 의한 대체성의 관점에서 판단하게 된다. 또한 필요에 따라서는 공급자에 의한 대체성의 차원도 고려된다"라고 언급함으로써 동 테스트에 의한 방법을 기본으로 하고 있음을 알 수 있다.[51]

수요자에 따른 대체성을 검토함에 있어서는, 어떤 지역에 있어서, 어떤 사업자가, 어떤 상품을 독점으로 공급한다는 가정하에서, 당해 독점사업자가 이윤의 최대화를 도모할 목적에서 작지만 의미 있고 지속적인 가격인상을 한 경우에,[52] 당해 상품 및 지역에 대해서 수요자가 당해 상품의 구입을 다른 상품 또는 지역에 대체할 수 있는 정도를 고려한다. 다른 상품 또는 지역으로의 대체 정도가 적어서 당해 독점사업자가 가격인상을 하여 이윤을 확대할 수 있는 범위가 기업결합에 따른 경쟁상 일정한 영향을 미치는 범위가 된다고 할 수 있다.[53]

공급자에 따른 대체성에 대해서는 당해 상품 및 지역에 대하여 작지만 의미 있고 지속

---

50) 위의 운용지침, 37頁.
51) 企業結合審査に關する獨占禁止法の運用指針, 10頁; http://www.jftc.go.jp/dk/shishin01.pdf
52) '작지만 의미 있고 지속적인 가격인상'이란 통상 인상의 폭에 대하여 5%에서 10% 범위이고, 기간에 대해서는 1년 정도의 것을 말한다. 하지만 이러한 수치는 어디까지나 목표치일 뿐이고, 실제로는 개별 사안마다 검토되는 것이다(위의 운용지침 11頁).
53) 위의 운용지침 10頁.

적인 가격인상이 있는 경우, 다른 공급자가 막대한 추가비용이나 리스크의 부담 없이 단기간(통상 1년) 내에 다른 상품 또는 지역으로부터 당해 상품을 제조·판매로 전환할 가능성의 정도를 고려한다. 즉 그러한 전환의 가능성의 정도가 적어 당해 독점사업자가 가격인상에 의한 이익을 확대할 수 있는 경우에는 그 범위가 당해 기업결합에 의하여 경쟁상 어떠한 영향을 미칠 수 있는 범위가 된다고 한다.[54]

또한 일정한 거래분야는 거래실태에 따라서 어떤 상품의 범위(또는 지역적 범위 등)에 대하여 성립과 동시에 그보다 광범위한(또는 협소한) 상품의 범위(또는 지역적 범위 등)에 대해서도 성립한다고 하는 것처럼 중층적으로 성립하게 된다. 또한 당사회사그룹이 여러 방면에 걸쳐 사업을 하는 경우에는 그러한 사업 전부에 대해서 거래의 대상으로 되는 상품의 범위 및 지역적 범위를 각각 획정하게 된다.[55]

2. 경쟁의 실질적 제한에 관련한 분석

1) 경쟁의 실질적 제한이 발생하는 경우

기업결합 심사에 관한 독점금지법의 운용지침에 의하면, 먼저, 수평적 기업결합에 의한 경쟁의 실질적 제한의 경우이든, 수직적 내지 혼합적 기업결합에 의한 경쟁의 실질적 제한의 경우이든 모두 경쟁의 실질적 제한의 기본적인 틀을 단독행위에 의한 경쟁의 실질적 제한과 협조적 행위에 의한 경쟁의 실질적 제한으로 구분하고 그에 대한 각각의 판단요소를 언급하고 있다. 이하에서는 수평적 기업결합의 경우를 중심으로 살펴보고 수직적 기업결합과 혼합적 기업결합의 경우에는 수평적 기업결합의 경우와 차이가 있는 요소를 중심으로 살펴본다.[56]

2) 수평적 기업결합의 경우 경쟁의 실질적 제한의 개요

수평적 기업결합은 일정한 거래분야에 있어서 경쟁 단위의 수를 감소시키기 때문에 경쟁에 미치는 영향도 직접적이고, 일정한 거래분야에 있어서 경쟁을 실질적으로 제한하게 되는 경우가 많이 존재한다고 볼 수 있다.

---

54) 위의 운용지침 10頁.
55) 위의 운용지침 10頁.
56) 企業結合審査に關する獨占禁止法の運用指針 第4 – 第5; http://www.jftc.go.jp/dk/shishin01.pdf

수평적 기업결합이 일정한 거래분야에 있어서 경쟁을 실질적으로 제한하게 되는 것은 당사회사그룹의 단독행동에 의한 경우도, 당사회사그룹과 그 하나 또는 복수의 경쟁자가 협조적 행동을 취하는 경우도 있지만, 개별 사안에서는 두 가지 관점 모두에서 문제가 되는가를 검토하여야 한다. 예를 들면, 어떤 기업결합에 대하여, 단독행동에 의한 경쟁의 실질적 제한의 관점에서는 문제가 되지 않지만, 협조적 행동에 의한 경쟁의 실질적 제한의 관점에서는 문제가 되는 경우가 있기 때문이다.[57]

(1) 단독행동에 의한 경쟁의 실질적 제한

수평적 기업결합이 단독행동에 의하여 일정한 거래분야에 있어서 경쟁을 실질적으로 제한하게 되는가는 상품이 동질적인가 차별화되고 있는가에 따라서 다음과 같은 경우를 들 수 있다.

① 상품이 동질적인 경우

상품이 동질적인 경우, 예를 들면, 당사회사그룹이 당해 상품의 가격을 인상할 때, 다른 사업자가 당해 상품의 가격을 인상하지 않으면, 수요자는 구입처를 다른 사업자로 대체하게 되므로 통상 당사회사그룹의 매상은 감소하고, 다른 사업자의 매상은 확대된다. 따라서 당사회사그룹이 당해 상품의 가격 등을 어느 정도 자유롭게 좌우하기가 쉽지 않다.

그러나 당사회사그룹의 생산·판매능력이 증대된 경우 다른 사업자의 생산·판매능력이 적다면, 당사회사그룹이 당해 상품의 가격을 인상하더라도 다른 사업자는 당해 상품의 가격을 인상하지도 못하고, 매상을 확대하거나 수요자가 구입처를 그와 같은 다른 사업자로 대체하지도 못하게 된다. 이러한 경우에는 당사회사그룹이 당해 상품의 가격 등을 어느 정도 자유롭게 좌우할 수 있는 상태가 쉽게 나타날 수 있기 때문에 수평적 기업결합이 일정한 거래분야에 있어서 경쟁을 실질적으로 제한하게 된다고 할 수 있다.[58]

---

57) 위의 운용지침 16頁.
58) 위의 운용지침 16~17頁.

② 상품이 차별화되는 경우

상품이 브랜드로 차별화되는 경우에는 어떤 브랜드의 상품 가격이 인상되는 경우 수요자는 그것에 대신하여 다른 브랜드 상품을 구입하는 것이 아니라 가격이 인상되는 브랜드의 상품을 먼저 구입한 다음으로 수요자가 선호하는(대체성이 높은) 브랜드의 상품을 구입하게 될 것이다.

이러한 경우, 당사회사그룹이 어떤 브랜드의 상품 가격을 인상할 경우 당사회사그룹이 당해 상품과 대체성이 높은 브랜드의 상품도 함께 판매하는 때에는 가격을 인상한 브랜드의 상품의 매상이 감소하더라도 당해 상품과 대체성이 높은 브랜드의 상품의 매상의 증가로 보상할 수 있기 때문에, 당사회사그룹 전체로서는 매상을 크게 감소시키지 않고, 상품의 가격을 인상할 수 있게 된다.

따라서 상품이 브랜드 등에 의하여 차별화되는 경우, 대체성이 높은 상품을 판매하는 회사 간에 기업결합을 하고, 다른 사업자가 당해 상품과의 대체성이 높은 상품을 판매하지 않을 때에는 당해 회사그룹이 당해 상품의 가격 등을 어느 정도 자유롭게 좌우할 수 있는 상태가 쉽게 출현할 수 있기 때문에, 수평적 기업결합이 일정한 거래분야에 있어서 경쟁을 실질적으로 제한하게 된다.[59]

(2) 협조적 행동에 의한 경쟁의 실질적 제한

수평적 기업결합과 관련하여 협조적 행동에 따른 일정한 거래분야에 있어서 경쟁을 실질적으로 제한하는 것은 전형적으로는 다음과 같은 경우를 들 수 있다. 즉 사업자 갑이 상품의 가격을 인상하는 경우, 다른 사업자 을, 병 등은 당해 상품의 가격을 인상하지 않고 매상을 확대하려고 할 것이다. 이에 따라 사업자 갑은 다시 가격을 원래의 가격으로 인하하거나 혹은 그것 이상으로 인하하게 될 것이고, 사업자 을, 병 등은 확대한 매상을 원래대로 또는 그 이상으로 줄이게 되는 경우를 들 수 있다.

그러나 수평적 기업결합에 의하여 경쟁 단위의 수가 감소하는 것과 더불어 일정한 거래분야의 집중도 등 시장구조, 상품의 특성, 거래 관행 등으로부터 각 사업자가 서로의 행동을 정확하게 예측할 수 있게 되어, 협조적 행동을 취하는 것이 이익이 되는 경우가 있다. 이러한 경우 사업자 갑이 가격을 인상함에 따라서 다른 사업자 을, 병 등도 상품의 가격을 인상하게 되는데, 만약 사업자 을이 당해 상품의 가격을 인상하지 않고 매상을

---

[59] 위의 운용지침 17頁.

확대한다고 하더라도, 다른 사업자가 쉽게 그러한 조치를 알아차리고, 그것에 대항하여 당해 상품의 가격을 원래의 가격으로 인하하거나 또는 그 이상으로 인하하여 빼앗긴 매상을 회복할 가능성이 높다. 따라서 사업자 을이 당해 상품의 가격을 인하하지 않음에 의하여 획득할 수 있다고 예상되는 일시적 이익은 사업자 갑을 따라서 가격을 인상할 때에 얻을 것으로 예상했던 이익보다 적게 될 가능성이 많다.

이러한 상황이 발생하는 경우에는 각 사업자가 가격을 인상하지 않거나 매상을 확대하지 않는 것보다는 서로 당해 상품의 가격을 인상하는 것이 오히려 이익이 되고, 당사회사와 그 경쟁자가 협조적 행동을 취함에 따라 당해 상품의 가격 등을 어느 정도 자유로이 좌우할 수 있는 상태가 용이하게 출현될 수 있기 때문에, 수평적 기업결합이 일정한 거래분야에 있어서 경쟁을 실질적으로 제한하게 된다고 할 수 있다.60)

(3) 경쟁을 실질적으로 제한할 수 없는 경우

수평적 기업결합은 일정한 거래분야에 있어서 경쟁을 실질적으로 제한하는 것으로 되는가의 여부에 대해서는 개별 사안마다 다음 3)에서 언급하는 각 판단요소를 종합적으로 고려하여 판단하게 된다. 하지만 기업결합 후의 당사회사그룹이 아래의 ①~③중의 어떤 것에 해당된다고 하더라도 수평적 기업결합이 일정한 거래분야에 있어서 경쟁을 실질적으로 제한하게 된다고는 통상적으로 생각되지 않고, 다음 3)에 언급하는 수평적 기업결합에 의한 경쟁의 실질적 제한과 관련한 단독 행동 내지 협조적 행동에 따른 경쟁의 실질적 제한의 판단요소에 대한 검토가 필요하다고는 생각되지 않는다.

① 기업결합 후의 허핀달 – 허쉬만 지수가(이하 HHI)가 1,500 이하인 경우

② 기업결합 후의 HHI가 1,500을 초과하여 2,500 이하인 경우 또는 HHI의 증분이 250 이하인 경우

③ 기업결합 후의 HHI가 2,500을 초과하거나 또는 HHI의 증분이 150 이하인 경우

또한 위의 기준에 해당하지 않더라도 직접적으로 경쟁을 실질적으로 제한하는 것이 아니라 개별 사안마다 구체적인 판단이 필요하지만, 과거의 사례에 비추어 보면, 기업결합 후의 HHI가 2,500 이하이고 또한 기업결합 후의 당사회사그룹의 시장점유율이 35% 이하인 경우에는 경쟁을 실질적으로 제한하는 것으로 본다고 한다.61)

---

60) 위의 운용지침 17~18頁.

3) 수평적 기업결합의 경우 경쟁의 실질적 제한의 판단 시 고려사항

수평적 기업결합의 경우 경쟁의 실질적 제한의 판단에 있어서는 단독행동에 의한 경쟁의 실질적 제한의 경우와 협조적 행동에 의한 경쟁의 실질적 제한의 경우로 구분하여 살펴보고 있다.

먼저, 단독행동에 의한 경쟁의 실질적 제한에 대한 판단요소로는 ① 당사회사그룹의 지위 및 경쟁자의 상황, ② 수입, ③ 진입, ④ 인접시장의 경쟁압력, ⑤ 수요자의 경쟁압력, ⑥ 종합적인 사업능력, ⑦ 효율성, ⑧ 당사회사그룹의 경영상황을 들고 있다.

다음으로 협조적 행동에 의한 경쟁의 실질적 제한에 대한 판단요소로는 ① 당사회사그룹의 지위 및 경쟁자의 상황, ② 거래의 실태 등, ③ 수입, 진입 및 인접시장의 경쟁압력, ④ 효율성 및 당사회사그룹의 경영상황을 들고 있다.

이하에서는 먼저, 단독행동에 의한 경쟁의 실질적 제한에 대한 판단요소를 중심으로 그 내용을 살펴보고, 그다음으로 협조적 행동에 의한 경쟁의 실질적 제한에 대한 판단요소를 살펴본다.

(1) 당사회사그룹의 지위 및 경쟁자의 상황

기업결합심사에관한독점금지법의운용지침에 의하면, 경쟁의 실질적 제한에 대하여 판단요소로서, 우선 당사회사그룹의 지위 및 경쟁자의 상황 속에서 우선 당사회사의 시장점유율 및 그 순위를 들고 있다.[62]

① 시장점유율 및 그 순위

기업결합 후의 당사회사그룹의 시장점유율이 큰 경우에는, 그것이 적은 경우에 비하여 당사회사그룹이 상품의 가격을 인상하더라도 다른 사업자는 그 상품에 대한 가격을 인상하지 못하는데, 그 이유는 당사회사그룹을 대신하여 해당 상품을 충분히 공급할 수 없기 때문이다. 즉 당사회사그룹의 상품에 대한 가격을 인상하더라도 다른 사업자는 그에 대하여 견제할 수 있는 힘이 약하기 때문이다. 따라서 기업결합 후의 당사회사그룹의 시장점유율이 큰 경우 및 기업결합에 의한 시장점유율의

---

61) 위의 운용지침 18頁.
62) 위의 운용지침 19頁.

증가분이 큰 경우에는 그만큼 당해 기업결합으로 인하여 경쟁에 미치는 효과가 크다고 할 수 있다. 마찬가지로, 기업결합 후 당사회사그룹의 시장점유율의 순위가 높은 경우 및 기업결합에 의한 순위가 상승한 경우에도 그만큼 당해 기업결합으로 인한 경쟁에 미치는 효과가 크다고 할 수 있다.

기업결합에 의한 시장점유율의 변화의 산정에 관련해서는 인수 가능한 최신의 당사회사그룹의 시장점유율을 기초로 계산하는 것을 원칙으로 하지만, 보다 장기간 판매량이나 매상고의 변화, 수요자의 선호의 변화, 기술혁신의 신속함과 정도, 상품의 진부화의 상황, 시장점유율의 변동의 상황 등에 따라 당해 기업결합 후의 배경에 이미 경쟁압력을 형성하고 있지 않는 상황인 경우에는 그 점도 가미하여 경쟁에 미치는 영향을 판단하게 된다.[63]

② 당사회사 간의 종래 경쟁의 상황 등

종래 당사회사 간의 경쟁이 활발하게 이루어졌거나 당사회사의 행동이 시장에서 경쟁을 활발하게 하는 것이 시장 전체의 가격인하 내지 다양한 품질의 향상 등으로 연결된다고 인정되는 경우에 기업결합 후의 당사회사그룹의 시장점유율이나 그 순위가 높지 않다고 하더라도 당해 기업결합에 의하여 이러한 효과를 기대할 수 없게 되었다면 그것은 경쟁에 미치는 영향이 크다고 할 수 있다.

예를 들면, 당사회사 간에서 경쟁이 활발히 이루어지거나, 일방 시장점유율의 확대가 상대방 시장의 점유율 감소로 연결되는 경우, 기업을 결합한 이후 일방 당사회사의 매상의 감소는 상대방 당사회사의 매상 증가로 보상될 수 있고, 당사회사그룹 전체로서는 매상을 크게 감소시키지 않고 상품의 대가를 인상할 수 있다고 생각되기 때문에 당해 기업결합의 경쟁에 미치는 영향은 크다고 할 수 있다.

또한 상품이 브랜드 등에 의하여 차별되고 있는 경우도 각 당사회사가 판매하는 상품 간의 대체성이 높은 경우에는 기업결합 후는 일방의 상품의 매상의 감소를 당해 상품과 대체성이 높은 상품의 매상의 증가로 보상할 수 있고, 당사회사그룹 전체로서 매상을 크게 감소시키지 않고 상품의 가격을 인상하는 것이 가능하다고 보기 때문에 당해 기업결합의 경쟁에 미치는 영향은 크다고 본다.[64]

---

63) 위의 운용지침 19~20頁.
64) 위의 운용지침 20頁.

③ 공동출자회사의 취급

출자회사가 행하는 특정 사업부문의 전부가 공동출자회사에 의하여 통합됨으로써,
출자회사의 업무와 분리되는 경우에는 출자회사와 공동출자회사의 업무의 연관성
은 약하다고 본다.

따라서 예를 들면, 어떤 상품의 생산·판매, 연구개발 등 사업 모두가 공동출자회
사에 통합되는 경우에는 공동출자회사에 대한 시장점유율 등을 고려하게 된다. 다
른 한편, 출자회사가 행하는 특정 사업부문의 일부가 공동출자회사에 통합되는 경
우에는 공동출자회사의 운영을 통한 출자회사 상호 간에 협조관계가 발생할 가능
성이 있다. 출자회사 상호 간에 협조관계가 발생하는가에 대해서는 공동출자회사에
관련한 출자회사 간의 구체적인 계약의 내용이나 결합의 실태, 출자회사 상호 간에
거래관계가 있는 경우에는 그 내용 등을 고려하게 된다.

예를 들면, 어떤 상품의 생산부문만이 공동출자회사에 의하여 통합되고 출자회사는
계속하여 당해 상품의 판매를 하는 경우에, 공동출자회사의 운영을 통하여 출자회
사 상호 간에 협조관계가 발생할 때에는 출자회사의 시장점유율을 합산하는 등으
로 경쟁에 미치는 영향을 고려하게 된다. 다른 한편 출자회사는 계속하여 당해 상
품의 판매를 하는 것이, 공동출자회사의 운영을 통하여 출자회사 상호 간에 협조관
계가 발생하지 않도록 조치를 강구할 수 있는 경우에는 경쟁에 미치는 영향은 보
다 적어진다고 판단된다.[65]

④ 경쟁자의 시장점유율 격차

당사회사가 통합에 의하여 시장지배력을 확보할 수 있는지는 경쟁자가 충분한 견
제력을 가지고 있는지에 따라 영향을 받는다. 따라서 경쟁자의 견제력을 판단하기
위해서는 '경쟁자의 시장점유율 격차'를 고려하게 된다. 위와 관련하여 동 운영지
침에서는 다음과 같이 언급하고 있다.

"기업결합 후의 당사회사그룹의 시장점유율과 경쟁자의 시장점유율 격차가 큰 경
우에는 그것이 작은 경우에 비하여, 당사회사그룹이 상품의 가격을 인상하더라도
경쟁자가 당해 상품의 가격을 인상하지 않고, 또한 당사회사그룹을 대신하여 당해
상품을 충분히 공급하는 것도 용이하지 않기 때문에, 당사회사그룹의 당해 상품의
가격인상에 대한 경쟁자의 견제력은 약하다고 할 수 있다.

---

65) 위의 운영지침 20~21頁.

따라서 기업결합 후의 당사회사그룹의 시장점유율과 경쟁자의 시장점유율과의 격차가 크지 않은 경우에는 그만큼 당해 기업결합으로 인하여 경쟁에 미치는 영향도 크다고 할 수 있다. 그 결과 만약 기업결합 후의 당사회사그룹과 동등 이상의 시장점유율을 가지고 있는 경쟁자가 존재한다면 당사회사그룹이 가격을 자유로이 인상하는 것을 견제할 수 있게 된다.

또한 경쟁자의 점유율과의 격차를 고려할 때에는 경쟁자의 공급 여력이나 경쟁자가 판매하는 상품과 당사회사그룹이 판매하는 상품과의 대체성의 정도도 고려하여야 한다.”

⑤ 경쟁자의 공급여력 및 차별화 정도

경쟁자의 공급여력이 충분하지 않은 경우에는 당사회사그룹이 당해 상품의 가격을 인상하더라도 당해 상품의 가격을 인상하지 못하고 매상 또한 확대하지 못하여 당사회사그룹이 당해 상품의 가격의 인상에 대한 견제력을 행사할 수 없게 된다. 이처럼 경쟁자의 공급여력이 충분하지 않은 경우에는 기업결합 후의 당사회사의 시장점유력과 경쟁자의 시장점유력과의 격차가 그다지 크지 않음에도 불구하고 당해 기업결합의 경쟁에 미치는 영향이 적다고는 할 수 없다. 반대로 당해 상품의 수요가 계속적 구조적으로 감소하고, 경쟁자의 공급여력이 충분한 경우에는 당사회사그룹의 가격인상에 대하여 견제력이 될 수 있다.

또한 상품이 브랜드 등에 의하여 차별화되고 있다고 하더라도 당사회사가 판매하는 상품 간의 대체성이 높은 경우에는 경쟁자가 판매하는 상품과 당사회사그룹이 판매하는 상품과의 대체성 정도를 고려할 수밖에 없다. 만약 대체성이 낮은 경우에는 기업결합 후의 당사회사의 시장점유율과 경쟁자의 시장점유율과의 격차가 그다지 크지 않다고 해도, 당해 기업결합의 경쟁에 미치는 영향이 크다고 할 수 있다.66)

⑥ 국경을 초월한 지역적 범위 획정의 경우

국경을 초월한 지역적 범위 획정에 대해서는 경쟁의 실질적 제한의 판단요소와 관련하여 서술한 부분에서 언급하고 있다. 즉 기업결합심사에관한독점금지법의운용지침 제4－2(1)カ에 의하면, “일정한 거래분야와 관련하여 검토한 결과, 국경을 초월하여 지역적 범위가 획정될 수 있는 상품으로서는, 예를 들면, 국경을 초월한 거래

---

66) 위의 운영지침 21~22頁.

에 있어서 제도상·수송상의 조건이 일본 국내의 거래와 비교하여 큰 차이가 없지만, 품질 면 등에 있어서 국내외의 상품에 대한 대체성이 높은 상품이나 비철금속 등 광물자원처럼 상품거래소를 통하여 국제적인 가격지표가 형성되고 있는 상품을 들 수 있다. 이러한 상품은 당해 지역적 범위에 있어서 당사회사그룹의 시장점유율·순위, 당사회사 간의 종래 경쟁의 상황, 경쟁자의 시장점유율의 격차, 경쟁자의 공급여력·차별화의 정도 등을 가미하여, 경쟁에 부여된 영향을 판단하도록 하고 있다"고 규정하고 있다.67)

이러한 예시로 들고 있는 비철금속 등 광물자원과 같이 상품거래소를 통하여 국제적인 가격지표가 형성된다는 점으로부터 국경을 초월한 지역적 범위의 획정에는 단순히 수입을 하고 있다는 것뿐만 아니라, 국내가 아닌 해외에서의 상품 대체성의 정도가 훨씬 더 커야 한다는 조건을 요구하고 있다는 점을 알 수 있다.68)

(2) 수입의 취급

수입이란 위에서 언급한 지역적 시장 이외의 지역으로부터 상품이 공급된 경우를 말한다. 이로 인하여 국경을 초월한 일정한 지역이 지역적 범위로 획정되는 경우에는 당해 지역적 범위 이외의 지역에서 당해 지역적 범위로 행하는 상품의 공급을 수입이라고 보게 된다. 이러한 수입도 경쟁의 실질적 제한의 판단요소라고 할 수 있다.

즉 수입압력이 충분히 작용한다면 당해 기업결합이 일정한 거래분야에 있어서 경쟁을 제한하게 될 가능성은 낮다고 본다. 수요자가 당사회사그룹의 상품을 용이하게 수입품으로 대체하여 사용할 수 있는 상황이라면, 당사회사그룹이 당해 상품의 가격을 인상하는 경우에는 수입품으로 대체할 개연성이 크기 때문에 당사회사그룹은 수입품에 의한 매상의 감소를 우려하여 당해 상품의 가격을 인상하지 않을 것을 고려하게 된다.69)

반면 수입압력이 충분히 작용하는가 그렇지 않은가에 대해서는 현재 수입을 하고 있는가와 관계없이, 다음 ①~④와 같은 수입에 관련한 상황을 모두 검토하여, 상품의 가격이 인상될 경우에는 수입의 증가가 일정한 기간 내에70) 발생하고, 당사회사그룹이 어느 정

---

67) 위의 운용지침 22頁.
68) 세계의 실무는 수입실적이 있는 상품 서비스에 대해서 처음부터 세계시장으로 파악하는 것이 아니라, 수입확대에 대한 제도적·경제적 장벽을 관련 사안에서 구체적으로 고려하는 입장이 정착되어 있다고 보는 경향이 있다[川濱昇·, 泉水文雄他, 『企業結合ガイドラインの解說と分析』(商事法務, 2008), 89~90頁].
69) 위의 운용지침 22頁.

도 자유로이 가격 등을 좌우하는 것을 방해할 수 있는 요인으로 작용할 수 있는가를 고려하게 된다.[71]

① 제도상의 장벽 정도

수입압력의 평가 시, 당해 상품에 대한 관세 기타 수입에 관련한 세제 등의 제도상 규제가 존재하고, 그것이 향후에도 장벽으로 작용하는가를 검토할 필요가 있다. 제도상 장벽이 존재하지 않는다면, 그만큼 수입에 대한 압력을 가하기가 용이하다. 또한 제도상 장벽이 존재하여 현시점에서 수입이 적은 경우라 하더라도, 가까운 장래에 제도상의 장벽이 제거될 예정인 경우에는 수입이 보다 용이하게 행하여지게 되고, 수입압력이 높아질 가능성이 있다.

다른 한편 제도상 장벽이 존재하여, 그것이 유지되는 경우에는 당사회사그룹이 상품의 가격을 인상하여도 수입이 증가할 여지가 작아, 수입압력은 낮은 상태로 머무를 것으로 보인다.

현재 상당량의 수입이 행하여지고 있는 경우에는 통상, 제도상 장벽이 낮은 것으로 추정되지만, 예를 들어, 수입할당제도가 존재하여 수입증가의 여지가 한정되어 있는 경우에는 수입압력은 한정적인 것에 머무를 수밖에 없다는 점에 유의할 필요가 있다.[72]

② 수입에 관련한 수송비용의 정도나 유통상의 문제 유무

수입에 관련한 수송비용이 낮고 또한 수입에 관련한 유통상의 문제가 존재하지 않는 경우, 그만큼 국내 제품의 가격이 인상될 때에는 수입품이 일본 국내에 유입되기 쉬운 환경이라고 볼 수 있다.

다른 한편 중량이 큰 물품으로 부가가치가 낮은 상품 등, 수입에 관련한 수송비용이 늘어난 경우, 수요자가 수입품을 구입하려고 하는 요인이 적을 가능성이 많다. 또한 수입과 관련하여, 물류·저장설비 등 일본 국내에 있어서 유통, 판매체제가 정비되어 있지 않아 수입품의 안정적 공급을 기대할 수 없는 경우에는 수요자는 수입품의 구입을 의도적으로 기피할 가능성도 있다. 이러한 경우에는 당사회사그룹

---

70) 통상 2년 이내의 기간을 말하지만, 산업의 특성에 따라 이보다 단기간의 경우뿐만 아니라 장기간의 경우도 있다(위의 운용지침 24頁).
71) 위의 운용지침 22頁.
72) 위의 운용지침 22~23頁.

이 상품의 가격을 인상하더라도 수입이 증가될 가능성은 낮고 수입압력 또한 작용하기 어렵다고 본다. 현재 상당량의 수입품이 국내에 유입되고 있는 경우는 이러한 수송이나 유통상의 문제가 거의 없는 것으로 판단된다.[73]

③ 수입품과 당사회사그룹의 상품 대체성의 정도

수입품과 당사회사그룹의 상품에 대한 대체성이 높은 경우, 그만큼 수요자는 주저 없이 수입품을 구입하여 사용할 것으로 판단된다. 다른 한편 수입품과 당사회사그룹의 상품에 품질의 차이가 있거나, 수입품의 진열에 문제가 있는 경우 또는 수요자가 상품을 사용함에 있어서 익숙하지 않은 경우에는 수입품을 선호하지 않을 가능성이 많다. 이러한 경우에는 당사회사그룹이 상품의 가격을 인상하더라도 수입이 증가할 가능성은 낮고, 수입압력 또한 작용하기 어렵다고 판단된다.

수입품과 당사회사그룹 상품과의 대체성 정도를 평가할 때에는 수입품과 당사회사그룹 상품과의 가격수준 차이나 가격·수량의 동향 등 과거의 실적을 참고하는 경우가 많다. 예를 들면, 당사회사의 상품의 가격이 상승한 경우 수입품의 판매수량이 증가한 실적이 있을 때에는 수입품과의 대체성이 높다고 인식될 수 있다. 또한 주요 수요자가 수입품을 사용한 경험의 유무나 그 평가, 수입품 채용의 의향 등도 당사회사그룹의 상품과 수입품과의 대체성이 높은가 그렇지 않은가를 판단하는 요인으로 작용하기도 한다.[74]

④ 해외 공급 가능성의 정도

당사회사그룹이 상품의 가격을 인상한 경우 수입 증가의 가능성 정도를 평가할 필요가 있다.

해외의 사업자가 상품을 값싼 생산비용으로 충분히 공급할 여력을 가지고 있는 경우에는 그만큼 국내 가격의 상승에 대하여 수입이 증가할 개연성이 높다고 본다. 해외 상품의 수입이나 해외 사업자의 일본에 대한 수출의 구체적인 계획이 있는 경우에는 그렇지 않은 경우에 비하여, 수입 증가의 개연성이 높다. 또한 해외의 유력한 경쟁자가 존재하여, 현재까지 상당 정도, 국내에 대한 공급을 하고 있는 경우나, 가까운 장래에 그 사업자가 국내에 물류, 판매거점을 설치하고, 상품을 공급하

---

73) 위의 운용지침 23頁.
74) 위의 운용지침 23~24頁.

는 구체적인 계획을 가지고 있는 등 그 실현 가능성이 높은 경우에는 수입압력이 작용할 수 있다고 판단된다.

또한 일본 이외의 시장에 당해 상품을 공급하고 있으나, 국내 가격 그대로 일본으로 발송지를 변경할 개연성이 높은 해외 사업자가 존재하는 경우나, 국내 가격 그대로 설비능력 등을 증대시켜 일본으로 공급할 개연성이 높은 해외 사업자가 존재하는 경우에는 국내 가격의 상승에 따라 수입이 증가할 가능성이 높고, 수입압력으로 작용할 가능성이 높다고 본다. 특히, 해외의 유력한 사업자가 생산능력을 증강시키는 결과, 해외에 있어서 공급량이 증가하는 경우 해외에서의 시장가격이 하락하고, 국내 제품과의 사이에 가격격차가 발생할 경우에는 수입압력이 높아질 가능성이 많다고 판단된다.[75]

(3) 진입

신규진입의 고려에 대해서는 수입의 고려와 마찬가지로 경쟁압력으로서 고려된다. 즉 동 운용규칙에 의하면, "진입이 용이하고, 당사회사그룹이 상품의 가격을 인상한 경우에, 보다 낮은 가격에서 당해 상품을 판매함으로써 이익을 얻으려고 하는 진입자가 나타날 개연성이 있을 때에는 당사회사그룹은 진입자에게 매상을 빼앗기는 것을 고려하여, 상품의 가격을 인상하지 않는 것을 고려하게 된다. 따라서 진입압력이 충분하다면, 당사회사그룹이 어느 정도 자유로이 가격의 인상을 하는 것을 저지할 수 있는 요인이 된다"고 할 수 있다.[76]

진입압력이 충분한 것인가에 대해서는 수입에 관련한 분석과 마찬가지로 다음과 같은 진입 관련한 상황을 전부 검토한 다음, 일정 기간[77] 동안 진입을 함으로써 당사회사그룹이 자유로이 가격 등을 설정하는 것을 어느 정도 저지할 수 있는가의 여부를 고려하게 된다.[78]

① 제도상 진입장벽의 정도

진입압력을 평가하기 위해서는 당해 상품에 대하여 법제도상의 진입규제가 존재하

---

75) 위의 운용지침 24頁.
76) 위의 운용지침 24頁.
77) 수입과 마찬가지로, 대개 2년 이내를 기준으로 한다.
78) 企業結合審査に關する獨占禁止法の運用指針 25頁. http://www.jftc.go.jp/dk/shishin01.pdf

고, 그것이 진입의 장벽으로 되는가 또는 앞으로도 당해 규칙이 유지되는가에 대한 검토가 필요하다고 본다. 법제도상의 진입규제가 존재하지 않는다면, 그만큼 진입압력이 작용하기 쉽다. 또한 진입규제가 진입의 장벽으로 되고 있는 경우라고 하더라도 가까운 장래에 그 규제가 없어지는 것이 예정되어 있는 경우라면 진입이 보다 용이하게 되고, 진입압력도 높을 가능성이 있다.

다른 한편 진입규제가 진입의 장벽으로 되고, 그것이 유지되는 경우에는 당사회사그룹이 상품의 가격을 인상한다고 하더라도 진입을 하지 않고 진입압력은 낮은 상태로 머물게 된다고 생각된다. 최근 일정한 진입이 이루어지고 있는 경우에는 통상 진입규제가 존재하지 않지만, 존재한다고 하더라도 진입의 장벽으로 되지 않는다고 본다.[79]

② 실태 면에서의 진입장벽의 정도

진입을 위한 필요 자본량이 적고, 진입에 의한 기술조건, 원재료 조달의 조건, 판매 면의 조건 등의 문제가 존재하지 않는 경우에는 그만큼 진입이 용이한 환경이라고 판단된다. 또한 생산설비에 중요한 변경을 가하지 않고 당해 상품을 공급할 수 있는 사업자가 존재한다면 당해 사업자에 의한 진입도 용이하다고 생각된다.

진입에 상당한 자본량이 필요한 경우 당사회사그룹이 상품의 가격을 인상한 경우에 진입할 수 있는가는 기업행동의 평가에 따라 달라진다.

또한 입지조건, 기술조건, 원재료 조달의 조건, 판매 면의 조건 등에 있어서 진입자가 기존 사업자에 비하여 불리한 상황에 처해 있는 경우에는 진입을 기대할 수 없는 요인이 된다고 할 수 있다. 다른 한편, 최근 일정한 진입을 하고, 그것이 성공하고 있는 경우에는 통상 실태 면에서의 진입장벽이 낮은 것으로 볼 수 있다.[80]

③ 진입자의 상품과 당사회사 상품의 대체성 정도

진입자가 공급하려는 상품과 당사회사그룹 상품의 대체성이 높은 경우에는 그만큼 수요자는 진입자의 상품을 구입하여 사용할 가능성이 크다고 본다.

다른 한편, 진입자가 당사회사그룹과 동등한 품질의 상품을 동등하게 다양한 형태로 제조·판매하는 것이 곤란한 경우 또는 수요자의 사용습관 문제로부터 진입자

---

79) 위의 운용지침 25頁.
80) 위의 운영지침 25頁.

의 상품을 선호하지 않는 경우에는 진입하기가 어려울 수 있고 또한 진입한다고 하더라도 당사회사그룹의 상품에 대한 충분한 경쟁압력으로 작용하기 어려울 것으로 본다.

④ 진입 가능성의 정도

당사회사그룹이 상품의 가격을 인상한 경우, 진입 가능성의 정도를 평가할 필요가 있다.

현재 다른 사업자가 충분한 규모로 진입할 계획을 가지고 있는 경우나 당해 일정한 거래분야에 있어서 가격 그대로 설비의 신설이나 변경 등을 하여, 당해 거래분야에 대한 공급을 할 개연성이 높은 진입자가 존재하는 경우에는 그렇지 않은 경우에 비하여 진입압력이 높다고 본다.

또한 일반적으로 향후 엄청난 수요가 진입하게 될 개연성이 높은 성장시장에 공급되는 상품, 기술혁신이 빈번한 상품, 생명주기가 짧은 상품, 기존 기술을 대체할 유력한 신기술에 대한 개발투자가 왕성한 상품 등, 시장구조가 능동적으로 변화되기 쉬운 경우에는 그렇지 않은 경우에 비하여 높은 진입장력이 발생하기 쉽다고 본다.[81]

(4) 인접시장으로부터의 경쟁압력

일정한 거래분야에 관련한 시장, 예를 들면, 지역적으로 인접한 시장 및 당해 상품과 유사한 효용 등을 가지고 있는 상품(이하 경합품)의 시장에 있어서 경쟁상황도 고려대상으로 하여야 한다.

예를 들면, 인접시장에 있어서 충분히 활발한 경쟁이 이루어지는 경우나, 가까운 장래에 경합품이 당해 상품에 대한 수요를 대체할 정도의 개연성이 높은 경우에는 당해 일정한 거래분야에 있어서 경쟁을 촉진하는 요소로서 평가할 수 있는 경우가 있다. 수요의 감소에 따라 시장이 감소하고 있는 상품에 대해서는 경합품이 당해 상품의 수요를 대체할 정도로 개연성이 높은 경우도 마찬가지이다.[82]

---

81) 위의 운영지침 26頁.
82) 위의 운영지침 26頁.

① 경합품

당해 상품과 그 효용 등은 유사하지만 별도의 시장을 구성하는 경합품 시장이 존재하는 경우에는 판매망, 수요자, 가격 등 면에서 본 효용 등의 유사성에 의하여 경합품에 대한 당사회사그룹이 좌우하는 자유로운 가격 결정이 어느 정도 방해하는 요인으로 작용될 수 있다.[83]

② 지역적으로 인접한 시장의 상황

당해 일정한 거래분야의 지역적 범위가 한정되어 있는 경우 그것에 인접하여 동일한 상품이 공급되고 있는 별도의 지역적 시장이 존재하는 때에는 그 인접도, 물류수단, 교통수단, 당해 시장의 사업자 규모 등에 의하여 당해 인접시장에 있어서 경쟁이 당사회사그룹이 좌우하는 자유로운 가격 결정에 대하여 어느 정도 방해 요인으로 작용될 수 있다.[84]

(5) 수요자의 경쟁압력

당해 일정한 거래분야에서의 경쟁압력은 다음의 거래 단계에 위치하는 수요자 측으로부터 발생하는 경우도 있다. 수요자가 당사회사그룹에 대하여 대항적인 교섭력을 가지고 있는 경우에는 거래관계를 통하여, 당사회사그룹이 자유로이 가격 등을 좌우하는 것을 저지하는 요인이 될 수 있다. 수요자 측으로부터의 경쟁압력이 작용하는가에 대해서는 다음과 같은 수요자와 당사회사의 거래관계 등에 관련한 상황을 고려한다.[85]

① 수요자 간의 경쟁상황

수요자의 상품시장에 있어서 경쟁이 활발할 때에는 수요자는 공급자로부터 최대한 낮은 가격으로 당해 상품을 구입하려고 하는 경우가 있다고 판단된다.

예를 들면, 원재료의 제조업자가 기업결합을 하는 경우 당해 원재료의 수요자인 완성품 제조업자는 완성품의 가격을 낮추기 위하여 가능한 한 최대한 낮은 가격으로 당해 원재료를 조달하려고 하는 것으로 판단된다. 이 경우 당사회사그룹이 당해 상품의 가격을 인상시키면 매상이 크게 감소할 가능성이 있기 때문에 당사회사그룹

---

83) 위의 운영지침 26頁.
84) 위의 운영지침 26頁.
85) 위의 운영지침 27頁.

이 가격 등을 자유로이 좌우하는 것을 어느 정도 저지하는 요인으로 고려될 수 있다.[86]

② 거래처 변경의 용이성

수요자가 어떤 공급자로부터 다른 공급자로 공급처를 교체하는 것이 용이하고, 또한 교체할 가능성을 당해 공급자에게 표시하는 등에 의하여 가격 교섭력을 행사하는 때에는 수요자의 경쟁압력이 작용한다고 판단된다. 예를 들면, 수요자가 전자상거래나 입찰 구매를 할 때에 경쟁적으로 공급자를 선택하고 있는 경우, 외부에 위탁 내지 발주를 하지 않고 자사에서 모든 것을 제조 및 제작하기가 용이한 경우, 해당 상품 이외 것을 포함하여 다양한 형태로 거래를 변경하는 것이 용이하여 구매자 압력이 형성되고 있는 경우, 대규모의 대형할인매장(전기전자제품 전문적 취급)처럼 거래규모가 큰 복수의 구매처를 가지고 있는 경우 등 수요자의 조달방법, 공급처의 분산상황이나 변경의 곤란한 정도 등으로부터 볼 때, 당해 수요자의 가격 교섭력이 강한 때에는 당사회사그룹이 자유로이 가격의 설정을 하는 것을 저지할 수 있는 요인이 될 수 있다.[87]

③ 시장의 축소

당해 상품의 수요가 감소하여 계속적 내지 구조적으로 수요량이 공급량을 크게 하회함에 따라서, 수요자의 경쟁압력이 작용한 경우에는 당사회사그룹이 자유로이 가격의 설정을 하는 것을 저지할 수 있는 요인이 될 수 있다.[88]

(6) 종합적인 사업능력

기업결합 후에, 당사회사그룹의 원재료 조달력, 기술력, 판매력, 신용력, 브랜드력, 광고선전력 등 종합적인 사업능력이 증대하고, 기업결합 후의 회사 경쟁력이 현저히 증가함에 따라서 경쟁자가 경쟁적 행동을 하기가 곤란하게 될 경우에는 그 점도 가미하여 경쟁에 영향을 미치는 요소로 판단한다.[89]

---

86) 위의 운영지침 27頁.
87) 위의 운영지침 27頁.
88) 위의 운영지침 27頁.
89) 위의 운영지침 27~28頁.

(7) 효율성

경쟁의 실질적 제한의 판단요소로서 효율성에 대하여 언급하고 있다. 즉 위의 운영지침에 의하면, "기업결합 후에 있어서, 규모의 경제성, 생산설비의 축소, 공장의 전문화, 수송비용의 경감, 연구개발체제의 효율화 등에 의한 당사회사그룹의 효율성이 향상함에 따라서 당사회사그룹이 경쟁적인 행동을 취할 것으로 예상되는 경우에는, 그 점도 가미하여 경쟁에 영향을 미치는 요소로 판단한다. 이 경우 효율성에 대해서는 ① 기업결합에 고유의 효과로서 효율성이 향상되는 것일 것, ② 효율성의 향상이 실현 가능한 것일 것, ③ 효율성의 향상에 의하여 수요자의 후생이 증대되는 것일 것의 3가지 관점에서 판단된다. 또한 독점 또는 독점에 가까운 상황을 초래한 기업결합에서 효율성이 정당화되는 경우는 거의 없다"고 언급하고 있다.[90] 구체적으로 살펴보면 다음과 같다.

① 기업결합 고유의 효율성이 향상되는 것일 것
　　당해 효율성의 향상은 기업결합에 고유한 성과이어야 한다. 이를 위하여, 규모의 경제성, 생산설비의 통합, 공장의 전문화, 수송비용의 경감, 차세대 기술 및 환경대응능력 등 연구개발의 효율성 등 예정되어 있는 효율성과 관련한 각 요인에 대하여 그것이 보다 경쟁제한적이 아닌 다른 방법에 의하여 발생하지 않는 것이어야 한다.[91]

② 효율성의 향상이 실현 가능한 것일 것
　　당해 효율성의 향상은 실현 가능한 것이어야 한다. 이 점에 대해서는 예를 들면, 당해 기업결합을 결정하기에 이르기까지 내부 절차에 관련한 문서, 예정된 효율성에 관한 주주 및 금융시장에 대한 설명용의 자료, 효율성의 향상 등에 관한 외부전문가에 의한 자료 등을 검토하게 된다.[92]

③ 효율성의 향상에 의한 수요자의 후생이 증대하는 것일 것
　　당해 효율성의 향상에 의하여 제품·서비스 가격의 인하, 품질의 향상, 신상품의 제공, 차세대 기술 및 환경 대응능력 등 연구개발의 효율화 등을 통하여 그 성과가

---

90) 위의 운영지침 28頁.
91) 위의 운영지침 28頁.
92) 위의 운영지침 28頁.

수요자에게 환원되어야 한다. 이 점에 대해서는 위의 효율성 향상이 실현 가능한 것일 것 부분에서 언급한 자료 외에 예를 들면, 가격저하 등의 효과를 초래할 수 있는 능력향상에 관한 정보, 수요와 공급이란 양면의 경쟁압력하에서의 가격 저하, 품질향상, 신상품제공 등의 실적 등을 검토하게 된다.[93]

(8) 당사회사그룹의 경영상황

① 업적 부진 등
당사회사그룹의 일부 회사 또는 기업결합의 대상이 되었던 그 사업부문이 업적 부진에 빠져 있는가 등 경영상황도, 당사회사그룹의 사업능력을 평가하는 데 있어서 고려되어야 한다.

② 경쟁을 실질적으로 제한하게 될 우려가 적은 경우
기업결합이 일정한 거래분야에 있어서 경쟁을 실질적으로 제한하는 것인가에 대해서는 개별 사안에 대하여 각각의 판단요소를 종합적으로 감안하여 판단하게 되지만, 다음의 경우에는 수평적 기업결합이 단독행동에 따라 일정한 거래분야에 있어서 경쟁을 실질적으로 제한하게 될 우려가 적은 것으로 통상 판단된다.

㉠ 당사회사의 일방이 계속적으로 대폭적인 경상손실을 계상하지만, 실질적으로 채무초과에 빠져 있어, 운전자금의 융자를 받지 않으면 안 될 상황에 있어서는 기업결합을 하지 않으면 장래에 도산시장에서 퇴출될 개연성이 높은 경우에 있어서 이것을 기업결합에 의하여 구제하는 것이 가능한 사업자로, 상대방 당사회사에 의하여 기업결합보다도 경쟁에 미치는 영향이 적은 존재로 인식되기 어려운 때

㉡ 당사회사의 일방 기업이 기업결합의 대상으로 되는 사업부문이, 계속적으로 대폭적인 손실을 계상하는 등 현저한 업적 부진에 빠져 있어, 기업결합을 하지 않으면 가까운 장래에 있어서 시장에서 퇴출할 개연성이 높은 경우에 있어서, 이것을 기업결합에 의하여 구제하는 것이 가능한 사업자로, 상대방 당사회사에

---

93) 위의 운영지침 28頁.

의한 기업결합보다도 경쟁에 미치는 영향이 적다는 존재를 인식하기 어려운 때[94]

(9) 협조적 행동에 의한 경쟁의 실질적 제한에 대한 판단요소

수평적 기업결합이 협조적 행동에 의한 일정한 거래분야에 있어서 경쟁을 실질적으로 제한하는가에 대한 판단은 다음의 요소를 종합적으로 고려하여 판단한다.

① 당사회사그룹의 지위 및 경쟁자의 상황

㉠ 경쟁자의 수 등

일정한 거래분야에 있어서 경쟁의 수가 적어도 또한 소수의 유력한 사업자에게 시장점유율이 집중되고 있는 경우에는 경쟁자의 행동을 매우 정확하게 예측하기가 쉽다고 본다. 또한 각 사업자가 동일한 상품을 판매할 때, 비용 조건이 유사한 경우 등에는 각 사업자의 이해가 공통하는 것이 많기 때문에 협조적 행동을 취하기 쉬워지고 또한 경쟁자가 협조적인 행동을 할 것인가를 매우 정확하게 예측하기가 쉽다. 따라서 기업결합에 의하여 이러한 상황이 발생한 경우에는 경쟁에 미치는 영향이 매우 크다고 할 수 있다.[95]

㉡ 당사회사 간의 종래 경쟁상황 등

서로 시장점유율을 빼앗는 관계에 있거나 일방이 가격인하에 적극적인 경우 등 종래 당사회사 간에 경쟁이 활발하게 이루어졌거나 당사회사의 행동이 시장에 있어서 활발하게 행하여져 왔던 것이 시장 전체의 가격인하나 품질 및 다양한 상품의 향상으로 이어진다고 인정되는 경우에는 기업결합 후의 당사회사그룹의 시장점유율의 순위가 높지 않다고 하더라도 당해 기업결합에 의한 이러한 상황을 기대할 수 없는 때에는 경쟁에 미치는 영향이 크다고 할 수 있다.[96]

㉢ 경쟁자의 공급여력

자사의 공급여력이 크지 않은 경우에는 예를 들면, 가격을 인하하여 시장점유

---

94) 위의 운영지침 28頁.
95) 위의 운용지침 29頁.
96) 위의 운용지침 29~30頁.

율을 확대하고, 또한 경쟁자의 시장점유율을 빼앗을 가능성이 제한되기 때문에 그것에 의하여 얻을 수 있는 이익은 크지 않고, 경쟁자와 협조적인 행동을 하기가 쉽다고 본다. 반면 자사의 공급여력은 크지만, 경쟁자의 공급여력이 작은 경우에는 예를 들면, 상품의 가격을 인하하여 매상을 확대한다고 하더라도 가까운 장래에 경쟁자의 가격인하에 의하여 빼앗을 수 있는 매상에는 한계가 있고, 당해 상품의 가격을 인하하여 매상을 확대하는 것에 의하여 이익을 기대할 수 있으므로 경쟁자와 협조적인 행동을 취하려는 유인은 적어진다고 본다.[97]

ㄹ 공동출자회사의 취급

출자회사가 행하는 특정한 사업부문의 전부를 공동출자회사가 통합하였지만 출자회사의 업무와 분리되는 경우에는 출자회사와 공동출자회사 상호 간의 업무의 관련성은 거의 존재하지 않는다. 따라서 예를 들면, 어떤 상품의 생산이나 판매, 연구개발 등의 사업 전부가 공동출자회사에 의하여 통합되는 경우에는 공동출자회사에 대하여 경쟁자와 협조적인 행동을 취할 것인가가 고려된다.

반면 출자회사가 행하고 있는 특정 사업부문의 일부가 공동출자회사에 의하여 통합되는 경우 등에는 출자회사에 대해서도 경쟁자와 협조적인 행동을 취할 것인가가 고려된다.

출자회사 간에도 경쟁자와 협조적인 행동을 취할 것인가를 고려 대상으로 하는지의 판단은 공동출자회사와 관련한 출자회사 간의 구체적인 계약의 내용이나 결합의 실태, 출자회사 상호 간의 거래관계가 있는 경우에는 그 내용 등을 고려하여 판단하게 된다.

예를 들면, 어떤 상품의 생산부문만이 공동출자회사에 의하여 통합되고, 출자회사는 계속하여 당해 상품을 판매하는 경우, 공동출자회사의 운영을 통하여 출자회사 상호 간에 협조관계가 발생하는 일이 없도록 한다고 하더라도, 생산비용이 공동이라는 점에서 가격경쟁의 여지가 감소하고, 다른 출자회사를 포함한 경쟁자와 협조적인 행동을 취하는 유인이 발생하는 것으로 생각된다. 이러한 경우, 출자회사가 다른 출자회사를 포함한 경쟁자와 협조적인 행동을 취할 것인가를 고려하게 된다.[98]

---

97) 위의 운용지침 30頁.
98) 위의 운용지침 30頁.

② 거래의 실태 등

거래조건 등의 거래실태에 대해서는 협조적 행동에 따른 경쟁의 실질적 제한에 대해서의 판단요소로서 포함시키고 있다(단독행동에 의하여 경쟁의 실질적 제한에 대해서의 판단요소는 명시적으로 포함하고 있지 않다).[99]

㉠ 거래조건 등

사업자단체가 구성사업자의 판매가격이나 수량에 관한 정보를 수집·제공하고 있는 경우 등, 가격, 수량 등 경쟁자의 거래조건에 관한 정보를 용이하게 수집할 수 있는 경우에는 경쟁자의 행동을 확실하게 예측하기가 쉽고 또한 경쟁자가 협조적 행동을 할 것인지를 파악하는 것도 어렵지 않다고 본다. 특히, 이러한 경우에는, 예를 들면, 가격을 인상하여 매상을 확대하려는 행동을 할 때에는 다른 경쟁자는 용이하게 그것을 파악하여, 가격인하에 의하여 빼앗긴 매상을 회복할 가능성이 높기 때문에, 그러한 행동을 취할 유인은 적다고 판단된다. 다른 한편 대규모의 거래를 부정기적으로 행하는 경우에는, 예를 들면, 가격을 인하하여 대형 거래를 수주하면 그 이익은 크지만, 반면 그러한 기회는 많지 않기 때문에 경쟁자와 협조적 행동을 취하는 유인은 적어지고, 또한 경쟁자의 행동을 예측하는 것이 곤란한 것으로 보인다. 역으로 소형 거래를 정기적으로 행하고 있는 경우에는 경쟁자와 협조적인 행동을 취하기 쉽다고 판단된다.

㉡ 수요동향, 기술혁신의 동향 등

수요의 변동이 큰 경우나 기술혁신이 빈번하거나 또는 상품의 생명주기가 짧은 경우 등에는, 예를 들면 가격을 인하하여 매상을 확대하거나 또는 경쟁자의 매상을 탈취함으로써 커다란 이익을 얻을 가능성이 크기 때문에 경쟁자와 협조적인 행동을 취할 유인은 적으며 또한 경쟁자의 행동을 예측하는 것도 쉽지 않아서 경쟁자와 협조적인 행동을 취하기가 어렵다고 판단된다. 반면 시장점유율이나 가격의 변동이 거의 없는 경우에는 다른 사업자가 어떠한 행동을 취할 것인지 예측하기가 쉽고, 경쟁자와 협조적인 행동을 취할 가능성이 높다고 판단된다.

---

99) 위의 운용지침 30~31頁.

ⓒ 과거의 경쟁상황

협조적 행동을 취할 것인지를 판단함에는 과거의 시장점유율이나 가격의 변동상황도 고려하여야 한다. 예를 들면, 시장의 점유율이나 가격의 변동이 심한 경우에는 다른 사업자가 어떠한 행동을 취할 것인지를 예측하는 것은 쉽지 않다고 판단되기 때문에 경쟁자와 협조적인 행동을 취하기가 어렵다고 생각된다.

다른 한편 시장의 점유율이나 가격의 변동이 거의 없는 경우에는 다른 사업자가 어떠한 행동을 취할 것인지에 대한 판단이 쉬워 경쟁자와 협조적인 행동을 취한 가능성이 훨씬 높다고 판단된다.[100]

③ 기타 판단요소

이 외의 수입, 진입 및 인접시장의 경쟁압력 등, 효율성 및 당사회사그룹의 경영상황 등에 대해서는 앞에서 언급한 수평적 기업결합에서의 경쟁의 실질적 제한에 대한 요소를 기초로 하여 판단한다.

4) 수직적 및 혼합적 기업결합의 경우 경쟁의 실질적 제한의 판단 시 고려사항

(1) 기본적 개요

이미 언급한 바와 같이, 수직적 기업결합 및 혼합적 기업결합은 일정한 거래분야에 있어서 경쟁 단위의 수가 감소되지 않기 때문에, 수평적 기업결합에 비하여 경쟁에 크게 영향을 미치지 않고, 시장의 폐쇄성과 배타성, 협조적 행동 등에 따른 경쟁의 실질적 제한의 문제가 발행하지 않는 한, 통상, 일정한 거래분야에 있어서 경쟁을 실질적으로 제한한다고 생각되지는 않는다. 수직적 기업결합 및 혼합적 기업결합에 대해서도 단독행동에 의한 경쟁의 실질적 제한과 협조적 행동에 의한 경쟁의 실질적 제한 2가지 관점에서 검토한다.

① 단독행동에 의한 경쟁의 실질적 제한

수직적 기업결합 및 혼합적 기업결합이 단독행동에 따른 일정한 거래분야에 있어서 경쟁을 실질적으로 제한하게 되는 것은 전형적으로 다음과 같은 경우를 들 수 있다.

---

100) 위의 운영지침 31頁.

수직적 기업결합을 하면, 당사회사그룹 사이에서만 거래하는 것이 유리하기 때문에 사실상 다른 사업자의 거래 기회가 박탈되고, 당사회사그룹 간의 거래 부분에 대해서 폐쇄성 및 배타성의 문제가 발생할 수가 있다. 예를 들면, 복수의 원재료 제조회사보다는 원재료를 구입하는 또는 대규모의 시장점유율을 보유하고 있는 완성품 제조회사와 원재료 제조회사가 합병을 하고, 당사회사의 완성품 제조회사 부문을 당사회사의 원재료 부문에서만 원재료를 조달하는 경우, 다른 원재료 제조회사는 사실상 대형의 수요자와의 거래 기회를 박탈당하게 될 가능성이 있다. 또한 복수의 완성품 제조회사에게 원재료를 판매하거나 또는 대규모의 시장점유율을 보유하고 있는 원재료 제조회사와 당해 원재료의 수요자인 완성품 제조회사가 합병을 하고, 당사회사의 원재료 제조회사 부문을 그 완성품 제조회사에게만 원재료를 판매하게 되는 경우 다른 완성품 제조회사는 사실상 주요한 원재료의 공급원을 박탈당할 가능성이 있다. 유력한 제조회사와 유력한 유통업자가 합병을 한 경우도, 다른 제조회사가 신규진입을 할 때에는, 스스로 유통망을 정비하지 않는 한 진입이 곤란하게 되기 때문에 경쟁에 미치는 영향은 크다고 할 수 있다.

또한 수직적 기업결합 후에도 당사회사가 경쟁자와 거래를 계속할 경우에 기업결합 전과 비교하여 경쟁자가 거래상 불리한 취급을 당함으로써 실효성 있는 경쟁을 기대할 수 없게 되는 경우도 경쟁에 미치는 영향은 크다고 할 수 있다.

당사회사그룹의 시장점유율이 큰 경우에는 수직적 기업결합의 당사회사그룹 간의 거래 부분에서 그러한 폐쇄성·배타성의 문제가 발생하기 때문에 당사회사그룹이 당해 상품의 가격 기타 조건을 어느 정도 자유로이 변경하기가 매우 쉽다. 이러한 경우 수직적 기업결합은 일정한 거래분야에 있어서 경쟁을 실질적으로 제한하는 것으로 판단된다.

혼합적 기업결합을 하고 당사회사그룹의 종합적인 사업능력이 증대하는 경우에도, 시장의 폐쇄성·배타성 등의 문제가 발생하게 된다. 예를 들면, 기업결합 후의 당사회사그룹의 원재료 조달 능력, 기술력, 판매력, 신용력, 브랜드력, 광고 및 선전력 등 사업능력이 증대하고, 경쟁력이 현저히 증가함에 따라서 경쟁자가 경쟁적 행동을 취하는 것이 곤란하게 되어, 시장의 폐쇄성·배타성 등의 문제가 발생할 수가 있다.[101]

---

101) 위의 운영지침 33~34頁.

② 협조적 행동에 의한 경쟁의 실질적 제한

수직적 기업결합 및 혼합적 기업결합이 협조적 행동에 의한 일정한 거래분야에 있어서 경쟁을 실질적으로 제한하게 되는 경우는 전형적으로는 다음의 경우를 들 수 있다.

예를 들면, 제조회사와 유통업자와의 사이에 수직적 기업결합을 하고, 제조회사가 수직적 기업결합 관계에 있는 유통업자를 통하여, 당해 유통업자와 거래하는 어떤 다른 제조업자의 가격 등 정보를 얻을 수 있는 결과, 당사회사그룹의 제조회사를 포함한 제조회사와의 사이에서 협조적으로 행동할 가능성이 매우 높은 경우를 들 수 있다. 이러한 경우에는 당사회사그룹과 그 경쟁자가 당해 상품의 가격 등을 어느 정도 자유로이 변경할 수 있는 상태가 쉽게 도출될 수 있기 때문에 수직적 기업결합이 일정한 거래분야에 있어서 경쟁을 실질적으로 제한하는 것으로 판단된다.[102]

③ 경쟁을 실질적으로 제한하지 않는 경우

수직적 기업결합 및 혼합적 기업결합이 일정한 거래분야에 있어서 경쟁을 실질적으로 제한하는 것인가에 대해서는 개개의 사안마다 다음의 2개 요소를 종합적으로 고려하여 판단한다.

    ㉠ 당사회사가 관계하는 모든 일정한 거래분야에 있어서 기업결합 후의 당사회사그룹의 시장점유율이 10% 이하인 경우

    ㉡ 당사회사가 관계하는 모든 일정한 거래분야에 있어서, 기업결합 후의 HHI가 2,500 이하의 경우로, 기업결합 후의 당사회사그룹의 시장점유율이 25% 이하인 경우

통상, 기업결합 후의 당사회사그룹의 시장점유율이 위의 요소에 해당하는 경우에는 수직적 기업결합 및 혼합적 기업결합이 일정한 거래분야에 있어서 경쟁을 실질적으로 제한하는 것으로 생각되지 않는다.

하지만, 위의 기준에 해당하지 않는 경우라 하더라도 직접적으로 경쟁을 실질적으로 제한하지 않는다고는 할 수 없고, 개개의 사안마다 구체적으로 판단되어야 한

---

102) 위의 운영지침 34頁.

다. 과거의 사례에 비추어 보면, 기업결합 후의 HHI가 2,500 이하인 경우 또한 기업결합 후의 당사회사그룹의 시장점유율이 35% 이하인 경우에는 경쟁을 실질적으로 제한하게 되는 경우는 거의 없다고 한다.[103]

(2) 수직적 및 혼합적 기업결합의 경우 경쟁이 실질적 제한의 판단요소

단독행동에 의한 경쟁의 실질적 제한의 판단요소나 협조적 행동에 의한 경쟁의 실질적 제한의 판단요소 모두 앞에서 언급한 수평적 기업결합의 경우의 판단요소를 참조하여 판단하여야 한다.

---

103) 위의 운영지침 34頁.

제5장 중국

제1절 기업결합 규제 제도의 개요

1. 규제의 근거 규정 및 목적

1) 기업결합의 개념

중국 독점금지법 제20조에 의하면 경영자집중 내지 기업결합이란 ① 경영자가 합병하는 행위, ② 경영자가 주식 또는 자산을 취득하는 방식을 통하여 기타 경영자에 대한 지배권을 취득하는 행위, ③ 경영자가 계약 등 방식을 통하여 기타 경영자에 대한 지배권을 취득하거나 기타 경영자에 대한 결정적인 영향을 가할 수 있는 행위를 말한다고 규정하고 있다.[1]

여기에서 '지배권(控制權)의 취득'이란 경영자집중신고잠행방법[經營者集中申報暫行辦法(草案)] 제3조에 의하면, ① 50% 이상의 의결권이 있는 주식이나 자산을 취득한 경우, ② 임원 겸임(1명 이상), 핵심관리인원의 임명, 재무 예산, 경영이나 판매, 가격책정, 중대한 투자 또는 기타 중요한 관리와 경영 정책 등을 결정할 수 있는 경우, ③ 2인 이상의 경영자가 공동으로 신규 기업을 신설한 경우 등을 말한다고 한다.[2] 또한 '결정적 영향'은 다른 경영자가 생산·경영 결정에 대하여 결정적인 영향을 미치는 경우를 말한다.[3]

---

1) 中國反壟斷法　第20條(http://www.gov.cn/flfg/2007－08/30/content_732591.htm), 國務院關于經營者集中申報標准的規定　第2條(http://www.gov.cn/zwgk/2008－08/04/content_1063769.htm).
2) 經營者集中申報暫行辦法(草案)　第3條; http://www.law－lib.com/fzdt/newshtml/20/20090319123808.htm
3) 載龍·林秀弥, "中國獨占禁止法における企業結合規制", 『法制論集(229號)』(名古屋大學校, 2009), 9~10頁.

2) 근거 규정

중국에서는 1992년 이후 자본주의 시장경제제도를 받아들여, 경쟁정책의 도입과 관련한 입법을 하기 시작하였다. 그 초기 모델로는 1993년 중화인민공화국 반부정당경쟁법(反不正当競爭法)을 들 수 있다.[4] 그러나 동법은 산업정책적 측면에서 당시 기업규모의 확대를 가장 중요한 목적으로 하였을 뿐이고, 기업결합 규제에 대해서는 그 의미조차 인식하지 못한 상태였다. 따라서 이와 관련한 부문까지 포함한 포괄적인 규제법을 두고 있었다고는 할 수 없다.[5]

그러던 것을 1997년 아시아 금융위기를 계기로 경쟁정책에 대한 관심과 더불어 그러한 정책을 중시하게 되었고, 자본주의 시장경제제도의 도입 등 개혁을 수반한 다양한 경쟁제한 행위가 나타나 이를 규제함으로써 시장경쟁 질서의 유지를 할 필요가 대두되었다. 이에 1994년부터 국가 공상행정관리총국(國家工商行政管理總國)을 중심으로, 2003년 이후에는 상무부(商務部)를 중심으로 기업결합의 규제를 포함한 모든 부문에서 규제를 할 수 있는 포괄적 독점금지법의 제정을 위하여 노력하기 시작하였다.[6]

하지만 2005년 이전까지는 중국 내의 기업 규모가 작았고, 국제경쟁력 또한 미미하여 포괄적인 의미의 독점금지법의 제정에 큰 진전이 없었다. 이러한 것이 큰 변화를 가져오게 된 것은 2005년 이후 중국 경제의 글로벌화로 인한 시장경제와 관련한 입법 필요성의 증대, 외국 자본에 의한 중국 내 기업의 합병·매수에 대한 규제를 강화하면서 부터이다.[7]

그 결과 2006년 전국인민대표회의 상무위원회에서 EC의 합병규칙을 반영한 중국반독점법(中國反壟斷法)(이하 독점금지법이라고 함)에 대한 논의가 시작되었고, 이후 2007년 8월 30일에 개최된 제10기 전국인민대표대회 상무위원회(전인대 상무위원회) 제29차 회의에서 동법의 채택과 더불어 2008년 8월 1일부터 시행되게 되었다.[8] 중국에서 기업

---

4) 동법은 1993년 12월 1일부터 시행된 것으로, 동법 제1조에 의하면, 사회주의 시장경제의 건전한 발전, 공정한 경쟁을 장려 및 보호, 정당하지 않는 경쟁 행위의 저지, 경영자와 소비자의 합법적 권익을 보호하기 위하여 본 법을 제정한다고 규정하고 있다(http://www.law-lib.com/law/law_view.asp?id=245).

5) 載龍·林秀弥, "中國獨占禁止法における企業結合規制", 『法制論集(229號)』(名古屋大學校, 2009), 5頁.

6) 위의 글, 5~6頁.

7) Nate Bush, The PRC Antimonopoly Law: Unanswered Questions and Challenges Ahead, www.theantitrustsource.com, October 2007, p.1/27; http://apps.americanbar.org/antitrust/at-committees/at-ic/pdf/spring/08/03-26-08-Bush.pdf

8) 중국의 경쟁법(競爭法)은 일반적으로 '반독점법(反壟斷法)'과 '반부정당경쟁법(反不正当競爭法)'으로 구분되며, '가격법(价格法)'의 일부 내용을 포함한다. 이 외에도 소비자권익보호법(消費者權益保護

결합은 '경영자집중(經營者集中)'이라고 하는데, 이는 EC의 기업결합규제인 'Concentration' 이라는 개념에서 나온 것으로 보인다.9)

3) 근거법의 목적

중국 독점금지법은 "독점행위의 예방 및 제지를 하고, 공정한 시장경쟁의 보호 및 경제 운영의 효율성을 제고하고, 소비자의 이익과 사회 공공의 이익을 보호하며, 사회주의 시장경제의 건전한 발전을 촉진하는 것"을 그 목적으로 한다.10) 위의 목적에서 '소비자의 이익'의 확보 및 '경제운용의 효율'의 향상은 소비자의 잉여와 효율성을 개선한다고 하는 경쟁정책적 목적이지만, '사회공공이익'의 확보나 '사회주의 시장경제'의 발전은 중소기업의 보호나 국제경쟁력의 향상 등의 산업정책적 목적도 함께 고려하고 있다.11)

또한 독점금지법 제5조에 의하면, "경영자는 공평한 경쟁과 임의의 제휴를 통하여, 법에 기초한 집중을 실시하여, 경영규모를 확대하며, 시장경쟁력을 높일 수 있다"고 규정하고 있다.12) 이에 따라 중국 독점금지법에서는 시장경쟁 환경의 창출 및 공정한 시장경쟁의 확보를 도모하고, 기존 산업정책과의 조화를 이루고, 기업규모의 확대와 경쟁력 향상을 촉진하여야 한다는 국가의 지도력 방침을 정한 것으로 보인다. 즉 중국 독점금지법은 기업결합 규제에서 산업정책과 경쟁정책이 양립할 것을 요구하고 있는 것으로 보인다.13)

法), 계약법(合同法), 입찰법(招標投標法) 등이 넓은 의미의 경쟁법에 포함된다. 또한 유형별로는 카르텔, 시장지배적 지위의 남용행위, 기업결합, 불공정거래행위, 행정독점행위를 모두 포함하여 규율하도록 하였다[박제현, 『중국경쟁법』(공정거래위원회, 2011), 12쪽].

9) 載龍・林秀弥, 앞의 글, 6頁.

10) 中國反壟斷法 第1條(爲了預防和制止壟斷行爲, 保護市場公平競爭, 提高經濟運行效率, 維護消費者利益和社會公共利益, 促進社會主義市場經濟健康發展, 制定本法).

11) Nate Bush, op.cit., p.2/27.

12) 中國反壟斷法 第5條(經營者可以通過公平競爭、自愿聯合, 依法實施集中, 擴大經營規模, 提高市場競爭能力).

13) 載龍・林秀弥, "中國獨占禁止法における企業結合規制", 『法制論集(229號)』(名古屋大學校, 2009), 7頁.

2. 집행기관 · 사법기관

1) 경쟁 당국

중국 독점금지법의 운용 책임기관으로서 국무원 독점금지위원회(反壟斷法委員會)와 독점금지법 집행기구(反壟斷執法机构) 두 기관을 들 수 있다.

(1) 독점금지위원회

동 위원회는 비의결기구로서 경쟁정책의 입안을 하고, 관련 지침을 제정하며, 독점금지 업무를 협조 지도하는 기능을 수행한다. 그 주요 직책으로는 경쟁정책의 연구 및 입안, 시장의 총체적인 경쟁상황의 조사, 평가 및 평가보고서의 발표, 독점금지지침의 제정 및 공표, 독점금지 법집행업무의 협조, 국무원이 규정한 기타 직책 등을 들 수 있다.[14]

동 위원회의 구성은 주임 1인(국무원 부총리), 부주임 4인(상무부 부장, 국가발전개혁위원회 주임, 국가공상행정관리총국 국장, 국무원 부비서장), 위원 14인[국가발전개혁위원회, 공업정보화부, 감찰부, 재정부, 교통운송부, 상무부, 국자위, 공상총국, 지적재산권국, 법제사무실, 은행감독회, 증권감독회, 보험감독회, 전력감독회의 부주임(또는 부부장, 국장, 주석도 있음)]으로 구성된다. 이 외에도 비서장 1인(상무부 부부장이 겸임)을 두어 독점금지위원회의 구체적인 업무를 담당하게 된다.

위원회는 경쟁정책 관련 업무를 직접 처리하지 아니하며, 주로 위원회 전체회의나 주임회의 및 특별주제회의를 통하여 그 직책을 수행한다. 회의 개최는 전체회의 및 주임회의는 위원회의 주임이며, 특별주제회의는 위원회의 주임 또는 그가 위탁하는 부주임이 각각 소집하여 회의를 주재하되, 회의 개최 및 의제는 위원회의 주임이 결정한다.[15]

위원회 종류	임무
전체회의	– 경쟁정책의 연구 및 국무원에 대한 건의 – 시장의 총체적인 경쟁 상태 평가보고서 및 반독점 지침의 심의 및 발표 – 중대한 반독점 사건의 처리 및 반독점법 집행기구의 업무 중 의견 불일치를 포함한 반독점 업무 중의 중대한 문제 협조 – 반독점 중요 업무의 연구 및 안배

---

14) 中國反壟斷法 第9條.
15) 박제현, 위의 책, 13~14쪽.

주임회의	− 반독점법 집행업무의 협조 − 반독점법 집행업무 중의 중대한 사항에 대한 토론 및 결정 − 기타 반독점 업무의 중요사항에 대한 통보 및 토론
특별주제회의	− 반독점 업무와 관련되는 특정 주제를 토론 − 관련 업무를 연구 및 안배

(2) 독점금지법 집행기구

국무원 독점금지법 집행기구는 상무부(商務部), 국가발전개혁위원회(國家發展和揩西改革委員會), 국가공상행정관리총국(國家工商行政管理總國)이라는 3개 부처 분담체제(三定方安; 三家分別執法)로 운영된다.

먼저, 상무부는 독점금지국을 신설(2008.7.11.)하고 그 하부조직으로 사무처(辦公室), 경쟁정책처(競爭政策處), 상담처(商談處), 법률처(法律處), 경제처(經濟處), 법집행감찰처(監察執法處) 6개 처[16]로 구성되어 있다. 상무부는 주로 독점금지위원회의 운영 업무와 기업결합에 대한 독점금지 심사 업무를 담당하며, 그 밖에 '대외무역법(外貿法)'에 의한 대외 무역의 독점행위(카르텔, 시장지배적 지위의 남용행위)에 대한 조사 처리 업무를 겸하고 있다.

둘째, 국가발전개혁위원회는 가격감독검사사(价格監督檢查司)를 신설(2008.7.15.)하고 그 하부조직으로 총무처(綜合處), 법제업무처(法制工作處), 감독지도처(監督指導處), 가격검사처(价格檢查處), 수비검사처(收費檢查處) 5개 처를 두고 있다. 그 임무로는 가격과 관련되는 독점행위, 즉 가격 관련 카르텔, 시장지배적 지위의 남용행위 및 행정독점행위를 담당하고, 그 밖에도 가격법에 의거한 가격독점행위와 부당한 가격행위를 집행한다.

마지막으로 국가 공상행정관리총국은 반독점반부정당경쟁집행국(反壟斷与反不正当競爭執法局)을 신설(2008.7.11.)하고 그 하부 조직으로 총무처(綜合處), 독점금지법집행처(反壟斷執法處), 독점금지법률지도처(反壟斷法律指導處), 반부정당경쟁처(反不正当競爭處), 안건감사협조처(案件督查辦調處) 5개의 처를 두고 있다. 동 기관은 비가격분야, 즉 거래제한·시장분할 등의 카르텔·시장지배적 지위의 남용행위 및 행정독점행위를 담당하고 있으며, 그 밖에도 '반부정당경쟁법'에 의거한 불공정 거래행위 업무를 집행한다.[17]

---

16) 처는 우리나라 과(課)에 해당됨.
17) 박제현, 앞의 책, 14~16쪽.

구분		수행기능
독점금지위원회		– 의사협조기구(비의결기구) – 경쟁정책 입안, 독점금지 지침 제정, 부처 간 독점금지 집행업무의 협조 · 지도
독점금지법 집행기구	상무부(반독점국)	– 독점금지위원회의 운영 – 기업결합 독점금지 심사
	국가발전개혁위원회(가격감독검사사)	– 가격분야의 독점행위(가격관련 카르텔, 시장지배적 지위 남용행위) 및 행정독점행위
	국가공상행정관리총국(반독점 반부정당 경쟁집행국)	– 비가격분야의 독점행위(가격부문을 제외한 카르텔, 시장지배적 지위의 남용행위) 및 행정독점행위 – 불공정 거래행위

(3) 집행권한의 위임

독점금지의 집행권한은 기본적으로 중앙정부(즉 국무원 독점금지법 집행기구)의 권리에 속하나, 중대하고 복잡한 안건 등의 경우에는 국무원 반독점법 집행기구가 직접 처리한다.

또한 해당 관할지역에서 발행한 경미한 사건 등에 대해서는 업무 수요에 따라 성급 정부부문(省, 自治區, 直轄市人民政府的商務, 工商, 价格主管部門)에 권한을 위임하여 처리하되, 보고의무(결정 후 10근무일 내)를 부과하고 있다. 한편 권한을 위임받은 성급 주관부문이 재차 그 하부기관에 집행권한을 위임할 수는 없다.[18]

집행기관	업무관할기준
국무원 독점금지법 집행기구(상무부, 발전개혁위, 공상총국)	– 전국적으로 중대한 영향을 미치는 안건 – 독점금지법 지행기구가 응당 관할해야 된다고 판단하는 안건
성급 정부부문	– 당해 행정구역에서 발생한 안건 – 복수 관할구역에서 발생하였으나 주요 행위지역이 당해 행정구역인 안건 – 독점금지법 집행기구가 성급 정부부문의 관할이라고 판단하는 안건

---

18) 박제한, 위의 책, 17쪽.

(4) 경쟁 당국의 조치 · 명령

독점금지법을 위반한 경우 행정적 제재조치로는 경영자집중(기업결합) 행위의 중지, 기한 내 주식이나 자산의 처분 또는 영업양도 및 기타 기업결합 이전의 상태를 회복할 수 있는 조치와 50만 위엔 이하의 이행강제금(罰款)을 부과할 수 있다. 만약 이러한 행정처분에 대하여 불복할 경우에는 먼저 법에 의거 행정재심의[行政夏議]를 신청하고, 만약 이러한 행정재심의 결정에 불복하는 경우에는 법에 의거 행정소송을 제기할 수 있다.[19]

(5) 경쟁 당국의 정보수집권한

독점금지법 집행기관이 독점행위의 혐의를 조사하는 경우, 다음에서 열거한 조치를 취할 수 있다.[20]

- 조사받는 경영자(피조사인)의 영업장소 또는 기타 관련 장소에 출입하여 조사
- 조사받는 경영자, 이해관계인 또는 기타 유관 단위 또는 개인에 대해 질문 또는 관련 정황에 대한 설명의 요구
- 조사받는 경영자, 이해관계인 또는 기타 유관 단위 또는 개인에 대해 관련 증거, 협의 내용, 회계장부, 업무서한, 전자데이터 등 문서 및 자료에 대한 열람, 복사
- 관련 증거에 대한 조사, 봉인 및 압류
- 경영자의 은행계좌의 조회[21]

만약 위에 해당하는 조치를 취한 경우에는 반드시 독점금지법 집행기구의 주요 책임자에게 서면으로 보고하여야 하며, 아울러 승인을 받아야 한다.[22] 만약 독점금지법 집행기구가 법에 의하여 실시하는 심사 및 조사에 대해 관련 자료 및 정보의 제공을 거절하는 행위, 허위 자료 및 정보를 제공하는 행위, 증거를 은닉 · 소각 · 이동시키는 행위, 기타 조사를 거절하거나 방해하는 행위를 하는 경우 독점금지법 집행기구는 시정을 명령하고 개인에 대해서는 2만 위엔 이하의 과태료(罰款)를 부과할 수 있다. 다만, 사안이 중대한

---

19) 中國反壟斷法 第48, 53條.
20) 中國反壟斷法 第39條 第1項.
21) 공정거래법상 '금융거래정보 요구권'에 해당된다고 판단된다.
22) 中國反壟斷法 第39條 第2項.

경우(情節嚴重的), 개인에 대해서는 2만 위엔 이상 10만 위엔 이하의 과태료를 부과하며, 단위(單位)에 대해서는 20만 위엔 이상 100만 위엔 이하의 과태료를 부과한다. 또한 범죄에 해당할 경우에는 법에 의하여 형사책임을 추급한다.[23]

2) 행정재심의기관

독점금지법 집행기구가 동법 제28조,[24] 제29조[25]에 의거하여 처분한 결정에 불복이 있는 경우에는 우선 법에 의거 행정재심의[行政夏議][26]를 신청할 수 있으며, 행정재심의 결정에 불복하는 경우에는 법에 의거 행정소송을 제기할 수 있다.[27]

중국 행정재심의법[行政夏議法]에 의하면, 행정재심의기관은 신청을 수리한 날로부터 60일 이내에 결정을 내려야 한다. 상황이 복잡하여, 규정된 기간 내에 결정을 내릴 수가 없는 경우에는 행정재심의 관련한 책임자의 허가를 얻어 최대 30일 내의 적당한 기간까지 연장이 가능하다.[28]

3) 법원

중국 독점금지법 제53조에 따라 기업결합과 관련하여 독점금지법 집행기구가 내린 처분 결정에 대하여 불복하는 경우에는 우선 법에 의거 행정재심의를 신청할 수 있으며, 행정재심의 결정에 불복하는 경우에는 법에 의거 행정소송을 제기할 수 있다.[29] 행정소송은 행정재심의 결정에 불복할 경우 그 결정을 받은 날부터 15일 이내에 제기할 수 있

---

23) 中國反壟斷法 第52條.
24) 중국 독점금지법 제28조는 "경영자집중이 경쟁을 배제 또는 제한하는 효과를 가지거나 가질 수 있는 경우, 국무원 독점금지법 집행기구는 경영자집중에 대해 금지하는 결정을 하여야 한다. 다만, 경영자가 그 집중이 경쟁에 미치는 유리한 영향이 불리한 영향보다 현저하게 크다는 사실을 충분히 증명하거나 사회 공공이익에 부합하는 경우, 국무원 독점금지법 집행기구는 경영자집중에 대해 금지하지 않는 결정을 할 수 있다"고 규정하고 있다.
25) 동법 제29조는 "금지하지 않는 경영자집중에 대해서도 국무원 독점금지법 집행기구는 경영자집중이 경쟁에 미치는 불리한 영향을 감소시킬 수 있는 제한성 조건을 부가하여 결정할 수 있다"고 규정하고 있다.
26) 공정거래법상 '이의신청제도'와 유사한 불복절차로 판단되며, 중국의 경우에는 기업결합에 대해서는 이의신청 전치주의를 채택하고 있으나, 부당한 공동행위나 시장지배적 지위의 남용행위에 대해서는 불복하는 경영자가 이의신청이나 행정소송을 임의로 선택할 수 있다는 점에서 차이가 있다(中國反壟斷法 第53條 第2項).
27) 中國反壟斷法 第53條 第1項.
28) 中國行政夏議法 第31條. http://www.lawtime.cn/zhishi/xchyf/xiangguanfagui/2007042563380.html
29) 中國反壟斷法 第53條.

다. 다만, 다른 법률에서 별도의 규정을 두고 있는 경우에는 그러하지 아니한다.[30]

3. 심사절차

국무원은 2008년 8월 3일에 국무원의 기업결합의신청기준에관한규정(國務院關于經營者集中申報標准的規定)[31]을 공표하고, 이것에 의하여 기업결합의 사전신청기준이 규정되었다. 심사절차에 대해서는 상무부가 2009년 1월 7일에 공표한 기업결합신청에관한지도의견(關于經營者集中申報的指導意見)[32] 및 기업결합신청서면자료에관한지도의견(關于經營者集中申報文件資料的指導意見),[33] 2009년 11월 21일에 공표된 기업결합신청변법(經營者集中申報辦法)[34] 및 기업결합심사변법(經營者集中審査辦法),[35] 2010년 3월 11일에 공표된 기업결합 독점금지심사사무가이드라인(經營者集中反壟斷審査辦事指南)[36] 및 기업결합독점금지심사흐름도(商務部經營者集中反壟斷審査流程圖)[37]에 의하여 규정되어 있다.

1) 신고가 필요한 기준

중국에서 기업결합 신청기준은 당사자 그룹의 매출액이다. 즉 기업결합이 다음에서 언급하는 하나의 기준에 만족하는 경우, 상무부에 대하여 기업결합의 신청을 하여야 하며, 만약 신청을 하지 않은 경우 기업결합을 할 수 없다.[38]

① 당사자 전부의 전 세계에서의 직전 회계연도 매출액의 합계가 100억 위엔을 초과하거나 당사자의 적어도 2개 회사가 중국 내에서 직전 회계연도 매출액이 각각 4억 위엔을 초과한 경우

② 당사자 전부의 중국 내에서의 직전 회계연도 매출액의 합계가 20억 위엔을 초과하

---

30) 박제현, 앞의 책, 87쪽.

31) http://www.gov.cn/zwgk/2008 - 08/04/content_1063769.htm

32) http://fldj.mofcom.gov.cn/aarticle/xgxz/200901/20090105993824.html?3715430735 = 1480887861

33) http://fldj.mofcom.gov.cn/aarticle/xgxz/200901/20090105993841.html?3989698639 = 1480887861

34) http://fldj.mofcom.gov.cn/aarticle/c/200911/20091106639149.html?1332934991 = 1480887861

35) http://fldj.mofcom.gov.cn/aarticle/c/200911/20091106639145.html?1282603343 = 1480887861

36) http://fldj.mofcom.gov.cn/aarticle/xgxz/200902/20090206034057.html?895547727 = 1480887861

37) http://fldj.mofcom.gov.cn/accessory/201003/1268293829161.doc

38) 國務院關于經營者集中申報標准的規定 第3條.

거나 당사자의 적어도 2개 회사의 중국 내에서의 직전 회계연도 매출액이 각각 4
억 엔을 초과한 경우

위에서 언급한 '매출액'이란 관련 경영자의 직전 회계연도에 상품 판매 및 서비스 제
공을 하여 획득한 수입을 포함하지만, 각종 세금 및 그 부가세를 공제한 액을 말한다. 또
한 '중국 내'란 경영자가 제공하는 상품 내지 서비스를 매수하는 매수자가 중국 내에 존
재하는 경우를 말한다.[39) 반면 중화인민공화국 홍콩(香港)특별행정구기본법 및 마카오
(澳門)특별행정구기본법에 의하면, 중국 독점금지법은 홍콩특별행정구와 마카오특별행정
구에 적용되지 않는 것으로 규정되어 있기 때문에,[40) 홍콩과 마카오의 매출액은 중국 내
에서의 매출액에 포함되지 않는다.[41)

나아가, 기업결합에 참가하는 개별 경영자의 매출액은 다음의 ①~⑤의 경영자의 매출
액 합계로 하지만, 이러한 경영자 간에 발생하는 매출액을 포함하지 않는다.

① 당해 1경영자
② ①의 경영자가 직접 내지 간접적으로 지배하는 다른 경영자
③ 직접 내지 간접적으로 ① 경영자를 지배하는 다른 경영자
④ ③의 경영자가 직접 내지 간접적으로 지배하는 다른 경영자
⑤ ①~④의 사업 중에서 2개 내지 2개 이상의 경영자가 공동으로 지배하는 다른 경
   영자[42)

위에서 열거하는 경우 중 기업결합에 참가하는 개별 경영자 간 또는 결합에 참가하는
개별 경영자와 결합에 참가하지 않는 경영자 간에 공동지배하고 있는 다른 경영자가 존
재하는 경우, 결합에 참가하는 개별 경영자의 매출액은 공동지배된 경영자와 제3자인 경
영자 간의 매출액을 포함하고 또한 그 매출액은 1회만 계산되어야 한다. 반면 기업결합

---

39) 經營者集中申報辦法 第4條.
40) 經營者集中申報暫行辦法(草案) 第4條. http://www.law－lib.com/fzdt/newshtml/20/20090319123808.htm
41) 상무부가 2009년 1월 20일에 공표한 기업결합신청잠정변법[經營者集中申報暫行辦法(草案)] 제4조에
    는 "홍콩 특별행정자치구, 마카오 특별행정자치구 및 대만지구에서의 매상고는 중국 내에서의 매상고로
    보지 않는다"고 규정하고 있지만, 2009년 11월 21일에 공표한 기업결합신청변법(經營者集中申報辦法)
    에서는 이를 삭제하였다.
42) 經營者集中申報辦法 第5條.

에 참가하는 개별 경영자 간 공동지배하는 다른 경영자가 존재하는 경우에는 결합에 참가하는 모든 경영자의 매출액의 합계는 공동지배된 경영자와 그것을 공동지배하는 결합에 참가하는 모든 개별 경영자 내지 후자가 지배관계를 가지고 있는 경영자 간에 발생하는 매출액은 포함되지 않는다.[43]

또한 1개의 기업결합이 1개 회사 내지는 많은 경영자의 일부분의 매수를 포함하고 있는 때에는

- 그 피매수자에 대해서는 기업결합이 관계하는 부분의 매출액만을 계산에 포함시켜야 한다.
- 동일한 경영자 간에 2년 이내에 연속하여 실시된 수회의 국무원이 규정하는 기업결합신청기준을 만족하지 않는 기업결합은 1회의 기업결합 거래로 본다. 결합이 발생할 때에는 최후의 거래가 기산되고, 당해 기업결합의 매출액은 수회의 거래를 통합하여 계산한다. 경영자가 그것과 지배관계를 가지고 있는 다른 경영자를 통하여 실시한 위에서 언급한 행위는 본 항의 규정에 비추어 처리한다. 본 항의 '2년 이내'란 최초의 결합거래가 완성된 날로부터 기산하여 최후의 결합거래가 합의서에 서명한 날까지의 기간이 2년인 경우를 말한다.[44]

하지만 관련회사에 의한 기업결합은 규제되지 않는다. 즉 기업결합이 ① 결합에 참가한 1개의 경영자가 기타 경영자의 50% 이상의 의결권부 주식 내지 자산을 보유한 경우, ② 결합에 참가한 각 경영자의 50% 이상의 의결권부 주식 내지 자산을 동일한 결합에 참가하지 않는 경영자가 가지고 있는 경우에는 상무부에 기업결합에 대한 신청을 하지 않아도 된다.[45]

2) 심사의 절차

중국 독점금지법에 의한 기업결합 심사의 절차는 다음과 같다.

---

43) 經營者集中申報辦法 第6條.
44) 經營者集中申報辦法 第7條.
45) 中國反壟斷法 第22條.

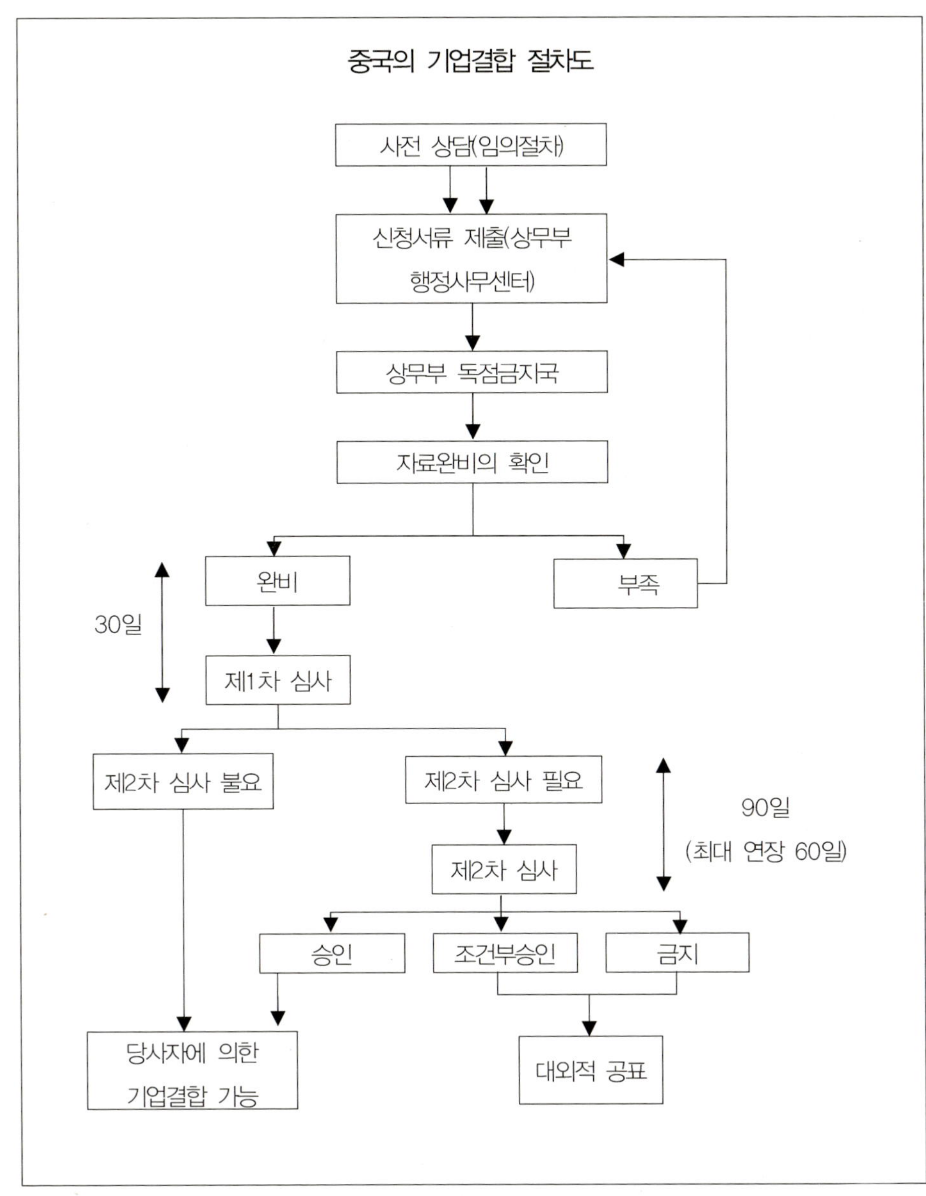

(1) 신청의무자

기업결합의 신청의무자는 합병 방식에 의하는 경우 합병에 참여하는 개개의 경영자이고, 기타 방식에 의한 경우에는 지배권을 취득하거나 결정적 영향을 줄 수 있는 경영자이다. 만약 신청의무자가 신청을 하지 않는 경우에는 기업결합에 참여한 다른 경영자가 대신하여 신고할 수도 있다.

또한 기업결합의 신청은 신청의무자가 아닌 타인에게 위탁하여 대리 신청도 가능하다. 다만, 대리 신청을 하는 경우에는 관련 규정에 의거하여야 한다.46)

(2) 신청 및 심사 절차

당사자는 기업결합의 신청서류를 상무부 행정사무 서비스센터에 제출하고, 동 서류는 상무부의 행정사무 서비스 센터에서 상무부 독점금지국으로 전송된다. 동 서류를 받은 독점금지국은 동 서류가 신청서류의 요건을 구비하였는가를 확인한다. 동 서류가 완비되었다고 판단하는 경우에는 동 자료를 수리한 날부터 심사를 개시함과 동시에 당사자에게 서면으로 통지하여야 한다.47) 만약 동 서류가 미비하다고 판단하는 경우에는 독점금지국은 당사자에게 서면으로 규정 기한 내에 자료를 보충할 것을 통지한다. 당사자가 정해진 기한 내에 자료를 보충하지 않는 경우에는 신청은 하지 않는 것으로 간주된다. 또한 당사자가 독점금지국에 신청 자료 내지 보충 자료의 제출 및 독점금지국이 당사자에게 하는 통지는 모두 행정사무 서비스센터에서 하게 된다.48)

독점금지국은 기업결합 신청 수리일로부터 30일 이내에 제1차 심사[初步審査]를 하고, 그 결정을 서면으로 당사자에게 통지하여야 한다. 독점금지국이 결정을 내리기 전에, 당사자는 기업결합을 할 수 없다. 독점금지국이 제2차 심사[進一步審査]를 하지 않는다는 결정을 내리거나 또는 제1차 심사의 기한이 지났음에도 불구하고 결정을 내리지 않는 경우에는 당사자는 기업결합을 할 수 있다.49)

독점금지국은 제2차 심사를 결정한 경우, 제1차 심사의 결정일로부터 90일 이내 기업결합에 대하여 승인, 조건부 승인, 금지의 결정을 내리고 그에 대하여 서면으로 당사자에게 통지하여야 한다. 만약 제2차 심사단계에서 독점금지국은 기업결합이 경쟁을 배제·제한하는 효과가 있거나 또는 그 우려가 있다고 인정하는 경우에는 당사자에게 서면으로 이의를 통지하여야 한다. 나아가, 당사자가 그것에 대하여 서면으로 항변을 제출할 수 있는 합리적인 기한이 설정된다. 이와 관련 독점금지국은 ① 당사자가 기한 연장에 동의한

---

46) 經營者集中申報辦法 第9條.
47) 經營者集中申報辦法 第14條.
48) 經營者集中反壟斷審查辦事指南; http://fldj.mofcom.gov.cn/aarticle/xgxz/200902/20090206034057.html?8955477＝
    1480887861
49) 中國反壟斷法 第25條.

경우, ② 당사자가 제출한 신청 자료가 부정확하여 그 확인이 필요한 경우, ③ 신청 후에 관련 상황에 중대한 변화가 발생한 경우, 당사자에 대한 서면 통지를 경유하여 심사 기한을 최대 60일까지 연장할 수 있다.[50]

당사자는 제2차 심사기간의 진행 중에는 기업결합을 해서는 안 된다. 하지만 독점금지국이 정해진 기한을 경과하였음에도 불구하고 결정을 내리지 않는 경우, 당사자는 기업결합을 할 수 있다.[51]

이러한 절차 이외에도 외자에 의한 국내 기업의 합병, 주식취득 내지 기타 방법에 의한 기업결합의 경우 그 참가가 국가 안전에 관련된 경우, 기업결합 심사와 국가안전심사 이중의 심사를 받게 된다.[52] 국가안전심사는 상무부와 국가발전개혁위원회의 관련 부문이 회동하는 연석회의에서 진행한다. 다만, 국가안전심사와 관련된 구체적 세부기준이 없어 현행의 외자합병규정, 외상투자방향지도규정, 외상투자산업지도목록 등이 국가안전심사의 준거 역할을 할 것으로 보인다.[53]

3) 신고의 시기 및 사안 공표의 필요성

독점금지법 제21조에 의하면 "경영자집중(기업결합)이 국무원에서 규정한 신청기준에 해당하는 경우, 경영자는 마땅히 국무원 독점금지법 집행기구에 사전에 신청을 하여야 하며, 신고하지 아니하는 경우에는 경영자집중을 할 수 없다"고 하여 기업결합 시 사전 신청을 하여야 한다고 하고 있지만, 구체적으로 언제 신청하여야 하는가에 대한 특별한 규정은 두고 있지 않다.[54] 또한 사안의 공표에 대해서도 독점금지법 제30조에 따라 국무원 독점금지법 집행기구가 경영자집중 내지 기업결합에 대하여 금지하거나 조건부 승인을 한다는 결정을 내린 경우 사회에 적시에 공표하도록 하고 있다.[55] 그렇지만 이러한 경우가 아닌 경우에는 기업결합 사실에 대한 공표를 할 필요가 없는 것인지의 여부에 대하여 명확하게 밝히고 있지 않다.

---

50) 中國反壟斷法 第26條, 經營者集中申報辦法 第10條.
51) 中國反壟斷法 第26條.
52) 中國反壟斷法 第31條.
53) 박제현, 앞의 책, 78쪽.
54) 中國反壟斷法 第21條.
55) 中國反壟斷法 第30條.

4) 비공식의 사전상담 여부

기업결합을 정식으로 신청을 하기 전에, 당사자는 신청과 관련한 문제에 대하여 상무부에 상담을 신청할 수 있다.56) 사전상담을 하기 위해서는 다음과 같은 요건을 만족하여야 한다.

- 당사자는 사전에 독점금지국(反壟斷局)에 대하여 서면으로 사전상담의 신청을 제출하고, 상담시간을 예약하여야 한다.
- 서면신청은 신청자, 신청 사항, 거래 개요, 상담하려는 문제 및 연락인 등의 정보를 포함하여야 한다.
- 당사자는 독점금지국에 대하여 상담하려는 거래에 관한 필요한 문서 내지 자료를 제공하지 않으면 안 된다.57)

사전상담은 당사자 및 거래 내용에 관한 정보 등 상당량의 자료를 준비하여야 하지만, 사전상담을 통하여 당국의 요구에 맞게 신청 자료를 준비할 수 있으므로 대기기간의 개시일이 중요한 안건에서는 사전상담을 활용하는 것이 유익하다고 할 수 있다.

5) 신청서류

상무부는 2009년 1월 5일에 기업결합신청서면자료에관한지도의견(關于經營者集中申報文件資料的指導意見)을 공표하였다. 동 지도의견은 독점금지법 제23조에 따라 기업결합을 신청할 때 제출해야 하는 신청서류와 관련한 지침을 마련하여 두고 있다.58) 당사자의 합병에 의한 기업결합은 합병에 참가하는 모든 경영자가 신청하도록 하고 있고, 기타 방식의 기업결합은 지배권을 취득하거나 또는 결정적인 영향을 미칠 수 있는 경영자가 신청하여야 하고, 기타 사업자는 이에 협력하여야 한다.59) 당사자가 상무부에 기업결합의 신청을 할 때에는 다음과 같은 서류를 제출하여야 한다.60)

---

56) 經營者集中申報辦法 第8條.
57) 關于經營者集中申報的指導意見 第1條.
58) 關于經營者集中申報文件資料的指導意見; http://fldj.mofcom.gov.cn/aarticle/xgxz/200901/20090105993841.html?
3989698639 = 1480887861
59) 關于經營者集中申報的指導意見 第2條;http://fldj.mofcom.gov.cn/aarticle/xgxz/200901/2009010
5993824.html?3715430735 = 1480887861

(1) 신청서

신청서는 결합에 참가하는 경영자의 명칭, 주소, 사업 범위, 결합을 실시하는 예정 기일을 명기하여야 한다. 신청인의 신분증명 내지 등록등기증명, 역외 신청인은 당 지역의 관계기관에서 발행한 공증과 인증문서를 제출하여야 한다. 대리인에게 신청을 위임한 경우에는 신청인이 서명한 수권 위임문서를 제출하여야 한다.

(2) 당해 결합이 관련 시장에 있어서 경쟁에 미치는 영향에 관한 설명서

구체적으로는 결합 거래의 개요, 관련 시장의 획정, 결합에 참가하는 경영자의 관련 시장에 있어서 시장점유율 기타 그 시장에 대한 지배력, 주요 경쟁자 및 그 시장의 점유율, 시장집중도, 시장진입, 업계 발전의 현상, 결합의 시장경쟁 구조, 업계 발전, 기술진보, 국민경제 발전, 소비자 및 다른 경영자에 대한 영향, 결합의 관련 시장의 경쟁 상태에 대한 영향의 효과평가와 근거를 포함한다.

(3) 기업결합의 합의문서 및 기타 관련 자료

구체적으로는 각종 형식의 결합에 관한 합의문서(예를 들면, 합의서, 계약 및 적절한 보충 문서 등)를 포함한다.

(4) 기업결합에 참여한 경영자가 회계사 사무소에서 감사한 직전 회계연도의 재무회계 보고서

(5) 기타 상무부가 정한 서류 및 자료

당사자는 임의로 심사에 도움이 되는 자료를 제공할 수 있다. 예를 들면, 지방인민정부 및 주관부문 등의 관련 의견서, 결합에 관한 합의를 지지할 수 있는 각종 보고서 등61)

---

60) 經營者集中申報辦法 第10條.
61) 經營者集中申報辦法 第11條.

(6) 비밀정보에 대한 관계 당국의 관리

독점금지국은 사전상담 및 신청업무를 처리함에 있어서 지득한 정보의 비밀을 유지할 의무가 있다.[62]

4. 문제해결 방법

1) 문제해결 방법의 유형

문제해결 방법으로는 3가지 방법을 들 수 있다. 즉 기업결합에 참가하는 경영자로부터의 일부 자산 또는 사업의 분리 등의 구조적 조치, 기업결합에 참가하는 경영자에 의한 네트워크 내지는 플랫폼 등 기초 시설의 개방, 핵심 기술의 허락, 독점적 계약의 종료 등 행위 조치, 구조적 조치와 행위 조치를 결합한 종합적 조치 3가지 방법을 들 수 있다.

물론 당사자는 심사기간 중이라도 문제해결 방법을 제안할 수 있다. 다만, 문제해결 방법은 ① 결합이 가져오거나 또는 가져올 우려가 있는 경쟁에 대하여 배제·제한 효과를 소멸 또는 감소할 수 있어야 하고, ② 실행 가능한 것이라는 조건을 만족한 경우에 한하여 제안할 수 있다.[63]

2) 문제해결 절차

제2차 심사 단계에서, 상무부는 기업결합이 경쟁을 배제하거나 제한하는 효과가 있거나 또는 가져올 우려가 있다고 인정되는 경우, 당사자에게 이의를 서면으로 통지하여야 한다. 또한 당사자가 그것에 대하여 서면으로 항변을 제출할 수 있는 합리적인 기간을 선정하여야 한다. 당사자는 관련 사실과 분석에 상응하는 근거를 함께 제출하여야 하며, 기한이 초과할 때까지 제출하지 않으면, 결정에 반대하지 않는 것으로 간주한다.[64]

심사기간 중에 당사자는 문제해결 방법을 제안할 수 있다. 문제해결 방법은 서면으로 명백하게 제출하여야 하고, 유효성과 실행성을 충분히 평가할 수 있어야 한다. 심사기간 중, 상무부와 당사자 쌍방 모두 문제해결 방법의 조건에 대하여 수정 의견을 제출할 수

---

62) 關于經營者集中申報的指導意見 第12條.
63) 經營者集中申報辦法 第11, 12, 14條.
64) 經營者集中審査辦法 第10條.

있다.65) 또한 제2차 심사의 결정에 있어서 상무부는 기업결합에 대하여 제한적 조건을 부가하여 승인을 할 수 있다.66)

3) 문제해결을 위한 효과적인 방법

상무부는 당사자가 조건을 이행하는가에 대한 감독 및 검사를 하고, 당사자는 상무부에 대하여 기한 내에 조건의 이행 상황에 대하여 보고하여야 한다. 당사자가 조건에 규정된 의무를 이행하지 않는 경우, 상무부는 기한을 정하여 시정을 명할 수 있다. 당사자가 규정된 기한 내에서 시정하지 않는 경우, 상무부는 독점금지법에 의해 처리할 수 있다.67)

5. 심사결과에 대한 정보 공시

1) 당사회사의 정보 공시

상무부 독점금지국은 제1차 심사 및 제2차 심사의 결정은 모든 상무부 행정사무 서비스 센터를 통하여 당사자에게 서면으로 통지한다. 독점금지국이 제2차 심사에서 기업결합을 금지하는 결정을 내린 경우에는 그 이유를 설명하여야 한다.68)

2) 대외적인 정보 공시

독점금지법상 상무부는 기업결합을 금지하는 결정 또는 결합에 대하여 조건부 승인을 하는 결정을 하였을 경우 이에 대하여 신속하게 공표하여야 한다고 규정하고 있다.69) 상무부가 공표한 심사의 흐름도70) 및 상무부 독점금지국 웹사이트의 공표 안건71)에 의하면, 그 이외 정보의 대외적 공표는 제도상 아무런 규정도 두고 있지 않다.

---

65) 經營者集中審查辦法 第12, 13條.
66) 經營者集中審查辦法 第14條.
67) 經營者集中審查辦法 第15條.
68) 中國反壟斷法 第26條; 經營者集中反壟斷審查辦事指南.
69) 中國反壟斷法 第30條.
70) http://fldj.mofcom.gov.cn/accessory/201003/1268293829161.doc
71) http://fldj.mofcom.gov.cn/ztxx/ztxx.html?3311335759 = 1480887861

제2절 기업결합 가이드라인의 개요

중국 독점금지법 제28조에 의하면, "기업결합이 경쟁을 배제 내지 제한하는 효과를 가져오거나 또는 가져올 수 있는 우려가 있는 경우, 국무원 독점금지법 집행기구는 경영자 집중 내지 기업결합에 대하여 금지 결정을 내려야 한다……"고 규정하고 있다.72) 따라서 위의 '경쟁의 배제 내지 제한'이 기업결합의 위법성 판단기준이 된다고 하겠다. 다만, 기업결합 심사에 대한 상세한 가이드라인을 두고 있지 않아 위법하다고 판단되는 '경쟁의 배제' 내지 '경쟁의 제한'이 어떠한 의미를 가지고 있는가가 명확하지는 않다.

1. 시장획정에 관련하여 고려할 사항

시장획정에 대해서는 2009년 5월 24일에 상무부가 국무원독점금지위원회의관련시장획정에대한지침(國務院反壟斷委員會關于相關市場界定的指南, 이하 시장획정 가이드라인)을 발표하였다.73) 동 가이드라인은 관련 시장의 획정이 경쟁자 및 잠재적 경쟁자, 시장점유율 및 시장집중도, 경영자의 시장지위, 경영자 행위의 시장경쟁에 미치는 영향, 경영자 행위의 위법성 및 법적 책임 등 문제와 관련되는 중요한 기능을 하는 것으로 파악되고 있다. 또한 관련 시장의 획정 단계가 경쟁제한 행위를 분석하는 출발점이고 독점금지법을 집행하는 데 있어서 중요한 단계임을 규정하고 있다. 관련 시장을 획정할 때는 주로 수요대체성의 분석을 중심으로 하고, 필요한 경우 공급대체성의 분석을 하고 있다.

1) SSNIP 척도의 고려

(1) SSNIP 척도의 기본 방법론

SSNIP 척도는 관련 시장을 획정하는 하나의 방법론으로 관련 시장획정 중 발생 가능한 불확정성을 해결하는 데 도움을 줄 수 있으며, 현재 각국 및 지역에서 독점금지 가이드라인을 제정할 때 보편적으로 사용하는 방법이다. 이러한 방법론에 근거할 경우 경제학 도구를 사용한 분석을 통하여 취득한 관련 데이터에 따라 가상적 독점사업자가 가격

---

72) 中國反壟斷法 第28條.
73) http://www.shuimohua.com/legal_system/news/9/2009 − 7 − 8_18065733641.html

을 경쟁가격 수준보다 높게 유지할 수 있는 최소상품 집합과 지역 범위를 확정하고 이로써 관련 시장을 획정한다.

SSNIP 척도는 일반적으로 먼저 관련 상품시장을 획정한다. 우선, 독점금지 심사에서 관심을 갖는 경영자가 제공하는 상품(목표 상품)부터 고려하기 시작하여, 당해 경영자가 이익극대화를 경영 목표로 하고 있는 독점사업자(가상적 독점사업자)라고 가정할 경우 분석해야 할 문제는 다른 상품의 판매 조건이 변하지 않는 상황에서 가상적 독점사업자가 장기적으로(일반적으로 1년) 목표 상품의 가격을 소폭(일반적으로 5~10%) 인상할 수 있을지의 여부이다. 목표 상품의 가격상승은 수요자로 하여금 긴밀한 대체관계가 존재하는 다른 상품을 구입하도록 전환시키며 그로 인하여 가상적 독점사업자의 판매량을 하락시킨다. 만약 목표상품가격 상승 후 가상적 독점사업자의 판매량이 하락한다고 해도 여전히 이익을 취득할 공간이 있으면 목표 상품은 관련 상품시장을 구성하게 된다.

만약 가격상승으로 인하여 수요자가 긴밀한 대체관계를 가지고 있는 다른 상품으로 전환하여 가상적 독점사업자의 가격인상 행위가 이득을 취할 수 없게 되면 당해 대체상품을 관련 상품시장에 추가해야 하며 당해 대체상품과 목표 상품이 상품집합을 형성한다. 이어서 당해 상품집합의 가격이 상승될 경우 가상적 독점사업자가 도모할 수 있는 이익이 존재하는지를 분석한다. 만약 답이 긍정적이라면 당해 상품집합이 관련 상품시장을 구성하며, 답이 부정적이라면 앞에서 설명한 분석을 계속하여야 한다.

상품 집합이 점점 커짐에 따라 집합 내 상품과 집합 외 상품의 대체성이 점점 적어지고 따라서 최종적으로 어느 한 상품시장이 나타나 가상적 독점사업자는 가격인상을 통하여 이익을 취할 수 있으며 이로부터 관련 상품시장을 획정할 수 있다.

관련지역 시장의 획정과 관련 상품시장의 획정의 방법론은 동일하다. 우선 독점금지 심사에서 관심을 갖는 경영자가 경영활동을 수행하는 지역(목표지역)으로부터 출발하여 분석해야 할 문제는 다른 지역의 판매 조건이 변하지 않는 상황에서 가상적 독점사업자가 당해 지역시장 내의 관련 상품에 대하여 장기적으로(일반적으로 1년) 소폭 가격인상(일반적으로 5~10%)을 시행할 경우 이득을 취할 수 있는지의 여부이다. 만약 답이 긍정적이라면 목표 지역은 바로 관련 지역시장을 구성하는 것이고, 만약 다른 지역시장의 강력한 대체로 말미암아 가격인상으로도 이득을 취할 수 없는 경우 최종 이득을 취할 수 있을 때까지 지역 범위를 확대할 필요가 있게 되며 당해 지역이 곧 관련 지역시장이 된다.[74]

---

74) 關于相關市場界定的指南 第10條. http://www.shuimohua.com/legal_system/news/9/2009－7－8_18

(2) SSNIP 척도의 문제점

원칙적으로 SSNIP 척도로 관련 시장을 획정할 경우 선택 사용하는 기준가격은 충분히 경쟁하는 현재의 시장가격이어야 한다. 그러나 만약 시장지배적 지위의 남용, 공모행위 및 이미 공모행위가 존재하는 경영자집중 내지 기업결합 사안에서 현재 가격이 경쟁가격을 현저하게 벗어나 있을 경우 현재 가격을 기준가격으로 선택하게 되면 관련 시장획정 결과가 불합리하게 될 수 있다. 이러한 상황에서는 현재 가격을 조정하여 보다 경쟁력 있는 가격을 사용하여야 한다.

또한 일반적인 경우 가격의 상승폭은 5~10%이나, 법집행 실무에 있어서는 사안의 관련 업종 등 서로 다른 상황에 따라 가격의 소폭 상승의 폭에 대하여 분석하여 획정할 수 있다.

경영자가 소폭으로 가격을 인상할 경우 모든 수요자(또는 지역)의 대체반응이 모두 동일한 것은 아니다. 대체 반응이 다른 상황에서 서로 다른 수요자 집단(또는 지역)에 대하여 서로 다른 폭의 테스트를 실행할 수 있다. 이때 관련 시장획정은 또한 수요자 집단과 특정지역 상황을 고려하여야 한다.[75]

2) 세계시장 획정의 유무

관련 시장획정 가이드라인에는 명확하게 규정하고 있지 않지만, SSNIP 척도의 고려 방법을 채용하고 있는 점으로부터, 세계시장의 획정도 가능하다고 본다.

2. 경쟁의 실질적 제한에 관한 분석

1) 경쟁의 실질적 제한에 관련한 고려사항

중국 독점금지법상 기업결합 심사는 ① 기업결합에 참가하는 경영자의 관련 시장이 시장점유율 및 시장에 대한 지배력, ② 관련 시장의 시장집중도, ③ 기업결합이 시장진입이나 기술진보에 미치는 영향, ④ 기업결합이 소비자 및 다른 관련 경영자에 대하여

065733641.html
75) 關于相關市場界定的指南 第11條.

미치는 영향, ⑤ 기업결합이 국민경제 발전에 미치는 영향, ⑥ 기타 국무원 독점금지 집행기구가 마땅히 고려해야 한다고 판단하는 시장경쟁에 영향을 미치는 기타의 요소 등을 고려하도록 하고 있다.[76]

또한 국무원 독점금지위원회의 관련시장획정에관한가이드라인(關于相關市場界定的指南)에 의하면 모든 경쟁행위(경쟁을 배제 또는 제한하는 효과를 가지거나 또는 가질 가능성이 있는 행위 포함)는 일정한 시장범위 내에서 발생하므로 관련 시장의 범위를 명확히 하는 것이 중요하다. 즉 경영자의 독점 합의 달성 금지, 경영자의 시장지배적 지위 남용 금지, 경쟁을 배제 또는 제한하는 효과를 가지거나 가질 가능성이 있는 경영자의 집중(기업결합) 등 독점금지법 집행 업무는 모두 관련 시장의 획정 문제와 관련된다고 판단하고 있다.[77]

(1) 관련 시장획정의 기본적 근거

① 대체성 분석

독점금지법 집행 실무에 있어서 관련 시장의 범위의 크기는 주로 상품 내지 지역의 대체 가능성의 정도에 의하여 결정된다. 시장경쟁 중 경영자 행위에 대하여 직접적이고 효과적인 경쟁적 제약을 구성하는 것은 시장에서 수요자가 비교적 강력한 대체관계가 존재한다고 인정하는 상품 또는 이러한 상품을 제공할 수 있는 지역이므로 관련 시장의 획정은 주로 수용자의 입장에서 수요대체성 분석을 실시한다. 경영자 행위에 대한 공급대체의 경쟁적 제약이 수요대체와 유사할 경우에는 또한 공급대체도 고려하여야 한다.[78]

② 수요대체

수요대체는 수요자의 상품기능 용도에 대한 수요, 품질에 대한 인가(認可), 수요자가 받아들일 수 있는 가격 및 취득의 난이도 등 요소에 따라 수요자의 입장에서 서로 다른 상품 간의 대체성을 획정하는 것이다. 원칙적으로 수요자의 입장에서 볼 때 상품 간의 대체성이 높을수록 경쟁관계가 더 강해지고 동일한 관련 시장에 속할 가능성이 보다 높을 수 있다.[79]

---

76) 中國反壟斷法　第27條.
77) 關于相關市場界定的指南　第2條.
78) 關于相關市場界定的指南　第4條.

③ 공급대체

공급대체는 다른 경영자의 생산시설 개조에 대한 투입, 부담하는 리스크, 목표 시
장진입 시간 등 요소에 따라 경영자의 입장에서 서로 다른 상품 간의 대체성을 획
정하는 것이다. 원칙적으로 다른 경영자의 생산시설 개조에 대한 투입이 적을수록
부담하는 추가적 리스크가 보다 적게 되고 긴밀 대체상품 제공이 보다 신속할 수
있으며, 따라서 공급대체성이 보다 높게 되어, 관련 시장의 획정, 특히 관련 시장
참여자를 식별함에 있어서 공급대체를 고려해야 한다.80)

(2) 관련 시장획정의 일반적 방법

① 개요

관련 시장을 획정하는 방법이 유일한 것은 아니다. 독점금지법 집행 실무에 있어서
실제 상황에 따라 부동한 방법을 사용할 수 있다. 관련 시장을 획정할 때는 상품의
특징, 용도, 가격 등 요소에 기초하여 수요대체 분석을 진행하고 필요시 공급대체
분석을 진행한다. 경영자의 경쟁 시장범위가 명확하지 않거나, 획정이 용이하지 않
을 경우 SSNIP 척도의 방법에 따라 관련 시장을 획정할 수 있다. 독점금지법 집
행기구는 경영자 사안의 구체적인 상황에 따라 객관적이고 진실한 데이터를 사용
하여 경제학적 분석방법을 통해 관련 시장을 획정하도록 장려한다.
어떠한 방법을 사용하여 관련 시장을 획정하는지를 불문하고, 상품이 소비자의 수
요를 만족하는 기본 속성을 일관되게 파악하여야 하며, 관련 시장획정 시 명백한
편차가 나타날 경우 그에 대한 시정의 근거로 한다.81)

② 관련 상품시장 획정 시 고려요소

수요대체에 입각하여 관련 상품시장을 획정할 경우 고려할 수 있는 요소는 다음
각 측면을 포함하나 이에 제한되지는 않는다.

　㉠ 수요자가 상품 가격 혹은 기타 경쟁요소의 변화로 인하여 다른 상품을 구매하
　　는 것으로 전환하거나 또는 전환을 고려한 증거

---

79) 關于相關市場界定的指南　第5條.
80) 關于相關市場界定的指南　第6條.
81) 關于相關市場界定的指南　第7條.

ⓛ 상품의 외형, 특성, 품질 및 기술 특징 등 총체적인 특징 및 용도 : 상품은 특징상 일부 차이를 보일 수는 있지만, 수요자는 상품의 동일한 또는 유사한 용도에 근거하여 긴밀 대체품으로 간주[視爲]될 수 있다.

ⓒ 상품 간의 가격 차이 : 통상적인 상황하에 대체성이 비교적 강한 상품 가격은 비교적 근접하며 가격 변화 시 동일한 방향의 변화 추이를 보인다. 가격 분석 시 경쟁과 무관한 요소가 가격변화를 일으키는 상황은 배제되어야 한다.

ⓔ 상품의 판매 경로 : 판매 경로가 서로 다른 상품의 경우 접하는 수요자도 서로 다를 수 있고 이들 상호 간에는 경쟁관계를 구성하기 어려우므로 관련 상품이 될 가능성이 비교적 낮다.

ⓜ 기타 주요 요소 : 예를 들어 수요자의 특별 선호 또는 수요자의 상품에 대한 의존도, 대량 수요자가 일부 긴밀 대체상품으로 전환 시 존재하는 장애, 리스크 및 비용, 차별가격 결정의 존재 여부 등

공급의 측면에서 관련 상품시장을 획정할 경우 일반적으로 고려하는 요소는 다음을 포함한다. 다른 경영자가 상품가격 등 경쟁요소의 변화에 대하여 반응을 한 증거, 다른 경영자의 생산 공정 및 기술, 생산 전환의 난이도, 생산 전환에 필요한 시간, 생산 전환의 추가적 비용 및 리스크, 생산 전환 후 제공하는 상품의 시장경쟁력, 판매경로 등이다.

어떠한 요소라도 관련 상품시장 획정 시의 역할은 절대적인 것이 아니며, 사안의 서로 다른 상황에 따라 편중이 생길 수 있다.[82]

③ 관련 지역시장 획정 시 고려요소

수요대체에 입각하여 관련지역 시장을 획정할 경우 고려할 수 있는 요소는 다음 각 측면을 포함하나 이에 제한되지 아니한다.

㉠ 수요자가 상품가격 또는 기타 경쟁요소의 변화로 인하여 다른 지역에서 상품을 구매하는 것으로 전환하거나 또는 전환을 고려한 증거

㉡ 상품의 운송 원가와 운송 특징 : 상품 가격에 비해 운송 원가가 높을수록 관련 지역시장의 범위는 작다. 예를 들면, 시멘트 등의 상품을 들 수 있다. 상품의 운송 특징은 또한 상품의 판매 지역도 결정한다. 예를 들어, 도관(pipeline) 수

---

82) 關于相關市場界定的指南 第8條.

송(管道運輸)이 필요한 공업가스 등의 상품이다.

ⓒ 다수 수요자가 상품을 선택하는 실제 지역 및 주요 경영자 상품의 판매 분포

ⓔ 관세, 지방성 법규(地方性法規), 환경보호요소, 기술요소 등을 포함하는 지역 간의 거래 장벽 : 예를 들어, 관세가 상품의 가격에 비해 높을 경우 관련 지역 시장은 하나의 구역적 시장(區域性市場)일 수 있다.

ⓜ 기타 중요한 요소 : 특정지역 수요자의 특별 선호, 상품이 당해 지역에 들어가 거나 당해 지역에서 나오는 수량83)

---

83) 關于相關市場界定的指南 第9條.

부 록

독점규제 및 공정거래에 관한 법률
독점규제 및 공정거래에 관한 법률 시행령
기업결합심사기준

「독점규제 및 공정거래에 관한 법률」

[법률 제11406호, 일부개정 2012.03.21.]

제1장 총칙

제1조 (목적) 이 법은 사업자의 시장지배적지위의 남용과 과도한 경제력의 집중을 방지하고, 부당한 공동행위 및 불공정거래행위를 규제하여 공정하고 자유로운 경쟁을 촉진함으로써 창의적인 기업활동을 조장하고 소비자를 보호함과 아울러 국민경제의 균형있는 발전을 도모함을 목적으로 한다.

제2조 (정의) 이 법에서 사용하는 용어의 정의는 다음과 같다. [개정 92 · 12 · 8, 96 · 12 · 30, 99 · 2 · 5 법5813, 2001.1.16, 2004.12.31, 2007.4.27 제8387호(「통계법」), 2007.8.3] [[시행일 2007.11.4]]

1. "사업자"라 함은 제조업, 서비스업, 기타 사업을 행하는 자를 말한다. 사업자의 이익을 위한 행위를 하는 임원 · 종업원 · 대리인 기타의 자는 사업자단체에 관한 규정의 적용에 있어서는 이를 사업자로 본다.

   1의2. "지주회사"라 함은 주식(지분을 포함한다. 이하 같다)의 소유를 통하여 국내회사의 사업내용을 지배하는 것을 주된 사업으로 하는 회사로서 자산총액이 대통령령이 정하는 금액이상인 회사를 말한다. 이 경우 주된 사업의 기준은 대통령령으로 정한다.

   1의3. "자회사"라 함은 지주회사에 의하여 대통령령이 정하는 기준에 따라 그 사업내용을 지배받는 국내회사를 말한다.

   1의4. "손자회사"란 자회사에 의하여 대통령령으로 정하는 기준에 따라 사업내용을 지배받는 국내회사를 말한다.

2. "기업집단"이라 함은 동일인이 다음 각목의 구분에 따라 대통령령이 정하는 기준에 의하여 사실상 그 사업내용을 지배하는 회사의 집단을 말한다.

   가. 동일인이 회사인 경우 그 동일인과 그 동일인이 지배하는 하나이상의 회사의 집단

   나. 동일인이 회사가 아닌 경우 그 동일인이 지배하는 2이상의 회사의 집단

3. "계열회사"라 함은 2이상의 회사가 동일한 기업집단에 속하는 경우에 이들 회사는 서로 상대방의 계열회사라 한다.

4. "사업자단체"라 함은 그 형태 여하를 불문하고 2이상의 사업자가 공동의 이익을

증진할 목적으로 조직한 결합체 또는 그 연합체를 말한다.

5. "임원"이라 함은 이사·대표이사·업무집행을 하는 무한책임사원·감사나 이에 준하는 자 또는 지배인등 본점이나 지점의 영업전반을 총괄적으로 처리할 수 있는 상업사용인을 말한다.

6. "재판매가격유지행위"라 함은 사업자가 상품 또는 용역을 거래함에 있어서 거래상대방인 사업자 또는 그 다음 거래단계별 사업자에 대하여 거래가격을 정하여 그 가격대로 판매 또는 제공할 것을 강제하거나 이를 위하여 규약 기타 구속조건을 붙여 거래하는 행위를 말한다.

7. "시장지배적사업자"라 함은 일정한 거래분야의 공급자나 수요자로서 단독으로 또는 다른 사업자와 함께 상품이나 용역의 가격·수량·품질 기타의 거래조건을 결정·유지 또는 변경할 수 있는 시장지위를 가진 사업자를 말한다. 시장지배적사업자를 판단함에 있어서는 시장점유율, 진입장벽의 존재 및 정도, 경쟁사업자의 상대적 규모등을 종합적으로 고려한다.

8. "일정한 거래분야"라 함은 거래의 객체별·단계별 또는 지역별로 경쟁관계에 있거나 경쟁관계가 성립될 수 있는 분야를 말한다.

8의2. "경쟁을 실질적으로 제한하는 행위"라 함은 일정한 거래분야의 경쟁이 감소하여 특정 사업자 또는 사업자단체의 의사에 따라 어느 정도 자유로이 가격·수량·품질 기타 거래조건등의 결정에 영향을 미치거나 미칠 우려가 있는 상태를 초래하는 행위를 말한다.

9. "여신"이라 함은 국내금융기관이 행하는 대출 및 회사채무의 보증 또는 인수를 말한다.

10. "금융업 또는 보험업"이라 함은 「통계법」 제22조(표준분류)제1항의 규정에 의하여 통계청장이 고시하는 한국표준산업분류상 금융 및 보험업을 말한다.

제2조의2 (국외행위에 대한 적용) 이 법은 국외에서 이루어진 행위라도 국내시장에 영향을 미치는 경우에는 적용한다.

[본조신설 2004.12.31] [[시행일 2005.4.1]]

제2장 시장지배적지위의 남용금지

제3조 (독과점적 시장구조의 개선등) ①공정거래위원회는 독과점적 시장구조가 장기간 유지되고 있는 상품이나 용역의 공급 또는 수요시장에 대하여 경쟁을 촉진하기 위한

시책을 수립·시행하여야 한다.

②공정거래위원회는 제1항의 규정에 의한 시책을 추진하기 위하여 필요한 경우에는 관계행정기관의 장에게 경쟁의 도입 기타 시장구조의 개선등에 관하여 필요한 의견을 제시할 수 있다.

③공정거래위원회는 제1항의 규정에 의한 시책을 수립·추진하기 위하여 시장구조를 조사하여 공표한다. [신설 99·2·5 법5813]

④공정거래위원회는 사업자에 대하여 제3항에 의한 시장구조의 조사·공표를 위하여 필요한 자료의 제출을 요청할 수 있다. [신설 99·2·5 법5813]

⑤공정거래위원회는 제3항 및 제4항의 사무를 대통령령이 정하는 바에 의하여 다른 기관에 위탁할 수 있다. [신설 99·2·5 법5813]

[본조신설 96·12·30]

제3조의2 (시장지배적지위의 남용금지) ①시장지배적사업자는 다음 각호의 1에 해당하는 행위(이하 "남용행위"라 한다)를 하여서는 아니된다. [개정 99·2·5 법5813]

1. 상품의 가격이나 용역의 대가(이하 "가격"이라 한다)를 부당하게 결정·유지 또는 변경하는 행위

2. 상품의 판매 또는 용역의 제공을 부당하게 조절하는 행위

3. 다른 사업자의 사업활동을 부당하게 방해하는 행위

4. 새로운 경쟁사업자의 참가를 부당하게 방해하는 행위

5. 부당하게 경쟁사업자를 배제하기 위하여 거래하거나 소비자의 이익을 현저히 저해할 우려가 있는 행위

② 남용행위의 유형 또는 기준은 대통령령으로 정할 수 있다. [신설 96·12·30, 99·2·5 법5813]

제4조 (시장지배적사업자의 추정) 일정한 거래분야에서 시장점유율이 다음 각 호의 어느 하나에 해당하는 사업자(일정한 거래분야에서 연간 매출액 또는 구매액이 40억원 미만인 사업자는 제외한다)는 제2조(定義)제7호의 시장지배적 사업자로 추정한다. [개정 2007.8.3] [[시행일 2007.11.4]]

1. 1사업자의 시장점유율이 100분의 50 이상

2. 3 이하의 사업자의 시장점유율의 합계가 100분의 75 이상. 다만, 이 경우에 시장점유율이 100분의 10 미만인 자를 제외한다.

[전문개정 99·2·5 법5813]

제5조 (시정조치) 공정거래위원회는 제3조의2(시장지배적지위의 남용금지)의 규정에 위반하는 행위가 있을 때에는 당해 시장지배적사업자에 대하여 가격의 인하, 당해 행위의 중지, 시정명령을 받은 사실의 공표 기타 시정을 위한 필요한 조치를 명할 수 있다. [개정 1996.12.30, 2004.12.31] [[시행일 2005.4.1]]

제6조 (과징금) 공정거래위원회는 시장지배적사업자가 남용행위를 한 경우에는 당해 사업자에 대하여 대통령령이 정하는 매출액(대통령령이 정하는 사업자의 경우에는 영업수익을 말한다. 이하 같다)에 100분의 3을 곱한 금액을 초과하지 아니하는 범위안에서 과징금을 부과할 수 있다. 다만, 매출액이 없거나 매출액의 산정이 곤란한 경우로서 대통령령이 정하는 경우(이하 "매출액이 없는 경우등"이라 한다)에는 10억원을 초과하지 아니하는 범위안에서 과징금을 부과할 수 있다.

[전문개정 96 · 12 · 30]

제3장 기업결합의 제한 및 경제력집중의 억제

제7조 (기업결합의 제한) ①누구든지 직접 또는 대통령령이 정하는 특수한 관계에 있는 자(이하 "특수관계인"이라 한다)를 통하여 다음 각호의 1에 해당하는 행위(이하 "기업결합"이라 한다)로서 일정한 거래분야에서 경쟁을 실질적으로 제한하는 행위를 하여서는 아니된다. 다만, 자산총액 또는 매출액의 규모(계열회사의 자산총액 또는 매출액을 합산한 규모를 말한다)가 대통령령이 정하는 규모에 해당하는 회사(이하 "대규모회사"라 한다)외의 자가 제2호에 해당하는 행위를 하는 경우에는 그러하지 아니하다. [개정 96 · 12 · 30, 99 · 2 · 5 법5813, 2007.8.3] [[시행일 2007.11.4]]

1. 다른 회사의 주식의 취득 또는 소유
2. 임원 또는 종업원(계속하여 회사의 업무에 종사하는 자로서 임원외의 자를 말한다. 이하 같다)에 의한 다른 회사의 임원지위의 겸임(이하 "임원겸임"이라 한다)
3. 다른 회사와의 합병
4. 다른 회사의 영업의 전부 또는 주요부분의 양수 · 임차 또는 경영의 수임이나 다른 회사의 영업용고정자산의 전부 또는 주요부분의 양수(이하 "영업양수"라 한다)
5. 새로운 회사설립에의 참여. 다만, 다음 각목의 1에 해당하는 경우는 제외한다.
    가. 특수관계인(대통령령이 정하는 자를 제외한다)외의 자는 참여하지 아니하는 경우
    나. 「상법」 제530조의2(회사의 분할 · 분할합병)제1항의 규정에 의하여 분할에 의한 회사설립에 참여하는 경우

② 다음 각호의 1에 해당한다고 공정거래위원회가 인정하는 기업결합에 대하여는 제1항의 규정을 적용하지 아니한다. 이 경우 해당요건을 충족하는지에 대한 입증은 당해 사업자가 하여야 한다. [개정 99 · 2 · 5 법5813]

1. 당해 기업결합외의 방법으로는 달성하기 어려운 효율성 증대효과가 경쟁제한으로 인한 폐해보다 큰 경우

2. 상당기간 대차대조표상의 자본총계가 납입자본금보다 작은 상태에 있는 등 회생이 불가한 회사와의 기업결합으로서 대통령령이 정하는 요건에 해당하는 경우

③ 삭제 [2007.8.3] [[시행일 2007.11.4]]

④ 기업결합이 다음 각 호의 어느 하나에 해당하는 경우에는 일정한 거래분야에서 경쟁을 실질적으로 제한하는 것으로 추정한다. [신설 96 · 12 · 30, 99 · 2 · 5 법5813, 2007.8.3] [[시행일 2007.11.4]]

1. 기업결합의 당사회사(제1항제5호의 경우에는 회사설립에 참여하는 모든 회사를 말한다. 이하 같다)의 시장점유율(계열회사의 시장점유율을 합산한 점유율을 말한다. 이하 이 조에서 같다)의 합계가 다음 각 목의 요건을 갖춘 경우

   가. 시장점유율의 합계가 시장지배적사업자의 추정요건에 해당할 것

   나. 시장점유율의 합계가 당해거래분야에서 제1위일 것

   다. 시장점유율의 합계와 시장점유율이 제2위인 회사(당사회사를 제외한 회사중 제1위인 회사를 말한다)의 시장점유율과의 차이가 그 시장점유율의 합계의 100분의 25이상일 것

2. 대규모회사가 직접 또는 특수관계인을 통하여 행한 기업결합이 다음 각목의 요건을 갖춘 경우

   가. 「중소기업기본법」에 의한 중소기업의 시장점유율이 3분의 2이상인 거래분야에서의 기업결합일 것

   나. 당해기업결합으로 100분의 5이상의 시장점유율을 가지게 될 것

⑤ 제1항의 규정에 의한 일정한 거래분야에서 경쟁을 실질적으로 제한하는 기업결합과 제2항의 규정에 의하여 제1항의 규정을 적용하지 아니하는 기업결합에 관한 기준은 공정거래위원회가 정하여 이를 고시할 수 있다 [신설 96 · 12 · 30, 99 · 2 · 5 법5813, 2007.8.3] [[시행일 2007.11.4]]

제7조의2 (주식의 취득 또는 소유의 기준) 이 법의 규정에 의한 주식의 취득 또는 소유는 취득 또는 소유의 명의와 관계없이 실질적인 소유관계를 기준으로 한다.

[본조신설 96 · 12 · 30]

제8조 (지주회사 설립 · 전환의 신고) 지주회사를 설립하거나 지주회사로 전환한 자는 대통령령이 정하는 바에 의하여 공정거래위원회에 신고하여야 한다. [개정 2001 · 1 · 16]

[전문개정 99 · 2 · 5 법5813][[시행일 2001.4.1.]]

제8조의2 (지주회사 등의 행위제한 등) ① 이 조에서 사용하는 용어의 정의는 다음과 같다. [신설 2004.12.31, 2007.8.3] [[시행일 2007.11.4]]

1. "공동출자법인"이라 함은 경영에 영향을 미칠 수 있는 상당한 지분을 소유하고 있는 2인 이상의 출자자(특수관계인의 관계에 있는 출자자 중 대통령령이 정하는 자 외의 자는 1인으로 본다)가 계약 또는 이에 준하는 방법으로 출자지분의 양도를 현저히 제한하고 있어 출자자간 지분변동이 어려운 법인을 말한다.

2. "벤처지주회사"라 함은 「벤처기업육성에 관한 특별조치법」 제2조(정의)제1항에 따른 벤처기업(이하 "벤처기업"이라 한다)을 자회사로 하는 지주회사로서 대통령령이 정하는 기준에 해당하는 지주회사를 말한다.

② 지주회사는 다음 각 호의 어느 하나에 해당하는 행위를 하여서는 아니된다. [개정 2001.1.16, 2002.1.26, 2004.12.31, 2007.4.13, 2007.8.3, 2007.8.3 제8635호(자본시장과 금융투자업에 관한 법률)] [[시행일 2009.2.4]]

1. 자본총액(대차대조표상의 자산총액에서 부채액을 뺀 금액을 말한다. 이하 같다)의 2배를 초과하는 부채액을 보유하는 행위. 다만, 지주회사로 전환하거나 설립될 당시에 자본총액의 2배를 초과하는 부채액을 보유하고 있는 때에는 지주회사로 전환하거나 설립된 날부터 2년간은 자본총액의 2배를 초과하는 부채액을 보유할 수 있다.

    가. 삭제 [2004.12.31]

    나. 삭제 [2004.12.31]

    다. 삭제 [2004.12.31]

2. 자회사의 주식을 그 자회사 발행주식총수의 100분의 40[자회사가 「자본시장과 금융투자업에 관한 법률」에 따른 주권상장법인(이하 "상장법인"이라 한다)인 경우, 주식 소유의 분산요건 등 상장요건이 국내 유가증권시장의 상장요건에 상당하는 것으로 공정거래위원회가 고시하는 국외 증권거래소에 상장된 법인(이하 "국외상장법인"이라 한다)인 경우, 공동출자법인인 경우 또는 벤처지주회사의 자회사인 경우에는 100분의 20으로 한다. 이하 이 조에서 "자회사주식보유기준"이라 한다] 미만으로 소유하는 행위. 다만, 다음 각 목의 어느 하나에 해당하는 사유로 인하여 자

회사주식보유기준에 미달하게 된 경우에는 그러하지 아니하다.

가. 지주회사로 전환하거나 설립될 당시에 자회사의 주식을 자회사주식보유기준
    미만으로 소유하고 있는 경우로서 지주회사로 전환하거나 설립된 날부터 2년
    이내인 경우

나. 상장법인 또는 국외상장법인이거나 공동출자법인이었던 자회사가 그에 해당하
    지 아니하게 되어 자회사주식보유기준에 미달하게 된 경우로서 그 해당하지
    아니하게 된 날부터 1년 이내인 경우

다. 벤처지주회사이었던 회사가 그에 해당하지 아니하게 되어 자회사주식보유기준
    에 미달하게 된 경우로서 그 해당하지 아니하게 된 날부터 1년 이내인 경우

라. 자회사가 주식을 모집하거나 매출하면서 「증권거래법」 제191조의7(우리사주조
    합원에 대한 우선배정)의 규정에 따라 우리사주조합에 우선 배정하거나 당해
    자회사가 「상법」 제513조(전환사채의 발행) 또는 제516조의2(신주인수권부사
    채의 발행)의 규정에 따라 발행한 전환사채 또는 신주인수권부사채의 전환이
    청구되거나 신주인수권이 행사되어 자회사주식보유기준에 미달하게 된 경우로
    서 그 미달하게 된 날부터 1년 이내인 경우

마. 자회사가 아닌 회사가 자회사에 해당하게 되고 자회사주식보유기준에는 미달
    하는 경우로서 당해 회사가 자회사에 해당하게 된 날부터 1년 이내인 경우

바. 자회사를 자회사에 해당하지 아니하게 하는 과정에서 자회사주식보유기준에
    미달하게 된 경우로서 그 미달하게 된 날부터 1년 이내인 경우(자회사주식보
    유기준에 미달하게 된 날부터 1년 이내에 자회사에 해당하지 아니하게 된 경
    우에 한한다)

사. 자회사가 다른 회사와 합병하여 자회사주식보유기준에 미달하게 된 경우로서
    그 미달하게 된 날부터 1년 이내인 경우

3. 계열회사가 아닌 국내회사(「사회기반시설에 대한 민간투자법」 제4조(민간투자사업
   의 추진방식)제1호부터 제4호까지의 규정에 정한 방식으로 민간투자사업을 영위하
   는 회사를 제외한다. 이하 이 호에서 같다)의 주식을 당해 회사 발행주식총수의
   100분의 5를 초과하여 소유하는 행위(소유하고 있는 계열회사가 아닌 국내회사의
   주식가액의 합계액이 자회사의 주식가액의 합계액의 100분의 15 미만인 지주회사
   에 대하여는 적용하지 아니한다) 또는 자회사 외의 국내계열회사의 주식을 소유하
   는 행위. 다만, 다음 각목의 1에 해당하는 사유로 인하여 주식을 소유하고 있는 계

열회사가 아닌 국내회사나 국내계열회사의 경우에는 그러하지 아니하다.

  가. 지주회사로 전환하거나 설립될 당시에 이 호 본문에서 규정하고 있는 행위에 해당하고 있는 경우로서 지주회사로 전환하거나 설립된 날부터 2년 이내인 경우

  나. 계열회사가 아닌 회사를 자회사에 해당하게 하는 과정에서 이 호 본문에서 규정하고 있는 행위에 해당하게 된 날부터 1년 이내인 경우(같은 기간내에 자회사에 해당하게 된 경우에 한한다)

  다. 주식을 소유하고 있지 아니한 국내계열회사를 자회사에 해당하게 하는 과정에서 그 국내계열회사 주식을 소유하게 된 날부터 1년 이내인 경우(같은 기간내에 자회사에 해당하게 된 경우에 한한다)

  라. 자회사를 자회사에 해당하지 아니하게 하는 과정에서 당해 자회사가 자회사에 해당하지 아니하게 된 날부터 1년 이내인 경우

4. 금융업 또는 보험업을 영위하는 자회사의 주식을 소유하는 지주회사(이하 "금융지주회사"라 한다)인 경우 금융업 또는 보험업을 영위하는 회사(금융업 또는 보험업과 밀접한 관련이 있는 등 대통령령이 정하는 기준에 해당하는 회사를 포함한다)외의 국내회사의 주식을 소유하는 행위. 다만, 금융지주회사로 전환하거나 설립될 당시에 금융업 또는 보험업을 영위하는 회사 외의 국내회사 주식을 소유하고 있는 때에는 금융지주회사로 전환하거나 설립된 날부터 2년간은 그 국내회사의 주식을 소유할 수 있다.

5. 금융지주회사외의 지주회사(이하 "일반지주회사"라 한다)인 경우 금융업 또는 보험업을 영위하는 국내회사의 주식을 소유하는 행위. 다만, 일반지주회사로 전환하거나 설립될 당시에 금융업 또는 보험업을 영위하는 국내회사의 주식을 소유하고 있는 때에는 일반지주회사로 전환하거나 설립된 날부터 2년간은 그 국내회사의 주식을 소유할 수 있다.

③ 일반지주회사의 자회사는 다음 각 호의 어느 하나에 해당하는 행위를 하여서는 아니된다. [개정 2004.12.31, 2007.4.13, 2007.8.3] [[시행일 2007.11.4]]

1. 손자회사의 주식을 그 손자회사 발행주식총수의 100분의 40(그 손자회사가 상장법인 또는 국외상장법인이거나 공동출자법인인 경우에는 100분의 20으로 한다. 이하 이 조에서 "손자회사주식보유기준"이라 한다) 미만으로 소유하는 행위. 다만, 다음 각 목의 어느 하나에 해당하는 사유로 인하여 손자회사주식보유기준에 미달하게

된 경우에는 그러하지 아니하다.

가. 자회사가 될 당시에 손자회사의 주식을 손자회사주식보유기준 미만으로 소유
　　하고 있는 경우로서 자회사에 해당하게 된 날부터 2년 이내인 경우

나. 상장법인 또는 국외상장법인이거나 공동출자법인이었던 손자회사가 그에 해당
　　하지 아니하게 되어 손자회사주식보유기준에 미달하게 된 경우로서 그 해당하
　　지 아니하게 된 날부터 1년 이내인 경우

다. 손자회사가 주식을 모집 또는 매출하면서 「증권거래법」 제191조의7(우리사주
　　조합원에 대한 우선배정)의 규정에 따라 우리사주조합에 우선 배정하거나 당
　　해 손자회사가 「상법」 제513조(전환사채의 발행) 또는 제516조의2(신주인수권
　　부사채의 발행)의 규정에 따라 발행한 전환사채 또는 신주인수권부사채의 전
　　환이 청구되거나 신주인수권이 행사되어 손자회사주식보유기준에 미달하게 된
　　경우로서 그 미달하게 된 날부터 1년 이내인 경우

라. 손자회사가 아닌 회사가 손자회사에 해당하게 되고 손자회사주식보유기준에는
　　미달하는 경우로서 당해 회사가 손자회사에 해당하게 된 날부터 1년 이내인
　　경우

마. 손자회사를 손자회사에 해당하지 아니하게 하는 과정에서 손자회사주식보유기
　　준에 미달하게 된 경우로서 그 미달하게 된 날부터 1년 이내인 경우(같은 기
　　간 내에 손자회사에 해당하지 아니하게 된 경우에 한한다)

바. 손자회사가 다른 회사와 합병하여 손자회사주식보유기준에 미달하게 된 경우
　　로서 그 미달하게 된 날부터 1년 이내인 경우

2. 손자회사가 아닌 국내계열회사의 주식을 소유하는 행위. 다만, 다음 각 목의 어느
　하나에 해당하는 사유로 인하여 주식을 소유하고 있는 국내계열회사의 경우에는
　그러하지 아니하다.

가. 자회사가 될 당시에 주식을 소유하고 있는 국내계열회사의 경우로서 자회사에
　　해당하게 된 날부터 2년 이내인 경우

나. 계열회사가 아닌 회사를 손자회사에 해당하게 하는 과정에서 당해 회사가 계
　　열회사에 해당하게 된 날부터 1년 이내인 경우(같은 기간내에 손자회사에 해
　　당하게 된 경우에 한한다)

다. 주식을 소유하고 있지 아니한 국내계열회사를 손자회사에 해당하게 하는 과정
　　에서 당해 계열회사의 주식을 소유하게 된 날부터 1년 이내인 경우(같은 기간

내에 손자회사에 해당하게 된 경우에 한한다)

라. 손자회사를 손자회사에 해당하지 아니하게 하는 과정에서 당해 손자회사가 손
　자회사에 해당하지 아니하게 된 날부터 1년 이내인 경우(같은 기간내에 계열
　회사에 해당하지 아니하게 된 경우에 한한다)

마. 손자회사가 다른 자회사와 합병하여 그 다른 자회사의 주식을 소유하게 된 경
　우로서 주식을 소유한 날부터 1년 이내인 경우

바. 자기주식을 보유하고 있는 자회사가 회사분할로 인하여 다른 국내계열회사의
　주식을 소유하게 된 경우로서 주식을 소유한 날부터 1년 이내인 경우

3. 금융업이나 보험업을 영위하는 회사를 손자회사로 지배하는 행위. 다만, 일반지주
　회사의 자회사가 될 당시에 금융업이나 보험업을 영위하는 회사를 손자회사로 지
　배하고 있는 경우에는 자회사에 해당하게 된 날부터 2년간 그 손자회사를 지배할
　수 있다.

④ 일반지주회사의 손자회사는 국내계열회사의 주식을 소유하여서는 아니된다. 다만,
다음 각 호의 어느 하나에 해당하는 경우에는 그러하지 아니하다. [신설 2004.12.31,
2007.8.3] [[시행일 2007.11.4]]

1. 손자회사가 될 당시에 주식을 소유하고 있는 국내계열회사의 경우로서 손자회사에
　해당하게 된 날부터 2년 이내인 경우

2. 주식을 소유하고 있는 계열회사가 아닌 국내회사가 계열회사에 해당하게 된 경우
　로서 당해 회사가 계열회사에 해당하게 된 날부터 1년 이내인 경우

3. 자기주식을 소유하고 있는 손자회사가 회사분할로 인하여 다른 국내계열회사의 주
　식을 소유하게 된 경우로서 주식을 소유한 날부터 1년 이내인 경우

4. 손자회사가 국내계열회사(금융업 또는 보험업을 영위하는 회사를 제외한다) 발행주
　식총수를 소유하고 있는 경우

⑤ 제4항제4호에 따라 손자회사가 주식을 소유하고 있는 회사(이하 "증손회사"라 한
다)는 국내계열회사의 주식을 소유하여서는 아니 된다. 다만, 다음 각 호의 어느 하나
에 해당하는 경우에는 그러하지 아니하다. [신설 2007.8.3] [[시행일 2007.11.4]]

1. 증손회사가 될 당시에 주식을 소유하고 있는 국내계열회사인 경우로서 증손회사에
　해당하게 된 날부터 2년 이내인 경우

2. 주식을 소유하고 있는 계열회사가 아닌 국내회사가 계열회사에 해당하게 된 경우
　로서 그 회사가 계열회사에 해당하게 된 날부터 1년 이내인 경우

⑥ 제2항제1호 단서, 제2항제2호가목, 제2항제3호가목, 제2항제4호 단서, 제2항제5호 단서, 제3항제1호가목, 제3항제2호가목, 제3항제3호 단서, 제4항제1호 및 제5항제1호를 적용함에 있어서 각 해당 규정의 유예기간은 주식가격의 급격한 변동 등 경제여건의 변화, 주식처분금지계약, 사업의 현저한 손실 그 밖의 사유로 인하여 부채액을 감소시키거나 주식의 취득·처분 등이 곤란한 경우에는 공정거래위원회의 승인을 얻어 2년을 연장할 수 있다. [신설 2007.4.13, 2007.8.3] [[시행일 2007.11.4]]

⑦ 지주회사는 대통령령이 정하는 바에 의하여 당해 지주회사·자회사·손자회사 및 증손회사(이하 "지주회사등"이라 한다)의 주식소유현황·재무상황 등 사업내용에 관한 보고서를 공정거래위원회에 제출하여야 한다. [개정 2004.12.31, 2007.4.13, 2007.8.3] [[시행일 2007.11.4]]

[본조신설 1999.2.5]

제8조의3 (채무보증제한기업집단의 지주회사 설립제한) 제14조(상호출자제한기업집단 등의 지정 등)제1항의 규정에 따라 지정된 채무보증제한기업집단에 속하는 회사를 지배하는 동일인 또는 당해 동일인의 특수관계인이 지주회사를 설립하고자 하거나 지주회사로 전환하고자 하는 경우에는 제10조의2(계열회사에 대한 채무보증의 금지)의 규정에 의한 채무보증으로서 다음 각호의 1에 해당하는 채무보증을 해소하여야 한다. [개정 2002.1.26.] [[시행일 2002.4.1.]]

1. 지주회사와 자회사간의 채무보증

2. 지주회사와 다른 국내계열회사(당해 지주회사가 지배하는 자회사를 제외한다)간의 채무보증

3. 자회사 상호간의 채무보증

4. 자회사와 다른 국내계열회사(당해 자회사를 지배하는 지주회사 및 당해 지주회사가 지배하는 다른 자회사를 제외한다)간의 채무보증

[본조신설 99·2·5 법5813] [본조제목개정 2002.1.26]

제9조 (상호출자의 금지등) ① 일정규모이상의 자산총액등 대통령령이 정하는 기준에 해당되어 제14조(상호출자제한기업집단등의 지정)제1항의 규정에 따라 지정된 기업집단(이하 "상호출자제한기업집단"이라 한다)에 속하는 회사는 자기의 주식을 취득 또는 소유하고 있는 계열회사의 주식을 취득 또는 소유하여서는 아니된다. 다만, 다음 각호의 1에 해당하는 경우에는 그러하지 아니하다. [개정 2002.1.26.] [[시행일 2002.4.1.]]

1. 회사의 합병 또는 영업전부의 양수

2. 담보권의 실행 또는 대물변제의 수령

② 제1항 단서의 규정에 의하여 출자를 한 회사는 당해 주식을 취득 또는 소유한 날부터 6월이내에 이를 처분하여야 한다. 다만, 자기의 주식을 취득 또는 소유하고 있는 계열회사가 그 주식을 처분한 때에는 그러하지 아니하다.

③ 상호출자제한기업집단에 속하는 회사로서 「중소기업창업 지원법」에 의한 중소기업창업투자회사는 국내 계열회사주식을 취득 또는 소유하여서는 아니된다. [개정 2002.1.26, 2007.8.3] [[시행일 2007.11.4]]

제10조 삭제 [2009.3.25]

제10조의2 (계열회사에 대한 채무보증의 금지) ① 일정규모 이상의 자산총액 등 대통령령이 정하는 기준에 해당되어 제14조(상호출자제한기업집단등의 지정)제1항의 규정에 따라 지정된 기업집단(이하 "채무보증제한기업집단"이라 한다)에 속하는 회사(금융업 또는 보험업을 영위하는 회사를 제외한다. 이하 같다)는 국내계열회사에 대하여 채무보증을 하여서는 아니된다. 다만, 다음 각호의 1에 해당하는 채무보증의 경우에는 그러하지 아니하다. [개정 96 · 12 · 30, 98 · 2 · 24, 99 · 2 · 8, 2002.1.26, 2007.8.3] [[시행일 2007.11.4]]

1. 「조세특례제한법」 에 의한 합리화기준에 따라 인수되는 회사의 채무와 관련하여 행하는 보증

2. 삭제 [96 · 12 · 30]

3. 기업의 국제경쟁력강화를 위하여 필요한 경우 기타 대통령령이 정하는 경우의 채무에 대한 보증

② 제1항에서 "채무보증"이라 함은 다음 각호의 1에 해당하는 국내금융기관의 여신과 관련하여 채무보증제한기업집단에 속하는 회사가 국내계열회사에 대하여 행하는 보증을 말한다. [개정 97 · 8 · 30, 97 · 12 · 13, 2002.1.26, 2007.8.3, 2007.8.3 제8635호(자본시장과 금융투자업에 관한 법률), 2010.5.17 제10303호(은행법)] [[시행일 2010.11.18]]

1. 「은행법」에 의한 은행과 한국산업은행 · 한국수출입은행 · 장기신용은행 및 중소기업은행

2. 삭제 [98 · 1 · 13]

3. 「보험업법」 에 의한 보험회사

4. 「자본시장과 금융투자업에 관한 법률」에 따른 투자매매업자·투자중개업자 및 종
   합금융회사

5. 삭제 [2007.8.3 제8635호(자본시장과 금융투자업에 관한 법률)] [[시행일 2009.2.4]]

6. 기타 대통령령이 정하는 금융기관

③삭제 [98·2·24]

④삭제 [98·2·24]

[본조제목개정 2001.1.16.]

[본조신설 92·12·8][[시행일 2001.4.1.]]

제10조의3 삭제 [2001.1.16] [[시행일 2001.4.1]]

제11조 (금융회사 또는 보험회사의 의결권 제한) 상호출자제한기업집단에 속하는 회사로서
금융업 또는 보험업을 영위하는 회사는 취득 또는 소유하고 있는 국내계열회사주식에
대하여 의결권을 행사할 수 없다. 다만, 다음 각 호의 어느 하나에 해당하는 경우에는
그러하지 아니하다. [개정 1992.12.8, 1996.12.30, 2002.1.26, 2004.12.31, 2007.4.13,
2007.8.3] [[시행일 2007.7.14, 2007.11.4]]

1. 금융업 또는 보험업을 영위하기 위하여 주식을 취득 또는 소유하는 경우

2. 보험자산의 효율적인 운용·관리를 위하여 「보험업법」 등에 의한 승인 등을 얻어
   주식을 취득 또는 소유하는 경우

3. 당해 국내 계열회사(상장법인에 한한다)의 주주총회에서 다음 각 목의 어느 하나에
   해당하는 사항을 결의하는 경우. 이 경우 그 계열회사의 주식중 의결권을 행사할
   수 있는 주식의 수는 그 계열회사에 대하여 특수관계인중 대통령령이 정하는 자를
   제외한 자가 행사할 수 있는 주식수를 합하여 그 계열회사 발행주식총수의 100분
   의 15를 초과할 수 없다.

   가. 임원의 선임 또는 해임

   나. 정관 변경

   다. 그 계열회사의 다른 회사로의 합병, 영업의 전부 또는 주요부분의 다른 회사로
       의 양도

제11조의2 (대규모내부거래의 이사회 의결 및 공시) ①일정규모 이상의 자산총액 등 대통
령령이 정하는 기준에 해당하는 기업집단에 속하는 회사(이하 "내부거래공시대상회사"
라 한다)는 특수관계인을 상대방으로 하거나 특수관계인을 위하여 대통령령이 정하는
규모 이상의 다음 각 호의 어느 하나에 해당하는 거래행위(이하 "대규모내부거래"라

한다)를 하고자 하는 때에는 미리 이사회의 의결을 거친 후 이를 공시하여야 한다. 제2항의 규정에 의한 주요내용을 변경하고자 하는 때에도 또한 같다. [개정 2002.1.26, 2007.4.13] [[시행일 2007.7.14]]

1. 가지급금 또는 대여금 등의 자금을 제공 또는 거래하는 행위
2. 주식 또는 회사채 등의 유가증권을 제공 또는 거래하는 행위
3. 부동산 또는 무체재산권 등의 자산을 제공 또는 거래하는 행위
4. 주주의 구성 등을 고려하여 대통령령으로 정하는 계열회사를 상대방으로 하거나 동 계열회사를 위하여 상품 또는 용역을 제공 또는 거래하는 행위

② 내부거래공시대상회사는 제1항의 규정에 의하여 공시를 함에 있어서는 거래의 목적·상대방·규모 및 조건 등 대통령령이 정하는 주요내용을 포함하여야 한다.

③ 공정거래위원회는 제1항의 규정에 의한 공시와 관련되는 업무를 「자본시장과 금융투자업에 관한 법률」 제161조(주요사항보고서의 제출)에 따른 신고수리기관에 위탁할 수 있다. 이 경우 공시의 방법·절차 기타 필요한 사항은 공시와 관련되는 업무를 위탁받은 신고수리기관과의 협의를 거쳐 공정거래위원회가 이를 정한다. [개정 2007.8.3, 2007.8.3 제8635호(자본시장과 금융투자업에 관한 법률)] [[시행일 2009.2.4]]

④ 금융업 또는 보험업을 영위하는 내부거래공시대상회사가 약관에 따라 정형화된 거래로서 대통령령이 정하는 기준에 해당하는 거래행위를 하고자 하는 때에는 제1항의 규정에 불구하고 이사회의 의결을 거치지 아니하고 이를 할 수 있다. 다만, 그 거래내용은 이를 공시하여야 한다.

⑤ 제1항의 경우에 상장법인이 [「상법」 제393조의2(이사회내 위원회)에 따라 설치한 위원회 「증권거래법」 제2조(정의)제19항의 사외이사가 3인 이상 포함되고, 사외이사의 수가 위원총수의 3분의 2 이상인 경우에 한한다]에서 의결한 경우에는 이사회의 의결을 거친 것으로 본다. [신설 2007.8.3] [[시행일 2007.11.4]]

[본조신설 1999.12.28]

제11조의3 (비상장회사 등의 중요사항 공시) ① 일정규모 이상의 자산총액 등 대통령령이 정하는 기준에 해당하는 기업집단에 속하는 회사(금융업 또는 보험업을 영위하는 회사를 제외한다)로서 상장법인을 제외한 회사는 다음 각 호의 어느 하나에 해당하는 사항을 공시하여야 한다. 다만, 제11조의2의 규정에 따라 공시되는 사항을 제외한다. [개정 2007.4.13, 2007.8.3, 2007.8.3 제8635호(자본시장과 금융투자업에 관한 법률)] [[시행일 2009.2.4]]

1. 최대주주와 주요주주(「자본시장과 금융투자업에 관한 법률」 제9조제1항제2호에 따른 주요주주를 말한다)의 주식보유현황 및 그 변동사항, 임원의 변동 등 회사의 소유지배구조와 관련된 중요사항으로서 대통령령이 정하는 사항

2. 자산·주식의 취득, 증여, 담보제공, 채무인수·면제 등 회사의 재무구조에 중요한 변동을 초래하는 사항으로서 대통령령이 정하는 사항

3. 영업양도·양수, 합병·분할, 주식의 교환·이전 등 회사의 경영활동과 관련된 중요한 사항으로서 대통령령이 정하는 사항

② 제11조의2(대규모내부거래의 이사회 의결 및 공시)제2항 및 제3항의 규정은 제1항의 규정에 의한 공시에 관하여 이를 준용한다.

[본조신설 2004.12.31]

제11조의4 (기업집단현황 등에 관한 공시) ① 상호출자제한기업집단에 속하는 회사 중 자산총액 등이 대통령령으로 정하는 기준에 해당하는 회사는 그 기업집단의 일반현황, 주식소유현황, 특수관계인과의 거래현황 등에 관한 사항으로서 대통령령으로 정하는 사항을 공시하여야 한다.

② 제1항에 따른 공시에 관하여는 제11조의2(대규모내부거래의 이사회 의결 및 공시) 제3항을 준용한다.

③ 제1항에 따른 공시의 시기·방법 및 절차에 관하여 제2항에 규정된 것 외에 필요한 사항은 대통령령으로 정한다.

[본조신설 2009.3.25] [[시행일 2009.6.26]]

제12조 (기업결합의 신고) ①자산총액 또는 매출액의 규모가 대통령령이 정하는 기준에 해당하는 회사(제3호에 해당하는 기업결합을 하는 경우에는 대규모회사에 한하며, 이하 이 조에서 "기업결합신고대상회사"라 한다) 또는 그 특수관계인이 자산총액 또는 매출액의 규모가 대통령령이 정하는 기준에 해당하는 다른 회사(이하 이 조에서 "상대회사"라 한다)에 대하여 제1호부터 제4호까지의 어느 하나에 해당하는 기업결합을 하거나 기업결합신고대상회사 또는 그 특수관계인이 상대회사 또는 그 특수관계인과 공동으로 제5호의 기업결합을 하는 경우에는 대통령령이 정하는 바에 따라 공정거래위원회에 신고하여야 한다. 기업결합신고대상회사 외의 회사로서 상대회사의 규모에 해당하는 회사 또는 그 특수관계인이 기업결합신고대상회사에 대하여 제1호부터 제4호까지의 어느 하나에 해당하는 기업결합을 하거나 기업결합신고대상회사 외의 회사로서 상대회사의 규모에 해당하는 회사 또는 그 특수관계인이 기업결합신고대상회사 또는 그 특수

관계인과 공동으로 제5호의 기업결합을 하는 경우에도 또한 같다. [개정 2004.12.31, 2007.4.13, 2007.8.3] [[시행일 2007.11.4]]

1. 다른 회사의 발행주식총수[「상법」 제370조(의결권 없는 주식)의 규정에 의한 의결권없는 주식을 제외한다. 이하 같다]의 100분의 20(상장법인의 경우에는 100분의 15) 이상을 소유하게 되는 경우

2. 다른 회사의 발행주식을 제1호에 따른 비율 이상으로 소유한 자가 당해 회사의 주식을 추가로 취득하여 최다출자자가 되는 경우

3. 임원겸임의 경우(계열회사의 임원을 겸임하는 경우를 제외한다)

4. 제7조(기업결합의 제한)제1항제3호 또는 제4호에 해당하는 행위를 하는 경우

5. 새로운 회사설립에 참여하여 그 회사의 최다출자자가 되는 경우

② 제1항에 규정된 기업결합신고대상회사 및 상대회사의 자산총액 또는 매출액의 규모는 각각 기업결합일 전부터 기업결합일 후까지 계속하여 계열회사의 지위를 유지하고 있는 회사의 자산총액 또는 매출액을 합산한 규모를 말한다. 다만, 제7조(기업결합의 제한)제1항제4호의 규정에 의한 영업양수의 경우에 영업을 양도(영업의 임대, 경영의 위임 및 영업용고정자산의 양도를 포함한다)하는 회사의 자산총액 또는 매출액의 규모는 계열회사의 자산총액 또는 매출액을 합산하지 아니한 규모를 말한다. [신설 2004.12.31]

③ 제1항에 불구하고 다음 각 호의 어느 하나에 해당하는 경우에는 신고대상에서 제외한다. [신설 2001.1.16, 2002.1.26, 2002.8.26, 2004.12.31, 2007.8.3] [[시행일 2007.11.4]]

1. 「중소기업창업 지원법」 제2조제4호·제5호의 중소기업창업투자회사 또는 중소기업창업투자조합이 동조제2호의 창업자(이하 "창업자"라 한다) 또는 벤처기업의 주식을 제1항제1호에 따른 비율 이상으로 소유하게 되거나 창업자 또는 벤처기업의 설립에 다른 회사와 공동으로 참여하여 최다출자자가 되는 경우

2. 「여신전문금융업법」 제41조(적용범위)제1항·제3항의 신기술사업금융업자 또는 신기술사업투자조합이 「기술신용보증기금법」 제2조(정의)제1호의 신기술사업자(이하 "신기술사업자"라 한다)의 주식을 제1항제1호에 따른 비율 이상으로 소유하게 되거나 신기술사업자의 설립에 다른 회사와 공동으로 참여하여 최다출자자가 되는 경우

3. 기업결합신고대상회사가 다음 각 목의 어느 하나에 해당하는 회사의 주식을 제1항제1호에 따른 비율 이상으로 소유하게 되거나 다음 각 목의 어느 하나에 해당하는

회사의 설립에 다른 회사와 공동으로 참여하여 최다출자자가 되는 경우

　　가. 「간접투자자산 운용업법」에 따른 투자회사(같은 법 제142조제1항의 기업인수
　　　　증권투자회사는 제외한다)

　　나. 「사회기반시설에 대한 민간투자법」에 따라 사회기반시설 민간투자사업시행자
　　　　로 지정된 회사

　　다. 나목에 따른 회사에 대한 투자목적으로 설립된 투자회사(「법인세법」 제51조의
　　　　2제1항제6호에 해당하는 회사에 한한다)

　　라. 「부동산투자회사법」에 따른 부동산투자회사

④ 제1항의 규정은 관계중앙행정기관의 장이 다른 법률의 규정에 의하여 미리 당해기
업결합에 관하여 공정거래위원회와 협의한 경우에는 이를 적용하지 아니한다.

⑤ 제1항제1호·제2호 또는 제5호의 규정에 의한 주식의 소유 또는 인수의 비율을
산정하거나 최다출자자가 되는지 여부를 판단함에 있어서는 당해회사의 특수관계인이
소유하고 있는 주식을 합산한다. [개정 2004.12.31, 2007.8.3] [[시행일 2007.11.4]]

⑥ 제1항의 규정에 의한 기업결합의 신고는 당해 기업결합일부터 30일 이내에 이를
하여야 한다. 다만, 제1항제1호·제2호·제4호 또는 제5호의 규정에 의한 기업결합(대
통령령으로 정하는 경우는 제외한다)으로서 기업결합의 당사회사 중 1 이상의 회사가
대규모회사인 경우에는 합병계약을 체결한 날 등 대통령령이 정하는 날부터 기업결합
일 전까지의 기간 내에 이를 신고하여야 한다. [개정 1999.2.5, 2004.12.31, 2009.3.25]
[[시행일 2009.6.26]]

⑦ 제6항 단서의 규정에 따라 신고를 하여야 하는 자는 대통령령이 정하는 경우를 제
외하고는 신고 후 30일이 경과할 때까지 각각 주식소유, 합병등기, 영업양수계약의 이
행행위 또는 주식인수행위를 하여서는 아니된다. 다만, 공정거래위원회가 필요하다고
인정하는 때에는 그 기간을 단축하거나 그 기간의 만료일 다음 날부터 기산하여 90일
의 범위 안에서 그 기간을 연장할 수 있다. [개정 2004.12.31]

⑧ 제7조(기업결합의 제한)제1항에 규정된 기업결합을 하고자 하는 자는 제6항에 규정된
신고기간이전이라도 당해 행위가 경쟁을 실질적으로 제한하는 행위에 해당하는지 여부에
대하여 공정거래위원회에 심사를 요청할 수 있다. [개정 1999.2.5, 2001.1.16, 2004.12.31]

⑨ 공정거래위원회는 제8항의 규정에 의하여 심사를 요청받은 경우에는 30일이내에
그 심사결과를 요청한 자에게 통지하여야 한다. 다만, 공정거래위원회가 필요하다고
인정할 때에는 그 기간의 만료일 다음날부터 기산하여 90일의 범위안에서 그 기간을

연장할 수 있다. [개정 1999.2.5, 2001.1.16, 2004.12.31]

⑩제1항의 규정에 의한 신고의무자가 2이상인 경우에는 공동으로 신고하여야 한다. 다만, 공정거래위원회가 대통령령이 정하는 바에 의하여 신고의무자가 소속된 기업집단에 속하는 회사중 하나의 회사를 기업결합신고대리인(이하 이 조에서 "대리인"이라 한다)으로 정하여 그 대리인이 신고한 경우에는 그러하지 아니하다.

[전문개정 1996.12.30]

제12조 (기업결합의 신고) ① 자산총액 또는 매출액의 규모가 대통령령이 정하는 기준에 해당하는 회사(제3호에 해당하는 기업결합을 하는 경우에는 대규모회사에 한하며, 이하 이 조에서 "기업결합신고대상회사"라 한다) 또는 그 특수관계인이 자산총액 또는 매출액의 규모가 대통령령이 정하는 기준에 해당하는 다른 회사(이하 이 조에서 "상대회사"라 한다)에 대하여 제1호부터 제4호까지의 어느 하나에 해당하는 기업결합을 하거나 기업결합신고대상회사 또는 그 특수관계인이 상대회사 또는 그 특수관계인과 공동으로 제5호의 기업결합을 하는 경우에는 대통령령이 정하는 바에 따라 공정거래위원회에 신고하여야 한다. 기업결합신고대상회사 외의 회사로서 상대회사의 규모에 해당하는 회사 또는 그 특수관계인이 기업결합신고대상회사에 대하여 제1호부터 제4호까지의 어느 하나에 해당하는 기업결합을 하거나 기업결합신고대상회사 외의 회사로서 상대회사의 규모에 해당하는 회사 또는 그 특수관계인이 기업결합신고대상회사 또는 그 특수관계인과 공동으로 제5호의 기업결합을 하는 경우에도 또한 같다. [개정 2004.12.31, 2007.4.13, 2007.8.3] [[시행일 2007.11.4]]

1. 다른 회사의 발행주식총수[「상법」 제370조(의결권 없는 주식)의 규정에 의한 의결권없는 주식을 제외한다. 이하 같다]의 100분의 20(상장법인의 경우에는 100분의 15) 이상을 소유하게 되는 경우

2. 다른 회사의 발행주식을 제1호에 따른 비율 이상으로 소유한 자가 당해 회사의 주식을 추가로 취득하여 최다출자자가 되는 경우

3. 임원겸임의 경우(계열회사의 임원을 겸임하는 경우를 제외한다)

4. 제7조(기업결합의 제한)제1항제3호 또는 제4호에 해당하는 행위를 하는 경우

5. 새로운 회사설립에 참여하여 그 회사의 최다출자자가 되는 경우

② 제1항에 규정된 기업결합신고대상회사 및 상대회사의 자산총액 또는 매출액의 규모는 각각 기업결합일 전부터 기업결합일 후까지 계속하여 계열회사의 지위를 유지하고 있는 회사의 자산총액 또는 매출액을 합산한 규모를 말한다. 다만, 제7조(기업결합

의 제한)제1항제4호의 규정에 의한 영업양수의 경우에 영업을 양도(영업의 임대, 경영의 위임 및 영업용고정자산의 양도를 포함한다)하는 회사의 자산총액 또는 매출액의 규모는 계열회사의 자산총액 또는 매출액을 합산하지 아니한 규모를 말한다. [신설 2004.12.31]

③ 제1항에 불구하고 다음 각 호의 어느 하나에 해당하는 경우에는 신고대상에서 제외한다. [신설 2001.1.16, 2002.1.26, 2002.8.26, 2004.12.31, 2007.8.3] [[시행일 2007.11.4]]

1. 「중소기업창업 지원법」 제2조제4호·제5호의 중소기업창업투자회사 또는 중소기업 창업투자조합이 동조제2호의 창업자(이하 "창업자"라 한다) 또는 벤처기업의 주식을 제1항제1호에 따른 비율 이상으로 소유하게 되거나 창업자 또는 벤처기업의 설립에 다른 회사와 공동으로 참여하여 최다출자자가 되는 경우

2. 「여신전문금융업법」 제41조(적용범위)제1항·제3항의 신기술사업금융업자 또는 신기술사업투자조합이 「기술신용보증기금법」 제2조(정의)제1호의 신기술사업자(이하 "신기술사업자"라 한다)의 주식을 제1항제1호에 따른 비율 이상으로 소유하게 되거나 신기술사업자의 설립에 다른 회사와 공동으로 참여하여 최다출자자가 되는 경우

3. 기업결합신고대상회사가 다음 각 목의 어느 하나에 해당하는 회사의 주식을 제1항 제1호에 따른 비율 이상으로 소유하게 되거나 다음 각 목의 어느 하나에 해당하는 회사의 설립에 다른 회사와 공동으로 참여하여 최다출자자가 되는 경우

   가. 「간접투자자산 운용업법」에 따른 투자회사(같은 법 제142조제1항의 기업인수 증권투자회사는 제외한다)

   나. 「사회기반시설에 대한 민간투자법」에 따라 사회기반시설 민간투자사업시행자 로 지정된 회사

   다. 나목에 따른 회사에 대한 투자목적으로 설립된 투자회사(「법인세법」 제51조의 2제1항제6호에 해당하는 회사에 한한다)

   라. 「부동산투자회사법」에 따른 부동산투자회사

④ 제1항의 규정은 관계중앙행정기관의 장이 다른 법률의 규정에 의하여 미리 당해기업결합에 관하여 공정거래위원회와 협의한 경우에는 이를 적용하지 아니한다.

⑤ 제1항제1호·제2호 또는 제5호의 규정에 의한 주식의 소유 또는 인수의 비율을 산정하거나 최다출자자가 되는지 여부를 판단함에 있어서는 당해회사의 특수관계인이 소유하고 있는 주식을 합산한다. [개정 2004.12.31, 2007.8.3] [[시행일 2007.11.4]]

⑥ 제1항의 규정에 의한 기업결합의 신고는 당해 기업결합일부터 30일 이내에 이를 하여야 한다. 다만, 제1항제1호·제2호·제4호 또는 제5호의 규정에 의한 기업결합(대통령령으로 정하는 경우는 제외한다)으로서 기업결합의 당사회사 중 1 이상의 회사가 대규모회사인 경우에는 합병계약을 체결한 날 등 대통령령이 정하는 날부터 기업결합일 전까지의 기간 내에 이를 신고하여야 한다. [개정 1999.2.5, 2004.12.31, 2009.3.25] [[시행일 2009.6.26]]

⑦ 공정거래위원회는 제6항에 따라 신고를 받으면 신고일부터 30일 안에 제7조에 해당하는지를 심사하고, 그 결과를 해당 신고자에게 통지하여야 한다. 다만, 공정거래위원회가 필요하다고 인정할 경우에는 그 기간의 만료일 다음 날부터 계산하여 90일까지 그 기간을 연장할 수 있다. [신설 2012.3.21] [[시행일 2012.6.22]]

⑧ 제6항 단서의 규정에 따라 신고를 하여야 하는 자는 제7항에 따른 공정거래위원회의 심사결과를 통지받기 전까지 각각 주식소유, 합병등기, 영업양수계약의 이행행위 또는 주식인수행위를 하여서는 아니된다. [개정 2004.12.31, 2012.3.21] [[시행일 2012.6.22]]

⑨ 제7조(기업결합의 제한)제1항에 규정된 기업결합을 하고자 하는 자는 제6항에 규정된 신고기간이전이라도 당해 행위가 경쟁을 실질적으로 제한하는 행위에 해당하는지 여부에 대하여 공정거래위원회에 심사를 요청할 수 있다. [개정 1999.2.5, 2001.1.16, 2004.12.31, 2012.3.21] [[시행일 2012.6.22]]

⑩ 공정거래위원회는 제9항에 따라 심사를 요청받은 경우에는 30일이내에 그 심사결과를 요청한 자에게 통지하여야 한다. 다만, 공정거래위원회가 필요하다고 인정할 때에는 그 기간의 만료일 다음날부터 기산하여 90일의 범위안에서 그 기간을 연장할 수 있다. [개정 1999.2.5, 2001.1.16, 2004.12.31, 2012.3.21] [[시행일 2012.6.22]]

⑪ 제1항의 규정에 의한 신고의무자가 2이상인 경우에는 공동으로 신고하여야 한다. 다만, 공정거래위원회가 대통령령이 정하는 바에 의하여 신고의무자가 소속된 기업집단에 속하는 회사중 하나의 회사를 기업결합신고대리인(이하 이 조에서 "대리인"이라 한다)으로 정하여 그 대리인이 신고한 경우에는 그러하지 아니하다. [개정 2012.3.21] [[시행일 2012.6.22]]

[전문개정 1996.12.30]

제12조의2 (기업결합 신고절차 등의 특례) ① 다음 각 호의 어느 하나에 해당하는 법인의 설립이나 합병 또는 최다액출자자 변경 등(이하 이 조에서 "법인설립등"이라 한다)에

관한 승인·변경허가추천 등(이하 이 조에서 "승인등"이라 한다)을 신청하는 자는 법인설립등이 제12조(기업결합의 신고)제1항에 따른 신고대상에 해당하는 경우에는 승인등의 주무관청(방송통신위원회를 포함한다. 이하 이 조에서 같다)에 승인등을 신청할 때 기업결합 신고서류를 함께 제출할 수 있다. [개정 2009.3.25, 2010.3.22 제10166호(전기통신사업법)] [[시행일 2010.9.23]]

1. 삭제 [2010.3.22 제10166호(전기통신사업법)] [[시행일 2010.9.23]]

2. 「방송법」 제15조(변경허가등)제1항제1호에 따른 법인{「방송법」 제2조(용어의 정의)제3호나목에 따른 종합유선방송사업자인 법인에 한한다. 이하 이 조에서 "종합유선방송사업자"라 한다}의 합병

3. 「방송법」 제15조의2(최다액출자자 등 변경승인)제1항에 따라 종합유선방송사업자의 최다액출자자가 되고자 하거나 종합유선방송사업자의 경영권을 실질적으로 지배하고자 하는 경우

② 승인등의 신청인이 제1항에 따라 주무관청에 기업결합 신고서류를 제출한 때에는 그 서류가 주무관청에 접수된 날을 제12조(기업결합의 신고)제1항에 따른 신고가 있은 날로 본다.

③ 주무관청은 제1항에 따라 기업결합 신고서류를 제출받은 때에는 지체 없이 공정거래위원회에 기업결합 신고서류를 송부하여야 한다.

④ 제12조(기업결합의 신고)제6항 단서에 따라 기업결합 신고를 하여야 하는 자는 공정거래위원회에 기업결합 신고를 하는 때에 법인설립등의 승인등에 관한 서류를 함께 제출할 수 있다.

⑤ 공정거래위원회는 제4항에 따라 법인설립등의 승인등에 관한 서류를 제출받은 때에는 지체 없이 법인설립등의 승인등에 관한 서류를 주무관청에 송부하여야 한다.

[본조신설 2007.8.3] [[시행일 2007.11.4]]

제13조 (주식소유현황등의 신고) ① 상호출자제한기업집단 또는 채무보증제한기업집단에 속하는 회사는 대통령령이 정하는 바에 의하여 당해 회사의 주주의 주식소유현황·재무상황 및 다른 국내회사 주식의 소유현황을 공정거래위원회에 신고하여야 한다. [개정 1996.12.30, 2002.1.26, 2009.3.25]

② 채무보증제한기업집단에 속하는 회사는 대통령령이 정하는 바에 의하여 국내계열회사에 대한 채무보증현황을 국내금융기관의 확인을 받아 공정거래위원회에 신고하여야 한다. [신설 1992.12.8, 1996.12.30, 2002.1.26]

③ 제12조(기업결합의 신고)제10항 단서의 규정은 제1항 및 제2항의 신고에 관하여 이를 준용한다. [개정 1996.12.30, 2001.1.16. 2004.12.31] [[시행일 2005.4.1]]

④ 삭제 [1996.12.30]

제13조 (주식소유현황등의 신고) ① 상호출자제한기업집단 또는 채무보증제한기업집단에 속하는 회사는 대통령령이 정하는 바에 의하여 당해 회사의 주주의 주식소유현황·재무상황 및 다른 국내회사 주식의 소유현황을 공정거래위원회에 신고하여야 한다. [개정 1996.12.30, 2002.1.26, 2009.3.25]

② 채무보증제한기업집단에 속하는 회사는 대통령령이 정하는 바에 의하여 국내계열회사에 대한 채무보증현황을 국내금융기관의 확인을 받아 공정거래위원회에 신고하여야 한다. [신설 1992.12.8, 1996.12.30, 2002.1.26]

③ 제12조제11항 단서의 규정은 제1항 및 제2항의 신고에 관하여 이를 준용한다. [개정 1996.12.30, 2001.1.16. 2004.12.31, 2012.3.21] [[시행일 2012.6.22]]

④ 삭제 [1996.12.30]

제14조 (상호출자제한기업집단등의 지정 등) ① 공정거래위원회는 대통령령이 정하는 바에 의하여 상호출자제한기업집단 및 채무보증제한기업집단(이하 "상호출자제한기업집단등"이라 한다)을 지정하고 동기업집단에 속하는 회사에 이를 통지하여야 한다. [개정 1992.12.8, 2002.1.26, 2009.3.25]

② 제9조(상호출자의 금지 등), 제10조의2(계열회사에 대한 채무보증의 금지), 제11조(금융회사 또는 보험회사의 의결권 제한) 및 제13조(주식소유현황등의 신고)의 규정은 제1항의 규정에 의한 통지를 받은 날부터 적용한다. [개정 1996.12.30, 1999.2.5, 2009.3.25]

③ 제2항의 규정에 불구하고 제1항의 규정에 의하여 상호출자제한기업집단등으로 지정되어 상호출자제한기업집단등에 속하는 회사로 통지를 받은 회사 또는 제14조의2(계열회사의 편입 및 제외등)제1항의 규정에 따라 상호출자제한기업집단등의 계열회사로 편입되어 상호출자제한기업집단등에 속하는 회사로 통지를 받은 회사가 통지받을 당시 제9조(상호출자의 금지 등)제1항·제3항 또는 제10조의2(계열회사에 대한 채무보증의 금지)제1항의 규정을 위반하고 있는 경우에는 다음 각호의 구분에 의한다. [개정 1999.12.28, 2001.1.16, 2002.1.26, 2005.3.31 제7428호(「채무자 회생 및 파산에 관한 법률」)], 2009.3.25]

1. 제9조(상호출자의 금지등)제1항 또는 제3항의 규정을 위반하고 있는 경우[취득 또

는 소유하고 있는 주식을 발행한 회사가 새로 계열회사로 편입되어 제9조 (상호출 자의 금지등)제3항의 규정을 위반하게 되는 경우를 포함한다)에는 지정일 또는 편 입일부터 1년간은 동항의 규정을 적용하지 아니한다.

2. 삭제 [2009.3.25]

3. 제10조의2(계열회사에 대한 채무보증의 금지)제1항의 규정을 위반하고 있는 경우 (채무보증을 받고 있는 회사가 새로 계열회사로 편입되어 위반하게 되는 경우를 포 함한다)에는 지정일 또는 편입일부터 2년간은 동항의 규정을 적용하지 아니한다. 다만, 각호 외의 부분의 규정에 의한 회사에 「채무자 회생 및 파산에 관한 법률」 에 의한 회생절차가 개시된 경우에는 회생절차의 종료일까지, 각호 외의 부분의 규 정에 의한 회사가 회생절차가 개시된 회사에 대하여 채무보증을 하고 있는 경우에 는 그 채무보증에 한하여 채무보증을 받고 있는 회사의 회생절차의 종료일까지는 동항의 규정을 적용하지 아니한다.

④ 공정거래위원회는 회사 또는 당해회사의 특수관계인에 대하여 제1항의 기업집단의 지정을 위하여 필요한 자료의 제출을 요청할 수 있다.

⑤ 상호출자제한기업집단등에 속하는 회사(직전 사업 연도말의 자산총액이 대통령령 이 정하는 금액 미만인 회사로서 청산 중에 있거나 1년 이상 휴업 중인 회사를 제외 한다)는 공인회계사의 회계감사를 받아야 하며, 공정거래위원회는 공인회계사의 감사 의견에 따라 수정한 대차대조표를 사용하여야 한다. [신설 1998.2.24, 2002.1.26, 2004.12.31]

[본조제목개정 2002.1.26]

제14조의2 (계열회사의 편입 및 제외등) ① 공정거래위원회는 상호출자제한기업집단등의 계열회사로 편입하거나 계열회사에서 제외하여야 할 사유가 발생한 경우에는 당해 회 사(당해 회사의 특수관계인을 포함한다. 이하 이 조에서 같다)의 요청이나 직권으로 계 열회사에 해당하는지 여부를 심사하여 계열회사로 편입하거나 계열회사에서 제외하여 야 한다. [개정 2002.1.26.] [[시행일 2002.4.1.]]

② 공정거래위원회는 제1항의 규정에 의한 심사를 위하여 필요하다고 인정하는 경우 에는 당해 회사에 대하여 주주 및 임원의 구성, 채무보증관계, 자금대차관계, 거래관 계 기타 필요한 자료의 제출을 요청할 수 있다.

③ 공정거래위원회는 제1항의 규정에 의하여 심사를 요청받은 경우에는 30일이내에 그 심사결과를 요청한 자에게 통지하여야 한다. 다만, 공정거래위원회가 필요하다고

인정할 때에는 60일을 초과하지 아니하는 범위안에서 그 기간을 연장할 수 있다.

[본조신설 96·12·30]

제14조의3 (계열회사의 편입·통지일의 의제) 공정거래위원회는 제14조(상호출자제한기업집단등의 지정 등)제4항 또는 제14조의2(계열회사의 편입 및 제외 등)제2항에 의한 요청을 받은 자가 정당한 이유없이 자료제출을 거부하거나 허위의 자료를 제출함으로써 상호출자제한기업집단등의 소속회사로 편입되어야 함에도 불구하고 편입되지 아니한 경우에는 대통령령이 정하는 날에 그 상호출자제한기업집단등의 소속회사로 편입·통지된 것으로 본다. [개정 2002.1.26.] [[시행일 2002.4.1.]]

[본조신설 99·2·5 법5813]

제14조의4 (관계기관에 대한 자료의 확인요구등) 공정거래위원회는 제9조(상호출자의 금지등) 내지 제11조(금융회사 또는 보험회사의 의결권 제한), 제13조(주식소유현황등의 신고) 내지 제14조의2(계열회사의 편입 및 제외등)의 규정의 시행을 위하여 필요하다고 인정하는 경우에는 다음 각호의 1의 기관에 대하여 상호출자제한기업집단등의 국내계열회사 주주의 주식소유현황, 채무보증 관련자료, 가지급금·대여금 또는 담보의 제공에 관한 자료, 부동산의 거래 또는 제공에 관한 자료등 필요한 자료의 확인 또는 조사를 요청할 수 있다. [개정 97·12·31, 98·1·8, 98·2·24, 2002.1.26, 2007.8.3, 2008.2.29 제8863호(「금융위원회의 설치 등에 관한 법률」)]

1. 「금융위원회의 설치 등에 관한 법률」에 의하여 설립된 금융감독원

2. 삭제 [98·2·24]

3. 제10조의2(계열회사에 대한 신규 채무보증의 금지)제2항 각 호의 1의 규정에 의한 국내금융기관

4. 기타 금융 또는 주식의 거래에 관련되는 기관으로서 대통령령이 정하는 기관

[본조신설 96·12·30]

제14조의5 (상호출자제한기업집단의 현황 등에 관한 정보공개) ① 공정거래위원회는 과도한 경제력 집중을 방지하고 기업집단의 투명성 등을 제고하기 위하여 상호출자제한기업집단에 속하는 회사에 대한 다음 각 호의 정보를 공개할 수 있다.

1. 상호출자제한기업집단에 속하는 회사의 일반현황, 지배구조현황 등에 관한 정보로서 대통령령으로 정하는 정보

2. 상호출자제한기업집단에 속하는 회사간 또는 상호출자제한기업집단에 속하는 회사와 그 특수관계인 간의 출자, 채무보증, 거래관계 등에 관한 정보로서 대통령령으

로 정하는 정보

② 공정거래위원회는 제1항 각 호에 규정된 정보의 효율적 처리 및 공개를 위하여 정보시스템을 구축·운영할 수 있다.

③ 제1항 및 제2항에 규정된 사항 외의 정보공개에 관하여는 「공공기관의 정보공개에 관한 법률」이 정하는 바에 따른다.

[본조신설 2007.4.13] [[시행일 2007.7.14]]

제15조 (탈법행위의 금지) ① 누구든지 제7조(기업결합의 제한)제1항, 제8조의2(지주회사 등의 행위제한 등)제2항부터 제5항까지, 제8조의3(채무보증제한기업집단의 지주회사 설립제한), 제9조(상호출자의 금지 등), 제10조의2(계열회사에 대한 채무보증의 금지)제1항 또는 제11조(금융회사 또는 보험회사의 의결권 제한)의 규정의 적용을 면탈하려는 행위를 하여서는 아니된다. [개정 1992.12.8, 1996.12.30, 1998.2.24, 1999.2.5, 1999.12.28, 2001.1.16, 2002.1.26, 2004.12.31, 2007.8.3, 2009.3.25]

② 제1항의 규정에 의한 탈법행위의 유형 및 기준은 대통령령으로 정한다. [신설 1996.12.30]

제16조 (시정조치 등) ① 공정거래위원회는 제7조(기업결합의 제한)제1항, 제8조의2(지주회사 등의 행위제한 등)제2항부터 제5항까지, 제8조의3(채무보증제한기업집단의 지주회사 설립제한), 제9조(상호출자의 금지 등), 제10조의2(계열회사에 대한 채무보증의 금지)제1항, 제11조(금융회사 또는 보험회사의 의결권 제한), 제11조의2(대규모내부거래의 이사회 의결 및 공시)부터 제11조의4(기업집단현황 등에 관한 공시)까지 또는 제15조(탈법행위의 금지)의 규정에 위반하거나 위반할 우려가 있는 행위가 있는 때에는 당해 사업자[제7조(기업결합의 제한)제1항을 위반한 경우에는 기업결합 당사회사(기업결합 당사회사에 대한 시정조치만으로는 경쟁제한으로 인한 폐해를 시정하기 어렵거나 기업결합 당사회사의 특수관계인이 사업을 영위하는 거래분야의 경쟁제한으로 인한 폐해를 시정할 필요가 있는 경우에는 그 특수관계인을 포함한다)를 말한다] 또는 위반행위자에 대하여 다음 각호의 1의 시정조치를 명할 수 있다. 이 경우 제12조(기업결합의 신고)제6항 단서의 규정에 의한 신고를 받아 행하는 때에는 동조제7항의 규정에 의한 기간내에 이를 하여야 한다. [개정 1996.12.30, 1998.2.24, 1999.2.5, 1999.12.28, 2001.1.16, 2002.1.26, 2004.12.31, 2007.8.3, 2009.3.25]

1. 당해 행위의 중지

2. 주식의 전부 또는 일부의 처분

3. 임원의 사임

4. 영업의 양도

5. 채무보증의 취소

6. 시정명령을 받은 사실의 공표

7. 기업결합에 따른 경쟁제한의 폐해를 방지할 수 있는 영업방식 또는 영업범위의 제한
　　7의2. 공시의무의 이행 또는 공시내용의 정정

8. 기타 법위반상태를 시정하기 위하여 필요한 조치

② 공정거래위원회는 제7조(기업결합의 제한)제1항, 제8조의3(채무보증제한기업집단의 지주회사 설립제한), 제12조(기업결합의 신고)제7항의 규정에 위반한 회사의 합병 또는 설립이 있는 때에는 당해 회사의 합병 또는 설립무효의 소를 제기할 수 있다. [개정 1996.12.30, 1999.2.5, 2001.1.16, 2002.1.26, 2004.12.31, 2007.8.3] [[시행일 2007.11.4]]

③ 공정거래위원회는 제7조(기업결합의 제한)제1항을 위반하는 행위에 대하여 제1항 각 호의 시정조치를 부과하기 위한 기준을 정하여 고시할 수 있다. [신설 2007.8.3] [[시행일 2007.11.4]]

[본조제목개정 2007.8.3] [[시행일 2007.11.4]]

제16조 (시정조치 등) ① 공정거래위원회는 제7조(기업결합의 제한)제1항, 제8조의2(지주회사 등의 행위제한 등)제2항부터 제5항까지, 제8조의3(채무보증제한기업집단의 지주회사 설립제한), 제9조(상호출자의 금지 등), 제10조의2(계열회사에 대한 채무보증의 금지)제1항, 제11조(금융회사 또는 보험회사의 의결권 제한), 제11조의2(대규모내부거래의 이사회 의결 및 공시)부터 제11조의4(기업집단현황 등에 관한 공시)까지 또는 제15조(탈법행위의 금지)의 규정에 위반하거나 위반할 우려가 있는 행위가 있는 때에는 당해 사업자[제7조(기업결합의 제한)제1항을 위반한 경우에는 기업결합 당사회사(기업결합 당사회사에 대한 시정조치만으로는 경쟁제한으로 인한 폐해를 시정하기 어렵거나 기업결합 당사회사의 특수관계인이 사업을 영위하는 거래분야의 경쟁제한으로 인한 폐해를 시정할 필요가 있는 경우에는 그 특수관계인을 포함한다)를 말한다] 또는 위반행위자에 대하여 다음 각호의 1의 시정조치를 명할 수 있다. 이 경우 제12조(기업결합의 신고)제6항 단서의 규정에 의한 신고를 받아 행하는 때에는 동조제7항의 규정에 의한 기간내에 이를 하여야 한다. [개정 1996.12.30, 1998.2.24, 1999.2.5, 1999.12.28, 2001.1.16, 2002.1.26, 2004.12.31, 2007.8.3, 2009.3.25]

1. 당해 행위의 중지

2. 주식의 전부 또는 일부의 처분

3. 임원의 사임

4. 영업의 양도

5. 채무보증의 취소

6. 시정명령을 받은 사실의 공표

7. 기업결합에 따른 경쟁제한의 폐해를 방지할 수 있는 영업방식 또는 영업범위의 제한

   7의2. 공시의무의 이행 또는 공시내용의 정정

8. 기타 법위반상태를 시정하기 위하여 필요한 조치

② 공정거래위원회는 제7조(기업결합의 제한)제1항, 제8조의3(채무보증제한기업집단의 지주회사 설립제한), 제12조제8항을 위반한 회사의 합병 또는 설립이 있는 때에는 당해 회사의 합병 또는 설립무효의 소를 제기할 수 있다. [개정 1996.12.30, 1999.2.5, 2001.1.16, 2002.1.26, 2004.12.31, 2007.8.3, 2012.3.21] [[시행일 2012.6.22]]

③ 공정거래위원회는 제7조(기업결합의 제한)제1항을 위반하는 행위에 대하여 제1항 각 호의 시정조치를 부과하기 위한 기준을 정하여 고시할 수 있다. [신설 2007.8.3] [[시행일 2007.11.4]]

[본조제목개정 2007.8.3] [[시행일 2007.11.4]]

제17조 (과징금) ① 공정거래위원회는 제9조(상호출자의 금지 등)를 위반하여 주식을 취득 또는 소유한 회사에 대하여 위반행위로 취득 또는 소유한 주식의 취득가액에 100분의 10을 곱한 금액을 초과하지 아니하는 범위안에서 과징금을 부과할 수 있다. [개정 1996.12.30, 1998.2.24, 1999.12.28, 2009.3.25]

② 공정거래위원회는 제10조의2(계열회사에 대한 채무보증의 금지)제1항의 규정을 위반하여 채무보증을 한 회사에 대하여 당해법위반 채무보증액의 100분의 10을 곱한 금액을 초과하지 아니하는 범위안에서 과징금을 부과할 수 있다. [신설 1992.12.8, 1996.12.30, 1998.2.24, 2001.1.16]

③ 삭제 [1999.2.5]

④ 공정거래위원회는 제8조의2(지주회사 등의 행위제한 등)제2항 내지 제5항을 위반한 자에 대하여 다음 각 호의 금액에 100분의 10을 곱한 금액을 초과하지 아니하는 범위 안에서 과징금을 부과할 수 있다. [개정 2004.12.31, 2007.4.13, 2007.8.3] [[시행일 2007.11.4]]

1. 제8조의2(지주회사 등의 행위제한 등)제2항제1호의 규정을 위반한 경우에는 대통령령이 정하는 대차대조표(이하 이 항에서 "기준대차대조표"라 한다)상 자본총액의 2배를 초과한 부채액

2. 제8조의2(지주회사 등의 행위제한 등)제2항제2호의 규정을 위반한 경우에는 당해 자회사 주식의 기준대차대조표상 장부가액의 합계액에 다음 각 목의 비율에서 그 자회사 주식의 소유비율을 뺀 비율을 곱한 금액을 그 자회사 주식의 소유비율로 나누어 산출한 금액

  가. 당해 자회사가 상장법인 또는 국외상장법인이거나 공동출자법인인 경우 및 벤처지주회사의 자회사인 경우에는 100분의 20

  나. 삭제 [2007.4.13]

  다. 가목에 해당하지 아니하는 경우에는 100분의 40

3. 제8조의2(지주회사 등의 행위제한 등)제2항제3호 내지 제5호, 같은 조 제3항제2호, 같은 조 제4항 또는 같은 조 제5항을 위반한 경우에는 위반하여 소유하는 주식의 기준대차대조표상 장부가액의 합계액

4. 제8조의2(지주회사 등의 행위제한 등)제3항제1호의 규정을 위반한 경우에는 당해 손자회사 주식의 기준대차대조표상 장부가액의 합계액에 다음 각 목의 비율에서 그 손자회사 주식의 소유비율을 뺀 비율을 곱한 금액을 그 손자회사 주식의 소유비율로 나누어 산출한 금액

  가. 당해 손자회사가 상장법인 또는 국외상장법인이거나 공동출자법인인 경우에는 100분의 20

  나. 가목에 해당하지 아니하는 손자회사의 경우에는 100분의 40

제17조의2 삭제 [2009.3.25]

제17조의3 (이행강제금) ① 공정거래위원회는 제7조(기업결합의 제한)제1항을 위반하여 제16조(시정조치 등)에 따라 시정조치를 받은 후 그 정한 기간내에 이행을 하지 아니하는 자에 대하여 매 1일당 다음 각호의 금액에 1만분의 3을 곱한 금액을 초과하지 아니하는 범위안에서 이행강제금을 부과할 수 있다. 다만, 제7조(기업결합의 제한)제1항제2호의 기업결합을 한 자에 대하여는 매 1일당 200만원의 범위안에서 이행강제금을 부과할 수 있다. [개정 2007.8.3] [[시행일 2007.11.4]]

1. 제7조(기업결합의 제한)제1항제1호 또는 제5호의 기업결합의 경우에는 취득 또는 소유한 주식의 장부가격과 인수하는 채무의 합계액

2. 제7조(기업결합의 제한)제1항제3호의 기업결합의 경우에는 합병의 대가로 교부하는 주식의 장부가격과 인수하는 채무의 합계액

3. 제7조(기업결합의 제한)제1항제4호의 기업결합의 경우에는 영업양수금액

② 이행강제금의 부과ㆍ납부ㆍ징수ㆍ환급 등에 관하여 필요한 사항은 대통령령으로 정한다. 다만, 체납된 이행강제금은 국세체납처분의 예에 따라 이를 징수한다.

③ 공정거래위원회는 제1항 및 제2항의 규정에 의한 이행강제금의 징수 또는 체납처분에 관한 업무를 국세청장에게 위임할 수 있다.

[본조신설 99ㆍ2ㆍ5 법5813]

[본조개정 2002.1.26.]

제18조 (시정조치의 이행확보) ① 제16조(시정조치 등)제1항에 따른 주식처분명령을 받은 자는 그 명령을 받은 날부터 당해 주식에 대하여는 그 의결권을 행사할 수 없다. [개정 96ㆍ12ㆍ30, 2007.8.3] [[시행일 2007.11.4]]

② 제9조(상호출자의 금지등)의 규정을 위반하여 상호출자를 한 주식에 대하여는 그 시정조치의 명령을 받은 날부터 법위반상태가 해소될 때까지 당해 주식 전부에 대하여 의결권을 행사할 수 없다. [개정 96ㆍ12ㆍ30]

③ 삭제 [2009.3.25]

④ 삭제 [2009.3.25]

[전문개정 99ㆍ12ㆍ28]

제4장 부당한 공동행위의 제한

제19조 (부당한 공동행위의 금지) ① 사업자는 계약ㆍ협정ㆍ결의 기타 어떠한 방법으로도 다른 사업자와 공동으로 부당하게 경쟁을 제한하는 다음 각 호의 어느 하나에 해당하는 행위를 할 것을 합의(이하 "부당한 공동행위"라 한다)하거나 다른 사업자로 하여금 이를 행하도록 하여서는 아니된다. [개정 1992.12.8, 1994.12.22, 1996.12.30, 1999.2.5, 2004.12.31, 2007.8.3] [[시행일 2005.4.1, 2007.11.4]]

1. 가격을 결정ㆍ유지 또는 변경하는 행위

2. 상품 또는 용역의 거래조건이나, 그 대금 또는 대가의 지급조건을 정하는 행위

3. 상품의 생산ㆍ출고ㆍ수송 또는 거래의 제한이나 용역의 거래를 제한하는 행위

4. 거래지역 또는 거래상대방을 제한하는 행위

5. 생산 또는 용역의 거래를 위한 설비의 신설 또는 증설이나 장비의 도입을 방해하

거나 제한하는 행위

6. 상품 또는 용역의 생산·거래 시에 그 상품 또는 용역의 종류·규격을 제한하는 행위

7. 영업의 주요부문을 공동으로 수행·관리하거나 수행·관리하기 위한 회사등을 설립하는 행위

8. 입찰 또는 경매에 있어 낙찰자, 경락자(競落者), 투찰(投札)가격, 낙찰가격 또는 경락가격, 그 밖에 대통령령으로 정하는 사항을 결정하는 행위

9. 제1호부터 제8호까지 외의 행위로서 다른 사업자(그 행위를 한 사업자를 포함한다)의 사업활동 또는 사업내용을 방해하거나 제한함으로써 일정한 거래분야에서 경쟁을 실질적으로 제한하는 행위

② 제1항의 규정은 부당한 공동행위가 다음 각호의 1에 해당하는 목적을 위하여 행하여지는 경우로서 대통령령이 정하는 요건에 해당하고 공정거래위원회의 인가를 받은 경우에는 이를 적용하지 아니한다. [신설 1996.12.30]

1. 산업합리화

2. 연구·기술개발

3. 불황의 극복

4. 산업구조의 조정

5. 거래조건의 합리화

6. 중소기업의 경쟁력향상

③ 제2항의 규정에 의한 인가의 기준·방법·절차 및 인가사항변경등에 관하여 필요한 사항은 대통령령으로 정한다. [신설 1996.12.30, 1999.2.5]

④ 제1항에 규정된 부당한 공동행위를 할 것을 약정하는 계약등은 사업자간에 있어서는 이를 무효로 한다.

⑤ 2 이상의 사업자가 제1항 각 호의 어느 하나에 해당하는 행위를 하는 경우로서 해당 거래분야 또는 상품·용역의 특성, 해당 행위의 경제적 이유 및 파급효과, 사업자간 접촉의 횟수·양태 등 제반사정에 비추어 그 행위를 그 사업자들이 공동으로 한 것으로 볼 수 있는 상당한 개연성이 있는 때에는 그 사업자들 사이에 공동으로 제1항 각 호의 어느 하나에 해당하는 행위를 할 것을 합의한 것으로 추정한다. [개정 2007.8.3] [[시행일 2007.11.4]]

⑥ 부당한 공동행위에 관한 심사의 기준은 공정거래위원회가 정하여 고시할 수 있다. [신설 2007.8.3] [[시행일 2007.11.4]]

제19조의2 (공공부문 입찰 관련 공동행위를 방지하기 위한 조치) ① 공정거래위원회는 국가·지방자치단체 또는 「공공기관의 운영에 관한 법률」에 따른 공기업이 발주하는 입찰과 관련된 부당한 공동행위를 적발하거나 방지하기 위하여 중앙행정기관·지방자치단체 또는 「공공기관의 운영에 관한 법률」에 따른 공기업의 장(이하 "공공기관의 장"이라 한다)에게 입찰 관련 자료의 제출과 그 밖의 협조를 요청할 수 있다. [개정 2009.3.25]

② 대통령령으로 정하는 공공기관의 장은 입찰공고를 하거나 낙찰자가 결정된 때에는 입찰 관련 정보를 공정거래위원회에 제출하여야 한다.

③ 제2항에 따라 공정거래위원회에 제출하여야 하는 입찰 관련 정보의 범위 및 제출 절차에 관하여는 대통령령으로 정한다.

[본조신설 2007.8.3] [[시행일 2007.11.4]]

제20조 삭제 [96 · 12 · 30]

제21조 (시정조치) 공정거래위원회는 제19조(부당한 공동행위의 금지)제1항의 규정을 위반하는 행위가 있을 때에는 당해사업자에 대하여 당해행위의 중지, 시정명령을 받은 사실의 공표 기타 시정을 위한 필요한 조치를 명할 수 있다. [개정 1996.12.30, 2004.12.31] [[시행일 2005.4.1]]

제22조 (과징금) 공정거래위원회는 제19조(부당한 공동행위의 금지)제1항의 규정을 위반하는 행위가 있을 때에는 당해 사업자에 대하여 대통령령이 정하는 매출액에 100분의 10을 곱한 금액을 초과하지 아니하는 범위안에서 과징금을 부과할 수 있다. 다만, 매출액이 없는 경우등에는 20억원을 초과하지 아니하는 범위안에서 과징금을 부과할 수 있다. [개정 2004.12.31] [[시행일 2005.4.1]]

[전문개정 1996.12.30]

제22조의2 (자진신고자 등에 대한 감면 등) ① 다음 각 호의 어느 하나에 해당하는 자에 대하여는 제21조(是正措置)의 규정에 의한 시정조치 또는 제22조(課徵金)의 규정에 의한 과징금을 감경 또는 면제할 수 있다. [개정 2001.1.16, 2004.12.31, 2007.8.3]

1. 부당한 공동행위의 사실을 자진신고한 자

2. 증거제공 등의 방법으로 조사에 협조한 자

② 공정거래위원회 및 그 소속 공무원은 소송수행을 위하여 필요한 경우 등 대통령령으로 정하는 경우를 제외하고는 자진신고자 또는 조사에 협조한자의 신원·제보내용 등 자진신고나 제보와 관련된 정보 및 자료를 사건 처리와 관계없는 자에게 제공하거나 누설하여서는 아니 된다. [신설 2007.8.3] [[시행일 2007.11.4]]

③ 제1항의 규정에 의하여 감경 또는 면제되는 자의 범위와 감경 또는 면제의 기준·정도 등과 제2항에 따른 정보 및 자료의 제공·누설 금지에 관한 세부사항은 대통령령으로 정한다. [개정 2001.1.16, 2007.8.3] [[시행일 20071.11.4]]

[본조신설 1996.12.30]

[본조제목개정 2007.8.3] [[시행일 2007.11.4]]

제5장 불공정거래행위의 금지

제23조 (불공정거래행위의 금지) ① 사업자는 다음 각 호의 어느 하나에 해당하는 행위로서 공정한 거래를 저해할 우려가 있는 행위(이하 "불공정거래행위"라 한다)를 하거나, 계열회사 또는 다른 사업자로 하여금 이를 행하도록 하여서는 아니된다. [개정 1996.12.30, 1999.2.5, 2007.4.13] [[시행일 2007.7.14]]

1. 부당하게 거래를 거절하거나 거래의 상대방을 차별하여 취급하는 행위

2. 부당하게 경쟁자를 배제하는 행위

3. 부당하게 경쟁자의 고객을 자기와 거래하도록 유인하거나 강제하는 행위

4. 자기의 거래상의 지위를 부당하게 이용하여 상대방과 거래하는 행위

5. 거래의 상대방의 사업활동을 부당하게 구속하는 조건으로 거래하거나 다른 사업자의 사업활동을 방해하는 행위

6. 삭제[1999.2.5]

7. 부당하게 특수관계인 또는 다른 회사에 대하여 가지급금·대여금·인력·부동산·유가증권·상품·용역·무체재산권 등을 제공하거나 현저히 유리한 조건으로 거래하여 특수관계인 또는 다른 회사를 지원하는 행위

8. 제1호 내지 제7호이외의 행위로서 공정한 거래를 저해할 우려가 있는 행위

② 불공정거래행위의 유형 또는 기준은 대통령령으로 정한다.[개정 1996.12.30]

③ 공정거래위원회는 제1항의 규정에 위반하는 행위를 예방하기 위하여 필요한 경우 사업자가 준수하여야 할 지침을 제정·고시할 수 있다.

④ 사업자 또는 사업자단체는 부당한 고객유인을 방지하기 위하여 자율적으로 규약(이하 "공정경쟁규약"이라 한다)을 정할 수 있다.[개정 1999.2.5]

⑤ 사업자 또는 사업자단체는 공정거래위원회에 제4항의 공정경쟁규약이 제1항제3호 또는 제6호의 규정에 위반하는지 여부에 대한 심사를 요청할 수 있다.

제24조 (시정조치) 공정거래위원회는 제23조(불공정거래행위의 금지)제1항의 규정에 위반

하는 행위가 있을 때에는 당해사업자에 대하여 당해불공정거래행위의 중지, 계약조항
의 삭제, 시정명령을 받은 사실의 공표 기타 시정을 위한 필요한 조치를 명할 수 있다.
[개정 1996.12.30, 1999.2.5, 2004.12.31] [[시행일 2005.4.1]]

제24조의2 (과징금) 공정거래위원회는 제23조(불공정거래행위의 금지)제1항의 규정을 위
반하는 행위가 있을 때에는 당해사업자에 대하여 대통령령이 정하는 매출액에 100분
의 2(제7호의 규정에 위반한 경우에는 100분의 5)를 곱한 금액을 초과하지 아니하는
범위안에서 과징금을 부과할 수 있다. 다만, 매출액이 없는 경우등에는 5억원을 초과
하지 아니하는 범위안에서 과징금을 부과할 수 있다. [개정 1999.12.28, 2004.12.31]
[[시행일 2005.4.1]]

[전문개정 1996.12.30]

제6장 사업자단체

제25조 삭제 [99 · 2 · 5 법5813]

제26조 (사업자단체의 금지행위) ① 사업자단체는 다음 각호의 1에 해당하는 행위를 하여

서는 아니된다. [개정 96 · 12 · 30, 99 · 2 · 5 법5813]

  1. 제19조(부당한 공동행위의 금지)제1항 각호의 행위에 의하여 부당하게 경쟁을 제한
     하는 행위

  2. 일정한 거래분야에 있어서 현재 또는 장래의 사업자수를 제한하는 행위

  3. 구성사업자(사업자단체의 구성원인 사업자를 말한다. 이하 같다)의 사업내용 또는
     활동을 부당하게 제한하는 행위

  4. 사업자에게 제23조(불공정거래행위의 금지)제1항 각호의 1의 규정에 의한 불공정
     거래행위 또는 제29조(재판매가격유지행위의 제한)의 규정에 의한 재판매가격유지
     행위를 하게 하거나 이를 방조하는 행위

  5. 삭제 [99 · 2 · 5 법5814]

  ② 제19조(부당한 공동행위의 금지)제2항 및 제3항은 제1항제1호의 경우에 이를 준용
한다. 이 경우에 "사업자"는 "사업자단체"로 본다. [개정 96 · 12 · 30, 2007.8.3] [[시
행일 2007.11.4]]

  ③ 공정거래위원회는 제1항의 규정에 위반하는 행위를 예방하기 위하여 필요한 경우
사업자단체가 준수하여야 할 지침을 제정 · 고시할 수 있다.

  ④ 공정거래위원회는 제3항의 지침을 제정하고자 할 경우에는 관계행정기관의 장의

의견을 들어야 한다.

제27조 (시정조치) 공정거래위원회는 제26조(사업자단체의 금지행위)의 규정에 위반하는 행위가 있을 때에는 당해사업자단체(필요한 경우 관련 구성사업자를 포함한다)에 대하여 당해행위의 중지, 시정명령을 받은 사실의 공표 기타 시정을 위한 필요한 조치를 명할 수 있다. [개정 1992.12.8, 1996.12.30, 1999.2.5, 2004.12.31] [[시행일 2005.4.1]]

제28조 (과징금) ① 공정거래위원회는 제26조(사업자단체의 금지행위)제1항 각호의 1의 규정에 위반하는 행위가 있을 때에는 당해 사업자단체에 대하여 5억원의 범위안에서 과징금을 부과할 수 있다.

② 공정거래위원회는 제26조(사업자단체의 금지행위)제1항 각호의 1의 규정에 위반하는 행위에 참가한 사업자에 대하여는 대통령령이 정하는 매출액에 100분의 5를 곱한 금액을 초과하지 아니하는 범위안에서 과징금을 부과할 수 있다. 다만, 매출액이 없는 경우등에는 5억원을 초과하지 아니하는 범위안에서 과징금을 부과할 수 있다.

[전문개정 96 · 12 · 30]

제28조 (과징금) ① 공정거래위원회는 제26조(사업자단체의 금지행위)제1항 각호의 1의 규정에 위반하는 행위가 있을 때에는 당해 사업자단체에 대하여 5억원의 범위안에서 과징금을 부과할 수 있다.

② 공정거래위원회는 제26조(사업자단체의 금지행위)제1항제1호를 위반하는 행위에 참가한 사업자에 대하여는 대통령령이 정하는 매출액에 100분의 10을 곱한 금액을 초과하지 아니하는 범위안에서 과징금을 부과할 수 있다. 다만, 매출액이 없는 경우등에는 20억원을 초과하지 아니하는 범위안에서 과징금을 부과할 수 있다. [개정 2012.3.21] [[시행일 2012.6.22]]

③ 공정거래위원회는 제26조제1항제2호부터 제4호까지의 규정을 위반하는 행위에 참가한 사업자에 대하여는 대통령령으로 정하는 매출액에 100분의 5를 곱한 금액을 초과하지 아니하는 범위에서 과징금을 부과할 수 있다. 다만, 매출액이 없는 경우등에는 5억원을 초과하지 아니하는 범위에서 과징금을 부과할 수 있다. [신설 2012.3.21] [[시행일 2012.6.22]]

[전문개정 96 · 12 · 30]

제7장 재판매가격유지행위의 제한

제29조 (재판매가격유지행위의 제한) ① 사업자는 재판매가격유지행위를 하여서는 아니된

다. 다만, 상품이나 용역을 일정한 가격 이상으로 거래하지 못하도록 하는 최고가격유지행위로서 정당한 이유가 있는 경우에는 그러하지 아니하다. [개정 2001 · 1 · 16] [[시행일 2001.4.1.]]

② 제1항의 규정은 대통령령이 정하는 저작물과 다음 각호의 요건을 갖춘 상품으로서 사업자가 당해상품에 대하여 재판매가격유지행위를 할 수 있도록 공정거래위원회로부터 미리 지정을 받은 경우에는 이를 적용하지 아니한다.

1. 당해상품의 품질이 동일하다는 것을 용이하게 식별할 수 있을 것

2. 당해상품이 일반소비자에 의하여 일상 사용되는 것일 것

3. 당해상품에 대하여 자유로운 경쟁이 행하여지고 있을 것

③ 사업자가 제2항의 규정에 의한 지정을 받고자 할 때에는 대통령령이 정하는 바에 의하여 이를 공정거래위원회에 신청하여야 한다.

④ 공정거래위원회가 제2항의 규정에 의하여 재판매가격유지행위를 할 수 있는 상품을 지정한 때에는 이를 고시하여야 한다.

제30조 (재판매가격유지의 수정) 공정거래위원회는 제29조(재판매가격유지행위의 제한)제4항의 규정에 의하여 공정거래위원회가 지정 · 고시한 상품을 생산 또는 판매하는 사업자가 당해상품의 재판매가격을 결정하고 유지하기 위하여 체결한 계약이 소비자의 이익을 현저히 저해할 우려가 있는 경우에는 계약내용의 수정을 명할 수 있다. [개정 2007.8.3] [[시행일 2007.11.4]]

[전문개정 99 · 2 · 5 법5813]

제31조 (시정조치) 공정거래위원회는 제29조(재판매가격유지행위의 제한)제1항의 규정에 위반하는 행위가 있는 때에는 당해사업자에 대하여 당해 행위의 중지, 시정명령을 받은 사실의 공표 기타 시정을 위한 필요한 조치를 명할 수 있다. [개정 1996.12.30, 2004.12.31] [[시행일 2005.4.1]]

제31조의2 (과징금) 공정거래위원회는 제29조(재판매가격유지행위의 제한)의 규정에 위반하는 재판매가격유지행위가 있는 경우에는 당해사업자에 대하여 대통령령이 정하는 매출액에 100분의 2를 곱한 금액을 초과하지 아니하는 범위안에서 과징금을 부과할 수 있다. 다만, 매출액이 없는 경우등에는 5억원을 초과하지 아니하는 범위안에서 과징금을 부과할 수 있다.

[전문개정 96 · 12 · 30]

제8장 국제계약의 체결제한

제32조 (부당한 국제계약의 체결제한) ① 사업자 또는 사업자단체는 부당한 공동행위, 불공정거래행위 및 재판매가격유지행위에 해당하는 사항을 내용으로 하는 것으로서 대통령령이 정하는 국제적 협정이나 계약(이하 "국제계약"이라 한다)을 체결하여서는 아니된다. 다만, 당해 국제계약의 내용이 일정한 거래분야에 있어서 경쟁에 미치는 영향이 경미하거나 기타 부득이한 사유가 있다고 공정거래위원회가 인정하는 경우에는 그러하지 아니하다. [개정 94·12·22]

② 공정거래위원회는 제1항의 규정에 의한 부당한 공동행위, 불공정거래행위 및 재판매가격유지행위의 유형 및 기준을 정하여 고시할 수 있다. [개정 92·12·8]

제33조 (국제계약의 심사요청) 사업자 또는 사업자단체는 국제계약을 체결함에 있어 당해 국제계약이 제32조(부당한 국제계약의 체결제한)제1항의 규정에 위반하는지 여부에 관하여 대통령령이 정하는 바에 따라 공정거래위원회에 심사를 요청할 수 있다. [개정 96·12·30]

[전문개정 94·12·22]

제34조 (시정조치) 공정거래위원회는 제32조(부당한 국제계약의 체결제한)제1항의 규정에 위반하거나 위반할 우려가 있는 국제계약이 있는 때에는 당해사업자 또는 사업자단체에 대하여 계약의 취소, 계약내용의 수정·변경 기타 시정을 위한 필요한 조치를 명할 수 있다. [개정 94·12·22, 96·12·30]

제34조의2 (과징금) 공정거래위원회는 제32조(부당한 국제계약의 체결제한)제1항 본문의 규정에 위반하여 국제계약을 체결한 경우에는 당해사업자단체에 대하여는 5억원의 범위안에서, 당해사업자에 대하여는 대통령령이 정하는 매출액에 100분의 2를 곱한 금액을 초과하지 아니하는 범위안에서 과징금을 부과할 수 있다. 다만, 사업자의 경우에 매출액이 없는 경우등에는 5억원을 초과하지 아니하는 범위안에서 과징금을 부과할 수 있다.

[전문개정 96·12·30]

제9장 전담기구

제35조 (공정거래위원회의 설치) ① 이 법에 의한 사무를 독립적으로 수행하기 위하여 국무총리소속하에 공정거래위원회를 둔다.

② 공정거래위원회는 「정부조직법」 제2조(중앙행정기관의 설치와 조직)의 규정에 의

한 중앙행정기관으로서 그 소관사무를 수행한다. [개정 2007.8.3] [[시행일 2007.11.4]]

[전문개정 96 · 12 · 30]

제36조 (공정거래위원회의 소관사무) 공정거래위원회의 소관사무는 다음 각호와 같다.

1. 시장지배적지위의 남용행위 규제에 관한 사항

2. 기업결합의 제한 및 경제력집중의 억제에 관한 사항

3. 부당한 공동행위 및 사업자단체의 경쟁제한행위 규제에 관한 사항

4. 불공정거래행위 및 재판매가격유지행위 규제에 관한 사항

5. 부당한 국제계약의 체결제한에 관한 사항

6. 경쟁제한적인 법령 및 행정처분의 협의 · 조정등 경쟁촉진정책에 관한 사항

7. 기타 법령에 의하여 공정거래위원회의 소관으로 규정된 사항

제36조의2 (공정거래위원회의 국제협력) ① 정부는 대한민국의 법률 및 이익에 반하지 않는 범위 안에서 외국정부와 이 법의 집행을 위한 협정을 체결할 수 있다.

② 공정거래위원회는 제1항의 규정에 의하여 체결한 협정에 따라 외국정부의 법집행을 지원할 수 있다.

③ 공정거래위원회는 제1항의 규정에 의한 협정이 체결되어 있지 않은 경우에도 외국정부의 법집행 요청 시 동일 또는 유사한 사항에 관하여 대한민국의 지원요청에 응한다는 요청국의 보증이 있는 경우에는 지원할 수 있다.

[본조신설 2004.12.31] [[시행일 2005.4.1]]

제37조 (공정거래위원회의 구성등) ① 공정거래위원회는 위원장 1인 및 부위원장 1인을 포함한 9인의 위원으로 구성하며, 그중 4인은 비상임위원으로 한다. [개정 96 · 12 · 30]

② 공정거래위원회의 상임위원과 비상임위원(이하 "위원"이라 한다)은 독점규제 및 공정거래 또는 소비자분야에 경험 또는 전문지식이 있는 자로서 다음 각 호의 어느 하나에 해당하는 자중에서, 위원장과 부위원장은 국무총리의 제청으로 대통령이 임명하고 기타 위원은 위원장의 제청으로 대통령이 임명한다. [개정 94 · 12 · 23, 2005.12.29 제7796호(국가공무원법), 2007.8.3] [[시행일 2007.11.4]]

1. 2급 이상 공무원(고위공무원단에 속하는 일반직공무원을 포함한다)의 직(職)에 있던 자

2. 판사 · 검사 또는 변호사의 직에 15년이상 있던 자

3. 법률 · 경제 · 경영 또는 소비자 관련 분야 학문을 전공하고 대학이나 공인된 연구기관에서 15년 이상 근무한 자로서 부교수 이상 또는 이에 상당하는 직에 있던 자

4. 기업경영 및 소비자보호활동에 15년이상 종사한 경력이 있는 자

③ 위원장과 부위원장은 정무직으로 하고, 기타 상임위원은 고위공무원단에 속하는 별정직공무원으로 보한다. [개정 2005.12.29 제7796호(국가공무원법)] [[시행일 2006.7.1]]

④ 위원장·부위원장 및 제47조(사무처의 설치)의 규정에 의한 사무처의 장은 「정부조직법」 제10조(政府委員)의 규정에 불구하고 정부위원이 된다. [신설 96·12·30, 98·2·28, 2007.8.3] [[시행일 2007.11.4]]

제37조 (공정거래위원회의 구성등) ① 공정거래위원회는 위원장 1인 및 부위원장 1인을 포함한 9인의 위원으로 구성하며, 그중 4인은 비상임위원으로 한다. [개정 96·12·30]

② 공정거래위원회의 상임위원과 비상임위원(이하 "위원"이라 한다)은 독점규제 및 공정거래 또는 소비자분야에 경험 또는 전문지식이 있는 자로서 다음 각 호의 어느 하나에 해당하는 자중에서, 위원장과 부위원장은 국무총리의 제청으로 대통령이 임명하고 기타 위원은 위원장의 제청으로 대통령이 임명한다. 이 경우 위원장은 국회의 인사청문을 거쳐야 한다. [개정 94·12·23, 2005.12.29 제7796호(국가공무원법), 2007.8.3, 2012.3.21] [[시행일 2012.5.30]]

1. 2급 이상 공무원(고위공무원단에 속하는 일반직공무원을 포함한다)의 직(職)에 있던 자

2. 판사·검사 또는 변호사의 직에 15년이상 있던 자

3. 법률·경제·경영 또는 소비자 관련 분야 학문을 전공하고 대학이나 공인된 연구기관에서 15년 이상 근무한 자로서 부교수 이상 또는 이에 상당하는 직에 있던 자

4. 기업경영 및 소비자보호활동에 15년이상 종사한 경력이 있는 자

③ 위원장과 부위원장은 정무직으로 하고, 기타 상임위원은 고위공무원단에 속하는 별정직공무원으로 보한다. [개정 2005.12.29 제7796호(국가공무원법)] [[시행일 2006.7.1]]

④ 위원장·부위원장 및 제47조(사무처의 설치)의 규정에 의한 사무처의 장은 「정부조직법」 제10조(政府委員)의 규정에 불구하고 정부위원이 된다. [신설 96·12·30, 98·2·28, 2007.8.3] [[시행일 2007.11.4]]

제37조의2 (회의의 구분) 공정거래위원회의 회의는 위원전원으로 구성하는 회의(이하 "전원회의"라 한다)와 상임위원 1인을 포함한 위원 3인으로 구성하는 회의(이하 "소회의"라 한다)로 구분한다.

[본조신설 96·12·30]

제37조의3 (전원회의 및 소회의 관장사항) ① 전원회의는 다음 각호의 1의 사항을 심의·

의결한다. [개정 2001.1.16.]

1. 공정거래위원회 소관의 법령이나 규칙·고시 등의 해석적용에 관한 사항 [[시행일 2001.4.1.]]

2. 제53조(異議申請)의 규정에 의한 이의신청

3. 소회의에서 의결되지 아니하거나 소회의가 전원회의에서 처리하도록 결정한 사항

4. 규칙 또는 고시의 제정 또는 변경

5. 경제적 파급효과가 중대한 사항 기타 전원회의에서 스스로 처리하는 것이 필요하다고 인정하는 사항

② 소회의는 제1항 각호의 사항외의 사항을 심의·의결한다.

[본조신설 96·12·30]

제38조 (위원장) ① 위원장은 공정거래위원회를 대표한다.

② 위원장은 국무회의에 출석하여 발언할 수 있다.

③ 위원장이 사고로 인하여 직무를 수행할 수 없을 때에는 부위원장이 그 직무를 대행하며, 위원장과 부위원장이 모두 사고로 인하여 직무를 수행할 수 없을 때에는 선임 상임위원순으로 그 직무를 대행한다. [개정 99·2·5 법5813]

제39조 (위원의 임기) 공정거래위원회의 위원장, 부위원장 및 다른 위원의 임기는 3년으로 하고, 1차에 한하여 연임할 수 있다. [개정 2001·1·16] [[시행일 2001.4.1.]]

제40조 (위원의 신분보장) 위원은 다음 각호의 1에 해당하는 경우를 제외하고는 그 의사에 반하여 면직되지 아니한다.

1. 금고이상의 형의 선고를 받은 경우

2. 장기간의 심신쇠약으로 직무를 수행할 수 없게 된 경우

제41조 (위원의 정치운동 금지) 위원은 정당에 가입하거나 정치운동에 관여할 수 없다.

제42조 (회의의사 및 의결정족수) ① 전원회의의 의사는 위원장이 주재하며 재적위원 과반수의 찬성으로 의결한다. [개정 99·2·5 법5813]

② 소회의의 의사는 상임위원이 주재하며 구성위원 전원의 출석과 출석위원 전원의 찬성으로 의결한다.

[전문개정 96·12·30]

제43조 (심리·의결의 공개 및 합의의 비공개) ① 공정거래위원회의 심리와 의결은 공개한다. 다만, 사업자 또는 사업자단체의 사업상의 비밀을 보호할 필요가 있다고 인정할 때에는 그러하지 아니하다.

② 공정거래위원회의 심리는 구술심리를 원칙으로 하되, 필요한 경우 서면심리로 할 수 있다. [신설 2007.8.3] [[시행일 2007.11.4]]

③ 공정거래위원회의 사건에 관한 의결의 합의는 공개하지 아니한다. [개정 2007.8.3] [[시행일 2007.11.4]]

[전문개정 99 · 2 · 5 법5813]

제43조의2 (심판정의 질서유지) 전원회의 및 소회의의 의장은 심판정에 출석하는 당사자 · 이해관계인 · 참고인 및 참관인등에 대하여 심판정의 질서유지를 위하여 필요한 조치를 명할 수 있다.

[본조신설 96 · 12 · 30]

제44조 (위원의 제척 · 기피 · 회피) ① 위원은 다음 각호의 1에 해당하는 사건에 대한 심의 · 의결에서 제척된다. [개정 2004.12.31] [[시행일 2005.4.1]]

1. 자기나 배우자 또는 배우자이었던 자가 당사자이거나 공동권리자 또는 공동의무자인 사건

2. 자기가 당사자와 친족관계에 있거나 자기 또는 자기가 속한 법인이 당사자의 법률 · 경영등에 대한 자문 · 고문등으로 있는 사건

3. 자기 또는 자기가 속한 법인이 증언이나 감정을 한 사건

4. 자기 또는 자기가 속한 법인이 당사자의 대리인으로서 관여하거나 관여하였던 사건

5. 자기 또는 자기가 속한 법인이 사건의 대상이 된 처분 또는 부작위에 관여한 사건

6. 자기가 공정거래위원회 소속공무원으로서 당해 사건의 조사 또는 심사를 행한 사건

② 당사자는 위원에게 심의 · 의결의 공정을 기대하기 어려운 사정이 있는 경우에는 기피신청을 할 수 있다. 위원장은 이 기피신청에 대하여 위원회의 의결을 거치지 아니하고 결정한다.

③ 위원 본인이 제1항 각호의 1의 사유 또는 제2항의 사유에 해당하는 경우에는 스스로 그 사건의 심의 · 의결을 회피할 수 있다.

[전문개정 1996.12.30]

제45조 (의결서 작성 및 경정) ① 공정거래위원회가 이 법의 규정에 위반되는 사항에 대하여 의결하는 경우에는 그 이유를 명시한 의결서로 하여야 하고, 의결에 참여한 위원이 그 의결서에 서명 · 날인하여야 한다. [개정 99 · 2 · 5 법5813, 2007.8.3] [[시행일 2007.11.4]]

② 공정거래위원회는 의결서 등에 오기(誤記), 계산착오, 그 밖에 이와 유사한 오류가

있는 것이 명백한 때에는 신청에 의하거나 직권으로 경정(更正)할 수 있다. [신설 2007.8.3] [[시행일 2007.11.4]]

[본조제목개정 2007.8.3] [[시행일 2007.11.4]]

제46조 (법 위반행위의 판단시점) 공정거래위원회가 이 법에 위반되는 사항에 대하여 의결하는 경우에는 그 사항에 관한 심리를 종결하는 날까지 발생한 사실을 기초로 판단한다.

[본조신설 2012.3.21] [[시행일 2012.6.22]]

제47조 (사무처의 설치) 공정거래위원회의 사무를 처리하기 위하여 공정거래위원회에 사무처를 둔다.

제48조 (조직에 관한 규정) ① 이 법에 규정된 것 이외에 공정거래위원회의 조직에 관하여 필요한 사항은 대통령령으로 정한다.

② 이 법에 규정된 것 외에 공정거래위원회의 운영등에 관하여 필요한 사항은 공정거래위원회의 규칙으로 정한다. [신설 96 · 12 · 30]

제9장의2 한국공정거래조정원의 설립 및 분쟁조정 [본장신설 2007.8.3] [[시행일 2007.11.4]]

제48조의2 (한국공정거래조정원의 설립 등) ① 다음 각 호의 업무를 수행하기 위하여 한국공정거래조정원(이하 "조정원"이라 한다)을 설립한다.

1. 제23조(불공정거래행위의 금지)제1항을 위반한 혐의가 있는 행위와 관련된 분쟁의 조정

2. 「가맹사업거래의 공정화에 관한 법률」에 따른 가맹사업 당사자 간 분쟁의 조정

3. 시장 · 산업의 분석 및 사업자의 거래관행과 행태의 조사 · 분석

4. 그 밖에 공정거래위원회로부터 위탁받은 사업

② 조정원은 법인으로 한다.

③ 조정원의 장은 제37조(공정거래위원회의 구성등)제2항 각 호의 어느 하나에 해당하는 자 중에서 공정거래위원회 위원장이 임명한다.

④ 정부는 조정원의 설립과 운영에 필요한 경비를 예산의 범위 안에서 출연하거나 보조할 수 있다.

⑤ 조정원에 관하여 이 법에서 규정한 것 외에는 「민법」 중 재단법인에 관한 규정을 준용한다.

[본조신설 2007.8.3] [[시행일 2007.11.4]]

제48조의2 (한국공정거래조정원의 설립 등) ① 다음 각 호의 업무를 수행하기 위하여 한국

공정거래조정원(이하 "조정원"이라 한다)을 설립한다. [개정 2012.3.21] [[시행일 2012.6.22]]

1. 제23조(불공정거래행위의 금지)제1항을 위반한 혐의가 있는 행위와 관련된 분쟁의 조정

2. 다른 법률에서 조정원으로 하여금 담당하게 하는 분쟁의 조정

3. 시장 또는 산업의 동향과 공정경쟁에 관한 조사 및 분석

4. 사업자의 거래 관행과 행태의 조사 및 분석

5. 그 밖에 공정거래위원회로부터 위탁받은 사업

② 조정원은 법인으로 한다.

③ 조정원의 장은 제37조(공정거래위원회의 구성등)제2항 각 호의 어느 하나에 해당하는 자 중에서 공정거래위원회 위원장이 임명한다.

④ 정부는 조정원의 설립과 운영에 필요한 경비를 예산의 범위 안에서 출연하거나 보조할 수 있다.

⑤ 조정원에 관하여 이 법에서 규정한 것 외에는 「민법」 중 재단법인에 관한 규정을 준용한다.

[본조신설 2007.8.3] [[시행일 2007.11.4]]

제48조의3 (공정거래분쟁조정협의회의 설치 및 구성) ① 제23조(불공정거래행위의 금지)제1항을 위반한 혐의가 있는 행위와 관련된 분쟁을 조정하기 위하여 조정원에 공정거래분쟁조정협의회(이하 "협의회"라 한다)를 둔다.

② 협의회는 협의회 위원장 1인을 포함한 7인 이내의 협의회 위원으로 구성한다.

③ 협의회 위원장은 조정원의 장이 겸임한다.

④ 협의회 위원은 독점규제 및 공정거래 또는 소비자분야에 경험 또는 전문지식이 있는 자로서 다음 각 호의 어느 하나에 해당하는 자 중에서 조정원의 장의 제청으로 공정거래위원회 위원장이 임명 또는 위촉한다. 이 경우 다음 각 호의 어느 하나에 해당하는 자가 1인 이상 포함되어야 한다.

1. 대통령령으로 정하는 요건을 갖춘 공무원의 직에 있던 자

2. 판사·검사 또는 변호사의 직에 대통령령으로 정하는 기간 이상 있던 자

3. 법률·경제·경영 또는 소비자 관련 분야 학문을 전공하고 대학이나 공인된 연구기관에서 대통령령으로 정하는 기간 이상 근무한 자로서 부교수 이상 또는 이에 상당하는 직에 있던 자

4. 기업경영 및 소비자보호활동에 대통령령으로 정하는 기간 이상 종사한 경력이 있는 자

⑤ 협의회 위원의 임기는 3년으로 하되, 연임할 수 있다.

⑥ 협의회 위원 중 결원이 생긴 때에는 제4항에 따라 보궐위원을 위촉하여야 하며, 그 보궐위원의 임기는 전임자의 남은 임기로 한다.

[본조신설 2007.8.3] [[시행일 2008.2.4]]

제48조의4 (협의회의 회의) ① 협의회 위원장은 협의회의 회의를 소집하고 그 의장이 된다.

② 협의회는 재적위원 과반수의 출석으로 개의하고, 출석위원 과반수의 찬성으로 의결한다.

③ 협의회 위원장이 사고로 직무를 수행할 수 없는 때에는 공정거래위원회 위원장이 지명하는 협의회 위원이 그 직무를 대행한다.

④ 조정의 대상이 된 분쟁의 당사자인 사업자(이하 "분쟁당사자"라 한다)는 협의회에 출석하여 의견을 진술할 수 있다.

[본조신설 2007.8.3] [[시행일 2008.2.4]]

제48조의5 (협의회 위원의 제척·기피·회피) ① 협의회 위원은 다음 각 호의 어느 하나에 해당하는 경우에는 해당 분쟁조정사항의 조정에서 제척된다.

1. 협의회 위원 또는 그 배우자나 배우자이었던 자가 해당 분쟁조정사항의 분쟁당사자가 되거나 공동권리자 또는 의무자의 관계에 있는 경우

2. 협의회 위원이 해당 분쟁조정사항의 분쟁당사자와 친족관계에 있거나 있었던 경우

3. 협의회 위원 또는 협의회 위원이 속한 법인이 분쟁당사자의 법률·경영 등에 대하여 자문이나 고문의 역할을 하고 있는 경우

4. 협의회 위원 또는 협의회 위원이 속한 법인이 해당 분쟁조정사항에 대하여 분쟁당사자의 대리인으로 관여하거나 관여하였던 경우 및 증언 또는 감정을 한 경우

② 분쟁당사자는 협의회 위원에게 협의회의 조정에 공정을 기하기 어려운 사정이 있는 때에 협의회에 그 협의회 위원에 대한 기피신청을 할 수 있다.

③ 협의회 위원이 제1항 또는 제2항의 사유에 해당하는 경우에는 스스로 해당 분쟁조정사항의 조정에서 회피할 수 있다.

[본조신설 2007.8.3] [[시행일 2008.2.4]]

제48조의6 (조정의 신청 등) ① 제23조(불공정거래행위의 금지)제1항을 위반한 혐의가 있는 행위로 인하여 피해를 입은 사업자는 대통령령으로 정하는 사항을 기재한 서면(이하 "분쟁조정신청서"라 한다)을 공정거래위원회 또는 협의회에 제출함으로써 분쟁조정

을 신청할 수 있다. 다만, 다음 각 호의 어느 하나에 해당하는 경우에는 그러하지 아니하다.

1. 위반혐의가 있는 행위의 내용·성격 및 정도 등을 고려하여 제24조(시정조치) 또는 제51조(위반행위의 시정권고)에 따라 처리하는 것이 적합한 경우로서 대통령령으로 정하는 기준에 해당하는 행위

2. 분쟁조정의 신청이 있기 전에 공정거래위원회가 제49조(위반행위의 인지·신고등)에 따라 조사 중인 사건

② 공정거래위원회는 제1항에 따라 분쟁조정의 신청을 받은 경우에는 제1항 단서 각 호의 행위 또는 사건에 해당하는지 여부를 검토하고 이를 분쟁조정신청서에 첨부하여 그 접수일부터 대통령령으로 정하는 기간 이내에 협의회에 통보하여야 한다.

③ 협의회는 제1항 또는 제2항에 따라 분쟁조정신청서를 접수한 때에는 즉시 그 접수 사실 등을 대통령령으로 정하는 바에 따라 공정거래위원회 또는 분쟁당사자에게 통지하여야 한다.

[본조신설 2007.8.3] [[시행일 2008.2.4]]

제48조의7 (조정 등) ① 협의회는 분쟁당사자에게 분쟁조정사항에 대하여 스스로 합의하도록 권고하거나 조정안을 작성하여 제시할 수 있다.

② 협의회는 해당 분쟁조정사항에 관한 사실을 확인하기 위하여 필요한 경우 조사를 하거나 분쟁당사자에 대하여 관련 자료의 제출이나 출석을 요구할 수 있다.

③ 협의회는 제48조의6(조정의 신청 등)제1항 단서 각 호에 해당하는 행위 또는 사건에 대하여는 조정신청을 각하하여야 한다. 공정거래위원회가 제48조의6(조정의 신청 등)제1항 단서 각 호의 행위 또는 사건에 해당하는 것으로 통보한 분쟁에 대하여도 또한 같다.

④ 협의회는 다음 각 호의 어느 하나에 해당되는 경우에는 조정절차를 종료하여야 한다.

1. 분쟁당사자가 협의회의 권고 또는 조정안을 수락하거나 스스로 조정하는 등 조정이 성립된 경우

2. 분쟁조정신청서를 공정거래위원회로부터 통보받은 날부터 60일이 경과하여도 조정이 성립하지 아니한 경우

3. 분쟁당사자의 일방이 조정을 거부하거나 해당 분쟁조정사항에 대하여 법원에 소(訴)를 제기하는 등 조정절차를 진행할 실익이 없는 경우

⑤ 협의회는 조정신청을 각하하거나 조정절차를 종료한 경우에는 대통령령으로 정하

는 바에 따라 공정거래위원회에 조정의 경위, 조정신청 각하 또는 조정절차 종료의 사유 등을 관계 서류와 함께 지체 없이 서면으로 보고하여야 하고 분쟁당사자에게 그 사실을 통보하여야 한다.

⑥ 공정거래위원회는 분쟁조정사항에 관하여 조정절차가 종료될 때까지 해당 분쟁당사자에게 제24조(시정조치)에 따른 시정조치 및 제51조(위반행위의 시정권고)제1항에 따른 시정권고를 하여서는 아니 된다.

[본조신설 2007.8.3] [[시행일 2008.2.4]]

제48조의8 (조정조서의 작성과 그 효력) ① 협의회는 분쟁조정사항에 대하여 조정이 성립된 경우 조정에 참가한 위원과 분쟁당사자가 기명날인한 조정조서를 작성한다. 이 경우 분쟁당사자 간에 조정조서와 동일한 내용의 합의가 성립된 것으로 본다.

② 협의회는 분쟁당사자가 조정절차를 개시하기 전에 분쟁조정사항을 스스로 조정하고 조정조서의 작성을 요청하는 경우에는 그 조정조서를 작성할 수 있다.

③ 분쟁당사자는 조정에서 합의된 사항을 이행하여야 하고, 이행결과를 공정거래위원회에 제출하여야 한다.

④ 공정거래위원회는 제1항에 따라 합의가 이루어지고, 그 합의된 사항을 이행한 경우에는 제24조(시정조치)에 따른 시정조치 및 제51조(위반행위의 시정권고)제1항에 따른 시정권고를 하지 아니한다.

[본조신설 2007.8.3] [[시행일 2008.2.4]]

제48조의9 (협의회의 조직 운영 등) 제48조의3(공정거래분쟁조정협의회의 설치 및 구성)부터 제48조의8(조정조서의 작성과 그 효력)까지에 규정된 것 외에 협의회의 조직·운영·조정절차 등에 관하여 필요한 사항은 대통령령으로 정한다.

[본조신설 2007.8.3] [[시행일 2008.2.4]]

제10장 조사등의 절차

제49조 (위반행위의 인지·신고등) ① 공정거래위원회는 이 법의 규정에 위반한 혐의가 있다고 인정할 때에는 직권으로 필요한 조사를 할 수 있다. [개정 2001.1.16.][[시행일 2001.4.1.]]

② 누구든지 이 법의 규정에 위반되는 사실이 있다고 인정할 때에는 그 사실을 공정거래위원회에 신고할 수 있다.

③ 공정거래위원회는 제1항 또는 제2항의 규정에 의하여 조사를 한 경우에는 그 결과

(조사결과 시정조치명령등의 처분을 하고자 하는 경우에는 그 처분의 내용을 포함한다)를 서면으로 당해 사건의 당사자에게 통지하여야 한다. [신설 96 · 12 · 30]

④ 공정거래위원회는 이 법의 규정에 위반하는 행위가 종료한 날부터 5년을 경과한 경우에는 당해 위반행위에 대하여 이 법에 의한 시정조치를 명하지 아니하거나 과징금 등을 부과하지 아니한다. 다만, 법원의 판결에 의하여 시정조치 또는 과징금부과처분이 취소된 경우로서 그 판결이유에 따라 새로운 처분을 하는 경우에는 그러하지 아니하다. [개정 94 · 12 · 22, 96 · 12 · 30, 2001.1.16.][[시행일 2001.4.1.]]

제49조 (위반행위의 인지 · 신고등) ① 공정거래위원회는 이 법의 규정에 위반한 혐의가 있다고 인정할 때에는 직권으로 필요한 조사를 할 수 있다. [개정 2001.1.16.][[시행일 2001.4.1.]]

② 누구든지 이 법의 규정에 위반되는 사실이 있다고 인정할 때에는 그 사실을 공정거래위원회에 신고할 수 있다.

③ 공정거래위원회는 제1항 또는 제2항의 규정에 의하여 조사를 한 경우에는 그 결과(조사결과 시정조치명령등의 처분을 하고자 하는 경우에는 그 처분의 내용을 포함한다)를 서면으로 당해 사건의 당사자에게 통지하여야 한다. [신설 96 · 12 · 30]

④ 공정거래위원회는 다음 각 호의 기간이 경과한 경우에는 이 법 위반행위에 대하여 이 법에 따른 시정조치를 명하지 아니하거나 과징금을 부과하지 아니한다. 다만, 법원의 판결에 따라 시정조치 또는 과징금부과처분이 취소된 경우로서 그 판결이유에 따라 새로운 처분을 하는 경우에는 그러하지 아니하다. [개정 2012.3.21] [[시행일 2012.6.22]]

1. 공정거래위원회가 이 법 위반행위에 대하여 조사를 개시한 경우 조사개시일부터 5년

2. 공정거래위원회가 이 법 위반행위에 대하여 조사를 개시하지 아니한 경우 해당 위반행위의 종료일부터 7년

제50조 (위반행위의 조사 등) ①공정거래위원회는 이 법의 시행을 위하여 필요하다고 인정할 때에는 대통령령이 정하는 바에 의하여 다음 각호의 처분을 할 수 있다.

1. 당사자, 이해관계인 또는 참고인의 출석 및 의견의 청취

2. 감정인의 지정 및 감정의 위촉

3. 사업자, 사업자단체 또는 이들의 임직원에 대하여 원가 및 경영상황에 관한 보고, 기타 필요한 자료나 물건의 제출을 명하거나 제출된 자료나 물건의 영치

② 공정거래위원회는 이 법의 시행을 위하여 필요하다고 인정할 때에는 그 소속공무

원[제65조(권한의 위임·위탁)의 규정에 의한 위임을 받은 기관의 소속공무원을 포함한다]으로 하여금 사업자 또는 사업자단체의 사무소 또는 사업장에 출입하여 업무 및 경영상황, 장부·서류, 전산자료·음성녹음자료·화상자료 그 밖에 대통령령이 정하는 자료나 물건을 조사하게 할 수 있으며, 대통령령이 정하는 바에 의하여 지정된 장소에서 당사자, 이해관계인 또는 참고인의 진술을 듣게 할 수 있다.[개정 1996.12.30, 1999.2.5, 2001.1.16]

③ 제2항의 규정에 의하여 조사를 하는 공무원은 대통령령이 정하는 바에 따라 사업자, 사업자단체 또는 이들의 임직원에 대하여 조사에 필요한 자료나 물건의 제출을 명하거나 제출된 자료나 물건의 영치를 할 수 있다.

④ 제2항의 규정에 의하여 조사를 하는 공무원은 그 권한을 표시하는 증표를 관계인에게 제시하여야 한다.

⑤ 공정거래위원회는 제15조(탈법행위의 금지)를 위반하여 제9조(상호출자의 금지등)제1항의 적용을 면탈하는 행위를 한 상당한 혐의가 있는 자의 조사와 관련하여 금융거래 관련 정보 또는 자료(이하 "금융거래정보"라 한다)에 의하지 아니하고는 그 탈법행위 여부를 확인할 수 없다고 인정되는 경우 또는 제23조(불공정거래행위의 금지)제1항제7호를 위반한 상당한 혐의가 있는 내부거래공시대상회사의 조사와 관련하여 금융거래정보에 의하지 아니하고는 자금 등의 지원 여부를 확인할 수 없다고 인정되는 경우에는 「금융실명거래 및 비밀보장에 관한 법률」 제4조의 규정에 불구하고 제37조의 3(전원회의 및 소회의 관장사항)에 규정된 회의의 의결을 거쳐 다음 각호의 사항을 기재한 문서에 의하여 금융기관의 특정점포의 장에게 금융거래정보의 제출을 요구할 수 있으며, 그 특정점포의 장은 이를 거부하지 못한다. [신설 2004.12.31, 2007.4.13, 2007.8.3, 2009.3.25]

1. 거래자의 인적 사항

2. 요구대상 거래기간

3. 요구의 법적 근거

4. 사용목적

5. 요구하는 금융거래정보의 내용(제9조의 적용을 면탈하려는 행위 또는 부당지원행위와 관련된 혐의가 있다고 인정되는 자의 금융기관과의 제9조의 적용을 면탈하려는 행위 또는 부당지원행위와 관련된 금융거래정보에 한한다)

6. 요구하는 기관의 담당자 및 책임자의 성명과 직책 등 인적 사항

[유효기간 2010.12.31]

⑥ 제5항의 규정에 의한 금융거래정보의 제출요구는 조사를 위하여 필요한 최소한도에 그쳐야 한다. [신설 2004.12.31]

⑦제 5항의 규정에 따라 금융기관이 공정거래위원회에 금융거래정보를 제공하는 경우에는 당해 금융기관은 금융거래정보를 제공한 날부터 10일 이내에 제공한 금융거래정보의 주요내용·사용목적·제공받은 자 및 제공일자 등을 거래자에게 서면으로 통지하여야 한다. 이 경우 통지에 소요되는 비용에 관하여는 「금융실명거래 및 비밀보장에 관한 법률」 제4조의2(거래정보등의 제공사실의 통보)제4항의 규정을 준용한다. [신설 2004.12.31, 2007.8.3] [[시행일 2007.11.4]]

⑧ 공정거래위원회는 제5항의 규정에 따라 금융기관에 대하여 금융거래정보를 요구하는 경우에는 그 사실을 기록하여야 하며, 금융거래정보를 요구한 날부터 3년간 동 기록을 보관하여야 한다. [신설 2004.12.31]

⑨ 제5항의 규정에 따라 금융거래정보를 제공받은 자는 그 자료를 타인에게 제공 또는 누설하거나 그 목적 외의 용도로 이를 이용하여서는 아니된다. [신설 2004.12.31]

[본조제목개정 2001.1.16]

제50조의2 (조사권의 남용금지) 조사공무원은 이 법의 시행을 위하여 필요한 최소한의 범위 안에서 조사를 행하여야 하며, 다른 목적 등을 위하여 조사권을 남용하여서는 아니된다.

[본조신설 2004.12.31] [[시행일 2005.4.1]]

제50조의3 (조사 등의 연기신청) ①제50조제1항 내지 제3항의 규정에 따라 공정거래위원회로부터 처분 또는 조사를 받게 된 사업자 또는 사업자단체가 천재·지변 그 밖에 대통령령이 정하는 사유로 인하여 처분을 이행하거나 조사를 받기가 곤란한 경우에는 대통령령이 정하는 바에 따라 공정거래위원회에 처분 또는 조사를 연기하여 줄 것을 신청할 수 있다.

② 공정거래위원회는 제1항의 규정에 따라 처분 또는 조사의 연기신청을 받은 때에는 그 사유를 검토하여 타당하다고 인정되는 경우에는 처분 또는 조사를 연기할 수 있다.

[본조신설 2004.12.31] [[시행일 2005.4.1]]

제51조 (위반행위의 시정권고) ① 공정거래위원회는 이 법의 규정에 위반하는 행위가 있는 경우에 당해 사업자 또는 사업자단체에 대하여 시정방안을 정하여 이에 따를 것을 권고할 수 있다.

② 제1항의 규정에 의하여 권고를 받은 자는 시정권고를 통지받은 날부터 10일 이내에 당해 권고를 수락하는지의 여부에 관하여 공정거래위원회에 통지하여야 한다. [개정 96 · 12 · 30]

③ 제1항의 규정에 의하여 시정권고를 받은 자가 당해 권고를 수락한 때에는 이 법의 규정에 의한 시정조치가 명하여진 것으로 본다. [개정 96 · 12 · 30]

제51조의2 (동의의결) ① 공정거래위원회의 조사나 심의를 받고 있는 사업자 또는 사업자단체(이하 이 조부터 제51조의5까지의 규정에서 "신청인"이라 한다)는 당해 조사나 심의의 대상이 되는 행위(이하 이 조부터 제51조의5까지의 규정에서 "해당 행위"라 한다)로 인한 경쟁제한상태 등의 자발적 해소, 소비자 피해구제, 거래질서의 개선 등을 위하여 제3항에 따른 동의의결을 하여 줄 것을 공정거래위원회에 신청할 수 있다. 다만 해당 행위가 다음 각 호의 어느 하나에 해당하는 경우 공정거래위원회는 동의의결을 하지 아니하고 이 법에 따른 심의 절차를 진행하여야 한다.

1. 해당 행위가 제19조(부당한 공동행위의 금지)제1항에 따른 위반행위인 경우

2. 제71조(고발)제2항에 따른 고발요건에 해당하는 경우

3. 동의의결이 있기 전 신청인이 신청을 취소하는 경우

② 신청인이 제1항에 따른 신청을 하는 경우 다음 각 호의 사항을 기재한 서면으로 하여야 한다.

1. 해당 행위를 특정할 수 있는 사실관계

2. 해당 행위의 중지, 원상회복 등 경쟁질서의 회복이나 거래질서의 적극적 개선을 위하여 필요한 시정방안

3. 소비자, 다른 사업자 등의 피해를 구제하거나 예방하기 위하여 필요한 시정방안

③ 공정거래위원회는 해당 행위의 사실관계에 대한 조사를 마친 후 제2항제2호 및 제3호에 따른 시정방안(이하 "시정방안"이라 한다)이 다음 각 호의 요건을 모두 충족한다고 판단되는 경우에는 해당 행위 관련 심의 절차를 중단하고 시정방안과 같은 취지의 의결(이하 "동의의결"이라 한다)을 할 수 있다. 이 경우 신청인과의 협의를 거쳐 시정방안을 수정할 수 있다.

1. 해당 행위가 이 법을 위반한 것으로 판단될 경우에 예상되는 시정조치, 그 밖의 제재와 균형을 이룰 것

2. 공정하고 자유로운 경쟁질서나 거래질서를 회복시키거나 소비자, 다른 사업자 등을 보호하기에 적절하다고 인정될 것

④ 공정거래위원회의 동의의결은 해당 행위가 이 법에 위반된다고 인정한 것을 의미하지 아니하며, 누구든지 신청인이 동의의결을 받은 사실을 들어 해당 행위가 이 법에 위반된다고 주장할 수 없다.

[본조신설 2011.12.2]

제51조의3 (동의의결의 절차) ① 공정거래위원회는 신속한 조치의 필요성, 소비자 피해의 직접 보상 필요성 등을 종합적으로 고려하여 동의의결 절차의 개시 여부를 결정하여야 한다.

② 공정거래위원회는 동의의결을 하기 전에 30일 이상의 기간을 정하여 다음 각 호의 사항을 신고인 등 이해관계인에게 통지하거나, 관보 또는 공정거래위원회의 인터넷 홈페이지에 공고하는 등의 방법으로 의견을 제출할 기회를 주어야 한다.

1. 해당 행위의 개요

2. 관련 법령 조항

3. 시정방안[제51조의2(동의의결)제3항 후단에 따라 시정방안이 수정된 경우에는 그 수정된 시정방안을 말한다]

4. 해당 행위와 관련하여 신고인 등 이해관계인의 이해를 돕는 그 밖의 정보. 다만, 사업상 또는 사생활의 비밀 보호나 그 밖에 공익상 공개하기에 적절하지 아니한 것은 제외한다.

③ 공정거래위원회는 제2항 각 호의 사항을 관계 행정기관의 장에게 통보하고 그 의견을 들어야 하며, 검찰총장과는 협의하여야 한다.

④ 공정거래위원회는 동의의결을 하거나 이를 취소하는 경우에는 제37조의3(전원회의 및 소회의 관장사항)의 구분에 따른 회의의 심의·의결을 거쳐야 한다.

⑤ 동의의결을 받은 신청인은 제4항의 의결에 따라 동의의결의 이행계획과 이행결과를 공정거래위원회에 제출하여야 한다.

⑥ 제51조의2(동의의결)제2항에 따른 서면의 신청 방법, 의견 조회 방법, 심의·의결 절차 등 그 밖의 세부 사항은 공정거래위원회가 정하여 고시할 수 있다.

[본조신설 2011.12.2]

제51조의4 (동의의결의 취소) ① 공정거래위원회는 다음 각 호의 어느 하나에 해당하는 경우에는 동의의결을 취소할 수 있다.

1. 동의의결의 기초가 된 시장상황 등 사실관계의 현저한 변경 등으로 인해 시정방안이 적정하지 아니하게 된 경우

2. 신청인이 제공한 불완전하거나 부정확한 정보로 인하여 동의의결을 하게 되었거나, 신청인이 거짓 또는 그 밖의 부정한 방법으로 동의의결을 받은 경우

3. 신청인이 정당한 이유 없이 동의의결을 이행하지 아니하는 경우

② 제1항제1호에 따라 동의의결을 취소하는 경우 신청인이 제51조의2제1항에 따라 동의의결을 하여줄 것을 신청하면 공정거래위원회는 다시 동의의결을 할 수 있다. 이 경우 제51조의2 부터 제51조의5까지의 규정을 적용한다.

③ 제1항제2호 또는 제3호에 따라 동의의결을 취소하는 경우 공정거래위원회는 제51조의2제3항에 따라 중단된 해당 행위 관련 심의절차를 계속하여 진행할 수 있다.

[본조신설 2011.12.2]

제51조의5 (이행강제금 등) ① 공정거래위원회는 정당한 이유 없이 상당한 기한 내에 동의의결을 이행하지 아니한 자에게 동의의결이 이행되거나 취소되기 전까지 1일당 200만원 이하의 이행강제금을 부과할 수 있다.

② 이행강제금의 부과 · 납부 · 징수 및 환급 등에 대하여는 제17조의3(이행강제금)제2항 및 제3항을 준용한다.

[본조신설 2011.12.2]

제52조 (의견진술기회의 부여) ① 공정거래위원회는 이 법의 규정에 위반되는 사항에 대하여 시정조치 또는 과징금 납부명령을 하기전에 당사자 또는 이해관계인에게 의견을 진술할 기회를 주어야 한다.

② 당사자 또는 이해관계인은 공정거래위원회의 회의에 출석하여 그 의견을 진술하거나 필요한 자료를 제출할 수 있다.

제52조의2 (자료열람요구 등) 당사자 또는 이해관계인은 공정거래위원회에 대하여 이 법의 규정에 의한 처분과 관련된 자료의 열람 또는 복사를 요구할 수 있다. 이 경우 공정거래위원회는 자료를 제출한 자의 동의가 있거나 공익상 필요하다고 인정할 때에는 이에 응하여야 한다.

[본조신설 99 · 2 · 5 법5813]

제53조 (이의신청) ① 이 법에 의한 공정거래위원회의 처분에 대하여 불복이 있는 자는 그 처분의 통지를 받은 날부터 30일이내에 그 사유를 갖추어 공정거래위원회에 이의신청을 할 수 있다. [개정 99 · 2 · 5 법5813]

② 공정거래위원회는 제1항의 규정에 의한 이의신청에 대하여 60일이내에 재결을 하여야 한다. 다만, 부득이한 사정으로 그 기간내에 재결을 할 수 없을 경우에는 30일의

범위안에서 결정으로 그 기간을 연장할 수 있다. [신설 96 · 12 · 30, 99 · 2 · 5 법5813]

제53조의2 (시정조치명령의 집행정지) ① 공정거래위원회는 이 법의 규정에 의한 시정조치명령을 받은 자가 제53조(異議申請)제1항의 이의신청을 제기한 경우로서 그 명령의 이행 또는 절차의 속행으로 인하여 발생할 수 있는 회복하기 어려운 손해를 예방하기 위하여 필요하다고 인정하는 때에는 당사자의 신청이나 직권에 의하여 그 명령의 이행 또는 절차의 속행에 대한 정지(이하 "집행정지"라 한다)를 결정할 수 있다.

② 공정거래위원회는 집행정지의 결정을 한 후에 집행정지의 사유가 없어진 경우에는 당사자의 신청 또는 직권에 의하여 집행정지의 결정을 취소할 수 있다. [개정 99 · 2 · 5 법5813]

[본조신설 96 · 12 · 30]

제53조의3 (문서의 송달) ① 문서의 송달은 「행정절차법」 제14조 내지 제16조의 규정을 준용한다. [개정 2007.8.3] [[시행일 2007.11.4]]

② 제1항의 규정에 불구하고 국외에 주소 · 영업소 또는 사무소(이하 "주소등"이라 한다)를 두고 있는 사업자 또는 사업자단체에 대해서는 국내에 대리인을 지정하도록 하여 동 대리인에게 송달한다. [개정 2007.8.3] [[시행일 2007.11.4]]

③ 제2항에 따라 국내에 대리인을 지정하여야 하는 사업자 또는 사업자단체가 국내에 대리인을 지정하지 아니한 경우에는 제1항에 따른다. [신설 2007.8.3] [[시행일 2007.11.4]]

[본조신설 2004.12.31] [[시행일 2005.4.1]]

제54조 (소의 제기) ① 이 법에 의한 공정거래위원회의 처분에 대하여 불복의 소를 제기하고자 할 때에는 처분의 통지를 받은 날 또는 이의신청에 대한 재결서의 정본을 송달받은 날부터 30일이내에 이를 제기하여야 한다. [개정 96 · 12 · 30, 99 · 2 · 5 법5813, 2001.1.16.][[시행일 2001.4.1.]]

② 제1항의 기간은 이를 불변기간으로 한다.

제55조 (불복의 소의 전속관할) 제54조(소의 제기)의 규정에 의한 불복의 소는 공정거래위원회의 소재지를 관할하는 서울고등법원을 전속관할로 한다. [개정 96 · 12 · 30]

제55조의2 (사건처리절차등) 이 법의 규정에 위반하는 사건의 처리절차등에 관하여 필요한 사항은 공정거래위원회가 정하여 고시한다.

[본조신설 96 · 12 · 30]

제10장의2 과징금 부과 및 징수등

제55조의3 (과징금 부과) ① 공정거래위원회는 이 법의 규정에 의한 과징금을 부과함에

있어서 다음 각호의 사항을 참작하여야 한다.

1. 위반행위의 내용 및 정도

2. 위반행위의 기간 및 회수

3. 위반행위로 인해 취득한 이익의 규모등

② 공정거래위원회는 이 법의 규정을 위반한 회사인 사업자의 합병이 있는 경우에는 당해회사가 행한 위반행위는 합병후 존속하거나 합병에 의해 설립된 회사가 행한 행위로 보아 과징금을 부과·징수할 수 있다.

③ 제1항의 규정에 의한 과징금의 부과기준은 대통령령으로 정한다. [개정 99·2·5 법5813]

[본조신설 96·12·30]

제55조의3 (과징금 부과) ① 공정거래위원회는 이 법의 규정에 의한 과징금을 부과함에 있어서 다음 각호의 사항을 참작하여야 한다.

1. 위반행위의 내용 및 정도

2. 위반행위의 기간 및 회수

3. 위반행위로 인해 취득한 이익의 규모등

② 공정거래위원회는 이 법의 규정을 위반한 회사인 사업자의 합병이 있는 경우에는 당해회사가 행한 위반행위는 합병후 존속하거나 합병에 의해 설립된 회사가 행한 행위로 보아 과징금을 부과·징수할 수 있다.

③ 공정거래위원회는 이 법을 위반한 회사인 사업자가 분할되거나 분할합병되는 경우 분할되는 사업자의 분할일 또는 분할합병일 이전의 위반행위를 다음 각 호의 어느 하나에 해당하는 회사의 행위로 보고 과징금을 부과·징수할 수 있다. [신설 2012.3.21] [[시행일 2012.6.22]]

1. 분할되는 회사

2. 분할 또는 분할합병으로 설립되는 새로운 회사

3. 분할되는 회사의 일부가 다른 회사에 합병된 후 그 다른 회사가 존속하는 경우 그 다른 회사

④ 공정거래위원회는 이 법을 위반한 회사인 사업자가 「채무자 회생 및 파산에 관한 법률」 제215조에 따라 신회사를 설립하는 경우에는 기존 회사 또는 신회사 중 어느 하나의 행위로 보고 과징금을 부과·징수할 수 있다. [신설 2012.3.21] [[시행일 2012.6.22]]

⑤ 제1항의 규정에 의한 과징금의 부과기준은 대통령령으로 정한다. [개정 99·2·5, 2012.3.21] [[시행일 2012.6.22]]

[본조신설 96·12·30]

제55조의4 (과징금 납부기한의 연장 및 분할납부) ① 공정거래위원회는 과징금의 금액이 대통령령이 정하는 기준을 초과하는 경우로서 다음 각호의 1에 해당하는 사유로 인하여 과징금을 부과받은 자(이하 "과징금납부의무자"라 한다)가 과징금의 전액을 일시에 납부하기가 어렵다고 인정되는 때에는 그 납부기한을 연장하거나 분할납부하게 할 수 있다. 이 경우 필요하다고 인정하는 때에는 담보를 제공하게 할 수 있다.

1. 재해 또는 도난등으로 재산에 현저한 손실을 받는 경우

2. 사업여건의 악화로 사업이 중대한 위기에 처한 경우

3. 과징금의 일시납부에 따라 자금사정에 현저한 어려움이 예상되는 경우

4. 기타 제1호 내지 제3호에 준하는 사유가 있는 경우

② 과징금납부의무자가 제1항의 규정에 의한 과징금 납부기한의 연장 또는 분할납부를 신청하고자 하는 경우에는 과징금 납부를 통지받은 날부터 30일 이내에 공정거래위원회에 신청하여야 한다. [개정 2002.1.26.] [[시행일 2002.4.1.]]

③ 공정거래위원회는 제1항의 규정에 의하여 납부기한이 연장되거나 분할납부가 허용된 과징금납부의무자가 다음 각호의 1에 해당하게 된 때에는 그 납부기한의 연장 또는 분할납부 결정을 취소하고 일시에 징수할 수 있다.

1. 분할납부 결정된 과징금을 그 납부기한내에 납부하지 아니한 때

2. 담보의 변경 기타 담보보전에 필요한 공정거래위원회의 명령을 이행하지 아니한 때

3. 강제집행, 경매의 개시, 파산선고, 법인의 해산, 국세 또는 지방세의 체납처분을 받은 때등 과징금의 전부 또는 잔여분을 징수할 수 없다고 인정되는 때

④ 제1항 내지 제3항의 규정에 의한 과징금 납부기한의 연장 또는 분할납부등에 관하여 필요한 사항은 대통령령으로 정한다. [개정 99·2·5 법5813] [본조신설 96·12·30]

제55조의5 (과징금의 연대납부의무) ① 과징금을 부과받은 회사인 사업자가 분할 또는 분할합병되는 경우(부과일에 분할 또는 분할합병되는 경우를 포함한다) 그 과징금은 다음 각호의 회사가 연대하여 납부할 책임을 진다.

1. 분할되는 회사

2. 분할 또는 분할합병으로 인하여 설립되는 회사

3. 분할되는 회사의 일부가 다른 회사와 합병하여 그 다른 회사가 존속하는 경우의

그 다른 회사

② 과징금을 부과받은 회사인 사업자가 분할 또는 분할합병으로 인하여 해산되는 경우(부과일에 해산되는 경우를 포함한다) 그 과징금은 다음 각호의 회사가 연대하여 납부할 책임을 진다.

1. 분할 또는 분할합병으로 인하여 설립되는 회사

2. 분할되는 회사의 일부가 다른 회사와 합병하여 그 다른 회사가 존속하는 경우의 그 다른 회사

[본조신설 2004.12.31] [[시행일 2005.4.1]]

제55조의6 (과징금 징수 및 체납처분) ① 공정거래위원회는 과징금납부의무자가 납부기한 내에 과징금을 납부하지 아니한 경우에는 납부기한의 다음 날부터 납부한 날까지의 기간에 대하여 연 100분의 40의 범위 안에서 「은행법」 제2조의 규정에 의한 은행의 연체이자율을 참작하여 공정거래위원회가 정하여 고시한 이율을 적용하여 계산한 가산금을 징수한다. [개정 1999.2.5, 2004.12.31, 2007.8.3, 2010.5.17 제10303호(은행법)] [[시행일 2010.11.18]]

② 공정거래위원회는 과징금납부의무자가 납부기한내에 과징금을 납부하지 아니한 때에는 기간을 정하여 독촉을 하고, 그 지정한 기간안에 과징금 및 제1항의 규정에 의한 가산금을 납부하지 아니한 때에는 국세체납처분의 예에 따라 이를 징수할 수 있다.

③ 공정거래위원회는 제1항 및 제2항의 규정에 의한 과징금 및 가산금의 징수 또는 체납처분에 관한 업무를 국세청장에게 위탁할 수 있다.

④ 공정거래위원회는 체납된 과징금의 징수를 위하여 필요하다고 인정되는 경우에는 국세청장에 대하여 과징금을 체납한 자에 대한 국세과세에 관한 정보의 제공을 요청할 수 있다. [신설 2001.1.16]

⑤ 과징금 업무를 담당하는 공무원이 과징금의 징수를 위하여 필요한 때에는 등기소 기타 관계 행정기관의 장에게 무료로 필요한 서류의 열람이나 등사 또는 그 등본이나 초본의 교부를 청구할 수 있다. [신설 2001.1.16]

⑥ 과징금의 징수에 관하여 필요한 사항은 대통령령으로 정한다.

[본조신설 1996.12.30]

[본조개정 2004.12.31 제55조의5에서 이동, 종전 제55조의6은 제55조의7로 이동] [[시행일 2005.4.1]]

제55조의6 (과징금 징수 및 체납처분) ① 공정거래위원회는 과징금납부의무자가 납부기한

내에 과징금을 납부하지 아니한 경우에는 납부기한의 다음 날부터 납부한 날까지의 기간에 대하여 연 100분의 40의 범위 안에서 「은행법」 제2조의 규정에 의한 은행의 연체이자율을 참작하여 대통령령으로 정하는 바에 따라 가산금을 징수한다. 이 경우 가산금을 징수하는 기간은 60개월을 초과하지 못한다. [개정 1999.2.5, 2004.12.31, 2007.8.3, 2010.5.17 제10303호(은행법), 2012.3.21] [[시행일 2012.6.22]]

② 공정거래위원회는 과징금납부의무자가 납부기한내에 과징금을 납부하지 아니한 때에는 기간을 정하여 독촉을 하고, 그 지정한 기간안에 과징금 및 제1항의 규정에 의한 가산금을 납부하지 아니한 때에는 국세체납처분의 예에 따라 이를 징수할 수 있다.

③ 공정거래위원회는 제1항 및 제2항의 규정에 의한 과징금 및 가산금의 징수 또는 체납처분에 관한 업무를 국세청장에게 위탁할 수 있다.

④ 공정거래위원회는 체납된 과징금의 징수를 위하여 필요하다고 인정되는 경우에는 국세청장에 대하여 과징금을 체납한 자에 대한 국세과세에 관한 정보의 제공을 요청할 수 있다. [신설 2001.1.16]

⑤ 과징금 업무를 담당하는 공무원이 과징금의 징수를 위하여 필요한 때에는 등기소 기타 관계 행정기관의 장에게 무료로 필요한 서류의 열람이나 등사 또는 그 등본이나 초본의 교부를 청구할 수 있다. [신설 2001.1.16]

⑥ 과징금의 징수에 관하여 필요한 사항은 대통령령으로 정한다.

[본조신설 1996.12.30]

[본조개정 2004.12.31 제55조의5에서 이동, 종전 제55조의6은 제55조의7로 이동] [[시행일 2005.4.1]]

제55조의7 (과징금 환급가산금) 공정거래위원회가 이의신청의 재결 또는 법원의 판결 등의 사유로 과징금을 환급하는 경우에는 과징금을 납부한 날부터 환급한 날까지의 기간에 대하여 대통령령이 정하는 바에 따라 환급가산금을 지급하여야 한다.

[본조신설 2001.1.16]

[본조개정 2004.12.31 제55조의6에서 이동] [[시행일 2005.4.1]]

제55조의8 (결손처분) ①공정거래위원회는 과징금·과태료, 그 밖에 이 법에 따른 징수금(이하 "징수금등"이라 한다)의 납부의무자에게 다음 각 호의 어느 하나에 해당하는 사유가 있는 경우에는 결손처분을 할 수 있다.

1. 체납처분이 끝나고 체납액에 충당된 배분금액이 체납액에 못 미치는 경우
2. 징수금등의 징수권에 대한 소멸시효가 완성된 경우

3. 체납자의 행방이 분명하지 아니하거나 재산이 없다는 것이 판명된 경우

4. 체납처분의 목적물인 총재산의 추산가액이 체납처분비에 충당하고 남을 여지가 없음이 확인된 경우

5. 체납처분의 목적물인 총재산이 징수금등보다 우선하는 국세, 지방세, 전세권·질권 또는 저당권에 의하여 담보된 채권 등의 변제에 충당하고 남을 여지가 없음이 확인된 경우

6. 징수할 가망이 없는 경우로서 대통령령으로 정하는 사유에 해당되는 경우

② 제1항에 따라 결손처분을 할 때에는 지방행정기관 등 관계 기관에 대하여 체납자의 행방 또는 재산의 유무를 조사하고 확인하여야 한다.

③ 제1항제4호 또는 제5호의 요건에 해당되어 결손처분을 할 때에는 체납처분을 중지하고 그 재산의 압류를 해제하여야 한다.

④ 공정거래위원회는 제1항에 따라 결손처분을 한 후 압류할 수 있는 다른 재산을 발견한 때에는 지체 없이 결손처분을 취소하고 체납처분을 하여야 한다. 다만, 제1항제2호에 해당하는 경우에는 그러하지 아니하다.

[본조신설 2007.8.3] [[시행일 2007.11.4]]

제11장 손해배상

제56조 (손해배상책임) ① 사업자 또는 사업자단체는 이 법의 규정을 위반함으로써 피해를 입은 자가 있는 경우에는 당해 피해자에 대하여 손해배상의 책임을 진다. 다만, 사업자 또는 사업자단체가 고의 또는 과실이 없음을 입증한 경우에는 그러하지 아니하다. [개정 2004.12.31] [[시행일 2005.4.1]]

② 삭제 [2004.12.31] [[시행일 2005.4.1]]

제56조의2 (기록의 송부등) 제56조(損害賠償責任)의 규정에 의한 손해배상청구의 소가 제기된 때에는 법원은 필요한 경우 공정거래위원회에 대하여 당해 사건의 기록(사건관계인, 참고인 또는 감정인에 대한 심문조서 및 속기록 기타 재판상 증거가 되는 일체의 것을 포함한다)의 송부를 요구할 수 있다. [본조신설 99·2·5 법5813]

제57조 (손해액의 인정) 이 법의 규정을 위반한 행위로 인하여 손해가 발생된 것은 인정되나, 그 손해액을 입증하기 위하여 필요한 사실을 입증하는 것이 해당 사실의 성질상 극히 곤란한 경우에는, 법원은 변론 전체의 취지와 증거조사의 결과에 기초하여 상당한 손해액을 인정할 수 있다.

[전문개정 2004.12.31] [[시행일 2005.4.1]]

제12장 적용제외

제58조 (법령에 따른 정당한 행위) 이 법의 규정은 사업자 또는 사업자단체가 다른 법률 또는 그 법률에 의한 명령에 따라 행하는 정당한 행위에 대하여는 이를 적용하지 아니한다.

제59조 (무체재산권의 행사행위) 이 법의 규정은 「저작권법」, 「특허법」, 「실용신안법」, 「디자인보호법」 또는 「상표법」에 의한 권리의 정당한 행사라고 인정되는 행위에 대하여는 적용하지 아니한다. [개정 2004.12.31 법률 제7289호(「디자인보호법」), 2007.8.3] [[시행일 2007.11.4]]

제60조 (일정한 조합의 행위) 이 법의 규정은 다음 각호의 요건을 갖추어 설립된 조합(조합의 연합회를 포함한다)의 행위에 대하여는 이를 적용하지 아니한다. 다만, 불공정거래행위 또는 부당하게 경쟁을 제한하여 가격을 인상하게 되는 경우에는 그러하지 아니하다. [개정 99 · 2 · 5 법5813]

1. 소규모의 사업자 또는 소비자의 상호부조를 목적으로 할 것
2. 임의로 설립되고, 조합원이 임의로 가입 또는 탈퇴할 수 있을 것
3. 각 조합원이 평등한 의결권을 가질 것
4. 조합원에 대하여 이익배분을 행하는 경우에는 그 한도가 정관에 정하여져 있을 것

제61조 삭제 [96 · 12 · 30]

제13장 보칙

제62조 (비밀엄수의 의무) 이 법에 의한 직무에 종사하거나 종사하였던 위원, 공무원 또는 협의회에서 분쟁조정업무를 담당하거나 담당하였던 자는 그 직무상 알게 된 사업자 또는 사업자단체의 비밀을 누설하거나 이 법의 시행을 위한 목적외에 이를 이용하여서는 아니된다. [개정 2007.8.3] [[시행일 2007.11.4]]

제63조 (경쟁제한적인 법령 제정의 협의등) ① 관계행정기관의 장은 사업자의 가격 · 거래조건의 결정, 시장진입 또는 사업활동의 제한, 부당한 공동행위 또는 사업자단체의 금지행위등 경쟁제한사항을 내용으로 하는 법령을 제정 또는 개정하거나, 사업자 또는 사업자단체에 대하여 경쟁제한사항을 내용으로 하는 승인 기타의 처분을 하고자 하는 때에는 미리 공정거래위원회와 협의하여야 한다.

② 관계행정기관의 장은 경쟁제한사항을 내용으로 하는 예규·고시 등을 제정 또는 개정하고자 하는 때에는 미리 공정거래위원회에 통보하여야 한다.

③ 관계행정기관의 장은 제1항의 규정에 의한 경쟁제한사항을 내용으로 하는 승인 기타의 처분을 행한 경우에는 당해 승인 기타의 처분의 내용을 공정거래위원회에 통보하여야 한다.

④ 공정거래위원회는 제2항의 규정에 의하여 통보를 받은 경우에 당해제정 또는 개정하고자 하는 예규·고시 등에 경쟁제한사항이 포함되어 있다고 인정되는 경우에는 관계행정기관의 장에게 당해 경쟁제한사항의 시정에 관한 의견을 제시할 수 있다. 제1항의 규정에 의한 협의없이 제정 또는 개정된 법령과 통보없이 제정 또는 개정된 예규·고시 등이나 통보 없이 행하여진 승인 기타의 처분에 관하여도 또한 같다.

[전문개정 96·12·30]

제64조 (관계기관등의 장의 협조) ① 공정거래위원회는 이 법의 시행을 위하여 필요하다고 인정할 때에는 관계행정기관 기타 기관 또는 단체의 장의 의견을 들을 수 있다. [개정 96·12·30]

② 공정거래위원회는 이 법의 시행을 위하여 필요하다고 인정할 때에는 관계행정기관 기타 기관 또는 단체의 장에게 필요한 조사를 의뢰하거나 필요한 자료를 요청할 수 있다. [개정 96·12·30]

③ 공정거래위원회는 이 법의 규정에 의한 시정조치의 이행을 확보하기 위하여 필요하다고 인정하는 경우에는 관계행정기관 기타 기관 또는 단체의 장에게 필요한 협조를 의뢰할 수 있다. [개정 96·12·30]

제64조의2 (포상금의 지급) ① 공정거래위원회는 이 법의 위반행위를 신고 또는 제보하고 이를 입증할 수 있는 증거자료를 제출한 자에 대하여 예산의 범위 안에서 포상금을 지급할 수 있다.

② 제1항의 규정에 의한 포상금의 지급대상이 되는 이 법 위반행위 및 포상금 지급대상자의 범위, 포상금 지급의 기준·절차 등에 관하여 필요한 사항은 대통령령으로 정한다.

[본조신설 2004.12.31] [[시행일 2005.4.1]]

제65조 (권한의 위임·위탁) 공정거래위원회는 이 법의 규정에 의한 그 권한의 일부를 대통령령이 정하는 바에 의하여 소속기관의 장이나, 특별시장·광역시장 또는 도지사에게 위임하거나, 다른 행정기관의 장에게 위탁할 수 있다. [개정 96·12·30]

제65조의2 (벌칙 적용에서의 공무원 의제) ① 공정거래위원회의 위원 중 공무원이 아닌 위원은 「형법」이나 그 밖의 법률에 따른 벌칙의 적용에서는 공무원으로 본다.

② 제48조의3(공정거래분쟁조정협의회의 설치 및 구성)부터 제48조의9(협의회의 조직·운영 등)까지의 규정에 따른 분쟁의 조정업무를 담당하거나 담당하였던 자는 「형법」제129조(수뢰, 사전수뢰)부터 제132조(알선수뢰)까지의 규정에 따른 벌칙의 적용에서는 공무원으로 본다.

[본조신설 2007.8.3] [[시행일 2007.11.4]]

제14장 벌칙

제66조 (벌칙) ① 다음 각 호의 어느 하나에 해당하는 자는 3년 이하의 징역 또는 2억원 이하의 벌금에 처한다. [개정 1992.12.8, 1996.12.30, 1998.2.24, 1999.2.5, 1999.12.28, 2001.1.16, 2002.1.26, 2004.12.31, 2007.4.13, 2007.8.3, 2009.3.25]

1. 제3조의2(시장지배적지위의 남용금지)의 규정에 위반하여 남용행위를 한 자
2. 제7조(기업결합의 제한)제1항 본문을 위반하여 기업결합을 한 자
3. 제8조의2(지주회사 등의 행위제한 등)제2항 내지 제5항을 위반한 자
4. 제8조의3(채무보증제한기업집단의 지주회사 설립제한)의 규정에 위반하여 지주회사를 설립하거나 지주회사로 전환한 자
5. 제9조(상호출자의 금지 등)를 위반하여 주식을 취득하거나 소유하고 있는 자
6. 제10조의2(계열회사에 대한 채무보증의 금지)제1항의 규정을 위반하여 채무보증을 하고 있는 자
7. 제11조(금융회사 또는 보험회사의 의결권 제한) 또는 제18조(시정조치의 이행확보)의 규정에 위반하여 의결권을 행사한 자
8. 제15조(탈법행위의 금지)의 규정에 위반하여 탈법행위를 한 자
9. 제19조(부당한 공동행위의 금지)제1항의 규정을 위반하여 부당한 공동행위를 한 자 또는 이를 행하도록 한 자
10. 제26조(사업자단체의 금지행위)제1항제1호의 규정에 위반하여 사업자단체의 금지행위를 한 자

② 제1항의 징역형과 벌금형은 이를 병과할 수 있다.

제66조 (벌칙) ① 다음 각 호의 어느 하나에 해당하는 자는 3년 이하의 징역 또는 2억원 이하의 벌금에 처한다. [개정 1992.12.8, 1996.12.30, 1998.2.24, 1999.2.5, 1999.12.28,

2001.1.16, 2002.1.26, 2004.12.31, 2007.4.13, 2007.8.3, 2009.3.25, 2012.3.21] [[시행일 2012.6.22]]

1. 제3조의2(시장지배적지위의 남용금지)의 규정에 위반하여 남용행위를 한 자

2. 제7조(기업결합의 제한)제1항 본문을 위반하여 기업결합을 한 자

3. 제8조의2(지주회사 등의 행위제한 등)제2항 내지 제5항을 위반한 자

4. 제8조의3(채무보증제한기업집단의 지주회사 설립제한)의 규정에 위반하여 지주회사를 설립하거나 지주회사로 전환한 자

5. 제9조(상호출자의 금지 등)를 위반하여 주식을 취득하거나 소유하고 있는 자

6. 제10조의2(계열회사에 대한 채무보증의 금지)제1항의 규정을 위반하여 채무보증을 하고 있는 자

7. 제11조(금융회사 또는 보험회사의 의결권 제한) 또는 제18조(시정조치의 이행확보)의 규정에 위반하여 의결권을 행사한 자

8. 제15조(탈법행위의 금지)의 규정에 위반하여 탈법행위를 한 자

9. 제19조(부당한 공동행위의 금지)제1항의 규정을 위반하여 부당한 공동행위를 한 자 또는 이를 행하도록 한 자

10. 제26조(사업자단체의 금지행위)제1항제1호의 규정에 위반하여 사업자단체의 금지행위를 한 자

11. 제50조제2항에 따른 조사 시 폭언·폭행, 고의적인 현장진입 저지·지연 등을 통하여 조사를 거부·방해 또는 기피한 자

② 제1항의 징역형과 벌금형은 이를 병과할 수 있다.

제67조 (벌칙) 다음 각 호의 어느 하나에 해당하는 자는 2년 이하의 징역 또는 1억5천만원 이하의 벌금에 처한다. [개정 1992.12.8, 1994.12.22, 1996.12.30, 1998.2.24, 1999.2.5, 2002.1.26, 2007.8.3, 2009.3.25]

1. 삭제 [1996.12.30]

2. 제23조(불공정거래행위의 금지)제1항의 규정에 위반하여 불공정거래행위를 한 자

3. 제26조(사업자단체의 금지행위)제1항제2호 내지 제5호의 규정에 위반한 자

4. 제29조(재판매가격유지행위의 제한)제1항의 규정에 위반하여 재판매가격유지행위를 한 자

5. 제32조(부당한 국제계약의 체결제한)제1항의 규정에 위반하여 국제계약을 체결한 자

6. 제5조(시정조치), 제16조(시정조치 등)제1항, 제21조(시정조치), 제24조(시정조치),

제27조(시정조치), 제30조(재판매가격유지계약의 수정), 제31조(시정조치) 또는 제
34조(시정조치)의 규정에 의한 시정조치 또는 금지명령에 응하지 아니한 자

7. 제14조(상호출자제한기업집단등의 지정 등)제5항의 규정에 위반하여 공인회계사의
회계감사를 받지 아니한 자

제68조 (벌칙) 다음 각 호의 어느 하나에 해당하는 자는 1억원 이하의 벌금에 처한다.
[개정 1996.12.30, 1999.2.5, 2002.1.26, 2004.12.31, 2007.4.13, 2007.8.3] [[시행일
2007.11.4]]

1. 제8조(지주회사 설립·전환의 신고)의 규정에 위반하여 지주회사의 설립 또는 전환
의 신고를 하지 아니하거나 허위의 신고를 한 자

2. 제8조의2(지주회사 등의 행위제한 등)제7항을 위반하여 당해 지주회사등의 사업내
용에 관한 보고를 하지 아니하거나 허위의 보고를 한 자

3. 제13조(주식소유현황등의 신고)제1항 및 제2항의 규정에 위반하여 주식소유현황
또는 채무보증현황의 신고를 하지 아니하거나 허위의 신고를 한 자

4. 제14조(상호출자제한기업집단등의 지정 등)제4항의 자료요청에 대하여 정당한 이유
없이 자료제출을 거부하거나 허위의 자료를 제출한 자

5. 제50조(위반행위의 조사등)제1항제2호의 규정에 위반하여 허위의 감정을 한 자

6. 삭제 [2004.12.31]

7. 삭제 [1994.12.22]

8. 삭제 [1999.2.5]

[전문개정 1992.12.8]

제69조 (벌칙) ① 제50조(위반행위의 조사등)제5항의 요건에 해당하지 아니함에도 불구
하고 그 직권을 남용하여 금융기관의 특정점포의 장에게 금융거래정보의 제출을 요구
한 자 또는 동조제9항의 규정을 위반한 자는 5년 이하의 징역 또는 3천만원 이하의
벌금에 처한다. [신설 2004.12.31]

② 제62조(비밀엄수의 의무)의 규정에 위반한 자는 2년 이하의 징역 또는 200만원
이하의 벌금에 처한다. [개정 96·12·30]

제69조의2 (과태료) ① 사업자 또는 사업자단체가 제1호 내지 제6호 및 제8호에 해당하
는 경우에는 1억원 이하, 제7호에 해당하는 경우에는 2억원 이하, 회사 또는 사업자단
체의 임원 또는 종업원 기타 이해관계인이 제1호 내지 제6호 및 제8호에 해당하는 경
우에는 1천만원 이하, 제7호에 해당하는 경우에는 5천만원 이하의 과태료에 처한다.

[개정 1996.12.30, 1998.2.24, 1999.2.5, 1999.12.28, 2001.1.16, 2002.1.26, 2004.12.31, 2009.3.25]

1. 제11조의2(대규모내부거래의 이사회 의결 및 공시)부터 제11조의4(기업집단현황 등에 관한 공시)까지의 규정에 따른 공시를 하는 경우에 이사회의 의결을 거치지 아니하거나 공시를 하지 아니한 자 또는 주요내용을 누락하거나 허위로 공시한 자

2. 제12조(기업결합의 신고)제1항 또는 제6항의 규정에 의한 기업결합의 신고를 하지 아니하거나 허위의 신고를 한 자 또는 동조제7항의 규정에 위반한 자

3. 제14조의2(계열회사의 편입 및 제외등)제2항의 자료요청에 대하여 정당한 이유없이 자료를 제출하지 아니하거나 허위의 자료를 제출한 자

4. 삭제 [2009.3.25]

5. 제50조(위반행위의 조사등)제1항제1호의 규정에 위반하여 정당한 사유없이 출석을 하지 아니한 자

6. 제50조(위반행위의 조사등)제1항제3호 또는 제3항의 규정에 의한 보고 또는 필요한 자료나 물건의 제출을 하지 아니하거나, 허위의 보고 또는 자료나 물건을 제출한 자

7. 제50조(위반행위의 조사등)제2항의 규정에 의한 조사를 거부·방해 또는 기피한 자

8. 제50조(위반행위의 조사등)제5항의 규정에 의한 금융거래정보의 제출을 거부한 자

② 제43조의2(심판정의 질서유지)의 규정에 위반하여 질서유지의 명령을 따르지 아니한 자는 100만원 이하의 과태료에 처한다. [신설 1996.12.30]

③ 제1항 또는 제2항의 규정에 의한 과태료는 대통령령이 정하는 바에 의하여 공정거래위원회가 부과·징수한다. [개정 1996.12.30]

④ 삭제 [2009.3.25]

⑤ 삭제 [2009.3.25]

⑥ 삭제 [2009.3.25]

[본조신설 1992.12.8]

제69조의2 (과태료) ① 사업자 또는 사업자단체가 제1호 내지 제6호 및 제8호에 해당하는 경우에는 1억원 이하, 제7호에 해당하는 경우에는 2억원 이하, 회사 또는 사업자단체의 임원 또는 종업원 기타 이해관계인이 제1호 내지 제6호 및 제8호에 해당하는 경우에는 1천만원 이하, 제7호에 해당하는 경우에는 5천만원 이하의 과태료에 처한다. [개정 1996.12.30, 1998.2.24, 1999.2.5, 1999.12.28, 2001.1.16, 2002.1.26, 2004.12.31,

2009.3.25, 2012.3.21] [[시행일 2012.6.22]]

1. 제11조의2(대규모내부거래의 이사회 의결 및 공시)부터 제11조의4(기업집단현황 등에 관한 공시)까지의 규정에 따른 공시를 하는 경우에 이사회의 의결을 거치지 아니하거나 공시를 하지 아니한 자 또는 주요내용을 누락하거나 허위로 공시한 자

2. 제12조(기업결합의 신고)제1항 또는 제6항의 규정에 의한 기업결합의 신고를 하지 아니하거나 허위의 신고를 한 자 또는 같은 조 제8항을 위반한 자

3. 제14조의2(계열회사의 편입 및 제외등)제2항의 자료요청에 대하여 정당한 이유없이 자료를 제출하지 아니하거나 허위의 자료를 제출한 자

4. 삭제 [2009.3.25]

5. 제50조(위반행위의 조사등)제1항제1호의 규정에 위반하여 정당한 사유없이 출석을 하지 아니한 자

6. 제50조(위반행위의 조사등)제1항제3호 또는 제3항의 규정에 의한 보고 또는 필요한 자료나 물건의 제출을 하지 아니하거나, 허위의 보고 또는 자료나 물건을 제출한 자

7. 제50조제2항에 따른 조사 시 자료의 은닉·폐기, 접근거부 또는 위조·변조 등을 통하여 조사를 거부·방해 또는 기피한 자

8. 제50조(위반행위의 조사등)제5항의 규정에 의한 금융거래정보의 제출을 거부한 자

② 제43조의2(심판정의 질서유지)의 규정에 위반하여 질서유지의 명령을 따르지 아니한 자는 100만원 이하의 과태료에 처한다. [신설 1996.12.30]

③ 제1항 또는 제2항의 규정에 의한 과태료는 대통령령이 정하는 바에 의하여 공정거래위원회가 부과·징수한다. [개정 1996.12.30]

④ 삭제 [2009.3.25]

⑤ 삭제 [2009.3.25]

⑥ 삭제 [2009.3.25]

[본조신설 1992.12.8]

제70조 (양벌규정) 법인(법인격이 없는 단체를 포함한다. 이하 이 조에서 같다)의 대표자나 법인 또는 개인의 대리인, 사용인, 그 밖의 종업원이 그 법인 또는 개인의 업무에 관하여 제66조부터 제68조까지의 어느 하나에 해당하는 위반행위를 하면 그 행위자를 벌하는 외에 그 법인 또는 개인에게도 해당 조문의 벌금형을 과(科)한다. 다만, 법인 또는 개인이 그 위반행위를 방지하기 위하여 해당 업무에 관하여 상당한 주의와 감독

을 게을리하지 아니한 경우에는 그러하지 아니하다.

[전문개정 2009.3.25]

제71조 (고발) ① 제66조(罰則) 및 제67조(罰則)의 죄는 공정거래위원회의 고발이 있어야 공소를 제기할 수 있다. [개정 96 · 12 · 30]

② 공정거래위원회는 제66조 및 제67조의 죄중 그 위반의 정도가 객관적으로 명백하고 중대하여 경쟁질서를 현저히 저해한다고 인정하는 경우에는 검찰총장에게 고발하여야 한다. [신설 96 · 12 · 30]

③ 검찰총장은 제2항의 규정에 의한 고발요건에 해당하는 사실이 있음을 공정거래위원회에 통보하여 고발을 요청할 수 있다. [신설 96 · 12 · 30]

④ 공정거래위원회는 공소가 제기된 후에는 고발을 취소하지 못한다. [신설 96 · 12 · 30]

[전문개정 92 · 12 · 8]

부칙 [1990.1.13 제4198호]

제1조 (시행일) 이 법률은 1990년 4월 1일부터 시행한다.

제2조 (일반적 경과조치) ① 이 법 시행당시 종전의 규정에 의한 경제기획원장관의 인가 · 승인 · 인정 · 지정 · 시정조치등은 이 법의 규정에 의한 공정거래위원회의 인가 · 승인 · 인정 · 지정 및 시정조치등으로 본다.

② 이 법 시행당시 종전 규정에 의해 경제기획원장관에게 신고 · 신청 · 통지한 사항은 이 법의 규정에 의해 공정거래위원회에 신고 · 신청 · 통지한 것으로 본다.

③ 이 법 시행당시 종전 규정에 의한 경제기획원장관의 고시는 이 법의 규정에 의한 공정거래위원회의 고시로 본다.

제3조 (상호출자금지에 관한 경과조치) 이 법 시행당시 대규모기업집단으로 지정된 기업집단에 속하는 회사로서 금융업 또는 보험업을 영위하는 회사가 제9조제1항의 규정에 위반하고 있는 경우에는 이 법 시행일부터 1년간은 동조의 규정을 적용하지 아니한다.

제4조 (출자총액에 대한 경과조치) ①이 법 시행당시 또는 이 법 시행일로부터 2년이내에 대규모기업집단으로 지정된 기업집단에 속하는 회사로서 지정당시 제14조제1항에 의한 통지를 받은 회사가 통지당시 출자한도액을 초과하여 출자하고 있는 경우에는 제10조제1항의 규정을 적용함에 있어 이 법 시행일부터 2년간은 통지가 있은 날의 출자총액(이하 "특례한도액"이라 한다)을 출자한도액으로 본다. 다만, 순자산액이 증가

하여 출자한도액이 특례한도액을 초과하게 된 때에는 그러하지 아니하며 제14조제3항제2호에서 정한 기간보다 짧을 때에는 이를 1년으로 한다.

② 공정거래위원회는 필요하다고 인정하는 경우에는 특례한도액을 인정받는 회사에 대하여 출자한도초과액의 연도별 해소방안을 작성하여 제출하게 할 수 있다.

③ 대규모기업집단에 속하는 회사가 정부·지방자치단체 또는 정부투자기관관리기본법에 의한 정부투자기관이 발행주식 총수의 100분의 30이상을 소유하고 있는 회사의 주식을 1987년 4월 1일 당시 소유하고 있는 경우로서 공정거래위원회의 승인을 받은 경우에는 제10조제1항의 규정에 불구하고 제1항의 기간을 경과하여 당해주식을 소유할 수 있다. 이 경우 공정거래위원회는 당해주식을 소유할 수 있는 기간을 따로 정할 수 있다.

④ 대규모기업집단에 속하는 회사가 외자도입법에 의한 외국인투자기업의 주식을 1987년 4월 1일 당시 소유하고 있는 경우로서 공정거래위원회의 승인을 받은 경우에는 제10조제1항의 규정에 불구하고 제1항의 기간을 경과하여 3년의 범위안에서 당해주식을 소유할 수 있다.

제5조 (다른 법률의 개정) ①하도급거래공정화에관한법률중 다음과 같이 개정한다.

제25조제3항을 삭제한다.

제27조제1항중 "제32조 내지 제35조"를 "제42조 내지 제45조 및 제52조"로, "제42조 내지 제44조"를 "제53조 내지 제55조"로 하고, 동조제2항중 "제50조"를 "제62조"로 한다.

제28조중 "제15조제4호"를 "제23조제1항제4호"로 한다.

제32조제2항을 삭제한다.

제21조제3항·제22조제1항·제24조제3항중 "경제기획원장관에게"를 "공정거래위원회에"로 하고, 제22조제2항·제23조제1항·제25조제1항·제26조중 "경제기획원장관은"을 "공정거래위원회는"으로 하며, 제24조제2항·제25조제2항 및 제4항중 "경제기획원장관이"를 "공정거래위원회가"로 하고, 제27조·제32조제1항중 "경제기획원장관"을 "공정거래위원회"로 한다.

② 공업발전법중 다음과 같이 개정한다.

제26조제2항중 "경제기획원장관"을 "공정거래위원회"로 한다.

③ 대외무역법중 다음과 같이 개정한다.

제62조제2항중 "경제기획원장관"을 "공정거래위원회"로 한다.

부칙 [1992.11.25 제4501호(엔지니어링기술진흥법)]

제1조 (시행일) 이 법은 공포후 6월이 경과한 날부터 시행한다.

제2조 내지 제7조 생략

제8조 (다른 법률의 개정) ①생략

② 독점규제및공정거래에관한법률중 다음과 같이 개정한다.

제32조제1항제4호를 다음과 같이 한다.

4. 엔지니어링기술진흥법 제8조의 규정에 의한 엔지니어링 기술도입계약

③및 ④생략

부칙 [1992.12.8 제4513호]

제1조 (시행일) 이 법은 1993년 4월 1일부터 시행한다.

제2조 (출자총액에 관한 경과조치) 제10조제1항 단서의 규정을 적용함에 있어 동항제5호의 개정규정은 이 법 시행일이후에 취득 또는 소유하게 되는 주식에 한하여 이를 적용한다.

제3조 (채무보증에 관한 경과조치) ① 이 법 시행당시 또는 이 법 시행일부터 3년이내에 채무보증제한대규모기업집단으로 지정된 기업집단에 속하는 회사로서 제14조제1항에 의한 통지를 받은 회사가 통지받을 당시 채무보증한도액을 초과하여 채무보증을 하고 있는 경우에는 제10조의2제1항의 규정을 적용함에 있어 이 법 시행일부터 3년간은 통지가 있은 날의 채무보증총액(이하 "채무보증특례한도액"이라 한다)을 채무보증한도액으로 본다. 다만, 자기자본이 증가하여 채무보증한도액이 채무보증특례한도액을 초과하게 된 때에는 그러하지 아니하다.

② 공정거래위원회는 필요하다고 인정하는 경우에는 제1항의 규정에 의하여 채무보증특례한도액을 인정받은 회사에 대하여 국내금융기관과의 협의를 거친 채무보증한도초과액의 연도별 해소방안을 작성하여 제출하게 할 수 있다.

부칙 [1994.12.22 제4790호]

① (시행일) 이 법은 1995년 4월 1일부터 시행한다.

② (출자총액에 대한 경과조치) 이 법 시행당시 또는 이 법 시행일부터 3년이내에 대규모기업집단으로 지정된 기업집단에 속하는 회사로서 지정당시 제14조제1항의 규정에 의한 통지를 받은 회사가 통지를 받을 당시 출자한도액을 초과하여 출자하고 있는

경우에는 제10조제1항의 규정을 적용함에 있어 이 법 시행일부터 3년간은 통지가 있은 날의 출자총액(이하 "특례한도액"이라 한다)을 출자한도액으로 본다. 다만, 순자산액이 증가하여 출자한도액이 특례한도액을 초과하게 된 때에는 그러하지 아니하며 제14조제3항제2호 본문에서 정한 기간보다 짧을 때에는 이를 1년으로 한다.

③ (적용례) 제10조제2항의 개정규정은 이 법 시행일이후에 취득 또는 소유하게 되는 주식에 한하여 이를 적용한다.

부칙 [1994.12.23 제4831호(정부조직법)]

제1조 (시행일) 이 법은 공포한 날부터 시행한다. 다만, … 〈생략〉 …부칙 제2조 내지 제4조의 시행일은 그 조직에 관한 대통령령의 시행일로 한다.

제2조 생략

제3조 (다른 법률의 개정) 독점규제및공정거래에관한법률중 다음과 같이 개정한다.

제35조를 다음과 같이 한다.

제35조 (공정거래위원회의 설치) ①이 법에 의한 사무를 독립적으로 수행하기 위하여 국무총리소속하에 공정거래위원회를 둔다.

② 제1항의 규정에 의한 공정거래위원회는 예산 · 인사 · 교육훈련 기타 행정사무에 관한 법령을 적용함에 있어서는 정부조직법 제2조제2항의 규정에 의한 중앙행정기관으로 본다.

제37조제2항중 "경제기획원장관"을 "국무총리"로 한다.

제4조 생략

부칙 [1996.12.30 제5235호]

① (시행일) 이 법은 1997년 4월 1일부터 시행한다.

② (출자총액에 관한 경과조치) 제10조(출자총액의 제한)의 개정규정을 적용함에 있어서 이 법 시행일전에 취득한 주식의 장부가액이 취득가액보다 적은 경우에는 그 장부가액을 당해주식의 취득가액으로 본다.

③ (채무보증에 관한 경과조치) 이 법 시행당시의 채무보증제한대규모기업집단에 속하는 회사로서 이 법 시행당시의 국내 계열회사에 대한 채무보증총액이 제10조의2(계열회사에 대한 채무보증의 제한)제1항의 개정규정에 의한 채무보증한도액을 초과하는 경우에는 1998년 3월 31일까지는 그 채무보증총액을 당해회사의 채무보증한도액으로

본다. 다만, 자기자본의 증가로 인하여 당해회사의 채무보증한도액이 채무보증총액을 초과하게 된 경우에는 그러하지 아니하다.

④ (벌칙에 관한 경과조치) 이 법 시행전의 행위에 대한 벌칙의 적용에 있어서는 종전의 규정에 의한다.

부칙 [1997.8.30 제5403호(한국주택은행법)]

제1조 (시행일) 이 법은 공포한 날부터 시행한다.

제2조 내지 제7조 생략

제8조 (다른 법률의 개정 및 다른 법률과의 관계) ①독점규제및공정거래에관한법률중 다음과 같이 개정한다.

제10조의2제2항제1호중 "한국주택은행"을 삭제한다.

② 내지 ⑩ 생략

부칙 [1997.12.13 제5454호(정부부처명칭등의변경에따른건축법등의정비에관한법률)]

이 법은 1998년 1월 1일부터 시행한다. <단서 생략>

부칙 [1997.12.31 제5491호(한국은행법)]

제1조 (시행일) 이 법은 1998년 4월 1일부터 시행한다.

제2조 내지 제6조 생략

제7조 (다른 법률의 개정) ①및 ②생략

③ 독점규제및공정거래에관한법률중 다음과 같이 개정한다.

제14조의3제1호를 다음과 같이 한다.

1. 금융감독기구의설치등에관한법률에 의하여 설립된 금융감독원

④ 및 ⑤ 생략

제8조 생략

부칙 [1998.1.8 제5498호(증권거래법)]

제1조 (시행일) 이 법은 1998년 4월 1일부터 시행한다. <단서 생략>

제2조 내지 제13조 생략

제14조 (다른 법률의 개정) ①독점규제및공정거래에관한법률중 다음과 같이 개정한다.

제14조의3제2호를 다음과 같이 한다.

2. 금융감독기구의설치등에관한법률에 의하여 설립된 금융감독원

② 생략

제15조 생략

부칙 [1998.1.13 제5503호(종합금융회사에관한법률)]

제1조 (시행일) 이 법은 1998년 4월 1일부터 시행한다. <단서 생략>

제2조 제9조 생략

제10조 (다른 법률의 개정) ①독점규제및공정거래에관한법률 중 다음과 같이 개정한다.

제10조의2제2항제2호를 삭제한다.

② 내지 ④생략

제11조 및 제12조 생략

부칙 [1998.2.24 제5528호]

① (시행일) 이 법은 1998년 4월 1일부터 시행한다. 다만, 제10조(출자총액의 제한)의 개정규정은 공포한 날부터 시행한다.

② (채무보증에 대한 경과조치) 1997년에 지정된 채무보증제한대규모기업집단으로서 1998년에 채무보증제한대규모기업집단으로 지정된 기업집단에 속하는 회사가 지정당시 국내 계열회사에 대한 채무보증총액이 종전의 제10조의2제1항의 규정에 의한 채무보증한도액을 초과하고 있는 경우에는 종전의 규정에 의한다. 다만, 종전의 제10조의2제4항의 자기자본 감소에 따른 예외인정기간은 2000년 3월 31일을 경과할 수 없다.

부칙 [1998.2.28 제5529호(정부조직법)]

제1조 (시행일) 이 법은 공포한 날부터 시행한다. <단서 생략>

제2조 내지 제4조 생략

제5조 (다른 법률의 개정) ①및 ②생략

③ 독점규제및공정거래에관한법률중 다음과 같이 개정한다.

제37조제4항중 "정부조직법 제9조"를 "정부조직법 제10조"로 한다.

④ 내지 <34>생략

제6조 및 제7조 생략

부칙 [1998.9.16 제5559호(외국인투자촉진법)]

제1조 (시행일) 이 법은 공포후 2월이 경과한 날부터 시행한다.

제2조 내지 제7조 생략

제8조 (다른 법률의 개정) ①생략

② 독점규제및공정거래에관한법률중 다음과 같이 개정한다.

제8조제2항제2호중 "외국인투자및외자도입에관한법률"을 "외국인투자촉진법"으로 한다.

③ 내지 ⑩ 생략

제9조 생략

부칙 [1999.2.5 제5813호]

① (시행일) 이 법은 1999년 4월 1일부터 시행한다. 다만, 제50조(위반행위의 조사 및 의견청취등)제5항·제6항·제7항·제8항, 제68조(벌칙)제6호, 제69조(벌칙)제1항 및 제69조의2(과태료)제1항제7호의 개정규정은 공포한 날부터 시행한다.

② (유효기간) 제50조(위반행위의 조사 및 의견청취등)제5항·제6항·제7항·제8항, 제68조(벌칙)제6호, 제69조(벌칙)제1항 및 제69조의2(과태료)제1항제7호의 개정규정은 이 법의 공포일부터 5년간 그 효력을 가진다. <개정 2001.1.16>

③ (유효기간 만료에 따른 경과조치) 제2항의 규정에 의한 유효기간 만료전의 행위에 대한 벌칙 또는 과태료의 적용에 있어서는 종전의 규정에 의한다.

④ (벌칙적용에 관한 경과조치) 이 법 시행전의 행위에 대한 벌칙의 적용에 있어서는 종전의 규정에 의한다.

부칙 [1999.2.5 제5814호(표시·광고의공정화에관한법률)]

제1조 (시행일) 이 법은 1999년 7월 1일부터 시행한다.

제2조 (시정조치·과징금 및 벌칙에 관한 경과조치) 이 법 시행전의 종전의 독점규제및공정거래에관한법률 제23조제1항제6호 및 제26조제1항제5호의 규정에 위반한 행위에 대한 시정조치·과징금 및 벌칙의 적용에 있어서는 종전의 규정에 의한다.

제3조 (공정경쟁규약에 관한 경과조치) 이 법 시행당시 종전의 독점규제및공정거래에관한법률 제23조제4항 및 제5항의 규정에 의하여 공정거래위원회의 심사를 받은 표시·광고에 관한 공정경쟁규약은 제14조의 규정에 의하여 심사를 받은 표시·광고의 자율규약으로 본다.

제4조 (다른 법률의 개정) ①독점규제및공정거래에관한법률중 다음과 같이 개정한다.
제23조제1항제6호를 삭제하며, 동조제4항중 "부당한 고객의 유인과 허위 또는 소비자를 기만하거나 오인시킬 우려가 있는 표시·광고를"을 "부당한 고객유인을"로 한다.
제24조중 "계약조항의 삭제, 정정광고"를 "계약조항의 삭제"로 한다.
제26조제1항제5호를 삭제한다.
제27조중 "행위의 중지, 정정광고"를 "행위의 중지"로 한다.
② 생략
제5조 (다른 법령과의 관계) 이 법 시행당시 다른 법령에서 종전의 독점규제및공정거래에관한법률 또는 그 규정을 인용하고 있는 경우 이 법중 그에 해당하는 규정이 있는 때에는 종전의 규정에 갈음하여 이 법 또는 이 법의 해당 규정을 인용한 것으로 본다.

부칙 [1999.2.8 제5825호]

제1조 (시행일) 이 법은 공포후 3월이 경과한 날부터 시행한다.
제2조 내지 제9조 생략
제10조 (다른 법률의 개정) ①내지 ④생략
⑤ 독점규제및공정거래에관한법률중 다음과 같이 개정한다.
제10조의2제1항제1호를 다음과 같이 한다.
1. 조세특례제한법에 의한 합리화기준에 따라 인수되는 회사의 채무와 관련하여 행하는 보증
⑥ 내지 ⑫ 생략

부칙 [1999.12.28 제6043호]

제1조 (시행일) 이 법은 2000년 4월 1일부터 시행한다. 다만, 제10조(출자총액의 제한) 및 제14조(대규모기업집단의 지정등)제3항제2호의 개정규정은 2001년 4월 1일부터 시행한다.
제2조 (기업구조조정을 위한 출자에 관한 적용특례) 제10조(출자총액의 제한)제1항제4호의 개정규정중 기업구조조정을 위하여 주식을 취득 또는 소유하는 경우로서 출자한도액을 초과하여 취득 또는 소유할 수 있는 것은 1998년1월 1일부터 2002년 3월 31일까지의 기간중 취득 또는 소유한 것에 대하여도 동조동항동호의 규정을 적용한다. 이 경우 동호의 규정에 의한 기간을 산정함에 있어서는 1998년 1월 1일부터 2001년

3월 31일까지의 기간중 취득 또는 소유한 것은 2001년 4월 1일 이를 취득 또는 소유한 것으로 본다. <개정 2002.1.26>

제3조 (출자총액에 관한 경과조치) 이 법 시행 당시 대규모기업집단으로 지정되어 있는 기업집단에 속하는 회사가 출자한도액을 초과하여 출자하고 있는 경우 제10조(출자총액의 제한)제1항의 개정규정을 적용함에 있어서는 이 법 시행일부터 1년간은 시행일 현재의 출자총액을 출자한도액으로 본다. 다만, 순자산액이 증가하여 출자한도액이 출자한도액으로 보는 금액을 초과하게 된 때에는 그러하지 아니하다.

제4조 (사회간접자본시설을 위한 출자에 관한 경과조치) 이 법 시행전에 종전의 독점규제및공정거래에관한법률(법률 제5528호로 개정되기 전의 법률을 말한다)제10조(출자총액의 제한)제2항의 규정에 의하여 종전의

사회간접자본시설에대한민간자본유치촉진법(법률 제5377호로 개정되기 전의 법률을 말한다) 제2조(정의)제2호의 규정에 의한 제1종 시설사업을 영위하기 위하여 설립된 회사의 주식을 취득 또는 소유하거나 연장하기로 인정을 받은 자는 인정당시 공정거래위원회가 인정한 기간까지는 제10조(출자총액의 제한)제1항제3호의 개정규정에 의하여 이를 취득 또는 소유하거나 연장한 것으로 본다.

제5조 (외국인투자유치를 위한 출자에 관한 경과조치) 이 법 시행전에 외국인투자의 유치를 위하여 주식을 취득 또는 소유한 경우로서 제10조(출자총액의 제한)제1항제4호의 개정규정에 해당하는 경우 당해주식은 2001년 4월 1일에 이를 취득 또는 소유한 것으로 본다.

부칙 [2001.1.16 제6371호]

① (시행일) 이 법은 2001년 4월 1일부터 시행한다. 다만, 법률 제5813호 독점규제및공정거래에관한법률중개정법률 부칙 제2항의 개정규정은 공포한 날부터 시행한다.

② (과징금 환급가산금에 관한 적용례) 제55조의6(과징금 환급가산금)의 개정규정은 이 법 시행후 최초로 환급사유가 발생하는 분부터 적용한다.

③ (벌칙적용에 관한 경과조치) 이 법 시행전의 행위에 대한 벌칙의 적용에 있어서는 종전의 규정에 의한다.

부칙 [2002.1.26 제6651호]

제1조 (시행일) 이 법은 2002년 4월 1일부터 시행한다. 다만, 제11조(금융회사 또는

보험회사의 의결권 제한)의 개정규정 및 법률 제6043호 독점규제및공정거래에관한법률중개정법률 부칙 제2조의 개정규정은 공포한 날부터 시행한다.

제2조 (유효기간) 제10조(출자총액의 제한)제1항제4호중 기업구조조정에 관한 사항은 2003년 3월 31일까지 효력을 가진다.

제3조 (출자총액제한제도에 관한 소급적용) ①제10조(출자총액의 제한)의 개정규정은 이 법 시행 당시 취득 또는 소유하고 있는 주식에 대하여도 이를 적용한다. 이 경우 동조제6항제2호의 개정규정에 의하여 취득 또는 소유하는 주식은 1998년 1월 1일 이후에 취득 또는 소유하는 것에 한한다.

② 제1항의 규정을 적용함에 있어서 이 법 시행 당시 외국인투자의 유치를 위하여 취득 또는 소유하는 주식(법률 제6043호 독점규제및공정거래에관한법률중개정법률 부칙 제5조의 규정에 해당하는 주식은 제외한다)이 제10조제1항제3호의 개정규정에 해당하고 2001년 3월 31일 이전에 취득 또는 소유한 때에는 이를 2001년 4월 1일 취득 또는 는 소유한 것으로 본다.

제4조 (출자한도액을 초과한 기업에 관한 소급적용) 이 법 시행 당시 대규모기업집단으로 지정된 기업집단 계열회사가 2001년 4월 1일(2001년에 대규모기업집단으로 지정된 기업집단 계열회사의 경우에는 지정일을 말한다. 이하 이 조에서 같다) 현재 출자한도액을 초과하여 취득 또는 소유하고 있는 다른 국내회사의 주식을 2001년 4월 1일부터 1년을 경과하여 계속 소유하거나 제10조(출자총액의 제한)제1항 단서의 규정에 따라 출자총액제한의 예외가 인정되는 기한을 경과하여 계속 소유함으로써 동조동항 본문의 규정을 위반한 경우에는 제17조의2(시정조치 등에 대한 특례) 및 제67조제6호의 개정규정을 적용한다.

[전문개정 2004.12.31]

제5조 (상호출자제한기업집단등의 지정 등에 관한 경과조치) 이 법 시행 당시 종전의 제14조(대규모기업집단의 지정등)제1항의 규정에 따라 대규모기업집단 또는 채무보증제한대규모기업집단으로 지정된 기업집단은 제14조(상호출자제한기업집단등의 지정등)제1항의 개정규정에 따라 상호출자제한기업집단등으로 지정된 것으로 본다.

제6조 (벌칙적용에 관한 경과조치) 이 법 시행전의 행위에 대한 벌칙의 적용에 있어서는 종전의 규정에 의한다.

부칙 [2002.8.26 제6705호(기술신용보증기금법)]

제1조 (시행일) 이 법은 공포후 3월이 경과한 날부터 시행한다.

제2조 및 제3조 생략

제4조 (다른 법률의 개정 등) ①및 ②생략

③ 독점규제및공정거래에관한법률중 다음과 같이 개정한다.

제12조제2항제2호중 "신기술사업금융지원에관한법률"을 "기술신용보증기금법"으로 한다.

④ 내지 ⑩ 생략

부칙 [2004.12.31 제7289호(디자인보호법)]

제1조 (시행일) 이 법은 공포후 6월이 경과한 날부터 시행한다.

제2조 내지 제4조 생략

제5조 (다른 법률의 개정) ①내지 ⑤생략

⑥ 독점규제및공정거래에관한법률중 다음과 같이 개정한다.

제59조중 "의장법"을 "디자인보호법"으로 한다.

⑦ 내지 <16>생략

부칙 [2004.12.31 제7315호]

제1조 (시행일) 이 법은 2005년 4월 1일부터 시행한다. 다만, 제50조(위반행위의 조사등)제5항 내지 제9항, 제69조(벌칙)제1항 및 제69조의2(과태료)제1항제8호의 개정규정은 공포한 날부터 시행한다.

제2조 (유효기간) 제50조(위반행위의 조사등)제5항 내지 제9항의 개정규정의 유효기간은 그 시행일부터 3년으로 한다.

제3조 (기업결합의 신고에 관한 적용례 등) ① 이 법 시행 당시 종전의 규정에 따라 신고의무가 발생한 기업결합에 대하여는 제12조제1항·제2항 및 제5항 내지 제7항의 개정규정에 불구하고 종전의 규정에 의한다.

② 제12조제1항제2호의 개정규정은 이 법 시행 당시 종전의 제12조제1항제1호의 규정에 따라 신고의무가 발생한 기업결합으로서 이 법 시행 후 제12조제1항제2호의 개정규정에 해당하게 된 경우에도 이를 적용한다.

③ 이 법 시행 당시 신고의무가 발생하지 아니하나 제12조제1항제1호의 개정규정에 해당하는 기업결합으로서 기업결합의 당사회사 중 1 이상의 회사가 대규모회사인 경우에는 제12조제2항·제5항·제7항의 개정규정을 적용하고, 동조 제6항의 개정규정에 불구하고 그 기업결합일부터 30일 이내에 기업결합의 신고를 하여야 한다.

④ 제12조제9항의 개정규정은 이 법 시행 후 최초로 공정거래위원회에 심사요청된 기업결합부터 이를 적용한다.

제4조 (일반지주회사의 자회사 외의 국내회사주식 소유 제한에 대한 경과조치) 이 법 시행 당시 공정거래위원회에 신고되어 있는 지주회사가 자회사 외의 국내회사의 주식을 발행주식총수의 100분의 5를 초과하여 소유하고 있는 경우 그 국내회사가 발행한 주식에 대하여는 이 법 시행일부터 2년 이내에 제8조의2제2항제3호의 개정규정에 적합하도록 하여야 한다.

제5조 (일반지주회사 자회사의 사업관련손자회사에 대한 지분율 제한에 관한 경과조치) 이 법 시행 당시 공정거래위원회에 신고되어 있는 일반지주회사의 자회사가 사업관련손자회사의 주식을 소유하고 있는 경우 그 사업관련손자회사의 주식에 대하여는 이 법 시행일부터 2년 이내에 제8조의2제3항제1호의 개정규정에 적합하도록 하여야 한다.

제6조 (일반지주회사 자회사의 다른 자회사에 대한 출자금지에 관한 경과조치) 이 법 시행 당시 공정거래위원회에 신고 되어 있는 일반지주회사의 자회사가 당해 자회사를 지배하는 일반지주회사의 다른 자회사의 주식을 소유하고 있는 경우 그 자회사의 주식에 대하여는 이 법 시행일부터 2년 이내에 제8조의2제3항제2호의 개정규정에 적합하도록 하여야 한다.

제7조 (출자총액에 관한 경과조치) ①이 법 시행 당시 출자총액제한기업집단으로 지정되어 있는 기업집단에 속하는 회사가 종전의 제10조(출자총액의 제한)제1항제3호의 규정에 따라 취득 또는 소유하고 있는 주식은 제10조(출자총액의 제한)제1항제3호 개정규정의 요건을 충족하지 아니하는 경우에도 종전의 규정에 의한다.

② 이 법 시행 당시 출자총액제한기업집단으로 지정되어 있는 기업집단에 속하는 회사가 종전의 제10조(출자총액의 제한)제1항제4호의 규정에 따라 취득 또는 소유하고 있는 주식의 경우에는 제10조(출자총액의 제한)제1항제4호의 개정규정에 의한다.

제8조 (부당한 공동행위의 과징금에 관한 경과조치) 법률 제8631호 독점규제 및 공정거래에 관한 법률 일부개정법률 공포 후 3개월이 경과한 날 전에 종료된 행위에 대한 과징금의 적용에 있어서는 종전의 규정에 의한다. [개정 2007.8.3]

제9조 (금융회사 또는 보험회사의 의결권 제한에 관한 특례) 상호출자제한기업집단에 속하는 회사로서 금융업 또는 보험업을 영위하는 회사가 제11조 단서 및 종전의 동조 제3호의 규정에 따라 그 회사가 취득 또는 소유하고 있는 국내계열회사주식 중 의결

권을 행사할 수 있는 주식의 수에 대하여는 제11조제3호의 개정규정에 불구하고 그 계열회사에 대하여 특수관계인 중 대통령령이 정하는 자를 제외한 자가 행사할 수 있는 주식수를 합하여 2006년 3월 31일까지는 그 계열회사 발행주식총수의 100분의 30을, 2006년 4월 1일부터 2007년 3월 31일까지는 100분의 25를, 2007년 4월 1일부터 2008년 3월 31일까지는 100분의 20을, 2008년 4월 1일부터는 100분의 15를 각각 초과할 수 없다.

제10조 (다른 법률의 개정) ①가맹사업거래의공정화에관한법률중 다음과 같이 개정한다.

제37조제2항중 "제55조의3 내지 제55조의6"을 "제55조의3 내지 제55조의7"로 한다.

② 하도급거래공정화에관한법률중 다음과 같이 개정한다.

제25조의3제2항중 "제55조의3(과징금 부과) 내지 제55조의5(과징금 징수 및 체납처분)"를 "제55조의3(과징금 부과) 내지 제55조의6(과징금 징수 및 체납처분)"으로 한다.

③ 표시·광고의공정화에관한법률중 다음과 같이 개정한다.

제16조제3항중 "제55조의5"를 "제55조의6"으로 한다.

④ 방문판매등에관한법률중 다음과 같이 개정한다.

제44조제4항중 "제55조의5"를 "제55조의6"으로 한다.

⑤ 전자상거래등에서의소비자보호에관한법률중 다음과 같이 개정한다.

제34조제4항중 "제55조의5"를 "제55조의6"으로 한다.

부칙 [2005.1.27 제7386호(사회기반시설에대한민간투자법)]

제1조 (시행일) 이 법은 공포한 날부터 시행한다. 다만, 부칙 제5조제8항의 개정규정은 2005년 4월 1일부터 시행한다.

제2조 내지 제4조 생략

제5조 (다른 법률의 개정) ①내지 ⑥생략

⑦ 독점규제및공정거래에관한법률중 다음과 같이 개정한다.

제10조제6항제1호 본문중 "사회간접자본시설에대한민간투자법 제4조(민간투자사업의 추진방식)제1호 또는 제2호"를 "사회기반시설에대한민간투자법 제4조(민간투자사업의 추진방식)제1호 또는 제3호"로 한다.

⑧ 법률 제7315호 독점규제및공정거래에관한법률중개정법률중 다음과 같이 개정한다.

제10조제6항제1호 본문중 "사회간접자본시설에대한민간투자법 제4조(민간투자사업의 추진방식)제1호 내지 제3호"를 "사회기반시설에대한민간투자법 제4조(민간투자사업의

추진방식)제1호 내지 제4호”로 한다.

⑨ 내지 ⑭ 생략

제6조 생략

부칙 [2005.3.31 제7428호(채무자 회생 및 파산에 관한 법률)]

제1조 (시행일) 이 법은 공포 후 1년이 경과한 날부터 시행한다.

제2조 내지 제4조 생략

제5조 (다른 법률의 개정) ①내지 <35>생략

<36>독점규제및공정거래에관한법률 일부를 다음과 같이 개정한다.

제10조제1항제6호 가목을 다음과 같이 하고, 동호 나목을 삭제하며, 동호 다목중 “파산법”을 “「채무자 회생 및 파산에 관한 법률」”로 하고, 동조제7항제3호 전단중 “회사정리법에 의한 회사정리절차 또는 화의법에 의한 화의절차”를 “「채무자 회생 및 파산에 관한 법률」에 의한 회생절차”로 한다.

가. 「채무자 회생 및 파산에 관한 법률」에 의한 회생절차가 개시되어 진행중인 회사

제14조제3항제3호 단서를 다음과 같이 한다.

다만, 각호외의 부분의 규정에 의한 회사에 「채무자 회생 및 파산에 관한 법률」에 의한 회생절차가 개시된 경우에는 회생절차의 종료일까지, 각호외의 부분의 규정에 의한 회사가 회생절차가 개시된 회사에 대하여 채무보증을 하고 있는 경우에는 그 채무보증에 한하여 채무보증을 받고 있는 회사의 회생절차의 종료일까지는 동항의 규정을 적용하지 아니한다.

<37>내지 <145>생략

제6조 생략

부칙 [2005.3.31 제7492호]

이 법은 공포 후 3월이 경과한 날부터 시행한다.

부칙 [2005.12.29 제7796호(국가공무원법)]

제1조 (시행일) 이 법은 2006년 7월 1일부터 시행한다.

제2조 내지 제5조 생략

제6조 (다른 법률의 개정) ① 내지 <26> 생략

<27>독점규제 및 공정거래에 관한 법률 일부를 다음과 같이 개정한다.

제37조제2항제1호중 "2급이상의 공무원"을 "2급 이상 공무원 또는 고위공무원단에 속하는 일반직공무원"으로 한다.

제37조제3항중 "1급상당 별정직 국가공무원"을 "고위공무원단에 속하는 별정직공무원"으로 한다.

<28> 내지 <68> 생략

부칙 [2007.4.13 제8382호]

제1조 (시행일) 이 법은 공포 후 3개월이 경과한 날부터 시행한다. 다만, 제8조의2, 제10조제1항·제2항·제8항, 제17조제4항, 제50조제5항 및 제68조의 개정규정과 부칙 제2조 및 법률 제7315호 독점규제및공정거래에관한법률중개정법률 부칙 제2조의 개정규정은 공포한 날부터 시행한다.

제2조 (유효기간) 제50조(위반행위의 조사 등)제5항의 개정규정의 유효기간은 2010년 12월 31일까지로 한다.

제3조 (출자총액제한기업집단 지정제외에 관한 특례) 이 법 시행 당시 제14조제1항에 따라 출자총액제한기업집단으로 지정된 기업집단 중 2007년 지정일 현재 당해 기업집단에 속하는 국내 회사들의 제10조제2항의 개정규정에 따라 산정되는 자산총액의 합계액이 10조원 미만인 기업집단은 이 법 공포일에 출자총액제한기업집단에서 지정제외된 것으로 본다.

제4조 (벌칙 및 과태료에 관한 경과조치) 이 법 시행 전의 행위에 대한 벌칙 및 과태료의 적용은 종전의 규정에 따른다.

부칙 [2007.4.27 제8387호(통계법)]

제1조(시행일) 이 법은 공포 후 6개월이 경과한 날부터 시행한다.

제2조 내지 제7조 생략

제8조(다른 법률의 개정) ① 내지 ④ 생략

⑤ 독점규제 및 공정거래에 관한 법률 일부를 다음과 같이 개정한다.

제2조제10호 중 "통계법 제17조(통계자료의 분류)제1항"을 "「통계법」 제22조(표준분류)제1항"으로 한다.

⑥ 내지 ⑭ 생략

제9조 생략

제1조(시행일) 이 법은 공포 후 3개월이 경과한 날부터 시행한다.

제2조 내지 제4조 생략

제5조(다른 법률의 개정) ①독점규제 및 공정거래에 관한 법률 일부를 다음과 같이 개정한다.

제10조제1항제6호라목 중 "기업구조조정촉진법 제12조(부실징후기업의 관리)제1항제1호 내지 제3호의 1"을 "「기업구조조정 촉진법」제7조(부실징후기업의 관리)제1항제1호부터 제3호까지의 규정의 어느 하나"로 하고, 같은 조 제7항제3호 전단 중 "기업구조조정촉진법 제12조"를 "「기업구조조정 촉진법」 제7조"로 한다.

② 내지 ③ 생략

제1조(시행일) 이 법은 공포 후 3개월이 경과한 날부터 시행한다. 다만, 제50조제5항과 법률 제7315호 독점규제및공정거래에관한법률중 개정법률 부칙 제8조의 개정규정은 공포한 날부터 시행하고, 제48조의3부터 제48조의9까지의 개정규정은 공포 후 6개월이 경과한 날부터 시행한다.

제2조(유효기간) 제50조(위반행위의 조사 등)제5항의 개정규정의 유효기간은 2010년 12월 31일까지로 한다.

제3조(기업결합 신고에 관한 적용례) 제7조제4항제1호 및 제12조제1항 제2호·제5호의 개정규정은 이 법 시행 후 최초로 기업결합 신고의 기산일이 시작되는 경우부터 적용한다.

제4조(기업결합에 관한 경과조치) 이 법 시행 당시 종전의 규정에 따라 기업결합 신고의 기산일이 도래한 기업결합에 대하여는 제7조제4항제1호 및 제7조제1항제2호·제5호의 개정규정에도 불구하고 종전의 규정에 따른다.

제5조(부당한 공동행위의 추정에 관한 경과조치) 이 법 시행 전에 종료된 종전의 제19조제1항 각 호의 어느 하나에 해당하는 행위의 부당한 공동행위 추정에 관하여는 제19조제5항의 개정규정에도 불구하고 종전의 규정에 따른다.

제6조(벌칙 및 과태료에 관한 경과조치) 이 법 시행 전의 행위에 대한 벌칙 및 과태

료의 적용은 종전의 규정에 따른다.

제7조(다른 법률의 개정) 법인세법 일부를 다음과 같이 개정한다.

제18조의2제1항제4호가목중 "사업관련손자회사"를 "손자회사"로 한다.

부칙 [2007.8.3 제8635호(자본시장과 금융투자업에 관한 법률)]

제1조(시행일) 이 법은 공포 후 1년 6개월이 경과한 날부터 시행한다. [단서생략]

제2조 내지 41조 생략

제42조(다른 법률의 개정) ① 내지 <35>생략

<36>독점규제 및 공정거래에 관한 법률 일부를 다음과 같이 개정한다.

제8조의2제2항제2호 각 목 외의 부분 본문 중 "「증권거래법」에 따른 주권상장법인이나 코스닥상장법인"을 "「자본시장과 금융투자업에 관한 법률」에 따른 주권상장법인"으로 한다.

제10조의2제2항제4호를 다음과 같이 하고, 같은 항 제5호를 삭제한다.

4. 「자본시장과 금융투자업에 관한 법률」에 따른 투자매매업자·투자중개업자 및 종합금융회사

제11조의2제3항 전단 중 "증권거래법 제186조(상장법인의 신고·공시의무 등)의 규정에 의한"을 "「자본시장과 금융투자업에 관한 법률」 제161조(주요사항보고서의 제출)에 따른"으로 한다.

제11조의3제1항제1호 중 "증권거래법 제188조제1항의 규정에 의한"을 "「자본시장과 금융투자업에 관한 법률」 제9조제1항제2호에 따른"으로 한다.

제12조제3항제3호 중 "간접투자자산운용업법에 의한 투자회사(동법 제142조제1항의 규정에 의한 기업인수증권투자회사를 제외한다)"를 "「자본시장과 금융투자업에 관한 법률」에 따른 투자회사"로 한다.

<37>내지 <67>생략

제43조 내지 제44조 생략

부칙 [2007.10.17 제8666호]

① (시행일) 이 법은 공포한 날부터 시행한다.

② (적용례) 제10조제1항제7호의 개정규정은 이 법 시행 후 최초로 설립되는 회사의 주식을 취득하는 경우부터 적용하고, 같은 항 제8호의 개정규정은 이 법 시행 후 최

초로 지방으로 이전하는 회사의 주식을 취득하는 경우부터 적용한다.

부칙 [2008.2.29 제8863호(금융위원회의 설치 등에 관한 법률)]

제1조(시행일) 이 법은 공포한 날부터 시행한다.

제2조부터 제4조까지 생략

제5조(다른 법률의 개정) ① 부터 <83> 까지 생략

<84> 독점규제 및 공정거래에 관한 법률 일부를 다음과 같이 개정한다.

제14조의4제1호 중 "「금융감독기구의 설치 등에 관한 법률」"을 "「금융위원회의 설치 등에 관한 법률」"로 한다.

<85> 생략

부칙[2009.1.30 제9357호(남북교류협력에 관한 법률)]

제1조(시행일) 이 법은 공포 후 6개월이 경과한 날부터 시행한다.

제2조 및 제3조 생략

제4조(다른 법률의 개정) ① 생략

② 독점규제 및 공정거래에 관한 법률 일부를 다음과 같이 개정한다.

제10조제6항제5호 중 "「남북교류협력에 관한 법률」 제16조(협력사업자)에 의하여 협력사업자로 승인된 회사"를 "「남북교류협력에 관한 법률」 제17조(협력사업의 승인 등)에 따라 협력사업을 승인받은 회사"로 한다.

부칙[2009.3.25 제9554호]

이 법은 공포한 날부터 시행한다. 다만, 제11조의4 및 제12조제6항의 개정규정은 공포 후 3개월이 경과한 날부터 시행한다.

부칙[2010.3.22 제10166호(전기통신사업법)]

제1조(시행일) 이 법은 공포 후 6개월이 경과한 날부터 시행한다.

제2조부터 제6조까지 생략

제7조(다른 법률의 개정) ① 독점규제 및 공정거래에 관한 법률 일부를 다음과 같이 개정한다.

제12조의2제1항제1호를 삭제한다.

② 부터 ⑨ 까지 생략

제8조 및 제9조 생략

부칙[2010.5.17 제10303호(은행법)]

제1조(시행일) 이 법은 공포 후 6개월이 경과한 날부터 시행한다. <단서 생략>

제2조부터 제8조까지 생략

제9조(다른 법률의 개정) ① 부터 <29> 까지 생략

<30> 독점규제 및 공정거래에 관한 법률 일부를 다음과 같이 개정한다.

제10조의2제2항제1호 중 "김융기관"을 "은행"으로 하고, 제55조의6제1항 중 "금융기관"을 "은행"으로 한다.

<31> 부터 <86> 까지 생략

제10조 생략

부칙[2011.12.2 제11119호]

이 법은 공포한 날부터 시행한다.

부칙[2012.3.21 제11406호]

제1조(시행일) 이 법은 공포 후 3개월이 경과한 날부터 시행한다. 다만, 제37조제2항의 개정규정은 2012년 5월 30일부터 시행한다.

제2조(기업결합 심사기한에 관한 적용례) 제12조제7항 및 제8항의 개정규정은 이 법 시행 후 같은 조 제6항에 따라 기업결합을 최초로 신고하는 경우부터 적용한다.

제3조(처분시한에 관한 적용례) 제49조제4항의 개정규정은 이 법 시행 후 같은 조 제1항 또는 제2항에 따라 최초로 조사하는 사건부터 적용한다.

「독점규제 및 공정거래에 관한 법률 시행령」

[시행 2012.1.1.] [대통령령 제23475호, 2011.12.30, 일부개정]

제1장 총칙

제1조(목적) 이 영은 「독점규제 및 공정거래에 관한 법률」에서 위임된 사항과 그 시행에 관하여 필요한 사항을 규정함을 목적으로 한다. <개정 1999.3.31, 2005.3.31.>

제2조(지주회사의 기준) ① 「독점규제 및 공정거래에 관한 법률」(이하 '법'이라 한다) 제2조(정의) 제1호의2 전단에서 '자산총액이 대통령령이 정하는 금액 이상인 회사'란 다음 각 호의 회사를 말한다. <개정 2007.11.2.>

1. 해당 사업연도에 새로이 설립되었거나 합병 또는 분할 · 분할합병 · 물적 분할(이하 '분할'이라 한다)을 한 회사의 경우에는 각각 설립등기일 · 합병등기일 또는 분할등기일 현재의 대차대조표상 자산총액이 1천억 원 이상인 회사

2. 제1호 외의 회사의 경우에는 직전 사업연도 종료일(사업연도 종료일 이전의 자산총액을 기준으로 지주회사 전환신고를 하는 경우에는 해당 전환신고 사유의 발생일) 현재의 대차대조표상의 자산총액이 1천억 원 이상인 회사

② 법 제2조(정의) 제1호의2 후단에 따른 주된 사업의 기준은 회사가 소유하고 있는 자회사의 주식(지분을 포함한다. 이하 같다)가액의 합계액(제1항 각 호의 자산총액 산정 기준일 현재의 대차대조표상에 표시된 가액을 합계한 금액을 말한다)이 해당 회사 자산총액의 100분의 50 이상인 것으로 한다. <개정 2007.11.2.>

③ 법 제2조(정의) 제1호의3에서 '대통령령이 정하는 기준'이란 다음 각 호의 요건을 충족하는 것을 말한다. <신설 2001.3.27, 2005.3.31, 2007.7.13, 2007.11.2.>

1. 지주회사의 계열회사(「중소기업 창업지원법」에 따라 설립된 중소기업창업투자회사 또는 「여신전문금융업법」에 따라 설립된 신기술사업금융업자가 창업투자 목적 또는 신기술사업자 지원 목적으로 다른 국내회사의 주식을 취득함에 따른 계열회사를 제외한다)일 것

2. 지주회사가 소유하는 주식이 제11조(특수관계인의 범위) 제1호 또는 제2호에 규정된 각각의 자 중 최다출자자가 소유하는 주식과 같거나 많을 것

④ 법 제2조(정의) 제1호의4에서 '대통령령으로 정하는 기준'이란 다음 각 호의 요건을 충족하는 것을 말한다. <신설 2007.11.2.>

1. 자회사의 계열회사일 것

2. 자회사가 소유하는 주식이 제11조(특수관계인의 범위) 제1호 또는 제2호에 규정된
각각의 자 중 최다출자자가 소유하는 주식과 같거나 많을 것

[전문개정 1999.3.31.]

제2조의2 삭제 <2007.11.2.>

제3조(기업집단의 범위) 법 제2조(정의) 제2호 각 목 외의 부분에서 '대통령령이 정하는 기준에 의하여 사실상 그 사업내용을 지배하는 회사'라 함은 다음 각 호의 어느 하나에 해당하는 회사를 말한다. <개정 1999.3.31, 2000.4.1, 2001.3.27, 2002.3.30, 2005.3.31, 2007.7.13, 2009.5.13.>

1. 동일인이 단독으로 또는 다음 각 목의 어느 하나에 해당하는 자(이하 '동일인 관련자'라 한다)와 합하여 당해 회사의 발행주식[「상법」 제370조(의결권 없는 주식)의 규정에 의한 의결권 없는 주식을 제외한다. 이하 이 조, 제3조의2(기업집단으로부터의 제외), 제17조의5(채무보증금지대상의 제외요건), 제17조의8(대규모내부거래의 이사회 의결 및 공시) 및 제18조(기업결합의 신고 등)에서 같다] 총수의 100분의 30 이상을 소유하는 경우로서 최다출자자인 회사

   가. 배우자, 6촌 이내의 혈족, 4촌 이내의 인척(이하 '친족'이라 한다)

   나. 동일인이 단독으로 또는 동일인 관련자와 합하여 총출연금액의 100분의 30 이상을 출연한 경우로서 최다출연자가 되거나 동일인 및 동일인 관련자 중 1인이 설립자인 비영리법인 또는 단체(법인격이 없는 사단 또는 재단을 말한다. 이하 같다)

   다. 동일인이 직접 또는 동일인 관련자를 통하여 임원의 구성이나 사업운용 등에 대하여 지배적인 영향력을 행사하고 있는 비영리법인 또는 단체

   라. 동일인이 이 호 또는 제2호의 규정에 의하여 사실상 사업내용을 지배하는 회사

   마. 동일인 및 동일인과 나목 내지 라목의 관계에 해당하는 자의 사용인(법인인 경우에는 임원, 개인인 경우에는 상업사용인 및 고용계약에 의한 피용인을 말한다)

2. 다음 각 목의 1에 해당하는 회사로서 당해 회사의 경영에 대하여 지배적인 영향력을 행사하고 있다고 인정되는 회사

   가. 동일인이 다른 주요 주주와의 계약 또는 합의에 의하여 대표이사를 임면하거나 임원의 100분의 50 이상을 선임하거나 선임할 수 있는 회사

   나. 동일인이 직접 또는 동일인 관련자를 통하여 당해 회사의 조직변경 또는 신규사업에의 투자 등 주요 의사결정이나 업무집행에 지배적인 영향력을 행사하고

있는 회사

다. 동일인이 지배하는 회사(동일인이 회사인 경우에는 동일인을 포함한다. 이하 이
    목에서 같다)와 당해 회사 간에 다음의 1에 해당하는 인사교류가 있는 회사
    (1) 동일인이 지배하는 회사와 당해 회사 간에 임원의 겸임이 있는 경우
    (2) 동일인이 지배하는 회사의 임·직원이 당해 회사의 임원으로 임명되었다
        가 동일인이 지배하는 회사로 복직하는 경우(동일인이 지배하는 회사 중
        당초의 회사가 아닌 회사로 복직하는 경우를 포함한다)
    (3) 당해 회사의 임원이 동일인이 지배하는 회사의 임·직원으로 임명되었다
        가 당해 회사 또는 당해 회사의 계열회사로 복직하는 경우
라. 통상적인 범위를 초과하여 동일인 또는 동일인 관련자와 자금·자산·상품·
    용역 등의 거래를 하고 있거나 채무보증을 하거나 채무보증을 받고 있는 회사,
    기타 당해 회사가 동일인의 기업집단의 계열회사로 인정될 수 있는 영업상의
    표시행위를 하는 등 사회통념상 경제적 동일체로 인정되는 회사

[전문개정 1997.3.31.]

제3조의2(기업집단으로부터의 제외) ① 공정거래위원회는 다음 각 호의 어느 하나에 해당
하는 회사로서 동일인이 그 사업내용을 지배하지 아니한다고 인정되는 경우에는 제3조
의 규정에 불구하고 이해관계자의 요청에 의하여 당해 회사를 동일인이 지배하는 기업
집단의 범위에서 제외할 수 있다. <개정 1999.3.31, 2001.3.27, 2001.7.24, 2005.3.31,
2006.3.29, 2006.4.14, 2008.7.29.>

1. 출자자 간의 합의·계약 등에 의하여 다음 각 목의 자 외의 자가 사실상 경영을
   하고 있다고 인정되는 회사
   가. 동일인이 임명한 자
   나. 동일인과 제3조(기업집단의 범위) 제1호 가목 또는 마목의 관계에 있는 자
2. 다음 각 목의 요건(이하 '독립경영인정기준'이라 한다)을 갖춘 회사로서 동일인의
   친족이 당해 회사를 독립적으로 경영하고 있다고 인정되는 회사
   가. 동일인이 지배하는 기업집단으로부터 제외를 요청한 각 회사(이하 '친족측계열
       회사'라 한다)에 대하여 동일인 및 동일인 관련자[친족측계열회사를 독립적으
       로 경영하는 자(이하 '독립경영자'라 한다) 및 독립경영자의 요청에 의하여 공
       정거래위원회가 동일인 관련자의 범위로부터 분리를 인정하는 자를 제외한다]
       가 소유하고 있는 주식의 합계가 각 회사의 발행주식 총수의 100분의 3[「자본

시장과 금융투자업에 관한 법률」 제9조 제15항 제3호에 따른 주권상장법인(이하 '주권상장법인'이라 한다)이 아닌 회사의 경우에는 100분의 10] 미만일 것

나. 동일인이 지배하는 각 회사(동일인이 지배하는 기업집단에서 친족측계열회사를 제외한 회사를 말하며, 이하 '동일인측계열회사'라 한다)에 대하여 독립경영자 및 독립경영자와 제3조(기업집단의 범위) 제1호 각 목의 어느 하나에 해당하는 관계에 있는 자(동일인 관련자의 경우에는 가목의 규정에 의하여 그 범위로부터 분리된 자에 한한다)가 소유하고 있는 주식의 합계가 각 회사의 발행주식 총수의 100분의 3(주권상장법인이 아닌 회사의 경우에는 100분의 15) 미만일 것

다. 동일인측계열회사와 친족측계열회사 간에 임원의 상호 겸임이 없을 것

라. 동일인측계열회사와 친족측계열회사 간에 채무보증이나 자금대차가 없을 것. 다만, 법 제10조의2 제1항 제1호의 규정에 따른 채무보증 및 거래에 수반하여 정상적으로 발생한 것으로 인정되는 채무보증이나 자금대차를 제외한다.

마. 삭제 <1999.3.31.>

3. 「채무자 회생 및 파산에 관한 법률」에 의한 파산선고를 받아 파산절차가 진행 중인 회사

4. 「기업구조조정 투자회사법」 제2조 제2호의 규정에 의한 약정체결기업에 해당하는 회사로서 다음 각 목의 요건을 갖춘 회사

　가. 동일인 및 동일인 관련자가 소유하고 있는 주식 중 당해 회사 발행주식 총수의 100분의 3(주권상장법인이 아닌 회사의 경우에는 100분의 10)을 초과하여 소유하고 있는 주식에 대한 처분 및 의결권행사에 관한 권한을 채권금융기관(「은행법」 그 밖의 법률에 의한 금융기관으로서 당해 회사에 대하여 신용공여를 한 금융기관을 말한다)에 위임할 것

　나. 동일인 및 동일인 관련자가 가목의 규정에 의한 위임계약의 해지권을 포기하기로 특약을 할 것

5. 「채무자 회생 및 파산에 관한 법률」에 따른 회생절차개시결정을 받아 회생절차가 진행 중인 회사로서 다음 각 목의 요건을 갖춘 회사

　가. 동일인 및 동일인 관련자가 소유하고 있는 주식 중 당해 회사 발행주식 총수의 100분의 3(주권상장법인이 아닌 회사의 경우에는 100분의 10)을 초과하여 소유하고 있는 주식에 대한 처분 및 의결권행사에 관한 권한을 「채무자 회생

및 파산에 관한 법률」 제74조에 따른 관리인에게 위임하되 정리절차가 종료된 후에는 당해 권한을 회사가 승계하게 할 것

나. 동일인 및 동일인 관련자가 가목의 규정에 의한 위임계약의 해지권을 포기하기로 특약을 할 것

② 공정거래위원회는 다음 각 호의 어느 하나에 해당하는 회사에 대해서는 제3조(기업집단의 범위)의 규정에 불구하고 이해관계자의 요청에 의하여 동일인이 지배하는 기업집단의 범위에서 이를 제외할 수 있다. <개정 1999.12.31, 2001.3.27, 2005.3.8, 2005.3.31, 2009.5.13, 2010.5.14.>

1. 다음 각 목의 1에 해당하는 자가 「사회기반시설에 대한 민간투자법」에 의하여 설립된 민간투자사업법인의 발행주식 총수의 100분의 20 이상을 소유하고 있는 경우의 그 민간투자사업법인. 다만, 다른 회사와의 상호출자가 없고, 출자자 외의 자로부터의 채무보증이 없는 경우에 한한다.

　가. 국가 또는 지방자치단체

　나. 「공공기관의 운영에 관한 법률」 제5조(공공기관의 구분)에 따른 공기업

　다. 특별법에 의하여 설립된 공사·공단 그 밖의 법인

2. 다음 각 목의 1에 해당하는 회사 중 최다출자자(동일인 및 동일인 관련자가 출자한 경우를 포함한다)가 2인 이상으로서 당해출자자가 임원의 구성이나 사업운용 등에 대하여 지배적인 영향력을 행사하지 아니한다고 인정되는 회사

　가. 동일한 업종을 영위하는 2 이상의 회사가 사업구조조정을 위하여 자산을 현물출자하거나 합병 등의 방법으로 설립한 회사

　나. 「사회기반시설에 대한 민간투자법」에 의한 민간투자사업법인 중 동법 제4조 제1호 내지 제4호의 규정에 의한 방식으로 민간투자사업을 추진하는 회사

3. 「산업교육진흥 및 산학협력촉진에 관한 법률」 제2조 제6호의 산학협력기술지주회사 및 같은 조 제7호의 자회사 또는 「벤처기업 육성에 관한 특별조치법」 제2조 제8항의 신기술창업전문회사 및 같은 법 제11조의2 제4항 제2호의 자회사로서 회사 설립등기일부터 10년 이내이고 동일인이 지배하는 회사(동일인이 회사인 경우 동일인을 포함한다)와 출자 또는 채무보증 관계가 없는 회사

③ 공정거래위원회는 제1항 또는 제2항의 규정에 의하여 동일인이 지배하는 기업집단의 범위에서 제외된 회사가 그 제외요건에 해당하지 아니하게 된 경우에는 직권 또는 이해관계자의 요청에 의하여 그 제외결정을 취소할 수 있다. 다만, 제1항 제2호의 규

정에 의하여 동일인이 지배하는 기업집단의 범위에서 제외된 회사의 경우에는 그 제외된 날부터 3년 이내에 제외요건에 해당하지 아니하게 된 경우에 한한다.

④ 제1항 제2호의 규정에 의하여 동일인이 지배하는 기업집단으로부터의 제외를 요청하고자 하는 자는 다음 각 호의 서류를 공정거래위원회에 제출하여야 한다. 이 경우 공정거래위원회는 「전자정부법」 제36조 제1항에 따른 행정정보의 공동이용을 통하여 제1항 제2호 다목에 따른 동일인측계열회사 및 친족측계열회사의 법인 등기사항증명서를 확인하여야 한다. <개정 1999.3.31, 2004.3.17, 2005.3.31, 2008.7.29, 2009.5.13, 2010.5.4, 2010.11.2.>

1. 제1항 제2호 가목 및 나목의 경우에는 주주명부. 이 경우 「자본시장과 금융투자업에 관한 법률」 제9조 제13항 제1호에 따른 유가증권시장에 주권을 상장한 법인의 경우에는 명의개서대행기관의 확인서를 첨부하여야 한다.

2. 삭제 <2010.11.2.>

3. 제1항 제2호 라목의 경우에는 공인회계사의 확인을 받은 채무보증 및 자금대차 현황

[본조신설 1997.3.31.]

제3조의3(동일인 관련자로부터의 제외) ① 공정거래위원회는 제3조(기업집단의 범위) 제1호 나목에도 불구하고 동일인 및 동일인 관련자가 임원의 구성이나 사업운용 등에 대하여 지배적인 영향력을 행사하지 아니한다고 인정되는 경우에는 이해관계자의 요청에 따라 해당 비영리법인 또는 단체를 동일인 관련자에서 제외할 수 있다.

② 공정거래위원회는 제1항에 따라 동일인 관련자에서 제외된 비영리법인 또는 단체가 그 제외요건에 해당하지 아니하게 된 경우에는 직권 또는 이해관계자의 요청에 의하여 그 제외 결정을 취소할 수 있다.

[본조신설 2007.11.2.]

제4조(매출액 또는 구매액의 산정방법 등) ① 법 제4조(시장지배적 사업자의 추정)에서 '연간 매출액 또는 구매액'이란 해당 사업자가 법 제3조의2(시장지배적 지위의 남용금지)를 위반한 혐의가 있는 행위의 종료일(해당 행위가 인지일이나 신고일까지 계속되는 경우에는 인지일이나 신고일을 해당 행위의 종료일로 본다. 이하 같다)이 속하는 사업연도의 직전 사업연도 1년 동안에 공급하거나 구매한 상품 또는 용역의 금액(상품 또는 용역에 대한 간접세를 제외한 금액을 말한다. 이하 같다)을 말한다. <개정 2007.11.2.>

② 법 제2조(정의) 제7호 및 법 제4조(시장지배적 사업자의 추정)에서 '시장점유율'이

라 함은 법 제3조의2(시장지배적 지위의 남용금지)의 규정에 위반한 혐의가 있는 행위의 종료일이 속하는 사업연도의 직전 사업연도 1년 동안에 국내에서 공급 또는 구매된 상품 또는 용역의 금액 중에서 당해사업자가 국내에서 공급 또는 구매한 상품 또는 용역의 금액이 점하는 비율을 말한다. 다만, 시장점유율을 금액기준으로 산정하기 어려운 경우에는 물량기준 또는 생산능력기준으로 이를 산정할 수 있다.

③ 법 제2조(정의) 제7호 및 법 제4조(시장지배적 사업자의 추정)의 규정을 적용함에 있어서 당해사업자와 그 계열회사는 이를 하나의 사업자로 본다.

④ 법 제2조(정의) 제7호의 규정에 의한 시장지배적 사업자의 판단에 관하여 필요한 세부기준은 공정거래위원회가 정하여 고시할 수 있다.

[전문개정 1999.3.31.]

제4조의2(시장구조 조사 또는 공표사무의 위탁) ① 공정거래위원회는 법 제3조(독과점적 시장구조의 개선 등) 제5항의 규정에 의하여 독과점적 시장구조의 조사 또는 공표 및 이와 관련된 자료제출요청에 관한 사무를 관계행정기관의 장이나 정부출연연구기관의 장에게 위탁할 수 있다.

② 제1항의 규정에 의하여 시장구조의 조사 또는 공표사무를 위탁받은 기관의 장은 위탁사무의 처리내용을 공정거래위원회에 통보하여야 한다.

[본조신설 1999.3.31.]

제2장 시장지배적 지위의 남용금지

제5조(남용행위의 유형 또는 기준) ① 법 제3조의2(시장지배적 지위의 남용금지) 제1항 제1호의 규정에 의한 가격의 부당한 결정·유지 또는 변경은 정당한 이유 없이 상품의 가격이나 용역의 대가를 수급의 변동이나 공급에 필요한 비용(동종 또는 유사업종의 통상적인 수준의 것에 한한다)의 변동에 비하여 현저하게 상승시키거나 근소하게 하락시키는 경우로 한다.

② 법 제3조의2(시장지배적 지위의 남용금지) 제1항 제2호의 규정에 의한 상품판매 또는 용역제공의 부당한 조절은 다음 각 호의 1에 해당하는 경우로 한다.

1. 정당한 이유 없이 최근의 추세에 비추어 상품 또는 용역의 공급량을 현저히 감소시키는 경우

2. 정당한 이유 없이 유통단계에서 공급부족이 있음에도 불구하고 상품 또는 용역의 공급량을 감소시키는 경우

③ 법 제3조의2(시장지배적 지위의 남용금지) 제1항 제3호의 규정에 의한 다른 사업자의 사업활동에 대한 부당한 방해는 직접 또는 간접으로 다음 각 호의 1에 해당하는 행위를 함으로써 다른 사업자의 사업활동을 어렵게 하는 경우로 한다. <개정 2001.3.27.>

1. 정당한 이유 없이 다른 사업자의 생산활동에 필요한 원재료 구매를 방해하는 행위

2. 정상적인 관행에 비추어 과도한 경제상의 이익을 제공하거나 제공할 것을 약속하면서 다른 사업자의 사업활동에 필수적인 인력을 채용하는 행위

3. 정당한 이유 없이 다른 사업자의 상품 또는 용역의 생산·공급·판매에 필수적인 요소의 사용 또는 접근을 거절·중단하거나 제한하는 행위

4. 제1호 내지 제3호 외의 부당한 방법으로 다른 사업자의 사업활동을 어렵게 하는 행위로서 공정거래위원회가 고시하는 행위

④ 법 제3조의2(시장지배적 지위의 남용금지) 제1항 제4호의 규정에 의한 새로운 경쟁사업자의 참가에 대한 부당한 방해는 직접 또는 간접으로 다음 각 호의 1에 해당하는 행위를 함으로써 새로운 경쟁사업자의 신규진입을 어렵게 하는 경우로 한다. <개정 2001.3.27.>

1. 정당한 이유 없이 거래하는 유통사업자와 배타적 거래계약을 체결하는 행위

2. 정당한 이유 없이 기존사업자의 계속적인 사업활동에 필요한 권리 등을 매입하는 행위

3. 정당한 이유 없이 새로운 경쟁사업자의 상품 또는 용역의 생산·공급·판매에 필수적인 요소의 사용 또는 접근을 거절하거나 제한하는 행위

4. 제1호 내지 제3호 외의 부당한 방법으로 새로운 경쟁사업자의 신규진입을 어렵게 하는 행위로서 공정거래위원회가 고시하는 행위

⑤ 법 제3조의2(시장지배적 지위의 남용금지) 제1항 제5호의 규정에 의한 경쟁사업자를 배제하기 위한 부당한 거래는 다음 각 호의 1에 해당하는 경우로 한다.

1. 부당하게 상품 또는 용역을 통상거래가격에 비하여 낮은 대가로 공급하거나 높은 대가로 구입하여 경쟁사업자를 배제시킬 우려가 있는 경우

2. 부당하게 거래상대방이 경쟁사업자와 거래하지 아니할 것을 조건으로 그 거래상대방과 거래하는 경우

⑥ 제1항 내지 제5항의 규정에 의한 남용행위의 세부적인 유형 및 기준은 공정거래위

원회가 정하여 고시할 수 있다.

[전문개정 1999.3.31.]

제6조(가격조사의뢰) 공정거래위원회는 시장지배적 사업자가 상품 또는 용역의 가격을 부당하게 결정·유지 또는 변경하였다고 볼 만한 상당한 이유가 있을 때에는 관계행정기관의 장이나 물가조사업무를 수행하는 공공기관에 대하여 상품 또는 용역의 가격에 관한 조사를 의뢰할 수 있다.

제7조 삭제 <1999.3.31.>

제8조(시정명령을 받은 사실의 공표방법) 공정거래위원회는 법 제5조(시정조치), 법 제16조(시정조치) 제1항, 법 제21조(시정조치), 법 제24조(시정조치), 법 제27조(시정조치) 및 법 제31조(시정조치)의 규정에 의하여 당해 사업자[법 제27조(시정조치)에 있어서는 사업자단체(필요한 경우 관련 구성 사업자를 포함한다)]에 대하여 시정명령을 받은 사실의 공표를 명하고자 하는 경우에는 다음 각 호의 사항을 참작하여 공표의 내용, 매체의 종류·수 및 지면크기 등을 정하여 이를 명하여야 한다. <개정 1997.3.31, 1999.3.31, 1999.6.30, 2001.3.27, 2002.3.30.>

1. 위반행위의 내용 및 정도
2. 위반행위의 기간 및 횟수

제9조(과징금의 산정방법) ① 법 제6조(과징금) 본문·법 제22조(과징금) 본문·법 제24조의2(과징금) 본문[법 제23조(불공정거래행위의 금지) 제1항 제7호에 해당하는 경우는 제외한다]·법 제28조(과징금) 제2항 본문·법 제31조의2(과징금) 본문 및 법 제34조의2(과징금) 본문에서 '대통령령이 정하는 매출액'이란 위반사업자가 위반기간 동안 일정한 거래분야에서 판매한 관련 상품이나 용역의 매출액 또는 이에 준하는 금액(이하 '관련매출액'이라 한다)을 말한다. 다만, 위반행위가 상품이나 용역의 구매와 관련하여 이루어진 경우에는 관련 상품이나 용역의 매입액을 말하고, 입찰담합 및 이와 유사한 행위인 경우에는 계약금액을 말한다. <개정 2004.4.1, 2007.11.2.>

② 법 제24조의2(과징금) 본문[법 제23조(불공정거래행위의 금지) 제1항 제7호에 해당하는 경우에만 해당한다]에서 '대통령령이 정하는 매출액'이란 해당 사업자의 직전 3개 사업연도의 평균 매출액(이하 '평균매출액'이라 한다)을 말한다. 다만 해당 사업연도 초일 현재 사업을 개시한 지 3년이 되지 아니하는 경우에는 그 사업개시 후 직전 사업연도 말일까지의 매출액을 연평균 매출액으로 환산한 금액을, 해당 사업연도에 사업을 개시한 경우에는 사업개시일부터 위반행위일까지의 매출액을 연매출액으로 환

산한 금액을 말한다. <신설 2007.11.2.>

③ 그 밖에 관련매출액 및 평균매출액의 산정에 필요한 사항은 공정거래위원회가 정한다. <개정 2004.4.1, 2007.11.2.>

[전문개정 1997.3.31.]

제9조의2(영업수익 사용사업자의 범위) 법 제6조(과징금) 본문에서 '대통령령이 정하는 사업자의 경우'라 함은 상품 또는 용역의 대가의 합계액을 재무제표 등에서 영업수익 등으로 기재하는 사업자의 경우를 말한다.

[전문개정 1997.3.31.]

제10조(매출액이 없는 경우 등) 법 제6조(과징금) 단서에서 '매출액이 없거나 매출액의 산정이 곤란한 경우로서 대통령령이 정하는 경우'란 다음 각 호의 어느 하나에 해당하는 경우를 말한다. <개정 2004.4.1, 2007.11.2.>

1. 영업을 개시하지 아니하거나 영업중단 등으로 인하여 영업실적이 없는 경우
2. 위반기간 또는 관련 상품이나 용역의 범위를 확정할 수 없어 제9조(과징금의 산정방법) 제1항에 따른 금액의 산정이 곤란한 경우
3. 재해 등으로 인하여 매출액산정자료가 소멸 또는 훼손되는 등 객관적인 매출액의 산정이 곤란한 경우

[전문개정 1997.3.31.]

제3장 기업결합의 제한 및 경제력집중의 억제

제11조(특수관계인의 범위) 법 제7조(기업결합의 제한) 제1항 본문에서 '대통령령이 정하는 특수한 관계에 있는 자'라 함은 회사 또는 회사 외의 자와 다음 각 호의 1에 해당하는 자를 말한다.

1. 당해 회사를 사실상 지배하고 있는 자
2. 동일인 관련자. 다만, 제3조의2(기업집단으로부터의 제외) 제1항의 규정에 의하여 동일인 관련자로부터 분리된 자를 제외한다.
3. 경영을 지배하려는 공동의 목적을 가지고 당해 기업결합에 참여하는 자

[전문개정 1997.3.31.]

제12조(자산총액 또는 매출액의 기준) ① 법 제7조(기업결합의 제한) 제1항 단서 및 법 제12조(기업결합의 신고) 제1항에서 '자산총액'이라 함은 기업결합일이 속하는 사업연도의 직전 사업연도 종료일 현재의 대차대조표에 표시된 자산총액을 말한다. 다만, 금융

업 또는 보험업을 영위하는 회사의 경우에는 직전 사업연도 종료일 현재의 대차대조표에 표시된 자본총액과 자본금 중 큰 금액을 말한다. <개정 1999.3.31.>

② 제1항의 경우에 기업결합일이 속하는 사업연도 중에 신주 및 사채의 발행으로 자산총액이 증가된 경우에는 직전 사업연도 종료일 현재의 대차대조표에 표시된 자산총액에 그 증가된 금액을 합한 금액을 자산총액으로 본다. <개정 1999.3.31.>

③ 법 제7조(기업결합의 제한) 제1항 단서 및 법 제12조(기업결합의 신고) 제1항에서 '매출액'이라 함은 기업결합일이 속하는 사업연도의 직전 사업연도의 손익계산서에 표시된 매출액을 말한다. 다만, 금융업 또는 보험업을 영위하는 회사의 경우에는 직전 사업연도의 손익계산서에 표시된 영업수익을 말한다. <개정 1999.3.31.>

[전문개정 1997.3.31.]

제12조의2(대규모회사의 기준) 법 제7조(기업결합의 제한) 제1항 단서에서 '대통령령이 정하는 규모에 해당하는 회사'라 함은 자산총액 또는 매출액의 규모가 2조 원 이상인 회사를 말한다. <개정 1999.3.31.>

[본조신설 1997.3.31.]

제12조의3(특수관계인의 범위의 예외) 법 제7조 제1항 제5호 가목, 법 제8조의2 제1항 제1호 및 법 제11조 제3호 후단에서 '대통령령이 정하는 자'라 함은 제11조 제3호에 규정된 자를 말한다. <개정 2002.3.30, 2005.3.31.>

[본조신설 1999.3.31.]

제12조의4(회생이 불가한 회사와의 기업결합) 법 제7조(기업결합의 제한) 제2항 제2호에서 '대통령령이 정하는 요건'이라 함은 다음 각 호의 요건을 갖춘 경우를 말한다.

1. 기업결합을 하지 아니하는 경우 회사의 생산설비 등이 당해시장에서 계속 활용되기 어려운 경우

2. 당해 기업결합보다 경쟁제한성이 적은 다른 기업결합이 이루어지기 어려운 경우

[본조신설 1999.3.31.]

제13조 삭제 <1999.3.31.>

제14조 삭제 <1999.3.31.>

제15조(지주회사의 설립·전환의 신고 등) ① 지주회사를 설립하거나 지주회사로 전환한 자는 법 제8조에 따라 공정거래위원회가 정하여 고시하는 바에 따라 다음 각 호의 기한 내에 신고인의 성명, 지주회사, 자회사, 손자회사와 법 제8조의2(지주회사 등의 행위제한 등) 제5항에 따른 증손회사(이하 '지주회사 등'이라 한다)의 명칭, 자산총액, 부

채총액, 주주현황, 주식소유현황, 사업내용 등을 기재한 신고서에 신고내용을 입증하는
서류를 첨부하여 공정거래위원회에 제출하여야 한다. <개정 2001.3.27, 2005.3.31,
2007.11.2.>

1. 지주회사를 설립하는 경우에는 설립등기일부터 30일 이내

2. 다른 회사와의 합병 또는 회사의 분할을 통하여 지주회사로 전환하는 경우에는 합
   병등기일 또는 분할등기일부터 30일 이내

3. 다른 법률에 따라 법 제8조의 적용이 제외되는 회사의 경우에는 다른 법률에서 정
   하고 있는 제외기간이 지난 날부터 30일 이내

4. 다른 회사의 주식취득, 자산의 증감 및 그 밖의 사유로 인하여 지주회사로 전환하
   는 경우에는 제2조(지주회사의 기준) 제1항 제2호의 자산총액 산정 기준일부터 4
   개월 이내

② 제1항의 규정에 의한 신고를 하는 자가 법 제10조의2(계열회사에 대한 채무보증의
금지) 제1항의 규정에 의한 채무보증제한기업집단에 속하는 회사를 지배하는 동일인
또는 당해동일인의 특수관계인에 해당하는 경우에는 법 제8조의3(채무보증제한기업집
단의 지주회사 설립제한) 각 호의 규정에 의한 채무보증의 해소실적을 함께 제출하여
야 한다. <개정 2001.3.27, 2002.3.30.>

③ 제1항의 규정에 의한 지주회사의 설립신고에 있어서 설립에 참여하는 자가 2 이상
인 경우에는 공동으로 신고하여야 한다. 다만, 신고의무자 중 1인을 대리인으로 정하
여 그 대리인이 신고하는 경우에는 그러하지 아니하다.

④ 지주회사로서 사업연도 중 소유 주식의 감소, 자산의 증감 등의 사유로 인하여 제
2조(지주회사의 기준) 제1항 또는 제2항의 규정에 해당하지 아니하게 되는 회사가 이
를 공정거래위원회에 신고한 경우에는 당해사유가 발생한 날부터 이를 지주회사로 보
지 아니한다.

⑤ 제4항의 규정에 의하여 신고를 하는 회사는 공정거래위원회가 정하는 바에 따라
당해사유가 발생한 날을 기준으로 한 공인회계사의 회계감사를 받은 대차대조표 및
주식소유현황을 공정거래위원회에 제출하여야 한다. 이 경우 공정거래위원회는 신고를
받은 날부터 30일 이내에 그 심사결과를 신고인에게 통지하여야 한다.

[전문개정 1999.3.31.]

제15조의2(벤처지주회사의 기준) 법 제8조의2 제1항 제2호에서 '대통령령이 정하는 기준'
이라 함은 지주회사가 소유하고 있는 「벤처기업육성에 관한 특별조치법」 제2조 제1항

의 규정에 의한 벤처기업의 주식가액 합계액이 당해 지주회사가 소유하고 있는 전체 자회사 주식가액 합계액의 100분의 50 이상인 경우를 말한다. <개정 2005.3.31.>

[본조신설 2001.3.27.][종전 제15조의2는 제15조의3으로 이동<2001.3.27.>]

제15조의3 삭제 <2005.3.31.>

제15조의4(금융지주회사의 자회사 주식 소유제한) 법 제8조의2 제2항 제4호 본문에서 '금융업 또는 보험업과 밀접한 관련이 있는 등 대통령령이 정하는 기준에 해당하는 회사'라 함은 다음 각 호의 1의 사업을 영위하는 것을 목적으로 하는 회사를 말한다. <개정 2005.3.31.>

1. 금융회사 또는 보험회사에 대한 전산·정보처리 등의 역무의 제공
2. 금융회사 또는 보험회사가 보유한 부동산 기타 자산의 관리
3. 금융업 또는 보험업과 관련된 조사·연구
4. 기타 금융회사 또는 보험회사의 고유업무와 직접 관련되는 사업

[본조신설 1999.3.31.][제15조의3에서 이동, 종전 제15조의4는 제15조의5로 이동 <2001.3.27.>]

제15조의5 삭제 <2005.3.31.>

제15조의6(지주회사 등의 주식소유현황 등의 보고) ① 법 제8조의2(지주회사 등의 행위제한 등) 제7항에 따라 지주회사는 공정거래위원회가 정하여 고시하는 바에 따라 당해사업연도 종료 후 4개월 이내에 다음 각 호의 사항을 기재한 보고서를 공정거래위원회에 제출하여야 한다. <개정 2001.3.27, 2005.3.31, 2007.11.2.>

1. 지주회사 등의 명칭·소재지·설립일·사업내용 및 대표자의 성명 등 회사의 일반현황
2. 지주회사 등의 주주현황
3. 지주회사 등의 주식소유현황
4. 지주회사 등의 납입자본금·자본총액·부채총액·자산총액 등 재무현황
5. 삭제 <2005.3.31.>

② 제1항에 따른 보고서에는 다음 각 호의 서류를 첨부하여야 한다. <개정 2002.3.30, 2005.3.31, 2007.11.2, 2009.5.13.>

1. 지주회사 등의 직전 사업연도의 대차대조표·손익계산서 등 재무제표(「주식회사의 외부감사에 관한 법률」의 규정에 의하여 연결재무제표를 작성하는 기업의 경우에는 연결재무제표를 포함한다) 및 재무제표에 대한 감사인의 감사보고서[상호출자제

한기업집단 및 채무보증제한기업집단(이하 '상호출자제한기업집단 등'이라 한다)에 소속된 회사 및 「주식회사의 외부감사에 관한 법률」의 규정에 의한 외부감사의 대상이 되는 회사에 한한다)

2. 자회사, 손자회사와 법 제8조의2(지주회사 등의 행위제한 등) 제5항에 따른 증손회사(이하 '증손회사'라 한다)의 주주명부

3. 삭제 <2008.6.25.>

③ 공정거래위원회는 제1항 및 제2항의 규정에 의하여 제출된 보고서 및 첨부서류가 미비한 경우에는 기간을 정하여 당해서류의 보정을 명할 수 있다.

[본조신설 1999.3.31.][제15조의5에서 이동<2001.3.27.>]

제16조 삭제 <1999.3.31.>

제17조(상호출자제한기업집단 등의 범위) ① 법 제9조(상호출자의 금지 등) 제1항의 규정에 의한 상호출자제한기업집단은 당해 기업집단에 속하는 국내 회사들의 상호출자제한기업집단지정 직전 사업연도의 대차대조표상의 자산총액[금융업 또는 보험업을 영위하는 회사의 경우에는 자본총액 또는 자본금 중 큰 금액으로 하며, 새로 설립된 회사로서 직전 사업연도의 대차대조표가 없는 경우에는 지정일 현재의 납입자본금으로 한다. 이하 이 조, 제17조의8(대규모내부거래의 이사회 의결 및 공시) 및 제21조(상호출자제한기업집단 등의 지정)에서 같다]의 합계액이 5조 원 이상인 기업집단으로 한다. 다만, 다음 각 호의 어느 하나에 해당하는 기업집단을 제외한다. <개정 1993.2.20, 1995.4.1, 1997.3.31, 1998.4.1, 1999.3.31, 2000.4.1, 2002.3.30, 2005.3.31, 2006.3.29, 2006.4.14, 2008.6.25.>

1. 금융업 또는 보험업만을 영위하는 기업집단

2. 금융업 또는 보험업을 영위하는 회사가 법 제2조(정의) 제2호에서 규정한 동일인인 경우의 기업집단

3. 삭제 <2002.3.30.>

4. 삭제 <2001.3.27.>

5. 당해 기업집단에 속하는 회사 중 다음 각 목의 어느 하나에 해당하는 회사의 자산총액의 합계액이 기업집단 전체 자산총액의 100분의 50 이상인 기업집단. 다만, 다음 각 목의 어느 하나에 해당하는 회사를 제외한 회사의 자산총액의 합계액이 5조 원 이상인 기업집단을 제외한다.

가. 「채무자 회생 및 파산에 관한 법률」에 따른 회생절차의 개시가 결정되어 그 절차

가 진행 중인 회사

나. 법률 제6504호 「기업구조조정 촉진법」 제12조(부실징후기업의 관리) 제1항 제1호
내지 제3호의 어느 하나에 해당하는 관리절차의 개시가 결정되어 그 절차가 진행
중인 회사

② 삭제 <2009.5.13.>

③ 삭제 <2009.5.13.>

④ 삭제 <2009.5.13.>

⑤ 법 제10조의2(계열회사에 대한 채무보증의 금지) 제1항의 규정에 의한 채무보증제
한기업집단은 제1항의 규정에 의한 상호출자제한기업집단으로 한다. <신설 1993.2.20,
1997.3.31, 1998.4.1, 2001.3.27, 2002.3.30.>

제17조의2 삭제 <2009.5.13.>

제17조의3 삭제 <1998.4.1.>

제17조의4 삭제 <1998.4.1.>

제17조의5(채무보증 금지대상의 제외요건) ① 법 제10조의2(계열회사에 대한 채무보증의
금지) 제1항 제1호에서 '인수되는 회사의 채무와 관련하여 행하는 보증'이라 함은 다
음 각 호의 1에 해당하는 경우를 말한다. <개정 1997.3.31, 1998.4.1, 2001.3.27.>

1. 주식양도 또는 합병 등의 방법으로 인수되는 회사의 인수시점의 채무나 인수하기
로 예정된 채무에 대하여 인수하는 회사 또는 그 계열회사가 행하는 보증

2. 인수되는 회사의 채무를 분할인수함에 따라 인수하는 채무에 대하여 계열회사가
행하는 보증

② 법 제10조의2 제1항 제3호에서 '기업의 국제경쟁력강화를 위하여 필요한 경우 기
타 대통령령이 정하는 경우의 채무에 대한 보증'이라 함은 다음 각 호의 어느 하나에
해당하는 경우를 말한다. <개정 1997.3.31, 1998.4.1, 1999.3.31, 2000.4.1,
2001.3.27, 2002.3.30, 2005.3.8, 2005.3.31, 2006.3.29, 2006.4.14, 2009.5.13.>

1. 「한국수출입은행법」 제18조(업무) 제1항 제1호 및 제2호의 규정에 의하여 자본재
기타 상품의 생산 또는 기술의 제공과정에서 필요한 자금을 지원하기 위하여 한국
수출입은행이 행하는 대출 또는 이와 연계하여 다른 국내 금융기관이 행하는 대출
에 대한 보증

2. 해외에서의 건설 및 산업설비공사의 수행, 수출선박의 건조, 용역수출 기타 공정거
래위원회가 인정하는 물품수출과 관련하여 국내 금융기관이 행하는 입찰보증 · 계

약이행보증ㆍ선수금환급보증ㆍ유보금환급보증ㆍ하자보수보증 또는 납세보증에 대한 보증

3. 국내의 신기술 또는 도입된 기술의 기업화와 기술개발을 위한 시설 및 기자재의 구입 등 기술개발사업을 위하여 국내 금융기관으로부터 지원받은 자금에 대한 보증

4. 인수인도조건수출 또는 지급인도조건수출 어음의 국내 금융기관매입 및 내국신용장 개설에 대한 보증

5. 다음 각 목의 1에 해당하는 사업과 관련하여 국내 금융기관의 해외지점이 행하는 여신에 대한 보증

　가.「외국환거래법」의 규정에 의한 해외직접투자

　나. 해외 건설 및 용역사업자가 행하는 외국에서의 건설 및 용역사업

　다. 기타 공정거래위원회가 인정하는 외국에서의 사업

6.「채무자 회생 및 파산에 관한 법률」에 따른 회생절차개시를 법원에 신청한 회사의 제3자 인수와 직접 관련된 보증

7.「사회기반시설에 대한 민간투자법」제4조 제1호 내지 제4호의 규정에 의한 방식으로 민간투자사업을 영위하는 계열회사에 출자를 한 경우로서 국내 금융기관이 당해계열회사에 행하는 여신에 대한 보증

8. 다음 각 목의 어느 하나에 해당하는 회사가 구조개편을 위하여 분할되는 경우에 그 회사가 계열회사가 아닌 회사에 행한 보증을 분할로 인하여 신설되는 회사가 인수하는 것과 직접 관련하여 그 회사가 그 신설회사에 대하여 행하는 재보증

　가.「공공기관의 운영에 관한 법률」제5조(공공기관의 구분)에 따른 공기업

　나.「공기업의 경영구조개선 및 민영화에 관한 법률」제2조(적용대상기업)에 따른 법인

　다.「한국전력공사법」에 따라 설립된 한국전력공사

　라.「집단에너지사업법」에 따라 설립된 한국지역난방공사

[본조신설 1993.3.20.]

제17조의6(국내 금융기관의 범위) 법 제10조의2(계열회사에 대한 채무보증의 금지) 제2항 제6호에서 '기타 대통령령이 정하는 금융기관'이란「여신전문금융업법」에 따른 여신전문금융회사와「상호저축은행법」에 따른 상호저축은행 중 직전 사업연도 종료일 현재 대차대조표상의 자산총액(새로 설립된 회사로서 직전 사업연도의 대차대조표가 없는

경우에는 설립일 현재 납입자본금으로 한다)이 3천억 원 이상인 여신전문금융회사와 상호저축은행을 말한다. <개정 2001.3.27, 2005.3.31, 2007.11.2.>

[전문개정 1998.4.1.]

제17조의7 삭제 <2001.3.27.>

제17조의8(대규모내부거래의 이사회 의결 및 공시) ① 법 제11조의2(대규모내부거래의 이사회 의결 및 공시) 제1항의 규정에 의하여 대규모내부거래에 대한 이사회 의결 및 공시를 요하는 기업집단은 제17조(상호출자제한기업집단 등의 범위) 제1항의 규정에 의한 상호출자제한기업집단으로 한다. <개정 2001.3.27, 2002.3.30.>

② 법 제11조의2(대규모내부거래의 이사회 의결 및 공시) 제1항의 규정에 의하여 이사회 의결 및 공시대상이 되는 대규모내부거래행위는 거래금액[법 제11조의2(대규모내부거래의 이사회 의결 및 공시) 제1항 제4호의 경우에는 분기에 이루어질 거래금액의 합계액을 말한다]이 그 회사의 자본총계 또는 자본금 중 큰 금액의 100분의 5 이상이거나 50억 원 이상인 거래행위로 한다. <개정 2005.3.31, 2007.7.13, 2011.12.30.>

③ 법 제11조의2(대규모내부거래의 이사회 의결 및 공시) 제1항 제4호에서 '대통령령으로 정하는 계열회사'란 동일인이 단독으로 또는 동일인의 친족[제3조의2(기업집단으로부터의 제외) 제1항에 따라 동일인 관련자로부터 분리된 자는 제외한다. 이하 이 항에서 같다]과 합하여 발행주식 총수의 100분의 20 이상을 소유하고 있는 계열회사 또는 그 계열회사의 「상법」 제342조의2(자회사에 의한 모회사주식의 취득)에 따른 자회사인 계열회사를 말한다. 다만, 다음 각 호의 어느 하나에 해당하는 회사는 제외한다. <신설 2007.7.13, 2007.11.2, 2008.7.29, 2011.12.30.>

1. 동일인이 자연인이 아닌 기업집단에 소속된 회사
2. 지주회사의 자회사, 손자회사와 증손회사
3. 삭제 <2010.5.14.>
4. 삭제 <2010.5.14.>

④ 법 제11조의2(대규모내부거래의 이사회 의결 및 공시) 제2항의 규정에 의한 공시의 주요내용은 다음 각 호와 같다. <개정 2007.7.13.>

1. 거래의 목적 및 대상
2. 거래의 상대방(특수관계인이 직접적인 거래상대방이 아니더라도 특수관계인을 위한 거래인 경우에는 당해특수관계인을 포함한다)
3. 거래의 금액 및 조건

4. 거래상대방과의 동일 거래유형의 총거래잔액

5. 제1호 내지 제4호에 준하는 사항으로서 공정거래위원회가 정하여 고시하는 사항

⑤ 법 제11조의2(대규모내부거래의 이사회 의결 및 공시) 제4항의 규정에 의하여 이사회의 의결을 거치지 아니하고 할 수 있는 거래행위는 다음 각 호의 요건을 갖춘 거래행위로 한다. <개정 2005.3.31, 2007.7.13.>

1. 「약관의 규제에 관한 법률」 제2조(정의)의 규정에 의한 약관에 의한 거래행위일 것

2. 당해 회사의 일상적인 거래분야에서의 거래행위일 것

⑥ 이 영에서 규정된 사항 외에 대규모내부거래 이사회 의결 및 공시의 방법·절차·시기에 관한 세부사항은 공정거래위원회가 정하여 고시할 수 있다. <신설 2007.7.13.>

[본조신설 2000.4.1.]

제17조의9 삭제 <2009.5.13.>

제17조의10(비상장회사 등의 중요사항 공시) ① 법 제11조의3(비상장회사 등의 중요사항 공시) 제1항 각 호 외의 부분 본문에서 '대통령령이 정하는 기준에 해당하는 기업집단에 속하는 회사'라 함은 제17조 제1항의 규정에 따른 상호출자제한기업집단에 속하는 회사를 말한다. 다만, 직전 사업연도 말 현재 자산총액이 100억 원 미만인 회사로서 청산 중에 있거나 1년 이상 휴업 중에 있는 회사를 제외한다. <개정 2009.5.13.>

② 법 제11조의3 제1항 제1호에서 '대통령령이 정하는 사항'이라 함은 다음 각 호의 어느 하나에 해당하는 것을 말한다.

1. 최대주주(동일인이 단독으로 또는 동일인 관련자와 합산하여 최다출자자가 되는 경우에는 그 동일인 및 동일인 관련자를 포함한다)의 주식보유현황 및 그 보유주식비율이 그 법인의 발행주식 총수의 100분의 1 이상 변동이 있는 때에는 그 변동사항

2. 임원의 구성현황 및 그 변동사항

3. 계열회사 주식보유현황 및 그 보유주식비율이 그 법인의 발행주식 총수의 100분의 1 이상 변동이 있는 때에는 그 변동사항

③ 법 제11조의3(비상장회사 등의 중요사항 공시) 제1항 제2호에서 '대통령령이 정하는 사항'이라 함은 다음 각 호의 어느 하나에 해당하는 것을 말한다. <개정 2007.7.13, 2008.7.29.>

1. 최근 사업연도 말 현재 자산총액의 100분의 10 이상의 고정자산의 취득 또는 처분 [「자본시장과 금융투자업에 관한 법률」에 따른 신탁계약(그 법인이 운용지시권한을

가지는 경우에 한한다) 또는 같은 법에 따른 사모집합투자기구(그 법인이 자산운용에 사실상의 영향력을 행사하는 경우에 한한다)를 통한 취득·처분을 포함한다]에 관한 결정이 있는 때에는 그 결정사항

2. 자기자본의 100분의 5 이상의 다른 법인(계열회사를 제외한다)의 주식 및 출자증권의 취득 또는 처분에 관한 결정이 있는 때에는 그 결정사항

3. 자기자본의 100분의 1 이상의 증여를 하거나 받기로 한 때에는 그 결정사항

4. 자기자본의 100분의 5 이상의 타인을 위한 담보제공 또는 채무보증(계약 등의 이행보증 및 납세보증을 위한 채무보증을 제외한다)에 관한 결정이 있는 때에는 그 결정사항

5. 자기자본의 100분의 5 이상의 채무를 면제 또는 인수하기로 결정하거나 채무를 면제받기로 결정한 때에는 그 결정사항

6. 증자 또는 감자(減資)에 관한 결정이 있는 때에는 그 결정사항

7. 전환사채 또는 신주인수권부사채의 발행에 관한 결정이 있는 때에는 그 결정사항

④ 법 제11조의3(비상장회사 등의 중요사항 공시) 제1항 제3호에서 '대통령령이 정하는 사항'이라 함은 다음 각 호의 어느 하나에 해당하는 것을 말한다. <개정 2006.3.29, 2006.4.14, 2007.7.13, 2010.5.14.>

1. 「상법」 제374조·제522조·제527조의2·제527조의3·제530조의2의 규정에 따른 결정이 있는 때에는 그 결정사항

2. 「상법」 제360조의2의 규정에 따른 주식의 포괄적 교환에 관한 결정이 있거나 「상법」 제360조의15의 규정에 따른 주식의 포괄적 이전에 관한 결정이 있는 때에는 그 결정사항

3. 「상법」 제517조 또는 다른 법률에 따른 해산사유가 발생한 때에는 그 해산사유

4. 「채무자 회생 및 파산에 관한 법률」에 따른 회생절차의 개시·종결 또는 폐지의 결정이 있는 때에는 그 결정사항

5. 삭제 <2006.4.14.>

6. 법률 제6504호 「기업구조조정 촉진법」 제12조 제1항 제1호 내지 제3호의 규정에 따른 관리절차의 개시·중단 또는 해제결정이 있는 때에는 그 결정사항

7. 삭제 <2011.12.30.>

⑤ 제1항 내지 제4항의 규정을 적용함에 있어서 최근 사업연도 말 현재 자산총액, 자기자본은 매 사업연도 종료 후 3월이 경과한 날부터 그다음 사업연도 종료 후 3월이

되는 날까지의 기간 동안 적용하고, 새로 설립된 회사로서 최근 사업연도의 대차대조표가 없는 경우에는 최근 사업연도 말 현재 자산총액 및 자기자본 대신 설립 당시의 납입자본금을 기준으로 한다. <개정 2007.7.13.>

⑥ 이 영에서 규정된 사항 외에 주권상장법인이 아닌 회사의 법 제11조의3(비상장회사 등의 중요사항 공시)에 따른 공시의 방법·절차·시기에 관한 세부사항은 공정거래위원회가 정하여 고시할 수 있다. <신설 2007.7.13, 2008.7.29.>

[본조신설 2005.3.31.]

제17조의11(기업집단 현황 등에 관한 공시) ① 법 제11조의4(기업집단현황 등에 관한 공시) 제1항에서 '자산총액 등이 대통령령으로 정하는 기준에 해당하는 회사'란 제17조(상호출자제한기업집단 등의 범위) 제1항에 따른 상호출자제한기업집단에 속하는 회사를 말한다. 다만, 직전 사업연도 말일 현재 자산총액이 100억 원 미만인 회사로서 청산 중이거나 1년 이상 휴업 중인 회사는 제외한다.

② 법 제11조의4(기업집단현황 등에 관한 공시) 제1항에서 '대통령령으로 정하는 사항'이란 다음 각 호의 사항을 말한다. <개정 2011.12.30.>

1. 상호출자제한기업집단에 속하는 회사의 명칭, 사업내용, 재무현황, 계열회사의 변동내역, 그 밖에 공정거래위원회가 정하여 고시하는 일반현황

2. 상호출자제한기업집단에 속하는 회사의 임원현황

3. 상호출자제한기업집단에 속하는 회사의 소유지분현황

4. 상호출자제한기업집단에 속하는 회사 간 출자현황

5. 상호출자제한기업집단에 속하는 회사와 그 특수관계인 간 자금·자산 및 상품·용역을 제공하거나 거래한 현황

6. 사업기간(상장회사는 사업분기, 비상장회사는 사업연도) 동안 계열회사와 이루어진 상품 또는 용역의 거래금액이 그 사업기간 매출액의 100분의 5 이상이거나 50억 원 이상인 경우 그 계열회사와의 상품 또는 용역의 거래내역

③ 제2항에 따른 사항은 분기별로 공시하여야 한다. 다만, 공정거래위원회가 정하여 고시하는 사항은 연 1회 또는 연 2회 공시할 수 있다.

④ 제1항부터 제3항까지에서 규정한 사항 외에 기업집단현황 등에 관한 공시의 방법, 절차 또는 시기에 관한 세부 사항은 공정거래위원회가 정하여 고시한다.

[본조신설 2009.5.13.]

제18조(기업결합의 신고 등) ① 법 제12조 제1항 전단에서 '자산총액 또는 매출액의 규모

가 대통령령이 정하는 기준에 해당하는 회사'라 함은 자산총액 또는 매출액이 2천억
원 이상인 회사를 말한다. <개정 2005.3.31, 2008.6.25.>

② 법 제12조 제1항 부분 전단에서 '자산총액 또는 매출액의 규모가 대통령령이 정하
는 기준에 해당하는 다른 회사'라 함은 자산총액 또는 매출액이 200억 원 이상인 회
사를 말한다. <신설 2005.3.31, 2007.11.2.>

③ 제1항과 제2항에도 불구하고 법 제12조(기업결합의 신고) 제1항에 따른 기업결합
신고대상회사와 상대회사가 모두 외국회사(외국에 주된 사무소를 두고 있거나 외국법
률에 따라 설립된 회사를 말한다)이거나 기업결합신고대상회사가 국내회사이고 상대
회사가 외국회사인 경우에는 제1항과 제2항의 요건을 충족함과 동시에 그 외국회사
각각의 국내 매출액이 200억 원 이상인 경우에 한하여 법 제12조(기업결합의 신고)
제1항에 따른 신고의 대상이 된다. 이 경우 국내 매출액의 산정에 필요한 사항은 공
정거래위원회가 정하여 고시한다. <신설 2007.11.2.>

④ 법 제12조(기업결합의 신고) 제1항의 규정에 의하여 신고를 하고자 하는 자는 공
정거래위원회가 정하여 고시하는 바에 따라 신고의무자 및 상대방 회사의 명칭·매출
액·자산총액·사업내용과 당해 기업결합의 내용 및 관련 시장 현황 등을 기재한 신
고서에 신고내용을 입증하는 데 필요한 관련 서류를 첨부하여 공정거래위원회에 제출
하여야 한다. <개정 2001.3.27, 2007.11.2.>

⑤ 공정거래위원회는 제4항에 따라 제출된 신고서 또는 첨부서류가 미비한 경우에는
기간을 정하여 해당 서류의 보정을 명할 수 있다. 이 경우 보정에 소요되는 기간(보정
명령서를 발송하는 날과 보정된 서류가 공정거래위원회에 도달하는 날을 포함한다)은
법 제12조 제7항 및 제9항의 기간에 산입하지 아니한다. <개정 2001.3.27, 2005.3.31,
2007.11.2.>

⑥ 법 제12조(기업결합의 신고) 제1항 제1호에서 '100분의 20(주권상장법인의 경우에
는 100분의 15) 이상을 소유하게 되는 경우'라 함은 100분의 20(주권상장법인의 경
우에는 100분의 15. 이하 이 항에서 같다) 미만의 소유상태에서 100분의 20 이상의
소유상태로 되는 경우를 말한다. <개정 2001.3.27, 2006.4.14, 2007.11.2, 2008.7.29.>

⑦ 법 제12조 제1항 제2호에서 '최다출자자가 되는 경우'라 함은 최다출자자가 아닌
상태에서 최다출자자가 되는 경우를 말한다. <신설 2005.3.31, 2007.11.2.>

⑧ 법 제12조(기업결합의 신고) 제2항 본문 및 같은 조 제6항 본문 및 단서에서 '기
업결합일'이라 함은 다음 각 호의 날을 말한다. <개정 1999.3.31, 2001.3.27,

2005.3.31, 2007.11.2, 2009.5.13.>

1. 다른 회사의 주식을 소유하게 되거나 주식소유비율이 증가하는 경우에는 다음 각 목의 날

   가. 주식회사의 주식을 양수하는 경우에는 주권을 교부받은 날. 다만, 주권이 발행되어 있지 아니한 경우에는 주식대금을 지급한 날을 말하며, 주권을 교부받기 전 또는 주식대금의 전부를 지급하기 전에 합의·계약 등에 의하여 의결권 기타 주식에 관한 권리가 실질적으로 이전되는 경우에는 당해권리가 이전되는 날을 말한다.

   나. 주식회사의 신주를 유상취득하는 경우에는 주식대금의 납입기일의 다음 날

   다. 주식회사 외의 회사의 지분을 양수하는 경우에는 지분양수의 효력이 발생하는 날

   라. 가목 내지 다목에 해당하지 아니하는 경우로서 감자 또는 주식의 소각 그 밖의 사유로 주식소유비율이 증가하는 경우에는 주식소유비율의 증가가 확정되는 날

2. 임원 겸임의 경우에는 임원이 겸임되는 회사의 주주총회 또는 사원총회에서 임원의 선임이 의결된 날

3. 영업양수의 경우에는 영업양수대금의 지불을 완료한 날. 다만, 계약체결일부터 90일을 경과하여 영업양수대금의 지불을 완료하는 경우에는 당해 90일이 경과한 날을 말한다.

4. 다른 회사와의 합병의 경우에는 합병등기일

5. 새로운 회사설립에 참여하는 경우에는 배정된 주식의 주식대금의 납입기일의 다음 날

⑨ 법 제12조(기업결합의 신고) 제6항 단서에서 '대통령령으로 정하는 경우'란 다른 회사의 주식을 소유하게 되거나 최다출자자가 되는 경우로서 다음 각 호의 어느 하나에 해당하는 경우를 말한다. <개정 2011.12.30.>

1. 「자본시장과 금융투자업에 관한 법률」 제9조(그 밖의 용어의 정의) 제13항에 따른 증권시장에서 경쟁매매(매매 당사자 간의 계약이나 합의에 따라 수량, 가격 등을 결정하고, 그 매매의 결제를 증권시장을 통하여 하는 방법으로 주식을 취득하는 경우는 제외한다)를 통하여 주식을 취득하는 경우

2. 유상증자의 결과 실권주(失權株)의 발생으로 주식소유비율이 증가하는 경우 또는 자기의 의사와 무관하게 다른 회사의 이사회 또는 주주총회의 결정을 통하여 행하여지는 주식의 소각 또는 감자에 따라 주식소유비율이 증가하는 경우 등 공정거래

위원회가 정하여 고시하는 경우

⑩ 법 제12조 제6항 단서에서 '대통령령이 정하는 날'이라 함은 다음 각 호의 날을 말한다. <신설 2005.3.31, 2007.11.2, 2008.6.25, 2008.7.29, 2009.5.13, 2011.12.30.>

1. 다른 회사의 주식을 소유하게 되거나 최다출자자가 되는 경우에는 주식을 취득·소유하기로 계약·합의 등을 하거나 이사회 등을 통하여 결정된 날(「자본시장과 금융투자업에 관한 법률」 제133조에 따른 공개매수의 경우에는 공고일)

2. 합병·영업양수가 있는 경우에는 합병계약을 체결한 날 또는 영업양수계약을 체결한 날

3. 새로운 회사설립에 참여하는 경우에는 회사설립의 참여에 대한 주주총회 또는 이에 갈음하는 이사회의 의결이 있는 날

⑪ 법 제12조 제6항 단서의 규정에 의한 신고를 한 대규모회사는 신고 후 주식의 소유일, 합병의 등기일·영업의 양수일 또는 회사의 설립일까지 신고사항에 중요한 변경이 있는 경우에는 그 변경사항을 신고하여야 한다. <개정 1999.3.31, 2001.3.27, 2005.3.31, 2007.11.2, 2009.5.13.>

⑫ 법 제12조 제7항 본문에서 '대통령령이 정하는 경우'란 「자본시장과 금융투자업에 관한 법률」에 따른 공개매수 방식으로 주식을 소유하게 되는 경우 등 다른 법령에 따라 일정한 시점에 주식을 소유하는 경우를 말한다. <신설 2011.12.30.>

[전문개정 1997.3.31.]

제19조(기업결합신고대리인의 지정 등) ① 법 제12조 제10항 단서의 규정에 의한 대리인으로 지정받고자 하는 자는 회사의 명칭, 자산총액 및 매출액 등을 기재한 신청서를 공정거래위원회에 제출하여야 한다. <개정 1997.3.31, 2001.3.27, 2005.3.31.>

② 공정거래위원회는 제1항의 규정에 의한 신청을 받아 대리인을 정한 경우에는 그 사실을 당해 대리인에게 통지하여야 한다. <개정 1997.3.31.>

제20조(주식소유현황 등의 신고) ① 법 제13조(주식소유현황 등의 신고) 제1항 및 제2항의 규정에 의한 신고를 하고자 하는 자는 매년 4월 말까지 다음 각 호의 사항을 기재한 신고서를 공정거래위원회에 제출하여야 한다. 다만, 새로 상호출자제한기업집단 등으로 지정된 기업집단에 속하는 회사의 경우 지정된 당해 연도에 있어서는 제21조(상호출자제한기업집단 등의 지정) 제2항의 규정에 의한 통지를 받은 날부터 30일 이내에 신고서를 제출하여야 한다. <개정 1993.2.20, 1997.3.31, 1999.3.31, 2000.4.1, 2001.3.27, 2002.3.30, 2009.5.13.>

1. 당해 회사의 명칭·자본금 및 자산총액 등 회사의 개요

2. 계열회사 및 특수관계인이 소유하고 있는 당해 회사의 주식 수

3. 해당 회사의 국내회사 주식소유현황

4. 당해 회사의 채무보증 금액

② 제1항의 신고서에는 다음 각 호의 서류를 첨부하여야 한다. <개정 1998.4.1, 2001.3.27.>

1. 당해 회사의 소유주식 명세서

2. 계열회사와의 상호출자 현황표

3. 당해 회사의 직전 사업연도의 감사보고서

4. 당해 회사의 계열회사에 대한 채무보증명세서 및 직전 1년간의 채무보증 변동내역

5. 당해 회사가 계열회사로부터 받은 채무보증명세서 및 직전 1년간의 채무보증 변동
   내역

6. 제4호·제5호 및 제1항 제4호의 내용을 확인하기 위하여 법 제10조의2(계열회사
   에 대한 채무보증의 금지) 제2항의 규정에 의한 국내 금융기관이 공정거래위원회
   가 정하는 서식에 따라 작성한 확인서

③ 법 제13조(주식소유현황 등의 신고) 제1항의 규정에 의하여 상호출자제한기업집단 등에 속하는 회사는 주식취득 등으로 소속회사의 변동사유가 발생한 경우에는 다음 각 호의 구분에 따른 날부터 30일 이내에 그 변동내용을 기재한 신고서를 공정거래위 원회에 제출하여야 한다. <개정 2000.4.1, 2002.3.30, 2010.5.14.>

1. 주식을 소유하게 되거나 주식소유비율이 증가한 경우: 제18조(기업결합의 신고 등)
   제8항 제1호 각 목에 따른 날

2. 임원 선임의 경우: 임원을 선임하는 회사의 주주총회 또는 사원총회에서 임원의 선
   임이 의결된 날

3. 새로운 회사설립에 참여한 경우: 회사의 설립등기일

4. 제1호부터 제3호까지에 해당하지 아니하는 경우: 주요 주주와의 계약·합의 등에
   의하여 해당 소속회사의 경영에 대하여 지배적인 영향력을 행사할 수 있게 된 날

제20조의2 삭제 <2001.3.27.>

제21조(상호출자제한기업집단 등의 지정) ① 공정거래위원회는 법 제14조(상호출자제한기 업집단 등의 지정 등) 제1항의 규정에 의하여 매년 4월 1일(부득이한 경우에는 4월 15일)까지 제17조(상호출자제한기업집단 등의 범위)의 기준에 해당하는 기업집단을 상

호출자제한기업집단으로 지정하거나 상호출자제한기업집단으로 지정된 기업집단이 당해 기준에 해당하지 아니하게 되는 경우에는 이를 상호출자제한기업집단 지정에서 제외하여야 한다. <개정 1997.3.31, 1998.4.1, 2000.4.1, 2002.3.30.>

② 공정거래위원회는 제1항의 규정에 의하여 상호출자제한기업집단으로 새로 지정하거나 지정에서 제외하는 경우에는 즉시 그 사실을 당해 상호출자제한기업집단에 속하는 회사와 법 제2조(정의) 제2호의 규정에 의하여 당해 상호출자제한기업집단에 속하는 회사의 사업내용을 사실상 지배하는 동일인에게 서면으로 통지하여야 한다. <개정 1997.3.31, 2000.4.1, 2002.3.30.>

③ 공정거래위원회는 제1항 및 제2항의 규정에 의한 지정·통지 후 당해 상호출자제한기업집단에 속하는 회사에 변동이 있는 경우에는 매월 1회 동일인과 당해 회사에 대하여 변동내용을 서면으로 통지하여야 한다. <신설 1993.2.20, 2002.3.30.>

④ 법 제14조 제5항에서 '대통령령이 정하는 금액'이라 함은 100억 원을 말한다. <신설 2005.3.31, 2009.5.13.>

⑤ 법 제14조의3에서 '대통령령이 정하는 날'이라 함은 다음 각 호의 1에 해당하는 날을 말한다. <개정 1999.3.31, 2002.3.30, 2005.3.31.>

1. 상호출자제한기업집단의 지정 당시 그 소속회사로 편입되어야 함에도 불구하고 편입되지 아니한 회사의 경우에는 그 상호출자제한기업집단의 지정·통지를 받은 날

2. 상호출자제한기업집단의 지정 이후 그 소속회사로 편입되어야 함에도 불구하고 편입되지 아니한 회사의 경우에는 그 상호출자제한기업집단에 속하여야 할 사유가 발생한 날이 속하는 달의 다음 달 1일

⑥ 제1항 내지 제5항의 규정은 법 제14조 제1항의 규정에 의한 채무보증제한기업집단의 지정 및 통지에 관하여 이를 준용한다. 이 경우 '상호출자제한기업집단'은 '채무보증제한기업집단'으로 본다. <개정 2002.3.30, 2005.3.31, 2009.5.13.>

⑦ 제1항의 규정에 의하여 상호출자제한기업집단으로 지정되거나 제6항의 규정에 의하여 채무보증제한기업집단으로 지정된 기업집단이 다음 각 호의 1에 해당하는 경우에는 그 사유가 발생한 때에 상호출자제한기업집단 또는 채무보증제한기업집단에서 이를 제외할 수 있다. <개정 2002.3.30, 2005.3.31, 2008.6.25.>

1. 지정일 이후에 당해 기업집단에 소속된 회사 중 제17조(상호출자제한기업집단 등의 범위) 제1항 제5호 가목 또는 나목에 해당되는 회사의 자산총액(최근 지정일의 직전 사업연도 종료일 현재의 대차대조표상의 자산총액으로 한다. 이하 이 조에서

같다)의 합계액이 기업집단 전체 자산총액의 100분의 50 이상이 된 경우. 다만, 제
17조(상호출자제한기업집단 등의 범위) 제1항 제5호 가목 또는 나목에 해당되는
회사를 제외한 회사의 자산총액의 합계액이 3조 5천억 원 이상인 기업집단을 제외
한다.

2. 소속회사의 변동으로 당해 기업집단에 소속된 국내회사들의 자산총액의 합계액이 3
조 5천억 원 미만으로 감소한 경우

⑧ 삭제 <2009.5.13.>

제21조의2(관계기관의 범위) 법 제14조의4(관계기관에 대한 자료의 확인요구 등) 제4호에
서 '대통령령이 정하는 기관'이라 함은 「자본시장과 금융투자업에 관한 법률」에 따라
명의개서대행업무를 영위하는 기관과 「신용정보의 이용 및 보호에 관한 법률」 제2조
제6호에 따른 신용정보집중기관을 말한다. <개정 1999.3.31, 2005.3.31, 2008.7.29,
2009.10.1.>

[본조신설 1997.3.31.]

제21조의3(상호출자제한기업집단의 현황 등에 관한 공개정보의 범위) ① 법 제14조의5(상호
출자제한기업집단의 현황 등에 관한 정보공개) 제1항 제1호에서 '대통령령으로 정하는
정보'란 다음 각 호의 어느 하나에 해당하는 정보를 말한다.

1. 상호출자제한기업집단에 속하는 회사의 명칭, 사업내용, 주요 주주, 임원, 재무상황,
그 밖의 일반현황

2. 상호출자제한기업집단에 속하는 회사의 이사회 및 「상법」 제393조의2(이사회 내
위원회)에 따라 이사회에 설치된 위원회의 구성·운영, 주주총회에서의 의결권 행
사 방법, 그 밖의 지배구조현황

② 법 제14조의5(상호출자제한기업집단의 현황 등에 관한 정보공개) 제1항 제2호에서
'대통령령으로 정하는 정보'란 다음 각 호의 어느 하나에 해당하는 정보를 말한다.
<개정 2009.5.13.>

1. 상호출자제한기업집단에 속하는 회사 간 또는 상호출자제한기업집단에 속하는 회
사와 그 특수관계인 간의 주식소유현황 등 출자와 관련된 현황

2. 상호출자제한기업집단에 속하는 회사 간의 법 제10조의2(계열회사에 대한 채무보
증의 금지) 제2항에 따른 채무보증 현황

3. 상호출자제한기업집단에 속하는 회사 간 또는 상호출자제한기업집단에 속하는 회
사와 그 특수관계인 간의 자금, 유가증권, 자산, 상품, 용역, 그 밖의 거래와 관련

된 현황

[본조신설 2007.7.13.]

[종전 제21조의3은 제21조의4로 이동 <2007.7.13.>]

제21조의4(탈법행위의 유형 및 기준) ① 법 제15조 제1항에 따라 금지되는 탈법행위는 다음 각 호의 어느 하나에 해당하는 행위를 말한다. <개정 1999.3.31, 2000.4.1, 2001.3.27, 2002.3.30, 2005.3.31, 2007.11.2, 2008.7.29.>

 1. 삭제 <2005.3.31.>

 2. 법 제10조의2(계열회사에 대한 채무보증의 금지) 제1항의 규정에 의한 채무보증제한기업집단에 속하는 회사가 행하는 다음 각 목의 1에 해당하는 행위

　가. 법 제10조의2(계열회사에 대한 채무보증의 금지) 제2항의 규정에 의한 국내금융기관에 대한 자기 계열회사의 기존의 채무를 면하게 함이 없이 동일한 내용의 채무를 부담하는 행위

　나. 다른 회사로 하여금 자기의 계열회사에 대하여 채무보증을 하게 하는 대신 그 다른 회사 또는 그 계열회사에 대하여 채무보증을 하는 행위

2의2. 법 제9조(상호출자의 금지 등) 제1항에 따른 상호출자제한기업집단에 속하는 회사가 행하는 다음 각 목의 어느 하나에 해당하는 행위

　가. 「자본시장과 금융투자업에 관한 법률 시행령」 제103조(신탁의 종류) 제1호에 따른 특정금전신탁을 이용하여 신탁업자로 하여금 자기의 주식을 취득하거나 소유하고 있는 계열회사의 주식을 취득하거나 소유하도록 하고 신탁업자와의 계약 등을 통하여 해당 주식에 대한 의결권을 사실상 행사하는 행위

　나. 자기의 주식을 취득하거나 소유하고 있는 계열회사의 주식을 타인의 명의를 이용하여 자기의 계산으로 취득하거나 소유하는 행위

 3. 그 밖에 제2호 또는 제2호의2의 행위에 준하는 행위로서 공정거래위원회가 정하여 고시하는 행위

 ② 삭제 <2004.3.31.>

[본조신설 1997.3.31.]

[제21조의3에서 이동 <2007.7.13.>]

제22조 삭제 <1999.3.31.>

제23조 삭제 <2005.3.31.>

제23조의2(기준대차대조표의 범위) 법 제17조 제4항 제1호에서 '대통령령이 정하는 대차

대조표'라 함은 법 제8조의2 제2항 내지 제4항의 규정을 위반한 사실이 최초로 나타난 대차대조표를 말한다. 다만, 대차대조표 작성 전에 법 위반행위(법 제8조의2 제2항 제1호의 규정에 따른 법 위반행위를 제외한다)가 시정되어 대차대조표에 법 위반사실이 나타나지 아니하는 경우에는 법 위반일을 기준으로 작성한 대차대조표에 따른다.

[본조신설 2005.3.31.][종전 제23조의2는 제23조의3으로 이동 <2005.3.31.>]

제23조의3 삭제 <2009.5.13.>

제23조의4(이행강제금의 부과 · 징수 등) ① 공정거래위원회는 법 제17조의3(이행강제금)의 규정에 의하여 이행강제금을 부과하는 때에는 시정조치에서 정한 기간의 종료일 다음 날부터 시정조치를 이행하는 날까지의 기간에 대하여 이를 부과한다. 이 경우 이행강제금의 부과는 특별한 사유가 있는 경우를 제외하고는 시정조치에서 정한 기간의 종료일부터 30일 이내에 이를 하여야 한다. <개정 2002.3.30.>

② 제1항의 규정에 의한 시정조치를 이행하는 날을 정함에 있어서 시정조치의 내용이 주식처분인 경우에는 주권교부일, 임원의 사임인 경우에는 당해사실의 등기일, 영업의 양도인 경우에는 관련부동산 등에 대한 소유권 이전등기일 또는 등록일을 기준으로 한다.

③ 공정거래위원회는 제1항의 규정에 불구하고 법 제16조(시정조치) 제1항 제7호 및 제8호의 규정에 의한 시정조치가 매 분기, 매 사업연도 등 기간별로 일정한 의무를 명하는 내용인 경우로서 이를 이행하지 아니하는 자에 대하여 이행강제금을 부과하는 때에는 당해불이행기간에 대하여 이를 부과한다. 이 경우 이행강제금의 부과는 특별한 사유가 있는 경우를 제외하고는 그 이행여부를 확인할 수 있는 날부터 30일 이내에 이를 하여야 한다.

④ 법 제17조의3(이행강제금) 제1항에 따른 이행강제금의 부과기준은 별표 1과 같다. <개정 2010.5.14.>

⑤ 공정거래위원회가 이행강제금을 부과하는 때에는 1일당 이행강제금의 금액(제3항의 규정에 의한 이행강제금의 경우에는 당해불이행기간에 대하여 확정된 금액을 말한다), 부과사유, 납부기한 및 수납기관, 이의제기방법 및 이의제기기관 등을 명시하여 서면으로 통지하여야 한다.

⑥ 제5항의 규정에 의하여 통지를 받은 자는 다음 각 호에 정한 기한 내에 이행강제금을 납부하여야 한다. 다만, 천재지변 기타 부득이한 사유로 그 기한 내에 이행강제금을 납부할 수 없는 때에는 그 사유가 없어진 날부터 30일 이내에 납부하여야 한다.

1. 제1항의 규정에 의한 이행강제금의 경우에는 공정거래위원회가 이행행위를 완료한 날을 확인한 후 이행강제금의 금액을 확정하여 이의 납부를 통지한 날부터 30일 이내

2. 제3항의 규정에 의한 이행강제금의 경우에는 공정거래위원회가 통지한 날부터 30일 이내

⑦ 공정거래위원회는 제1항의 규정에 의한 이행강제금을 징수함에 있어서 시정조치에서 정한 기간의 종료일부터 90일을 경과하고서도 시정조치의 이행이 이루어지지 아니하는 경우에는 그 종료일부터 기산하여 매 90일이 경과하는 날을 기준으로 하여 이행강제금을 징수할 수 있다.

⑧ 제64조(독촉) 및 제64조의2(체납처분의 위탁)의 규정은 이행강제금의 납부에 관한 독촉 및 체납처분의 위탁에 관하여 이를 각각 준용한다.

⑨ 이행강제금 부과의 세부기준과 그 부과에 필요한 사항은 공정거래위원회가 정하여 고시한다. <신설 2007.11.2.>

[본조신설 1999.3.31.]

[제23조의3에서 이동, 종전 제23조의4는 제23조의5로 이동 <2005.3.31.>]

제23조의5 삭제 <2009.5.13.>

제4장 부당한 공동행위의 제한

제24조(공동행위의 인가요건) 법 제19조(부당한 공동행위의 금지) 제2항 본문에서 '대통령령이 정하는 요건'이라 함은 제24조의2(산업합리화를 위한 공동행위의 요건) 내지 제28조(중소기업의 경쟁력향상을 위한 공동행위의 요건)의 규정에 의한 요건을 말한다.

[본조신설 1997.3.31.]

제24조의2(산업합리화를 위한 공동행위의 요건) 법 제19조(부당한 공동행위의 금지) 제2항 제1호의 규정에 의한 산업합리화를 위한 공동행위의 인가는 당해 공동행위가 다음 각호의 요건에 해당하는 경우에 한하여 이를 할 수 있다. <개정 1997.3.31, 2002.3.30.>

1. 공동행위에 의한 기술향상·품질개선·원가절감 및 능률증진 등의 효과가 명백한 경우

2. 공동행위 외의 방법으로는 산업합리화의 달성이 곤란한 경우

3. 경쟁을 제한하는 효과보다 산업합리화의 효과가 클 경우

제24조의3(연구·기술개발을 위한 공동행위의 요건) 법 제19조(부당한 공동행위의 금지)

제2항 제2호의 규정에 의한 연구ㆍ기술개발을 위한 공동행위의 인가는 당해 공동행위
가 다음 각 호의 요건에 해당하는 경우에 한하여 이를 할 수 있다. <개정 1997.3.31,
2002.3.30.>

1. 당해 연구ㆍ기술개발이 산업경쟁력 강화를 위하여 긴요하며 그 경제적 파급효과가
   클 경우

2. 연구ㆍ기술개발에 소요되는 투자금액이 과다하여 한 사업자가 조달하기 어려운 경우

3. 연구ㆍ기술개발성과의 불확실에 따른 위험분산을 위하여 필요한 경우

4. 경쟁을 제한하는 효과보다 연구ㆍ기술개발의 효과가 클 경우

[본조신설 1993.2.20.]

제25조(불황극복을 위한 공동행위의 요건) 법 제19조(부당한 공동행위의 금지) 제2항 제3
호의 규정에 의한 불황의 극복을 위한 공동행위의 인가는 당해 공동행위가 다음 각 호
의 요건에 해당하는 경우에 한하여 이를 할 수 있다. <개정 1997.3.31.>

1. 특정한 상품 또는 용역의 수요가 상당기간 계속하여 감소하고 수요에 비하여 공급
   이 크게 초과하는 상태가 계속되며 앞으로도 그 상태가 계속될 것이 명백한 경우

2. 당해 상품 또는 용역의 거래가격이 상당기간 평균생산비를 하회하고 있는 경우

3. 당해 사업분야의 상당수의 기업이 불황으로 사업활동을 계속하기가 곤란하게 될
   우려가 있는 경우

4. 기업의 합리화에 의해서는 제1호 내지 제3호의 사항을 극복할 수 없는 경우

제26조(산업구조의 조정을 위한 공동행위의 요건) 법 제19조(부당한 공동행위의 금지) 제2
항 제4호의 규정에 의한 산업구조의 조정을 위한 공동행위의 인가는 당해 공동행위가
다음 각 호의 요건에 해당하는 경우에 한하여 이를 할 수 있다. <개정 1997.3.31,
2002.3.30.>

1. 국내외 경제여건의 변화로 특정산업의 공급능력이 현저하게 과잉상태에 있거나, 생
   산시설ㆍ생산방법의 낙후로 인하여 생산능률이나 국제경쟁력이 현저하게 저하되어
   있는 경우

2. 기업의 합리화에 의해서는 제1호의 사항을 극복할 수 없는 경우

3. 경쟁을 제한하는 효과보다 산업구조를 조정하는 효과가 클 경우

제27조(거래조건의 합리화를 위한 공동행위의 요건) 법 제19조(부당한 공동행위의 금지) 제
2항 제5호의 규정에 의한 거래조건의 합리화를 위한 공동행위의 인가는 당해 공동행
위가 다음 각 호의 요건에 해당하는 경우에 한하여 이를 할 수 있다. <개정

2002.3.30.>

1. 거래조건의 합리화로 생산능률의 향상, 거래의 원활화 및 소비자의 편익증진에 명백하게 기여하는 경우

2. 거래조건의 합리화 내용이 당해 사업분야의 대부분의 사업자들에 의하여 기술적·경제적으로 가능한 경우

3. 경쟁을 제한하는 효과보다 거래조건의 합리화의 효과가 클 경우

[본조신설 1997.3.31.]

제28조(중소기업의 경쟁력향상을 위한 공동행위의 요건) 법 제19조(부당한 공동행위의 금지) 제2항 제6호의 규정에 의한 중소기업의 경쟁력향상을 위한 공동행위의 인가는 당해 공동행위가 다음 각 호의 요건에 해당하는 경우에 한하여 이를 할 수 있다. <개정 1997.3.31.>

1. 공동행위에 의한 중소기업의 품질·기술향상 등 생산성 향상이나 거래조건에 관한 교섭력 강화 효과가 명백한 경우

2. 참가사업자 모두가 중소기업자인 경우

3. 공동행위 외의 방법으로는 대기업과의 효율적인 경쟁이나 대기업에 대항하기 어려운 경우

제29조(공동행위 인가의 한계) 공정거래위원회는 제24조의2(산업합리화를 위한 공동행위의 요건) 내지 제28조(중소기업의 경쟁력향상을 위한 공동행위의 요건)의 규정에 불구하고 당해 공동행위가 다음 각 호의 1에 해당하는 경우에는 이를 인가할 수 없다. <개정 1997.3.31.>

1. 당해 공동행위의 목적을 달성하기 위하여 필요한 정도를 초과할 경우

2. 수요자 및 관련 사업자의 이익을 부당하게 침해할 우려가 있는 경우

3. 당해 공동행위 참가사업자 간에 공동행위의 내용에 부당한 차별이 있는 경우

4. 당해 공동행위에 참가하거나 탈퇴하는 것을 부당하게 제한하는 경우

제30조(공동행위의 인가절차 등) ① 법 제19조(부당한 공동행위의 금지) 제2항의 규정에 의하여 공동행위의 인가를 받고자 하는 자는 다음 각 호의 사항을 기재한 신청서를 공정거래위원회에 제출하여야 한다. <개정 1997.3.31.>

1. 참가사업자의 수

2. 참가사업자의 명칭 및 사업소 소재지

3. 대표자와 임원의 주소·성명

4. 공동행위를 하고자 하는 사유 및 그 내용

5. 공동행위를 하고자 하는 기간

6. 참가사업자의 사업내용

② 제1항의 신청서에는 다음 각 호의 서류를 첨부하여야 한다. <개정 1997.3.31.>

1. 참가사업자의 최근 2년간의 영업보고서·대차대조표 및 손익계산서

2. 공동행위의 협정 또는 결의서 사본

3. 공동행위의 인가요건에 적합함을 증명하는 서류

4. 제29조(공동행위 인가의 한계)의 규정에 적합함을 증명하는 서류

③ 공정거래위원회가 제1항의 신청을 받아 이를 인가하는 경우에는 당해 신청인에게 인가증을 교부하여야 한다.

④ 공동행위의 인가를 받은 자가 인가사항을 변경하고자 할 때에는 제1항 및 제2항의 서류 중 그 변경사항과 관련된 서류에 인가증을 첨부하여 공정거래위원회에 변경신청을 하여야 한다.

⑤ 공정거래위원회는 법 제19조(부당한 공동행위의 금지) 제2항의 규정에 의한 인가신청을 받은 경우에는 그 신청일부터 30일[제31조(공동행위 인가신청내용의 공시) 제3항의 규정에 의하여 공시하는 경우에는 30일에 공시기간을 합산한 기간] 이내에 이를 결정하여야 한다. 다만, 공정거래위원회는 필요하다고 인정할 때에는 30일을 초과하지 아니하는 범위 안에서 그 기간을 연장할 수 있다. <신설 1997.3.31.>

제31조(공동행위 인가신청내용의 공시) ① 공정거래위원회는 필요하다고 인정하는 경우에는 법 제19조(부당한 공동행위의 금지) 제2항의 규정에 의한 인가를 하기 전에 당해 신청내용을 공시하여 이해관계인의 의견을 들을 수 있다. 인가내용을 변경하는 경우에도 또한 같다. <신설 1997.3.31.>

② 제1항의 규정에 의하여 공동행위의 인가신청 또는 변경신청의 내용을 공시하는 경우에는 다음 각 호의 사항을 공시내용에 포함시켜야 한다. <개정 1997.3.31.>

1. 신청사업자의 명칭 및 주소

2. 공동행위의 내용

3. 공동행위를 하고자 하는 사유

4. 공동행위를 하고자 하는 기간

5. 변경신청의 경우에는 당초 인가내용의 변경사항 및 사유

③ 제1항의 규정에 의한 공시기간은 30일 이내로 한다. <신설 1997.3.31.>

④ 제2항의 공시내용에 대하여 의견이 있는 이해관계인은 공시기간 내에 다음 각 호의 사항을 기재한 의견서를 공정거래위원회에 제출할 수 있다.

1. 의견진술인의 성명 또는 명칭 및 주소

2. 의견내용 및 의견제출사유

3. 기타 의견진술에 필요한 사항

제32조(인가된 공동행위의 폐지) 법 제19조(부당한 공동행위의 금지) 제2항의 규정에 의하여 공동행위의 인가를 받은 사업자가 당해공동행위를 폐지한 경우에는 그 사실을 지체 없이 공정거래위원회에 신고하여야 한다.

[전문개정 1999.3.31.]

제33조(경매·입찰 담합의 유형) 법 제19조(부당한 공동행위의 금지) 제1항 제8호에서 '대통령령으로 정하는 사항'이란 다음 각 호의 어느 하나를 말한다.

1. 낙찰 또는 경락의 비율

2. 설계 또는 시공의 방법

3. 그 밖에 입찰 또는 경매의 경쟁요소가 되는 사항

[본조신설 2007.11.2.]

제34조(공공부문 입찰담합 징후분석을 위한 정보의 제출 등) ① 법 제19조의2(공공부문 입찰 관련 공동행위를 방지하기 위한 조치) 제2항에서 '대통령령으로 정하는 공공기관'이란 다음 각 호의 기관 등을 말한다. <개정 2009.5.13.>

1. 「정부조직법」 또는 그 밖의 법률에 따라 설치된 중앙행정기관

2. 「지방자치법」 제2조(지방자치단체의 종류)에 따른 지방자치단체

3. 「공공기관의 운영에 관한 법률」 제5조(공공기관의 구분)에 따른 공기업

② 법 제19조의2(공공부문 입찰 관련 공동행위를 방지하기 위한 조치) 제2항에 따른 입찰 관련 정보의 제출은 해당 입찰에 참가한 사업자의 수가 20개 이하이고, 추정가격이 다음 각 호의 금액 이상에 해당하는 경우에 한한다.

1. 「건설산업기본법」 제2조(정의) 제4호에 따른 건설공사 입찰: 50억 원

2. 제1호 이외의 공사 입찰: 5억 원

3. 물품구매 또는 용역 입찰: 5억 원

③ 법 제19조의2(공공부문 입찰 관련 공동행위를 방지하기 위한 조치) 제3항에 따른 입찰 관련 정보는 다음 각 호의 사항을 말한다.

1. 발주기관과 수요기관

2. 입찰의 종류와 방식

3. 입찰공고의 일시와 내용

4. 추정가격, 예정가격과 낙찰하한율

5. 입찰참가자의 수

6. 입찰참가자별 투찰내역

7. 낙찰자에 관한 사항

8. 낙찰금액

9. 유찰횟수와 예정가격 인상횟수

10. 그 밖에 입찰 담합 징후 분석을 위하여 공정거래위원회가 요청하는 정보

④ 제1항 각 호의 공공기관의 장은 낙찰자 결정 후 30일 이내에 제3항 각 호의 사항을 「조달사업에 관한 법률」 제8조(전자조달의 이용) 제2항에 따른 국가종합전자조달시스템을 통하여 공정거래위원회에 제출하여야 한다. 다만, 제1항 각 호의 공공기관의 장이 조달청장에게 계약체결을 의뢰하지 아니한 경우에는 해당 정보를 공정거래위원회가 운영하는 정보처리장치에 직접 입력하는 방식으로 제출할 수 있다. <개정 2008.6.25.>

[본조신설 2007.11.2.]

제35조(자진신고자 등에 대한 감경 또는 면제의 기준 등) ① 법 제22조의2(자진신고자 등에 대한 감면 등) 제3항의 규정에 따른 시정조치 또는 과징금의 감경 또는 면제에 대한 기준은 다음 각 호와 같다. <개정 2007.11.2, 2009.5.13, 2011.12.30.>

1. 공정거래위원회가 조사를 시작하기 전에 자진신고한 자로서 다음 각 목의 모두에 해당하는 경우에는 과징금 및 시정조치를 면제한다.

   가. 부당한 공동행위임을 입증하는 데 필요한 증거를 단독으로 제공한 최초의 자일 것. 다만, 공동행위에 참여한 2 이상의 사업자가 공동으로 증거를 제공하는 경우에도 이들이 실질적 지배관계에 있는 계열회사이거나 회사의 분할 또는 영업양도의 당사회사로서 공정거래위원회가 정하는 요건에 해당하면 단독으로 제공한 것으로 본다.

   나. 공정거래위원회가 부당한 공동행위에 대한 정보를 입수하지 못하였거나 부당한 공동행위임을 입증하는 데 필요한 증거를 충분히 확보하지 못한 상태에서 자진신고하였을 것

   다. 부당한 공동행위와 관련된 사실을 모두 진술하고, 관련 자료를 제출하는 등 조사가 끝날 때까지 성실하게 협조하였을 것

라. 그 부당한 공동행위를 중단하였을 것

2. 공정거래위원회가 조사를 시작한 후에 조사에 협조한 자로서 다음 각 목의 모두에
   해당하는 경우에는 과징금을 면제하고, 시정조치를 감경하거나 면제한다.

   가. 공정거래위원회가 부당한 공동행위에 대한 정보를 입수하지 못하였거나 부당
      한 공동행위임을 입증하는 데 필요한 증거를 충분히 확보하지 못한 상태에서
      조사에 협조하였을 것

   나. 제1호 가목, 다목 및 라목에 해당할 것

   다. 삭제 <2008.6.25.>

3. 공정거래위원회가 조사를 시작하기 전에 자진신고하거나 공정거래위원회가 조사를
   시작한 후에 조사에 협조한 자로서 다음 각 목의 모두에 해당하는 경우에는 과징
   금의 100분의 50을 감경하고, 시정조치를 감경할 수 있다.

   가. 부당한 공동행위임을 입증하는 데 필요한 증거를 단독으로 제공한 두 번째의
      자일 것. 다만, 공동행위에 참여한 2 이상의 사업자가 공동으로 증거를 제공하
      는 경우에도 이들이 실질적 지배관계에 있는 계열회사이거나 회사의 분할 또
      는 영업양도의 당사회사로서 공정거래위원회가 정하는 요건에 해당하면 단독
      으로 제공한 것으로 본다.

   나. 제1호 다목 및 라목에 해당할 것

   다. 삭제 <2008.6.25.>

   라. 삭제 <2008.6.25.>

4. 부당한 공동행위로 인하여 과징금 부과 또는 시정조치의 대상이 된 자가 그 부당
   한 공동행위 외에 그 자가 관련되어 있는 다른 부당한 공동행위에 대하여 제1호
   각 목 또는 제2호 각 목의 요건을 충족하는 경우에는 그 부당한 공동행위에 대하
   여 다시 과징금을 감경 또는 면제하고, 시정조치를 감경할 수 있다.

5. 제1호부터 제4호까지의 규정에 해당하는 자라도 다른 사업자에게 그 의사에 반하
   여 해당 부당한 공동행위에 참여하도록 강요하거나 이를 중단하지 못하도록 강요
   한 사실이 있는 경우 또는 일정기간 동안 반복적으로 법 제19조 제1항을 위반하여
   부당한 공동행위를 한 경우에는 시정조치와 과징금의 감면을 하지 아니한다.

② 법 제22조의2(자진신고자 등에 대한 감면 등) 제2항에 따라 자진신고자나 조사에
협조한 자의 신원, 제보내용 등 제보와 관련된 사항을 타인에게 제공할 수 있는 경우
는 다음 각 호의 어느 하나를 말한다. <개정 2007.11.2.>

1. 자진신고자 등이 해당 정보를 제공하는 데 동의한 경우

2. 해당 사건과 관련된 소송의 제기, 수행 등에 필요한 경우

③ 공정거래위원회는 자진신고자나 조사에 협조한 자의 신청이 있으면 자진신고자 등의 신원이 공개되지 아니하도록 해당 사건을 분리 심리하거나 분리 의결할 수 있다. <신설 2007.11.2.>

④ 신고자 등에 대한 구체적인 감면정도, 감면제도의 세부운영절차, 증거제출방법 및 반복적 법 위반에 대한 판단기준 등에 관한 사항은 공정거래위원회가 정하여 고시한다. <개정 2007.11.2, 2011.12.30.>

[전문개정 2005.3.31.]

제5장 불공정거래행위의 금지

제36조(불공정거래행위의 지정) ① 법 제23조(불공정거래행위의 금지) 제2항의 규정에 의한 불공정거래행위의 유형 또는 기준은 별표 1의2와 같다. <개정 2010.5.14.>

② 공정거래위원회는 필요하다고 인정하는 경우에는 제1항의 규정에 의한 불공정거래행위의 유형 또는 기준을 특정분야 또는 특정행위에 적용하기 위하여 세부기준을 정하여 고시할 수 있다. 이 경우 공정거래위원회는 미리 관계행정기관의 장의 의견을 들어야 한다.

[전문개정 1997.3.31.]

제37조(공정경쟁규약) ① 공정거래위원회는 법 제23조(불공정거래행위의 금지) 제5항의 규정에 의하여 공정경쟁규약의 심사를 요청받은 때에는 심사의 요청을 받은 날부터 60일 이내에 심사결과를 신청인에게 통보하여야 한다. <개정 1997.3.31.>

② 삭제 <1999.3.31.>

제38조 삭제 <1999.3.31.>

제38조의2 삭제 <1997.3.31.>

제6장 사업자단체

제39조 삭제 <1999.3.31.>

제40조(사업자단체의 경쟁제한행위인가 등) ① 법 제26조(사업자단체의 금지행위) 제2항의 규정에 의하여 법 제26조(사업자단체의 금지행위) 제1항 제1호에 규정한 경쟁제한행위의 인가를 받고자 하는 사업자단체는 다음 각 호의 사항을 기재한 신청서에 경쟁제한

행위의 필요성을 증명하는 서류를 첨부하여 공정거래위원회에 제출하여야 한다. <개정 1997.3.31.>

1. 경쟁제한행위를 하고자 하는 사유 및 그 내용

2. 참가사업자의 기준과 범위

② 제24조의2(산업합리화를 위한 공동행위의 요건) 내지 제29조(공동행위 인가의 한계), 제30조(공동행위의 인가절차 등) 제3항·제4항 및 제5항, 제31조(공동행위 인가 신청내용의 공시) 및 제32조(인가된 공동행위의 폐지)의 규정은 경쟁제한행위의 인가에 관하여 이를 준용한다. <개정 1997.3.31, 1999.3.31.>

제41조 삭제 <1999.3.31.>

제42조 삭제 <1997.3.31.>

제7장 재판매가격유지행위의 제한

제43조(재판매가격유지행위가 허용되는 저작물) 법 제29조(재판매가격유지행위의 제한) 제2항에서 '대통령령이 정하는 저작물'이라 함은 「저작권법」 제2조(정의)의 저작물 중 관계중앙행정기관의 장과의 협의를 거쳐 공정거래위원회가 정하는 출판된 저작물(전자출판물을 포함한다)을 말한다. <개정 1997.3.31, 1999.3.31, 2005.3.31.>

제44조(재판매가격유지대상상품의 지정절차) ① 법 제29조(재판매가격유지행위의 제한) 제3항의 규정에 의하여 재판매가격유지행위를 위한 상품의 지정을 받고자하는 사업자는 다음 각 호의 사항을 기재한 신청서를 공정거래위원회에 제출하여야 한다. <개정 1997.3.31.>

1. 사업내용

2. 최근 1년간의 영업실적

3. 대상상품의 내용

4. 대상상품의 유통경로 및 최근 1년간의 유통단계별 판매가격동향

5. 대상상품에 대한 판매업자의 조직상황

6. 지정신청사유

② 제1항의 신청서에는 다음 각 호의 서류를 첨부하여야 한다. <개정 1997.3.31.>

1. 당해 상품의 재판매가격유지행위가 일반소비자의 이익을 부당하게 해치지 아니함을 증명하는 서류

2. 법 제29조(재판매가격유지행위의 제한) 제2항 각 호의 요건에 해당함을 증명하는

서류

제45조 삭제 <1999.3.31.>

제46조 삭제 <1999.3.31.>

제46조의2 삭제 <1997.3.31.>

제8장 국제계약의 체결제한

제47조(국제계약의 종류) 법 제32조(부당한 국제계약의 체결제한) 제1항에서 '대통령령이 정하는 국제적 협정이나 계약'이라 함은 다음 각 호의 1에 해당하는 국제적 협정이나 계약(이하 '국제계약'이라 한다)을 말한다. <개정 2005.6.30.>

1. 산업재산권도입계약

   특허권·실용신안권·디자인권·상표권과 같은 산업재산권의 실시권 또는 사용권을 도입하는 계약

2. 저작권도입계약

   서적·음반·영상 또는 컴퓨터프로그램 등의 저작권을 도입하는 계약

3. 노하우도입계약

   영업비밀 기타 이와 유사한 기술에 관한 권리의 실시권 또는 사용권을 도입하는 계약

4. 프랜차이즈도입계약

   가맹사업의 형태로 가맹본부의 영업표지를 사용하여 상품·용역의 제공 또는 사업경영의 지도를 목적으로 가맹사업의 실시권 또는 사용권을 도입하는 계약

5. 공동연구개발협정

6. 수입대리점계약

   상품의 수입이나 용역의 도입에 관하여 계속적인 거래를 목적으로 하는 수입대리점(물품매도확약서발행업의 경우를 제외한다)계약으로서 계약기간이 1년 이상인 계약

7. 합작투자계약

[전문개정 1997.3.31.]

제48조(국제계약의 심사요청) ① 국제계약을 체결하고자 하는 자로서 법 제33조(국제계약의 심사요청)의 규정에 의하여 계약내용에 관한 심사를 요청하고자 하는 자는 공정거래위원회가 정하여 고시하는 심사요청서를 공정거래위원회에 제출하여야 한다. <개정 1997.3.31.>

② 국제계약을 체결한 자로서 법 제33조(국제계약의 심사요청)의 규정에 의하여 당해 계약에 관한 심사를 요청하고자 하는 자는 당해 계약을 체결한 날부터 60일 이내에 공정거래위원회가 정하여 고시하는 심사요청서와 당해 계약서의 사본(번역본을 포함한다)을 공정거래위원회에 제출하여야 한다. 계약내용을 수정·변경한 때에도 또한 같다. <개정 1997.3.31.>

③ 공정거래위원회는 제1항 및 제2항의 규정에 의한 심사요청을 받은 때에는 정당한 사유가 있는 경우를 제외하고는 심사요청을 받은 날부터 20일 이내에 그 결과를 심사요청인에게 서면으로 통보하여야 한다.

④ 심사요청인은 심사요청한 계약의 내용이 법 제32조(부당한 국제계약의 체결제한) 제1항의 규정에 위반된다고 공정거래위원회로부터 통보받은 때에는 그 통보를 받은 날부터 60일 이내에 관련계약조항을 수정하여 다시 심사를 요청할 수 있다. <개정 1997.3.31.>

[전문개정 1995.4.1.]

제9장 공정거래위원회의 운영 <개정 1997.3.31.>

제49조(소회의의 구성) ① 법 제37조의2(회의의 구분)에 따라 공정거래위원회에 5개 이내의 소회의를 둔다. <개정 2010.5.14.>

② 공정거래위원회의 위원장(이하 '위원장'이라 한다)은 각 소회의의 구성위원을 지정하고 필요한 경우에는 구성위원을 변경할 수 있다.

③ 위원장은 각 소회의의 구성위원에게 특정사건에 대하여 법 제44조(위원의 제척·기피·회피)의 규정에 의한 제척·기피·회피에 해당되는 사유가 있는 경우에는 당해 사건을 다른 소회의에서 심의하도록 하거나 당해 사건에 한하여 다른 소회의의 위원을 그 소회의의 위원으로 지정할 수 있다.

[전문개정 1997.3.31.]

제50조(소회의의 업무분장) 위원장은 각 소회의의 분장업무를 지정하고 필요한 경우에는 분장업무를 변경할 수 있다.

[전문개정 1997.3.31.]

제51조(위원의 기피·회피) ① 법 제44조(위원의 제척·기피·회피) 제2항의 규정에 의하여 기피를 신청하고자 하는 자는 위원장에게 그 원인을 명시하여 신청하여야 한다.

② 기피사유는 기피를 신청한 날부터 3일 이내에 서면으로 소명하여야 한다.

③ 기피신청을 받은 위원은 지체 없이 기피신청에 대한 의견서를 위원장에게 제출하
여야 한다.

④ 위원이 법 제44조(위원의 제척·기피·회피) 제3항의 규정에 의하여 회피하고자
할 때에는 위원장의 허가를 받아야 한다.

[전문개정 1997.@상의 공무원을 말한다.

② 법 제48조의3(공정거래분쟁조정협의회의 설치 및 구성) 제4항 제2호부터 제4호까지
의 규정에서 '대통령령으로 정하는 기간'이란 7년을 말한다.

[본조신설 2007.11.2.]

제53조의3(협의회의 회의) ① 법 제48조의3(공정거래분쟁조정협의회의 설치 및 구성) 제1
항에 따른 공정거래분쟁조정협의회(이하 '협의회'라 한다)의 위원장이 협의회의 회의를
소집하려면 협의회의위원들에게 회의개최 7일 전까지 회의의 일시·장소 및 안건을 서면
으로 통지하여야 한다. 다만, 긴급을 요하는 경우에는 그러하지 아니하다.

② 협의회의 회의는 공개하지 아니한다. 다만, 협의회의 위원장이 필요하다고 인정하
는 때에는 분쟁당사자, 그 밖의 이해관계인이 방청하게 할 수 있다.

[본조신설 2007.11.2.]

제53조의4(조정의 신청 등) ① 법 제48조의6(조정의 신청 등) 제1항에 따라 분쟁조정을
신청하려는 자는 다음 각 호의 사항이 기재된 서면(이하 '분쟁조정신청서'라 한다)을
공정거래위원회 또는 협의회에 제출하여야 한다. <개정 2010.5.14.>

1. 신청인과 피신청인의 성명과 주소(분쟁당사자가 법인인 경우에는 법인의 명칭, 주
   된 사무소의 소재지, 그 대표자의 성명을 말한다)

2. 대리인이 있는 경우에는 그 성명과 주소

3. 신청의 취지와 그 이유

② 분쟁조정신청서에는 다음 각 호의 서류를 첨부하여야 한다.

1. 분쟁조정신청의 원인과 사실을 증명하는 서류

2. 대리인이 신청하는 경우 그 위임장

3. 그 밖에 분쟁조정에 필요한 증거서류나 자료

③ 법 제48조의6(조정의 신청 등) 제1항 제1호에서 '대통령령으로 정하는 기준에 해
당하는 행위'란 법위반혐의가 다음 각 호의 어느 하나에 해당하는 행위를 말한다. <개
정 2010.5.14.>

1. 법 제23조(불공정거래행위의 금지) 제1항 제7호

2. 별표 1의2 제1호 가목

3. 별표 1의2 제2호 다목 또는 라목

4. 별표 1의2 제3호 가목(자기의 상품 또는 용역을 공급함에 있어서 정당한 이유 없
   이 그 공급에 소요되는 비용보다 현저히 낮은 대가로 계속하여 공급함으로써 자기
   또는 계열회사의 경쟁사업자를 배제시킬 우려가 있는 행위만 해당한다)

④ 공정거래위원회 또는 협의회는 신청인이 제출한 분쟁조정신청서 또는 첨부서류만
으로는 피신청인의 법위반혐의가 있는 행위가 제3항 각 호의 어느 하나에 해당하는지
를 확인하기 곤란하거나 분쟁조정의 대상이 되는 행위의 사실관계가 불명확한 경우에
는 상당한 기간을 정하여 자료의 보완을 요청할 수 있다.

⑤ 법 제48조의6(조정의 신청 등) 제2항에서 '대통령령으로 정하는 기간'이란 10일을
말한다. 이 경우 제4항에 따른 보완에 소요된 기간은 산입하지 아니한다.

⑥ 협의회가 신청인으로부터 직접 분쟁조정의 신청을 받은 때에는 분쟁조정신청서의
사본을 즉시 공정거래위원회에 송부하여야 한다. <개정 2010.5.14.>

⑦ 협의회가 분쟁조정신청서를 접수한 때에는 신청인에게는 분쟁조정신청서 접수증을
내어 주고, 피신청인에게는 분쟁조정신청서의 사본을 송부하여야 한다. 이 경우 협의
회는「전자정부법」제2조 제7호의 전자문서로 송신할 수 있다. <개정 2010.5.14.>

⑧ 협의회의 위원장은 법 제48조의6(조정의 신청 등)에 따른 분쟁조정의 신청에 대하
여 보완이 필요하다고 인정될 때에는 상당한 기간을 정하여 보완을 요구할 수 있다.
이 경우 보완에 드는 기간은 법 제48조의7(조정 등) 제4항 제2호의 기간에 산입하지
아니한다. <신설 2010.5.14.>

[본조신설 2007.11.2.]

제53조의5(대표자의 선정) ① 다수 사업자가 동일한 사안에 대하여 공동으로 분쟁조정을
신청하는 때에는 신청인 중 3명 이내의 대표자를 선정할 수 있다. <개정 2010.5.14.>

② 제1항에 따라 신청인이 대표자를 선정하지 아니한 경우 협의회의 위원장은 신청인
에게 대표자를 선정할 것을 권고할 수 있다.

③ 신청인은 대표자를 선정하거나 변경하는 때에는 그 사실을 지체 없이 협의회의 위
원장에게 통지하여야 한다.

[본조신설 2007.11.2.]

제53조의6(분쟁당사자의 사실확인 등) ① 협의회는 법 제48조의7(조정 등) 제2항에 따라
분쟁당사자에 대하여 출석을 요구하려는 때에는 시기 및 장소를 정하여 출석요구일 7

일 전까지 분쟁당사자에게 통지하여야 한다. 다만, 긴급을 요하거나 출석의 통지를 받은 자가 동의하는 경우에는 그러하지 아니하다.

② 제1항의 통지를 받은 분쟁당사자는 협의회에 출석할 수 없는 부득이한 사유가 있는 경우에는 미리 서면으로 의견을 제출할 수 있다.

[본조신설 2007.11.2.]

제53조의7(소제기의 통지) 분쟁당사자는 분쟁조정 신청 후 해당 사건에 대하여 소를 제기한 때에는 지체 없이 이를 협의회에 알려야 한다.

[본조신설 2007.11.2.]

제53조의8(조정 등) ① 협의회는 법 제48조의7(조정 등) 제3항에 따라 조정신청을 각하하거나 같은 조 제4항 제2호 또는 제3호에 따라 조정절차를 종료한 경우에는 다음 각 호의 사항이 기재된 분쟁조정종료서를 작성한 후 그 사본과 관련 서류를 첨부하여 공정거래위원회에 보고하여야 한다.

1. 분쟁당사자의 일반현황

2. 분쟁의 경위

3. 조정의 쟁점

4. 조정신청의 각하 또는 조정절차의 종료사유

② 협의회는 조정이 성립된 경우에는 다음 각 호의 사항이 기재된 조정조서를 작성한 후 그 사본과 관련 서류를 첨부한 조정결과를 공정거래위원회에 보고하여야 한다.

1. 제1항 제1호부터 제3호까지의 사항

2. 조정의 결과

[본조신설 2007.11.2.]

제53조의9(협의회의 운영세칙) 이 영에 규정된 것 외에 협의회의 운영 및 조직에 필요한 사항은 협의회의 의결을 거쳐 협의회의 위원장이 정한다. <개정 2010.5.14.>

[본조신설 2007.11.2.]

제10장 조사 등의 절차

제54조(위반행위의 신고방법) 법 제49조(위반행위의 인지·신고 등) 제2항의 규정에 의한 신고를 하고자 하는 자는 다음 각 호의 사항을 기재한 서면을 공정거래위원회에 제출하여야 한다. 다만, 신고사항이 긴급을 요하거나 부득이한 경우에는 전화 또는 구두로 신고할 수 있다. <개정 1997.3.31.>

1. 신고인의 성명·주소

2. 피신고인의 주소·대표자성명 및 사업내용

3. 피신고인의 위반행위내용

4. 기타 위반행위의 내용을 명백히 할 수 있는 사항

제55조(공정거래위원회의 조사 등) ① 공정거래위원회가 법 제50조(위반행위의 조사 등) 제1항 제1호의 규정에 의하여 당사자 등을 출석하게 하여 의견을 듣고자 하는 경우에는 사건명, 상대방의 성명, 출석일시 및 장소 등의 사항을 기재한 출석요구서를 발부하여야 한다. <개정 2001.3.27.>

② 법 제50조(위반행위의 조사 등) 제1항 제2호의 규정에 의한 감정인의 지정은 사건명, 감정인의 성명, 감정기간, 감정의 목적 및 내용 등의 사항을 기재한 서면으로 하여야 한다. <개정 1997.3.31, 2001.3.27.>

③ 법 제50조(위반행위의 조사 등) 제1항 제3호의 규정에 의한 원가 및 경영상황에 관한 보고 기타 필요한 자료의 제출명령은 사건명, 제출일시, 보고 또는 제출자료 등을 기재한 서면으로 하여야 한다. 다만, 공정거래위원회의 회의에 출석한 사업자 등에 대해서는 구두로 할 수 있다. <개정 1997.3.31, 2001.3.27.>

제56조(소속공무원의 조사 등) ① 법 제50조(위반행위의 조사 등) 제2항에서 '지정된 장소'라 함은 사업자 또는 사업자단체의 사무소나 사업장과 공정거래위원회의 출석요구서에 지정된 장소를 말한다. <개정 1997.3.31, 2001.3.27.>

② 법 제50조(위반행위의 조사 등) 제3항의 규정에 의한 자료나 물건의 제출명령 또는 제출된 자료나 물건의 영치는 증거인멸의 우려가 있는 경우에 한한다. <개정 1997.3.31, 2001.3.27.>

제57조(경비의 지급) 공정거래위원회가 법 제50조(위반행위의 조사 등) 제1항 제1호의 규정에 의하여 이해관계인 또는 참고인의 의견을 듣거나 법 제50조(위반행위의 조사 등) 제1항 제2호의 규정에 의하여 감정인을 위촉한 경우에는 당해인에 대하여 예산의 범위 안에서 필요한 경비를 지급할 수 있다. 다만, 이해관계인 또는 참고인의 사무소나 사업장에서 의견을 듣는 경우에는 그러하지 아니하다. <개정 1997.3.31, 2001.3.27.>

제57조의2(조사 등의 연기신청) ① 법 제50조의3 제1항에서 '대통령령이 정하는 사유'라 함은 다음 각 호의 어느 하나에 해당하는 경우를 말한다.

1. 합병·인수, 화의 또는 법정관리신청 또는 파산 그 밖에 이에 준하는 절차가 진행되고 있는 경우

2. 권한 있는 기관에 장부·증거서류가 압수 또는 영치된 경우

3. 화재 등으로 인하여 사업자 및 사업자단체의 사업수행에 중대한 장애가 발생한 경우

② 법 제50조의3 제1항의 규정에 따른 처분 또는 조사의 연기를 받고자 하는 자는 다음 각 호의 사항을 기재한 문서를 공정거래위원회에 제출하여야 한다.

1. 처분 또는 조사의 연기를 받고자 하는 사업자 또는 사업자단체의 명칭 및 대표자의 성명·주소

2. 처분 또는 조사의 연기를 받고자 하는 기간

3. 처분 또는 조사의 연기를 받고자 하는 사유

[본조신설 2005.3.31.]

제58조(시정권고절차) 법 제51조(위반행위의 시정권고) 제1항의 규정에 의한 시정권고는 다음 각 호의 사항을 명시한 서면으로 하여야 한다. <개정 1997.3.31.>

1. 법위반 내용

2. 권고사항

3. 시정기한

4. 수락 여부 통지기한

5. 수락거부 시의 조치

제58조의2 삭제 <1997.3.31.>

제59조(이의신청의 절차 및 처리기간 등) ① 법 제53조(이의신청) 제1항의 규정에 의하여 이의신청을 하고자 하는 자는 이의신청대상 및 내용, 이의신청사유 등을 기재한 신청서에 이의신청의 사유나 내용을 증명하는 데 필요한 서류를 첨부하여 이를 공정거래위원회에 제출하여야 한다.

② 공정거래위원회는 제1항의 규정에 의하여 제출된 신청서와 관련 서류가 미비한 경우에는 기간을 정하여 당해 서류의 보정을 명할 수 있다. 이 경우 보정에 소요되는 기간(보정명령서를 발송하는 날과 보정된 서류가 공정거래위원회에 도달하는 날을 포함한다)은 법 제53조(이의신청) 제2항의 기간에 이를 산입하지 아니한다.

③ 법 제53조(이의신청) 제2항 단서에서 '부득이한 사정'이라 함은 다음 각 호의 1에 해당하는 경우를 말한다.

1. 처분의 위법 또는 부당 여부를 판단하기 위하여 시장의 범위·구조·점유율·수출입 동향 등에 관한 조사·검토 등 별도의 경제적 분석이 필요한 경우

2. 처분의 위법 또는 부당 여부를 판단하기 위하여 고도의 법리적 분석·검토가 필요

한 경우

3. 이의신청의 심리과정에서 새로운 주장 또는 자료가 제출되어 이의 조사에 장기간
   이 소요되는 경우

4. 당사자 또는 이해관계인 등이 묵비권을 행사하거나 자료를 적시에 제출하지 아니
   하는 등 조사에 협조하지 아니하는 경우

5. 제1호 내지 제4호에 준하는 경우로서 기간연장이 불가피한 경우

[전문개정 1997.3.31.]

제60조(시정조치명령의 집행정지) 법 제53조의2(시정조치명령의 집행정지)의 규정에 의하
여 시정조치의 집행정지를 신청하거나 집행정지결정의 취소를 신청하고자 하는 자는
신청의 취지와 원인을 기재한 신청서에 신청의 사유나 내용을 소명하는 데 필요한 서
류를 첨부하여 공정거래위원회에 제출하여야 한다.

[본조신설 1997.3.31.]

제11장 과징금 부과 및 징수 등 <신설 1997.3.31.>

제61조(과징금 부과기준) ① 법 제6조(과징금), 법 제17조(과징금), 법 제22조(과징금), 법
제24조의2(과징금), 법 제28조(과징금), 법 제31조의2(과징금) 및 법 제34조의2(과징
금)의 규정에 의한 과징금의 부과기준은 별표 2와 같다. <개정 2004.4.1, 2009.5.13.>

② 삭제 <2004.4.1.>

③ 이 영에 규정한 사항 외에 과징금의 부과에 관하여 필요한 세부기준은 공정거래위
원회가 정하여 고시한다.

[전문개정 1999.3.31.]

제61조의2(과징금의 징수 및 가산금) ① 공정거래위원회는 법 제55조의3(과징금 부과) 제
1항의 규정에 의하여 과징금을 부과하고자 하는 때에는 그 위반행위의 종별과 당해과
징금의 금액 등을 명시하여 이를 납부할 것을 서면으로 통지하여야 한다.

② 제1항의 규정에 의하여 통지를 받은 자는 통지가 있은 날부터 60일 이내에 과징
금을 공정거래위원회가 정하는 수납기관에 납부하여야 한다. 다만, 천재·지변 기타
부득이한 사유로 인하여 그 기간 내에 과징금을 납부할 수 없는 때에는 그 사유가 없
어진 날부터 30일 이내에 납부하여야 한다.

③ 삭제 <2005.3.31.>

[본조신설 1999.3.31.]

제62조(납부기한연장 및 분할납부의 허용기준과 그 한계) ① 법 제55조의4(과징금 납부기한의 연장 및 분할납부) 제1항에서 '대통령령이 정하는 기준'이라 함은 제9조(과징금의 산정방법)의 규정에 의한 매출액에 100분의 1을 곱한 금액 또는 10억 원을 말한다.

② 법 제55조의4(과징금 납부기한의 연장 및 분할납부) 제1항의 규정에 의한 납부기한의 연장은 그 납부기한의 다음 날부터 1년을 초과할 수 없다.

③ 법 제55조의4(과징금 납부기한의 연장 및 분할납부) 제1항의 규정에 의하여 분할납부를 하게 하는 경우에는 각 분할된 납부기한 간의 간격은 6월을 초과할 수 없으며, 분할 횟수는 3회를 초과할 수 없다.

[본조신설 1997.3.31.]

제63조(납부기한의 연장 및 분할납부의 신청) 법 제55조의4(과징금 납부기한의 연장 및 분할납부) 제2항의 규정에 의한 납부기한의 연장이나 분할납부의 신청은 공정거래위원회가 정한 서식에 의하여 행하여야 한다.

[본조신설 1997.3.31.]

제64조(독촉) ① 법 제55조의6 제2항의 규정에 의한 독촉은 납부기한 경과 후 15일 이내에 서면으로 하여야 한다. <개정 2005.3.31.>

② 제1항의 규정에 의하여 독촉장을 발부하는 경우 체납된 과징금의 납부기한은 발부일부터 10일 이내로 한다.

[전문개정 1999.3.31.]

제64조의2(체납처분의 위탁) ① 공정거래위원회는 법 제55조의6 제3항의 규정에 의하여 체납처분에 관한 업무를 국세청장에게 위탁하는 때에는 다음 각 호의 서류를 첨부한 서면으로 하여야 한다. <개정 2005.3.31.>

1. 공정거래위원회의 의결서

2. 세입징수결의서 및 고지서

3. 납부독촉장

② 국세청장은 제1항의 규정에 의하여 체납처분 업무를 위탁받은 경우에는 그 사유가 발생한 날부터 30일 이내에 다음 각 호의 1에 해당하는 사항을 공정거래위원회에 서면으로 통보하여야 한다.

1. 체납처분에 관한 업무가 종료한 경우에는 그 업무종료의 일시 기타 필요한 사항

2. 공정거래위원회로부터 진행상황에 대한 통보요청이 있는 경우에는 그 진행상황

[본조신설 1999.3.31.]

제64조의3(국세과세정보요구절차) ① 공정거래위원회는 법 제55조의6 제4항의 규정에 의하여 국세청장에게 국세과세에 관한 정보의 제공을 요청하는 때에는 다음 각 호의 서류를 첨부한 서면으로 이를 하여야 한다. <개정 2005.3.31.>

1. 공정거래위원회의 의결서

2. 세입징수결의서 및 고지서

3. 납부독촉장

② 국세청장은 제1항의 규정에 의한 요청을 받은 때에는 특별한 사정이 없는 한 30일 이내에 서면으로 국세과세에 관한 정보를 제공하여야 한다.

[본조신설 2001.3.27.]

제64조의4(환급가산금 요율) 법 제55조의7의 규정에 의한 환급가산금은 환급될 과징금에 대하여 금융기관의 정기예금이자율을 참작하여 공정거래위원회가 고시로 정하는 율을 적용하여 계산한 금액으로 한다. <개정 2005.3.31.>

[본조신설 2001.3.27.]

제64조의5(결손처분) 법 제55조의8(결손처분) 제1항 제6호에서 '대통령령으로 정하는 사유'란 다음 각 호의 어느 하나를 말한다.

1. 「채무자 회생 및 파산에 관한 법률」 제251조(회생채권 등의 면책 등)에 따라 면책된 경우

2. 불가피한 사유로 환수가 불가능하다고 인정되는 경우로서 공정거래위원회가 정하여 고시한 경우

[본조신설 2007.11.2.]

[종전 제64조의5는 제64조의6으로 이동 <2007.11.2.>]

제64조의6(포상금의 지급) ① 법 제64조의2(포상금의 지급)에 따른 포상금의 지급대상이 되는 법 위반행위는 다음 각 호의 어느 하나에 해당되는 행위로 한다. <개정 2005.6.30, 2008.12.3, 2010.1.27, 2010.5.14.>

1. 법 제19조 제1항 각 호의 부당한 공동행위

2. 법 제23조 제1항 제1호 내지 제5호의 행위 중 신문업(「신문 등의 진흥에 관한 법률」 제2조 제1호 가목부터 라목까지에서 규정하고 있는 신문을 발행하거나 판매하는 사업을 말한다)에 있어서의 불공정거래행위

3. 법 제23조(불공정거래행위의 금지) 제1항 제3호의 행위 중 부당하게 경쟁자의 고객을 자기와 거래하도록 유인하는 행위

4. 법 제23조(불공정거래행위의 금지) 제1항 제3호의 행위 중 부당하게 자기 또는 계열회사의 임직원으로 하여금 자기 또는 계열회사의 상품이나 용역을 구입 또는 판매하도록 강제하는 행위

5. 법 제23조 제1항 제4호의 행위 중 대규모소매점업(매장면적의 합계가 공정거래위원회에서 정하는 일정규모 이상인 동일점포에서 일반소비자가 일상적으로 사용하는 여러 가지 종류의 상품을 판매하는 사업을 말한다)의 불공정거래행위

6. 법 제23조 제1항 제7호에 해당하는 불공정거래행위

7. 법 제26조 제1항 제1호 내지 제3호의 사업자단체의 금지행위

② 법 제64조의2의 규정에 따른 포상금 지급대상자는 제1항 각 호의 행위를 신고하거나 제보하고, 이를 입증할 수 있는 증거자료를 최초로 제출한 자로 한다. 다만, 그 법 위반행위를 한 사업자를 제외한다.

③ 공정거래위원회는 특별한 사정이 있는 경우를 제외하고 신고 또는 제보된 행위를 법 위반행위로 의결한 날(이의신청이 있는 경우에는 재결한 날)부터 3월 이내에 포상금을 지급한다.

④ 포상금의 지급에 관여한 조사공무원은 신고자 또는 제보자의 신원 등 신고 또는 제보와 관련된 사항을 타인에게 제공하거나 누설하여서는 아니 된다.

⑤ 각 행위유형별 구체적인 포상금 지급기준은 법 위반행위의 중대성 및 증거의 수준 등을 고려하여 공정거래위원회가 정하여 고시한다.

⑥ 포상금의 지급에 관한 사항을 심의하기 위하여 공정거래위원회에 신고포상금 심의위원회(이하 이 조에서 '심의위원회'라 한다)를 둘 수 있다.

⑦ 심의위원회의 설치·운영에 관한 사항, 그 밖에 포상금의 지급에 관하여 필요한 사항은 공정거래위원회가 정하여 고시한다.

[본조신설 2005.3.31.]

[제64조의5에서 이동 <2007.11.2.>]

제64조의7(규제의 재검토) 공정거래위원회는 제3조의2의 기업집단의 범위에서 제외할 수 있는 회사의 범위가 적절한지를 2013년 12월 31일까지 검토하여 폐지, 완화 또는 유지 등의 조치를 하여야 한다.

[본조신설 2009.7.7.]

제64조의8(고유식별정보의 처리) 공정거래위원회는 다음 각 호의 사무를 수행하기 위하여 불가피한 경우 「개인정보 보호법 시행령」 제19조 제1호, 제2호 또는 제4호에 따른 주

민등록번호, 여권번호 또는 외국인등록번호가 포함된 자료를 처리할 수 있다.

1. 법 제49조에 따른 법 위반행위의 조사에 관한 사무

2. 제64조의6에 따른 포상금의 지급에 관한 사무

[본조신설 2011.12.30.]

제65조(과태료의 부과기준) ① 법 제69조의2(과태료) 제1항 제1호 및 제2호에 따른 과태료의 부과기준은 각각 별표 3 및 별표 4와 같다.

② 공정거래위원회는 별표 3 및 별표 4에 따라 산정된 과태료를 그 위반의 정도, 사유 또는 결과 등을 고려하여 감면하거나 2분의 1의 범위에서 가중할 수 있다. 다만, 가중하는 경우에도 법 제69조의2(과태료) 제1항에 따른 과태료 금액의 상한을 초과할 수 없다.

[전문개정 2009.5.13.]

제66조(시행세칙) 이 영의 시행에 관하여 필요한 사항은 공정거래위원회가 정하여 고시한다.

[본조신설 1997.3.31.]

부칙 <제23475호, 2011.12.30.>

제1조(시행일) 이 영은 2012년 1월 1일부터 시행한다.

제2조(대규모내부거래의 이사회 의결 및 공시에 관한 적용례) 제17조의8 제2항 및 제3항의 개정규정은 2012년 4월 1일 이후 최초로 이루어지는 거래행위부터 적용한다.

제3조(자진신고자 등에 대한 감경 기준 등에 관한 적용례) 제35조 제1항 및 제4항의 개정규정은 이 영 시행 후 최초로 자진신고하거나 조사에 협조를 하는 경우부터 적용한다.

기업결합심사기준

제정 1998.6.15. 공정거래위원회고시 제1998 - 6호
개정 1999.4.15. 공정거래위원회고시 제1999 - 2호
개정 2006.7.19. 공정거래위원회고시 제2006 - 11호
개정 2007.12.20. 공정거래위원회고시 제2007 - 12호
개정 2009.8.20. 공정거래위원회고시 제2009 - 39호

독점규제 및 공정거래에 관한 법률(이하 '법'이라 한다) 제7조 제5항의 규정에 의한 기업결합심사기준(공정거래위원회고시 제2007 - 12호)을 다음과 같이 개정하여 고시한다.

2009년 8월 20일
공정거래위원회

Ⅰ. 목 적

이 기준은 법 제7조 제1항의 규정에 의한 기업결합이 일정한 거래분야에서 경쟁을 실질적으로 제한하는지, 기업결합으로 인해 효율성 증대효과가 발생하는지, 회생이 불가한 회사와의 기업결합에 해당되는지에 대한 심사기준을 정함을 목적으로 한다.

Ⅱ. 정 의

이 심사기준에서 사용하는 용어의 정의는 다음과 같다.
1. '간이심사대상 기업결합'이라 함은 다음 요건의 1에 해당하는 기업결합을 말한다.
   (1) 기업결합 당사자가 서로 독점규제 및 공정거래에 관한 법률시행령(이하 '영'이라 한다) 제11조에 규정된 특수관계인(동 조항 제1호 및 제2호에 규정된 자에 한하며, 이하 '특수관계인'이라 한다)에 해당하는 경우
   (2) 당해 기업결합으로 당사회사(이 기준 Ⅱ - 4 및 Ⅱ - 5에 규정된 취득회사와 피취득회사를 말한다. 이하 이 심사기준에서 같다) 간에 이 기준 Ⅴ에 규정된 지배

관계가 형성되지 아니하는 경우

(3) 영 제12조의2의 규정에 의한 대규모회사(특수관계인을 포함한다)가 아닌 자가 혼합형 기업결합을 하는 경우

(4) 다음 중 1에 해당하는 경우로서 경영목적이 아닌 단순투자활동임이 명백한 경우

(가) 「간접투자자산 운용업법」 제144조의2의 규정에 따른 사모투자전문회사 (동법 제142조 제1항의 규정에 따른 기업인수증권투자회사를 제외한다) 의 설립에 참여하는 경우

(나) 「자산유동화에 관한 법률」 제2조 제5호의 규정에 따른 유동화전문회사 를 기업결합한 경우

(다) 기타 특정 사업의 추진만을 위한 목적으로 설립되어 당해 사업 종료와 함께 청산되는 특수목적회사를 기업결합한 경우

(5) 기업결합 후 일정한 거래분야의 시장집중도 또는 당사회사의 시장점유율이 다음 기준에 해당하는 경우

(가) 수평형 기업결합의 경우 다음 요건의 1에 해당하는 경우 (다만 당사회사의 시장점유율 등이 법 제7조 제4항의 요건에 해당하는 경우에는 이를 적용하지 아니한다.)

① 허핀달 – 허쉬만 지수(일정한 거래분야에서 각 경쟁사업자의 시장점유율의 제곱의 합을 말한다. 이하 HHI라 한다)가 1,200에 미달하는 경우

② HHI가 1,200 이상이고 2,500 미만이면서 HHI 증가분이 250 미만인 경우

③ HHI가 2,500 이상이고 HHI 증가분이 150 미만인 경우

(나) 수직형 또는 혼합형 기업결합으로서 다음 요건의 1에 해당할 경우

① 당사회사가 관여하고 있는 일정한 거래분야에서 HHI가 2,500 미만이고 당사회사의 시장점유율이 25/100 미만인 경우

② 일정한 거래분야에서 당사회사가 각각 4위 이하 사업자인 경우

2. '일반심사대상 기업결합'이라 함은 간이심사대상 기업결합 이외의 기업결합을 말한다.

3. '취득회사 등'이라 함은 취득회사 및 취득회사와 영 제11조 각 호에 규정된 관계에

있는 자(동 조 제3호에 규정된 자의 특수관계인을 포함하며, 이하 '특수관계인 등'이
라 한다)를 말한다.

4. '취득회사'라 함은 주식취득·소유의 경우에는 당해 주식을 취득·소유하는 회사, 임
원 겸임의 경우에는 자기의 임원 또는 종업원(이하 '임직원'이라 한다)으로 하여금
상대회사의 임원지위를 겸임하게 하는 대규모회사, 새로운 회사설립에의 참여(법 제7
조 제1항 제5호 가목 및 나목의 규정에 해당하는 회사설립에의 참여는 제외한다. 이
하 같다)의 경우에는 출자회사, 합병의 경우에는 합병 후 존속하는 회사, 영업양수의
경우에는 양수회사를 말한다. 다만, 회사의 특수관계인으로서 회사가 아닌 자가 주식
을 취득·소유하거나 회사설립에 참여하는 경우에는 그 회사를 말한다.

5. '피취득회사'라 함은 주식취득·소유의 경우에는 당해 주식을 발행한 회사, 임원 겸임
의 경우에는 대규모회사의 임직원을 자기의 임원으로 선임한 회사, 새로운 회사설립
에의 참여의 경우에는 새로 설립되는 회사, 합병의 경우에는 합병으로 소멸되는 회사,
영업양수의 경우에는 양도회사를 말한다.

6. '경쟁을 실질적으로 제한하는 기업결합' 또는 '경쟁제한적 기업결합'이라 함은 당해
기업결합에 의해 일정한 거래분야에서 경쟁이 감소하여 특정한 기업 또는 기업집단이
어느 정도 자유로이 상품의 가격·수량·품질 기타 거래조건 등의 결정에 영향을 미
치거나 미칠 우려가 있는 상태를 초래하거나 그러한 상태를 상당히 강화하는 기업결
합을 말하고, '경쟁제한성' 또는 '경쟁을 실질적으로 제한한다' 함은 그러한 상태를
초래하거나 그러한 상태를 상당히 강화함을 말한다.

7. '수평형 기업결합'이라 함은 경쟁관계에 있는 회사 간의 결합을 말한다.

8. '수직형 기업결합'이라 함은 원재료의 생산에서 상품(용역을 포함 한다. 이하 같다)의
생산 및 판매에 이르는 생산과 유통과정에 있어서 인접하는 단계에 있는 회사(이하
'원재료 의존관계에 있는 회사'라 한다) 간의 결합을 말한다.

9. '혼합형 기업결합'이라 함은 수평형 또는 수직형 기업결합 이외의 기업결합을 말
한다.

10. '시장점유율'이라 함은 일정한 거래분야에 공급된 상품의 총금액 중에서 당해 회사
가 공급한 상품의 금액이 점하는 비율을 말한다. 시장점유율은 기업결합 당시의 직전
사업연도 1년간의 판매액(직전 사업연도 종료 직후로서 직전 사업연도의 판매액을 알
기 곤란한 경우에는 직전 전 사업연도 1년간의 판매액을 말한다)을 사용하여 다음과
같이 산정한다. 다만, 시장점유율을 금액기준으로 산정하기 곤란하거나 부적절한 경

우에는 물량기준 또는 생산능력기준으로 산정할 수 있다. 또한 당해연도에 영업을 시작한 경우 등 필요한 경우 1년 이상 또는 미만의 기간을 기준으로 하여 산정할 수도 있다.

$$\text{시장점유율} = \frac{\text{당해회사의 당해상품의 일정한 거래분야 내 판매액(수입판매액 포함)}}{\text{당해상품의 일정한 거래분야 내 판매액(수입판매액 포함)}}$$

Ⅲ. 간이심사대상 기업결합

간이심사대상 기업결합은 경쟁제한성이 없는 것으로 추정하며 원칙적으로 신고내용의 사실 여부만을 심사하여 적법한 신고서류의 접수 후 15일 이내에 심사결과를 신고인에게 통보한다.

Ⅳ. 일반심사대상 기업결합

법 제7조(기업결합의 제한) 제1항에 해당하기 위해서는 기업결합 당사회사 간에 이 심사기준에 규정된 지배관계가 형성되어야 하며, 일반심사대상 기업결합은 이 심사기준에 규정된 지배관계 및 경쟁제한성 판단기준 등에 의하여 심사한다.

Ⅴ. 지배관계 형성 여부 판단기준

합병 또는 영업양수의 경우에는 당해 행위로 지배관계가 형성되나, 주식취득, 임원 겸임 또는 회사신설의 경우에는 취득회사 등이 피취득회사에 대해서 다음 1 내지 3에 규정한 사항을 고려하여 지배관계 형성 여부를 판단한다.

1. 주식의 취득 또는 소유(이하 '주식소유'라 한다)의 경우

　가. 취득회사 등의 주식소유비율이 50/100 이상인 경우에는 지배관계가 형성된다.
　나. 취득회사 등의 주식소유비율이 50/100 미만인 경우에는 다음 사항을 종합적으로
　　　고려하여 취득회사 등이 피취득회사의 경영 전반에 실질적인 영향력을 행사할 수

있는 경우 지배관계가 형성된다.

    (1) 각 주주의 주식소유비율, 주식분산도, 주주 상호 간의 관계

    (2) 피취득회사가 그 주요 원자재의 대부분을 취득회사 등으로부터 공급받고 있는지

    (3) 취득회사 등과 피취득회사 간의 임원 겸임 관계

    (4) 취득회사 등과 피취득회사 간의 거래관계, 자금관계, 제휴관계 등의 유무

다. 2 이상의 회사가 공동으로 다른 회사의 주식을 취득하는 경우에는 다음 사항을 추가로 고려한다.

    (1) 취득회사 각각의 주식소유비율, 격차 및 상호 간의 관계

    (2) 주식취득의 목적 및 주식취득에 따른 계약관계

2. 임원의 겸임의 경우

가. 다음 사항을 종합적으로 고려하여 취득회사 등이 피취득회사의 경영전반에 실질적인 영향력을 행사할 수 있는 경우 지배관계가 형성되는 것으로 본다.

    (1) 취득회사 등의 임·직원으로서 피취득회사의 임원지위를 겸임하고 있는 자(이하 '겸임자'라 한다)의 수가 피취득회사의 임원총수의 3분의 1 이상인 경우

    (2) 겸임자가 피취득회사의 대표이사 등 회사의 경영전반에 실질적인 영향력을 행사할 수 있는 지위를 겸임하는 경우

나. 이외에도 주식소유에 대한 지배관계 판단기준이 적용 가능한 경우에는 이를 준용한다.

3. 새로운 회사설립에의 참여의 경우

기업결합 당사회사 간의 지배관계 형성 여부는 주식소유에 대한 지배관계 판단기준을 준용한다.

Ⅵ. 일정한 거래분야의 판단기준

일정한 거래분야는 경쟁관계가 성립될 수 있는 거래분야를 말하며, 거래대상, 거래지역 등에 따라 구분될 수 있다.

1. 거래대상(상품시장)

  가. 일정한 거래분야는 거래되는 특정상품의 가격이 상당기간 어느 정도 의미 있는 수
      준으로 인상될 경우 동 상품의 구매자 상당수가 이에 대응하여 구매를 전환할 수
      있는 상품의 집합을 말한다.
  나. 특정상품이 동일한 거래분야에 속하는지는 다음 사항을 고려하여 판단한다.
      (1) 상품의 기능 및 효용의 유사성
      (2) 상품의 가격의 유사성
      (3) 구매자들의 대체 가능성에 대한 인식 및 그와 관련한 구매행태
      (4) 판매자들의 대체 가능성에 대한 인식 및 그와 관련한 경영의사 결정행태
      (5) 통계법 제17조(통계자료의 분류) 제1항의 규정에 의하여 통계청장이 고시하는
          한국표준산업분류
      (6) 거래단계(제조, 도매, 소매 등)
      (7) 거래상대방

2. 거래지역(지역시장)

  가. 일정한 거래분야는 다른 모든 지역에서의 당해 상품의 가격은 일정하나 특정지역
      에서만 상당기간 어느 정도 의미 있는 가격인상이 이루어질 경우 당해 지역의 구
      매자 상당수가 이에 대응하여 구매를 전환할 수 있는 지역 전체를 말한다.
  나. 특정지역이 동일한 거래분야에 속하는지는 다음 사항을 고려하여 판단한다.
      (1) 상품의 특성(상품의 부패성, 변질성, 파손성등) 및 판매자의 사업능력(생산능
          력, 판매망의 범위 등)
      (2) 구매자의 구매지역 전환 가능성에 대한 인식 및 그와 관련한 구매자들의 구매
          지역 전환행태
      (3) 판매자의 구매지역 전환 가능성에 대한 인식 및 그와 관련한 경영의사결정
          행태
      (4) 시간적 · 경제적 · 법제적 측면에서의 구매지역 전환의 용이성

Ⅶ. 경쟁제한성 판단기준

　기업결합의 경쟁제한성은 취득회사 등과 피취득회사 간의 관계를 고려하여 수평형 기업결합, 수직형 기업결합, 혼합형 기업결합 등 유형별로 구분하여 판단한다.

1. 수평형 기업결합

　수평형 기업결합이 경쟁을 실질적으로 제한하는지에 대해서는 기업결합 전후의 시장집중상황, 결합 당사회사 단독의 경쟁제한 가능성, 경쟁사업자 간의 공동행위 가능성, 해외 경쟁의 도입수준 및 국제적 경쟁상황, 신규진입의 가능성, 유사품 및 인접시장의 존재 여부 등을 종합적으로 고려하여 심사한다.

가. 시장의 집중상황
(1) 시장집중도
　기업결합 후 일정한 거래분야의 시장집중도 및 그 변화정도가 이 심사기준 Ⅱ.1.(5).(가)의 요건에 해당하지 않는 경우에는 기업결합으로 인해 경쟁이 실질적으로 제한될 가능성이 있다. 다만, 시장집중도 분석은 기업결합이 경쟁에 미치는 영향을 분석하는 출발점으로서의 의미를 가지며, 경쟁이 실질적으로 제한되는지는 시장의 집중상황과 함께 아래 나~바의 사항들을 종합적으로 고려하여 판단한다.

(2) 시장집중도의 변화추이
　시장집중도를 평가함에 있어서는 최근 수년간의 시장집중도의 변화추세를 고려한다. 최근 수년간 시장집중도가 현저히 상승하는 경향이 있는 경우에 시장점유율이 상위인 사업자가 행하는 기업결합은 경쟁을 실질적으로 제한할 가능성이 높아질 수 있다. 이 경우 신기술개발, 특허권 등 향후 시장의 경쟁관계에 변화를 초래할 요인이 있는지를 고려한다.

나. 결합 당사회사 단독의 경쟁제한 가능성
　기업결합 후 당사회사가 단독으로 가격인상 등 경쟁제한행위를 하더라도 경쟁사업자가 당사회사 제품을 대체할 수 있는 제품을 적시에 충분히 공급하기 곤란한 등

사정이 있는 경우에는 당해 기업결합이 경쟁을 실질적으로 제한할 수 있다. 단독의 경쟁제한행위가 가능해지는지는 다음과 같은 사항을 종합적으로 고려하여 판단한다.

(1) 결합 당사회사의 시장점유율 합계, 결합으로 인한 시장점유율 증가폭 및 경쟁사업자와의 점유율 격차

(2) 결합 당사회사가 공급하는 제품 간 수요대체 가능성의 정도 및 동 제품 구매자들의 타 경쟁사업자 제품으로의 구매 전환 가능성

(3) 경쟁사업자의 결합 당사회사와의 생산능력 격차 및 매출증대의 용이성

(4) 대량구매사업자의 존재 여부

다. 경쟁사업자 간의 공동행위의 가능성

기업결합에 따른 경쟁자의 감소 등으로 인하여 사업자 간의 가격·수량·거래조건에 관한 명시적·묵시적 공동행위가 이루어지기 쉽거나 그 공동행위의 이행 여부에 대한 감독 및 위반자에 대한 제재가 가능한 경우에는 경쟁을 실질적으로 제한할 가능성이 높아질 수 있다. 사업자 간의 공동행위가 용이해지는지는 다음 사항을 고려하여 판단한다.

(1) 경쟁사업자 간 공동행위의 용이성

  (가) 시장상황, 시장거래, 개별사업자 등에 관한 주요 정보가 경쟁사업자 간에 쉽게 공유될 수 있는지

  (나) 관련 시장 내 상품 간 동질성이 높은지

  (다) 가격책정이나 마케팅의 방식 또는 그 결과가 경쟁사업자 간에 쉽게 노출될 수 있는지

  (라) 관련 시장 또는 유사 시장에서 과거 부당한 공동행위가 이루어진 사실이 있는지

  (마) 경쟁사업자, 구매자 또는 거래방식의 특성상 경쟁사업자 간 합의가 쉽게 달성될 수 있는지 등

(2) 이행감독 및 위반자 제재의 용이성

  (가) 공급자와 수요자 간 거래의 결과가 경쟁사업자 간에 쉽고 정확하게 공유될 수 있는지

  (나) 장기계약을 통해 대규모의 수요를 충당하는 대량구매자가 없는지

(다) 결합 당사회사를 포함해 공동행위에 참여할 가능성이 있는 사업자들이 상당한 초과생산능력을 보유하고 있는지 등

(3) 결합상대회사가 결합이전에 상당한 초과생산능력을 가지고 경쟁사업자들 간 공동행위를 억제하는 등의 경쟁적 행태를 보여 온 사업자인 경우에도 결합 후 공동행위로 인해 경쟁이 실질적으로 제한될 가능성이 높아질 수 있다.

라. 해외경쟁의 도입수준 및 국제적 경쟁상황

(1) 일정한 거래분야에서 상당기간 어느 정도 의미 있는 가격인상이 이루어지면 상당한 진입비용이나 퇴출비용의 부담 없이 가까운 시일 내에 수입경쟁이 증가할 가능성이 있는 경우에는 기업결합에 의해 경쟁을 실질적으로 제한할 가능성이 낮아질 수 있다. 이 경우 해외경쟁의 도입가능성을 평가함에 있어서는 다음 사항을 고려한다.

(가) 일정한 거래분야에서 수입품이 차지하는 비율의 증감 추이

(나) 당해 상품의 국제가격 및 수급상황

(다) 우리나라의 시장개방의 정도 및 외국인의 국내투자현황

(라) 국제적인 유력한 경쟁자의 존재 여부

(마) 관세율 및 관세율의 인하계획 여부

(바) 국내가격과 국제가격의 차이 또는 이윤율 변화에 따른 수입 증감 추이

(사) 기타 각종 비관세장벽

(2) 당사회사의 매출액 대비 수출액의 비중이 현저히 높고 당해 상품에 대한 국제시장에서의 경쟁이 상당한 경우에는 기업결합에 의해 경쟁을 실질적으로 제한할 가능성이 낮아질 수 있다.

(3) 경쟁회사의 매출액 대비 수출액의 비중이 높고 기업결합 후 당사회사의 국내가격인상 등에 대응하여 수출물량의 내수전환 가능성이 높은 경우에는 경쟁을 제한할 가능성이 낮아질 수 있다.

마. 신규진입의 가능성

(1) 당해 시장에 대한 신규진입이 가까운 시일 내에 용이하게 이루어질 수 있는 경우에는 기업결합으로 감소되는 경쟁자의 수가 다시 증가할 수 있으므로 경쟁을 실질적으로 제한할 가능성이 낮아질 수 있다.

(2) 신규진입의 가능성을 평가함에 있어서는 다음 사항을 고려한다.

  (가) 법적·제도적인 진입장벽의 유무

  (나) 필요최소한의 자금규모

  (다) 특허권 기타 지적 재산권을 포함한 생산기술조건

  (라) 입지조건

  (마) 원재료조달조건

  (바) 경쟁사업자의 유통계열화의 정도 및 판매망 구축비용

  (사) 제품차별화의 정도

(3) 다음의 1에 해당하는 회사가 있는 경우에는 신규진입이 용이한 것으로 볼 수 있다.

  (가) 당해 시장에 참여할 의사와 투자계획 등을 공표한 회사

  (나) 현재의 생산시설에 중요한 변경을 가하지 아니하더라도 당해 시장에 참여할 수 있는 등 당해 시장에서 상당기간 어느 정도 의미 있는 가격인상이 이루어지면 중대한 진입비용이나 퇴출비용의 부담 없이 가까운 시일 내에 당해 시장에 참여할 것으로 판단되는 회사

바. 유사품 및 인접시장의 존재

(1) 기능 및 효용 측면에서 유사하나 가격 또는 기타의 사유로 별도의 시장을 구성하고 있다고 보는 경우에는 생산기술의 발달가능성, 판매경로의 유사성 등 그 유사상품이 당해 시장에 미치는 영향을 고려한다.

(2) 거래지역별로 별도의 시장을 구성하고 있다고 보는 경우에는 시장 간의 지리적 근접도, 수송수단의 존재 및 수송기술의 발전 가능성, 인접시장에 있는 사업자의 규모 등 인근 지역시장이 당해 시장에 미치는 영향을 고려한다.

2. 수직형 기업결합

수직형 기업결합이 경쟁을 실질적으로 제한하는지에 대해서는 시장의 봉쇄효과, 경쟁사업자 간 공동행위 가능성 등을 종합적으로 고려하여 심사한다.

가. 시장의 봉쇄효과

수직형 기업결합을 통해 당사회사가 경쟁관계에 있는 사업자의 구매선 또는 판매선을 봉쇄하거나 다른 사업자의 진입을 봉쇄할 수 있는 경우에는 경쟁을 실질적으로 제한할 수 있다. 시장의 봉쇄 여부는 다음 사항들을 고려하여 판단한다.

(1) 원재료 공급회사(취득회사인 경우 특수관계인 등을 포함한다)의 시장점유율 또는 원재료 구매회사(취득회사인 경우 특수관계인 등을 포함한다)의 구매액이 당해시장의 국내총공급액에서 차지하는 비율

(2) 원재료 구매회사(취득회사인 경우 특수관계인 등을 포함한다)의 시장점유율

(3) 기업결합의 목적

(4) 수출입을 포함하여 경쟁사업자가 대체적인 공급선·판매선을 확보할 가능성

(5) 경쟁사업자의 수직계열화 정도

(6) 당해 시장의 성장전망 및 당사회사의 설비증설 등 사업계획

(7) 사업자 간 공동행위에 의한 경쟁사업자의 배제 가능성

(8) 당해 기업결합에 관련된 상품과 원재료의존관계에 있는 상품시장 또는 최종산출물 시장의 상황 및 그 시장에 미치는 영향

(9) 수직형 기업결합이 대기업 간에 이루어지거나 연속된 단계에 걸쳐 광범위하게 이루어져 시장진입을 위한 필요최소자금규모가 현저히 증대하는 등 다른 사업자가 당해 시장에 진입하는 것이 어려울 정도로 진입장벽이 증대하는지

나. 경쟁사업자 간 공동행위 가능성

수직형 기업결합의 결과로 경쟁사업자 간의 공동행위 가능성이 증가하는 경우에는 경쟁을 실질적으로 제한할 수 있다. 경쟁사업자 간의 공동행위 가능성 증가 여부는 다음 사항들을 고려하여 판단한다.

(1) 결합 이후 가격정보 등 경쟁사업자의 사업활동에 관한 정보입수가 용이해지는지

(2) 결합 당사회사 중 원재료구매회사가 원재료공급회사들로 하여금 공동행위를 하지 못하게 하는 유력한 구매회사였는지

(3) 과거 당해 거래분야에서 부당한 공동행위가 이루어진 사실이 있었는지 등

3. 혼합형 기업결합

혼합형 기업결합이 경쟁을 실질적으로 제한하는지는 잠재적 경쟁의 저해효과, 경쟁사
업자 배제효과, 진입장벽 증대효과 등을 종합적으로 고려하여 심사한다.

가. 잠재적 경쟁의 저해
혼합형 기업결합이 일정한 거래분야에서 잠재적 경쟁을 감소시키는 경우에는 경쟁
을 실질적으로 제한할 수 있다. 잠재적 경쟁의 감소 여부는 다음 사항들을 고려하
여 판단한다.
(1) 상대방 회사가 속해 있는 일정한 거래분야에 진입하려면 특별히 유리한 조건
을 갖출 필요가 있는지
(2) 당사회사 중 하나가 상대방 회사가 속해 있는 일정한 거래분야에 대해 다음
요건의 1에 해당하는 잠재적 경쟁자인지
(가) 생산기술, 유통경로, 구매계층 등이 유사한 상품을 생산하는 등의 이유
로 당해 결합이 아니었더라면 경쟁제한 효과가 적은 다른 방법으로 당
해 거래분야에 진입하였을 것으로 판단될 것
(나) 당해 거래분야에 진입할 가능성이 있는 당사회사의 존재로 인하여 당
해 거래분야의 사업자들이 시장지배력을 행사하지 않고 있다고 판단
될 것
(3) 일정한 거래분야에서 결합 당사회사의 시장점유율 및 시장집중도 수준
(4) 당사회사 이외에 다른 유력한 잠재적 진입자가 존재하는지

나. 경쟁사업자의 배제
당해 기업결합으로 당사회사의 자금력, 원재료 조달능력, 기술력, 판매력 등 종합
적 사업능력이 현저히 증대되어 당해 상품의 가격과 품질 외의 요인으로 경쟁사
업자를 배제할 수 있을 정도가 되는 경우에는 경쟁을 실질적으로 제한할 수 있다.

다. 진입장벽의 증대
당해 기업결합으로 시장진입을 위한 필요최소자금규모가 현저히 증가하는 등 다른
잠재적 경쟁사업자가 시장에 새로 진입하는 것이 어려울 정도로 진입장벽이 증대

하는 경우에는 경쟁을 실질적으로 제한할 수 있다.

Ⅷ. 효율성 증대효과 및 회생이 불가한 회사의 판단기준

1. 효율성 증대효과의 판단기준

　가. 법 제7조 제2항 제1호 규정의 기업결합으로 인한 효율성 증대효과라 함은 생산·
　　판매·연구개발 등에서의 효율성 증대효과 또는 국민경제 전체에서의 효율성 증대
　　효과를 말하며 이러한 효율성 증대효과의 발생 여부는 다음 사항을 고려하여 판단
　　한다.
　　(1) 생산·판매·연구개발 등에서의 효율성 증대효과는 다음 사항을 고려하여 판
　　　단한다.
　　　(가) 규모의 경제·생산설비의 통합·생산공정의 합리화 등을 통해 생산
　　　　비용을 절감할 수 있는지
　　　(나) 판매조직을 통합하거나 공동활용하여 판매비용을 낮추거나 판매 또
　　　　는 수출을 확대할 수 있는지
　　　(다) 시장정보의 공동활용을 통해 판매 또는 수출을 확대할 수 있는지
　　　(라) 운송·보관시설을 공동 사용함으로써 물류비용을 절감할 수 있는지
　　　(마) 기술의 상호 보완 또는 기술인력·조직·자금의 공동활용 또는 효율
　　　　적 이용 등에 의하여 생산기술 및 연구능력을 향상시키는지
　　　(바) 기타 비용을 현저히 절감할 수 있는지
　　(2) 국민경제 전체에서의 효율성 증대효과는 다음 사항을 고려하여 판단한다.
　　　(가) 고용의 증대에 현저히 기여하는지
　　　(나) 지방경제의 발전에 현저히 기여하는지
　　　(다) 전후방연관산업의 발전에 현저히 기여하는지
　　　(라) 에너지의 안정적 공급 등 국민경제생활의 안정에 현저히 기여하는지
　　　(마) 환경오염의 개선에 현저히 기여하는지

　나. 기업결합의 효율성 증대효과로 인정받기 위해서는 다음 요건을 모두 충족하여야
　　한다.

(1) 효율성 증대효과는 당해 기업결합 외의 방법으로는 달성하기 어려운 것이어야
하며, 이에 대한 판단은 다음의 기준에 의한다.
(가) 설비확장, 자체기술개발 등 기업결합이 아닌 다른 방법으로는 효율성
증대를 실현시키기 어려울 것
(나) 생산량의 감소, 서비스질의 저하 등 경쟁제한적인 방법을 통한 비용
절감이 아닐 것
(2) 효율성 증대효과는 가까운 시일 내에 발생할 것이 명백하여야 하며, 단순한 예
상 또는 희망사항이 아니라 그 발생이 거의 확실한 정도임이 입증될 수 있는
것이어야 한다.
(3) 효율성 증대효과는 당해 결합이 없었더라도 달성할 수 있었을 효율성 증대 부
분을 포함하지 아니한다.
다. 기업결합의 예외를 인정하기 위해서는 '가'에서 규정하는 효율성 증대효과가 기업
결합에 따른 경쟁제한의 폐해보다 커야 한다.

2. 회생이 불가한 회사의 판단기준

가. 법 제7조 제2항 제2호의 규정의 회생이 불가한 회사라 함은 회사의 재무구조가 극
히 악화되어 지급불능의 상태에 처해 있거나 가까운 시일 내에 지급불능의 상태에
이를 것으로 예상되는 회사를 말하며 이는 다음 사항을 고려하여 판단한다. 회생이
불가한 사업부문의 경우에도 또한 같다.
(1) 상당기간 대차대조표상의 자본총액이 납입자본금보다 적은 상태에 있는 회사
인지
(2) 상당기간 영업이익보다 지급이자가 많은 경우로서 그 기간 중 경상손익이 적
자를 기록하고 있는 회사인지
(3) 「채무자 회생 및 파산에 관한 법률」 제34조 및 제35조의 규정에 따른 회생절
차개시의 신청 또는 동법 제294조 내지 제298조의 규정에 따른 파산신청이
있은 회사인지
(4) 당해 회사에 대하여 채권을 가진 금융기관이 부실채권을 정리하기 위하여 당
해 회사와 경영의 위임계약을 체결하여 관리하는 회사인지

나. 기업결합의 예외를 인정받기 위해서는 회생이 불가한 회사로 판단되는 경우에도 다음의 요건에 해당되어야 한다.
   (1) 기업결합을 하지 아니하는 경우 회사의 생산설비 등이 당해 시장에서 계속 활용되기 어려운 경우
   (2) 당해 기업결합보다 경쟁제한성이 적은 다른 기업결합이 이루어지기 어려운 경우

Ⅸ. 재검토기한

「훈령·예규 등의 발령 및 관리에 관한 규정」(대통령훈령 제248호)에 따라 이 고시 발령 후의 법령이나 현실 여건의 변화 등을 검토하여 이 고시의 폐지, 개정 등의 조치를 하여야 하는 기한은 2012년 8월 20일까지로 한다.

부 칙 <2007.12.20.>

① [시행일] 이 고시는 고시일로부터 시행한다.
② [경과조치] 이 고시는 시행일 이후에 신고 되는 기업결합의 심사에 대하여 적용한다.

부 칙 <2009.8.20.>

이 고시는 2009년 8월 21일부터 시행한다.

강위두, 『회사법』(형설출판사, 2000).

공정거래위원회, 지주회사 관련규정에 관한 해석지침(2009.8.12.) Ⅱ. 1.

곽상현, "기업결합과 관련시장의 획정", 『저스티스(통권 제93호)』(한국법학원, 2006.08.09).

______, "수평결합에 대한 경쟁제한성 판단기준", 『저스티스』(한국법학원, 2010.4).

______, "수직결합과 경쟁제한성 판단", 『저스티스(통권102호)』(한국법학원, 2008.2).

권오승, 『경제법』(박영사, 2011).

______, 『기업결합 규제법론』(법문사, 1987).

______, "독점규제법의 문제점과 개선방안", 『인권과 정의』(1993.9).

권재열, "독점규제법상 기업결합의 규제에 관한 소고", 『사법행정』(한국사법행정학회, 2001.3).

______, "벤처기업 M&A의 수단으로서의 주식교환에 관한 법적 검토", 『법률신문(제2932호)』(2000.11.23).

김건식 · 노혁준(편저), 『지주회사와 법』(도서출판 소화, 2008.6.9).

김동훈 · 김은경 · 김봉철, 『공정거래법』(한국외국어대학교 출판부, 2011.8).

김동훈, 『회사법』(한국외국어대학교 출판부, 2010).

김영곤, "기업결합의 규제에 관한 연구", 『법학논총』(조선대 법학연구소, 1998.6).

김재우 · 전기홍, "하위시장(sub‑market)의 시장획정", 『경쟁저널(제131호)』(한국공정거래협회, 2007.3).

김홍석 · 한경수, 『공정거래법』(화산미디어, 2010.10).

문준우 · 김지훈, "공정거래법상 도산기업의 항변에 관한 비교법적 연구", 『법학논총(제18권 제1호)』(조선대학교 법학연구원, 2011.4.30).

박병형, "포스코의 시장지배적 지위 남용 건에서의 관련 지리적 시장 획정에 관한 의견"(2005.10).

박상용 · 엄기섭, 『경제법원론』(박영사, 2006).

박성욱, "공정거래법상 관련시장의 획정에 관한 연구"(성균관대학교 대학원, 2007.10).

박세일, 『법경제학(개정판)』(박영사, 2000).

박익수, "공정거래법상 관련시장의 지역적 범위에 관한 연구"(연세대학교 법무대학원, 2006.6).

박제현, 『중국경쟁법』(공정거래위원회, 2011).

박종민·주기종, "기업결합개념의 정립을 위한 비교법적 고찰", 『기업법연구』(한국기업법학회, 2003.12).

박해식, "과징금의 법적 성격", 『공정거래법강의Ⅱ(권오승 편)』(법문사, 2000).

사법연수원, 『공정거래법』(사법연수원편집부, 2006).

서돈각, 정완용, 『상법강의(상)』(법문사, 1999).

손영화, "기업결합규제의 효율성항변－후생기준의 적용을 중심으로", 『경제법연구(제10권 제1호)』(한국경제법학회, 2011).

손주찬, 『경제법』(법경출판사, 1993).

______, 『상법(상)』(박영사, 2002).

시상승, "기업결합 사례연구: 시장획정을 중심", 『공정거래와 법치』(법문사, 2004).

신영수, "의식적 병행행위의 규제 논거", 『경쟁법연구 제11권』(한국경쟁법학회, 2005).

______, "잠재적 경쟁이론의 내용과 실제 적용", 『경쟁법연구(제10권)』(한국경쟁법학회, 2004).

신창섭, "미 클레이튼법에서의 기업결합규제에 관한 연구－제7조의 해석을 중심으로－"(고려대학교 대학원 석사학위논문, 1986).

신현윤, 『경제법』(법문사, 2007).

______, "콘체른의 개념적 고찰", 『경제법·상사법논집(춘강 손주찬 교수정년기념논문집)』(박영사, 1989).

심재한, "혼합형 기업결합 규제의 판단기준", 『경제법연구(제9권 제2호)』(한국경제법학회, 2010.12).

윤경미, "미국의 최근 수평기업결합 규제 제도 개선에 대한 검토", 『KIEP 세계경제』(대외경제정책연구원, 2004.4).

윤창호·이규억, 『산업조직론』(법문사, 1997).

이건호, "기업결합규제의 본질에 관한 연구", 『중앙법학(제6집 제4호)』(중앙법학회, 2004.12).

______, "독일경쟁제한방지법상 형식적 기업결합 개념", 『중앙법학』(중앙법학회, 2005.8).

이규억·박병형, 『기업결합－경제적 효과와 규제』(박영사, 2000).

이균성·홍승인·김동훈, 『기업법강의』(인텔에듀케이션, 2003.3).

이기수·유진희, 『경제법』(세창출판사, 2009).

이민호, "기업결합에서의 경쟁제한성 판단기준", 『경쟁법연구 제13권』(한국경쟁법학회, 2006).

이상승, "역 셀로판 오류(A Reverse Cellophane Fallacy): 대한송유관 공사 기업결합 사건에서 공정거래위원회의 시장획정", 『산업조직연구(제11집 제3호)』(한국산업조직학회, 2003.9).

이철송, 『회사법강의』(박영사, 2009).

이호영, "경쟁법상 '공동의 시장지배력' 개념에 관한 연구", 『법학논총(제26집 제2호)』(한양대법학연구소, 2009).

장승화, "혼합기업결합의 경쟁제한적 효과", 『경쟁법연구(제2권)』(한국경쟁법학회, 1990).

전성훈, "경쟁정책 목적의 시장획정 방법론 및 사례", 『한국경제연구(제19권)』(한국경제연구학회, 2007.12).

______, "무학-대선 기업결합 사건의 관련시장 획정에 관한 경제 분석", 2004.

정동윤, 『상법(상)』(법문사, 2003).

정찬형, 『상법강의(상)』(박영사, 2010).

정호열, 『경제법』(박영사, 2010).

정희철, 『상법학(상)』(박영사, 1989).

조성혜, "미국의 독점금지와 기업결합의 제한", 『비교사법(통권17호)』(한국비교사법학회, 2002.8).

최기원, 『상법학신론(상)』(박영사, 2009).

한민수, 『기업구조조정 조세법론』(세경사, 1999).

홍명수, "관련시장의 획정과 통합융방", 『경쟁법연구(제13권)』(한국경쟁법학회, 2006).

______, "독점규제법상 기업결합의 규제체계와 효율성 항변에 대한 고찰", 『비교사법(제14권 제1호)』(한국비교사법학회, 2007.3).

______, "시장획정 방식의 개선과 과제", 『법과 사회』(2005).

홍탁균, "기업결합규제의 예외에 관한 법적연구: 효율성 항변과 도산기업항변을 중심으로"(성균관대학교 대학원 석사학위논문, 2002.6).

______, "기업결합의 규제와 관련한 효율성 항변과 도산기업 항변에 관한 연구", 『검찰(제116호)』(대검찰청, 2005.11).

金井貴嗣 · 川濱昇 · 泉水文雄, 『獨占禁止法』(弘文堂, 2004).

內田 · 衡純 · 笹井かおり, "公正取引委員會における審判制度の廢止－獨占禁止法の一部を改正する法律案－", 『立法と調査』(參議院事務局企劃調整室, 2010.5).

鈴木竹雄, "合倂契約の一考察", 『商法研究(3)』(有斐閣, 1983).

山根裕子, 『合倂審査 歐米の事例と日本の課題』(NTT出版, 2002).

ヨナス・コポネン・木村智彦, 『ＥＵ企業結合規制における歐州委員會の意思決定プ
　　　ロセスの展開~要求される証據の量と質,　　時計の使い方の問題を中心に~
　　　(上)』[國際商事法務(通卷564號), 2009.6].

越知保見, 『日米歐獨占禁止法』(商事法務, 2005).

株式會社　日本綜合研究所, 『主要國における合倂等に關する獨禁法上の屆出制度に
　　　關する調査報告書』(2008).

中野　かおり, "企業結合審査をめぐる最近の動き", 『立法と調査』(參議院事務局企劃
　　　調整室, 2011.9).

載龍・林秀弥, "中國獨占禁止法における企業結合規制", 『法制論集(229號)』(名古屋
　　　大學校, 2009).

川濱昇・, 泉水文雄他, 『企業結合カイドラインの解説と分析』(商事法務, 2008).

泉水文雄, "ドイツにおける競爭政策－1998年の第6次改正とその後"(2001).

2A PHILLIP E. AREEDA ET AL., ANTITRUST LAW: AN ANALYSIS OF
　　　ANTITRUST PRINCIPLES AND THEIR APPLICATION ch. 5(vol. IIA 1995).

ABA Section of Antitrust Law, Antitrust law developments 495(4the d. 1997).

ABA Section of Antitrust Law, The Merger Review Process: A Step－by－Step Guide
　　　to Federal Merger Review, 3rd Edition(2006).

Andrew Chin, "Antitrust analysis on software product markets: (a first principles
　　　approach)", Harvard Journal of Law and Technology(Fall, 2004).

Areeda, P. and L. Kaplow, 『Antitrust Analysis: Problems, Text, Cases(5th)』(Boston:
　　　Little Brown, 1997).

Arthur R. Pinto/Douglas M. Branson(米田保晴(譯)), 『アメリカ會社法』(LexisNexis,
　　　2010).

AWRENCE A. SULLIVAN, HANDBOOK OF THE LAW OF ANTITRUST s
　　　17(1977).

Barry C. Harris and Joseph J. Simons, Focusing Market Definition: How Much
　　　Substitution is Necessary, 12 RESEARCH L. & ECON. 207(1989).

Begruendung zum Entwurf des GWB, Bt－Drucks Ⅳ/1158.

Bundeskartellamt, "Information leaflet on the German control of concentration", 2005.7.

CARL SHAPIRO, "The 2010 Horizontal Merger Guidelines: From Hedgehog to Fox in

Forty Years", 『Antitrust Law Journal』(University of California, Berkeley - Economic Analysis & Policy Group, Sep. 10, 2010).

CFI, Case T - 210/01 General Electrics v Commission [2005] ECR Ⅱ - 5575.

Charles Carson Elben, "Definition the geographic market in Modern Commerce", 56 Baylor Law Review 49, winter 2004.

Commission Notice on the definition of relevant market for the purposes of Community competition law, Official Journal C372, 09/12/1997.

Compecon limited, "Market definition and Market Power in competition Analysis", 2003.

Dennis Yao & Thomas N Dahdouh, "Information Problems in Merger Decision Making and Their Impact on Development of an Efficiencies Defense", 62 Antitrust. J. 23, 41~43(1993).

Derek C. Bok, "Section 7 of the Clayton Act and the Merging of Law and Economics", 74 Harvard L. Rev. 226, 339~347(1960).

Dominique Brault, Droit et Politique de la Concurrence, Economica, 1997.

Commission Notice on the definition of relevant market for the purposes of Community competition law, Official Journal C372, 09/12/1997.

Donald F. Turner, "The Definition of Agreement Under the Sherman Act: Conscious Parallelism and Refusals to Deal", 75 Harv. L. Rev. 655, 663~673(1962).

EC Commission, COMMISSION NOTICE on the definition of the relevant market for the purpose of Community competition law, 1997.

Edward O. Correia, "Perspective on Efficiencies and Failing Firms in Merger Analysis: Re - examining the Failing Company Defencie", 64 Antitrust L. J. 683(Spr. 1996), Chap. Ⅱ, B.

Ernest Gellhorn & William E. Kovacic, 『Antitrust Law and Economics(4th ed.)』(West Publishing Co., 1994)

________, Stephen Calkins, Antitrust Law and Economics ina Nutshell(5th ed.), West, A Thomson Business, 2004.

E. Thomas Sullivan & Jeffrey L. Harrison, 『Understanding Antitrust and Its Economic Implications(2th ed.)』(Mathrew Bender, 1994).

F. M. Scherer & D. Ross, 『Industrial Market Structure and Economic Performance』

(Rand McNally & Co, U.S., 1990).

Fritz Rittner, 『Wettbewerbs und Kartellrecht』(C.F. Müller Juristischer Verlag, 1989).

Global Competition Review(GCR), Rating Enforcement published on the Internet on June 1, 2009.

Gray L. Robert & Steven C. Salop, "Efficiency Benefits in Dynamic Merger Analysis", 62 Antitrust L. J. 522~527(1994).

"Guidelines on the assessment of horizontal mergers under the Council Regulation on the control of concerntrations between undertakings" Official Journal C31 of 05. 02. 2004.

Hal R. Varian, Versioning Information Goods, in, INTERNET PUBLISHING AND BEYOND: ECONOMICS OF DIGITAL INFORMATION AND INTELLECTUAL PROPERTY(Brian Kahin & Hal R. Varian eds. 1997).

H. Lande, Consumer Choice as the Ultimate Goal of Antitrust, 62 U. PITT. L. REV. 503, 517(2001).

H. Marvel, "Competition and Price Levels in the Retail Gasoline Market", 60 Rev. Econ. Statistics(1978).

Hovenkamp, H., 『Federal Antitrust Policy: The Law of Competition and Its Practice』(Hornbook Series, 1999).

ICN, 『Merger Notification and Procedures Template: Germany』(2009.5.15).

Ingo Schmidt, 『Wettbewerbspolitik und Kartellrecht』(Lucius & Lucius · Stuttgart, 2005).

James A. Keyte, Market Definition and Differentiated Products: The Need for a Workable Standard, 63 ANTITRUST L.J. 740~741.

James Boyle, Cruel, Mean, or Lavish? Economic Analysis, Price Discrimination and Digital Intellectual Property, 53 VAND. L. REV. 2007, 2027~2035(2000).

James Langenfeld and Wenqing Li, Critical Loss Analysis in Evaluating Merger, 2001.

John E. Kwoka, Jr & Frederick R. Warren－Boulton, "Efficiencies, Failing Firms, and Alternatives to Merger: A Policy Synthesis", 31 Antitrust Bull. 431, 445(1986).

Jonathan B. Baker, Stepping Out in an Old Brown Shoe: In Qualified Praise of Submarkets, 68 ANTITRUST L.J. 203, 207~208 & 208 n.20(2000).

Joseph F. Brodley, "Proof of Efficiencies in Merger and Joint Ventures", 64 Antitrust

L. J. 575, 584(1996).

Julie E. Cohen, Copyright and the Perfect Curve, 53 VAND. L. REV. 1799, 1801~1808(2000).

Kores, Neelíe, Competitiveness－the common goal of competition and insustrial policies. Address at the Aspen Institute, Paris, April 18, 2008.

Louis Kaplow, The Patent－Antitrust Intersection: A Reappraisal, 97 HARV. L. REV. 1813, 1878~1881(1984).

Manfred Haubrock, 『Konzentration und Wettbewerbspolitik』(P. Lang, 1994).

Mestmäcker, Ernst－Jochhim/Veeken in immenga/Mestmäcker, Gesetz gegen Wettbewerbsbeschränkung, Kommentar, 3 Auflage, München 2001, §37 Rn. 14.

Michael J. Meurer, Copyright Law and Price Discrimination, 23 CARDOZO L. REV. 55, 80~90(2001).

Michael J. Meurer, Price Discrimination, Personal Use and Piracy: Copyright Protection of Digital Works, 45 BUFF. L. REV. 845, 877~880(1997).

Molitor, 『Wirtschaftspolitik』(Oldenbourg, 2006).

Monopolkommission Hauptgutachten, 『Wettbewerbspolitik in Zeiten des Umbruch』 (Nomos Verlagsgesellschaft Baden－Baden, 1996), Tz. 148.

Nate Bush, The PRC Antimonopoly Law: Unanswered Questions and Challenges Ahead, www.theantitrustsource.com, October 2007.

N. Cohen & C. Sulivan, "The Herfindahl－Hirshmann Index and the New Antitrust Merger Guidelines: Concentrating on Concentration", 62 Texas L. Rev.(1983).

O'Connell, "Bank Merger and Potential Competition", 43 Fordham Law Review, pp.767~777(1975).

Paul L. Joskow, "The Role of Transaction cost economics in Antitrust and Public Utility Regulatory Policies", Jnl. of Law, Economics, and Organization, Special Issue 1991, 7.

Paul M. Laurenza, "Section 7 of the Clayton Act and the Failing Company: An updated Perspective", 65 Va. L. Rev. 951(1979).

Paschke Marian, In Frankfurt Kommentar, Köln, §23 Tz. 44.

Rainer Bechtold, Das neue Kartellgesetz, NJW 1998, Heft 38.

Rainer Olten, 『Wettnewerbtheoie und Wettbewerbspolitik』(Oldenbourg, 1998).

Rangen, Eugen/Ruppelt, Kommentar zum deutschen europäischen Kartellrecht(KarR), 9 Auflage, Franfurt am Main 2001, §37 Rn. 7.

Richard D. Friedman, "Untangling the Failing Company Defense", 64 Tex. L. Rev. 1375(186).

Robert Bork, 『The Antitrust Paradox: A Polcy at War with Itself』(Basic Books, 1978 rev. ed. 1993).

Robert Pitofsky, "Proposals for Revised United States Merger Enforcement in a Global Econmoy", 81 Geo. L. J. 195, 207~208(1993).

Ronald J. Gilson & Bernard S. Black, 『The Law and Finance of Corporate Acquisitions』(Univ. Casebook Series, 1995).

Röller, Lars－Hendrik, & Buigues, Pierre A.(2005), The Office of the Chief Competition Economist at the European Commission, Retrieved MGWBh 17, 2010.

Rudolph J. R. Peritz, Competition Policy in America, 1988~1992(Oxford University Press, 1996).

S. Chesterfield Oppenheim, Glen E. Weston, J. Thomas McCarthy, 『Federal Anttrust Laws(4th ed.)』(West Publishing Co., 1981).

Stigler, George J., The Origin of the Sherman Act, in Sullivan, E. Thomas(edit.), The Political Economy of the Sherman Act, Oxford Univ. Press, 1991.

Stocking, G.W. and W.F. Mueller, "The Cellophane Case and the New Competition", 55 American Economic Review 29, 57~61(1955).

The Monopolkommission, "Summary Competition Policy under Shadow of 『National Champion』" The Fifteenth Biennial Report 2002/2003, pp.591~592 no.70.

The World Bank and the Organization for Economic Co－operation and Development(OECD), A Framework for the Design and Implementation of Competition Law and Policy(1999).

Thomas Campell, "The Efficiency of the Failing Company Defense", 63 Tex. L. Rev. 251(1984).

ThomasL. Greaney, "Regulating for Efficiency in Health Care Through the Antitrust Laws", 1995 Utah L. Rev., 465, 470~472.

Ulrich Gassner, [Grundzüge des Kartellrechts](Verlag Vahlen, 1999).

Ulrich Immenga & Ernst－Joachim Mestmäcker Hrsg., 『GWB Kommentar』(Verlag

C.H. Beck, 2001).

U.S. Department of Justice(antitrust Division), Antitrust Division Policy guide to Merger Remedies(2011.6).

U.S. DEP'T OF JUSTICE & FED. TRADE COMM'N, HORIZONTAL MERGER GUIDELINES ss 1.32(1992).

Wendy J. Gordon, Intellectual Property as Price Discrimination: Implications for Contract, 73 CHI. − KENT L. REV. 1367, 1369(1998).

William W. Fisher Ill, Property and Contract on the Internet, 73 CHI. − KENT L. REV. 1203, 1234~1240(1998).

Yochai Benkler, An Unhurried View of Private Ordering in Information Transactions, 53 VAND. L. REV. 2063, 2067~2072(2000).

http://apps.americanbar.org/antitrust/at − committees/at − ic/pdf/spring/08/03 − 26 − 08 − Bush.pdf

http://blog.livedoor.jp/kawailawjapan/archives/3577318.html

http://curia.europa.eu/jurisp/cgi − bin/form.pl?lang = en&Submit = Submit&docrequire = judgements&numaff = T − 342%2F99&datefs = &datefe = &nomusuel = &domaine = &mots = &resmax = 100

http://ec.europa.eu/competition/mergers/cases/decisions/m2416_62_en.pdf

http://ec.europa.eu/competition/mergers/cases/decisions/m4057_20060512_20310_en.pdf

http://ec.europa.eu/competition/mergers/cases/decisions/m4439_20070627_20610_en.pdf

http://ec.europa.eu/competition/mergers/legislation/proceedings.pdf

http://ec.europa.eu/dgs/competition/directory/organi_en.pdf

http://ec.europa.eu/dgs/competition/officechiefecon_ec.pdf

http://enc.daum.net/dic100/contents.do?query1 = 10XX159204

http://enc.daum.net/dic100/contents.do?query1 = b05d0918a

http://eur − lex.europa.eu/LexUriServ/LexUriServ.do?uri = CELEX:62003J0012:EN:HTML

http://eur − lex.europa.eu/LexUriServ/LexUriServ.do?uri = OJ:C:2004:031:0005:0018:EN:PDF

http://eur − lex.europa.eu/LexUriServ/LexUriServ.do?uri = OJ:C:2006:020:0027:0027:EN:PDF

http://eur − lex.europa.eu/LexUriServ/LexUriServ.do?uri = OJ:C:2008:267:0001:0027:EN:PDF

http://eur − lex.europa.eu/LexUriServ/LexUriServ.do?uri = OJ:C:2009:220:4:0005:EN:PDF

http://eur－lex.europa.eu/LexUriServ/LexUriServ.do?uri＝OJ:L:1989:395:0001:0012:EN:PDF

http://eur－lex.europa.eu/LexUriServ/LexUriServ.do?uri＝OJ:L:1997:180:0001:0006:EN:PDF

http://eur－lex.europa.eu/LexUriServ/LexUriServ.do?uri＝OJ:L:2004:024:0001:0022:EN:PDF

http://eur－lex.europa.eu/LexUriServ/LexUriServ.do?uri＝OJ:L:2004:133:0001:0039:EN:PDF

http://eur－lex.europa.eu/LexUriServ/site/en/oj/2005/c_056/c_05620050305en00320035.pdf

http://europa.eu/rapid/pressReleasesAction.do?reference＝IP/04/07&format＝HTML&aged
＝0&language＝EN&guilanguage＝en

http://faculty.haas.berkeley.edu/shapiro/hedgehog.pdf

http://fldj.mofcom.gov.cn/aarticle/c/200911/20091106639145.html?1282603343＝1480887861

http://fldj.mofcom.gov.cn/aarticle/c/200911/20091106639149.html?1332934991＝1480887861

http://fldj.mofcom.gov.cn/aarticle/xgxz/200901/20090105993824.html?3715430735＝
1480887861

http://fldj.mofcom.gov.cn/aarticle/xgxz/200901/20090105993841.html?3989698639＝
1480887861

http://fldj.mofcom.gov.cn/aarticle/xgxz/200902/20090206034057.html?895547727＝
1480887861

http://fldj.mofcom.gov.cn/accessory/201003/1268293829161.doc

http://fldj.mofcom.gov.cn/ztxx/ztxx.html?3311335759＝1480887861

http://law.e－gov.go.jp/htmldata/H11/H11HO131.html

http://law.e－gov.go.jp/htmldata/S28/S28F30201000001.html

http://law.onecle.com/uscode/15/53.html

http://supreme.justia.com/us/394/131/

http://timeline.britannica.co.kr/bol/topic.asp?mtt_id＝93094

http//www2.kobe－u.ac.jp/~sensui/sensui01.pdf

http://www.bundeskartellamt.de/wDeutsch/download/pdf/Merkblaetter/Merkblaetter_englisc
h/06MerkblattzurDeutschenFusionskontrolle_e.pdf

http://www.bundeskartellamt.de/wEnglisch/download/pdf/Merkblaetter/090515_Template.pdf

http://www.businessdictionary.com/definition/interchangeability.html

http://www.cjel.net/print/10_1－langer/

http://www.compecon.ie/Mktdefn.htm, 2011

http://www.concurrence.com/r_pays.php3?liste_pay＝11

http://www.eon.com/de/index.jsp

http://www.etoday.co.kr/news/section/newsview.php?SM＝0108&TM＝news&idxno＝115845 2011.8.10.

http://www.freshfields.com/publications/pdfs/2009/jan09/24965.pdf

http://www.ftc.gov/bc/docs/horizmer.shtm

http://www.ftc.gov/bc/hsr/introguides/guide1.pdf

http://www.ftc.gov/bc/hsr/introguides/guide3.pdf

http://www.ftc.gov/ftc/offices.shtm

http://www.ftc.gov/ogc/brfovrvw.shtm

http://www.ftc.gov/os/2003/07/disgorgementfrn.shtm

http://www.ftc.gov/os/2003/07/winereport2.pdf 2011.7.7.

http://www.gesetze－im－internet.de/bundesrecht/gwb/gesamt.pdf

http://www.gov.cn/flfg/2007－08/30/content_732591.htm

http://www.gov.cn/zwgk/2008－08/04/content_1063769.htm

http://www.gpo.gov/fdsys/pkg/USCODE－2010－title15/pdf/USCODE－2010－title15－chap1－sec16.pdf

http://www.jftc.go.jp/dk/kiketuindex.html

http://www.jftc.go.jp/dk/shishin01.pdf

http://www.jftc.go.jp/dk/taiouhoushin.pdf

http://www.jftc.go.jp/ma/qa－3/qatodokede.html#tenpushorui) 屆出制度 Q&A.

http://www.jftc.go.jp/seisakukaigi/index.html

http://www.jftc.go.jp/worldcom/html/country/eu.html

http://www.jonesday.com/files/Publication/5c8a7ac9－6de5－451f－b531－baa885d000b2/Presentation/PublicationAttachment/4e7f151a－2fe8－42c0－9a37－caf33a839b71/Japanese%20Commentary.pdf

http://www.justice.gov/atr/about/org.html

http://www.justice.gov/atr/cases/f206000/206049.htm

http://www.justice.gov/atr/public/guidelines/272350.pdf

http://www.justice.gov/atr/public/guidelines/hmg－2010.html 2011.7.10.

http://www.justice.gov/atr/public/guidelines/hmg.pdf

http://www.keidanren.or.jp/japanese/policy/2011/099.html

http://www.koreaholdings.com/tffh/company/history.jsp

http://www.koreatimes.com/article/620490

http://www.law－lib.com/fzdt/newshtml/20/20090319123808.htm

http://www.law－lib.com/law/law_view.asp?id＝245

http://www.lawtime.cn/zhishi/xchyf/xiangguanfagui/2007042563380.html

http://www.lexnet.dk/law/download/competit/Materi10.pdf

http://www.meti.go.jp/sankatsuhou/outline/index.html

http://www.meti.go.jp/sankatsuhou/outline/plan－p.html

http://www.monckton.com/docs/library/Airtours%20v%20Commission.pdf

http://www.monopolkommission.de/haupt_15/sum_h15_en.pdf

http://www.monopolkommission.de/sg_53/Sondergutachten_53.pdf

http://www.nera.com/extImage/Boeing%20McDonnell%20Douglas%20Merger.pdf

http://www.oecd.org/dataoecd/34/6/2489057.pdf

http://www.shuimohua.com/legal_system/news/9/2009－7－8_18065733641.html

이준보

경기고등학교, 서울대학교 법과대학 졸업
한국외국어대학교 법과대학 대학원 졸업(법학박사)
스페인 마드리드대학교 연수
사법연수원 제12기 수료(사법시험 21회)
광주 · 대구고등검찰청 검사장
대검찰청 공안부장 · 기획조정부장(검사장)
청주지방검찰청 검사장
서울중앙지방검찰청 제3차장
대검찰청 중앙수사부 제2과장 · 공안2과장
현) 법무법인 양헌(良軒) 대표이사

「선박소유자의 책임 제한에 관한 연구」(석사)
「결합기업의 법적 규제에 대한 연구」(박사)

고재종

금호고등학교, 경희대학교 법과대학 졸업
한국외국어대학교 법과대학 대학원 졸업(법학박사)
대만 담강대학교 초빙연구원
현) 선문대학교 법과대학 교수
　　기업법무협회 이사

「기업결합 전 제기된 대표소송의 기업결합 후 계속 여부」
「회사 기회의 법리와 이사의 경업행위」
「종속회사 채권자의 지배회사에 대한 책임추궁의 가능」
「미국의 기업 간 거래의 공정성에 대한 고찰」
「모회사 이사의 책임에 관한 소고」
외 다수

기업결합법 I

초판인쇄 | 2012년 7월 18일
초판발행 | 2012년 7월 18일

지 은 이 | 이준보 · 고재종
펴 낸 이 | 채종준
펴 낸 곳 | 한국학술정보㈜
주   소 | 경기도 파주시 문발동 파주출판문화정보산업단지 513-5
전   화 | 031) 908-3181(대표)
팩   스 | 031) 908-3189
홈페이지 | http://ebook.kstudy.com
E-mail | 출판사업부 publish@kstudy.com
등   록 | 제일산-115호(2000. 6. 19)

ISBN   978-89-268-3506-7 94360 (Paper Book)
        978-89-268-3507-4 95360 (e-Book)
        978-89-268-3504-3 94360 (Paper Book Set)
        978-89-268-3505-0 95360 (e-Book Set)